U0137576

晚清六十年的
革命与改良

（1851—1912）

李晓鹏 著

团结出版社

图书在版编目（CIP）数据

晚清六十年的革命与改良：1851—1912 / 李晓鹏著
—北京：团结出版社，2023.3（2023.4 重印）
ISBN 978-7-5126-9500-9

Ⅰ.①晚… Ⅱ.①李… Ⅲ.①中国历史－研究－
1851-1912 Ⅳ.① K252.07

中国版本图书馆 CIP 数据核字 (2022) 第 121184 号

出　版：团结出版社
　　　　（北京市东城区东皇城根南街 84 号　邮编：100006）
电　话：（010）65228880　65244790（出版社）
　　　　（010）65238766　85113874　65133603（发行部）
　　　　（010）65133603（邮购）
网　址：http://www.tjpress.com
E-mail：zb65244790@vip.163.com
　　　　tjcbsfxb@163.com（发行部邮购）
经　销：全国新华书店
印　装：三河腾飞印务有限公司

开　本：170mm×240mm　16 开
印　张：31.5
字　数：493 千字
版　次：2023 年 3 月　第 1 版
印　次：2023 年 4 月　第 2 次印刷

书　号：978-7-5126-9500-9
定　价：86.00 元

目录

引子　天地会

1850年10月，鸦片战争已经过去了八年。当年主持虎门销烟的林则徐因年老多病，于五个月前正式向朝廷请辞，结束数十年宦海生涯，返回福建老家赋闲。

林则徐在家休息了不到五个月，就接到朝廷紧急谕旨，再次任命他为钦差大臣，火速前往广西，主持平定那里天地会反清暴动。

天地会是著名反清组织，在各种民间传说和武侠小说中频繁出现，充满了神秘色彩。它到底诞生于何时，由何人所创，从晚清至今无人说得清楚。

作为少数民族政权，清朝对汉人的结社活动始终高度警惕，绝不允许任何非官方的民间组织存在，连中国古代长期流行的结拜兄弟都被视为想要谋反的重罪。据《大清会典》记载："歃血结拜弟兄者，不分人之多寡，照谋叛未行律，为首者拟绞监候，秋后处决。"受这种恐怖高压政策影响，天地会内部关于保密的规定极为严格，大部分信息传递都用的是暗语，而且口耳相传、不着文字。暗语传递时间久了之后，最初包含的很多意思便被逐渐遗忘。

相传，最早在康熙初年，天地会五大长老在福建南方云霄山脉中结义反清。这五大长老来自河南嵩山少林寺。清军南征过程中，少林僧人曾参与抵抗，大部分战死，最后只有五人逃到了福建沿海的大山之中。这就是天地会的创会

"前五祖" ①。

"前五祖"结拜的传说，已无法考证真假。此后100多年间，天地会没有干过什么有影响力的事，其事迹全无史料可查。

直到1761年，一个叫万云龙的和尚对天地会进行了组织化改造。他把入会的程序、暗语和会规等用书面形式固定下来，并在云霄山高溪庙附近发展会众，又多次策划反清起义，引起官方注意，至此，天地会才有了书面史料记录。也有人认为，万云龙就是天地会的最早创始人，"前五祖"之事是他编的。

高溪庙位于漳江入海口，附近有三条河流交汇入海，天地会暗语中有"三河合水万年流"一语；万云龙乳名中有个洪字，人称"洪二和尚"，因此天地会又叫三合会、洪门。它的基本组织思路，就是利用古代传统的结拜兄弟方式来实现穷苦人的联合，指天为父、指地为母，天下人皆为天地所生养，都可以结为兄弟，互相帮助。

天地会会规中，最严的是保密条款，这是它生存发展的根本。但其他方面的纪律则非常松散。万云龙死后，就再没有一个公认的领袖或组织。各地之人都可以根据会规结拜兄弟，成立堂口。一个堂口就是一个天地会组织，由一个大哥领导。不同的堂口之间彼此平等，有互相帮助的义务，但谁也不能领导谁。

清朝中后期有三大底层帮会组织：天地会、青帮和白莲教，江湖人称"红（谐音'洪'）花、绿（意同'青'）叶、白莲藕"。白莲教主要在北方地区传播，天地会则主要在南方。青帮比较特殊，刚开始是漕运水手的秘密结社组织，沿大运河发展，后来扩展到长江中下游，成员也主要以大运河和长江沿岸的码头工人、水手为主。

"红、绿、白"三者的组织形式都是底层结盟，主要宗旨是平时互相帮助救济，遇到政府暴政就一起反抗，也都是各地形成小团体，互不隶属。青帮以师徒关系组织，基本单元是码头或庵堂，上下级有辈分差异，规矩最严；白莲教以宗教形式组织，基本单元是教社，承认教义就可以加入，最为松散；天地会以兄弟

---

① 关于天地会"前五祖"的身份，还有另外一种说法：偏居台湾的郑氏政权派遣了五个人进入福建，在南少林的庇护下开展反清复明活动。

形式组织，基本单元是堂口，上下级只分大小，不分辈分，组织严密程度介于青帮和白莲教之间。

白莲教是历朝历代都有的民间宗教反抗组织，官方也经常把各种搞不清楚来源的反政府宗教混称为白莲教。但天地会和青帮这种非宗教的大型帮派组织，则是清朝所独有。清朝之前的帮派都是地区性的，没有形成全国影响力。

天地会和青帮的崛起，代表了民间对清朝统治者极端打压人民结社自由的反抗。

古代中国的社会形态结构是多元化的——君臣、父子、兄弟、师徒等多种关系并行发展。皇帝虽然掌握最高权力，但对社会结构的干预有限，人民以各种形式自由组建社会关系网络。所谓"天、地、君、亲、师"，这里边，"天、地"代表中国人对中华文明的基本认同，"君、亲、师"三者并行。"君"代表军事行政关系网络，"亲"代表以家庭为核心的血缘关系网络，"师"代表以文化和技术传承为核心的非血缘社会关系网络，不仅是儒学老师，还有农业、手工业、武术等各方面的老师。"认亲"（包括结拜兄弟、认义父义子等）和"拜师"是中国人组建社会关系网络的基本方式。很多利益诉求和社会矛盾，可以借助这个"亲"和"师"的网络来解决。"认亲"和"拜师"自由，就是中国古代社会的结社自由。中国人，特别是底层人民，不需要进行大规模的秘密结社，就可以实现互助。而到了清朝，君权独大，一个"君"就把"天、地、亲、师"全给吞并了。君主掌握对道统的解释权，文明认同变成了纯粹的暴力屈服；亲缘关系以宗族专制的形式变成君权的延伸，人民被奴役于严密的宗族体制之下；结拜兄弟成了死罪，拜师习武也是重罪，其他各种结社全都禁止。这种情况下，底层互助才走上大规模秘密结社的道路——人们用师徒和兄弟的旗号，结成秘密组织来互相帮助，并在必要的时候组织反抗。

有很多人以为，清朝的情况就可以代表中国所有古代王朝。比如，《血酬定律》中讲了一个故事：浙江宁波监生周祥千带领农民要求降低税赋，却因为聚众闹事的罪名被官府杀头。作者认为，只要是君主专制体制，"聚众"就都是重罪。

这句话看似不经意，其实代表着许多人对中国历史的偏见。

实际情况是，在中国古代的汉民族大一统王朝，聚众都不是重罪，甚至根本就不是罪。只有在清朝，聚众才是重罪。比如，明太祖朱元璋就非常欢迎人民群众"聚众闹事"，三五十人也好，三五百人也好，都可以找官府闹事，不服气还可以一起到京城来找他反映情况，驿站还必须接待。朱元璋死后，这个规定不再执行，但明朝也从未将聚众作为一个罪名写进国家法律文件。至于结拜兄弟、拜师学艺之类的事情，则完全不管。

明末，江南地区发生过无数次读书人领头的聚众闹事，有抗粮抗税的，也有要求罢免不合格地方官员的，这种方式几乎成了解决官民冲突的常规做法。聚众闹事的结果，有的抗议无效，也有的抗议成功——真把地方官搞下台或者少交了钱粮。但不论结果如何，几乎没有闹事者因此而被定罪。后来，这种聚众的自由还被滥用了，地方豪强组织人手以"人民反抗"的名义打杀皇帝派来征税的太监，放火把税监的衙门都给烧了，很大一部分主谋竟然也没事，或者虽然判刑也没有杀掉，象征性地关几年就给放了出来。

在明朝，聚众、聚众抗议都不是罪，更不是重罪。

汉朝有禁止三个人以上饮酒的法律，看起来是防止聚众，但仔细一看处罚——"罚金四两"，原来就是罚款了事。这条规定的本意并非警惕人民结社造反，而是避免聚众喝酒之后出现治安问题，比如打群架之类的。美国在20世纪的时候还出台过禁酒令，禁止一切酒类交易和饮酒，我们也不能说它是专制政府为了防止老百姓造反而制定的。这跟清朝结拜兄弟就要判刑甚至杀头完全不是一个概念。

总之，古代中国人民，在大一统的皇帝制度下，过的是一种——从古代的标准来看——非常自由自在的生活。汉、唐、明三代的皇权合法性高，无须对人民结社过度警惕。皇帝主要负责征集全国资源保障国防和国家统一，人民在完成国防义务的前提下，其他方面十分自由。结社和言论自由的尺度很大。元朝有法令严控书籍出版，但在南方地区基本没有执行，出版自由在南方实际并未受到严重伤害。只是到了清朝，在"文字狱"的打击之下，在理学士大夫们的配合下，中国人的言论和结社自由才出现空前的大倒退。

正是由于清朝以国家暴力严厉禁止结拜兄弟和拜师习武，才有了大规模秘密结拜兄弟的天地会出现，并发展成为清朝后期中国人反清运动的重要组织基础。

第一章　太平天国（上）

一、广西暴乱：天地会引发晚清大起义

天地会很早就已经从福建传入广西。1811年，广西庆州府就收缴到一份天地会的会簿，里边就有"去清复明""扶明绝清"之类的字眼。此后30年，广西多次查获天地会组织，总共抓捕过大约1200名会员[①]。此时的广西天地会还处在潜伏发展期，没有力量发动大规模武装起义。

鸦片战争为天地会起义创造了条件。

不管是清朝满族权贵，还是汉族官僚，都没有从鸦片战争惨败中吸取任何值得一提的教训。两江总督裕谦的幕僚魏源，亲眼目睹清军惨败，战争结束后发愤专研，编了一套《海国图志》，详细介绍了世界各国的地理情况、历史政制、风土人情，主张学习西方国家的科学技术，又提出"师夷长技以制夷"的改革方略。但编出来以后无人问津，三年才卖出一本。

林则徐在鸦片战争爆发后不久即被贬到伊犁军前效力，一年后经官僚集团保

[①]《清宣宗实录》卷12。

举重新出山，先在新疆负责屯垦，1845年署理陕甘总督，1846年实任陕西巡抚，然后迁任云贵总督，在政治上彻底翻了身。但他在这些显赫的位置上，既不提任何借鉴西方的改革建议，也没有再组织或参与任何研究西方的活动。看起来他当年在广州组织翻译西方材料，不过是为了完成自己钦差大臣的使命而为。

林则徐担任陕甘总督和陕西巡抚期间，对于官场上的陋规（也就是红包），他也该收就收。1846年，陕西灾荒，清政府下令暂停征收陕甘地区的军粮。这一年，陕西督粮道张集馨在个人笔记中记录——"督抚将军陋规如常支送"。这里的"督"指的是陕甘总督，"抚"指的是陕西巡抚（此时由林则徐担任），"将军"指的是西安将军，正是粮道的三大顶头上司。根据吴思整理计算，作为陕西巡抚的林则徐，在灾荒之年就收了粮道送的陋规5200两银子，再加上寿礼、水礼、门包等杂项，相当于仅从粮道就获得了两三百万元的"灰色收入"[①]。

不过林则徐收这些钱也不全是落进自己腰包，他也要到处送礼进贡。不然在大清的官场网络中，怎么可能那么快就让他复出担任总督、巡抚。这个钱并不是林则徐个人要收，而是他在陕西巡抚这个位置上必须履行的责任：把钱收起来再通过各种渠道去供养身后的官僚利益集团。

张集馨在被朝廷内定为陕西督粮道之后，道光皇帝专门找他谈话，说：大家都说你操守好，你到了粮道任上，一定要保持清正廉洁，尽好人臣的责任。张集馨说，谨遵圣训。任命下来后，他就贷款1.7万两银子，在京城到处送礼，确保这个任命能够落实。从军机大臣到尚书、侍郎都送了个遍，名义叫作"别敬"——也就是要到外地做官了，跟各位大人"告别"的礼节。张集馨到了粮道任上，也一直按照规矩克扣军粮，准时给各个方面的领导送钱，还在个人日记上详细记录了下来。

林则徐和陕西督粮道张集馨，都是当时官场上公认的"操守好"的官员，是有理想、有才能的人物。当这两个人成了上下级，又遇到灾荒，却一个收钱、一个送礼，毫不含糊，可见当时清朝官场的腐败确实已经到了不可救药的程度。

连林则徐都如此，整个大清官场也就更是如此。鸦片战争一打完，大家就把

---

① 吴思：《林则徐也收"陋规"》，《杂文月刊》2009年第5期。

战争惨败这件事忘了个一干二净，当作一件不祥之事，绝口不提。各种政府行为跟战争以前并没有什么变化。至于赔款和战争开支带来的财政"窟窿"，依旧是层层下达，清朝中央政府摊派给地方，地方摊派给士绅，士绅转移给老百姓，层层加码。要不然，就是通过公开出售官位来填补，放任买到官位的人去把捐出去的钱再贪回来。最后，赔给英国人的2000多万银圆和清政府几千万两白银的军费，又变成了一笔新增的税赋加到底层人民头上，实际数额还翻了好多倍。

虽然英国和清政府都没有公开说鸦片合法化，被吓破了胆的清政府却不敢再干涉鸦片走私。鸦片贸易量快速增加，白银大量外流，带动了国内银价持续上涨。在鸦片战争之前，一两银子的价值在1000文铜钱上下波动，战争之后五年，已经上涨到2200文的水平，翻了一倍①。清政府收税早就以白银为主，而小规模粮食交易却以铜钱为主，农民要交同样的白银就需要出卖更多的粮食。

在统治集团剥夺和外部殖民者鸦片走私的双重压迫之下，中国人民的生活变得更加痛苦，各个地方的反抗风起云涌，遍地都是暴乱。其中闹得最严重的，是广西。

广西成为这一轮大暴动的主要发源地，有两个特殊因素。第一个因素，是鸦片战争的时候，清政府从广西临时征集了一批民兵去沿海辅助清军参战，叫作乡勇。这部分人仗一打完就解散回家了，他们受过军事训练，见过世面，尤其是看到过清军在面对英国人炮火的时候是如何不堪一击，造反的本事和胆子都比普通老百姓要大一些。回到广西以后，他们就成了起义的"火种"。第二个因素，是以前出口西洋的物资从川渝等地区转运到广州需要经过广西，提供了大量的纤夫、搬运工等，商贸业也跟着发达起来。鸦片战争结束以后，新增五口通商，长江上游的物资沿江而下，直接从上海、宁波出口，更加方便快捷。这样，广西商业萧条，大量青壮年失业。广西老百姓的生活水平，比其他省份下降得尤其厉害。失业游民，也比其他省份更多。

鸦片战争后广西社会民生情况的变化，跟天地会几十年的秘密发展结合，如同"干柴烈火"，把起义形势狠狠地"烧"了起来。

天地会分散化的组织特征决定了它每次起义的规模都闹不大。不同的堂口互

---

① 彭泽益：《十九世纪后半期的中国财政与经济》，人民出版社1983年版，第29页。

相联络，一起造反，可以号称上万人，声势不错，但彼此之间互不能指挥，战略是谈不上，战术配合也基本不存在，一旦局部战事不利，就各自逃走，很容易被清军逐个消灭。

清军这边问题也很严重。广西省内的清军绿营总共就3.7万人，很大部分是吃空饷的，还有很多分散在各个州县的汛口、乡镇，用来维持日常治安，素质极差且没法调动。省里能机动的兵力只有6000到8000人左右，几年打下来，死伤数千，军费开支也撑不住，天地会起义却是越镇压越多。到了1850年的时候，已经形成几支比较大的队伍，连省城桂林的安全都受到威胁。这个时候，省里才向朝廷告急。

省里之所以长期瞒报，是不想承担镇压不力的责任。一旦上报，巡抚的官位就很可能保不住。

果然，朝廷收到奏报之后，一边组织力量支援广西，一边就开始换帅。广东、湖北等邻近省份的援军共计1万多人开进广西。同时，广西巡抚和提督撤职。巡抚换上了官声卓著的林则徐，提督则换成了悍将向荣。

向荣是四川人，成年后到西北地区当兵，在镇压新疆张格尔叛乱的过程中立下战功，后升任河北正定总兵、四川提督、湖南提督等职务，在这些位置上多次成功镇压各种人民起义，是平叛专家、朝廷上下公认的"办贼"能手。这次派去广西，也被寄予厚望。

林则徐年老多病，走到广东就半路病死了。这应该算他运气好，避免了在清朝灭亡后背上镇压起义的罪状。这次受遣平叛的官员，后来无一人有好下场，不是撤职查办就是死于征途。林则徐即便活着到了广西，也不大可能有更好的结局。向荣和林则徐都不知道，在广西等待他们的并不是乌合之众般的天地会叛军，而是一支战斗力强悍得多的军队——太平军。

二、上帝之子：洪秀全创立拜上帝教

太平军的精神领袖是洪秀全，他在1843年前后创立了拜上帝教，宣布自己是上帝的次子、耶稣的二弟。但他只是一个宗教创始人，对行军打仗的事情不太关心。真正的军事统帅是杨秀清，一个出身于广西桂平紫荆山平隘新村的贫苦山民。他在1846年加入拜上帝会，并于1851年在广西主持发动了著名的金田起义。

因为洪秀全自称上帝之子，很多人便以为拜上帝教是基督教的一个中国分支。这不对。拜上帝教是跟犹太教、基督教、伊斯兰教并行的独立一神教。拜上帝教和基督教的关系就好比是基督教和犹太教的关系——基督教从犹太教发展而来，但不是犹太教的分支教派。基督教传说中的创始人耶稣自称是"上帝的儿子"，犹太教教义绝不可能承认这一点。同样，拜上帝教的创始人自称是上帝的次子、耶稣的弟弟，基督教也绝不可能承认。

犹太教、基督教、拜上帝教都认上帝为唯一主神，但上帝分别派了三个人来干三件不同的事：一是委托摩西管理和拯救犹太民族；二是委托耶稣来净化人类的灵魂；三是委托洪秀全来拯救中国人民。

天主教、东正教、新教等都是在第二条的基础上对《圣经》做出解释，因此是基督教的分支。拜上帝教认为上帝越过耶稣，直接委托洪秀全来拯救中国，因而是独立宗教而非基督教分支教派。

洪秀全，本命洪火秀，广东人，出生在省城广州北边30公里左右的花县农村。他从小就很聪明，看起来很有读书的天赋。父亲是普通农民，之前已经有了两个儿子，家里农活是不缺劳动力了，就想供洪秀全读书。洪氏家族也对洪秀全很重视，想让族里出个科举官员提升家族地位，给予不少资助。作为全族的希望，洪秀全一直自视甚高。但连着去广州考了三次童生试，到了25岁连个秀才都没考上。这让他很受打击。

1837年，鸦片战争之前三年，洪秀全第三次考试失败以后，他回家生了一场大病，昏睡数天，几乎死去。醒来以后，便声称自己梦中有白胡子老神仙接他上了天堂，嘱咐他灭妖除魔、拯救世人。那个老神仙被众人称为"天父皇上帝"，是他真正的父亲，旁边有个中年男子是他哥哥。其中有个奇特的情节，就是他的神仙父亲把孔子拉出来狠狠教训了一顿，训斥孔子的思想荒谬狂悖，孔子被吓得跪在地上认错。

洪秀全昏睡的时间只有几天，却自称在天堂度过了40多天。他在天上有妻子，还有许多美女小妹陪伴，一起读书鼓乐，过得非常开心，不愿再回到凡间。但"天父皇上帝"一再催促，说：你要是不下凡，凡间的人如何能醒悟真理、得升天堂？又叮嘱他下凡以后要改名字，不要叫洪火秀了，因为其中的"火"字与"天父皇上帝"的名字冲突，犯了名讳，应改称洪秀全。全，也就是"人王"的意思，还给他封了一个头衔"天王大道君王全"。

洪秀全醒过来后，就开始胡言乱语，对自己的父亲说你不是我父亲，我父亲在天上，等等。他的父亲被吓坏了，把他关在屋里，平时由两个哥哥送饭。根据哥哥们后来的回忆，他这段时间说了很多"天话"，像什么"堂堂天母朕亲妈，天子定然认得她"，"朕睡紧都得坐江山，左脚踏银、右脚踏金"，"洪家天子杨家将，尔知么？"等。

洪秀全得病发疯的消息很快在村里传开，那些疯话也在村民们中间传为笑谈。

发疯的状态没有持续很久，洪秀全逐渐恢复正常，又开始捡起孔子的书来读，积极备考，并继续到广州参加科举考试，但跟前几次一样，一无所获。为了谋生，他还当起了私塾老师，以给村里小孩教授儒学知识为业，似乎全然记不得他的"天父皇上帝"逼着孔子下跪认错之事。

这种平静的生活过了六年。一直到1843年，鸦片战争之后一年。有个表亲叫李敬芳的，到私塾拜访，从洪秀全的藏书中翻出来一本叫《劝世良言》的书，借走阅读。看完后十分惊奇，还书之时，对洪秀全说：此书内容极为奇特，跟中国经书大不一样。

洪秀全早已忘记自己还有过这么一本书，听李敬芳一说，才仔细翻阅起来。一看之下，极为震惊——书中内容竟跟自己六年前做的那个梦高度契合。书里边的神仙名叫"神爷火华"，又被称为"神天上帝"，岂不是正好印证梦中名字含有"火"字的"天父皇上帝"？而上帝之子耶稣，不就是梦中的那个哥哥？

《劝世良言》是一个中国传教士写的介绍基督教的传教书，里边把上帝耶和华写为了"神爷火华"。1836年洪秀全去广州参加科举考试的时候，得到这本书。他肯定是当时就看过，潜意识已经受了影响，所以1837年昏迷之中才会做那样的梦。但他自己忘掉了读过此书，以为做梦在前，读书在后。

读完《劝世良言》，洪秀全激动万分，确信梦中所见都是真事，原来自己真是上帝之子，下凡来拯救众生的。

洪秀全立即找到李敬芳，把这件事情跟他讲了。李敬芳刚读过《劝世良言》，又知道当年洪秀全昏迷后说胡话之事，两相印证，不能不信，当即下拜认洪秀全为教主，成了拜上帝教的第一名信徒。

此后，洪秀全大力在他的亲戚朋友中间传教。他的父亲和哥哥是洪秀全"神迹"的目击证人，见竟然还有外国经书可以印证，也就跟着信了。其族弟洪仁玕、同村秀才冯云山，也入了教。

总的来说，前期的传教效果不佳，只有极少数村民入了教，大部分人并不以为然。洪仁玕入教以后，砸掉了孔子牌位，被父亲和哥哥痛打了一顿，撕掉衣服，赶出家门。后来又抓回来严加管教，不准再与洪秀全来往。

最严重的事情发生在1843年年底。作为洪氏家族中为数不多会读书写字的人，洪秀全一直都要帮父老乡亲写春联、祭祖诗文等。但创教后的洪秀全认为这些都是歌颂偶像、违反教义的行为，拒绝再写，把全家族都给得罪了。在宗族社会，这几乎就是自绝生路。

无奈之下，洪秀全只得带着冯云山等少数几名信徒，离开老家外出传教。洪仁玕也想同去，但父兄看得很严，未能找到机会脱身。几人在广州附近转了一圈，一无所获。冯云山认为，这是汉族人受儒家思想影响太深所致，不如去广西瑶民聚集地试一试。洪秀全想起广西贵县赐谷村有个姓王的远房表兄，决定前往。另外几名信徒拒绝远赴广西，只有洪、冯两人上了路。

经过大半个月的长途跋涉，二人来到广西表兄家中住下，四处传教，未见成效，还惹出来一桩祸事。原来当地有个小庙，叫作六乌庙，供着男女两个神仙。传说这两人是通过唱山歌相爱，在山中同居，死后双双成仙。犹太教、基督教、伊斯兰教和拜上帝教等一神教的共同特点，就是反对偶像崇拜。洪秀全认为这个庙不仅是偶像崇拜，而且将未婚男女供奉在一起，是"淫邪"，犯了上帝的大忌，就去把庙里的男女神像给砸了，还写了一首诗大骂二人"淫奔苟合"，"天所必诛"。

唱山歌谈恋爱是本地流传千年的风俗，洪秀全这种激进的做法激怒了本地乡民。他们联合起来向其表兄施加压力，要把洪、冯二人赶走，不准他们在此传教。

受此打击，洪秀全心灰意冷，要回老家，而冯云山却执意要留下来继续传教。二人因此发生争吵，最后分道扬镳，洪秀全独自回了广东。

洪秀全回到老家后，又把私塾老师的职业捡了起来。但他之前有传教和侮辱孔子的名声，村民们不大敢将孩子交给他教育。坚持了两年，实在生活不下去了。1847年，他去广州拜访一个叫罗孝全的传教士，想受洗礼加入基督教，并在那里找一份教会的工作。罗孝全让洪秀全在教会待了几个月，观察之后，认为他动机和信仰都不纯，拒绝给他洗礼。

洪秀全被迫离开教会，生活全无着落，几乎陷入绝境。迷茫之中，决定再去广西找冯云山。他完全没有冯云山的任何消息，连是死是活都不知道，但舍此以外实在没有其他办法。他身上揣着朋友给的100文钱就出发了。为了省钱，连船也不敢坐，只能步行，又遇到强盗把钱和行李给抢走了，眼看就只能饿死在半路。幸好遇到几个好心人，见他可怜，送了几百文钱，让他可以勉强用来吃饭，支撑着到了浔州赐谷村表兄家。

此时，冯云山已经离开赐谷村很久，但洪秀全在这里得到非常确切的消息——冯云山就在附近百余里外的紫荆山传教，而且取得了极大的成功，现有教徒2000余人。

洪秀全闻讯，旅途疲惫一扫而光，精神大振，立即派人跟冯云山联系。休息数日后，在当地信徒的陪同下前往紫荆山。

三、紫荆传教：冯云山与杨秀清对拜上帝教的改造

洪秀全到紫荆山住下，度过了十分愉快的半年。这半年里，拜上帝教的事业搞得颇为红火。冯云山在当地扎根，放下读书人的架子，与当地人打成一片。山区居民大部分都是文盲，秀才属于极为罕见的高级知识分子，愿意免费给大家做文字服务，还教他们读书识字，乡民非常感激，也就愿意听他传教。在两年里，

冯云山熟悉了乡土民情，掌握了本土化传教的技巧，又发挥组织才能，建全教会组织，并将其正式命名为拜上帝会。

洪秀全在广东的两年也没有完全忘记传教的使命，写作了《原道觉世训》《原道救世歌》详细论述拜上帝教义，到紫荆山后又与冯云山一起撰写了《原道醒世训》，形成了拜上帝教的创教经典《原道》三篇。此后，二人又写了《天条书》，模仿《圣经》中的"摩西十诫"制定了"十款天条"，用来统一教会纪律。这对传教活动又是一个大的促进。

经过半年的扩张，洪秀全和冯云山决定趁着形势大好，再搞点"宣传活动"。当地最时兴拜甘王庙，其中又以象州大樟乡的甘王庙香火最盛，号称"祖庙"。洪秀全便带着拜上帝教诸多骨干，奔赴大樟乡，来到甘王庙前，指着甘王像大骂一顿，说它是妖怪，数落其种种罪行，然后以上帝的名义抡起大锤把甘王像砸了个稀巴烂，扬长而去。

此事立刻在方圆十里八乡引起轰动，拜上帝教也跟着名声大噪，慕名入教的人迅速增加。但它也让拜上帝教引起了官府的注意。很快，官府就根据当地士绅的举报，将冯云山等几个重要成员关进了监狱。

洪秀全砸甘王庙这个事情，是太平天国运动发展史上非常重要和关键的事件，有必要认真分析一下。为什么他们在赐谷村砸六乌庙，被村民赶走，在象州砸甘王庙，却声势大振呢？

这是因为，六乌庙是"民俗庙"，砸六乌庙是纯粹的宗教行为，跟政治、经济没有关系，就是一神教的反偶像斗争。拜上帝教以反"淫邪"为一大宗旨，不能容忍男女自由恋爱婚配的民间习俗。把六乌庙的男女神像砸了，是与风土人情对着干，得罪了赐谷村上上下下全体村民。大家都对这种做法没有好感，让洪秀全无法在村里立足。

而砸甘王庙，除了反偶像崇拜的宗教意味以外，又多了一层政治斗争乃至阶级斗争的含义。跟六乌庙是"民俗庙"不同，甘王庙是"正统庙"。甘王是清王朝官方认可并以圣旨形式加封的神灵，甘王崇拜因而就具有了配合政府在思想上对老百姓进行洗脑、稳定统治秩序的作用。

这类官方认证的庙宇和神灵，是政府和宗族合作的交汇点。有学者考证发现，这类庙宇里边甚至就是宗族保甲的执法和办公地点。冯云山被捕以后，就是先被押送到庙里给保正（保甲执法者）处理，再转送到官府的。本地宗族每年都会在庙里举行祭祀活动，能够进入祭祀名单，就代表此人是官方和宗族共同认证的"合法居民"，而不守规矩被"逐出家门"的子弟则不能列入名单。对宗族成员的处罚和奖赏，很多也会在庙宇祭祀活动中进行。

当时，紫荆山区还有很多外来山民，他们不属于本地宗族，也没有合法的土地可以耕作，很多人以在山中砍柴、烧炭、挖矿、制作染料为生，不属于政府"编户齐民"的范围。这些人无权参与本地宗族祭祀活动。

在山民们眼里，甘王就是一个坏蛋，代表了本地宗族对弱势群体的歧视和打击。而在宗族内部，那些处在被压迫被剥削地位的穷苦人民，以及因为反抗宗族统治而被惩罚的人，也把甘王看成是官府和宗族势力对他们进行镇压的一个象征。

尽管有这些不满，他们还是被宗教迷信思想蒙骗，觉得甘王是神，惹不起。反抗政府和宗族，就会遭到甘王神力的伤害。政府和宗族通过甘王祭祀，获得了意识形态上的权威地位。清政府因为其腐败残暴，早已经成为不被中国人民接受的反动政权。所以，在广西紫荆山，甘王就是一座代表反动统治阶级镇压穷苦人的精神偶像。

这里要说明一下，洪秀全给甘王列举了很多罪名，其中有一条，说甘王为了功名杀掉自己的亲生母亲，是一个"凶神"。这个罪行在官方记录的甘王事迹里边是没有的。官方记录的甘王，是一个忠君爱国、孝敬父母、礼待乡人的道德典范。但这个罪名也不是洪秀全现编的，而是来自山民中间流传的甘王传说。也就是说，它反映的是被镇压的底层人民对甘王的看法和态度。也许有人会问：那真实的历史上的甘王是个什么样的人呢？到底有没有杀母呢？实际上，我们连历史上有没有甘王这个人都不知道，别说他有没有杀母了。甘王的故事来自民间传说，然后官方又根据民间传说修改记录，几百年上千年改下来，一切早已面目全非。显然，历史上的甘王本人到底怎样并不重要，重要的是它在现实中扮演着什么样的作用，这才决定了洪秀全砸甘王庙的行为性质。

洪秀全公开砸了甘王神像，回头大家一看，他既没有被雷劈死也没有暴病身亡，还在继续传教。那些原本有畏惧心理的山民和底层农民们这下不怕了：原来洪秀全比甘王还厉害，上帝比官府宣传的神仙还厉害，就大胆地加入了拜上帝教。

所以，砸甘王庙，跟砸六乌庙不同，标志着拜上帝教从纯粹的宗教开始逐步转变成为一种支撑政治斗争和阶级斗争的意识形态。

卷入政治斗争，既获得好处，也就必然带来危险。在得到广大底层人民热烈拥护的同时，也就得罪了从甘王迷信中获利的政府和宗族士绅，冯云山被捕，便是后者的体现。

组织捉拿冯云山的叫王作新，他是紫荆山一带有名的大地主，也是官方任命的团练负责人。在甘王庙被砸后不久，王作新家族主祭的雷神庙也被砸了。这严重动摇了王作新在本地的权威。他怒不可遏，三番五次向官府举报拜上帝教要造反。在王作新的推动下，团练和官府在桂平县境内大肆搜捕洪秀全和冯云山。

危急时刻，冯云山让洪秀全前往邻近的贵县分部躲避，住到了分部领袖石达开家中，而自己则留下来继续主持工作。最后，冯云山被捕，洪秀全逃过一劫。

洪秀全得知冯云山被捕后，返回广东，向广州基督教会求援。希望教会能以营救传教士的模式来给清政府施加压力，迫使他们释放冯云山。但罗孝全当年已然拒绝洪秀全入教，现在当然也不认可冯云山是基督教传教士，洪秀全此行全无收获。

营救无效后，洪秀全没有再返回紫荆山，而是回到花县老家。然后，洪秀全就好像把紫荆山和冯云山的事儿忘了一样，在家安心住了很久，其间还跟老婆赖氏生了儿子，也就是后来的小天王洪天贵福。

洪秀全连续两次遇到困难或危险就丢下忠心耿耿的追随者返回老家长住，说明其作为一个起义领袖，存在勇气、魄力和责任心的重大缺陷。这成为后来太平天国运动失败的一个重要原因。

洪秀全一去不返，冯云山又在监狱里关着，紫荆山地区的教众陷入群龙无首的境地，大家信心动摇，很多人退教。长此以往，拜上帝教可能就会像冰山一样慢慢融化消失。

在这个危机时刻，一个人挺身而出，力挽狂澜。

他就是杨秀清，一个在山中以砍柴和烧炭为生的山民。太平天国官方材料就记录说，"贫者莫如东王（杨秀清）、至苦者亦莫如东王"，生长于深山之中，五岁父亲去世，七岁母亲去世，是个十足的孤儿，由叔父抚养长大。作为著名的起义领袖，其出身之贫苦，与朱元璋十分类似。

冯云山在紫荆山传教的时候，给一户姓曾的大户人家当家庭教师。杨秀清时常卖炭给曾家，受冯云山影响，便入了教。杨秀清这个人其貌不扬、身材矮小，又出生穷苦，但为人豪爽，喜欢助人为乐，在山民们中间一直很有人缘。他入了教，很快就介绍着把一大帮山民给拉了进来，这些人后来成为拜上帝教的骨干力量，杨秀清本人也因此成为教内举足轻重的人物。眼见人心动摇，他就假装"天父附体"，以"天父皇上帝"的名义安抚教众。这种做法源自中国古代长期流传的"降僮术"，具体做法是众人聚在一起的时候，杨秀清突然昏迷倒地、口吐白沫，被人扶起来之后，就开始以上帝的名义讲话。

为了让大家相信他的表演，杨秀清花了不少心思。他人缘好，消息网络灵通，私下里能打听到很多人的隐私。如果有人做了不利于教会团结的事，"天父附体"的时候，杨秀清就突然当着众人的面揭发出来。那些人一般会被震慑住，感到无地自容，叹服于"天父"的全知全能，当场认错。旁观者就更加惊愕：杨秀清"在家烧炭为业，并不知机，自拜上帝后，件件可悉，不知天意如何化作此人？"[1]

然后，杨秀清又教导其妹妹（一说为义妹）杨云娇的丈夫、至交好友、同为烧炭山民的萧朝贵，也用类似的方法宣布"天兄附体"，二人一唱一和，所讲内容互相印证，更由不得大家不信。

用这种方式，杨秀清和萧朝贵成功填补了洪、冯二人离开后的权威真空，稳住了局面。他们积极组织营救冯云山，和山民们商议决定，每卖出100斤炭就抽出一部分的炭钱积贮起来，叫作"科炭"，集腋成裘，筹得了一笔大款，向浔州

---

[1]《李秀成亲供手迹》。

府和桂平县的贪官污吏们进行贿赂。当时天地会起义已经在广西闹得很凶，地方官一方面不敢轻易放掉这种宗教组织头领；另一方面又以为冯云山传播的是洋人的基督教，有洋人保护，不能随便杀掉。两相权衡，桂平知县——在收够了贿赂以后——想了一个招数：把冯云山押解回广东花县原籍，由当地官府负责监管。

结果令人意想不到：冯云山一路走一路向负责押解他的两个差役传教，最后硬是把这两个人说服信了教，跟着他回了紫荆山。

冯云山回到紫荆山，得知杨秀清"天父附体"后，大惊失色，不敢自作主张，决定返回广东去找洪秀全商议。

四、金田起义：太平天国运动爆发

洪秀全在花县老家得到消息说冯云山已被释放，这才觉得安全有了保障，返回紫荆山去找冯云山。正好冯云山从紫荆山去广东找洪秀全，二人在路上错过了。

洪秀全回到紫荆山后，才知道杨秀清"天父附体"的事情。这对洪秀全而言是相当震撼的，因为拜上帝教教义从根本上反对各种"邪神、妖法"，不管是《劝世良言》还是洪秀全的《原道觉世训》，都长篇大论地批判了各种中国民间的鬼神信仰，"神仙附体"的做法与一神教宗旨水火不容。

但此时杨秀清和萧朝贵已成了山民领袖，如果否定二人的言行，可能造成教内思想混乱。而且，洪秀全也搞清楚了，冯云山其实是私自脱逃，并没有当真被宣告无罪释放。洪秀全作为教主，被捕的风险仍然很高。他和冯云山都已不能再公开活动，必须要依靠杨秀清和萧朝贵这样的本地人来负责具体事务。经过反复权衡，洪秀全不得不认可了杨秀清、萧朝贵"天父天兄附体"的神迹，还进一步宣称，冯云山是上帝第三子，杨秀清是上帝第四子，杨云娇是上帝的女儿，萧朝贵是上帝的女婿，建立"上帝小家庭"理论来强化杨秀清和萧朝贵的权威。等到冯云山从广东回来，也无话可说。

此后，洪秀全和冯云山长期秘密躲藏，所有指令都需要由杨秀清和萧朝贵传达。杨秀清成了公开合法的教内事务负责人。在杨秀清领导下，拜上帝教又开始迅猛发展。到1850年初，已经发展到了2万多人。除紫荆山地区外，在广西其他州县甚至广东、湖南都建立了若干基地，并确定了各个基地的负责人，组织体系严密，严格听从冯、洪、杨、萧的统一领导和指挥。

基地多、人多，事情也就多了起来。各个基地不断与当地团练武装发生纠纷。地方团练的背后是本地宗族势力，包括士绅阶层，以及条件比较好的本地农民，是政府认可的合法民间武装，协助政府对抗天地会等反政府组织，也被本地士绅们用来对付山民等外来移民。拜上帝教代表了山民等外来移民，以及被本地宗族势力打压的其他边缘群体利益。在拜上帝教兴起之前，士绅们欺压这些边缘势力毫无困难，有了拜上帝教，底层民众就可以组织起来与保甲和团练对抗了。当年，洪秀全和冯云山在赐谷村传教效果不佳，而在紫荆山大获成功，除了他们传教方式的改变以外，另一个重要因素就是赐谷村多是本土有田有地的居民，被宗族、保甲和团练组织得很好，而紫荆山一带多山民，他们是被正统体制排除在外的社会最底层，没有被宗族吸纳和控制，因而更容易入教。

此外，广西还有一种游民，他们既不是本地农民，也不是在山中艰难谋生的山民，而是没有正式职业、四处游荡之人。这些人也很穷苦，但总体不如山民老实本分，其中混杂了不少偷鸡摸狗、打家劫舍之徒。

无业游民是天地会的主要会众来源。天地会除了强调保密以外，其他方面纪律松散，鱼龙混杂，有真正造反起义的，也有趁火打劫的，既对抗官府，也劫掠平民，半匪半民，无组织无信念。《金田起义调查报告》记录了一条民间口碑，对比了天地会（三合会）和拜上帝教的纪律差异，说的是："拜三点的人，到处打家劫舍；拜上帝会的人，不抢劫、不打人、买卖公平。"

当时，天地会才是团练和政府的主要打击对象，拜上帝教则一直比较老实。乡绅团练们利用政府力量把很多拜上帝教众逮捕入狱，折磨致死，其中还包括洪秀全的表侄王维正。教众们义愤填膺，纷纷要求报仇雪恨。这种事儿摊到天地会头上，堂口大哥就带着几个兄弟直接找团练的人拼命了。拜上帝教则不同，他们有统一指挥，上边不让动手，下边基地就不会盲动。杨秀清和萧朝贵一直坚持利用"科炭"制度来解决问题，也就是大家筹钱行贿来解救被捕的兄弟，而不是暴力解决。当时还有各地村庄和宗族之间的械斗，拜上帝教也并不直接介入。除了偶尔砸个庙宇、社坛以外，从各方面看拜上帝教都是个非常热爱和平的宗教。这样，政府一直没把它当成打击重点，广西给朝廷的汇报，始终都只讲天地会起义，而没有提到拜上帝教。

但拜上帝教的隐忍并不代表他们好欺负。实际情况正好相反，教众的组织能力和战斗力比天地会众强得多，地方团练那点实力在一神教组织体系面前不堪一击。他们只是在等待时机，一边低调发展，一边让天地会先跟团练和政府军拼个你死我活，为此不惜忍气吞声，这是很高明的策略。

拜上帝教大约是在1849年下半年正式决定武装暴动的。此时其发展规模已经很大，人数太多，再低调也会很快引起省府甚至朝廷关注。这一年，洪秀全发布一个"末日预言"："在道光三十年（1850），我将遣大灾降世，凡信仰坚定不移者将得救，其不信者将有瘟疫。过了八月之后，有田不能耕，有屋不能住。"

所谓"大灾降世"，也就是要为发动大暴乱做舆论准备，到时候起义爆发，自然"有田不能耕，有屋不能住"。

1850年6月，洪秀全将家人秘密从花县接到广西基地，这是暴动实施前最后的准备了。7月至8月，各分部基地陆续接到组织人员集结的指令。同时，萧朝贵负责在金田村组建总部武装。

8月底，洪秀全、杨秀清、冯云山、萧朝贵、韦昌辉、胡以晃六人在金田村开会，正式决定起义，并下达团营令，命各分部基地在两个月内到桂平县金田村团营，共同举事。

起义地点之所以选在金田村，一个原因是韦昌辉的家在这里。韦昌辉一家是外来移民，来广西的时间久，经过几代人的努力逐渐积累了不少财富，在金田建了几个大院子，但始终进不了本地宗族的圈子。眼见韦家发达，村内其他富户联络官府准备收拾他们，隔三岔五不断地以各种理由来敲诈勒索，韦昌辉的父亲被莫名其妙地关进监狱，交了300两银子才给放出来。

受这些事情刺激，韦昌辉和他的父亲都加入了拜上帝教，决定用全部家产支持暴动。胡以晃的情况与韦昌辉类似，也算家产比较殷实的外来户，愿意变卖家产参加起义。这样，最开始的"六巨头"中，洪秀全和冯云山是宗教领袖，代表意识形态；杨秀清和萧朝贵是山民领袖和行政负责人，代表阶级基础和组织实力；韦昌辉和胡以晃主要负责出钱，也是杨、萧的主要助手。

各地收到团营令后，立刻下令教众变卖家产，带上家人奔赴金田。这么大的动静不可能不引起清政府注意，分部的行动大多遭到小股清军的狙击，延迟了团营的时间。但教众纪律严明，行动迅速，除了远在广东的凌十八部被清军击溃未能到达，广西各个基地的部队绝大多数都在两个月的时间内赶到金田。个别迟到的也都只迟到几天或者十几天。大约在11月中旬，拜上帝教在金田完成团营，太平军诞生。

太平军成立后，没有立刻主动出击挑战团练或清军，而是在金田一带搞军事建制和训练。杨秀清和萧朝贵把有战斗力的青壮年分为五军，每个军2500人，设一个军长、副军长，下面统率五个先锋，每个先锋管理500人；先锋下面又设五个百人长，各管100人。全军将士总共12500人。其他的还有1万多人，则是其家属老弱。

在后勤方面，太平军在原来"科炭"制度的基础上建立了圣库制度：财产、粮食公有，统一分配，战斗中的一起缴获都必须上交圣库，不准积累私财。太平军中绝大多数都是贫苦农民，平时吃饱饭都很困难，有了圣库统一分配，吃穿暂时不用愁，可以专心军事训练。由于所有财物必须上交，也就消除了部队私自出去劫掠的利益动机，保证了军队纪律。

在之前"十款天条"的基础上，领导集体又制定了五大行军纪律：

第一条是遵守条命。也就是绝对服从"天条"和来自洪、冯、杨、萧这个核心领导层的指示。

第二条是男女分开居住，分男行女行。这是有关太平军的纪律中，后世争议最大的一条，它体现了洪秀全禁止"淫邪"的宗教理念，但同时又是军事建设所必需——团营的时候大多数人都带了家属，行军打仗如果各家回各家睡觉住宿，那就不能叫正规军了，战斗力必然会受到严重削弱。总体而言，它是一条宗教思想和战争需要混合的纪律，在后边的故事中我们还会不断提到它。

第三条是秋毫莫犯。也就是不准抢掠盗窃。

第四条是各尊头目约束。也就是要服从上级。

第五条是同心合力，不得临阵退缩。这是打仗的基本要求。

就整个起义筹备过程来看，拜上帝教的组织能力惊人。在那个兵荒马乱的岁月，那种简陋落后的通信、交通条件下，分布如此遥远的两三万人抛弃家产，说走就走、说到就到，然后服从一个旗号、一个上级组织。这是一个不可思议的壮举，决定了他们将会比任何一个天地会组织都走得更远、成效更大。

五、天兄下凡：萧朝贵对洪秀全的劝诫

在起义决策期间，发生了看起来不大起眼的几件小事，包含很重要的信息，关乎太平军最后的命运和中国历史走向，需要细讲一下。

首先是，洪秀全似乎在忙着娶小老婆，而且对这些大、小老婆态度很不好，以至于生出家庭矛盾需要"天兄"亲自出面来调解。

萧朝贵当时除了负责金田总部的军事建设，还有一个重要使命，就是负责洪秀全的安全保卫工作。对待一般教众，杨秀清和萧朝贵的权威足够，不需要"天父天兄下凡"来说话，但涉及洪秀全的个人事务，有时候就需要"天兄"来说话，不然就有以下犯上的嫌疑。这样，在今天留下来的《天兄圣旨》等太平天国自己整理的官方文献中，就能看到很多有关洪秀全个人事务的记录。其中有一条，"天兄"对洪秀全这样说：

洪秀全胞弟，尔回去家中，时或尔妻有些不晓得，尔慢慢教导，不好打生打死也。

这句话的意思，就是萧朝贵以"天兄"名义劝洪秀全：你老婆有做的不对

的，可以批评教育，但不要动不动就往死里打。

萧朝贵说出这句话来，说明洪秀全对老婆或者他的小老婆们的态度是很粗鲁的，有过"打生打死"的情况，所以才需要"天兄"劝导。

然后，"天兄"又找到洪秀全的老婆赖氏说，劝她忍耐，不要闹：

"赖小婶，你千万遵天条，争你丈夫志气，救你丈夫面，你丈夫不是凡人……天下万国太平主之妻不容易做。"

对诸多小老婆，"天兄"就不那么客气了，说：

"自今以后，各位小婶有半点嫌朕胞弟之处，云中雪飞。"

这里"云中雪"是从天地会学过来的黑话，指的是刀，"云中雪飞"就是杀头的意思。萧朝贵这些话只是威胁，并不是真的把这些"小婶"杀掉。从中也可以看出，"小婶"们跟洪秀全的关系总是出问题，以至于严重到需要"天兄"亲自下凡来调解的程度。

除了娶小老婆以外，洪秀全第二个忙活的事情就是赶紧登基，过一把皇帝瘾。杨秀清和萧朝贵的意思是不要着急这一时，安全第一。在1850年初内部刚决定起义不久，洪秀全就迫不及待地给自己搞了件黄袍来穿上。这件事遭到了萧朝贵的反对，认为有过早暴露起义意图的危险。萧朝贵假借"天兄附体"对洪秀全提出了警告。据《天兄圣旨》记录：

（天兄）谕秀全曰：秀全，你穿起黄袍么？

秀全对曰：然也。

天兄曰：要避吉，不可令外小见，根机不可被人识透也。

秀全对曰：遵天兄命。

拜上帝教能够耐心等待集结造反的时机，而不是盲目与团练开打，引起官府注意，也是杨秀清和萧朝贵的意思。洪秀全则表现得比较着急，为此萧朝贵不得不多次以"天兄"的名义来让他保持耐心。

在被警告不要着急穿黄袍之后，洪秀全似乎并未完全服气，跳开话题问"天兄"：

"今贵县有五位兄弟被外小抓去，李炳章又在平南妖宫捏告胡以晃等，望天兄做主。"

这句话在侧面提醒"天兄"：现在局面已经非常紧张，难道我不应该早登大位，率领众人反抗吗？

对此，萧朝贵回答说："不妨。万事有天排，要嘱各兄弟灵变坚耐也。"

"坚耐"这个词，是萧朝贵《天兄圣旨》中用过多次的，大都是在有教内兄弟被捕之后说的。他反复要求众人忍耐待变，尽可能地用"科炭"的方式来救人，也多次说"莫与人争架"。

关于是否需要对团练和士绅的挑衅打压保持忍让的问题，洪秀全与杨、萧二人似乎也态度不同。

洪秀全的脾气比较暴躁。为了劝诫洪秀全，萧朝贵苦心设计了一番"上天拜访天父"的戏，回来对洪秀全说，"天父"委托他向洪秀全转达意见：

> 洪秀全是我子，有其父必有其子，我性烈，他性亦烈。但朕性烈在天上，他性烈现在凡间，尔要劝他不可十分性烈，要看事来。

1849年上半年，洪秀全借口回老家看望妻子父兄，跑回广东，然后竟不再回金田总部，而是和冯云山到贵县分部领袖石达开家中住了很长时间。

贵县石达开部是力量仅次于紫荆山根据地的一支力量。石达开年轻，当时才18岁，家中富裕，且生性豪爽、一心想做大事，加入拜上帝教以后，就利用其家族力量和财富在贵县发展教众。年少气盛的石达开不能理解杨秀清和萧朝贵的忍隐，与团练公开冲突最厉害的也就是石达开领导的贵县分部。洪秀全离开金田，去石达开那里住着不肯走，看起来他与石达开的关系比与杨秀清、萧朝贵更为亲密。

洪秀全到贵县后，石达开就更不把杨秀清、萧朝贵的管束放在心上，与当地团练的冲突越来越厉害。情况一度到了要失控的局面，教众王维正、吉能胜被团练所捕，送到了官府的监狱里。

贵县局势紧张，既关系拜上帝教的安危，也危及洪秀全本人的安全，萧朝贵很着急，接连以"天兄"名义催促洪、冯返回金田。二人口头答应，却始终不见行动。杨秀清和萧朝贵就商量必须立刻去贵县把洪秀全接回来。杨秀清想要亲自去，对着"天兄"说了一番话：

"小弟不去接三星兄（指洪秀全），理有未顺，恐三星兄怪小弟也。"

但作为最高负责人，离开总部远行也有不妥，此时杨秀清还生病了，最终还是由萧朝贵和韦昌辉去把洪秀全接了回来。

这回去贵县接人，萧朝贵明显是带着情绪去的。走之前专门以"天兄"名义叮嘱韦昌辉："尔一见尔兄，就要让他上马也！"

韦昌辉是萧朝贵的手下，萧朝贵给他下命令并不需要用"天兄"身份。这句话之所以要"天兄"来讲，说明萧朝贵认为洪秀全可能会不听话，韦昌辉等手下不能光凭萧朝贵的命令就把洪秀全强行架走，还需要"天兄授权"才好。

快到石达开家的时候，"天兄"再次命令韦昌辉："尔同朝贵二人即要起行，不可在此停也！"

到了石达开家里，萧朝贵上来就对洪秀全、冯云山说："朕好久未与二位胞弟讲话矣！"

洪、冯二人一见是"天兄"，赶紧回答道："是也。难得天兄时时看顾小弟们也！"

"天兄"又说："朕闻贵县现在十分传扬，尔两位胞弟暂要到金田藏沉也！"

洪、冯二人只能说："遵命。"

"天兄"又对石达开说："达开，尔要送尔两位哥子回金田也！"

石达开也只得说："遵命。"

整个过程，"天兄"的命令直截了当，不留一点商量余地。随后韦昌辉就把洪秀全架上马带走了。

快到金田，"天兄"又嘱咐洪秀全等，要晚上三更准时进山，众人一起点灯启程，以确保安全。洪秀全不知道是对被强行带回金田不满，还是不大在意这些安保细节，不到三更就自己带着石达开等人先走了。还遇到了山中强盗，幸而平安无事。萧朝贵得知后赶紧带人追了上来。这一回是真发火了，当面怒斥洪秀全：

"今早朕吩咐尔们，要三更灯亮，缘何尔们不遵命也？若非朕看顾扶持，恐未免为强盗侵害矣！"

洪秀全赶紧认错说："小弟鲁莽，望兄赦开。"

从《天兄圣旨》来看，萧朝贵对这个喜欢跟大、小老婆闹矛盾和任着性子胡来的洪秀全是有诸多不满的，这一回是直接发泄了出来。到后来，更明确给胡以晃等负责洪秀全安保的人员下令，除了杨秀清、萧朝贵、韦昌辉三人或者他们派来的人以外，其他任何教内兄弟都不准跟洪秀全见面和说话[1]。洪秀全实际上已被置于杨、萧的控制之下。

等洪秀全回到紫荆山藏好，萧朝贵再次奔赴贵县，负责解救王维正、吉能胜。此后《天兄圣旨》就反复出现"天兄"要求大家"坚耐"和加紧进行"科炭"营救的话，还发了一大段议论，说这两个人在监狱里受的苦，不算苦，跟当年耶稣（也就是"天兄"自己）在十字架上被钉起来所受的苦比起来不算什么。"越苦越好，尔们不必慌。"

萧朝贵费尽口舌，才把石达开等人想要暴力救人的要求压下去了。但最后，对王维正的解救并不成功，王维正死在了监狱里。这一下，"天兄"的威信就大大地受损了，石达开更不服，贵县教众与当地团练的冲突遂难以收拾。

1850年12月，石达开部跟贵县团练直接就开打了。这也是金田起义前拜上帝教唯一的一次暴动。萧朝贵和韦昌辉亲自带人到贵县支援石达开，大败团练，还占领了团练的主要营地——六屈村。

取胜以后，萧朝贵主张见好就收，石达开却想要长期占领六屈村。萧朝贵以"天兄下凡"的身份说话，竟然遭到石达开的正面顶撞。这也是《天兄圣旨》中唯一的一次"天兄"说话不灵的记录。须知不管是洪秀全、冯云山，还是掌握了"天父下凡"权力的杨秀清，都绝不会当面与"天兄"唱反调。"天兄"一说话，他们都要说"遵命"，最多再旁敲侧击地表达一下个人意见。

---

[1] 庚戌年八月初八日条，"胡以晃，尔星兄在尔家避吉，尔回去转说他不可大声，不可外玩耍，又不可令兄弟入见也"。庚戌年九月初十条，"自今尔后，除清、正、贵到，或他着人带信到之外，不论远近兄弟，不好界知，不准进内房"。

当时，"天兄"当着众人的面问韦昌辉该怎么办，韦昌辉说应该撤兵，"天兄"表示赞成，然后就"回天"了。不料石达开的手下叶享才竟然坚决反对，逼着"天兄"不得不再次"下凡"，质问叶享才：

"尔说不可班师，尔能挪动粮草么？"

叶享才回答说，是石达开和王玉秀（死在监狱的王维正的亲戚）告诉他粮草足够。萧朝贵遂将石达开和王玉秀叫过来质问，二人果然坚称不愿意退兵。几句话辩论下来，"天兄"急了，用非常严厉的口吻说：

"据朕子爷在高天看来，都无些指甲事情，尔等何竟毫无胆识也，石福隆等粮草将尽，尔还不知么？"

石达开和王玉秀也毫不示弱地回答："小弟二人在后顶起也！"

面对这种局面，萧朝贵不得不退一步，转头对韦昌辉说："远处兵（也就是他们从金田带过来的援军）"先立刻撤退，"近处兵（石达开部）"先留在六屈村，过两天再撤退。

从这些事情可以看出，杨秀清、萧朝贵、韦昌辉始终主张在大规模起义之前，尽量不要把事情搞大，见好就收，全局意识比较强；而石达开则年轻好斗，制造了不少事端，甚至不惜反抗"天父天兄下凡"这个根本性的权力安排。结合前文萧朝贵苦口婆心地劝导洪秀全不要"性烈"，洪秀全着急穿黄袍并追问"天兄"如何处置兄弟们被捕的事情，以及洪秀全跑到石达开那里住着不肯走的情形来看，洪秀全的想法应该同石达开比较接近。金田起义前忍隐不发的主基调，主要是按照杨、萧路线来执行的。而且，金田起义的决议定下来之后，洪秀全便被严密隐藏起来，已无任何渠道绕开杨、萧给教内其他人下达指示。

杨、萧是金田起义大政方针的实际主导者和全局统筹人，而不是洪秀全、冯云山命令的传达人和执行者。

六、杨萧崛起：一次关键的权力变迁

从金田起义前几个月开始，一直到团营后开始建军训练，洪秀全和冯云山始终都不在金田村，而是一直在花洲的山人村躲藏，由胡以晃负责安全保卫。

山人村和金田村之间相隔超过100里，中间多是崎岖的山路，来往非常不便。团营之后的各项工作安排，都由杨秀清和萧朝贵负责。

整个10月和11月，清军的正规军都在忙着剿灭天地会。一直到12月下旬，清军才赶到桂平县，准备围剿太平军。

清军选择扎营的地方，正好位于金田村和花洲山人村之间的思旺镇，隔断了洪秀全与太平军的联络线。扎营之后，清军和团练四下搜捕拜上帝教教徒，山人村也被骚扰。这一下杨秀清等人就比较着急了，他们不知道这纯粹是巧合，还是清军已经知道了洪秀全的藏身地，要到花洲抓捕洪秀全。为了确保洪秀全的安全，杨秀清决定立刻主动出击。

这是杨秀清第一次指挥正式战役，面对的是刚刚镇压了天地会悍将陈亚贵"艇军"的清军主力。

12月25日，清军刚刚扎营安顿下来，杨秀清就先派出侦察兵，将清军和附近团练的情况基本摸清。然后兵分两路，主力由蒙得恩带领，于27日向清军主力发动进攻。蒙得恩先留下预备队埋伏，自己带人突袭清军大营。清军慌乱之中胡乱放炮，蒙得恩假装逃走。清军主将李殿元一看，以为这是天地会的作战水平，就知道偷袭，遂下令士兵们出营追杀，被引进了埋伏圈。"溃兵"也立刻掉头反扑，大败清军，趁乱攻占了清军营地，击毙清军副将张墉。太平军将所有武器、粮草抢走，搬不走的就一把火烧了，顺势占领了思旺镇。

同时，杨秀清派出另一支小分队走小路，突袭花洲山人村周边的团练，但未与之纠缠，而是迅速杀入村中，将洪秀全解救出来，带回金田。然后再集中兵力，由胡以晃带领，攻打团练，击毙团练首领覃展成。

这一仗打得极为漂亮，展示了杨秀清高超的军事指挥才能。太平军经过他一个多月的组织训练，指挥起来已如臂使指。像假装溃逃诱敌深入这种战术，说起来容易，如果不是纪律严明，假装溃逃一不小心就会变成真的溃逃。

这是太平军建军第一战，又被他们自己称为"迎主之战"。

这一仗刚打完，贵州的清军援军到了。1851年1月1日，也就是"迎主之战"后三天，洪秀全和冯云山还没安顿好，贵州兵马数千人共计七个营的兵力，就在当地团练的配合下气势汹汹地朝金田村杀了过来。

这一次，杨秀清采取了更为"狡诈"的战术——让开中央、攻击两翼、后路伏兵。他让战斗力最强的贵州清军深入金田村，以村中构建的坚固阵地防御。然后派兵伪装成团练，嵌入贵州兵和两翼团练的缝隙中，迅速击溃两翼的团练武装，再合围中央的贵州兵。

清军正面突进受挫，两翼又遭打击，不得不后撤。但在后撤的必经之路——蔡村河两岸，杨秀清早已埋下伏兵。清军统帅伊克坦布左冲右突，终于冲上了河上的木桥，不料桥下已有太平军士兵，把木桥给弄塌了。伊克坦布连人带马掉进河里，被太平军所杀。这一仗又被称为蔡村河之战。

贵州援军是咸丰皇帝钦点的精锐。伊克坦布又是满洲旗人，从二品的高级武将，在贵州也算是有名的悍将，跟太平军刚一交战就被斩杀。太平军战力之强，杨秀清军事指挥水平之高，再次令人刮目相看。

经蔡村河之败，清军后续援军再不敢轻举妄动，耐心等待向荣带着他的"楚军"到来。

向荣进入广西以后，先快速歼灭了几支天地会武装，再来打太平军。鉴于清军两次惨败的教训，他比较小心，等待各路援军到齐，兵力超过了1万人，休整准备了很久，才发动进攻。这一回清军排兵布阵没有明显缺陷，也没有冒进，兵力与太平军差不多，且全部是正规军，其中向荣带领的"楚军"已是清军在南方战斗力最强的军队，稳打稳扎地去攻击太平军。结果竟然还是打不过，清军很快就被太平军击败，退了下来。

三次较量下来，清军不敢再主动进攻，改为围困。

金田村附近地方小，要养活两三万人难度很大。清军从周边各地调集的援军源源不断而来，想要困死太平军。太平军粮食耗尽以后，只能选择突围。

后边的故事，就是太平军在广西到处走走停停，一边寻找补给，一边被动或主动地停下来跟围追堵截的清军打仗。总的来说，胜仗居多，败仗也有。大大小小的战争过程无须过多描述。这里边有几个比较关键的节点需要讲一下。

第一个重要节点是1850年7月，太平军在四周转了一圈之后又跑回紫荆山，重新构建防御工事固守。

这一节点之所以重要，是因为它可以清楚地看出洪秀全、冯云山、杨秀清、萧朝贵在作战指挥中的分工。之前"迎主之战"和蔡村河之战都是杨秀清指挥的，这很清楚。后来，洪秀全和冯云山也参与了军事指挥，冯云山还自己独立带了一部分人马，此后的作战到底谁负责就没法搞清楚了。像南京大学崔之清主编的《太平天国战争全史》就一律称之为"洪秀全等"决策指挥，给人的印象是洪秀全是实际负责人，而太平军胜多负少也主要应该是他的功劳。

但到了第二次紫荆山之战，史料记录就比较明晰了：主力部队由杨秀清带领，萧朝贵和韦昌辉为副，集中在正面战场与清军主力作战。洪秀全和冯云山在后方，负责老弱妇幼的安全。前方为主战场，兵力多，但地形也比较平坦，要承担清军的正面冲击；洪秀全和冯云山指挥的兵力较少，但背靠大山，有双髻山、猪仔峡两大天险。双髻山顾名思义，就是像发髻一样高耸的两个山头，前面是猪仔峡，夹在两山中间，非常陡险，道路也十分狭窄，只有小猪仔可以通过，大肥猪就通不过，因此得名"猪仔峡"。太平军在山上构筑了堡垒和炮台，制备了滚木、礌石，又将道路狭窄之处用巨石堵住。以数千人的兵力，居高临下守卫两个天险应该是比较容易的。

清军兵分两路，分别从前方和后方进攻。最后的结果，杨秀清、萧朝贵的正面战场守住了，洪秀全和冯云山负责的后方没有守住。双髻山、猪仔峡陷落，太平军被迫第二次放弃紫荆山，向外突围。这一次失守紫荆山，太平军损失较大，伤员很多，后方物资被清军焚毁，缺粮缺盐，出现了比较严重的士气低落。

为鼓舞士气，洪秀全发布了一道谕旨，里边说："总要个个保齐，同见小天堂威风。"这是"小天堂"这个词第一次在太平天国文献中出现，这是一个新概念，跟基督教和拜上帝教长期宣传的"天堂"不是一回事。

基督教的天堂是指教徒死后，灵魂升入彼岸世界的天堂。它不在人间，而在天上，是一个与现实生活和斗争隔绝的虚无缥缈的宗教幻想。目的在于劝教徒放弃对现实社会中幸福生活的追求和斗争，主张忍受顺从，把摆脱剥削和压迫的希望寄托在彼岸天堂的幻觉上。这种天堂不管多么美好，不过是麻醉和欺骗被压迫者斗争的精神鸦片。

洪秀全创立的拜上帝教，刚开始对信众的主要承诺也是死后上天堂。他在

《原道觉世训》中说："敬拜皇上帝，则为皇上帝子女，生前皇上帝看顾，死后魂升天堂，永远在天上享福，何等快活威风。"

如果用洪秀全这种消极逃避的宗教思想来指导中国人民的革命斗争，那是肯定不行的。洪秀全拿着这套思想传教，也到处碰壁。后来，冯云山在紫荆山独立传教，跟山民等底层穷苦人民结合，逐步把拜上帝教的教义往世俗目标上转移，等到他跟洪秀全合作写作《原道醒世训》的时候，就基本不提死后上天堂享福这回事儿了，而是重点讲"公平"，也就是在上帝这个"唯一真神"之下，人人平等，要建立一个"天下一家，共享太平"的新世界。这是冯云山对基督教教义"取其精华、去其糟粕"的一次大改造。

等到"小天堂"这个概念的提出，就跟基督教的"天堂"进一步划清了界限。太平军将士们浴血奋战的目标，不是为了去上帝的天堂享福，而是要推翻清王朝建立理想社会——人间"小天堂"。它明确太平天国的"国"并不在天上，而是在人间。这是洪秀全在紫荆山保卫战失败的压力下，被迫再次做出的妥协——就跟被迫承认杨秀清"天父下凡"一样，为了鼓舞太平军的战斗意志，不得不将太平天国的主要奋斗目标从天上改到了地上。

与此同时，杨秀清再次以"天父下凡"的名义，对大家进行思想教育，严厉批评了军内部分人信心动摇的问题，并将违反军令、临阵退缩的黄以镇判处死刑，公开处决。

一软一硬两手工作做完之后，太平军士气有所好转，突围成功，然后又在官村岭这个地方回头反咬清军一口。向荣打了一辈子仗，没见过这种溃逃中的军队还能突然掉头反扑的，毫无防备，前锋部分几乎被全歼，余部惨败而逃，所有辎重物资全部被太平军获得。他哀叹道："生长兵间数十年，未尝见此贼。"

官村岭大捷的太平军前军主帅为萧朝贵，冯云山为副。

此战胜利后，太平军又继续转战了一些地方。从史料看，此后基本都是杨秀清和洪秀全待在一起，萧朝贵再独立指挥一支部队。1850年9月，太平军发现桂平县北边的永安州州城防御薄弱，决定抓住机会，由萧朝贵和罗大纲带领主力精锐突袭，经过两天的奔袭和两天的围攻，在9月25日成功拿下了永安城。

这是太平军第一次攻克州城，在这里守卫了半年，其间进行了著名的永安封王和永安建制。这是太平军北上之前的第二个重要节点。

洪秀全在之前就已经登基称天王——他本来想称帝，但萧朝贵"天兄下凡"告诫他，只有"天父皇上帝"可以称帝，凡间人只可称王，洪秀全无奈接受。永安封王主要是给"神仙小家庭"的另外几位成员封王。杨秀清封东王，萧朝贵封西王，冯云山封南王，韦昌辉封北王，石达开封翼王，并由东王节制诸王。在此之前，还封了杨秀清和萧朝贵为正军师，冯云山和韦昌辉为副军师，另封杨秀清为九千岁、萧朝贵为八千岁、冯云山为七千岁、韦昌辉为六千岁、石达开为五千岁。尽管冯云山之前被洪秀全认定为"上帝的第三个儿子"，高于杨秀清和萧朝贵，但在军师地位和千岁排序上却落到了杨、萧之后，这是永安封王最大的改变。

节制之权在古代军制中是很不得了的，意味着杨秀清不仅在诸王中排名第一，而且是诸王的上司。诸王必须向东王汇报并服从东王的命令。洪秀全作为天王高高在上，但他只有一个直接代理人，就是东王，其他诸王都直接听命于东王而不是天王。杨秀清的最高军事指挥权得以制度化。

这次封王把石达开加了进来，还成了上帝的第七个儿子，算是地方分部实力派的代表。诸王之中，萧朝贵、韦昌辉与杨秀清关系更好，冯云山和石达开与洪秀全关系更好。总体来看，萧朝贵地位高于冯云山，韦昌辉地位高于石达开。杨秀清不仅节制诸王，其"金田嫡系"也占据了更有利的地位。

再考虑到杨秀清拥有"天父附体"的特权，"天父"在教义上高于天王，也就可以说，杨秀清已经超越洪秀全，成了太平天国实际上的最高领导人。洪秀全只是名义上的领袖。当然，这个关系并未完全理顺，大家普遍认为洪秀全与杨秀清还有"君臣之义"，洪秀全是君、杨秀清是臣。这种教义、军制、政体的复杂关系为后来的天京事变埋下了伏笔。

回顾从金田起义到永安封王的军事指挥权变化过程来看，我们可以大致梳理出太平军军权的一个变迁过程。在团营初期，军权完全由杨秀清和萧朝贵掌握。等洪秀全和冯云山回归以后，应该是形成了第二次紫荆山保卫战那样的格局：杨秀清和萧朝贵带领主力，负责一线作战；洪秀全和冯云山带领其他部众，主要负责后方防御，两个部分的指挥权相对独立。但第二次紫荆山保卫战，洪秀全和冯云山指挥失误，导致本来最安全的后方防线失守，使得太平军陷入建军以来最危险的境地，此后就基本失去了独立的军事指挥权。杨秀清从一线回到二线，直接指挥洪秀全部，并负责全军总体决策，萧朝贵则继续留在一线指挥主力作战。冯云山的地位进一步降低，在官村岭大捷中作为萧朝贵的副手参战，在进攻永安的突袭中又留在了后边，没有跟萧朝贵去一线参战。一会儿在前军一会儿在后军，都是当副手，不再有独立指挥作战的机会。

总体而言，永安封王之前，就已经形成了杨秀清为最高决策者，萧朝贵为主力前锋的军事指挥格局。永安封王，是对从团营到金田起义、第二次紫荆山保卫战，再到永安围城这一系列艰苦卓绝的战争过程形成的军事指挥格局的确认。

长期以来，一些历史学家只看到杨秀清和萧朝贵"天父天兄下凡"的神迹，认为是他们装神弄鬼，用奸计和迷信手段谋求个人权力地位，打压洪秀全和冯云山。这种看法格局太小，层次太低。

杨秀清和萧朝贵"天父天兄下凡"，是洪秀全危险时刻逃回广东老家躲藏，给拜上帝教事业造成严重危机的情况下，被逼时的无奈之举。他们在这个时候挺身而出，不是夺权占便宜，而是承担责任和风险。之前的两个领头者，冯云山被捕入狱、生死未卜；洪秀全远走他乡、杳无音信，拜上帝教已经成了地主士绅和官府的打击目标，谁来当头谁可能就是下一个被抓进监狱的，很可能就死在监狱里或者杀头了，是要冒生命危险的。他们不怕危险，在关键时刻挽救了拜上帝教和太平天国运动，居功至伟，由此获得的地位是应该的，不是什么阴谋诡计的产物。

后来，他们又在团营和金田起义的过程中承担起实际的责任，做出了一系列成功的甚至是精彩的军事决策，萧朝贵更是一直身先士卒，立下赫赫战功。他们带领太平军走出创业之初最脆弱的时刻，不断击败清军围剿、杀出重围、连战连捷，最终攻克永安，再次居功至伟。这一时期杨、萧的地位，是在实打实的残酷无情的军事斗争中逐步提高的，是以才能和功勋服众取得的，也不是什么阴谋诡计和装神弄鬼的产物。

总的来说，杨秀清和萧朝贵的崛起，代表了阶级力量逐渐超越宗教力量，成为太平天国运动的主导力量。这与拜上帝教从"在天上享福"到建立人间"小天堂"的教义变迁过程一致。人事变动是路线斗争和军事斗争的延续和体现。残酷的战争逐步将一支宗教军锻炼成为世俗革命军，同时锤炼和选拔了新的领导人。

在从金田到永安的行军过程中，还发生过一件事，就是萧朝贵把杨秀清的岳父杀了。起因是杨秀清的岳父违反军事纪律，自己私藏了不少战斗中获得的战利品，被萧朝贵发现。萧朝贵以"天兄"身份进行审问确实，最后判处其死刑。后来，杨秀清的表兄来求情，萧朝贵断然拒绝，甚至放话说，要想救人，除非杨秀清让天父下凡来说。这个事情从发现到审判执行，经过好多天的时间，杨秀清始终没有出面干预。以他的权力、地位，要想救他岳父应该是没问题的。能够秉公执法、不徇私情，也是杨、萧能够获得太平军将士们拥护的一个重要原因。太平军在战斗中能够如此团结一致、视死如归，也与他们拥有杨、萧这样的英雄领袖分不开。

七、永安建制：杨秀清节制诸王

在永安，除了封王以外，太平军还做了一系列制度建设，发布了一些重要文件。这里边也体现了高层的分工和关注重点的区别，需要认真分析。

比较明确体现洪秀全和冯云山思路的是《太平礼制》和"天历"。

洪秀全以《周礼》为蓝本制定了《太平礼制》，明文规定了太平天国内部从天王、丞相到最低品级的两司马的等级和世袭制度。又给这些各级大小头领及其子女、宗族、姻亲都确定了不同的称谓，而且累代世袭，等级森严，礼节烦琐，带有严重的封建主义和特权思想。这个东西的核心就是两条，第一条是封建等级制度，第二条是封官许愿。把军功带来的好处制度化，让参加战斗的各级大小将士都看到将来能从建国中得到好处。

洪秀全之所以这么搞，跟他的宗教思想和封建特权思想有密切联系。在其个人专著《原道觉世训》中，他运用上帝思想对中国历史进行了梳理，认为在远古和夏商周三代，中国人民都崇拜"天父皇上帝"为唯一真神，也就是"历考中国史册，自盘古至三代，君民一体，皆敬拜皇上帝也"。从秦朝统一六国以后，人心就开始坏了，信邪神、拜偶像——"至秦政出，遂开神仙怪事之厉阶，祀虞舜，祭大禹，遣入海求神仙，狂悖莫甚焉。"

基于这样的认识，他理想中的太平天国，除了要敬奉上帝、消灭邪神偶像以外，也就应该模仿夏商周三代的等级制度。这是洪秀全制定和颁布《太平礼制》的思想根源。此外，他个人的皇权特权思想一直很重，从小读书考试，努力通过考试做官来光宗耀祖，对底层人民的生活、官僚体系的腐化危害等缺乏深刻的认识，也就很难理解"人民革命"的真正宗旨，以为"革命"就是造反当皇帝。他下凡当了天王，手下们除了可以上天，还可以瓜分各种大小官位——就是洪秀全的"革命理想"。所以他一直倾向于用"封官许愿"加"天堂享福"的许诺来激励大家跟着他造反。

以上这些，都是错误的、愚蠢的认识。《太平礼制》的颁布，不可能真正激励太平军将士的"革命"斗志，只能激发他们的私欲，降低他们的"革命"意志，模糊"革命"斗争的大方向，产生政治上的短视和偏见。

冯云山对《太平礼制》的态度如何，我们无法知道，善于同山民们打成一片的他应该不会十分赞同等级特权。但作为饱读儒家经典的秀才，在将夏商周三代视为理想社会这方面，他也可能与洪秀全有共通之处。

除《太平礼制》外，洪秀全还以天王的名义颁布了"天历"，也就是太平天国的新历法。它是冯云山在蹲监狱的时候编的，但狱中资料太少，只编了个草稿，到了永安有了安定的环境，资料也更丰富一些，进一步修订完善，加以颁布。新政权用新历法，算是一种表明与现政权势不两立的做法，有一定的政治宣示意味。但历法主要不是政治工具，而是用来指导农业耕作的，科学性比政治性更重。冯云山个人编订的"天历"，在科学上不够严谨，错误比较多，比清王朝主持制定的历法要差一些。它没有实际价值，只有政治含义。编订历法跟称王建制不一样，并不是建立政权的必要措施，对激励将士的斗志和赢得人民的支持也不会有什么作用，完全可以等到统一全国、天下大定以后，组织人慢慢干。在创业初期艰苦卓绝的斗争中，领袖人物花时间去搞这种形式主义的东西，实际上是弊大于利的。

当然，这个东西比《太平礼制》强，只是浪费时间、精力，还不至于造成什么危害。

杨秀清和萧朝贵这两个穷苦山民，不可能对"周礼"和"天历"有多大兴趣。他们眼中的"革命"，显然与洪秀全理解的不同。

封王之后，取得了节制诸王权力的杨秀清，和同为正军师的萧朝贵，联名发布了三篇诰谕——《奉天讨胡檄布四方谕》《奉天诛妖救世安民谕》《救一切天生天养中国人民谕》。

这三篇诰谕，以杨、萧二人名义发布，洪秀全和冯云山的名字都没有出现。它是集体智慧的结晶，还是讲拜上帝教的教义，但这三篇诰谕中出现了诸多跟洪秀全之前的言论和文字不一样的新思想，这就应该主要反映了杨秀清和萧朝贵对"革命"的看法。

这三篇诰谕中，除了宣传敬拜上帝、消灭邪神的思想以外，还重点讲了"反满"和"反贪官酷吏"这两个方面，是直指民族压迫和阶级压迫的中国式"革命"檄文。《奉天讨胡檄布四方谕》是其中最具代表性的一篇，它说：

夫中国有中国之形像，今满洲悉令削发，拖一长尾于后，是使中国之人变为禽犬也。

中国有中国之衣冠，今满洲另置顶戴，胡衣猴冠，坏先代之服冕，是使中国之人忘其根本也。

中国有中国之人伦，前伪妖康熙，暗令鞑子一人管十家，淫乱中国之女子，是欲中国之人尽为胡种也。

中国有中国之制度，今满洲造为妖魔条律，使我中国之人无能脱其网罗，无所措其手足，是尽中国之男儿而胁制之也。

以上四句是从文明与野蛮的角度来"反满"，指出满洲入侵中华先进文明，剃头变服，奸淫掳掠，密布罗网，破坏中国的文化和制度。

然后，檄文从声讨文明破坏转向了声讨阶级迫害，从四个方面揭露了满汉特权阶级贪污腐败、残害人民的真相：

凡有水旱，略不怜恤，坐视其饿莩流离，暴露如莽，是欲使中国之人稀少也！

满洲又纵贪官污吏，布满天下，使剥民脂膏，士女皆哭泣道路，是欲我中国之人贫穷也！

官以贿得，刑以钱免，富儿当权，豪杰绝望，是使我中国之英俊抑郁而死也！

凡有起义与复中国者，动诬以谋反大逆，夷其九族，是欲绝我中国英雄之谋也！

这三篇檄文中的内容，敬拜上帝的思想属于洪秀全当无疑问；从文明文化的角度"反满"则应该是洪、冯、杨、萧的共识，这是第一次在太平天国官方文献中明确表达出来；而反抗贪官污吏的思想，在之前的拜上帝教和太平天国文献中从未出现过。

洪秀全的"天国异梦"中，"天父皇上帝"交给了他四项任务，要反对"剃头、饮酒、吃烟、淫邪"。反"剃头"代表了反清思想；反对喝酒、抽烟、淫乱，是宗教的清规戒律——需要注意的是，这里的"烟"既包括鸦片也包括一般的烟草，跟酒一样都是能够麻痹人思想精神的东西，核心都是宗教戒律，与反对列强走私鸦片无直接关系；反对"淫邪"，则是一神教对多神教思想的斗争宗旨。这四大任务中完全没有阶级抗争的思想，它们从哪里来的呢？冯云山推动了教义与底层人民的结合，提出了建立"公平"和"太平"社会的理想，但没有点破斗争的对象和焦点在哪里。永安封王以后，终于在杨秀清和萧朝贵发布的檄文中彻底点破了。显然，它代表了杨秀清和萧朝贵这两个穷苦山民的"革命"理想，那就是"反满反官"：推翻腐朽反动的满洲政权，建立清廉公正和进步的新政权。

檄文中声讨清政府贪腐暴虐的四句话，是中国人民对清朝反动政权倒行逆施的血泪控诉，可谓字字滴血，至今读起来仍令人悲愤不已。可以说，正是这种鲜明的阶级抗争诉求，才赋予了太平天国运动极高的正义性。如果只是按照洪秀全的宗教思想来指导起义，那它就是一场宗教暴动，既没有正义性，也没有进步性。太平军的战斗力必然不可持续,太平天国运动也就不可能具备广泛的号召力。

此外,太平天国在永安时期还颁布了《太平条规》(又称《太平营规》)和《太平军目》两个军事法令,进一步规范了太平军的作战纪律和组织体制。这也是主管军事工作的杨秀清、萧朝贵主持制定的,它让太平军进一步朝着正规军的方向发展。

总之,杨秀清在永安正式掌握太平天国最高军政权力,以《奉天讨胡檄布四方谕》为代表的三篇革命檄文的发布,为太平天国运动冲出广西、席卷全国奠定了组织上和意识形态上的基础。

八、席卷东南:从永安到南京的大进军

太平军在永安待了半年,除了封王这些事情以外,值得一提的就是洪秀全进一步扩大了自己的"后宫",新选了一些秀女做小老婆。半年后,粮草也基本上吃完了,便选择突围。这一次永安城外有4万清军,突围过程十分艰苦,但数量众多的清军最终还是没能挡住太平军的突围。

太平军突围后,继续北上,攻打广西省城桂林。围攻了很久,没打下来,但击毙了带兵前来支援的清军广州八旗副都统、满洲正红旗将领乌兰泰,这是一个正二品武将,比伊克坦布又高了一级。

太平军离开桂林后,北上攻打位于广西和湖南交界处的全州,成功拿下了全州城,并确定了进军湖南的战略。这个方案被清军识破,湖南"楚勇"将领江忠源带兵在蓑衣渡伏击太平军,给太平军制造了比较大的伤亡,尤其是南王冯云山在战斗中不幸牺牲,这是太平军的一个重大损失。

蓑衣渡之战未能阻挡太平军前进的步伐,他们绕道继续进入湖南,强攻永州不克,又南下攻取了湖南道州,然后向东绕道夺取桂阳州,再北上夺取郴州。在道州,杨秀清和萧朝贵把永安三篇诏书再次发布了一遍,以号召湖南各地英雄共同参与反清大业。受"反满反官"政治旗号的感召,湖南南部地区的天地会

等起义队伍纷纷前来归附，太平军的力量从1万多人扩张到了3万多人，翻了一倍多。

在郴州，长沙天地会的人过来报告说长沙空虚，可以趁机夺取。北上夺取长沙是太平军进入湖南后的既定战略，但他们刚入湖南，对情况不够了解。得到天地会提供的情报以后，萧朝贵带兵3000人冒险去进攻长沙。当时太平军刚刚获得两三万的新兵，需要花时间建制训练，才能具备战斗力和进行统一指挥。在军事会议上，萧朝贵力主"闻长沙城卑疏防，假轻兵数千，倍道袭之，唾手可得"。杨秀清和洪秀全最终接受了这个方案，由萧朝贵带兵突袭，杨秀清等人留在郴州对新兵进行整编训练，并负责阻挡从广西过来的清军主力增援长沙。

事实证明，天地会的情报并不准确，长沙的防御准备虽然不够充分，但不算十分空虚，3000人不大可能打的下来。萧朝贵不幸在长沙城下中炮身亡，这是太平军的又一个重大损失。

萧朝贵和冯云山的牺牲，从战术分析，一个死于攻城一个死于伏击，应该跟二人在全军的分工不同有关：萧朝贵长期作为主力前锋，冲在第一线，也死在第一线；冯云山则长期负责后军，看顾物资和妇幼。一般来说，后队是伏击战的优先攻击目标，因此他死于伏击[①]。从战略分析，则二人的牺牲，都是太平军以客军身份从广西进入湖南，不熟悉人情地理造成的。看似偶然，其实也是太平军从广西一隅走向全国不得不付出的代价。

萧、冯二人不仅在军队中的地位极为重要，在政治上作为名义领袖洪秀全和实际领袖杨秀清的缓冲，也极为重要。冯云山对山民们有深厚感情，又在教义上能跟洪秀全沟通，是宗教教义和"革命"意识的关键连接点；萧朝贵是杨秀清可以放心的一线指挥官，有他在，杨秀清才有足够精力考虑全局战略和政治问题。

对萧朝贵，还有一件事值得一提。就是在金田期间，胡以晃等人向洪秀全

---

① 有谓冯云山死于围攻全州城之时。据崔之清在《太平天国战争全史中》考证，全州1852年5月24日城破，冯云山带领的后军5月25日才开始进攻。石达开和李秀成的说法，都是全州城破后，南王冯云山战死。襄衣渡也属于全州，且距离全州城很近，就在河对面不到五公里的地方，故冯云山确实死于全州城外，但并未死于全州攻城战。

"进献财宝"。这种以家产支持教会发展的做法，萧朝贵总体来说还是支持的。他作为排名第三的核心高层，也是最大的受益者之一。但他并没有一味地鼓动这种做法，而是以"天兄"名义对洪秀全说要注意分寸，要让教会兄弟们自己家里的生活过得下去。《天兄圣旨》记载：

> 天兄曰：秀全，许多兄弟进财宝敬重尔么？
>
> 天王曰：是也。他们以天父天兄事，进奉好多财宝。现胡以晃、张维坤、谭应桂等还在此也。
>
> 天兄曰：秀全，尔要问过兄弟，他家可过得日，方可收他；不然，要使各拿回家也。

转过头，萧朝贵又找到胡以晃等人再次叮嘱。

> 天兄曰：胡以晃、张维坤、谭应桂，尔三人有财宝进奉尔二兄么？
>
> 三人奏曰：然也。
>
> 天兄曰：尔各要量己家中也。
>
> 三人奏曰：小弟等家中备办得起也。

这一番对话，这样一件小事，里边有一些令人感动的地方，说明萧朝贵不是一个狂热的宗教分子，而是一个当真把教内兄弟们的疾苦放在心上的领袖人物。作为太平军的第三把手，萧朝贵着实不易：要负责洪秀全的安全保卫工作，变着法地劝导洪秀全这个宗教导师不要急躁不要乱来，还要帮他协调家庭矛盾；要负责金田总部的组织工作，杨秀清生病期间更是直接代理其职务；要顾全大局说服教众们不要着急报复团练、官府，被大家背后骂是软骨头；打起仗来，又是前军统帅冲到最危险的第一线；遇到困难，还要表演"天兄下凡"，以此鼓舞军心。就这样，还被各种野史乱扣"帽子"——代理杨秀清的工作被说成是有野心想要架空杨秀清，表演"天兄下凡"被说成是神棍想要欺负洪秀全，阻止石达开乱来被说成是软弱，死在长沙城下又被说成是莽撞。

相反，在我看来，萧朝贵是那种堪称完美的起义人物：出身贫寒却胸怀大志，平时注意关心人们的生活疾苦，危难时刻总是冲锋在前，面对复杂局面又能统筹大局，紧要关头还能代理组织和意识形态工作，方方面面都是一把好手，有胆有谋有略。

萧朝贵死后，杨秀清和洪秀全带全部太平军北上继续围攻长沙。但从广西北上的清军援军跟着源源不断而来。长沙是省城，城墙面积很大，由于很大一部分兵力要用来阻击援军，攻城的太平军数量并不足以将整个长沙包围起来。这样，援军和物资都可以不断进城，攻克长沙就变得很难。坚持几个月之后，太平军不得不撤了长沙之围，改而北上攻打岳州，也就是今天的岳阳，取得成功。

岳阳这个地方临近洞庭湖，太平军在这里获得一大批船只和丰富的物资补给，大量船夫也加入太平军。加上沿途不断加入的其他起义军，太平军已扩张到5万人。

以在岳阳取得的船只和招募的船夫为基础，太平军组建了水营。水营统帅唐正财归杨秀清直接领导。当时清军在长江沿岸没有大规模地发展水师，率先建立水营的太平军由此获得了在长江流域发展的战略主动权。太平军从洞庭湖出发，浩浩荡荡直奔武汉，先夺取了长江北岸的汉阳和汉口，然后以汉口为基地，对长江南岸的武昌实施水陆合围。这一次围城的兵力足够多，可以完全切断武昌与外界的联系。

围城之前，清军武昌守将常大淳下令将城外的民房焚毁，大火一直烧了六个昼夜。大量无家可归的难民愤而投奔太平军，为太平军提供了有关武昌城防的许多信息。攻城战由杨秀清总指挥，经过15天的鏖战，太平军终于在1853年1月12日攻克武昌。这是太平军兴以来第一次攻克省城，而且是具有重要战略意义的长江重镇武昌，标志着太平天国运动达到一个新的高度。此后，他们顺长江而下，一路势不可当，沿途攻克九江和安庆两大军事重镇，最终占领南京，继而夺取镇江和扬州，席卷东南，完成了其发展历程中最为波澜壮阔的大进军。

从进入湖南到夺取武昌、南京，来自广西的太平军在各方面的交战记录中，给人留下最深刻的印象就是纪律好。占据道州以后，清官方地方志也承认："假饰仁义，笼络乡民，不甚杀戮。"主要是"向富户讹索谷米银钱，并叫村人仍做生意"。

攻占桂阳州以后，《桂阳直隶州志》记录，太平军"赴州城，所过非官吏不妄杀，见乡民愿从者与俱行；不，亦不强也。居人家每食延主人上坐，以诱致党徒。（乡民）遇贼皆传其不杀，颇狎之"。

在蓑衣渡伏击太平军的江忠源也在奏章中说：

"（太平军）诈示仁义，愚弄吾民，买饭求浆，多给市值。"

萧朝贵带兵进攻长沙途中，占领了善化县南郊，善化县县志也记载称"妇女无所犯"。

从史料来看，这种良好的纪律主要是杨秀清严格要求和执法的结果。太平军围攻武昌城前，就奉东王令勿伤百姓。1月12日武昌城破，13日清晨，杨秀清再次发布命令，在搜索残敌的过程中严禁枉杀百姓；14日，东王令"止杀"，搜索残敌的行动也停止。据清方奏报，从外地来的援军由于容易与武昌本地人区分，"死者十八九"，大部分被歼；而武昌兵是本地人，躲入百姓家中，"死者仅十二三"。可见太平军对普通百姓予以保全的军令得到了很好的执行，连武昌本地士兵都借此大量逃生。当时在武昌的文人陈徽言在《武昌纪事》中记录说，太平军上上下下10万人，"独畏杨秀清，令严弗犯也"。

太平军最被称善的一点，是严禁奸淫妇女，对此类问题高度严防严查。"各街具有伪官巡查，如有犯者，听妇女喊禀，即时枭首示众"，以至于到了太平军士兵们"不畏男人畏女人"的地步——看到有妇女就躲得远远的，生怕说不清楚。禁令被严格执行："二十一日，贼有闯入女馆欲行奸者，妇女号呼不从，贼目闻之，骈戮数贼，悬首汉阳门外。"陈徽言也感叹说："贼据省城，将及一月，而妇女尚能保全。"[①]

九、路线斗争：洪杨矛盾初现

太平军严格的纪律，不仅表现在对底层老百姓好，也表现为对"革命对象"

---

① 《鄂城纪事诗》，《太平天国资料》，第35页。转引自李洁非：《天国之痒》。

的残酷无情上。作为一支以"反满反官"为核心政治目标的军队，他们对满人和官员坚决执行了格杀勿论的军事纪律。各大城市都有供旗人居住的专区，俗称"满城"，多有城墙隔离和旗兵驻守。对居住于满城中的旗人，不论是官兵还是平民，都会被杀。这种屠杀相当残酷，妇幼不留。南京城破之后，太平军在杨秀清亲自指挥下，又花了一天时间才攻破其中的满城，城中两万多人被全部杀掉。其他如永安、武昌、九江、安庆都有此类行为，不过这些地方旗人不多，杀戮数量比较有限。

太平军的第二个屠杀目标是清政府的官员。杨秀清的武昌止杀令，也说的是"百姓勿伤，官兵不留"。根据清方的记载，实际情况是"于萌隶虽事杀戮，尤有纵舍，于官吏则杀不纵也"。"萌隶"是指在官方当差的编外人员，这些人会有选择地杀掉或不杀，而对有编制的官员吏员则不加区分一律杀掉。这种杀戮标准比明末农民起义严酷了很多，从侧面看出清末民间对官府的痛恨也大大超过了明末。官民之间，已经完全没有可以共存的缓冲空间。

对城中的富家大户，太平军视之为普通百姓，一概不杀，但会与贫民区别对待。从太平军占据武昌期间的做法来看，他们大致是把非官府人家分为三个档次。贫苦人民可以"入馆"，到太平军中参加工作，获得食物和住宿；不愿意"入馆"的中等人家需要"纳贡"，也就是被强迫捐献一部分财物；富豪大户的院落会被强制征用，作为王府、官衙、兵营之用，财产会被大部分没收。这种征用和没收的手段会比较粗暴，没有什么行政程序，就是直接进来占据或暴力拿走，但它并非无组织的士兵劫掠，不会附带伤人、强奸、纵火这种事情，被拿走的财物都会上交"圣库"，充作军用物资。

农村地区的情况也类似，地主大户并不会被当成"革命对象"杀掉，只是金银钱粮难保。

从这些行为来分析太平军的"革命目标"和阶级属性：他们主要是按照和官府的亲疏关系来区分阶级的，而主要不是按照财富和生产资料的多寡来区分阶级的。财富和政权的关系，不是财富多的就是统治阶级，不是地主先依靠生产资料剥削老百姓，然后用剥削来的财富去控制政权的关系，不是这个关系——至少在明末和清末的"革命者"眼里不是这样的，他们并没有认为地主比官员更可恨。

在中国底层人民看来，最可恨的始终是掌握合法暴力而又腐败无耻的官府。农村的地主和城市的富商，都只是官府的附庸而不是背后的主人。国家暴力和意识形态控制，是比生产资料的占有更根本的东西，政府暴政也是一种比财富不均更令人痛恨的东西。前者是因，后者是果。

当然，在官场全面深度腐败、政府权力不受限制的情况下，"诚实的财富"必然会被逐渐地逆向淘汰。经过200多年发展，大部分地主富豪的财富积累，都离不开与官府的勾结，他们的财富绝大部分不可能是依靠诚实劳动创造所得。这些人也必然是革命所打击的对象。但是，我们也要看到，即使在清末，财富和官府的关系也不是绝对的，像韦昌辉家族就是以外来移民身份，在没有得到官府特殊庇护的情况下，积累起来了庞大的财富。他们家是在"露富"以后，才开始遭遇到本地豪强与官府的联合敲诈。这说明，这个体制还是给勤劳致富留下了一些空间。只是这个空间不大，逆向淘汰的力量势不可当。因此，太平军对"官"和"富"区别对待，对官员格杀勿论，对地主富豪则一概不杀，只夺其浮财，"杀官留富"加"劫富济贫"，是一种正确的、符合清末中国阶级斗争实际情况的"革命策略"。太平军重点反抗的阶级压迫，主要是满汉官僚阶级的压迫，不是有产阶级的剥削。

以上这些，不管是杀谁留谁，都没有啥大毛病，是"人民革命"的基本特点和正确方向。但太平军还有一些特殊的地方，让一般的中国人，无论是权贵和百姓，看起来都会觉得奇怪。

太平军严禁奸淫妇女，但在进城以后，却搞了一轮强迫的"选秀"活动，从武昌城中挑选年轻漂亮的处女给天王洪秀全当小老婆。

对于"入馆"的老百姓，也统一分为"男馆"和"女馆"，男女分开居住，夫妻也绝对不允许同住。

此外，太平军遇庙必焚，各种庙宇一律予以彻底毁坏。尤其比较恶劣的是，还喜欢破坏烧毁中国文化典籍。在刚进武昌、征收富家财物的时候，对书籍一般会予以破坏。有人看了心疼，见太平军不甚杀人，就壮着胆子劝告他们："字纸当惜。"他们的回答是："吾有天父看顾，何暇畏此？"

我们把这几件事串起来一起解读，太平军以上这些行为有一个共同的驱动力，就是一神教的宗教意识。在洪秀全的教义指导下，男女之事被视为"淫邪"，坚决推行禁欲主义，不区分军人和老百姓，一律男女分开居住；破坏庙宇，是反对邪神和偶像崇拜；毁坏文化书籍，是认为一神信仰可以全知全能，无须再学习其他知识，与一神信仰矛盾的文字，皆为"异端"，应该予以消灭。

至于挑选秀女，则是专门为天王服务的。洪秀全本人可以一边让大家禁欲，一边选择秀女来当小老婆，则是因为他是"神"。神的特权凡人不可模仿，也就不存在需要领袖人物身先士卒、做出表率的要求。

认真分析洪秀全和杨秀清的地位。在太平天国运动中，洪秀全的身份，主要不是"革命领袖"，而是"宗教导师"。东王杨秀清才是比较典型的"革命领袖"。洪秀全大约有八九分是"宗教导师"，一两分是"革命领袖"；而杨秀清则反过来，八九分是"革命领袖"，"宗教导师"的成分很少，"天父下凡"也主要是为了更好地行使军政权力，而非号召大家传教信教。

从这两个关键领袖的差异再深入观察，太平军也一直具有双重属性——"革命军"属性和"宗教军"属性。认清太平军的这两大属性以及他们之间的关系，是理解太平天国运动的关键。

太平天国运动在一开始，就始终存在两条路线的合作和斗争，一条是"宗教建国"路线，一条是"人民革命"路线。

"宗教"和"革命"在某些情况下是"兼容"的，并行不悖，甚至可以互相促进；但在有的情况下又会发生背离，甚至是尖锐的矛盾。

在早期，宗教促进了"革命"，将紫荆山山民等底层人民团结了起来，共同对抗政府和宗族；一神教的宗教信仰，有力地保障了中央权威，有利于形成统一的指挥体系和严格的军事纪律。这些，就是宗教和"革命"互相促进的方面。

但随着"革命"的发展，宗教的神圣含义与"革命"的世俗含义之间逐渐开始"貌合神离"。其中两个制度——男女分居和财产共有，就是"貌合神离"的典型体现。

洪秀全一贯反对"淫邪"，禁欲是宗教理想；太平军要在拖家带口的情况下保证战斗力和军事纪律，也要求男女分开居住，这是军事要求。在艰苦行军的条件下，"宗教理想"和"革命实践"的要求一致。等进了武昌，开始治理一座大城市，问题就出来了。如果按照军事要求，那么男女分开居住就只适用于军队，而不应该适用于平民百姓；如果按照宗教理想，则不限于军队。太平军征集了大量的城市平民来为军事服务，并提供食宿。这种类似于军队后勤工作的人员，而非一线战斗人员，就不应该跟军人同样对待。但实际上，他们仍然被强行分开到"男馆""女馆"居住，连幼儿和老人也要分男女，结果不仅是夫妻分居，而且母亲不能照顾儿子、父亲不能照顾女儿，家庭被强行拆散，在武昌居民中间制造了强烈的恐慌。这种极端的做法，就是宗教意识极端化的体现，而不是维持军队纪律的需要。

在财产共有上，军队内部必然要求财物统一分配，才能保证军事纪律；洪秀全的宗教理想，则是"天下人人不受私，物物归上主"。这里的"上主"就是他自己。也就是全天下的财富都应该归他所有，人民只是受到神的恩典施舍的使用者。按照这个理想，财产统一分配就不仅是军事纪律，而是国家体制，在非军事领域，也应该全面推行"圣库"制度，由天王来统一占有和分配包括土地、房屋、金银、粮食在内的一切财富。不论在武昌还是在南京，洪秀全都多次试图将这个"宗教理想"付诸实践，结果就是城市商业凋敝。

"分拆家庭"和"财产归主"，是洪秀全比较期待的"宗教理想国"形态。在这个"理想国"中，除了"神主"洪秀全以外，人人禁欲——男女分开，不准喝酒、抽烟，每天礼拜上帝，一切行动听"神主"指挥，一切财富由"神主"统一分配。人间的世俗生活将会变得完全的枯燥乏味，人们更多的只是为了死后上天堂而生活着。

有很多历史研究者将这些宗教理想的实践称之为将整个社会变成一座"军营"，这是有失偏颇的。洪秀全的理想，不是把中国变成"军营"，而是变成"教堂""天国"。人民并不是被军事化，而是被宗教化。

"军事化"和"宗教化"的区别，在军事斗争非常艰苦的时刻，很难分得清楚。杨秀清本人也是拜上帝教徒，对洪秀全讲的那些教义，多少还是相信的。因此，在遇到这种军事纪律扩大化问题的时候，也没有表现得很警惕。对普通市民家庭按照男女拆分，强制市民"纳贡"充作军事物资的这些行为，他没觉得有什么问题，坚决地予以执行。

但是，有一件事情引起了他的警觉，就是"焚书灭孔"。这件事情跟军事化几乎完全无关，不存在为了保证军事纪律需要把民间的书籍和中国传统文化予以消灭。军事化要求禁欲，要求财产共有，但不会要求毁坏知识和书籍。

进入武昌以后，在二者共同点最少而矛盾最突出的思想文化领域，我们第一次看到太平军内部"宗教理想"和"世俗革命"两条路线的分歧和斗争。

进入武昌之后不久，杨秀清就出手制止了太平军破坏孔子像的宗教狂热行动。

一神教反对任何偶像崇拜，太平军所过之处，各种庙宇一律砸坏。这是一种宗教行动，也带有藐视官方意识形态权威的含义。杨秀清并不反对毁坏庙宇，但他不支持反对孔子和儒学。在武昌忙完最紧急的军事事务以后，他就立刻带人前往武昌府学——这里是科举考试所在地，也是科举生员们学习儒学和准备考试的场所，里边供奉着孔子和历代大儒的塑像、牌位。杨秀清来到这里，按照中国传统向孔子行了三跪九叩的大礼，然后将自己的东王衣冠放到孔子像前，又亲自书写了"天朝圣宫"四个大字挂到府学的大门口。有了东王衣冠和牌匾的保护，府学和孔子像就没有遭到破坏[①]。

这应该是杨秀清在意识形态领域，第一次公开对洪秀全的既定政策进行修正。作为上帝的第四个儿子、拜上帝教的二号人物、唯一真神"天父皇上帝"的代言人，竟然对着孔子的塑像三跪九叩，这从一神教教义来看绝对是大逆不道的举动。这也标志着"宗教建国"和"人民革命"两条路线的关系从之前的亲密合作逐渐走向公开斗争。

在武昌的这个举动还只是个开头，等定都南京之后，两条路线之争进一步公开和激化。

建都南京后，洪秀全变本加厉地推动一神教意识形态控制。经其批准，太平天国于1853年出版了一本文集《诏书盖玺颁行论》。其中一篇由高级官员黄再兴写的文章说："凡一切孔孟诸子百家妖书邪说者尽行焚除，皆不准买卖藏读也，否则问罪也！"洪秀全要求只有经过他盖章批准的书才能刊行，其他一切书籍全

---

① 《鄂城纪事始末》，《太平天国史料》，第36页。转引自李洁非：《天国之痒》。

部禁毁。而这些盖章批准的书全都是拜上帝教官方文献，主要就是西方《圣经》和太平天国诸王言论选集。简单来说，就全是"神"和他的儿女们（也是"神"或带有"神性"）的言行，没有一本中国传统书籍。这一政令相当于明确宣布禁绝、焚除儒学经籍和诸子百家书籍。

这一荒唐极端的毁书行为，一下子将南京城变成了太平基督世界，让许多本来对太平天国的"反满"旗号多少有些好感的读书人，被惊破了胆、寒透了心，成了太平天国的坚决反对者。这一举措也随即被清军充分利用，对太平军进行舆论攻击。

对洪秀全的这种宗教极端行动，杨秀清感到无法接受。1853年5月，洪秀全禁绝儒学、焚烧古书的行动刚刚拉开大幕，杨秀清就借"天父附体"传达指示说：

"天命之谓性，率性之谓道，以及事父母能竭其力、事君能致其身，此事尚非妖话，未便一概全废。"①

"天命之谓性，率性之谓道"出自《中庸》，"事父母能竭其力、事君能致其身"出自《论语》。杨秀清认为这些话不是妖言，不宜全部废除，说明他能够以实事求是的态度来对待儒学和中国传统文化。他理解的"革命路线"，不是为"天父皇上帝"的天国理想服务的。

但杨秀清这时候还没有把话说满，给洪秀全留了许多面子。洪秀全也就对这个"天父"旨意不太上心，禁绝儒学和焚烧古书的运动愈演愈烈。

1854年正月二十七日傍晚，杨秀清"天父附体"传达旨意的语气变得强硬起来，明确指示：

"千古英雄不得除，流传全仗笥中书"；

"千古流传之书，不可毁弃"；

"真心忠正的臣僚传述，总要留下也！"②

从这些措辞来看，杨秀清对洪秀全推动的焚书禁儒运动已经相当愤怒。就在

① 《贼情汇纂》卷十二。
② 《天父圣旨》。

说完这些话，宣布"天父回天"之后几个小时，杨秀清意犹未尽，感到还有很多话憋着没说完。于是，"天父"当天二度下凡，发表了一番长篇大论。

这一通讲话，代表了作为人民"革命领袖"的杨秀清，对儒学和其他中国传统文化的态度。他指示说：

"转奏尔主天王：前曾贬一切古书为妖书，但四书十三经，其中阐发天情性理者甚多，宣明齐家、治国、孝亲、忠君之道亦复不少。故尔东王奏旨请留。

其余他书，凡有合于正道忠孝者留之，近乎绮靡怪诞者去之。

至若历代史鉴，褒善贬恶、发潜阐幽，启孝子忠臣之志、诛乱臣贼子之心，劝惩分明，大有关于人心世道。

再者，自朕造成天地以后，所遣降忠良俊杰，皆能顶起纲常，不纯是妖。所以名载简编，不与草木同腐，岂可将书毁弃，使之湮没不彰？

今又差尔主天王下凡治世，大整纲常，诛邪留正，正是英雄效命之秋。彼真忠顶天者，亦是欲图名垂千古，留为后人效法。尔众小当细详尔天父意也。"[1]

这段话中的语气里已经没有任何商量的余地，杨秀清借"天父"之口，点名勒令洪秀全必须停止疯狂的一神教意识形态清洗。这一番话起到预想中的震慑效果，此后，再未见洪秀全有大规模焚书的记载，而是代之以删改四书五经的政策。但洪秀全心中对杨秀清的不满和愤怒，已深深埋下。

杨秀清这番长篇讲话，今天读来，仍旧有一些令人感动的地方。他出生极端贫苦，没有机会像洪秀全、冯云山一样上学念书，很有可能是个文盲，最多不过略微认得几个字，因为机缘巧合成为"革命领袖"，却对思想文化相当尊重、态度开明，对儒家经典、史学著作，他毫无保留地支持；对各种非正统的著述，也只说对"近乎绮靡怪诞者去之"，大部分还是要保留。于中国古代的英雄人物，他极为尊敬，而且强调太平天国要吸引"英雄效命"，鼓励他们为"名垂千古"而奋斗，这是典型的中国文化思维，和洪秀全鼓励大家为了"上天堂享福"而去战斗牺牲大相径庭。

文明和文化的传播与传承，并不总是通过文字。如杨秀清这样的许多中国底

---

① 《天父圣旨》，《中国近代史资料丛刊续编》，第322—323页。

层人民，就算不识字，也会通过各种民间传说、戏曲、评书等非文字、非正规渠道，了解到许多与中国历史和中国文化相关的故事、名言，等等。这些东西，照样可以启迪人的心智、塑造人的品格，使目不识丁之人也可以成为中国文明的继承、传承者。中华文明为世俗文明，只要不被宗教迷信惑乱本心，大部分中国底层人民从良知与本性出发，对文明和文化总是一种尊重、敬仰的态度。与杨秀清一样出身最底层、从未接受过正规文化教育的朱元璋，也很注意大力支持书籍出版和发展文化教育，正是这样的原因。反之，如洪秀全、黄再兴等人，被一神教思想洗脑，反而忘却本心，试图毁灭孕育他们的中国文化。

十、《待百姓条例》：洪秀全的宗教理想国实验

焚书禁儒只是洪秀全"宗教建国"理想的一个方面，他还有一整套政策准备实施。

自从在广西行军途中宣布"小天堂"理想以后，洪秀全并没有对"小天堂"具体在哪里、应该建设成什么样做过具体表述。等到了南京，他就正式宣布，"小天堂"不在别处，就是南京城。

从金田到南京，军事指挥由杨秀清负责，洪秀全对战争既不了解也无兴趣。重要的军事决定，杨秀清会上奏天王，洪秀全则照例回复"旨准"两个字，不发表其他意见。除此之外，还会在紧要关头发布个天王圣旨，鼓励大家坚定信仰、为"天父皇上帝"的事业而奋斗。总的来说，看起来是个很好的"甩手掌柜"。等定都南京，有了稳定的基地，洪秀全建设"小天堂"的兴趣终于爆发了出来。大家发现，原来他许诺的"小天堂"虽然在地上、在凡间，却并不是为凡人服务的人间乐土，而是凡人为神灵服务的"模拟天堂"。洪秀全所希望建立的理想世界，是天堂在地上的投影：在这里，他作为"天父皇上帝"的儿子和唯一合法代理人，可以像"天父皇上帝"在天上一样为所欲为，众生则匍匐在他脚下，除了敬拜他和他的"天父皇上帝"以外，不应该有其他欲望或人生理想。

把南京建设成为"拜上帝教天国示范城"——也就是"小天堂"，正是洪秀

全的奋斗目标。

南京城是在1853年3月19日攻克的，第二天又攻破了城中的满城，皆为杨秀清一线督战指挥。进城以后，杨秀清发布安民告示："士宜横经（读书），农须负耒，工人居其肆，商贾转其筹。自谕之后，尔等务宜安居故土，乐宁常业。"简单来说，就是大家原来干啥还继续干，军队不会干涉居民正常的生活、工作。这样的政令自然受到百姓拥戴，城市生活一切安稳如常。清军方面的记录也说："贼初入城，犹未敢遽入人家，数日传锣令百姓贸易如故。"

3月29日，洪秀全坐船带着他的小老婆们从安庆抵达南京，宣布建都金陵，改南京为天京。

过了几天，杨秀清离开南京，带兵去打镇江和扬州，中央军政事务则交给北王韦昌辉代为处理。扬州和镇江倒是很快打下来了，但杨秀清却生了病，在镇江养病一直没有返回南京。这段时间，洪秀全就可以完全按照他的想法来建设南京"小天堂"了。

杨秀清刚走，洪秀全就和韦昌辉商量，将管理太平军和拜上帝教的《天条书》全面用于南京城市管理，据此颁布了《待百姓条例》，以取代杨秀清的安民告示。这份条例的全文已经失传，但在其他文献中保留了部分内容。它宣布，将天国百姓的所有财产——不管是土地还是商铺，收归天王所有。百姓可以继续耕田经营，但收获和利润都归天王，连新生的小孩也归天王，日常生活物资则由天国政府统一分配供应。总之一句话，全面消灭"家庭和私有制"，全面推行"天王所有制+配给制"。

"百姓之田，皆系天王之田，收取子息，全归天王，每年大口给米一石，小口减半，以作养生。所生男女，亦选择归天王。铺店照常买卖，但本利皆归天王，不许百姓使用。如此则魂得升天，否则即是邪心，为妖魔，魂不得升天，其罪极大。"

根据魏文华在《太平天国甲寅四年"变政"始末》中的考证，这段时间，韦昌辉所在的北王府成为推动《待百姓条例》执行的政务中心，每天进来汇报的人堵塞道路。时人有诗记录："凌晨牛角鸣乌乌、齐集北府人塞途。"

这一次"小天堂"建设，主要干了这么几件事。

第一，消灭家庭，实行男女分别集中的营馆分居制。

有关这点，当时亲历其事的文化人有许多记载，基本内容是一样的。大体过程是先驱赶男子成立男馆，再驱赶女子成立女馆：

"男子先分馆聚处。男馆既立，贼又赶女子出，不准私住，越日，乃分前后左右中五军女馆。每军以一至八分为八军，其夫与子寻踪至，虽见而不敢交一言，言则犯天条。"

突然拆分家庭带来的恐慌，加上简单粗暴的执行，制造了无数人间悲剧，许多人出于恐惧而直接全家自杀。在男馆、女馆中，所有人被强制参加王府建设等劳役，休息、吃饭、住宿都统一管理。除此以外，就是过宗教生活，参加礼拜和听讲经文等。

第二，没收私人工商业，设立官典衙。

这在前面引用的《待百姓条例》残留文字中已有体现。据罗尔纲考证，后来在天京将全城商店和手工业作坊都收归"国有"，成立百工衙和诸匠营。

第三，独尊拜上帝教，焚除一切中国书籍的文化政策。

这就是前面讲的颁布《诏书盖玺颁行论》，推动焚书禁儒之事。

第四，大兴土木、营建王府，建立森严的等级特权体制。

驱使分居在各营馆的男人、妇女，并从湖北等地招来工匠，为天王及诸王侯赶建王府。又从女馆中为诸王选征美女，从育材馆里挑取少年儿童为王侯、丞相们打扇听使。洪秀全把《太平礼制》思想大力推行，从上到下严格按照等级制度来制定待遇和排场。天王宫殿门口画双龙双凤，东王、西王一龙一凤，侯爵龙虎，丞相画象，检点以下都画不同姿势的豹。天王轿夫64人，东王轿夫48人；天王府占地方圆十里，东王府占地方圆八里，其余诸王、官员的仪仗和王府依次递减。连只管25个人的小官"两司马"也可以乘坐四人抬的黑轿，"用器则诸王使用金铸的尿壶，其伪丞相等碗箸亦用金打"[1]。

这些做法，在太平天国辖区内的军民中间造成了严重的思想混乱，给清军从舆论上攻击太平军提供了口实。南京城的商业迅速萧条，大量居民逃亡出城。

---

[1] 魏文华：《太平天国甲寅四年"变政"始末》，载《历史教学（下半月刊）》1995年第5期。

由于无关紧急军务，在镇江养病的杨秀清应该是没有太花时间去了解。不过，这些荒唐的政策很快波及军队，这就不由得他不出手干预了。

洪秀全和韦昌辉并不满足于只在南京城里边推行其政策，也积极插手其他地区和军队的管理事务。他们很快发现，在"理想国"的完美体制中，竟然有一支军队没有严格区分男营、女营，不严格遵守战争所得财物必须全部上缴"圣库"的规定，这就是水营。

金田起义的时候没有水营，它是太平军在进军岳州、武昌的时候，从沿洞庭湖、长江募集的船工组建的，一直由杨秀清直接指挥。水营的首领唐正财也不是金田起义的老兵，而是岳州船工领袖。这些人加入太平军，但并非拜上帝教教徒。船工们常年在水上生活，以船为家，一家老小都住在船上，有诸多特殊生活习惯。杨秀清敏锐意识到水师对太平军的战略意义，决心打破常规发展水营。为此，杨秀清向唐正财等人承诺：水营不分男营、女营，船工们仍旧跟妻子、小孩在船上一起居住，战斗所缴获的物资也可以自己内部分配——只要执行不烧杀抢掠、服从统一军事指挥的义务即可。甚至让水营的人可以不用蓄发——也就是可以继续剃头留辫子，到了南京以后，船工们可以自由选择留下来参军做官，也可以拿到奖赏以后还做普通船工。总的来说，水营既是一支有组织的部队，又有点像是太平军的"雇工"，半工半兵，不是纯粹的军队。杨秀清给他们的主要任务也不是作战，而是物资和人员运输，带有二线后勤部队性质。

杨秀清的这个特殊政策，让船工们没有后顾之忧，纷纷带船来投，相当于从太平军这里谋一个搞运输的工作，干完了还可以去别的地方找活儿。太平军的水营迅速从无到有、成长壮大。从此后，太平军机动能力猛增，火速席卷武昌、南京。可以说，水营是太平军的秘密武器，特殊战略力量。

洪秀全和韦昌辉不管这些，"天父皇上帝"治下不允许有违反教规的特殊待遇，坚决要求在水营中也分男营、女营，还要把船工们放在船上的财物连带船只本身，一起充公归入"圣库"，然后把船只像分配普通物资一样，分到各个太平军部队分别管理。

韦昌辉派亲信张子朋到长江沿岸执行他的政策。张子朋作风简单粗暴，跟许多船工发生冲突。这一下水营军心不稳，很多人直接就带着船只离开太平军，去投降清军。整个水营都面临叛变的风险。

杨秀清得到水营哗变的消息，也顾不得生病，立刻启程回到南京，直奔北王府，把韦昌辉臭骂一顿，将其杖责数百，又下令杖责张子朋1000下。他又给了唐正财许多金银布帛，加封为正丞相，许诺不改变原有政策，让唐正财带着钱和政策去做工作，这才把水营稳定下来。

平息水营哗变之后，杨秀清又把几个月前发布的安民告示重新找出来，以他和萧朝贵的名义再次发布了一遍，名为《东王杨秀清西王萧朝贵安抚四民告谕》，重申士、农、工、商仍然各自做自己的工作，禁止军队干涉。

为什么杨秀清会把已经死去很久的萧朝贵重新搬出来呢？看起来他对萧朝贵是十分怀念的。他应该会想起金田起义前夕，自己生病期间，萧朝贵代理组织工作，搞得井井有条。萧朝贵若在，不管是谁去前线、谁留守南京，都不至于闹出这种荒唐的事情出来。

不过，杨秀清只是制止了这些荒唐的政策继续往更可怕的方向发展，对既成事实，并没有"全面纠偏"——男馆、女馆没有解散，王府工程也没有停止，对焚书禁儒的行动也只是提醒说"未便一概全废"，还没有放狠话坚决终止。他很清楚，韦昌辉的背后是洪秀全。洪秀全是他和所有拜上帝教徒的宗教导师，对洪秀全的路线方针，杨秀清还没有来得及全面反思，他只是凭良知和直觉，从防止水营哗变这种极端事件的角度考虑，予以局部纠正。他最主要的精力，还是放在军事问题上。

十一、《讨粤匪檄》：曾国藩建立湘军

从广西开始，向荣带领的清军主力就一路追赶，沿途不断有新的清军援军加入。太平军在岳阳意外获得大批船只和船工以后，才突然加快行军速度，把这一大批清军甩到后边，留下充足的时间围攻武昌、九江、安庆、南京、镇江。定都南京后，太平军就放弃了运动战，清军主力逐渐开近南京，在长江南北两岸扎营，形成了江南大营和江北大营两大阵地，对南京形成围困之势。

但在一开始，不管是洪秀全还是杨秀清，都一度对局面放松了警惕。从岳阳一路杀到南京、镇江实在太顺，战无不胜、攻无不克，太平军上下都洋溢着过度乐观的情绪。大大小小数十次战役充分证明，清军的战斗力跟太平军不在一个层面上，太平军可以轻松击败同等数量的清军。当太平军只有1万多人的时候，就能从金田一路杀到南京，现在拥兵10多万，攻打北京那不就更加轻松了吗？洪秀全一直主张北伐，甚至想要让杨秀清留守南京，他亲自带兵去打北京。杨秀清没敢同意如此冒险的想法，反复权衡后，决定派出一支两万多人的大军，由正丞相林凤祥、李开芳等带领，去攻打北京。事实证明这个决策实在是过于托大，北伐并不顺利，一路损兵折将、进展缓慢，也分散了南方太平军的力量。

与此同时，另外一个以前没想到的危险的敌人——汉族士绅的地方团练崛起了。

地方团练武装历史悠久。历朝历代，一旦出现大规模社会动乱，各地方地主士绅就会组织本地居民来搞团练，维持治安和防止盗贼以及小股叛军的袭击。明末农民起义领袖李自成就是带少数骑兵外出侦察途中，被团练武装误认为是小股盗贼袭击身亡的。清朝建立以后，禁止民间一切自发武装组织，团练也不允许存在。一直到嘉庆年间的川楚白莲教起义，清军正规军打不过白莲教叛军，才不得不同意地方士绅组织团练，协助镇压起义。但这一时期的团练，主要负责坚壁清野，切断叛军的粮食供应，防止本地居民向叛军提供物资或者去参加叛乱，并不到外地参加战斗。

比团练更高一级的是乡勇，属于政府官员临时招募的民兵组织。乡勇可以异地调动，配合正规军作战。等到清末天下大乱，"团练—乡勇—绿营—八旗"就构成清政府维持治安和镇压人民起义的军事体系。

在蓑衣渡伏击太平军的江忠源，就是搞团练起家，因为配合清军镇压湖南地区的雷再浩起义，立下战功，被任命为知县。有了正式的官员身份，遇到战事，他就可以组织比团练高一级的乡勇。1852年，为配合清军镇压太平军，江忠源在湖南招募民兵，组建楚勇，奔赴广西，后在蓑衣渡伏击太平军成功，一战成名。

太平军进入湖南后，省内各地天地会群起响应，湖南局势大乱。各地士绅们就纷纷出钱支持团练，地方官员也开始办乡勇。

团练比较好办，士绅带头捐钱，乡民自发组织，平时照常种地，抽空集中训练，有多少钱办多大事。乡勇就要麻烦一些，脱离生产全职当兵，需要正规营地、武器，还要异地调动参战，伙食、饷银等各项军费开支不小，靠动员士绅捐款力度不够，一般来说要有地方财政经费支持才行。

湖南办乡勇的人中，声势最大的叫王鑫，以及他的儒学老师罗泽南。王鑫与江忠源一样，办团练起家，因为在实际战斗中表现出色，逐步引起湖南地方政府注意，支持他办乡勇，想把他培养成第二个江忠源。

不过，让湖南省的官员们不满的是，有个"外来户"来抢风头，他就是礼部侍郎曾国藩。

曾国藩也是湖南人，但他此刻在本地官员们眼中却是个外人。因为他长期在京城工作，不算地方官。

1838年，27岁的曾国藩以科举考试殿试三甲第四十二名进入翰林院，此后一路青云直上，十年之间升了七次官，当上礼部侍郎（从二品）。1852年6月，因为母亲去世，回到湖南老家守孝，正好赶上太平军从湖南杀到南京这段时间，清政府就任命他为帮办团练大臣，会同湖南巡抚把团练组织起来。

曾国藩很鄙视团练，认为团练根本干不成事，镇压太平天国必须依靠正规军，而八旗和绿营又极度腐败。曾国藩对此有深刻认识，他在与友人的书信中说，八旗和绿营的大小军官"无一不丧尽天良"。

在八旗、绿营之外再建一支正规军，不可能被朝廷允许。他上奏朝廷，说自己想要训练乡勇——这是合法的，得到了朝廷的批准。为了消除朝廷对汉人带兵的顾虑，他又申请把长沙绿营的满人将领塔齐布调过来当自己的副手。然后，他便依靠师徒、亲戚、好友等复杂的人际关系，招兵买马，号称湘勇。实际上却在按照正规军的模式训练成为湘军，最终目标是出省镇压太平天国。他最终招募了7000人，这远远超过了乡勇的规模——两年前江忠源带去广西的楚勇只有500人——就是直接奔着建军去的。

曾国藩有全局意识，站得高看得远。但湖南省的地方官却认为太平军已经跑到南京建都了，镇压太平天国是八旗和绿营的任务，团练也好，乡勇也好，主要就是保卫本乡本省。曾国藩在籍守孝，并不能给湖南带来朝廷的优惠政策和财政支持，又没有自己的人才队伍，等于是凭空过来朝湖南要钱、要粮、要人，干他自己的事业。他职位太高，湖南巡抚指挥不动，办起来湘勇也是曾国藩个人的功劳。这种情况下，湖南省方面的态度就很明确：支持王鑫办乡勇，不支持曾国藩办乡勇。

当然，曾国藩有圣旨授权，可以直接上书皇帝，他要办乡勇谁也不敢明着反对，只不过湖南财政经费有限，优先给了王鑫，让他组建一支3000人的队伍，曾国藩这边就一分钱没有，自己想办法。

曾国藩自筹经费，在长沙练兵。但长沙绿营与湘勇之间摩擦不断，终于矛盾激化，一名湘勇被绿营士兵打死，曾国藩要求绿营提督鲍起豹交出凶手。鲍起豹一边答应交人，一边鼓动绿营士兵围攻曾国藩办公衙署。曾国藩遂面临两难困境：如果严惩凶手，绿营士兵可能哗变；如果不严惩凶手，自己手下的新兵们绝不会服气，两边以后还会闹出更大的事儿来。他向湖南巡抚骆秉章求助，请他出面调解，被骆秉章拒绝。这样，曾国藩在长沙就待不下去了，只得带着自己的新军南下衡阳。

到了衡阳，可以安心练兵，但缺钱的问题却越来越严重。粮饷短缺，军心日渐溃散，眼看就要坚持不下去了。此时，朝廷准备新建一支长江水师，用来对抗太平军的水营。曾国藩长期在京城工作，消息灵通，也知道这种事情的运作模式——如果能拿到建设水师的任务，就可以获得朝廷财政支持，于是上书主动请求训练一支水军。咸丰皇帝很高兴，觉得曾国藩能为朝廷排忧解难，立刻就批准了。然后曾国藩就趁机上奏说，训练水师要花钱，听说广东每个月有8万两银子的经费用来支持围困南京的江南、江北大营，我这个水师练好了要出长江去打南京的，买船、买炮开支巨大，所以能否把这8万两银子分一半给我？咸丰皇帝也准了，又下令从湖南财政里边再给曾国藩3万两银子，并特批曾国藩可以截留一部分漕粮，转为军粮使用。

曾国藩手握7万两银子的军费，还有漕粮支持，要钱有钱、要粮有粮，水师和陆军一起练。湖南的军费被强行划拨了3万两，王鑫的乡勇经费就没法保障，无奈只能让曾国藩给收编，遂形成了一支1万多人的湘军。曾国藩这个人很有战略眼光和耐心，军队没有训练好之前，坚决不动。这支军队的存在，太平军根本就不知道，还以为湖南境内只有团练。

曾国藩把兵练得差不多了，就遇到太平军西征。

太平军之前一直流动作战，顺江而下攻打南京，就放弃了武汉、九江和安庆。建都南京后，才改变策略，回头想要重新夺取安徽、江西、湖南、湖北等长江中上游地区，以保障南京的安全，把这些地区建成比较稳固的战略后方。

西征开始于1853年6月，占领南京之后四个月，北伐之后一个月。由副丞相赖汉英、左检点曾天养带领战船千艘，溯江而上，很快就重新攻克了安庆，然后主力向西南方向进入鄱阳湖，沿着赣江向南攻击江西省会南昌。当时，江忠源负责南昌防御，太平军猛攻三个月也没有成功，于是撤军。杨秀清将赖汉英免职，改任石祥贞为主将（后改为韦俊），又派翼王石达开到安庆负责指挥西征全局。

石达开派胡以晃带兵，从安庆出发向北攻打庐州（今合肥，清朝时安徽省会为安庆，安庆失守后清政府改庐州为巡抚驻地），沿途攻克。清政府又赶紧任命江忠源为安徽巡抚，负责守卫庐州。1854年1月，庐州城破，江忠源投水自杀，太平军蓑衣渡之仇得报，军心大振。

攻取庐州后，太平军主力再度从安庆沿长江北上，于2月12日在武昌下游的黄州（今湖北黄冈附近）大破清军，湖广总督吴文镕自杀。然后又攻克汉口，击毙湖北按察使唐树义。此后，兵分三路，一路取武昌，一路攻打湖北其他地区，一路南下进攻进入湖南，试图夺取长沙。

曾国藩在1854年2月接到支援长沙的命令，此时他在衡州已练兵半年，总兵力1.7万人，武器精良、水陆兼备，是一支不折不扣的劲旅。出发之前，他亲自撰写并发布《讨粤匪檄》，公告天下。在这篇著名的檄文中，他将来自广东、广西的太平军称之为"粤匪"，并将声讨的焦点放在了洪秀全和韦昌辉于1853年搞的《待百姓条例》和焚书禁儒运动上。

"粤匪窃外夷之绪，崇天主之教……农不能自耕以纳赋，而谓田皆天王之田；商不能自买以取息，而谓货皆天王之货；士不能诵孔子之经，而别有所谓耶稣之说、《新约》之书，举中国数千年礼义人伦诗书典则，一旦扫地荡尽。此岂独我大清之变，乃开辟以来名教之奇变，我孔子孟子之所痛哭于九原。"

在檄文中这一段最著名的话里，"天王之田、天王之货"的说法，都来自《待百姓条例》。曾国藩抓住太平天国宗教意识形态中最极端的环节，猛烈攻击，完全回避太平军"反满反官"的"革命"意识形态。整篇檄文，曾国藩只字不提保卫清政权，而完全以孔孟之道的卫道士自居，将他的军事行动定位为"卫道安民"而非"忠君爱国"。这是很高明的手法，因为忠君就意味着"保满"，这个东西在官僚群里内部讲可以，对普通中国人民，鼓励大家起来捍卫清政权是不会有用的，甚至可能适得其反。

檄文发布以后，在东南地区的读书人中间引起了强烈的反响。杨秀清应该也很快就读到这篇被广泛传阅的檄文，读完之后具体的反应如何没有任何史料记录。但就在《讨粤匪檄》发布之后大约十天，杨秀清突然借口"天父下凡"，猛烈批评洪秀全的焚书禁儒运动，严词勒令其立刻停止。

从时间来看，杨秀清不大可能在这次"天父下凡"之前读到曾国藩的檄文（曾国藩接到出征圣旨的时间是正月十三日，杨秀清"天父下凡"的时间是正月二十七日），只能说是这两个对清朝和太平天国命运具有决定性影响的人物，都差不多在同一时间认识到：双方胜负的关键并不是看谁兵多将广，意识形态领域的正义性之争才是至关重要的。

高举"卫道安民"旗帜的湘军一出山便势不可当，先在长沙周边击败了太平军前部，逼迫其退守岳州。不多久，太平军从其他方向集结援军，再犯长沙，在北边的靖港建立水军基地，然后陆军主力从西侧绕过长沙南下，占领湘潭，并征用民船组建水营。湘潭这个地方位于湘江上游，距离长沙不到50公里，不管是水路还是陆路，都可以朝发夕至。太平军占据湘潭，就是为总攻长沙做准备。

曾国藩自己留守长沙，派塔齐布带领湘军主力水陆并进，南下攻击湘潭，其他方向的清军、团练也向湘潭进发。双方于4月下旬在湘潭展开决战，最终太平军惨败，临时组建的水营被全歼，兵力损失约两万人。这是太平军兴以来在单个战役中损失最为惨重的一仗。

这中间发生了一个意外的插曲，就是曾国藩觉得太平军主力既然南下，靖港一定空虚，不如趁机把靖港基地给端了。但他手上只有湘军800人，另外有一半的水师和几千团练。曾国藩想的是让团练当前锋，然后假装溃败，引太平军出营围歼。这一招杨秀清在"迎主之战"中就用过，效果很好。但杨秀清派出去假装溃败的是猛将精锐，溃败之后能及时反扑，曾国藩派出去的团练那是真溃败，一碰到太平军就四处乱跑，加上湘军也是新练的，被团练冲击得乱七八糟，靖港之战就变成一场单方面的大溃败。湘军的水师大船也打不过太平军的小船，几乎全部被焚毁。曾国藩一看，自己第一次带兵出战，水陆两方面就几乎被全歼，这下哪里还有脸见人？羞愤之下跳水自杀，被手下救起来之后还是想不开，又写了一封遗书，还要去跳河。紧要关头，得知湘潭方面大获全胜，才放弃了自杀的念头。

靖港之败后曾国藩跳河自杀的故事很有名，其实它对湘军实力影响不大，也就几百人和一些战船的损失。曾国藩此后就不再亲自带兵打仗，安心做他的战略总指挥。

真正决定战略大局的还是湘潭之战，那才是双方主力对决。经过湘潭之战的惨败，太平军实力大损，此后就像被赶鸭子一样，被湘军从湘潭赶到岳州，从岳州赶到武昌。最后连武昌也守不住，于1854年10月14日放弃武昌，主力退到黄州下游的田家镇集结防御，但还是顶不住湘军的攻势。12月初，田家镇防线全面崩溃，太平军在付出了惨重的损失以后被迫继续后撤，退守九江、湖口。曾国藩声言："东南大局似有转机！"下令湘军水陆并进，再攻九江。翼王石达开紧急从安庆赶往湖口，直接指挥与湘军的战略对决。

十二、甲寅变政：杨秀清对洪秀全路线"全面纠偏"

1854年，基本就在湘军的节节胜利和太平军的不断溃败之中度过了。太平军北伐也在这一年宣告失败。北伐主力已被击溃，残部在南撤途中被清军包围，南京方面派出的援军也被击退。而围困南京的江南大营和江北大营依旧稳固，扬州城得而复失，镇江防御愈发困难。

这应该是自金田起义以来，太平军度过的最糟糕的一年。

这种糟糕的局面，不仅是湘军突然崛起造成的，也是太平天国内部意识形态混乱的结果。

太平军金田起义的队伍只有1万多人，这是核心骨干，对拜上帝教的教义信仰最坚定。起义以后，大量的天地会成员、船工、矿工、手工业者、流民、农民等诸多新的力量不断加入，军队数量迅速膨胀到10多万。这些新兵绝大多数都是太平军在永安发布《奉天讨胡檄》以后加入的，他们并不信教，而是冲着"反满反官"这面旗帜来的。这面旗帜核心就是两大政治目标，一是要恢复中国的文化与文明，以思想自由、结社自由等先进文明形态代替文字狱和人身控制的野蛮落后文明形态；二是消灭腐朽的官僚精英集团统治，重建一个廉洁高效的新政权，促进社会公平。

想不到定都南京以后，洪秀全的所作所为却跟这两大政治目标背道而驰：以一神教的思想文化专制来试图消灭中国传统文化，以神权社会形态压制人民经商、结社等各种自由，甚至破坏家庭，又大搞神权和封建特权等级制度，滥用民力修建奢华的王府。如此种种，令参加起义的人们大失所望。水营哗变虽然被杨秀清平息了下去，但整个军心民心动摇的状态并未得到根本性的改观。反映到战场上来，就是军队战斗力持续下降，将士逃亡的现象不断发生，内奸频出。

1854年2月，南京城内爆出一桩间谍大案。一个叫张继庚的清朝官员，在南京城破以后秘密潜伏下来，伪装成普通百姓，联络城内各种不满人士，试图与城外清军里应外合夺取南京城门。这个事情最终没有成功，张继庚被捕。但他被捕之时，已经秘密联络了城内3000多人愿意提供协作。当时南京城内不过20多万人，竟然有超过百分之一的人愿意冒生命危险反抗太平天国的统治，可见人心离散情况之严重。张继庚被捕后，自知必死，又将他知道的许多广西、湖南来的太平军老将士污蔑为内应。杨秀清盛怒之下，将张继庚供出来的数十人杀掉，后来发现被杀的竟然大多是老兄弟，到了南京以后加入的新人反倒是没多少。这才意识到中了张继庚的圈套，便匆匆将张继庚杀掉结案。

刚开始，杨秀清对人心离散、军队战斗力下降的问题认识并不深刻，以为主要是新兵没有经过严格的训练、纪律观念淡薄所致。这确实是原因之一，但并非最重要的原因。他一直是一个严厉的军事统帅，遇到这种问题，第一反应就是采用更为严厉的刑罚来保证纪律。张继庚案中被冤杀的几十人便是这种心态的表现。丢失武昌之后，负责守卫的石凤翔、黄再兴，都以丢失城寨的罪名被杨秀清下令处斩。从当时的军事局面来看，湘潭之败以后，太平军并不具备固守武昌的实力。石凤翔和黄再兴都是金田起义的老将，直接杀掉是有点过分的。

1853年3月，冬官丞相陈宗扬违反男女分居的纪律，和自己妻子同房，被东王府的侍女发现以后，还试图勾引诱奸这名侍女，被侍女揭发。杨秀清将陈宗扬夫妇同时处斩。另有镇国侯卢贤拔也违令与妻子同房，但他认罪态度比陈宗扬好，也没有诱奸侍女之类的其他问题，被罚仗责50大板。

1853年初到1854年初这段时间，杨秀清在洪秀全的"宗教梦想"与手下众将士的"革命诉求"之间，基本是在试图两头协调。他既是最高军事统帅，还是上帝的第四个儿子，是"圣灵风"和"赎病师"①，这些神话地位有利于他树立权威和更好地行使权力。如何在不打破洪秀全编造的天国神话的前提下，满足太平天国将士们的合理诉求？这是一件很难但又必须要做的事。

1854年初，东王府在杨秀清的指示下搞出来了一本《天情道理书》。这是一本典型的"和稀泥"作品，一方面说东王理解大家长期夫妻分居确实难受；一方面又说男营、女营分开很有必要，再辛苦一段时间，等我们打下北京就可以夫妻团圆。一方面说东王很知道大家修建王府的辛苦，深切体谅；一方面又说这是"天事"，还是得继续干。

但是，到了1854下半年的某个时间，杨秀清应该终于想明白了，"和稀泥"这个事没法再继续搞下去：军队在战场上不断溃败，错误的经济政策也严重损害了军队后勤供应。显然，将士们和老百姓并不相信他那些苦口婆心的虚假安慰——他们需要的是实际的、立场鲜明的改革。不然，人心溃散、将士逃亡的情况只会越演越烈。

我们不太清楚杨秀清转变想法的具体时间节点和导火索。曾国藩的《讨粤匪檄》肯定起了很大的作用，特别是湘军在西征战场不断击败太平军之后，杨秀清

---

① 杨秀清将自己多次生病的情况解释为"上帝命杨秀清以自身的病痛来为世人赎罪"，洪秀全就给了他"圣灵风"和"赎病师"两个头衔，宣称杨秀清的身体也是圣体。

一定会对曾国藩这个人和他的言行产生强烈兴趣。

从1854年下半年开始，杨秀清终于下定决心，采取了一系列行动，全面纠正洪秀全的宗教建国政策。

1854年6月，杨秀清领衔，韦昌辉和石达开副署，上奏洪秀全，要求"令镇守佐将在彼晓谕良民，照旧交粮纳税"。也就是在除南京外的太平天国统辖地区，都要张榜公布，农民可以照旧交粮，工商业可以照旧纳税——南京城受清军江南、江北大营封锁，物资极度困难，仍然继续采取配给制。这就等于是公开否定《待百姓条例》中一切土地和工商业都要收归"天王所有"的说法。这不仅是推行制度改革，也是对曾国藩在《讨粤匪檄》中说的"农不能自耕以纳赋，而谓田皆天王之田；商不能自买以取息，而谓货皆天王之货"的一次舆论回击。

1854年7月4日，杨秀清借口"天父下凡"，下令禁止基督教《圣经》出版。这是一个极为大胆的举动，因为拜上帝教就是在基督教《圣经》的基础上创立的。洪秀全在1853年规定太平天国境内只有三本书可以合法出版：《圣经（旧约）》《圣经（新约）》和"神仙小家庭成员"的诸王言论集。洪秀全是看过《圣经》的，但杨秀清是个半文盲，无法直接阅读《圣经》，对《圣经》上的故事也就知道个大概，应该都是东王府的幕僚书生们看过之后讲给他听的。在杨秀清看来，《圣经》故事听上去跟中国古代的神鬼故事也没啥区别，接受起来并不困难。1854年英国领事包令等人到南京拜访，写信给杨秀清提出太平天国的教义跟《圣经》有冲突。杨秀清通过书信问了他们一些问题，发现《圣经》教义果然跟自己理解的大不相同，有些地方跟他坚信的中国文化传统存在严重冲突。在收到英国人的回复八天之后，杨秀清便下定决心，以天父的名义，宣布西洋《圣经》记录的天父天兄事迹有很多错误的地方，直接禁止出版。这也是对曾国藩《讨粤匪檄》中"窃外夷之绪，崇天主之教……别有所谓耶稣之说、《新约》之书"的一个回应。以此昭告天下，太平天国并没有把天主教《圣经》当成绝对正确的神圣经典。杨秀清本人对西方基督教不屑一顾的态度也可见一斑。

1854年9月24日，杨秀清"天父下凡"，正式废除禁欲令，允许太平军将士夫妻团聚，没有娶妻的可以娶妻，解散女馆。

9月的这次"下凡"，与杨秀清的认识变化关系比较直接，值得细说一下。上个月，也就是8月，东王府幕僚、天官正丞相曾水源奉杨秀清之命，与东官正丞相罗大纲一起带兵去攻打江苏高淳东坝，吃了败仗，被下狱论罪，但很快放了出来继续在东王府工作。没过多久，杨秀清又派他到安徽芜湖公干，竟然没有按时往返，耽误了时间。尤其恶劣的是，曾水源的弟弟竟然在途中逃走了，这是当时太平军将士不断逃亡的又一个案例。杨秀清极为愤怒，怀疑是曾水源指使的，再次将其下狱严审。这事情闹得比较大，以至于坊间传闻曾水源被五马分尸而死。但实际上并非如此，曾水源过了一段时间又官复原职。

官复原职的原因，是杨秀清与东王府其他幕僚讨论此事，说：之前有很多将士逃走，大多是新兄弟，怎么现在很多金田的老兄弟也这样了？

有一个大胆的幕僚就说，之前在广西，说到了"小天堂"就让大家夫妻团聚，但定都南京以后，又说要等到攻下北京，很多人觉得受到了欺骗，因此心怀不满，才会有这种情况发生。

听了这番话，杨秀清意识到长期执行禁欲令的严重危害，释放了曾水源，并下令允许太平军将士夫妻团聚，此后又解散了女馆。这个命令执行得不错。1856年4月，外国传教士肯能到南京考察，并在那里居住了好几个月。他在《南京与镇江：原始的叙述》中说："我们注意到在该城的所有地方和所有街道，到处都有妇女，没有人被限制居住在某一特定的地方。"

对洪秀全大修诸王王府的行为，没有记录显示杨秀清有正式下令停止，王府最后也都建了起来，但压缩工程量、减少人民负担之类的行动应该是有的。肯能的叙述中也记录了他对东王府的观察，他说："我们随着一群人进了宫殿（东王府），发现房间的装饰并不奢侈。"1853年底的一次"天父下凡"资料也可以作为侧面证据。这一次，杨秀清以"天父"名义劝诫洪秀全：

"比如凿池挖塘而论，不比筑城扎营，若遇天时雨雪霏霏，即令暂且休息，以待来日。现下雨雪寒冻，毋用紧挖。"[1]

---

①《天父下凡诏书二》。

在这次对话中，洪秀全也向杨秀清主动提出，说自己龙袍很多，以后不要再做了，以节约物力。这个话不会是无缘无故的，应该也是之前杨秀清劝诫甚至警告洪秀全不要奢侈浪费的结果。

至此，杨秀清叫停焚书禁儒，停印西洋《圣经》；照旧交粮纳税；允许夫妻团聚，从思想文化、经济制度、家庭伦理三个方面全面推翻了洪秀全宗教建国路线的主要政策。1854年是太平天国甲寅四年，这一轮的"全面纠偏"，被称为"甲寅变政"。

经过这样一番整顿，太平天国运动的宗教色彩就变得很淡了，"人民革命"路线占据了绝对主导地位，曾国藩《讨粤匪檄》中攻击太平天国的主要得理之处就不那么站得住脚了——中国之书不焚了、西洋圣经不出了、农民田地自有了、商业贸易自由了。太平军的精神面貌和群众基础由此得到很大的改观，凝聚力和战斗力开始增强。

1854年12月，曾国藩亲自指挥的湘军和石达开亲自指挥的太平军在九江、湖口决战，双方力量也跟着发生转折性的改变。

这一仗的结果，湘军大败。曾国藩指挥作战的旗舰也被焚毁，他第二次跳河自杀，又被手下救了起来。太平军趁胜反攻，沿江而上再次占领田家镇、黄州，第三次夺取武昌。

十三、经略长江：太平天国运动的顶峰

所谓此消彼长，太平军这边熬过了最艰难的时间，以内政改革提升战力，开始全面夺回西征战场的主动权。清军这边内部却出现了问题，曾国藩的日子变得越来越不好过了。

1854年湘军夺回武昌以后，咸丰皇帝异常兴奋，对军机大臣说："不意曾国藩一书生，乃能建此奇功。"军机大臣祁寯藻不以为然，提醒咸丰皇帝："曾国藩以侍郎在籍，犹匹夫耳。匹夫居闾里，一呼蹶起从之者万余人，恐非国家福也。"

咸丰听了之后，脸色一变，立刻意识到这个问题。曾国藩练的湘军不属于八旗绿营编制，是他自己的私家军，现在可以用来打太平天国，将来也可能威胁中央权威。

此时，曾国藩的湘军已经打出了湖南，在湖北武昌—黄州—田家镇一线作战，军费开支大大增加，原来每个月7万两的银子不够用了。曾国藩急切希望能谋得湖北巡抚的职位，这样就能从容调动湖北财政和人力资源，为湘军在湖北作战提供可靠的后勤保障。

咸丰皇帝当时已经下令让曾国藩署理湖北巡抚的职位，圣旨都发下去了，听了祁寯藻的话，便开始有点后悔，赶紧下令收回成命。正好曾国藩上书假意推辞，这本来是客套话，说自己才能不足、难堪大任，又在籍居丧、不宜升官之类的。一般来说皇帝要再次下令，说圣意已决、不得推辞，任命的流程就算走完了。但咸丰看到奏章，竟然顺坡下驴，说我觉得你说的有道理，咱们英雄所见略同，既然你不想干，那就算了，等等。

曾国藩被气个半死，无可奈何，只能硬着头皮继续带兵一路打到江西，结果在湖口惨败。咸丰皇帝倒没有过多责怪，毕竟能跟太平军硬碰硬开打的也就这一支军队了，曾国藩还是实心干事的。

此后，曾国藩一直带兵在江西作战，又想谋求江西巡抚的职位。咸丰皇帝总是空言嘉奖，就是一直不答应，这让他很难受。太平军攻占武昌以后，把主要战略方向放到了江西，石达开亲自带兵从湖北进入江西。湘军在江西人生地不熟，曾国藩又无地方实权，钱粮供应时常短缺。这样，1855年整个一年，都是湘军节节败退，而太平军则一路攻城略地。到了1856年8月，江西总共13个府城和79个州、县城，太平军占领了九府50多个州县。而且，太平军控制的地区主要集中在富裕的长江沿线，整个江西中北部除了省会南昌以外，全部被太平军夺取，清军控制的都是南部那些落后偏远的山地府县，战略意义不大。南昌周边的府城已全部陷落，太平军全面包围南昌，曾国藩被困于南昌城中，形势十分危急。

石达开在经略江西的这段时间，全面落实了杨秀清甲寅变政的政策思路，不在占领地区搞男馆、女馆，不搞焚书禁儒，也不搞土地或财产充公，而是一律

"照旧交粮纳税"。田赋分上忙、下忙、春纳、秋纳四次征收，沿河、沿路征收商税，且各有定则。军事纪律严明，于老百姓秋毫无犯。同时，继续执行坚决的"反满反官"策略，摧毁清朝政权之后，重新建立行政管理体系，选举新官治理地方，打击土豪劣绅。曾国藩幕僚杜文澜记录说，石达开"择本地助虐者为乡官，授以伪职"。

在意识形态斗争上，刘文藻《诗舫存钞》中一首诗描写了石达开对待读书人的态度：

> 翼贼坐堂皇，大义春秋勉：谓尔缪庠生，夷夏胡不辨！
> 秀才曰噫嘻，春秋吾所善，用夷则夷之，用夏夷人选。
> 圣人大义明，尔贼岂能眯？群贼请杀之，贼笑曰勿翦。
> 彼固愿死耳，出禁久或转，吾方收士心，否则礼以遣。

这里边的"翼贼"就是说的翼王石达开。他对不愿与太平天国合作的读书人讲的内容，并不是"天父皇上帝"那一套，而是"春秋大义"。他责问这个读书人：你为什么忘了华夷之辨的春秋大义？满洲占据中国，我们起兵反抗，有什么不对？

这个读书人不屑一顾地回答说：春秋大义我比你们知道得多。圣人说过，夷人如果尊重华夏文明，那也就是华夏[1]。这种深刻的道理，岂是你们这些乱臣贼子所能明白的？

石达开手下的人听了很生气，请求杀掉此人。石达开说：他是想找死的，但我们正需要收复人心，还是饶了他，他将来自己说不定会想明白。

从这首诗来看，满洲和中国的华夷之辨而非"一神教与多神教或世俗文明之争"，才是石达开对其治下士民的宣传重点。

看到太平军及其首领石达开如此行事，对曾国藩"卫道安民"的宣传江西人民就不大听得进去了，包括很多读书人在内的民心大部倒向太平军。江西旁边的

---

① 这句话的出处是唐朝韩愈说的："孔子之作《春秋》也，诸侯用夷礼则夷之，夷而进于中国则中国之。"但现存孔子和孟子的言论中并没有相同意思的话，是韩愈自己总结的。

湖南茶陵知州雷寿南记录说，江西人竟然将太平军称之为"汉兵"。这就是已经将太平军视为汉民族的军队，而将湘军、绿营等一概视之为异族卖命的汉奸军队了。这是江西战局发展如此良好的核心原因。

石达开经略江西时期，湖南巡抚骆秉章在给朝廷的奏章中说，江西士民已纷纷从"畏贼"变为"媚贼"，"献财输赆，甘心从逆"。给骆秉章当幕僚的左宗棠干脆说："江西事恐不可为，以民心全变，大势已去也。"曾国藩则咬牙切齿地大骂江西读书人："读圣贤书……悍然从贼，冠贼冠、服贼服。"

军事斗争是政治斗争的延续。意识形态的正义性，对双方军事斗争的胜负，具有重要影响甚至是决定性的影响。这一点在江西战场上得到很明显的体现。

如果情况继续照此发展下去，则太平军歼灭湘军，继而推翻清朝，并不会是一件很困难的事。

在江西大局已定的情况下，杨秀清指示石达开带领精锐从江西返回南京，配合从安徽调回来的燕王秦日纲，集中兵力打击围困南京的江南、江北大营。

这一次打击江南、江北大营战役，是杨秀清生前指挥的最后一战，是他军事指挥能力的完美展示，也是太平天国军事成就的顶峰。

之前，杨秀清制定的基本战略是以经略长江上游为主，尽遣主力攻打安徽、江西、湖北等地。在南京附近实施战略防御，主动放弃了扬州，退守镇江。经过两年多的西征，太平军在西线对清军的战略优势已十分明显，而南京—镇江的防御则到了极度困难的阶段，他才决定令西征军回援。

1856年初，杨秀清命令燕王秦日纲从安徽带领1万精兵去支援镇江。因为镇江被清军围困多时，粮食已经基本吃完，再不去营救就会崩溃。3月18日，秦日纲初战告捷，其部下先锋陈玉成带兵冲破清军防线，向镇江城中输送了不少物资。但这一仗并没有从根本上扭转局面。此举引起清军注意，从四处调集军队准备攻击秦日纲部。

杨秀清密切观察战局，发现清军注意力都放在长江南岸的镇江，而江北大营防御松懈。又打听到4月2日是江北大营帮办营务、钦差大臣雷以諴的生日。于是集结大批船只，在当日傍晚秘密将秦日纲部运过长江，1856年4月3日凌晨，突袭江北大营。此时的江北大营内，上至统帅、下至都司，都在雷以諴营中祝寿畅饮，兵营没有将领管辖，也没有做应急布置。太平军突袭得手，将江北大营阵地彻底摧毁，并乘胜收复了扬州城。

夺取扬州后，太平军没有长期占领，只是将城中物资粮食运走，然后再次渡江，于1856年6月14日到达南京城郊的燕子矶一带休整待命。

清军此时还没有从江北大营的溃败中回过神来，将江南大营的兵马抽调一部分到江北支援。而杨秀清早已密令石达开从江西带领3万主力东返，于5月11日到达安徽芜湖，然后兵分三路，北路沿长江靠近南京，中路突袭江南大营的南方要塞秣陵关，南路攻击溧水。清军又紧急从江南大营派兵去支援秣陵关、溧水。

这样，经过反复调动，清军围困南京的主阵地——江南大营兵力就被大大分散，一部分去围攻镇江，一部分支援江北大营，还有一部分去支援秣陵关、溧水。杨秀清遂急令在燕子矶扎营的秦日纲全力突袭江南大营本部。秦日纲手下人马从安徽过来后，一直在打仗，且被反复调度奔走，四个多月没有休息，极度疲惫。秦日纲请求杨秀清能多给几天时间休整。杨秀清严词拒绝，下令“违令者立斩”。

6月17日，秦日纲带着陈玉成、李秀成等部快速扑向江南大营，石达开的北路军也及时赶到，双方合力，大破江南大营。清军死伤惨重，全军溃逃。

江南大营是从广西一路追赶太平军到南京的清军主力所在。从紫荆山带兵一路追来的悍将向荣，眼见自己苦心经营多年的大营灰飞烟灭，在逃窜途中羞愤而死（有自杀和旧病复发身亡两种说法）。

踏平江南大营后，杨秀清令秦日纲部继续追击清军残部，让石达开带兵返回武昌前线与湘军胡林翼部对决，又派韦昌辉接替石达开负责江西战局。由于这次调兵速度极快，在短期内突然集中兵力东征，石达开从离开江西到踏平江南大营然后返回只用了不过两个月，湘军还没反应过来，西线的战略局面并没有很大的变化。南昌仍然被太平军围困，曾国藩在南昌城中日夜忧叹、计无所出，武昌和九江也继续控制在太平军手中，可以说是局面大好。太平天国基本确立了对清军的整体战略优势。

这次东征，杨秀清的军事指挥天才发挥得淋漓尽致。更重要的是，此时太平军在杨秀清领导下，令出如山、莫敢不从，才能做到如此迅速地从安徽和江西将翼王石达开和燕王秦日纲的两大主力调往东线作战，而且密切配合，战略执行无丝毫差错。这种完美的机动能力和战略执行能力，清军无论如何也不能望其项背。即使是曾国藩精心训练的湘军主力，也距离这种状态很远。清军内部满汉之间、中央与地方之间、地方与地方之间互相猜忌，矛盾重重。咸丰皇帝在北京遥控指挥，地方各自为政、钩心斗角，军官腐败、纪律废弛。在这样的状态下，太平军即使偶尔遭遇一些败仗，也一定能够牢牢把握战略上的优势。遗憾的是，这种状态并没有持续很久。

十四、天京事变：洪杨政争引发的历史悲剧

就在太平军踏平江南大营之后不到三个月，天京事变发生了。

1856年8月，洪秀全密令带兵在外的北王韦昌辉、燕王秦日纲返回南京诛杀杨秀清。9月2日，韦昌辉、秦日纲带数千士兵进入南京，突袭东王府，将杨秀清杀害。

石达开在武昌得到天京事变的消息，紧急返回南京，只带了少数兵马。回到南京后，得知不仅杨秀清被杀，其家属、部众约两万人也被一并屠杀殆尽。他指责韦昌辉杀人太多，激怒了韦昌辉。韦昌辉又派秦日纲带人去杀石达开。石达开提前得到消息，连夜逃走，但其家属被秦日纲杀掉。事后，秦日纲带兵离开南京去了镇江。

石达开逃出南京后，发布公告声讨韦昌辉的罪行，上书洪秀全请求诛杀韦昌辉。

不久，洪秀全与朝臣合力，杀掉韦昌辉，并将韦昌辉的人头送到石达开大营，请石达开回南京主持政务。石达开要求必须先诛杀秦日纲。洪秀全又下令将秦日纲逮捕回南京处死。

不久后，石达开回到南京。他没有再对韦昌辉和秦日纲的部属亲信做进一步追究，把局面稳定了下来。众人认为石达开才干、功劳和品德都足以服众，推举

他接替杨秀清的"军师"地位。洪秀全遂封石达开为"通军主将"，全面负责太平天国军政事务。

但洪秀全对石达开也不信任，转而重用自己两个哥哥——洪仁发、洪仁达，把二人封王，后来干脆把洪家男性一股脑给封了王。这就直接破坏了太平天国非建有殊勋者不封王爵的惯例，把太平天国搞成洪家朝廷。天王的军令、政令不再通过石达开，而是由洪姓诸王直接掌握。在挟制、架空石达开的同时，还要夺取他的兵权，"终疑之，不授以兵事，留城中不使出"，甚至发展到对石达开有"一并谋害之意"①。

这种无理的刁难、挟制和阴谋陷害，使石达开已无法施展其能力、抱负，关键是还有性命之忧，随时可能重蹈杨秀清、韦昌辉的覆辙。同时，石达开也对洪秀全本人极度失望，不禁发出"忠而见逼，死且不明"的叹息。

1857年10月，石达开被逼出走南京，回到安庆，从安庆带走数万精锐将士，到江西、湖南等地独立作战。太平天国内部大分裂、大动荡，从此由盛转衰。

以上就是天京事变的主要发展过程，所有讲中国近代历史的书都会讲一遍。这其中的关键是，谁应该为天京事变负主要责任？

最常见的观点是，杨秀清应该为天京事变负主要责任。因为他在踏破江北、江南大营以后，居功自傲，无法克制自己的野心，以"天父下凡"的名义威逼洪秀全封他为"万岁"，试图阴谋夺取太平天国最高领导权。洪秀全被逼无奈，只能招韦昌辉、秦日纲"救驾"。韦昌辉和秦日纲平日多次受到杨秀清欺凌羞辱，早就忍无可忍，于是趁机杀了杨秀清。这里边甚至有杨秀清心腹陈承瑢向洪秀全"告密"的说法，说杨秀清要杀天王而夺其位，并自告奋勇愿负扫除"奸党"的责任。获得洪秀全同意后，秘密打开南京城门，与韦昌辉、秦日纲里应外合杀死杨秀清。陈承瑢后来以韦昌辉"奸党"的罪名，与秦日纲一起被处死。

陈承瑢"告密"这件事实在是无从考证。但杨秀清有没有"逼封万岁"的事情，则有史料可查。

首先，在1856年9月杨秀清生日这天，洪秀全要给杨秀清封"万岁"这件事

---

① 《石达开供述》。

应该是真的，这是个公开的典礼，太平军上下知道的人不少。各种野史、石达开自述、李秀成供述，都提到了此事。

此外，洪秀全在之前大约一个月，破天荒地亲自去了一趟东王府，这也有确凿的官方资料记录。李秀成也说"逼封万岁"发生在东王府。这是洪秀全自从进南京以后，唯一的一次离开天王府。不过，这次在东王府内的洪、杨谈话，《天父圣旨》中只记录了一小段——杨秀清以"天父"的身份说"秦日纲帮妖，陈承瑢帮妖"，"朝内诸臣不得力"这样几句话。它可能是洪秀全为挑拨杨秀清与秦日纲、陈承瑢的关系编的，而把与"封万岁"有关的部分删掉了。也可能是讨论"封万岁"的时候杨秀清并未"天父附体"，所以其讲话内容不载于《天父圣旨》。

争议的关键是，到底是杨秀清"逼封万岁"？还是洪秀全主动要求给杨秀清"加封万岁"？

对此，有价值的史料主要是三个。

第一个，是石达开被清军俘虏后的供述。原文是：

"韦昌辉请洪秀全杀杨秀清。洪秀全本欲杀杨，口中不肯，且故意加杨秀清为万岁。韦昌辉忿气，把杨秀清杀了。"

第二个，是忠王李秀成的供述。原文是：

"原是北王与翼王二人密议，独杀东王一人，因东王……要逼天王封其万岁。那时权柄皆在东王一人手上，不得不封，逼天王亲到东王府封其万岁。"

这里边不仅说是杨秀清"逼封万岁"，而且说石达开在天京事变之前就与韦昌辉密谋要杀杨秀清。

第三个，是野史《金陵省难记略》的记录。这个记录最详细。

书中说，杨秀清借口"天父下凡"，召天王洪秀全到东王府，对天王道："你与东王皆为我子，东王有咁大功劳，何止称九千岁？"

洪秀全只好顺口说："东王打江山，亦当是万岁。"

"天父"又问："东世子岂止千岁？"

洪秀全只好硬着头皮说："东王既称万岁，世子亦当是万岁，世代皆万岁。"

"天父"大喜说："我回天矣。"

关于"逼封万岁"的其他野史记录，大都跟《金陵省难记略》讲得差不多，来源也是坊间传闻，或者从《金陵省难记略》抄过来加以修改而成，不用多讲。

天京事变后活下来的核心人物只有洪秀全和石达开。东王府中杨秀清和洪秀全的谈话，可能有东王府的人在场，但他们大都在天京事变中被杀了。事后，洪秀全把一切罪名推到韦昌辉身上，还给杨秀清平了反，将杨秀清死的这天定为"东升节"，对"封万岁"之事，没有公开说过一句话。关于天京事变的内幕，也就没有其他史料能比石达开的原话更权威。石达开不在第一现场，但他的信息来源可能有两个，一个是东王府幸存下来的人，石达开庇护了他们，从中得到实信，还有一个就是那天陪洪秀全去的天王府人员。

李秀成是后期太平天国高层，天京事变时并不在南京，职位也不高。后来虽然地位提升，也长期在外作战，没有很多机会回到南京，他的消息来源肯定不如石达开可靠。

《金陵省难记略》虽为野史，但作者张汝南曾经在太平天国治下的南京长期生活，且记录态度严谨，书中讲的很多事情都跟太平天国官方记录对得上。一般认为，此书记录大体可靠。不过，关于"逼封万岁"之事是个例外，作者特别声明，自己在天京事变之前就已经逃离了南京，"逼封万岁"是从那些天京事变后逃离南京的人那里听来的。

比较这三条史料，总体而言，石达开的话，可信度最高。也就是洪秀全"故意加杨秀清为万岁"，而不是被杨秀清逼封。石达开的话之所以可信，因为不管是洪、杨谁主动提出"封万岁"，都跟他没关系，不会影响他的命运和历史责任，也跟审理石达开的清军将领没有关系。他在临死之前强调说是洪秀全"故意"要封杨秀清为万岁，只能说是他想要把这个历史事实说出来，记录下来。

尽管如此，由于石达开的供述只有孤证，我们还是分两个场景来分析。场景一，就是洪秀全"假封万岁"；场景二，即杨秀清"逼封万岁"。

洪秀全"假封万岁"，其目的不难推测，就是想要麻痹杨秀清，让他把注意力放到这个意义重大的加封典礼上。东王府的工作人员，也必然为典礼的各项细节忙里忙外。这样，掌管南京城门的某些职位出现人事变动、韦昌辉和秦日纲带兵离开了驻地这些看起来不属于紧急军情的"小事"，就可以瞒天过海，至少是拖延几天才被杨秀清知道。为此，洪秀全不惜破天荒地离开天王府，亲自去往东王府说服杨秀清接受册封。

洪秀全把杀杨秀清的时机选择在江南大营被踏破之后，可能是"狡兔死、走狗烹"的心态作怪。他那时候还不知道湘军的厉害，或许以为清军主力已被消灭，从此大势已定，收拾残部用不上杨秀清，自己就能搞定。再不动手，将来杨秀清功劳、威望更大，解决起来更难。此前局势危险，必须依赖杨秀清。现在不早不晚，刚刚好。江南大营被摧毁以后，杨秀清对南京城防的控制有所放松，方便韦昌辉、秦日纲带兵进京，韦昌辉又因为石达开去武汉而掌握了江西兵权，也应该是原因之一。

韦昌辉因水营哗变之事受杨秀清仗责，早就心怀不满。李秀成和石达开都说韦昌辉主动请求洪秀全诛杀杨秀清，应该是真的。但光有韦昌辉参与还不够，为了让秦日纲和陈承瑢也铁了心"入伙"，洪秀全又编造了杨秀清说"秦日纲帮妖、陈承瑢帮妖"的谎言，暗示杨秀清有诛杀二人之意，也为后来翻脸杀掉二人埋下伏笔。

根据传教士肯能在《南京与镇江：原始的叙述》中的记录，在天京事变的第二天，肯能就见到了秦日纲——肯能到南京和拜访杨秀清都是秦日纲引荐的，二人关系比较熟。他说，在杨秀清死后，洪秀全马上就派传令官谴责了韦昌辉和秦日纲，并且将二人各打500大板。不过，执行仗责的并非天王府人员，而是韦昌辉和秦日纲的部下，因此仗责完全是在走过场。肯能见到秦日纲，首先就是"通过翻译向秦日纲表示，对他受到杖责深感遗憾"。秦日纲告诉他不要紧。

500大板如果认真打，秦日纲和韦昌辉都得半身不遂。很显然他们都毫发无损，然后继续无所顾忌地屠杀东王下属。这是一场洪秀全主导的戏。韦昌辉和秦日纲未能看透其中玄机——如果洪秀全真的被杨秀清逼得无路可走，紧急求救于韦昌辉，他应该对韦昌辉和秦日纲感激涕零，至少不会第一时间派使者来假装打板子。也就是说，洪秀全刚确认杨秀清已死，就迅速采取行动准备推脱杀害杨秀清的责任，把"黑锅"扣到韦昌辉和秦日纲头上，为下一步杀掉二人做准备。

这不像是在应对突发事件，更像是运筹帷幄、走一步看三步的操作方式。

如此说来，天京事变看起来是突发的，实则是洪秀全蓄谋已久的一次政变。不是杨秀清阴谋篡夺太平天国最高领导权——他本来就拥有"天父下凡"的最高领导权。而是太平天国的宗教导师和虚位君主洪秀全利用太平军将领内部的矛盾，阴谋篡夺最高领导权的一次政变。他先利用韦昌辉、秦日纲杀害杨秀清，再利用石达开的军事压力和舆论压力杀掉韦、秦，最后架空石达开，让自己从"虚君"变成"实权君主"。

石达开一走，洪秀全就放话，说出了自己的真实目标：

"主是朕做，军师亦是朕做！"

洪秀全到底为这一天准备了多久，无人知道。但肯定不是他去东王府定下来给杨秀清"封万岁"之后，才仓促给韦昌辉下令的。整个事件布置得太周密了，假封万岁、密招救兵、打开城门、甩锅韦秦、逼走翼王，看似步步惊心，却又有惊无险，最后的受益者只有一个，那就是最先违反规则出牌的天王洪秀全。

以上是基于场景一的分析，接下来再看一下场景二。

即使我们认为《金陵省难记略》的记录是真的，杨秀清真的以"天父下凡"的名义要求封万岁，他也没有违反规则。因为他"天父下凡"的权力在紫荆山已经过洪秀全认可，同时也得到了所有拜上帝教众的认可，他以"天父"的身份说话，可以封任何人为万岁。

李洁非在《天国之痒》中认为，杨秀清"逼封万岁"的目标不可能是杀掉洪秀全自己当天王，因为这会动摇整个拜上帝教的意识形态根基，也没有必要这么做。在其他非官方史料中，还有记录说在"逼封万岁"现场，洪秀全问了一句："然将何以处我？"杨秀清回答："当为万万岁。"即便"逼封"为真，杨秀清应该也只是想要建立西方基督教国家的那种"教宗+国王"体制。军政领袖为国王，由杨秀清担任，称"万岁"，洪秀全只做教宗，称"万万岁"。这样就把世俗权力和宗教信仰完全分开，从而推动太平天国体制从政教合一向政教分离发展，进一步实现国家体制正常化和世俗化。

洪秀全早就与韦昌辉有密谋要杀杨秀清，但犹豫不决，被"逼封万岁"后便抓紧行动。后边的故事，就仍旧与场景一"假封万岁"一样了。

在"逼封"场景中，杨秀清阴谋篡位，却对洪秀全可能的反击毫无防备——"逼封"之前先将江西兵权交给与洪秀全关系密切的韦昌辉，然后韦昌辉、秦日纲带兵离开驻地他也不知道，南京城门轻松就被叫开放兵马进入，这很不合理。要准备篡位，不说全城戒严，看紧城门和在防备外地的统兵大帅应该是基本操作吧？这都能忘了？中国古代，权臣准备篡位却被外地兵马秘密摸进京城杀掉的，从来没有发生过。外地勤王兵马都是大张旗鼓地进讨，因为在篡位准备期根本不可能将大队人马从外地带进京城而不被察觉——除非该权臣压根儿没打算篡位。

如果杨秀清做事如此粗心大意、顾前不顾后，他怎么能带领太平军从金田一路杀到南京？又如何组织西征开疆辟土？难道两个月前指挥秦日纲和石达开踏破江南大营真的是"天父上身"帮他指挥的？

合理的解释应该是：他没有准备政变，是中了洪秀全的暗算。

读书不多的杨秀清有一点可能是真忽略了：洪秀全不仅是一个宗教创始人，还是一个读了几十年儒书的童生和私塾教师，儒家的伦理道德他不相信，但按照儒家思想撰写的中国历史他很熟，借此掌握了儒家士大夫的专业技能：外战外行、内斗内行——带兵打仗不行，搞权力斗争、宫廷政变却是一把好手。

对杨秀清处处架空自己，以"天父"身份发号施令，又处处与自己的"宗教建国"理想对着干的行为，洪秀全长期以来敢怒不敢言，忍隐不发，对杨秀清的各种上奏，从来不发表反对意见，不仅一律批准，还要大加褒奖。在天京事变之前，洪秀全从来没有反驳过杨秀清的任何一句话，杨秀清说一句他就夸一句。有一回洪秀全、杨秀清、韦昌辉三人谈起给洪秀全做龙袍的事情，杨秀清认为天王应该带头节俭，不要再新做龙袍了。韦昌辉却说，还是要多做几件才显得天国和天王的体面，而且花费也不多。洪秀全就说：六弟你虽然是为了我好，但终究不如秀清胞弟的直言无隐更为可嘉。从今后我天国大臣，都应该以秀清胞弟为楷模，学习他忠心骨鲠。

洪秀全与杨秀清说话，一贯就这种风格。这让杨秀清对洪秀全放松了警惕，认为洪秀全的政策思路虽然荒唐，但是一个能听得进意见、能从大局出发考虑问题的人，没想到洪秀全会毫无征兆地以发动兵变的极端方式来解决内部矛盾。

天京事变是一次权力之争，也就是洪秀全想要夺权。

夺权本身不一定错，杨秀清也一直在向洪秀全夺权。虽然我们认为没有"逼封万岁"的事，但杨秀清之前不断挤压洪秀全的权力空间，大权独揽，则是事实。洪秀全只是暴力反击。

我们对古代历史上最高权力争夺的是非标准，并不以儒家伦理来判断，也不以有没有采用暴力来判断。不是说洪秀全是天王，是君主，杨秀清是权臣，所以杨秀清专权就不对，洪秀全下令杀掉杨秀清就是他的合法权力。太平天国的权力构架有君臣关系在里边，也有教义、神权等其他关系，诸如杨秀清是天父附体、圣灵之躯、上帝四子，等等。这些我们不去讨论它，核心的标准始终是一个：谁的路线有利于国家统一、人民幸福、社会进步，谁就是英雄。曹操专权，但维护了北方的统一和稳定，是大英雄。李渊父子以隋朝勋贵大臣身份造反，但推翻了隋炀帝暴政、结束了全国战乱，同样是大英雄。

杨秀清和洪秀全的斗争，君主与权臣的权力之争只是表象，宗教理想与"人民革命"的路线斗争，才是更为深刻的本质。

杨秀清之所以能掌握比洪秀全更大的权力，是"人民革命"路线对宗教建国路线取得优势的产物。如果洪秀全不是秉承其荒唐的一神教思想，而是与"人民革命"斗争密切结合，积极从宗教迷梦中清醒过来，学习和研究"人民革命"战争的规律，参与"革命"战争的实践指挥，制定符合"人民革命"需求的政策方针，他就不会大权旁落。反之，如果实践证明了，洪秀全的路线是错误的，洪秀全不具备指挥太平军击败清军推翻清政府的能力，仅仅因为他是宗教创始人和天王就坚决维护他的权威，那就是错误且愚蠢的行为。原则问题，当仁不让；路线正确，坚决掌权。杨秀清就是应该这么做，也必须这么做，而他实际也就是这么做的，做得很好很对。

如果杨秀清"文质彬彬、温良恭俭让"，不专权、不架空洪秀全的权力，不搞甲寅变政全面纠正洪秀全的路线方针，太平天国的"革命"事业就会失败，无数太平军将士们的鲜血就会白流。不管是太平军内部的"宗教建国派"还是"人民革命派"，都会被清军不加区别地屠杀殆尽，清朝在中国的统治就会持续更长的时间，给中国人民制造更多的苦难。杨秀清在大是大非上没有错误，只是由于一些细节方面的失误和疏忽，被宗教原教旨势力抓住机会进行反扑，使"革命"事业遭遇了严重的挫败。

在天京事变这场空前激烈的斗争中，另外三个核心人物——韦昌辉、秦日纲和石达开的态度和表现也值得关注。

韦昌辉在金田起义期间，一直是萧朝贵的副手，从权力格局来看，他原本应该是杨秀清"金田嫡系"的核心人物。反之，石达开是贵县分部的领袖。洪秀全的王姓表兄所在的赐谷村，也在贵县。拜上帝教做大以后，王家人纷纷入教，跟洪家人一样，成为洪秀全的亲贵骨干。后来因为太平天国讳"王"这个字，他们又全都改为姓"黄"。前边提到的王维正、黄再兴这些人，就都是这个亲贵圈子里的人物。这些人主要集中在贵县分部，跟石达开关系亲密。洪秀全也因此跟石达开关系不错，起义准备初期就跑到石达开家里住着不肯走，萧朝贵"天兄下凡"催他们回金田也不管用。石达开还跟萧朝贵在攻打六屈村的事情上起了冲突，直接顶撞"天兄"。

金田起义以后，这些王（黄）家人就跟洪家人一样，成了围绕在洪秀全身边的亲信集团。他们中大部分对洪秀全唯命是从，是比较铁杆的"宗教建国派"，像黄再兴撰文宣称"凡一切孔孟诸子百家妖书邪说者尽行焚除"，就是这条路线的集中体现。后来，洪秀全的两个哥哥被封王架空石达开，李秀成说二人"又无才情，又无算计，一味固执，认实天情，与我天王一样之意见不差"。这里的"天情"在太平天国话语体系里边，就是宗教教义的意思，也就是说这两人除了迷信拜上帝教的教义、绝对服从洪秀全以外，其他啥都不懂，简单来说就是两个神棍。洪仁达后来被清军抓获，曾国藩说其人在审问期间"如痴如醉、口称天父不绝"，看起来是典型的深度宗教意识迷乱状态。

安、福二王的主要贡献是写了一本《王长次兄亲目亲耳共证福音书》，把当年洪秀全在家发病之后的胡话记录下来，作为"神迹"宣传。洪秀全如此重用二人，除了是自己的亲哥哥，也因为他们是自己"神迹"的第一见证人。

石达开在贵县，其岳父黄玉昆，也是王（黄）家人，他可以算是洪秀全的远房姻亲，原本是跟这帮洪秀全的亲戚家人比较亲近的。

但是，随着战局的进展，韦昌辉和石达开的立场竟然出现一百八十度的对调。韦昌辉比较相信洪秀全"天父皇上帝"那一套宗教思想，慢慢地被宗教洗脑，进入南京以后成了洪秀全"宗教建国"路线的执行者。因为激变水营而被杨秀清仗责，其代理主政期间的《待百姓条例》被杨秀清全面推翻，再加上他打仗水平不行——痴迷宗教一般来说也会影响军事组织和指挥能力，天京事变之前，在江西连吃败仗，连"黄轿绣伞"也被清军夺去，为此没少被杨秀清责罚。于是深恨杨秀清，必欲杀之而后快。

燕王秦日纲也类似，在西征战场上吃了败仗，丢失了战略要地半壁山，杨秀清就把他下狱论罪，取消了他的王爵，先判处死刑，后来又准其以"奴"的低微身份戴罪立功，一年之后，给封了个"顶天燕"侯爵，恢复了位于开国五王之下、其他人之上的地位。杨秀清的这种处理方法其实比较公正。但秦日纲并不服气，害怕万一又打败仗就会真的被杨秀清杀掉，便参与了韦昌辉的叛乱。

反观石达开，带兵打仗的能力一直非常出色，萧朝贵死后，他在很多大战中都顶替萧朝贵的位置，担任前军指挥的角色；又对"宗教建国"很不感冒，在江西坚决执行杨秀清的甲寅变政和"反满反官"政策，也就跟洪秀全渐行渐远。最后，韦昌辉从"金田嫡系"变成洪秀全的爪牙，石达开从"贵县亲贵"变成了杨秀清的铁杆。这种转变，就是思想路线决定了政治立场。在此过程中，杨秀清严格按照战功和政策路线来执行奖惩，不搞自家山头，得罪了韦昌辉，赢得了石达开的支持，对秦日纲则是先重罚再重用，也是其心胸开阔、执政为公的体现。

《李秀成供述》中说，石达开在天京事变之前就与韦昌辉密谋杀杨秀清，这肯定是记错了。包括野史在内的各种史料都没有类似表述，只有李秀成这么说。李秀成应该是把石达开在天京事变之后不公开反对杀杨秀清，只谴责韦昌辉杀人过多的表态，给混淆到了天京事变之前。

《石达开供述》中，石达开本人否认曾参与密谋，说自己对天京事变毫不知情，事后极度震惊，反复考虑之后才去的南京。

石达开讲这个话，是他已经兵败被清军俘虏的情况下，对清军将领说的。此时太平天国的事业，已经油尽灯枯。他个人又态度强硬，拒绝投降清军，将生死置之度外。此时，他有没有与韦昌辉密谋杀杨秀清，已经是一个无关紧要的历史故事，对太平天国的命运和他自己的命运不会发生任何影响。他没必要在临死之前撒这个谎，把这些事讲出来，无非是为了在历史上留下记录。从这个意义来讲，石达开的供述比李秀成听来的消息更可信。

韦昌辉不可能去找石达开商量谋杀杨秀清的阴谋，这种事情一旦走漏消息，自己必死。而石达开当时和杨秀清关系很好，找石达开商量几乎等于自首。清军方面的情报档案《贼情汇纂》中说，石达开对杨秀清是"敬若神明"，杨秀清对石达开是"喜其诚意，故屡委以军事"，可谓志同道合。清军的情报工作在太平军进入南京后搞得不错，因为南京城内有一大批不满拜上帝教的知识分子，不断向城外输送情报。这一批情报中，清军在天京事变之前一年就知道了韦昌辉极度仇视杨秀清，预言"昌辉位下杨贼一等，其奸诈相似，阳下之而阴欲夺其权……似不久必有并吞之事"。清军情报既然能做到对韦昌辉的了解比杨秀清还要深刻，其中对石达开、杨秀清关系的判断应该也不至于有大差错。

综合来看，石达开是杨秀清"人民革命"路线的忠实执行者，类似于当年萧朝贵在天国政治结构中的地位。杨秀清执法严厉，太平天国高级领导人大多数被他处罚过——包括洪秀全。甚至杨秀清自己，有一回觉得自己对某下属处理不当，也干脆以"天父下凡"的形式下令把自己仗责了一顿。只有石达开是唯一一个没受过杨秀清任何处分的高层。杨秀清对石达开的工作，显然相当满意。石达开当年在贵县和萧朝贵、杨秀清的"坚耐隐忍"路线对着干，后来却成了杨秀清的亲密战友，可以说是一段"英雄识英雄、不打不相识"的千古佳话。

石达开没有参与杀杨密谋的另一个例证，就是杨秀清把弟弟杨辅清在天京事变之前几个月派到了江西。天京事变后，韦昌辉要求石达开交出杨辅清，石达开拒绝交人。杨辅清一直没事，石达开出走南京以后又跟着石达开到处打仗，后来回归南京，被洪秀全封为辅王。南京城破后又辗转到福建等地继续抗清，因叛徒出卖被俘，遭清军杀害，其时距离南京城破已经过了十年，是太平天国坚持到最后的高级领导人。

1856年9月5日深夜，天京事变后第三天，石达开在武昌前线的鲁家港突然撤军，遭湘军攻击且颇有损失。天京事变后一个半月，石达开才回到南京。这两件事也说明石达开没有为天京事变做准备，不然不会在事变发生的时候还在带兵跟湘军硬碰硬地打仗，而不是提前收缩防御。事发之后，他也花了很长时间来考虑要不要回南京，而不是立刻赶回去跟韦昌辉一起庆祝密谋成功。他可能是从洪秀全那里得到某种安全保证之后，才返回南京的，结果一回去就跟韦昌辉正面冲突，当天晚上就逃走了。

第二章　太平天国（下）

一、三河大捷：新生代将领崛起

崔之清在《太平天国战争全史》中说："杨秀清被杀后，太平军指挥中枢失控，各战场失去统一调度，战略指挥陷入紊乱，缺乏全局的战略计划，严重影响了各战场的协同作战，也难以组建强大的机动兵团。"

这是对天京事变后战局变化的整体描述。打仗这个东西，不能集中兵力协同作战，那就没法打了，相当于坐以待毙。杨秀清时代的太平军，在军事上的最大优势，就是能快速机动。东王掌握全局战略，一声令下，就能向战场关键节点调集优势兵力猛攻。现在分散在各个战场各自为战，很容易就被清军各个击破。至于意识形态混乱带来的军队战斗力下降，那就更要命。

首先丢掉的是武昌。在武昌防御的紧急关头，石达开得知天京事变的消息，带兵离开，留下韦俊守城。韦俊是个能征善战的悍将，西征时期九江就是他打下来的。因为这个功劳，杨秀清把他提拔为西征军前锋主将。在石达开带精锐东返踏破江南大营期间，韦俊在武昌不仅没有消极防御，还主动出击，击败胡林翼、击杀罗泽南。罗泽南是王鑫、曾国藩、李续宾等诸多湘军将领的儒学老师，王鑫和曾国藩办乡勇的时候都得到过他的支持，号称"湘军之父"，是比较罕见的能亲自带兵冲锋的理学大师。他被击毙对湘军将领心理冲击很大。

但韦俊是韦昌辉的弟弟。韦昌辉被杀以后，韦俊日夜担心自己的安危，武昌将士也议论纷纷，军心动摇。1856年12月，韦俊无心恋战，主动放弃了武昌南撤。这个决策是正确的，天京事变后的形势变化让武昌已不可能长久守卫，主动撤退可以收缩战线，保留大量生力军。

武昌失守后，湘军主力在罗泽南弟子李续宾的带领下顺江而下，围攻九江。数个月后，秦日纲旧部陈玉成带队招收了许多湖北的饥民，逐步壮大起来，其主力在武昌和九江之间的黄州一带与胡林翼带领的湘军交火；石达开离开南京后到达安庆，手下六七万人马。九江城内还有林启容统领的1.7万人。这个局面比当年湖口之战还要好一些。如果石达开和陈玉成两头合围九江湘军，九江城内守军配合反攻，兵力优势明显，打破李续宾的围攻并不难，甚至可望取得比较大的歼灭战绩。但此时没有任何人可以同时指挥这三支队伍协同。最后的结果是林启容闭城不出，李续宾感到九江无忧，遂亲自带数千精锐北上，与胡林翼夹击陈玉成。石达开还在与洪秀全赌气，忙着在安庆招罗旧部，根本没有参战。陈玉成孤军奋战被击退，此后九江遂无人再管，南京方面也不再组织营救。经过八个月的围城，1857年9月，九江最终被湘军攻克。然后，湘军屠城，城内上万守军和众多居民被全部屠杀。

1857年7月，清军重建江南大营后再次围攻镇江。洪秀全派出他的哥哥安王洪仁达带兵前去支援。洪仁达根本不懂带兵打仗，被杀得大败而回。12月27日，城内太平军因粮食耗尽，弃城突围，镇江失陷。

在这段时间内，洪秀全亲自担任军师，教、政、军大权一把抓，直接指挥各路人马东征西战，再没有人敢约束他的权力。但他亲自上阵的效果极差，眼看着武昌、九江先后失守，清军重建江南、江北大营，夺取镇江，对太平天国全面反攻围剿，战略形势瞬间倒转，天国政权陷入极度危险的境地。

1858年4月中旬的时候，清军已经到南京城外的雨花台建好了坚固的营地，开始合围南京。南京城的大部分对外通道都已中断，只有九伏洲、七里洲的水路还能走得通，但不时遭到清军水师的威胁。如若这条路也被切断，南京城的物资供应就完了。

这个时候洪秀全是真怕了，朝中亲信们也焦急得像热锅上的蚂蚁，发现指望"天父天兄大显权能"不大靠得住，还是得让真能打仗的人上，才能救得了命，保得了富贵。朝臣们遂一致推举李秀成担任"提理朝廷军政"，统一指挥全国军事。

李秀成和陈玉成一样，是天京事变后进入高层的年轻将领。他们都在天京事变之前跟随秦日纲作战，但跟天京事变没有瓜葛。秦日纲之前一直负责长江北岸的安徽军事，石达开则负责南岸的江西以及上游的武汉军事。太平军的主力当时就是两个，一个是石达开经略江西和守卫武汉的10来万人马，一个是秦日纲在安徽的几万人。剩下的就是南京、镇江为数不多的守军了。秦日纲被杀后，李秀成和陈玉成在安徽带兵，战绩卓著，在全面收缩的大形势下，搞了几次胜利反攻，被石达开提拔了上来。后来，陈玉成从安徽北部带兵进入湖北，沿途招罗了湖北、皖北的一大批饥民，形成了一支新军。李秀成则从河南招募了一批捻军、天地会等小股起义队伍，也形成了一支自己的有生力量。石达开后来出走带走了大部分江西兵马，李秀成和陈玉成的部队便成了忠于洪秀全的两大主力。

此时，陈玉成远在湖北，李秀成奉命援助南京，在前线顶住了清军的进攻。危局之下，洪秀全不得不将军事指挥全权交给了李秀成。

之所以说是"不得不"，是因为洪秀全并不信任李秀成，李秀成也是走的杨秀清和石达开的"人民革命"路线，跟他不是一条心。

李秀成是杨秀清从普通一兵亲自提拔上来的，后来又跟着石达开去江西，最后才去安徽归入秦日纲部下。他真正得到重用，成为统兵大将，是在石达开南京主政期间。1857年，石达开被逼出走之后，洪秀全把手握重兵的李秀成封为侯爵、副掌率，算是进了核心高层。李秀成被加封之后，却上书洪秀全，请求重新任用石达开，废掉安、福二王，还要"依古制、轻税粮"——全是石达开的那一套。洪秀全气得要死，直接就把李秀成给撤职，爵位也革了。李秀成不服气，又写了一封长篇奏章上奏，从天下大势、世道人心的角度把上一篇奏章的观点详细论述了一遍。

据《李秀成供述》，某位朝臣看了第二份奏章之后觉得写得很好，找洪秀全当面说情，这才官复原职。这位朝臣不知道是谁，他应该一方面是觉得人才难得，另一方面恐怕也是考虑到这个时刻再轻易处分撤换统兵大员，实在很不明智——万一李秀成一气之下带兵投奔石达开怎么办？李秀成的第二封奏章，说明他只犯了"政治错误"，没有犯"组织错误"，路线认识上有问题，但并不是在向石达开效忠，因此是可以原谅的。

所以，1858年南京被围之后，洪秀全把兵权交给李秀成，实属逼不得已。李秀成也就成了继杨秀清、石达开之后，第三个掌握太平天国军政大权的"人民革命派"。李秀成掌权后，做了三个关键的人事安排，第一，将他信任的将领林绍璋调到南京，主持南京防务；第二，让洪秀全公开下旨赦免韦俊，保证他不会因为韦昌辉的关系受到株连；第三，请洪秀全公开承诺"不准长次兄理事"，把安、福二王的一切实权拿掉。洪秀全被迫全部接受——在清军的"帮助"下，李秀成把石达开想做而没有做到的事情做成了。

李秀成有个堂弟，叫李世贤，也很能打仗，是石达开旧部，在天京事变后选择了忠于洪秀全，驻军芜湖。李秀成又与陈玉成同为秦日纲旧部，在踏平江北、江南大营的战役中彼此配合密切，二人关系甚好。此外，李秀成力保韦俊，使其获得赦免，对于弥合太平军各地将领因为天京事变带来的裂痕具有重大意义——他们之前都跟杨秀清、韦昌辉、石达开、秦日纲有各种复杂的联系，天京事变的罪责不翻篇，大家很难安心打仗。

这样，实战经验丰富的李秀成上台掌权，能协调李世贤、陈玉成、韦俊等多个地方统兵大将，又因赦免韦俊而得到各地将领的钦佩拥戴，太平军内部团结得到加强，又一次具备了多路主力协同作战的能力，局面随之发生了一定程度的改观。

李秀成让林绍璋掌管南京兵权，执行他的军事路线，然后自己带兵离开。先去芜湖找到堂弟李世贤，又去安徽枞阳找陈玉成等将领，多方协调，终于定下来集中兵力攻击清军江北大营的战略计划。1858年9月，李世贤等在外围机动配合，陈玉成、李秀成两路主力合兵，第二次踏破清军江北大营，歼灭清军七八千人，江北清军主力损失近半。这样，南京北方向的物资交通路线全面恢复，围城危机初步解除。

这是天京事变后太平军最为辉煌的胜利，李秀成居功至伟，理应把他"提理朝廷军政"的临时职务变成正式职位。但情况刚一好转，洪秀全立刻就以军制调整的名义，削弱李秀成的地位。他借口恢复广西时期的"五军统帅"体制，把亲信蒙得恩封为中军主将、正掌率，节制诸将，总理朝政；陈玉成为前军主将、又正掌率，为前敌总指挥；李秀成被升为后军主将、副掌率，为陈玉成之副；李世贤为左军主将；韦俊为右军主将。

李秀成名义上被升，是因为后军主将这个职位比他原来的副掌率高一些。但从排名来看，还是在蒙得恩和陈玉成之下，没有任何进步。真正升官的是李世贤和韦俊。李秀成临危受命、力挽狂澜，又受朝臣和各地将领的拥戴，中军主将的位置显然应该给李秀成才合适。从"提理朝廷军政"到后军主将，功劳最大的李秀成不是被升官而是被削权。

中军主将蒙得恩在金田起义初期立过一些战功，但定都南京后就负责管理女营，其中一项职责是为洪秀全挑选美女当后宫娘娘或者作为天王给诸王、功臣的赏赐，早就已经从战将变成了宠臣，长期不接触军事事务，多年没有立下过军功。仅仅因为管理女馆等事务性工作搞得好，让洪秀全满意，就任命他来当中军主将，总理全军，简直就是扯淡。不仅李秀成不服，全军上下没有人服气。

由于支持石达开路线，抵制安、福二王执政，李秀成一直被洪秀全猜忌和刻意打压。李秀成心胸开阔，善于团结各种势力（洪秀全的亲信宠臣除外），战略意识、全局意识好，还极为善于用兵，是太平天国后期唯一有可能挽救大局的人物。但除了在1858年南京被围之后短暂地获得负责全局之权外，其他时间只能依靠个人关系协调其他部队来配合打仗。

蒙得恩在中央主持军事，实际上并不能发挥作用。还是李秀成和陈玉成等地方将领自己商量着办。他们和众将领在安徽枞阳召开会议——这种统兵大将们自己开会决定战略的办法已成为天京事变后太平天国军事决策的主要方式——决定把战略主攻方向放到南京西北部的皖北地区。

他们运气不错，很快就碰到了一条"大鱼"。攻克九江的湘军悍将李续宾，在立下大功以后头脑发热，以为太平军大势已去，妄想同时夺取合肥和安庆这两大重镇。他派部将去打安庆，自己来打合肥。分兵而且孤军冒进，犯了兵家大忌。陈玉成和李秀成抓住机会，于1858年11月中旬在合肥南边大约30里的三河镇（今合肥市肥西县）集中优势兵力将其包围。李续宾所带7000余人几乎被全歼。李续宾自杀，曾国藩的弟弟曾国华被击毙，史称三河大捷。这一仗消灭的是真正的湘军主力精锐，是继石达开1854年湖口大捷之后对湘军的又一次沉重打击。湘军由此锐气大挫，长江上游的战局也暂时得到很大的改观。

三河大捷有一个很重要的背景，就是清政府内部的矛盾，曾国藩下台，湘军在全局战略层面失去了统一指挥，无人能约束李续宾。

天京事变之后，各地清军都在趁机组织反攻，大部分效果不错。曾国藩在南昌也算解了围，但江西的战局并没有立刻好转，因为这是石达开的老根据地，也是太平军主力所在。石达开继续在中央执政，江西的仗并不好打。但在咸丰皇帝看来，曾国藩一直想谋求江西巡抚的地方实权职位，个人野心没有得到满足就不好好打仗，对朝廷的忠诚度有问题，才是江西湘军表现不如其他地区的关键。他对曾国藩的态度也就越来越差，动不动就下旨谴责，让曾国藩心灰意冷。

1857年2月，曾国藩的父亲去世，他需要回家守孝。紧急军情下，咸丰皇帝原本可以宣布"夺情"的。咸丰皇帝先给了曾国藩两个月的假期，然后就催促曾国藩赶紧复出。曾国藩则坚持不给巡抚的职位不出来。咸丰皇帝见天京事变后局面甚好，有没有曾国藩也无伤大局，干脆就再次借坡下驴，不"夺情"了，让曾国藩在家继续守孝。这段时间，李续宾攻克九江，立了大功，升任巡抚，头脑发热起来，就没人能约束得住他，胡林翼也劝不住。李续宾在名义上由不懂军事的湖广总督、满洲大员官文直接领导，官文一再催促他尽快扫平安徽、进军南京。这与李续宾自己的头脑发热一拍即合，才有了分兵冒进之举，被陈玉成和李秀成抓住机会予以痛歼。

湘军和太平军一样，有没有一个拥有战略眼光的权威指挥中枢，对军事绩效影响极大。洪秀全对杨秀清是"狡兔死、走狗烹"；咸丰皇帝对曾国藩就是"飞鸟尽、良弓藏"，都是自作聪明，一看形势大好，便以为自己可以统筹全局，无须权臣出力，结果一个全局溃烂，一个局部惨败。

三河之战时，曾国藩已经复出了，但复出得比较勉强，只是受咸丰皇帝派遣南下围追堵截石达开，远离长江主战场，管不到李续宾。

石达开与洪秀全决裂后，从安庆南下景德镇，又东征浙江。清政府想要调遣部分湘军去对付石达开。湘军大佬胡林翼在幕后操纵，让湘军各部以各种理由拒绝调动，目的就是要让曾国藩复出。然后，由非湘军系的大佬、湖南巡抚骆秉章出面，向咸丰皇帝请求准许曾国藩复出。咸丰皇帝终于同意"夺情"。曾国藩消停了一年多之后，也变老实了，不跟咸丰皇帝硬抗了，不追求统筹全局，没有巡抚的头衔也愿意出来带兵。

之后，石达开南下福建，后来又转战湖南南部，咸丰皇帝的意思是让曾国藩带兵跟着追。曾国藩不太想把精力用到边缘战场上，一直想要回到长江主战场掌控大局，但咸丰皇帝就是不同意。正在双方僵持不下之际，太平军三河大捷、李续宾命丧安徽，事实证明长江中上游的战局没有曾国藩统筹指挥，确实会陷入群龙无首的境地而被太平军各个击破。曾国藩再次上书表示不愿意再被石达开牵着鼻子跑，要求全力经略安徽，集中力量攻打安庆，被咸丰皇帝接受。

这样，在清军这边，虽然由于李续宾的冒进导致了意外惨败，却引出了曾国藩重返长江主战场，湘军再次有了战略主心骨，这就是所谓的"塞翁失马，焉知非福"了。而太平军这边，三河大捷之后，战场形势从表面上看还可以，其实内部的危机远未消除。天京事变带来的分裂，洪秀全在南京乱搞带来的朝政和人心混乱，就是埋藏在太平军内部的一颗颗定时炸弹，随时可能在任何地方被突然引爆。

二、奇袭杭州：李秀成二破江南大营

三河大捷之后三个月，1859年2月，春节刚过。李秀成和陈玉成在春节前扫荡了一轮李续宾残部，还在安徽休整，准备发动新一轮攻势，却突然接到南京紧急军令，立刻东返。原来，驻守江浦的守将薛之元叛变投敌。江浦位于长江北岸，与南京城隔江相望。薛之元叛变，把江浦附近的几个战略要地送给了清军，第二次踏破江北大营的成果丧失，南京城的北方物资通道被切断。

李秀成紧急带兵回援，占据江浦附近的浦口，勉强守住了一条通往南京的物资通道，但情况仍然十分危急。陈玉成也很快带兵攻打浦口东北方的六合。

正在战局焦灼的时刻，太平军内部却再次发生了重要将领叛变事件。

这次事件的背景很复杂。1859年4月22日，洪仁玕从香港经多方辗转到达南京。洪仁玕在金田起义后逃到了香港，做了基督教布道士，了解到一些西方的政治经济制度。这次来到南京，向洪秀全进献《资政新篇》，提出太平天国政权建设应该借鉴西方基督教国家治国模式。洪秀全非常开心，终于来了一个勉强能干点正事的洪氏族人，对《资政新篇》大加褒奖，宣布要照此建政。一个月之后，就把洪仁玕封为干王和军师，把朝廷军政大权交给洪仁玕，洪秀全自己则躲进深宫研究宗教问题去了——用他自己的话来讲，就是不想理睬"俗务"，要专心于"天事"。

这是洪秀全人格中的一大特点：沉迷宗教、狂妄自大、做事缺乏责任心。他想要过皇帝的瘾、享有帝王的权威，却不喜欢承担皇帝需要承担的繁重工作责任。在起义之前遇到困难就两次跑回花县老家，直接丢下追随者失去联系几个月甚至几年。他玩弄阴谋诡计把杨秀清杀了，赶走了石达开，夺了杨秀清、石达开的权，却发现杨秀清的活儿不好干，不仅辛苦还干不好，天天累死却天天打败仗，一见有洪仁玕这种不会威胁自己权位但又在大政方针上有点头脑的可靠亲信，马上就想要撂挑子闪人。

实际上，洪仁玕的《资政新篇》对当时的太平天国和中国社会，完全是一篇大而无当的文章，没有一点用处，其中对西方体制的理解也十分肤浅。洪秀全对西方社会历史政治经济的知识就更是接近于零，其批阅意见全是凭空想象，但它来自信仰"天父天兄"的基督教国家，这是洪秀全所乐于看到的。洪仁玕是"神迹"见证人，是跟冯云山一起入教的元老，又在香港当过布道士，对一神教教义的理解比较深刻。这是他重用洪仁玕的主要原因。

洪仁玕从金田起义到现在无尺寸之功，到南京一个月就直接封王并且担任军师，不管他本人才干如何，这都绝对是瞎胡闹。而且这又是李秀成、陈玉成在长江北岸拼死战斗保卫南京的关键时刻，不是天下一统的太平时期，中央决策中枢如此任性地进行人事巨变，想要不发生大事都不可能。

石达开出走之后，洪秀全曾经宣布，永远不再封王。因为他已经把自己两个哥哥封王了，不再封王的意思其实就是不再让不姓洪的人封王。但洪秀全没想到洪仁玕竟然还会从香港回来，又多了一个洪家亲戚，还是特别亲的那种，必须得给他封王。封完之后才想起来好像之前说过永不封王的，现在又给洪仁玕封王，将领们肯定不服，于是又把陈玉成给封了个英王，显示自己并不是专挑洪家亲戚封，然后发布诏旨："内事不决问干王，外事不决问英王"——也就是军务由陈玉成负责，统领全军，中央政务由洪仁玕负责的意思。

陈玉成确实功勋卓著，而且从来没有在政治上发过言，专心打仗，服从中央。简单来说，就是一个纯粹的军人、战士。他不像李秀成那样有自己的战略思考，政治态度鲜明。给陈玉成封王，统领全军，洪秀全比较放心。

洪仁玕、陈玉成封王的事情一出来，清军这边马上就意识到有可以挑拨内部矛盾的空间。他们让太平军降将李昭寿给李秀成写信，挑拨关系，说你这么大功劳都不封王，洪仁玕回来一个月就封王，陈玉成跟你平级，功劳也不比你大，现在却封王统管全军，洪秀全对你的猜忌不是很明显了吗？不如也跟我一样赶紧投降吧。

这封信送到李秀成大营的时候，洪秀全派过来监视李秀成的使者也在那里，赶紧向洪秀全汇报。洪秀全为了避免李秀成受挑拨发生兵变，就把李秀成也封了忠王，也就是给他戴个"忠"的"高帽子"，勉励他继续忠于自己的意思。李秀成当时还不明白其中玄机，对洪秀全的加封十分感激，但后来想明白了，在自述中说这是"恐我有变，封我忠王，乐我之心，防我之变，我实不知内中提防我也"。

连封三王之后，新的问题接着出现。太平天国的军事实权掌握在前、后、左、右四军主将手中，前军主将陈玉成封王了，后军主将李秀成封王，接下来左军主将李世贤和右军主将韦俊怎么办？李世贤是李秀成的堂弟，关系还好摆平。韦俊在几年前太平军西征的时候是陈玉成的直接上级，现在陈玉成封王，统领全军，韦俊又成了陈玉成的直接下级。陈玉成比自己排名靠前，韦俊还能接受，让陈玉成当自己上级领导，韦俊是不服的。正好在此之前不久，杨辅清、杨宜清兄弟带兵离开石达开，重新向洪秀全效忠。洪秀全大喜过望，急切盼望杨辅清能来帮忙解围南京，在杨辅清还在北上的途中，就把蒙得恩的中军主将头衔给了杨辅清。此事发生在洪仁玕、陈玉成封王之前。中军主将地位高于前军、后军、左军、右军主将，也就是说杨辅清寸功未立，甚至没有正式归队，就比陈玉成、李秀成、李世贤、韦俊的职位高了。这跟洪仁玕封王一样，也是胡闹。

后来，陈玉成、李秀成封王，算是又排到杨辅清前边。但不管是更换中军主将还是封王，都没有韦俊的事，他的地位日渐降低。

在封杨辅清为中军主将的前一年，1857年，洪秀全还突发奇想，下令把杨秀清被杀害的这一天定为"东升节"，说要天国众将士世世代代怀念东王的贡献，并庆贺东王升天享福。杨辅清先跟着石达开搞分裂，眼见石达开打仗不顺利，又回来效忠洪秀全，最多也就是将功补过的做法，却立即受封中军主将，显然是跟他哥哥杨秀清被重新神化有关——因为中军主将的头衔最早属于杨秀清。

韦俊一直对洪秀全忠心耿耿，没跟石达开走，各种战功也不少，但洪仁玕、陈玉成封王，杨辅清升任中军主将，他却原地不动。洪秀全这种种明显不公正的做法，难免让韦俊起疑心：洪秀全是否还在记天京事变的老账？杨秀清被重新神化，杨辅清就成了中军主将，那韦昌辉被进一步黑化，韦俊的命运将会如何？

杨辅清、杨宜清兄弟带兵北上，其驻地就在韦俊驻守的池州南边。一边是杨秀清的弟弟，一边是韦昌辉的弟弟，这个仇恨实在是没法处，双方摩擦不断。这种情况，必须要有权威且公正的中央来协调，但天京事变制造了杨、韦两家的血仇，又毁掉了中央权威，洪秀全现在重新神化杨秀清，全面甩锅韦昌辉，而且韦俊还是其最讨厌的李秀成力保之人，所以公正是谈不上了，只会拉偏架，这个事情就完全没法解决。

对洪秀全绝对忠诚的陈玉成站在了杨辅清兄弟这边，李秀成站韦俊这边。韦俊的防地池州，又正好夹在杨辅清和陈玉成的防地中间，两边都讨不了好。闹到最后，韦俊感到在池州待不下去了，干脆带兵北上去找李秀成。这就要经过陈玉成的防地和州，陈玉成的手下拦着不准经过，双方竟然发生械斗。此事陈玉成和李秀成都没有直接参与，但李秀成部下支持韦俊，也卷入了械斗。最后三方死伤数千人，韦俊被迫退回了池州。

韦俊回到池州以后，感到进退失据，一气之下，于1858年10月率部向清军投降。

韦俊是太平军的实际第六把手（前五位是洪秀全、洪仁玕、陈玉成、李秀成、杨辅清），是金田起义以来投降清军的最高级别军事将领，他的叛变对全军心理冲击极大。

陈玉成援救南京之后，韦俊是在西线战场与清军抗衡的关键力量。韦俊叛变，安徽局势立刻变得岌岌可危。陈玉成没有办法，只能从六合等地撤兵，回援安徽，留下李秀成独力支撑南京江北的战局。

实际上，如果不发生和州械斗，按照韦俊的思路，由他来配合李秀成保障南京周边安全，陈玉成专心经营安徽，局面将会好得多。由于天京事变带来的太平军内部"信仰危机"和内部矛盾始终没有协调好，太平军的实力就这样在一次又一次的叛降和内讧中被削弱，局面也越来越危险。

李秀成眼见在浦口困守无法解决任何问题，再次回到南京，找到洪仁玕商议，打算采取大范围机动的战略来调动南京周边的清军。这也是当年杨秀清首次踏破江北、江南大营的操作思路。这一回李秀成更为大胆，不是在江南、江北之间小范围机动，而是想要长途奔袭，攻击杭州、苏州一带。这些地方是清军江南大营的主要后勤保障基地，兵力空虚，一旦攻击得手，清军江南大营必然分兵前去支援，太平军就可以趁机解围南京。

这个思路很出奇，但操作难度极大。最大的风险在于李秀成必须先放弃浦口南下，南京城的物资运输就会被切断，然后只能等待李秀成带兵归来解救。洪仁玕与李秀成商议三次之后，两人才初步下了决心，去找洪秀全汇报。洪秀全先是坚决反对，把李秀成严词谴责了一番。李秀成态度坚决，一再上奏要求离开南京，洪仁玕也反复劝说。眼见自己的亲信和统兵大将成了一条心，洪秀全终于点头答应。

李秀成在1860年1月25日带兵离开浦口。他走后第四天，浦口就失陷了，南京城对外交通断绝，形势空前恶化。南京周边地区许多太平军将领对局面失去信心，通敌叛变。这样，南京的安危就完全寄托在独自远征的李秀成身上。

　　李秀成先去芜湖找到堂弟李世贤，跟他商量具体的战术。十天后，李秀成从芜湖出发，开始迂回攻击杭州。具体路线是先从芜湖南下，然后向东快速攻克一系列防御薄弱的小城镇，兵锋直指杭州北边的军事重镇湖州。李世贤走另外一条路，也去攻打湖州。这就让清军以为李秀成、李世贤的目标是要合兵夺取湖州，于是浙江本地的军队纷纷向湖州调集。然而真正去打湖州的只有李世贤的军队，李秀成刚到湖州城外就掉头向南，带6000人的精锐秘密穿过莫干山小道，于1860年3月11日突然出现在杭州城外，直到距离杭州只有30里的地方才被杭州守军发觉。此时杭州仅有2800名守军，且都是缺乏训练的老弱。李秀成经过七天的围攻，在3月19日攻克了杭州城，斩杀了城中的浙江巡抚、布政使等诸多省级高官。这是太平军兴以来攻克的第四座省城（前三座是武昌、安庆、南京），也是天京事变后攻克的第一座省城。

　　李秀成深知，攻击湖州只能调动浙江本省军队，只有攻击杭州才能调动江南大营的清军主力前来支援。因此假攻湖州、突袭杭州，取得了奇迹般的胜利。

　　清军方面得知杭州被围，立刻调动大军前来救援。李秀成在杭州等了四天，确认江南大营的大军已经到达杭州附近，下令城头插满旗帜，于夜间秘密撤出杭州。清军大军在城外待了一天，才发现城内已无守军，跑到几座空着的营房里放了一把火，就赶紧向朝廷上报克复杭州的赫赫战功。

　　此时，李秀成已经从另外一条路北返，按照之前的约定和安排，在南京以南的建平与李世贤、刘官芳①等各路大军会师，集中优势兵力猛攻江南大营。此时，陈玉成和杨辅清也接到洪秀全的指示，带兵渡江来协助李秀成。江南大营原有兵马4万人，被李秀成通过攻击杭州等诸多战术机动调动走了2.3万。后来虽然陆续返回来1.5万，但在来回调动的过程中，兵力分散，江南大营周边的诸多战略要地已被太平军逐一攻克。最终，太平军以超过10万的兵力对江南大营3万的兵力形成绝对优势的合围。

　　5月6日，清军江南大营再一次被太平军踏平，向荣的继承者张国梁也被太

---

① 刘官芳为韦俊旧部。韦俊叛变后，他与杨辅清合作收复了池州，被任命为右军主将，代替韦俊镇守池州。

平军击毙，南京再一次转危为安。李秀成既是整体战略的制定者，又是其中最危险、最精彩的千里迂回战术的执行者，再次展现了他在战略和战术两个方面的完美结合。

第二次踏破江南大营的成绩，从局部来看，与杨秀清主导的第一次踏破江南大营相当，甚至要更好一些。但杨秀清那一次是同时踏破了江北、江南两大阵营，又在上游稳稳地控制着武昌、九江、合肥，经略江西、围困南昌，因此整个战略局面完全不同。

在太平军第二次踏破江南大营期间，曾国藩率领湘军主力在上游稳打稳扎地开始对安庆进行合围，完全不理睬太平军攻击江南大营的一切行动，坐看大营覆灭。咸丰皇帝也认识到他手下的那些旗兵绿营是靠不住了，一次又一次被太平军打残，再顾不得什么满汉之分、军阀权臣之类的考量，于1860年7月23日江南大营失守两个月后，任命曾国藩为两江总督，统管安徽、江西、江苏的军事、民政事务，随后又授钦差大臣，督办江南军务。

至此，曾国藩终于拿到了他梦寐以求的地方实权要职，再加上胡林翼的湖北巡抚之职，他便可以全面协调长江中下游的大部分军队和物资配置，以更好地实现其"高屋建瓴，顺流而下，先取安庆，再攻南京"的整体战略。

三、安庆围城：第二次西征失败及其原因

在清军开始逐步统一军事战略的同时，太平军内部却发生了分歧。陈玉成主张立刻挥师西征，集中兵力到安徽与湘军主力决战，解围安庆。洪秀全也支持这个方案。但洪仁玕和李秀成则主张乘胜追击江南大营残部，趁机攻取江苏南部、浙江北部包括上海在内的长江三角洲地区，彻底解除来自下游的威胁，并获取这些地区的粮食物资。洪仁玕甚至构想，可以获得上海、宁波关税，然后用这些关税购买洋人的军舰，获得水路优势，再与湘军决战。

经过反复博弈，洪秀全再次被迫同意了洪仁玕和李秀成的方案，但给东征定了一个苛刻的时间表：必须在一个月内结束，然后北上援助安徽。

最后的实际情况是，李秀成果然在一个月内追剿了江南大营残部，夺取了苏州、太仓等地，兵锋再指杭州，将江苏南部和浙江北部纳入控制。经李秀成申请，洪秀全同意在这些地方建立"苏福省"，由李秀成总理全省军务、政务。

清政府对苏南战局极为着急，生怕再次丢掉杭州，接连下令曾国藩带兵救援。曾国藩坚决不救，但为了给咸丰皇帝面子，他把自己的总指挥部建到了距离安庆东南120公里的祁门，以形成对江西南部、浙江的呼应之势，其实主力根本没动。

这一下，李秀成终于在战略层面遇到了真正能打的对手。如果曾国藩派遣主力东征，救援苏杭，他就可以立刻向西折返，与陈玉成合兵一路，以优势兵力解救安庆。但曾国藩没上当，这就不好办了。

紧接着，李秀成又遇到一个新麻烦，就是西方列强开始介入。

李秀成和洪仁玕都想要夺取上海。但洪仁玕主张与列强谈判，和平接收；李秀成认为这是幻想，坚持必须武力夺取。他对洪仁玕说："洋人只好打不好和"，"天王江山可以打得来，不能讲得来"。

洪仁玕为了说服李秀成，亲自前往苏州。在这里，他约见了很多"洋官"来讲和。我们今天不知道洪仁玕说的"洋官"是什么人，因为列强并没有派正式代表去苏州。从西方的记载来看，真正到苏州跟洪仁玕接触的主要是一批传教士。面对这些来历不明的"洋官"和传教士，洪仁玕努力把拜上帝教解释为基督教的一个教派，宣称这是在中国爆发的基督徒"革命"，并保证在太平天国统治下，西方各国可以在中国自由传教、自由通商。传教士们受到了很好的招待，对洪仁玕的态度极为赞赏，上海的报纸也纷纷刊登这方面的报道。这其中，还有一个英国退伍军官叫作林德烈的，出于对太平军宗教信仰和"革命路线"的好感和支持，志愿参加了太平军，李秀成亲自给他授予了太平军军衔。

由此，李秀成对西方列强的看法从高度警惕变得比较正面，他以为洪仁玕找来的这帮人的态度可以代表列强的外交立场，太平军只要战胜清军，便可以很顺利地和平接收上海。他也向这些传教士承诺，上海的外国资产将会受到严格的保护，通商政策也不会发生任何改变。

但李秀成和洪仁玕都没有意识到，传教士的态度跟英国政府的态度完全不一样。经过几百年的战争和宗教改革，欧洲国家的政府早已经完成世俗化，宗教在国家大政方针中所起的作用已经非常微小。列强政府制定中国政策的核心是维护殖民利益，根本不在乎太平军信仰的是真基督教还是假基督教——他们在几百年前十字军东征的时候就能为了夺取财富和殖民地而去攻打同为基督教国家的东罗马帝国首都君士坦丁堡。至于像林德烈这样的外国人参加太平军，则完全是个人行为，与政府决策无关。

真正的决策者在上海，也就是各国的驻上海领事，这是列强在中国殖民利益的总代表。领事们对太平军进攻上海的事情一直持强硬态度，从来没有动摇过。他们在1860年5月就发表联合公报，要求太平军不能接近上海以外30公里的范围，否则就准备动用武力。

李秀成和洪仁玕都没有重视领事们发出的信息。李秀成不清楚西方传教士和政府的关系还可以理解，毕竟他没有机会了解近代国际政治。但洪仁玕在香港生活多年，还认真研究西方政治写了《资政新篇》，竟然也搞不清楚传教士和英国政府正式代表的区别，这就难辞其咎了。一直到他被清军逮捕审问，洪仁玕还坚持认为，事情都是被李秀成"洋人只好打不好和"的态度搞砸的，如果李秀成听他的，上海早就"和平解放"了，他就可以拿着上海的关税去买火轮船沿江而上"解放"全中国。从这个事情来看，洪仁玕完全是个宗教书呆子，在香港也就主要跟一帮传教士混得熟，对真正的西方政治经济体系浅尝辄止，满脑子不切实际的幻想。李秀成这种身经百战的将领在国际关系方面的认识也被他和他的传教士朋友们给带歪了。

李秀成在上海周边调兵遣将，用一个月的时间肃清了外围清军，然后准备"和平接收"上海。在此期间，洋人和清军早已达成联防协议，他们非常无耻地利用了李秀成和洪仁玕的麻痹心理，派人假装"官方代表"与李秀成沟通，表示列强已经同意太平军占领上海，还有部分清军愿为内应，协助太平军接管上海。李秀成没有想到洋人竟然还会玩这种阴招，信以为真，他甚至是坐着轿子而不是骑着马去的。"接收部队"刚接近上海，就遭到了英法联军的炮火攻击，李秀成自己也受了伤。太平军死伤700余人，因为缺乏战斗准备，没有开枪还击就匆匆撤退了。

随后，浙江嘉兴传来求援信息，浙江本地军队集中于嘉兴狙击太平军的进攻。嘉兴为苏南、浙北通往杭州的咽喉，浙江方面必须全力固守，太平军也必须拿下嘉兴，才能保障苏南、浙北的安全。李秀成也就顾不得上海，带兵去支援嘉兴战场，最终在1860年9月拿下了嘉兴，杭州门户大开。不过这个时候安庆的局面已经很糟糕，距离洪秀全要求的一个月返回已经超过了三个月，李秀成不得不暂停进攻杭州，返回南京商讨新一轮的西征事宜。

洪秀全亲自主持召开最高军事会议，洪仁玕、陈玉成、李秀成、李世贤等参加。会议制订了一个非常大胆的西征计划：由陈玉成带兵从安徽北部、湖北北部进军，李秀成带兵从江西南部进军，绕开九江到安庆的湘军长江主阵地，进入湖北；南北两路大军突袭武昌，夺取湘军后勤基地，逼迫围困安庆的湘军回援，以解安庆之围。

这个计划是李秀成第二次踏破江南大营的翻版，但执行难度又大了许多。最后的结果是：陈玉成在1861年3月到达武汉，从江北逼近武昌，但李秀成没能按时赶到。陈玉成在武汉周边等待了一段时间，没有李秀成的消息，却等来了英国外交参赞巴夏礼。

巴夏礼是英国官方代表，曾经担任广州领事，主导了1856年英军进攻并占领广州的事件，这次事件被认为是第二次鸦片战争的开端。后来，1858年，清政府被迫与英国和法国签署了丧权辱国的《天津条约》。但清政府一直拖着不正式换约，条约也就没有生效。等到1860年，英法联军决定武力进攻北京以迫使《天津条约》生效。巴夏礼作为全权代表去北京谈判《天津条约》换约的事情，被清政府扣押，英法联军以此为借口去攻打北京，又以巴夏礼等人在清政府监狱遭到虐待为由，火烧圆明园，强迫清政府签订了《北京条约》。《天津条约》和《北京条约》允许九江、汉口等长江沿岸城市对外开放通商、允许鸦片自由贸易、允许外国人在中国传教，等等。巴夏礼这次来到武汉，是为了落实《天津条约》和《北京条约》，到汉口现场勘察租界范围，协定通商细节。

对巴夏礼，陈玉成不敢怠慢。巴夏礼代表英国政府警告陈玉成不得进攻武汉三镇中的任何一镇，因为英国已经在这里取得建立租界和通商的特权，攻打武汉就会被视为对英国商业利益的破坏。他又说，英国海军司令何伯正在从武汉返回上海的路上，路过南京的时候会去找洪秀全和洪仁玕说明情况，陈玉成需要等待南京方面的训令再做下一步行动。

这个时候，李秀成的大军已经过江西南部，正在准备北上。而巴夏礼却告诉陈玉成，李秀成的军队还没有进入江西。

陈玉成听了巴夏礼的话，表示自己将会撤回正在前往汉口的军队，也不会再进攻武汉三镇。

此时武昌空虚，湘军能战之兵全部调到安徽战场去了，胡林翼甚至夸张地说："黄州以上无一兵一卒。"武昌城内有一些绿营老弱，根本不可能抵抗得住陈玉成大军的进攻。但陈玉成是从江北进攻，需要先占领汉口，然后渡江攻击。撤回进攻汉口的军队，也就等于放弃了攻打武昌。随后，陈玉成带兵离开黄州，返回安徽救援安庆去了。

李秀成于1861年6月中旬接近武昌的时候，胡林翼已经带兵从安徽返回了武昌，加强了武昌的防御，陈玉成也早就撤退了。他又得知鲍超带领湘军精锐追了上来，而李世贤在安徽被左宗棠带兵击败，自己的归路可能会被切断，不敢再去攻打武昌，只能带兵撤退。

这样，第二次西征计划以失败告终。

第二次西征失败的主要原因，有人以为主要在于陈玉成听信巴夏礼的谎话，放弃进攻武昌；也有人认为李秀成对西征态度不积极，想在"苏福省"当"土皇帝"，故意延误，所以才晚了两个多月到达武昌，应该负主要责任。

实际上，第二次西征失败是必然的，跟陈玉成和李秀成都没有很大关系。曾国藩很早就得知太平军要进攻武昌的计划，也看清楚了其中的奥妙——无非就是"围魏救赵"之计，想要吸引湘军从安庆撤围回援。他决心不管武昌，坚决围攻安庆。因此无论陈玉成和李秀成有没有攻下武昌，都不能改变大局。对此，他在给曾国荃的信中讲得十分清楚。

群贼上犯，其意无非救援安庆。无论武汉幸而保全，贼必以全力围扑安庆围师。即不幸而武汉疏失，贼亦必以小支牵缀武昌，而以大支回扑安庆，或竟弃鄂不顾。去年之弃浙江而解金陵之围，乃贼中得意之笔，今年抄写前文无疑也。

这段话表明，曾国藩认真研究过李秀成第二次踏破江南大营的策略，绝不可能上当。在他看来，武昌就是第二个杭州，就算被太平军占领，也会很快放弃，或者是留下小股部队守卫，大部分还是要沿江而下来支援安庆的。他已经知道安庆城中粮食短缺，坚持不了多久，因此完全不以武昌为意。

陈玉成在要不要进攻武昌的问题上其实十分犹豫，巴夏礼的威胁和欺骗只是"压垮骆驼的最后一根稻草"。他期待的理想结果是：自己打到黄州，摆出要攻击武昌的架势，就可以吸引安庆的守军来救武昌。反之，如果真的渡江攻打武昌，可能会被困在武昌，难以去救援安庆。

陈玉成1861年3月17日到达黄州，要攻击汉口只需要一天。此时武昌都没有什么守军，汉口则接近于空城，唾手可得。陈玉成却一直到3月23日见到巴夏礼之前，都没有攻打汉口。此外，下游的田家镇江面狭窄，是强渡长江的最佳位置，陈玉成也没有派兵去占领田家镇。不占汉口和田家镇，从江北攻取武昌就是空话。

如果李秀成按时到达，确实可以攻克武昌。但曾国藩早已下定决心对武昌置之不理，李秀成的到达时间并不会对战略全局产生很大影响。

李秀成对西征武昌的计划不热心。他认为，攻取武昌并不能解围安庆，直接解救安庆也做不到。当时，正确的做法是像放弃镇江一样，让安庆守军直接弃城突围，保存有生力量。

李秀成设计的新战略，是由他来经营江苏、浙江，获得充裕钱粮资源，又从江西、湖北等地招兵，把江西、湖北的人和江浙的钱粮结合起来，同时购买和仿制西洋火炮、火枪，训练出数量足够的精锐力量，再与湘军决战。

李秀成参加西征的主要目标，是招兵而不是夺取武昌。长江上游经过长年征战，加上清军和湘军纪律败坏，大肆掠夺，致使生产遭到破坏，土地大量荒芜，湖北、江西等地饥民众多，人民纷纷造反，利于招兵。在苏州的时候，他就收到了来自湖北和江西等地起义军的消息，请求他前往收编。这些地方人多粮少，养不起大量军队，但可以带到江浙来。他去西征，主要就是去招兵的，其次才是配合一下陈玉成，分散清军注意力，让陈玉成从北边走得更顺利些。安庆是陈玉成的防地，是否需要为了解围安庆而夺取武昌主要由陈玉成决定，李秀成只是负责配合。一路上，李秀成遇到强敌就绕着走，坚决不打大仗、硬仗，带出去1万来人，带回来了二三十万人，同时成功吸引了长江以南的湘军，配合了陈玉成绕道攻击武昌，基本实现了预定目标。

从当时的战略局势来看，李秀成是对的。曾国藩已经铁了心要取安庆，湘军的战斗力也绝非绿营可比，安庆已不可救。太平军当时最大的问题不是占的地盘不够大、城池不够多，第一个大问题是天京事变后训练有素的精锐兵力严重不足，陈玉成手下有两三万（包括他招募饥民后新训练出来的），李秀成手下有1万，李世贤、韦俊（韦俊投降后，余部归刘官芳带领）、杨辅清等各有数千。此外就是许多新招的捻军，这些人用来守城或者配合协作是可以的，当主力去野战肯定不行。第二个大问题是湘军水师依靠外国火炮基本控制长江上游航道，后勤保障无忧。这两个问题没解决，守安庆是等死、救安庆是找死。只要曾国藩不犯低级错误，太平军不管是打武昌以解围安庆还是直接去救安庆，都一定会失败。

安庆城周边，湘军主力精锐云集，花大力气构筑了非常坚固的防御工事，又以长江作为稳定的后勤补给线，兵源、物资、武器都有充裕的保障。这是曾国藩为太平军预设好的决战战场。把太平军的全部主力投入安庆会战，一定会失败。陈玉成在西征之前就去救过一次，失败之后被迫西征，到了武昌看见湘军根本不理他，不得不再次回去救安庆，结果手下的精锐几乎丧失，没有一点取胜的希望。

李秀成手底下的兵，还不如陈玉成的兵强。陈玉成手下广西、广东的老兵比较多，然后就是他在皖北和湖北招的饥民，这些人比较容易训练成军。李秀成手底下的兵，大部分是招募的河南、河北的捻军，这些人在加入太平军之前就有自己的领袖和山头，地域观念强、纪律性差，不容易整合。真正能打的，也就是李秀成自己带的1万左右的精锐。如果李秀成带主力去安庆帮助陈玉成，除了把自己搭进去之外，不会有任何效果。他去湖北和江西招兵，就是想学习陈玉成，直接招饥民成军，训练成为精锐。但这新招的二三十万人，能平安带回江苏就不错了，未经训练投入战场遇到正规军就等于送死。

一些历史学家谴责李秀成不认真执行西征计划、不及时帮助陈玉成解围安庆，其实都是中了曾国藩的圈套。按照这些学者们的思路，李秀成应该不惜成本尽最快速度先去打武汉，打下武汉之后如果发现曾国藩不理他们，那就再倾尽全力去救安庆——这就是在带着李秀成往曾国藩挖的坑里跳。

安庆之围是曾国藩一生用兵的最得意之作，它不是派兵包围安庆那么简单，而是在安庆周边水陆两个方向构建了一套坚不可摧的防御体系——水师、战壕、火炮、营垒、城防，等等。太平军的主力有很多在安庆周边被消灭了——陈玉成去解救，全军覆没；后来洪秀全又派洪仁玕带领南京城内的兵马去解救，也是全军覆没。李秀成没有头脑发热，才为太平军保留了一小部分精锐力量，让太平天国不至于立刻崩溃。

李秀成的战略构想，是不顾一城一地的得失，以此换取比较长的准备时间和比较稳定的根据地，来打造一支纪律严明、训练有素、武器精良的正规军，弥补石达开带兵出走之后太平天国的最大战略弱项，然后在合适的地点与湘军主力决战。决战的胜负不在于人数多少，关键在于精锐的正规军的数量和武器质量对比，几十万乌合之众也不可能是1万湘军精锐的对手。当时的局面，唯一可能获得的稳定根据地就是江苏和浙江，这里是鱼米之乡，商业兴旺，又没怎么经过战乱，是非常好的后勤保障基地。之前主要负责保障清军江南大营，李秀成踏平江南大营之后，趁机夺取变成了太平军的基地。之前，他已经从外国商人手中购买过不少西洋火炮和枪支，又组织人在南京、苏州等地仿制了西洋炮架，接下来需要的就是花钱花时间大规模购买、仿制西洋枪炮并装备军队。有人有钱有技术，主要缺的是时间。李秀成在自述中说，他希望有24个月——也就是两年的时间来做这些事。

懂得军事的人都很清楚训练精兵的重要性，以及把新兵练成精锐的难度。如果认为李秀成从湖北、江西归来可以直接带着刚招的二三十万饥民大军去解救安庆，这种人一定是军事白痴。曾国藩招募1万湘军，坚持在长沙和衡阳练兵半年多，不练好绝不出战，以至于太平军方面根本就不知道有这支军队存在。如果不是太平军攻击长沙，他还要继续练下去。后来派李鸿章带兵去上海，曾国藩也一再叮嘱，"以练兵学战为性命根本"，训练纯熟之前坚持"会防不会剿"。李鸿章牢记在心，到了上海，训练9000名淮军，不管洋人和士绅如何催促，坚持只练不战，一直练了三个月的兵，等太平军都打到虹桥了才参战。太平军金田起义，团营之后也是先练兵，而不是先去找团练打仗。杨秀清让萧朝贵带3000兵马去打长沙，自己留守郴州，间接导致了萧朝贵战死，其目的也主要是为了有时间把在湖南新招募的3万人训练成军。李秀成要练出能对曾国藩统领的数万湘军形成优势的精锐，至少需要一年以上的时间。"以战代练"是不行的，不练就打很容易一触即溃，让军队损失惨重而且养成畏惧心理。考虑到严峻的战争形式，不可能把所有时间都花在训练上，24个月算是一段相对有保障的时间。

　　如何获得这24个月时间呢？唯一的希望是南京。曾国藩的战略是顺流而下，先取安庆再取南京，这已经是摆在台面上的事，敌我双方都很清楚了。湘军攻取安庆后，还需要时间扫除南京外围，然后逐步完成对南京的包围。南京城比安庆要大很多，围困南京所需要的兵力也比安庆要多，如果城内兵精粮足，再由江苏根据地予以不定期的援救和接济，那就有可能争取到两年的时间。南京距离湘军的根据地湖南很远，距离太平军的江浙根据地很近。李秀成判断，湘军从九江到安庆，已经疲惫，如果再在南京城下围困一年多两年的时间，就会出现比较严重的兵心不稳、人心思归现象。他到时候带领训练有素、武器先进的10余万甚至20万精锐之师，在南京城下与湘军决战，或者干脆放弃南京再在江浙一带找别的决战战场，才有获胜的机会①。

　　只要能灭掉曾国藩、曾国荃兄弟统领的湘军主力，剩下的清军就不足为虑了。这中间，如果陈玉成能主动放弃安庆，保留生力军，与曾国藩周旋更长的时间，或者让这部分军队回到南京守城，那就更好了。但这不是李秀成能管得了的事，他只能在自己掌控的地盘和兵力范围内来执行这个战略。

　　太平军围攻江南大营的时候，清政府一再要求曾国藩带兵前去营救，曾国藩

---

① 李秀成的原话是："曾帅之军由上而下，利在水军，我劳其逸、水道难争。其军常胜、其势甚雄，不欲与战。我总是解粮多多回京，将省财物、米粮、火药、炮火俱解回京，待廿四个月之后，再与其战，解京围。其兵久而必惰而无斗战之心，然而再与其战。"24个月似乎是李秀成仔细推测后算定的时间，他在另外一处提到了这个时间，说："调陈得才来到苏省，当面订分，令其上去招足人马，廿四月回来解救京城。"

为了确保对安庆的围困，坚决拒绝救援；陈玉成、李秀成大军威胁武昌，湖北巡抚胡林翼在武昌城内日日焦心、一病不起，后来真的病死在武昌城内，曾国藩却视而不见，坚决拒绝救援武昌。这些做法被后来证明是稳重而有战略眼光。李秀成不救安庆的决定，跟曾国藩这些决定的出发点其实是一样的。在将饥民训练成军之前，他拒绝前往安庆救援，是出于整体战略的考虑。

四、治理江南：李秀成的战略布局

李秀成的这个战略思路是在攻破江南大营以后，夺取苏南的过程中才逐步形成的。之前他马不停蹄地为了解救江北、合肥、江南的紧急军情而奔走作战，没时间思考如此长远的战略问题。他进入苏南后，开始高度重视招揽人心，着眼于长远进行根据地建设。

取得苏州城之后，李秀成不仅严格保护老百姓和商业，而且连清军官员甚至满洲将领也一概不杀，全部释放。太平军良好的军事纪律让社会秩序很快恢复了安定。

中国近代第一个赴美留学的留学生容闳此时学成归国，还没有想好是在清政府工作还是为太平天国服务，就自行到太平天国统治的地区考察，以做出取舍。他在《西学东渐记》一书中记录了自己在江浙一带的见闻：

以予等沿途所见，太平军之对于人民，皆甚和平，又能竭保护，以收拾人心。其有焚掠肆虐者，施以极严之军法。

当忠王在苏州时，尝竭力欲禁抢掠之风，悬重赏以募奇才。谓有能出力禁绝焚掠之事者，立酬巨金，并颁以爵位。又下令三通：一不许杀平民，二不许妄杀牛羊，三不许纵烧民居。有犯其一者，杀无赦。迨后忠王至无锡，曾有一该地长官纵任土匪焚毁民居，忠王乃戮此长官以警众。

《艾约瑟等五名传教士赴苏州谒见忠王的经过和观感》中说：

人们有过许多关于长毛叛军残酷行为的传说，但这种指责是虚构的。我们没有看到一点故意破坏的迹象……太平军准许松江所有的妇女离开松江这一事实，以及如所周知，他们曾多次设法拯救跳河投江的男女，足以证明他们并不是残暴的匪兵，像传说的那样。按照极其严格的意义来说，他们确是革命者；不论是杀人或是掠夺，只有在为达到革命的目的而有必要时才采取这种手段。

清朝官方的《镇海县志》也记载：

贼凡数万人，有久踞宁绍意，禁杀戮，小民贸易往来如常；

发匪入城，果不开刀，随带薄粥盐菜，沿途施舍。城外大庙，亦设粥厂。破城三日后，城中所有老弱男女，驱之城外粥厂；

贼不杀人，尽人而用之，人不知畏贼。村野之民，盛称贼之义气，遂以为德。

建立良好治安环境的同时，李秀成对居民户籍进行统计，并将军人和居民分开。在军事管理区以外的地方，居民自由生活。为了鼓励商业发展，还搞出来一个"扶持中小商户"的财政政策：开设商铺没有资本的，可以向官府申请资助，或者用现有货物为凭证向官府借钱，卖出去以后归还百分之七十即可，剩下的百分之三十算是财政补贴。

跟石达开一样，李秀成也在"苏福省"积极开展地方政权建设。他将苏州城分为七个局，相当于今天的七个城区。县里设置县官，由李秀成委派专员"管理某县事"；乡里设置乡官，由地方推举德高望重之人担任。

运用这套行政体系，李秀成也跟石达开在江西一样，在"苏福省"建立了比较公平的税收系统，对私营商业和土地征税。税收比例相对于清朝大大降低。同时，相对于清朝一片污烂的官僚体系，"革命派"的官员要清廉得多，各种浮收勒折被取消，老百姓的负担因此迅速下降，商业、手工业、农业很快就呈现出一片欣欣向荣的景象。

据容闳记录，李秀成治理下的苏州，"百货云屯，流民雨集，盛于未乱时倍蓰"，"禾苗布帛，均出以时，士农工商，各安其业，平租慵之额赋，准课税之重轻"，"春树万家，喧起鱼盐之市；夜灯几点，摇来虾菜之船"。出现了当时南方战乱中罕见的繁荣。

在农村，李秀成推行"着佃征粮"政策。由于许多地主富豪害怕太平军而逃亡，新政权遂决定"着佃征粮"：谁耕种土地就由谁交土地上的钱粮，交了之后发给"田凭"，农民"领凭后，租田概作自产"。简单来说，就是"耕者有其田"。但如果地主愿意正常交粮，新政权也不会强制剥夺他的土地，而是继续承认其土地所有权。

李秀成允许一定程度的地方士绅自治，很多地方的团练都得以保留。当地一个搞团练的士绅记录说，李秀成及其手下"专以要结为事，不复杀掠……各乡造册征粮，均归本地人办理，不派长发一个，乡民不愿留长发者听其自便。民团以历次抵抗，死伤极多，见有可生之路，遂无必死之心，相与洽约"。

在地方自治体制下，本地乡官和太平军直接委派的县官之间，还会有不同的阶级利益取向。一般来说，乡官比较重视士绅地主们的利益，而县官来自"革命军"，很多人几年前还是广西大山里的贫苦山民，比较倾向于保护底层农民的利益。老百姓都知道太平军是干"革命"的，很多佃农就借机拒绝交租，为此引发地主士绅们的不满，发生过不少很激烈的冲突。遇到这种事情，太平军的县官一般是"和稀泥"，两边协调，最后多是农民得利。因为地主士绅们需要政府暴力来镇压农民闹事，清政府一听聚众闹事马上就会派兵镇压，而太平军的官员们采取"和稀泥"的态度，不会用刑罚或军队来打击抗租农民，很多地租就没法收上来了。"着佃征粮"与"和稀泥"政策实际上以比较温和的方式实现了土地重新分配和土地减租，降低了底层人民负担，促进了社会公平。

这些公平合理的治理政策，也使得当时的苏南农村一片丰年景象。

宁波赫德商行欧籍雇员《旅行日记》记载其在太平军统治下的江苏和浙江旅行，说：

在我们经过整个地区时，也就是从宁波到五河口，老百姓都蓄长发，看起来很满足而快乐。这一带农村都是一片繁荣景象，田里庄稼丰收在望。

　　呤唎在《太平天国革命亲历记》中记录了自己第一次进入太平天国控制区域的印象：

　　我们到了芦墟，这是一个大村庄，离上海有六十英里的水路。此处似有各色大宗贸易。运丝船、乡下船和上海船都停泊在村外，为数很多，全都满载货物，似乎这里是一个很好的现成市场。人民穿着很好的衣服，商店充塞着货品，处处显出兴旺景象。

　　村外，很多劳动者正在收割丰富的谷物，田野生气盎然。这是秋收季节，极目远望，辽阔的平原盖满了成熟的五谷，在早晨阳光下，闪烁着金色的光辉。我完全看不见有任何杀人放火的痕迹。村里，只见到一群富裕的、忙碌的、面容和蔼的中国人，和一大堆一大堆刚由船上卸在岸上的货物；郊外，只见到大自然的富足和美丽。

　　呤唎后来解释自己为什么要参加太平军，他说：

　　许多年来，全欧洲都认为中国人是世界上最荒谬最奇特的民族；他们的剃发、蓄辫、斜眼、奇装异服以及女人的毁形的脚，长期供给那些制造滑稽的漫画家以题材；同时，使中国人感到陶醉的闭关自守、迷信鬼神和妄自尊大，也经常激起欧洲人的嘲笑和轻视。可是，在太平军中间，除了面貌之外，所有这些都已绝迹，甚至于他们的面貌似乎也有所改善；也许这是由于他们在身心两方面都摆脱了奴隶地位的缘故吧。

　　清政府奴役下的任何一个中国人的面部都表现了蠢笨、冷淡，没有表情、没有智慧，只有类似半狡猾半恐惧的奴隶态度；他们的活力被束缚，他们的希望和精神被压抑被摧毁。太平军则相反，使人立刻觉得他们是有智慧的，好专研的，追求知识的。的确，根据双方不同的智力才能来看，要说他们是同一国家的人，那简直令人无法想象。太平军是聪敏的、直率的、英武的，尤其他们的自由风度特别具有吸引力。你可以看见被鞑靼人所征服的中国的奴颜婢膝；但是太平军纵使面对死亡，也都表现了自由人的庄严不屈的风度[1]。

---

① 呤唎：《太平天国革命亲历记》，王维周译，上海古籍出版社1984年版，第51页。

将吟唎的观察与1793年马戛尔尼使团访问中国的记录对照起来，这种印象就会更加鲜明。1793年使团的成员约翰·巴罗在《我看乾隆盛世》中这样写道：

中国普通老百姓外表非常拘谨，这是他们长期处在铁的政权统治之下自然产生出来的……就现政权而言，有充足的证据表明，其高压手段完全驯服了这个民族，并按照自己的模式塑造了这个民族的性格……灌输清心寡欲的思想，摧毁互相的信任，培养人们的冷漠，使他们对自己的邻居猜忌和怀疑。

吟唎描写了一副近代中国难得的社会场景：通过"革命"，中国人民摆脱了清朝的腐朽统治，身体和思想都重新得以恢复自由，在廉洁开明的新政权治理下，自由的生产和交易。运河旁边，金色的夕阳下，人们自由的蓄发、自由的交易、自由的耕作，一片生机勃勃而又安静祥和的景象——这才是在拥有几千年文明的伟大国度中，人民的正常生活方式。

然而，这些美好的场景并未存在很久，它很快就被来自内部和外部的各种黑暗势力所吞噬和毁灭了。

五、太平梦碎：列强干预与南京失陷

针对李秀成的新战略，曾国藩也相应地做出了战略调整。他继续亲率主力准备顺江而下围攻南京，但分出来了两部兵马去打苏州和浙江。他派出李鸿章带9000精兵去上海，然后又在上海关税和士绅们的资金支持下招兵练兵，形成一支淮军，负责进攻苏南；又派出左宗棠带领其从湖南招来的5000楚军，从江西进入浙江，负责攻打浙江，以使李秀成不能专心经营其江浙根据地。

曾国藩分兵的招数，并未超出李秀成的战略布局。应对湘军偏师骚扰江浙，确保两年练兵时间，完全在李秀成的实力范围内。但有两股无法掌控的力量，把他的战略布局完全打碎。

第一股力量来自洪秀全。

1862年初，当李秀成历尽千辛万苦把新招的二三十万新兵带回江苏的时候，他被苏州城内外的变化震惊了：城市残破、商业萧条、人民流离失所。用他自己的话来说，就是"民已失散、房屋被拆不堪，良民流泣来禀"。

原来，李秀成西征之前，把"苏福省"事务委托给了其主要副手陈坤书代理。陈坤书也是一名从广西一路打过来的太平天国老将，作战勇猛、功勋卓著，对太平天国的忠诚度没有问题，长期跟随李秀成转战四方，深得李秀成信任。但问题是，他跟陈玉成一样，是个纯粹的军人，没有什么政治头脑。李秀成在，他就听李秀成的，执行能力一流；李秀成走了，他是"苏福省"代理一把手，就听洪秀全的——这在陈坤书看来完全没有问题。

于是，就发生了跟1853年杨秀清离开南京去镇江后，洪秀全联合韦昌辉发布《待百姓条例》高度相似的一幕：陈坤书在洪秀全以及他身边那个亲信小集团的指挥下，全面颠覆李秀成的江南治理政策，把洪秀全"宗教理想国"的路线用于治理苏州：工商业被收归国有，利润全部归"圣库"，人民被驱赶离开城市，还拆毁民居修建忠王府和各种高级将领的府邸。在农村地区，试图废除"因佃纳粮"的税收体制，改为人民只能留下口粮，剩下的全部收归"圣库"，为此跟地方士绅民团冲突不断。

李秀成立刻纠正了陈坤书的这些错误政策。不过，南京朝廷的胡作非为并不会因此停止。

自从1859年洪仁玕被封为军师总理朝政以后，洪秀全就很少花时间在"俗务"——也就是军事、行政事务上，绝大部分时间深藏天王府专心于"天事"——也就是宗教思考。洪秀全作为宗教导师，对军事、行政方面的事情既不太明白也不上心，对中国人民的"革命诉求"就更没法理解。他就是相信自己是上帝派来当天王的，所以他认为搞军事、行政这些"俗务"并不会有助于推动太平天国起义走向胜利。要想战胜清军，关键还是两条：第一是强化宗教神权意识形态，第二就是封官许愿，强化封建等级特权体制。洪秀全把"俗务"扔给洪仁玕以后，他就开始大抓这两个方面。

1861年初，洪秀全专心"天事"的研究成果出炉。他宣布，把太平天国改名为"上帝天国"。

"天上地下人间，天父上帝独尊，此开辟来最大之纲常……爷为独尊，全敬上帝，改太平天国为上帝天国，更合真理。断自今，玉玺内'太平天国'四字改刻'上帝天国'；……凡诏书各件有'太平天国'四字，通改换'上帝天国'以正万古孝敬爷之纲常，普天一家尽归爷哥，世世靡既，永远人间恩和于无尽也。钦哉。"[①]

太平天国中的"太平"这个词来自《原道醒世训》，此书是冯云山所作。冯云山在紫荆山地区传道过程中，把基督教和洪秀全的《原道觉世训》中"敬拜唯一真神"的思想跟中国底层人民的诉求相结合，提出"天下一家、共享太平"的新思想。"天国"是洪秀全的理想，"太平"是中国人民的理想，冯云山把这两个思想连接了起来，才催生了太平天国运动。如今，冯云山已死、杨秀清被杀，洪秀全大权独揽，经过多年思考，他终于决定取消"太平"二字，改为"上帝天国"。可以说，"上帝天国"四个字，彻底暴露了洪秀全作为一神教原教旨主义分子的本色，将其"人民革命领袖"的外衣完全脱了下来。中国人民抛头颅洒热血的"革命"，难道竟然是为了建立"上帝天国"吗？这真是荒唐可笑之极。

洪秀全这个操作实在过于极端，诏令颁布以后，朝廷内外无人响应。僵持了一个月以后，洪秀全眼见实在无法执行下去，又退了一步，不用"上帝天国"的国号了，但是要在"太平天国"前面加上"天父天兄天王"六个字，不尊者五马分尸。然后，所有的军要改成"天军"、民称"天民"、营称"天营"、将称"天将"，又作诗"爷哥朕幼坐天堂、永普照万方万洋"。

洪秀全在这些宗教神权的形式主义上大做文章，本质是想以此来加强士兵们对他个人的迷信，他以为这招可以鼓舞士气、加强集权，实则南辕北辙。太平军将士们根本就不相信这一套鬼话，认为这实则不过是洪秀全个人野心膨胀，反复强调太平天国是他洪家天下的意思，对"革命"事业的奋斗目标感到更加迷茫，进一步离心离德、士气低落。

李秀成和李世贤兄弟二人强烈抵制这些荒唐举措，在文书和印章中坚决不

---

① 《改太平天国为上帝天国诏》，《洪秀全全集》，第209页。

改。洪秀全不敢得罪李秀成，便拿李世贤开刀，宣布将李世贤革职。不过这个革职的命令没有发挥任何用处，李世贤还是坚决不改，继续在浙江带兵打仗。

洪秀全努力强化宗教神权的同时，又进一步加强封官许愿，以拉拢人心，主要做法就是疯狂地封王。1859年，杨辅清封辅王；1860年，李世贤封侍王，同时把洪家、黄家的一大堆亲戚封王；1861年，在南京城内把李春发、莫仕暌等六部主官封王。到这时候，封王虽然有点多，但基本在靠谱的范围内。

真正开始失控是在安庆失陷前后。陈玉成救援安庆失利，精锐损失殆尽，部下的不满情绪开始迅速增长。洪秀全为了安抚人心，就开始疯狂封王，封了英王部下的陈得才、赖文光、蓝成春、梁成富、陈士荣、林大居、秦日南等人为王。特别是封了功劳、名气都很普通的林大居和秦日南，开启了滥封王的先例。

陈玉成牺牲后，李秀成接管了他的部分部队，又占据了苏南和浙江。而李秀成的堂弟侍王李世贤据有浙江中南部大片地方。洪秀全一直对李秀成是猜忌防范的态度，也就将封王作为一种制约李秀成军权的手段，通过封王来不遗余力地分割其军权。先后将李秀成的部下陈坤书、陈炳文、谭绍光、郜永宽、童容海、刘官芳、黄文金、胡鼎文、陆顺德等人封王。随后对李世贤、杨辅清的部下也大肆封王，到1863年春天，封王已经接近百人。此后，爵赏之滥达到登峰造极的地步。特别是洪秀全两个哥哥重掌大权后，只要有人送钱送物，只要是广西老兄弟，只要有亲戚裙带关系，无不为王。一直到太平天国灭亡，总共封了2000多个王，堪称空前绝后。至于王之下的丞相等高级职位，就更是毫无顾忌，给钱就封，最后只要是个能带几个兵的小头目，就都能整个丞相当当。

对李秀成而言，他自己也就是个忠王，一旦其部下被封王，他就很不好指挥了，要想用军事纪律来对其进行约束和处罚就更难。一个王就是一个独立山头，可以直接对洪秀全负责。

而且，封王这种事，按照太平天国的体制，不是给个头衔就完了，后边有一整套标准待遇，比如王府要修多大、穿什么颜色样式的衣服、坐多少人抬的轿子，等等。这是洪秀全从永安制定《太平礼制》之后就一直在加强的封建等级套路。像李秀成是忠王，在其官方驻地苏州就要建忠王府，占地面积也有标准。李秀成虽然在外带兵打仗很少住在苏州，陈坤书虽然颠覆了李秀成的政策，但严格按照标准给李秀成建忠王府。当年杨秀清等人也是一样，他们本人对这些讲究可能并不在意，但按照洪秀全搞出来的等级制度，到了这个级别就必须按照级别来。杨秀清希望节约民力，其东王府内部装饰就比较简单，但占地面积是规定好的，想节约用地也不行，那就会违反神圣教义和国家体制。太平天国许多将领都在大建府邸方面受到后世指责，实则并非这些农民起义的英雄们那么快就忘本，掉入奢侈享乐的陷阱，而是洪秀全这个宗教导师搞出来的封建等级制度的影响。

　　一个人一旦被封王，接下来就要按照标准找个地方修建自己的王府，有条件的还要经营自己的地盘。比较典型的是陈坤书。他眼见自己代管"苏福省"的路线被李秀成否定，很不高兴，洪秀全也看准了时机，将陈坤书封为护王。陈坤书便自己带兵前往常州驻扎，在常州修建护王府，割地自雄，从此不再服从李秀成的调遣。后来陆续封王的那些李秀成手下将领，情况也都大同小异。李秀成要开个军事会议，把这些藩王召集起来，大家穿什么衣服怎么坐座位又是一大堆讲究。这些繁文缛节，源头就在洪秀全的《太平礼制》，更深刻的根源则是《原道觉世训》中对夏商周三代体制的肯定。

　　洪秀全就是用这种方法，把李秀成的"苏福省"和几十万军队硬生生地给拆分成了几十个藩王山头。这样，李秀成就不能威胁其最高权威，但同时彻底瓦解了太平天国最后一块根据地的战略潜力，让李秀成没有办法进行统一的军事指挥和根据地建设——他不仅在"苏福省"说了不算，在苏州城里说了都不一定算。苏州被清军夺取的时候，一个苏州城中就有九个王，被李鸿章杀了八个。其中最搞笑的是归王邓光明，他一直是李秀成的爱将，很听话也很能打仗。他在引进西洋枪炮方面态度最积极，其手下装备也最好。每次去救援南京，湘军一听说邓光明的部队就害怕，因为湘军的装备不如邓光明部。洪秀全一看邓光明有实力，就给封了个归王。结果刚一封王，李秀成就指挥不动了。1863年春天封王，1863年夏天李秀成带领13王解救南京，邓光明就拒绝带队前往。这一次解救行动规模最大，湘军几乎崩溃，如果最精锐的邓光明部也参加，说不定真能成功。洪秀全这种拙劣的权术，最终害的是他自己。

　　总之，在太平天国后期，洪秀全继续发挥其"内斗内行、外战外行"的特点，让手下的将领们互相不能指挥，但自己又完全不具备战略指挥能力，使得各地将领只能各自为战。李秀成被架空后，除了其亲兵外，对其他将领的军队纪律也很难再进行统一约束。许多将领为了扩大自己势力不分良莠大力扩军，军阀化情况严重。南京方面则收受贿赂滥封爵赏，无数地痞流氓、土匪团练趁机混入。大多数新兵毫无理想信念、纪律败坏、未经训练，战斗力迅速下降，甚至出现数万太平军围攻数百团练武装都长期不能取胜的情况。这样，李秀成经营江浙两年并训练10万精锐的战略目标遂成泡影。

　　瓦解李秀成战略目标的第二股力量来源西方殖民列强，这是中国历代农民起义没有遇到过的新问题。

　　李秀成对殖民列强从来不抱很大希望。尽管他和洪仁玕在经略江南方面意见一致，但战略意图差距甚远。李秀成是看中了江浙地区的经济潜力，想用江浙的钱粮来练兵；洪仁玕是看中了江浙地区可以与列强直接贸易通商的优势，希望借助列强的力量来帮助太平天国推翻清朝。历史证明，洪仁玕的想法，是不切实际的幻想。

　　李秀成唯一希望可以从列强那里得到的好处是购买到一些先进的枪炮。但即便是这个，他也有很实际的态度。第一，购买渠道主要是从洋商而非列强政府手中购买——其中绝大部分都是非法的武器走私。他不像洪仁玕那样希望能买到军舰这种必须通过政府渠道才能获取的武器①。第二，就是买来之后他急切地希望能够仿制，并且跟中国自己的生产能力结合。他发现了西洋枪炮的厉害之后，马上就找人仿制，炮筒、炮弹这些技术含量高的东西暂时还搞不定，但先搞定了炮架子，把中国能自制的火炮与西洋炮架结合，来提升中国自制火炮性能。

---

① 李秀成最后实际上还真的搞到了一艘小型军舰，不过不是买的，是直接从列强手里抢来的。1863年，在他手下工作的英国人吟唎冒充外国记者，混上了"飞来复号（Firefly）"搞清楚情况，然后伺机夺取了这艘船。后来吟唎又去上海试图购买或者抢夺更多的轮船，但计划失败，吟唎被捕入狱。

尽管如此，李秀成还是低估了列强的无耻。他不指望从列强那里得到任何帮助，但认为他们应该会像公开声明的那样保持中立。实际上，早在1853年，英法军队就开始帮助清军镇压了上海爆发的小刀会（天地会的一个分支）起义，法国侵略军头子辣厄尔公开宣布"法军对叛军进入包围战争的状态"。1861年，巴夏礼又以官方身份威胁陈玉成，要求他不要进攻武汉。这两件事，李秀成很可能都不知道。1860年他进攻上海受伤，也以为是部分外国军官收了清军贿赂的缘故。

实际上，以英国和法国为代表的列强政府态度鲜明，就是直接把上海、宁波这些通商口岸城市当成自己的殖民地，这些地方的清军不过是他们的傀儡军队，太平军如果来攻打就会被视为侵略。

这样，到1862年曾国藩决定分兵的时候，列强对中国内战的参与就变得比较直接了。他们干脆派遣轮船到安庆去帮助曾国藩运兵。因为从安庆到上海沿途包括南京在内的很多城镇在太平军控制下，其炮台可以威胁江上轮船，运兵十分危险。用英国的武装轮船运输，安全才有保障。尽管这个操作看起来具有非官方的色彩，是上海士绅们集资"雇佣"英国商船来完成的，背后实则有英法殖民政府的支持才可能完成。这种战争时期帮一方大规模运输军队的做法，显然跟中立是沾不上边了。

有了英国轮船的帮助，清军突然之间在太平军的大后方拥有了一支庞大的正规军，这是非常要命的。如果太平军也能在安庆围城的时候，乘坐英国轮船直接跑到湘军后方去占领九江、湖口，可以想象会是什么后果。苏州距离上海很近，只有110公里，军队从上海出发隔一天就能到达，走水路更快。如果曾国藩只能从安庆一路往南京打，同时派遣左宗棠从江西南部、浙江南部慢慢进攻，李秀成就可以轻松获得两年的时间经营其以苏州为核心的苏南根据地。

英国政府还支持英国军官在李鸿章旗下搞了一个"常胜军"。这个"常胜军"原来是冒险家华尔自己搞的"洋枪队"，是上海本地士绅花钱请的雇佣军。后来英国政府介入，为其提供官方支持。在1860年太平军第一次进攻上海的战斗中，英国将军斯特维利带领英军、洋枪队和法军，一起对进入上海30里范围内的太平军发动了驱逐作战。等到华尔被太平军击毙以后，斯特维利便直接指派英国退伍军官戈登担任"常胜军"首领，使用英军建制和武器进行训练。

更严重的是，英国和法国直接出动军舰来配合"常胜军"和清军作战，军舰的保卫范围主要限于上海周边30里。不过，这就相当于为淮军提供了一个绝对安全的后勤基地。

李鸿章在上海，一手拿着那些逃难到上海的江浙富豪士绅们的钱；一手拿着部分海关关税，大量购买西方先进武器，招兵、养兵、练兵。因为有英法军舰保卫，太平军绝不可能打进上海来。而淮军则可以随意进出上海，准备好了就出去攻打太平军，打败了或者打累了就回到上海休息。

所以，列强只是名义上保持中立，只负责保卫上海周边30里，实际上为清军提供了至关重要的支持——让清军在太平军的战略后方可以拥有一块绝对安全、钱粮充裕、武器弹药无限供给的军事基地。遇到这种事，太平军这边就是"战神下凡"也没法打。

列强直接干预中国内战，帮助清军镇压太平天国起义，借口是为了保护在上海的侨民和他们的资产。为了达到这个目的，他们跟清军一道疯狂地编造谎言来抹黑太平军，不顾大量传教士、商人进入太平天国统治地区带回来的真实报告，故意扭曲事实，把太平军描写成为烧杀抢掠无恶不作的土匪。

实际情况绝非如此。在第二次攻打上海之前，太平军先攻克了宁波。这是鸦片战争之后新开辟的另外一个通商口岸，其重要性不如上海。太平军的行动也许是为再次攻取上海做准备，让持怀疑态度的列强看一看太平军是否能遵守承诺，能否有效地保护外国商人的财产和维持通商。

1861年12月9日，太平军攻克宁波。之后，对城内平民秋毫无犯，外国商人安全更是没有遇到任何问题。英国驻宁波领事向外相罗塞尔伯爵和海军部报告："我很高兴地说，截至目前，城内尚无屠杀焚掠之事，仅少数人被杀、若干财产被毁，叛军行为极有节制。"

海军提督何伯也向海军部说："叛军行为迄今尚称良好，彼等宣称，极欲与外国人保持友谊。"

巴夏礼在关于攻克宁波的备忘录中还专门举了几个例子来说明：

"南门外妇女慈善会为一良好进攻据点，倘占领该处即可取得进攻的掩护，因为该处高窗可控制城墙。但他们（太平军）只在该处围墙脚下伏行前进，并未进入屋内侵扰。……一个闻名上海、经常捐助政府的宁波富商的住宅亦未收到侵扰，只因为他雇佣了一个法国人居住在该房屋内……就叛军的信用而论，我必须说，他们占领宁波时，正如我相信他们占领浙江其他城市时一样，并未发生那些为人所知道的他们在别的地方所犯的暴行。"①

在宁波及其周边地区，太平军也按照李秀成的治理方针，迅速建立起了各级政权，有效地维护了地区治安。外国人通过申请，就可以自由地到浙江地区旅行。1862年1月6日，宁波的英国商人格林在致怡和洋行的信中说："我们再没有听到盗匪抢劫的事情。"

完成占领后，太平军接管了宁波海关，然后宣布免征关税三个月，以鼓励各国各地商人前来贸易。贸易恢复得很快，格林在3月8日的信中说：

"米价已经下跌了，有好些米船从南方来，日内就可到达……因为有几条船从泉州或乍浦开来，因此糖价也下落了……有大批山东船正在装运北路货……目前太平军正掌握全省或其大部，他们允许欧洲人凭他们领袖发放的路条去乡下任何地方旅行……所以只要我们当局不干涉太平军，本口将有很好的生意可做。这儿已经到了一些生丝，茶叶也有来货。"

太平军攻克宁波后的一系列活动，说明他们在遵守对外承诺方面是认真的。他们与西方列强一样具备管理近代对外贸易和建立完善的内部治理体系的能力，既可以保障通商，也可以维持中国市场的稳定。列强们完全无须担心太平军会给他们在中国合理合法的商业利益造成严重损害。英国政府也收到了来自驻宁波领事在这方面的正式报告，只要不是心怀鬼胎，绝不至于产生相反的看法。

但是，殖民列强并不是仅合法通商就可以满足的。清政府也早就制定了极低的关税和优惠便利的外贸政策，他们照样发动了两次鸦片战争。1861年12月，就在太平军攻克宁波之后不久，英国当局便派遣海军提督何伯和外交参赞巴夏礼前往南京，直接找洪秀全谈判。这次谈判的内容没有官方史料记录。李秀成在自述中提到了两条，一是要跟天王平分中国，二是要太平天国代为支付清政府欠英

_____

① 呤唎：《太平天国革命亲历记》第十四章。

国的战争赔款。呤唎《太平天国革命亲历记》也记录了一条，是要求太平军不得进攻上海。同时，1861 年 12 月 27 日，英国驻华海军总司令向南京方面提出过一个照会，要求太平天国允许悬挂英国国旗的商船自由通行并且不接受检查（也就是可以随意走私任何物品且不交税），还要求太平军承诺不得进入在英国拥有租界或者领事馆的城市包括九江、汉口等地周边 100 里的范围。这些条件被太平军拒绝，它们肯定也会体现在何伯和巴夏礼 12 月去南京谈判的条件内。

据此，我们可以大概推测英国当局真正保持中立的条件，应该是三个方面：

第一，太平军不得攻打上海。

第二，太平天国要继续认可清政府给予列强的所有特权。除了通商之外，还包括要代为偿还鸦片战争赔款、允许鸦片自由贸易，以及承认《天津条约》和《北京条约》中其他的各种不平等条款。

第三，其他一些更过分的要求，以至于让李秀成认为这是想要跟太平天国"平分土地"，可能涉及割让上海、广州等一系列沿海重要贸易城市，或者是在九江、汉口等内地沿河贸易城市设立更大范围的英国控制区。

这些条件中，太平天国方面认为只有第一个条件可以谈判，但前提是上海也不得驻扎可以用于进攻太平军的清军——如果只是维持治安的话，几百人就足够了，更何况还有列强自己的警察和军队。巴夏礼后来回忆说："他们（太平军）希望知道何伯提督如何阻止清军从上海出发去进攻他们，以及是否准许他们派遣一位官员前往上海了解关于此事的措施。"①

太平军方面提出的条件非常合理，而且是绝对的底线，他们可以不去夺取上海的财富和关税，但必须确保江浙根据地有一个稳定的后方。列强如果想要太平军不去攻打上海，那就应该确保上海不能成为清军的军事基地。而列强连这个条件都不同意，所谓的中立或者保卫商业利益之类的就完全是虚伪的谎言。

更多谈判细节已经无法考证。总之，最后谈判破裂，这些要求全都被洪秀全拒绝了。

---

① 呤唎：《太平天国革命亲历记》第十四章。

太平天国方面从中央到地方，始终都只承诺允许自由通商和旅行，拒绝鸦片贸易合法化和代偿战争赔款等不平等的要求。这才是殖民列强们要联合清政府镇压太平天国运动的核心原因，什么保护在华资产、自由通商之类的都不过是借口。至于拜上帝教的教义是不是跟基督教冲突的问题，倒是完全不在列强们提出的条件范围内——西方列强已经是近代化的世俗国家体制，传教士们喜不喜欢拜上帝教并不能左右政府决策，其对外政策始终只考虑殖民利益。只要太平天国比清政府更能卖国、更能帮他们代为奴役和剥削中国人民，不要说洪秀全自称上帝之子，就算洪秀全自称上帝的爷爷，他们也照样支持太平天国。反之，对于很多已经接受基督教信仰的国家，他们在殖民掠夺方面也丝毫不见手软。洪仁玕绞尽脑汁想把拜上帝教伪装成基督教的分支，认为这样就能取得列强支持，完全是在白费功夫。

既然何伯和巴夏礼提出的条件被拒绝，那么——即使何伯和巴夏礼都亲口承认太平军在宁波并未有破坏通商和外国人财产的行为——英法殖民列强便毫不犹豫地转向了与清军联合，共同镇压太平天国运动。

1862年1月7日，为了消除上海清军对太平军的威胁，忠王李秀成亲率大军，水陆并进包围上海，发动了对上海的全面进攻，力图一举攻克。英国则以保卫上海的商务不受侵害为借口，正式出兵攻击太平军。1月12日，英国驻上海领事联合清政府上海地方官及法国领事，在上海成立中外会防局。与此同时，为了加强英军在上海的战斗力，英侵华陆军司令迈克尔"带九十九联队及炮兵若干同来"，增强了英国在上海的军事力量。1862年2月，李鸿章的淮军9000人由英国商船运送到达上海；3月21日，海军提督何伯率领英国军队在法国军队的配合下，向驻守在上海浦东高桥的慕王谭绍光、纳王部永宽、忠二殿下李士贵及吉庆元等部的太平军发动猛烈进攻。4月，何伯又与法军采取以攻为守战略，向上海周围的太平军发动进攻，占领嘉定、青浦、松江、南桥和柘林等地，大批太平军将士死于英军炮火之下。随后，英军又在清军、法军的配合下，大举进攻苏南及浙江地区，导致太平天国苏浙大片根据地丧失。

1862年5月，清军在英法联军的配合支持下，对宁波发动反攻。清军先行进攻，不久后英法联军借口太平军在还击过程中有子弹落到了停在岸边的军舰上，动用六艘炮舰炮轰宁波城，然后派一支突击队翻过城墙，从里面打开城门。清军这才跟随英法部队进城，然后开始四处劫掠和屠杀。香港《德臣西报》发刊称，清军"在几小时内就带来比叛军在整整五个月占领期间还多的损害，刚拿回权力的道台则在联军进攻后的那一整天，忙着砍掉他捕获的倒霉叛军的头，要不然的话，就把他们处以酷刑"。

这样，在西方列强的支持下，以李鸿章为首的清军淮军部队从沿海对太平军江浙根据地进行了全方位的反攻。同时，左宗棠也不断击败李世贤的军队收复浙江。

1864年5月，曾国藩已经稳打稳扎地完成了对南京城的包围。其间，李秀成、李世贤兄弟多次带兵前往南京试图救援，都被击退。6月1日，洪秀全病死，其子洪天贵福继位。1864年7月，南京城破，李秀成保护洪天贵福出逃，途中失散，李秀成被清军抓获，送往曾国藩处审讯。在曾国藩府中，李秀成写下3万多字的自述，为太平天国运动保留了一份极为珍贵的历史记录，然后被曾国藩处死。

从带兵从湖北、江西返回，到南京城破，中间确实有超过24个月的时间，李秀成在时间上的计算不差。但他先建设苏南和浙江根据地，将从湖北、江西带回来的饥民训练成正规军，再寻求南京决战的战略布局却最终成为泡影。这是因为，在中外反动势力的联合攻击下，他既不能获得足够的钱粮，也没有多余的时间和精力来训练军队，甚至连统一管理根据地民政和军事的权力都被架空和切割。这里的反动势力，包括清政府、曾国藩和李鸿章为代表的汉族官僚士绅集团以及西方列强，还包括洪秀全所代表的太平天国内部一神教原教旨主义反动势力。尽管洪秀全是太平天国运动的发动者之一，也是它名义上的最高领袖，但在天京事变以后，他不仅不能代表这场伟大的"革命"，而且实则已经成为这场"革命"最可怕最凶恶的敌人。李秀成对清政府的凶残、湘军的战斗力和曾国藩的谋略都有充分的认识，并做出了针锋相对的战略布局，是有希望战胜这些敌人的，但他未能正确估计来自西方列强和内部反动力量的破坏，这是他最终失败的主要原因。

湘军攻克南京后，再次屠城，"沿街死尸十九皆老者，其幼孩未满二三岁者亦斫戮以为戏"。曾国藩奏报朝廷称：曾国荃带领湘军在南京"分段搜杀，三日之间毙贼共十余万人。秦淮长河，尸首如麻"。

六、"革命"之源：对太平天国运动的评价

以南京城破、李秀成被杀为标志，太平天国运动算是失败了。对它的评价，100多年来始终存在着巨大的争议。

清政府方面，当然坚决诬之为"贼"，竭力污蔑其抢劫杀戮，祸害天下。以"卫道"自居的曾国藩等人，还额外注意强调太平军所信仰的拜上帝教教义的荒谬及其对中国传统伦理道德的破坏。

但是，中国人民反抗清朝反动统治的斗争并不会因为太平天国被镇压而终止。在洪秀全的老家花县附近大约只有几十里的地方，很快就又出了一个著名的革命家——孙中山。孙中山在很小的时候，就从村里的老人们口中，听说过很多太平天国抗清的故事。投身革命后，他很喜欢自诩为"洪秀全第二"。孙中山说，他和洪秀全有好多地方很一致，包括从西方学到了新知识、主张推翻清王朝、反对帝国主义瓜分中国等。

在北美的时候，孙中山为了争取洪门组织的支持，授意刘成禺编写《太平天国战史》，并亲自作序。他极力赞扬太平天国运动为中国"民族大革命"的辉煌，并将洪秀全类比朱元璋，认为太平天国运动是"吾党宣传排满的好资料"，赞扬洪秀全是"扬汉皇之武功"。

1925年孙中山去世后，蒋介石于1928年底完成名义上的全国统一。为了强调自己对孙中山遗志的尊崇，凸显自己孙中山继承人的地位，蒋介石指示民国政府通过了《禁止诬蔑太平天国案》，严禁在一切书籍、杂志、报纸、教材上攻击太平天国，并将清末各种辱骂太平天国的文字资料全部查禁。

比较讽刺的是，蒋介石后来又成了曾国藩的铁杆粉丝，完全背叛了孙中山的革命理想，把中华民国政府变成了跟清朝一样的反动政权，很快被新一轮的人民革命推翻。

新中国成立后，用基于阶级斗争的"革命史观"对中国历史进行了一轮大规模的梳理。在"革命史观"的指导下，中国古代和近代史上几乎一切形式的底层暴动都被认为是正义且光荣的行动，暴动领袖也一律被认为是伟人的英雄人物。而且，由于马克思主义强调生产资料公有制在建设社会主义和共产主义方面的核心地位，各种人民革命的先进程度也就依据其对生产资料公有制的重视程度来进行排列。太平天国在1853年颁布了《天朝田亩制度》，提出把土地等各种生产资料收归天父、天王所有，然后再把土地平均分配给人民耕种，但耕种的土地收成仍然要由政府统一分配。这是一种比较典型的"公有制＋配给制"形式。由此，革命史观便将太平天国运动认定为"中国农民起义的最高峰"，洪秀全作为太平天国的最高领袖也被推上了神坛。相反，朱元璋、刘邦这些真正领导"人民革命"取得胜利，开创了伟大太平盛世的英雄人物，则因为没有大力推行土地公有制而被认为是"革命"的"叛徒"，他们建立的政权被认为是地主阶级篡夺了农民起义领导权的产物。

对朱元璋、刘邦等人的评价，本书作者的意见很明确，他们不是"革命"的"叛徒"，而是善始善终的伟大"革命"领袖。这在作者关于中国古代史的其他书籍中已有详细的分析。中国古代"人民革命"的最高峰是朱元璋领导的元末农民起义，第二高峰是刘邦领导的秦末农民起义，第三高峰是西汉末年和王莽新朝的农民起义，第四高峰是隋末农民起义。这四次伟大的"革命"，创造了明朝、西汉、东汉和唐朝这中国古代四个伟大王朝。后边不管怎么排，太平天国排名肯定是在第四名以后了。因为我们评价"革命"成就的标准，绝不应该是看它喊出来多么漂亮的口号，提出了多么高大上的纲领，而是它所实际取得的成就。太平天国"革命"固然伟大，但它终究是失败了，它提出的纲领先不说好不好，压根没有实践的东西对"革命"而言是作不得数的。

由于基于阶级斗争和生产资料决定论的"革命史观"把太平天国运动抬得太高，最后的结果是让它有点"下不来台"。

太平天国运动存在着很多很严重的内部问题，包括领袖人物的特权和腐化、严重的封建等级制、宗教极端举措对人民权利的践踏、一神教意识形态对中华文明的污蔑和破坏，等等，这些问题严重到了足以让它走向失败。这些问题绝不是可以用"反动阶级的污蔑"或者"农民运动必然存在的缺陷"能够解释得了的。或者说，如果我们把它们理解为"农民运动必然存在的缺陷"，那就是对整个中国古代"人民革命"的抹黑，因为它是最高峰，而前边四个孕育了汉唐明盛世的"革命"都不如它伟大，那这四大"革命"的缺陷就会更多更严重。牵一发而动全身，这中间的逻辑链条是：太平天国是古代农民起义的最高峰——太平天国存在诸多证据确凿的严重问题，洪秀全个人品质问题很多——其他"革命"还不如太平天国——这些"革命"建立的王朝很糟糕，"革命"领袖如朱元璋、刘邦等连洪秀全都不如。

在改革开放以前，意识形态管制比较严格，这个逻辑链条很少有人敢讲出来。但是随着越来越多关于太平天国的负面材料被挖掘和公开，人们发现，沿着"太平天国是中国农民运动的最高峰"这个逻辑链条往下走，它反而成了抹黑整个中国古代文明甚至挑战"人民革命"正义性的一个重要武器。

要解决这个问题，给予太平天国运动实事求是且不偏不倚的评价，至少需要在以下三个方面对"革命史观"做出修订。

第一，要明确对我们评价历朝历代"人民革命"功绩的标准不是旗号和纲领，而是实际取得的成就。"革命"是解决现实问题的，不是用来画饼充饥的。因此，太平天国的历史地位绝不能捧太高，它排不了第一，前三都进不去。

第二，要正确认识生产资料所有制在中国人民"革命"斗争中的地位。不是公有制搞得越激进，或者公有制的口号喊得越响亮，"革命"就越先进。

"人民革命"目标需要反映人民的真实诉求，根据其所处时代的实际情况来确定。公有制和私有制都只是一种产权安排。从历史实践来看，在关系国民经济命脉和基础民生保障的领域，公有制为主、私有制为辅的产权结构可以较好地发挥作用；在普通商业和日常消费品生产等领域，私有制为主、公有制为辅的结构比较好。而且，在不同的领域、不同的技术水平下，二者的最佳分工方式和比例是不断变化的。不存在公有制比例越高越好的这种绝对标准。

总的来说，并不是建立公有制，"人民革命"就成功了；不搞公有制，"人民革命"就只能被地主阶级或者资产阶级篡夺领导权——这是一种基于错误理论的错误推论。

《天朝田亩制度》是《待百姓条例》的改良版，"物物归上主"的本质不是公有制，而是神权所有制，即万物皆归天父、天主的意思。《天朝田亩制度》里边还有关于定期做礼拜、听讲《圣经》、分男行女行等荒谬内容，总体而言是一部基于宗教幻想的一神教建国纲领，不是"人民革命"纲领。这里边有没有体现"革命"诉求的内容呢？有的，但这部分内容并没有什么特色和创新之处。把《天朝田亩制度》中的神权所有制、宗教礼拜制和封建等级制这些它最有"特色"的核心内容去掉以后，剩下的诸如优化政权建设、改善社会公平、推动民生幸福等方面的内容，是几乎所有"人民革命"运动都会提出或践行的目标。没有《天朝田亩制度》做指导，"革命者"也知道如何建立公平合理且行之有效的行政税收体系——刘邦和朱元璋就是这方面的典范，他们领导建立的国家制度比《天朝田亩制度》高明和完善不知道多少倍。

以上两点不再细说。而第三点则更复杂一些，需要从头说起。

第三，就是要厘清宗教和"革命"的关系。在太平天国运动中，尤其突出的就是要讲清楚拜上帝教创始人洪秀全和整个运动的关系。

现在对太平天国运动的看法，无论肯定还是否定，都把它和洪秀全捆绑在了一起：肯定太平天国运动的，必然倾向于从总体上肯定洪秀全是伟大的"革命"领袖，最多不过是有一些不重要的缺点；否定洪秀全的，必然倾向于否定整个太平天国运动。而本书的观点则是：在否定洪秀全的同时肯定太平天国运动。

太平天国与中国古代的诸多"人民革命"运动相比，有一个极大的特殊性。它是西方一神教传入中国后，与"人民革命"相结合的产物。这种一神教意识形态引发的底层"革命"，在中国古代历史上从未出现过。一神教意识形态在"革命"初期为太平天国运动提供了重要支持，但越到后期，其负面影响就越加突出，最终变成了一个大毒瘤，毁掉了整个运动。要正确认识太平天国运动，就必须要把一神教意识形态与"人民革命"诉求分开，把太平天国运动的名义领袖和宗教导师洪秀全与太平天国运动中那些真正"人民革命"英雄们分开。不否定一神教意识形态，不否定洪秀全，就无以肯定太平天国运动，无以肯定这场"革命"中真正的英雄和领袖人物。

杨秀清、石达开、李秀成这些真正的"人民革命"英雄都是跟洪秀全的路线方针对着干的，他们或者被洪秀全杀掉，或者被洪秀全赶走，或者被洪秀全架空。洪秀全成了伟大领袖，那他们是什么？他们与洪秀全矛盾冲突的地方是"革命"的关键问题还是细节问题？在这些矛盾冲突的方面他们是正确的还是错误的？他们反对洪秀全是出于个人野心搞分裂还是因为坚持"革命"原则？这些问题回答不好，我们就没法正确评价太平天国运动。一个多世纪以来，之所以没人能把太平天国的功过是非理清楚，核心就在于没把洪秀全和太平天国运动的关系分清楚。不对洪秀全的错误路线进行彻底的批判，并把太平天国的"人民革命"路线与它划清界限，我们就无法公正地评价太平天国运动。

要理清楚这个问题，我们先要思考一个更深刻的问题：为什么会有底层"革命"？为什么底层"革命"能够取得成功？

从直观上来看，老百姓造反就是活不下去了，吃不饱肚子就要造反。这个回答看起来有道理，其实仅限于中国。中国古代的老百姓活不下去了会造反，其他国家古代老百姓就算活不下去了也不怎么造反，或者说，活不下去就造反的比例太少以至于成不了气候。依靠底层"革命"直接推翻一个国家政权建立一个新政权这种事情，20世纪之前只在中国发生过。所以，这个答案不全对，还没有触及问题的根本。

古代中华文明，至少从周朝开始，就是个世俗文明。尽管中国人对鬼神之说，多多少少是相信的。但跟西方基督教国家、中东伊斯兰教以及印度教和佛教国家的民众相比，中国人对鬼神的态度总体而言是实用性的，要求神仙菩萨为人民解决世俗生活的实际问题，比如求雨、求子、长寿，等等，只有能好好为人服务的神仙，才能获得尊重、享受人们的供奉。总体而言，中国人不是为了获得转世或者永生而牺牲今生今世的幸福去供奉神仙。在中国，宗教信仰是为世俗生活服务的，而不是相反。所以，中华文明是世俗文明，而大部分其他古代文明都是神圣文明。

正是因为如此，中国人民才会因为受到政权的压迫而发动"革命"。在被宗教统治的古代神圣文明国家，人们普遍被宗教洗脑，把死后的虚幻世界看得比现实世界更重要，相信世间万物包括社会结构都是神灵的安排，统治阶级不管怎么压迫他们，他们也不会反抗。个别的零星反抗有，但不能一呼百应，成不了气候，没办法推翻一个国家政权。神圣文明中的政权，只会因为统治阶级内部腐朽衰落，然后被其他国家或蛮族消灭，无法通过"革命"来实现文明的内部更新。

成功的底层"革命"即使在中国也只在秦朝建立大一统国家之后才开始出现。它是人类文明史中极为罕见的现象，产生条件极其苛刻。

第一，它需要底层人民能普遍认为现有统治秩序不公平，并能够正确理解个体苦难与社会制度的关系、个体生命与他人利益的关系，愿意为了改善亲人、后代乃至非亲非故的普通人的生活幸福而斗争和牺牲。这就要求社会意识形态的世俗化。在古代西藏，统治阶层对待老百姓极为凶残，经济上的剥削已经登峰造极，但这都还不算什么，统治者还会大量活取农奴的人皮、头骨来做法器，其手段之凶残令人咂舌。但上千年来，农奴们几乎从不反抗，因为他们相信宗教宿命和转世轮回，不管是对自己遭受的困难和亲人遭受的苦难，都认为是神的安排。这种情况下，大规模的农奴"革命"不可能发生。其他宗教立国的古代文明，也是同样的情况。中世纪的欧洲，人民生活再苦也不会造反，因为他们相信这都是上帝的旨意。一直到近代世俗国家体制全面建立以后，成规模的"革命"才开始在欧洲出现。所以法国大革命震惊了整个西方，因为西方统治精英集团在此之前根本就没有"人民革命"的概念。跟他们说老百姓活不下去或者觉得社会不公正会起来造反会被他们笑死。西方文明史中的上一次大规模"人民革命"还要追溯到1000多年前的罗马共和国时代。那个时候的罗马还没有把基督教立为国教。现在很多中国学者也跟着西方学者一起震惊，把法国大革命看成人类历史上了不得的惊天巨变，把托克维尔的《旧制度与大革命》奉为研究"革命"的"圣经"，其实法国大革命连2000年前秦末农民起义的成就都没有达到，这种事情对中国而言根本不值得大惊小怪。

第二，它需要底层人民能理解公平和自由。不懂得什么叫自由的人也就不会懂得反抗。世代为奴的人，再怎么被残酷迫害也不会主动造反，必须经过革命先行者或启蒙者的教育才能懂得反抗。罗马时期，曾经爆发过著名的斯巴达克斯奴隶大起义，但斯巴达克斯和他的伙伴们之前是自由人，并非生而为奴隶。他是巴尔干半岛东北部的色雷斯人，罗马进兵北希腊时，在一次战争中被罗马人俘虏，被卖为角斗士奴隶。他和他的伙伴们知道自由是什么样的，才会不甘心做奴隶的命运，奋起反抗。中国人民有过长期自由生活的体验，并通过民间传说等形式，将历朝历代争取公平自由的英雄人物变成故事世代传唱，"王侯将相宁有种乎""皇帝轮流做、明年到我家"成了家喻户晓的谚语，才有了大规模底层"革命"的文化"土壤"。

第一条和第二条有相似的地方，也可以合为一条。它们都说明，并不是所有老百姓活不下去就会造反的。活不下去，而且觉得不公平，还对公平和自由拥有憧憬和向往的人民才会大规模造反。

第三，"革命"成功还需要底层人民有跨越较大地域的阶级认同感。也就是说，底层人民能不分地域联合起来斗争，组成大规模的"革命"军团，才可能推翻一个国家政权。如果底层人民互不认同对方属于同一类人、有着共同的命运，那"革命"就会失败。如果山东省的"革命队伍"走到河北，河北老百姓认为是外族入侵，这样的"革命"就不可能成功。在封建制国家，"革命"成功的可能性很低。因为封建领主们彼此之间是比较容易联合起来镇压"革命"的，而人民被限制在一个一个的封建领土内，眼界狭隘，语言文字、文化习俗等差异巨大，以为出了领地就是异国。小规模的反抗就算能战胜某一个封建主的武力，也很容易就周边的封建主们联合起来镇压。只有在秦朝建立了大一统国家之后，书同文、车同轨，即使非统治阶级也有很多机会在整个国家的范围内流动。像刘邦这种"革命"领袖人物，在造反之前负责组织本地人民去咸阳服劳役，这就是跨地域的人口流动。刘邦和他带的人都从中长了见识，沿途跟各地人民有了交往、交流。这样，各个地方的底层人民彼此之间才能视为同一类人，知道大家都遭受同样的压迫。打起仗来，刘邦的山东兵杀到陕西去，陕西的老百姓也愿意支持同样出身底层的"革命"军队，而不会感觉是本国遭到了外敌入侵。陕西人愿意参加山东人组织的军队，大家能在同一支军队为了共同的目标一起战斗，这才能推翻一个大一统政权。西方近代全球殖民体系建立以后，大规模的革命还需要全球革命者的协同才能成功，所以马克思才会高呼"全世界无产者联合起来"。

第四，它需要底层人民具备较强的自我组织能力，并在发展过程中逐步与知识分子阶层结合。中国古代王朝都在组织开矿方面比较谨慎，因为矿工们会在生产过程中学会如何组织起来。元末农民起义的爆发，最先就是元朝从全国范围征发劳工去治理黄河。治理过程中，这些来自四面八方的青壮年学会了如何有组织地劳作，然后他们就被组织起来干"革命"了。太平天国的"革命"力量，其中就包括了贵县的许多矿工，其领袖便是秦日纲。他们人数不多，起义刚开始的时候势力不大，秦日纲也就没机会封王。但随着战争的进行，这批人因为非常善于组织起来团结作战，其战斗力显著高于其他部队，屡屡立下战功，秦日纲也才因此成为永安建制之后、天京事变之前唯一被封王的将领。

怎样才能把人民高效地组织起来，是"革命"的一个大学问。在"革命"队伍达到一定规模以后，大量有知识的人才加入成为组织中坚，"革命"才能持续发展壮大。朱元璋以文盲闹"革命"，淮南地区底层农民是主力，但发展壮大以后，大量吸收刘伯温为代表的浙江文人精英加入，才把政权建设完善了起来。同时为明朝建立以后，淮右军事集团与浙江文人集团的政治斗争埋下伏笔。

清朝为了更好地镇压中国人民的反抗，长久地以野蛮落后的少数统治文明进步的多数，也就针锋相对地从这几个方面着手来制定统治政策。

第一，对"道统理学"思想进行改造，去其精华、取其糟粕，建立了"忠君理学"的意识形态。"忠君理学"虽然不是宗教，但在束缚中国人思想方面也有与一神教类似的效果。镇压太平天国运动的头号"功臣"曾国藩，就是"忠君理学"意识形态工程的完美产物。同时，清政府也广泛利用各种鬼神迷信思想来蒙蔽人民，让他们相信自己所受的压迫是命中注定——不过这一招是历朝历代普遍使用的招数，并非清朝特色。

第二，在满汉结合的军政体系之下，再进一步利用宗族制度来控制基层，让中国人被宗族划分成为一个一个相对孤立的小团体，以宗族意识消解阶级意识。人民从小生活在宗族以及基于宗族的保甲体制的严格控制之中，缺乏天下国家的概念，不同宗族之间的人彼此形同异族，难以实现跨宗族的阶级认同。

第三，以野蛮的酷刑来严格禁止异姓结拜兄弟、禁止拜师学武、禁止一切形式的非官方结社行为和集体意见表达，全面消解中国人民的自我组织能力。

在第二条和第三条做法共同形成的严密高压统治之下，中国人民越来越难以体会自由的滋味，习惯于奴隶式的生活，也就很难再产生反抗的念头。

第四，用"文字狱"为代表的思想文化专制来制造普遍的文明倒退，让中国人从文字和书本中除了"忠君理学"以外无法学到有用的知识，尤其是关于反抗和组织的知识；让更多的中国人变成文盲和半文盲，以至于根本就无法从书本中学习任何知识。这样，中国就只有两种人，一种是能看书写字但是被"忠君理学"洗脑的人，一种是不会看书写字的文盲。前者可以做满洲统治的帮凶，后者就会因为愚昧无知而不懂得反抗。知识分子与底层"革命者"的结合也变得尤其困难。

这些招数非常有效，清王朝的存在时间因此大大超过了元朝。也可以说，上千年的中国古代史，"革命"与"反革命"两个方面的水平都在不断进化。清王朝，就是镇压"人民革命"的力量在古代社会进化所能到达的最高峰。它将残暴、理学思想的深度思辨、皇权体制的高效融为一体，对人民的反抗，屠杀得最狠，洗脑也最厉害，在硬的和软的两个方面都几乎做到了极致。

面对这样一部严密的专制机器，要想通过底层"革命"来推翻它，就比推翻元朝、秦朝、隋朝、唐朝、汉朝都要困难得多。

当然，"忠君理学"说到底也还不是真正的宗教，其中的理性成分比一神教、佛教、印度教高得多，对人的麻痹和欺骗能力也就要差一些；清政府的统治固然野蛮残暴，但说到底也还是一个世俗政权，不是宗教政权，它也承认自己有保障民生幸福的义务，也就是说——虽然大家都不能公开说出来，但心里都能想得到——如果它未能履行这个义务，人民便有权反抗；最后，再严密的"文字狱"也只能解决文字问题，对底层人民以非文字的形式传承的各种民间故事则无能为力。所以，中华文明在清朝也不算是中断了，只是遭到了严重的破坏，出现了严重的倒退。中国人民的反抗仍然此起彼伏，而不是消失了。只不过，要想取得成功——至少是形成规模——则非常非常困难。即使朱元璋、刘邦再世，按照他们的水平和方式来组织"革命"，恐怕也难以再次取得成功。

历朝历代的底层"革命"，在其刚开始的时候，都要借助于某些迷信思想。比如陈胜、吴广起义，要先搞一个"鱼腹藏书，篝火狐鸣"；元末农民起义，韩山童、刘福通等人先要刻一个独眼石头人埋到黄河河道里，上边写上"石人一只眼、挑动黄河天下反"，又利用白莲教的教义，宣布韩山童是"弥勒转世"，这才发动了红巾军起义。这些都是因为古代社会底层老百姓有迷信思想，对天命鬼神之说多少有些畏惧。搞点迷信活动，打破大家对当权者受神权庇护的担忧，有利于增强大家对"革命"胜利的信心。不过，这些行为对"革命"而言只是辅助性的，不是决定性的。纯粹靠煽动迷信思想来干"革命"，肯定干不大。政教合一的国家从来没有成功的底层"革命"，就是明证。"革命"能发动起来的前提，首先是大家认为社会不公平、不造反就活不下去了，先有了一个要造反的念头，但是存在一些疑虑，才需要在最后关头由领袖人物出来通过搞点迷信活动，作为"压垮骆驼的最后一根稻草"点燃"革命"之火。而不是大家本来不想造反，被迷信思想洗脑了，才决定造反。谁在前谁在后，谁为主谁为次，这里边的关系千万不能混淆了。

古代"革命"需要利用迷信思想的另外一个原因，是在"革命"初期领袖人物缺乏权威，也需要以迷信活动来先行树立权威，带着大伙儿先把"革命"事业干起来。干起来之后，领导人物也需要接受"革命"的检验。能带领人民取得"革命"战争胜利的人，就会逐渐地脱颖而出，成为享有权威的"革命"领袖。通过战争来取得权威的新一代领袖，就不再需要迷信活动来制造和维持自己的权威了。于是，最开始被利用的鬼神之说就会被抛弃，世俗化的领导集团出现，并最终建立一个世俗化的"革命"政权。

由于鬼神之说和战争能否取胜之间实际上没有关系，如果那些最先利用迷信活动取得权威的"革命"发起人不能尽快摸清楚"革命"战争的规律，就会失去领导权。

所以，宣传狐狸会说人话的陈胜、吴广失败了，刘邦成了最后的胜利者；宣传"弥勒转世"的韩山童失败了，"高筑墙、广积粮、缓称王"的朱元璋成了最后的胜利者。"革命"战争对领袖人物的优胜劣汰是一种必然现象。"人民革命"从来都不是谁在一开头是领袖，然后就可以永远是领袖。"革命者"没有对不具备领导才能的，或者战略路线错误的领袖个人效忠的绝对道德义务。朱元璋刚开始也是红巾军中的一员，如果他抱着"弥勒转世"的说法不放，自己明明是"革命"战争中成长起来的领袖，却"温良恭俭让"，不坚决掌握最高权力，而是拥护不具有领导能力的韩山童后代当皇帝，那就是愚蠢而不是谦虚，是对"革命"事业不负责，就会失去人心，让"革命"走向失败。

　　一般而言，利用宗教迷信建立权威的领导人，水平远远不如战争实践锤炼出来的领导人，这一点是可以肯定的。这也是我们理解太平天国运动的关键。

　　太平天国的情况在这一点上与历朝历代的"革命"一样。人民群众之所以要参加拜上帝教闹"革命"，根本原因是他们觉得现有的统治秩序不公正，一直以来就想要反抗，但心存疑虑，而且没有找到合适的形式组织起来抗争。拜上帝教的作用，就是鼓励大家打破对诸如甘王庙等官方宗教迷信的欺骗，用支持造反的宗教迷信对抗镇压造反的宗教迷信，获得"革命"胜利的信心，并且快速树立一个领导权威来组织"革命"。如果在底层人民心中没有对现实统治秩序的强烈不满，拜上帝教也就不可能组织大家起来"革命"。大规模的底层"革命"，都一定是先有普遍的"革命"意愿，再有宗教的煽动和组织发挥作用；而不是先有宗教煽动，然后大家才产生"革命"意愿。"革命"组织起来之后，接下来的逻辑就是逐步通过战争来对领袖人物优胜劣汰：路线正确、能带领大家走向胜利的人就应该地位逐步上升，路线错误、领导能力低下的领导人就应该被逐步淘汰。然后，新的领导人就像朱元璋抛弃白莲教、抛弃"弥勒转世"的传说一样，逐步抛弃拜上帝教和"上帝之子"这样的宗教迷信思想，提出清晰的"人民革命"纲领，建立世俗化的"革命"政权，最终领导"革命"取得胜利。

　　太平天国"革命"失败的关键因素，就在于未能完成这个优胜劣汰的过程。宗教迷信思想在早期树立起来的领导权威，没有被通过"革命"战争成长起来的"革命"权威成功替代。这个关键性的转变没有完成，主要原因在于这一次的造反宗教跟之前的大不一样，它是一神教而非多神教。一神教跟多神教的关系主要不是神灵数量多和少的关系，而是信仰体系先进完善和原始落后的差别。一神教内部的最高宗教权威一旦树立起来以后，信众的思想会高度统一，要想动摇会非常困难，基本就不可能。

　　太平天国运动之所以会选择一神教为最初的动员思想，或者说，清朝最大规模的底层"革命"会在一开始以一神教作为"革命"意识形态，跟清朝特殊的严密的统治体系密切相关。在这个体系下，本土的反政府意识形态要实现大规模"革命"动员极其困难，很容易被官府察觉并血腥镇压。像天地会这种组织，尽管在保密方面已经做到了极致，也必须分散成为一个一个相对独立的堂口，才能逃脱清朝专制罗网的搜捕。过度的保密和分散，让天地会难以形成强有力的领导中央和跨地区的大规模联合。嘉庆年间的白莲教大起义，也有类似的问题，即缺乏权威的统一领导，尽管声势浩大，却被分散的宗族士绅团练武装搞得束手无策。

洪秀全创立的拜上帝教，相对于白莲教和天地会，有两大优势。

第一，它来自西方列强在中国大力传播的基督教，可以利用基督教的外衣来为自身发展提供掩护。

从明朝中后期开始，就有大量西方传教士到中国传教，到了清朝也一直没有中断。鸦片战争以后，清政府见识到了洋人的厉害，两广地区官员大多害怕得罪洋人给自己惹祸上身，对基督教的传播自然不可能像对待本土民间宗教那样，动不动就指为邪教予以血腥镇压。不要说政府杀掉传教士，就算外国传教士在中国死了，死因说不清楚，地方官员都可能要背责任。在太平天国起义之前，西方传教士就已经到广西传过教了，地方官员并不敢干涉，有民间与传教士冲突的，还往往偏袒传教士，息事宁人，以免引发外交事件给自己找来大麻烦。洪秀全砸了甘王庙，轰动一时，地方士绅恨之入骨，还把冯云山抓起来送官，但官府一直不处理。其中一大原因，就是冯云山辩解自己是在传洋人的基督教，还把《圣经》拿给县令看了。直到现在，大部分学习过中国近代史的中国人也搞不清楚拜上帝教和基督教的区别，更别说清朝的地方官员了。若是一般本土民间宗教，县令很容易就可以杀掉冯云山结案，还可以向上汇报自己破获了邪教大案，以此表功。但对洋教，则不能不小心处理，关押审理了很久，才想出来一个"踢皮球"的办法——将冯云山押送回原籍处理，让冯云山得以半路逃脱。而洪秀全在冯云山被捕以后，就返回广州想要找基督教会帮忙营救，其实也是想要借助洋人的力量来掩护拜上帝教发展。类似的情况，在广西、广东等地官员处理拜上帝教相关事件的过程中也必然会发生。其他本土宗教，稍微搞出点动静，就会引起官方重视，然后捉拿其领袖，搜捕教众，砍掉一批脑袋，就算是破获了大案要案，可以立大功的。拜上帝教有洋教做庇护，才能在广西、广东大规模传播，到处设立分部，还跟团练起冲突，却一直没有引来官方的大规模镇压。等到它都发展到能跨省跨州调动2万多人、训练出1万多正规军（超过了广西全省绿营总兵力）的时候，官府才如梦初醒，开始动手，但为时已晚。

第二，它是一神教，其传播和组织动员能力远远超过多神教，有利于快速建立起一个享有很高权威的领导中枢。

拜上帝教教众纪律严明，在起义之前能隐忍不发秘密发展，决定发动起义以后又能快速集中，并很快训练成正规军。清军在一开始把金田武装当成天地会、白莲教起义队伍的战斗力水平去组织镇压，吃了大亏。等到搞清楚情况以后，太平军也已经度过最危险的初创时期，成了一支成熟的、大规模的"革命"军队，再要想快速镇压下去就不可能了。

总之，清末最大规模的底层"革命"选择了一神教作为其进行"革命"动员的意识形态，是清王朝严密的专制体制和西方列强殖民入侵这两方面因素共同作用的结果。一神教为这场伟大的"人民革命"冲破清朝的专制罗网、快速成长壮大提供了重要的庇护和支持，但正所谓祸福相依，它同时为"革命"的失败埋下了祸根：当"人民革命"的英雄们在取得了"革命"的初步胜利之后，想要摆脱宗教迷信思想的束缚，建设符合中国人民需要的世俗化"革命"政权的时候，却遭到了宗教势力的疯狂反扑。宗教势力直接摧毁"革命"的指挥中枢，夺取最高领导权，让整个运动瞬间"瘫痪"。杨秀清不仅是一个人在战斗，它的东王府僚属实际上是整个太平天国的中央政府，里边有军事参谋部门、情报部门，还有管理民政的各个部门。把东王下属全部杀光，就是把太平天国的中央政府一夜之间彻底摧毁。没有一个政权能够在外部强敌环绕的时刻经受得住这种冲击。洪秀全把一个成熟的、久经考验的军政指挥中枢全部换成他身边的那一小撮宗教神棍，太平天国运动的失败也就不可避免了。

七、荒唐天王：洪秀全与太平天国运动的关系

利用列强的基督教进行伪装和提供早期领袖权威，是洪秀全创立拜上帝教为

太平天国运动所做的大贡献。对他在起义准备期和起义初期的功劳，应该肯定。但是，他的贡献也就到此为止了。如果说，仅仅因为他有了这两个贡献，他就应该永远担任太平天国的最高领袖，杨秀清以"天父下凡"的名义夺取最高领导权就是犯上作乱，石达开跟安、福二王无法合作就是个人意气用事，李秀成经营江南就是自己想当军阀，那就大错特错了。

洪秀全这个人，是没多大本事的，也就是一个宗教创始人的水平。尽管在过去几十年，在"革命史观"的驱使下，一些研究者不断把太平天国运动取得的诸多成就归为他的"正确领导"，但这么多人这么多年找来找去，真正靠谱的资料并不多。我把主流的树立洪秀全为伟大"革命"领袖的文献看了一遍，包括《太平天国史》《太平天国战争全史》《洪秀全评传》等，以及相关研究基础资料《近代史资料丛刊·太平天国》和《近代史资料丛刊续编·太平天国》，并没有发现这里边有啥能真正说明洪秀全在太平天国的"革命"运动的哪个关键问题上做出了正确的决策。相反，他对"革命"不负责任、行为荒唐、决策错误的资料倒是随处可见。"革命"领袖要都像洪秀全这样，那中国历史上就绝不可能有胜利的"人民革命"。

即使是拜上帝教，也不是洪秀全个人的功劳。其教义的发展，有四个阶段。从洪秀全异梦到冯云山紫荆山传教，这是第一个阶段，洪秀全主导；紫荆山传教到冯云山被捕，这是第二个阶段，冯云山主导；冯云山被捕洪秀全跑路以后，杨秀清宣布"天父下凡"，此后一直到天京事变，这是第三个阶段，杨秀清主导；天京事变后，这是第四个阶段，又重新变成洪秀全主导。

第一个阶段的主要文献是《原道觉世训》。这是一篇纯粹的一神教说教文字，它肯定是洪秀全所作，是对《劝世良言》的简单模仿。《劝世良言》的作者梁发是广东人，是第一位基督教华人牧师，也是基督新教的第一位中国传教士。1832年，梁发用很浅显的、一般人易懂的话把基督教的教义编成《劝世良言》，里边引用了很多中国人常见的孔子、佛教的话来宣传基督教。只要读过《劝世良言》，把它和《原道觉世训》对比，就不难发现后者在思想层面几乎完全抄袭前者，没有多少创新突破。

《原道觉世训》里边唯一新增的内容大约只有对"阎罗妖"的批判。罗尔纲在《太平天国史》中牵强附会，强行把"阎罗妖"解释为满洲统治者，说洪秀全借此来号召大家推翻清政府。认真读一下原文，就会发现洪秀全此时所讲的"阎罗妖"，其实就是指的中国民间神话中最常见的"阎罗王"而不是清政府。洪秀全喜欢把各种其他宗教的神灵或自己的反对派一律称之为"妖"，后来曾国藩也被称为"曾妖头"、清政府被称为"清妖"。"阎罗妖"其实就是"阎罗"。洪秀全以这个最常见的中国民间鬼神为"靶子"，利用一神教理论进行批判，宣传上帝是唯一真神，仅此而已。这里边只有宗教批判，没有"革命"精神。

我甚至怀疑，洪秀全早期根本就是只想做一个教主，毫无"革命"思想。尽管异梦里边上帝让他称王，但他所理解的"王"也不过是"神王"而非"人王"，就跟耶稣自称是"弥赛亚"一样。当罗马殖民统治者质问耶稣，他是否想带领犹太人造反的时候，耶稣回答说："上帝的归上帝、恺撒的归恺撒"——意思就是他无意造反，只想当个宗教领袖。洪秀全应该也是这样，他只想在自己的信徒中间享受"神王"地位，在教堂里关着门宣布全世界都归自己统治，天天被人崇拜和进奉财宝，作威作福，并无勇气和决心要冒杀头的风险去推翻世俗政权自己当皇帝。只是这个理想根本不可能被清政府接受，后来才被迫走上了"革命"道路。上帝交给他反对"剃头"的任务，也可能是在决定发动"革命"以后再加进去的。这样才能解释，洪秀全在"异梦"之后过了一段时间就精神恢复正常，在整整六年中完全忘记自己的使命，继续参加科举考试，后来两次遇到困难或危险就立刻跑回老家躲藏。他原本就是一个贪生怕死、缺乏"革命"理想的宗教创始人。

拜上帝教的本质性改变发生在第二个阶段，也就是冯云山主导时期。冯云山才是将基督教思想中国化的伟大人物。我们把《原道醒世训》和洪秀全的《原道觉世训》比较，先不说思想水平，光文字水平就明显高出一个档次。《原道觉世训》文笔扭扭捏捏、半通不通，就是一篇啰里啰唆的传教文，读起来让人头疼。而《原道醒世训》喜欢用骈文，读起来朗朗上口，其中如"泰山不辞土壤，故能成其高；河海不择细流，故能就其深；王者不却众庶，故能成其德"；"天下多男人，尽是兄弟之辈，天下多女子，尽是姊妹之群，何得存此疆彼界之私，何可起尔吞我并之念"；"天下一家，共享太平"等后来广泛传唱的太平天国理想的文字，都出于《原道醒世训》。明显看出，《原道醒世训》作者在文字功夫上远高于《原道觉世训》作者，二者不大可能是同一人。《原道醒世训》的思想表达方式也是典型中国式的，是一篇独立于《劝世良言》的创新之作。我们知道，洪秀全参加四五次科举考试，连个秀才都没考上，而冯云山是秀才。《原道觉世训》的写作水平，确实应该是连秀才都考不上才对。

在冯云山将"天下一家，共享太平"的思想引进拜上帝教教义以后，拜上帝教才从"天上"走到了"凡间"，具备了中国人民和中国传统文化期盼太平盛世的内容，才能在底层人民中间广泛传播。不过，对洪秀全的"上帝之子"思想，冯云山没有提出任何挑战。这个问题不解决，"革命"组织的事务就都要洪秀全决定，那"革命"就没法干了。

于是，中国人民发挥聪明才智，创造性地将"神仙附体"的多神教思想植入到一神教体内。杨秀清利用冯云山被捕、洪秀全跑路的机会，宣布"上帝附体"，萧朝贵又宣布"天兄附体"，后来又迫使洪秀全承认并认可冯云山、杨秀清、萧朝贵、韦昌辉、石达开都是上帝的子女或女婿。这又是一次翻天覆地的宗教改革，让僵化的一神教神权体制被多神教的神权体制取代，拜上帝教变成了一个"教义是一神教、组织形态是多神教"的奇怪宗教。它看起来不伦不类，却非常实用，既能以一神教来凝聚战斗力，又能以多神教来方便地更换实际领导权，让有能力的人上位负责实际指挥。

经过这三轮改革，中国人民才一步一步地把洋人的基督教变成了自己用来发动"革命"的意识形态。有人站在基督教的立场认为杨秀清"上帝附体"非常荒唐，而这种说法本身才荒唐——要说荒唐，上帝就很荒唐，耶稣下凡更荒唐，处女怀孕、上帝用男人的肋骨创造了女人等就更是荒唐中的荒唐。耶稣可以是上帝的儿子，为什么洪秀全、杨秀清、韦昌辉、石达开就不能是上帝的儿子？上帝想生几个生几个，想在哪个国家生就在哪个国家生，难道还需要欧洲人同意？既然上帝无所不能，不要说附到杨秀清身上，就是附到动物身上也没啥不合理的。中国人民不过是根据"革命"的实际需要，把各种荒唐古怪的东西创造性地融合到一起用来支持自己的"革命"事业罢了。

杨秀清时代的拜上帝教经典是《奉天讨胡檄》。到这个时候，"反满反官"的"革命"思想才正式成型，拜上帝教真正变成了一个"革命"的宗教。《奉天讨胡檄》的文字，也是慷慨激昂，跟《原道醒世训》处在同一水平，远高于《原道觉世训》，应该是杨秀清的思想与冯云山的文笔融合的产物。

洪秀全的真实水平，主要就是《原道觉世训》了，而且有冯云山帮他修饰润色过，原文只会更烂。到了第四个阶段，天京事变后，洪秀全全面掌权，1857年，他就整理发布了自己的一批诗作，称"天父诗"。这时候冯云山和杨秀清都死了，这一批诗作绝对代表了洪秀全本人的真实思想和真实水平。里边大部分都是洪秀全教育自己后宫娘娘的打油诗，其代表作为《十该打》，可谓奇文：

> 服事不虔诚一该打，硬颈不听教二该打；
> 起眼看夫主三该打，问王不虔诚四该打；
> 躁气不纯静五该打，说话极大声六该打；
> 有嘴不应声七该打，面情不欢喜八该打；
> 眼左望右望九该打，讲话不悠然十该打。

"天父诗"的内容大多十分粗俗，《十该打》还算正常。其他更惊人的代表作还有：

> 狗子一条肠，才是真娘娘；若是多诡计，何敢配太阳。
> 一眼看见心花开，大福娘娘天上来；一眼看见心火起，薄福娘娘该打死。

洪秀全这些诗作并非野史作者的污蔑编排，是洪秀全自己下令由太平天国官方编辑整理的，内容权威可靠。它们再次证明，《原道醒世训》中那些朗朗上口的佳句绝不可能是洪秀全能写出来的——他既没有这个水平也没有这样的思想。诸如"天下多女子，尽是姊妹之群"这种话绝不可能是洪秀全的思想。洪秀全考了多次科举连个秀才都没考上是有道理的。除了在宗教方面有所建树外，其思想与才华均处于极低水平。

"天父诗"中还有几首杨秀清写的诗。就水平而言，文盲出身的杨秀清经过短暂学习，其诗用词简单朴素，但韵律读起来很舒服，境界立意也比洪秀全高出许多。可知其天资聪颖，如果像洪秀全一样有机会认真读几十年书，不要说考个秀才，金榜题名也未可知。其代表作为：

> 万方儿小别家庭，离乡立志做忠臣；前未勤王当虎豹，今知有主可成人。

在"天父诗"中，我们看不到洪秀全有任何一点对人的尊重和男女平等的思想，洪秀全将自己和女人们分出层次和等级，将女官当作自己的奴隶。读过"天父诗"，我们才能够理解，为什么杨秀清不仅在军事、政治上坚决专权，还要——看起来很过分的——去干涉洪秀全的后宫事务。

1853年12月，杨秀清有一次突然大发雷霆，以"天父附体"的名义直闯天王府。洪秀全慌忙出来迎接，杨秀清开口就是一句："秀全，你有过错！你知道么？"吓得洪秀全跪在地上连连磕头认错。杨秀清说，既然知错，那就打40大板。

韦昌辉等人被吓到了，连忙说愿意代替洪秀全受罚。杨秀清不许。

洪秀全赶紧认罚。杨秀清见洪秀全认罚，这才免了。这就是著名的"仗责天王事件"。

杨秀清为什么要主动跟洪秀全制造如此激烈的冲突呢？原来竟然是一件看起来很小的事情，就是洪秀全又在虐待天王府的女官。

这些事情看起来是杨秀清不应该过问的。在普通人看来，洪秀全把军权、政权都让给杨秀清去管了，难道连后宫事务都不能做主吗？这不是杨秀清飞扬跋扈、仗势欺主又是什么呢？

但"天父附体"结束以后，杨秀清"恢复清醒"，将事情缘由向洪秀全解释了一番。这番话也被记录了下来，大家才知道其中原委。

原来，被洪秀全欺凌虐待的女官并不是普通女子，而是金田起义将士们的女性家属。用杨秀清的话来说："不是功臣、忠臣之妻，即是功臣、忠臣之母。"

洪秀全为了大修王府，对女官们的虐待方式可以从杨秀清的话中窥见一二：

"为君者自当体彼一念之忠忱，或准其一月而半归其家省视，或准其三十日或二十日归其家省视，或准其一二礼拜日排班轮流而归其家省视……然或有不得意于娘娘者，或多加谴谪之词，倘不准女官启奏，则冤抑无由而伸。……又如宫城内有修整宫殿，挖地筑城，或打禁苑，必需女官操作其事，但上可降旨如何布置，切不可御日常注，督其操作……又娘娘服事我二兄，固乃本分，但其中未免有触怒我主二兄。二兄务必从宽教导，不可用靴头击踢……"

"比如凿池挖塘而论，不比筑城扎营，若遇天时雨雪霏霏，即令暂且休息，以待来日。现下雨雪寒冻，毋用紧挖。"[①]

从这些话中，可以看出，洪秀全对女官们，亲自监工，禁止轮休、禁止回家看望亲人，有亲人来探望也被拒绝。无论风霜雨雪，都不得休息。又有他那一帮大小老婆们，对女官横挑鼻子竖挑眼，洪秀全则一律偏袒自己后宫娘娘，令女官们有冤也无处申诉。洪秀全对自己的后宫娘娘，发起火来，就会"用靴头击踢"，可以想知，那些地位远不如后宫娘娘的普通女官们，会遭到他如何粗暴的对待。

杨秀清作为最高军事统帅，显然是接到手下将士们的诉苦才知道这些情况的。此时距离金田起义才不过三年，很多女官应该都是杨秀清多年的老相识，他应该还往这些人家里送过炭，在他们家里吃过饭，有些人说不定还在杨秀清困难的时候给过接济。大家为了共同的理想和事业抛头颅、洒热血，作为天王的洪秀全竟然在南京城里欺辱虐待他们的妻子、姐妹甚至母亲。遇到这种事情，换任何一个有良知有血性的人，谁又不会像杨秀清这样怒火攻心、拍案而起呢？这哪里是什么"飞扬跋扈、仗势欺主"，明明是"路见不平、拔刀相助"。杨秀清最后也没有把洪秀全真的仗责一顿，在我看来已经是顾全大局、委曲求全的做法了。

杨秀清这一次怒闯天王府为府中女官们出头，竟然被许多野史作者歪曲为杨秀清是去天王府跟洪秀全抢美女。他将自己知道的四个受苦的女官：石汀兰、杨长妹、朱九妹姐妹二人点名救了出来。其中，石汀兰是石达开亲戚，回翼王府工作；杨长妹是杨秀清亲戚，回东王府工作；朱九妹姐妹二人是太平军北伐军朱锡

---

① 《天父下凡诏书二》。

琨的亲戚，因朱锡琨已经在北伐中牺牲，杨秀清让二人也跟杨长妹一起到东王府工作。从史料来看，绝没有一点霸占美女的痕迹。这些野史作者仅仅根据杨秀清"天父下凡"的一句话，就胡编乱造了一大堆荒唐故事，对杨秀清竭尽污蔑之能事。

对洪秀全行为的理解，不能完全用儒家评价中国古代君主是否"荒淫"或者"暴虐"，或者为"私欲"还是"公利"的框架去套。对洪秀全的评价，最准确的应该是"荒唐"。他的行为驱动模式超出了传统中国文化的评价框架，而深受西方一神教思想的影响。

洪秀全确有虐待女官和后宫的行为，但没有大量草菅人命，并没有变态地以杀人或虐人为乐；他的后宫有几十位娘娘，但不像野史说的那样有好几千小老婆，天王府里确实有2000多名女性，但大部分是类似于宫女、勤杂工、文秘的女官。

洪秀全的后宫娘娘，总共是87个。这是洪天贵福被清军抓捕以后供述的，应该相当准确。根据清军方面的情报，洪秀全在进武昌的时候，就有了30多个小老婆。后来在武昌公开选秀女，又选了60多个，其中有一小部分被赏赐给了诸王。算下来，在武昌期间，洪秀全就已经有了80多位后宫娘娘。此后，在南京待了十年，后宫数量竟然没有扩充。看起来后宫数量是固定的，说洪秀全荒淫，他也不是多多益善；说他清心寡欲，当然也绝对不是。这个现象该如何解释呢？

洪秀全不用太监，连带着诸王府也不用太监，让很多人避免了被阉割的悲惨命运。这个事情被"革命史观派"歌颂为"革命性"的人道主义举措。但从他虐待女官的行径来看，我们实在看不出他有什么悲天悯人的情怀。这又该如何解释呢？

有很多人相信，太平天国王府中不用太监，是因为他们没有掌握阉割的技术。有野史记载，说杨秀清曾经私下阉割过100来个男童，结果全都因为技术不佳而死亡或者丧失行动能力，所以才放弃了使用太监。

这样的野史肯定是假的，这跟杨秀清和洪秀全是不是好人无关。阉割太监并不是高科技，明清时期都存在大量的民间阉割甚至自我阉割的行为。非官方的阉割者往往是因为缺乏生计，为了能入宫当太监而先行阉割。非官方的阉割行为死亡率必然高于官方阉割，但肯定也不会很高，否则就不是在找工作而是在以一种极其痛苦方式自杀。中国有几千年的人类阉割历史，这种民间早已普遍掌握的技术，不可能杨秀清、洪秀全在控制了东南半壁江山以后，以他们的权势还找不到手艺人来干这个活儿。最多不过是技术不精、手艺不熟，死亡率略高于传统宫廷的官方阉割而已，不可能全部或者绝大部分失败。十年之间都没有用太监，只可能是他们自己不想用，不可能是不能用、用不成。

结合洪秀全后宫数量长期固定，比较合理的解释应该是：这些都跟洪秀全的宗教思想有关。在多年前的那个"异梦"中，洪秀全梦见自己在天上待了40多天，其中有诸多"高天众小妹"陪伴，在天上还有"天妻"。因此，他在凡间的大老婆赖氏，一直都没有被封为正月宫娘娘，而是又正月宫，只能算是二老婆。由此推知，后宫数量固定，应该是他不知道怎么"计算"出来的"天父皇上帝"给他配的小老婆数量。天王府只用女官不用太监，则是他在"异梦"中自己生活的天宫只有"众小妹"而没有太监的缘故。这既不是他荒淫，也不是他暴虐，更不是他奉行人道主义反对阉割，完全是出于宗教原因。

洪秀全宣布南京为"小天堂"以后，应该就是按照自己当年"异梦"的景象，来营造自己的天王府，要把它打造为梦中的天宫。而治理国家的政策，是按照"宗教理想国"来制定的。天王府就是他的梦中天宫，太平天国就是他的梦中天国。

严格而烦琐的封建等级制，同样来自洪秀全的宗教理论，是对夏商周三代制度的恢复，以及洪秀全对"人民革命"动力的一无所知。

总之，从私生活到治国理政，洪秀全是非常一以贯之的，就是尽可能按照拜上帝教的原教旨来。洪秀全的后半生，就是拼命想要把自己当年的那个"异梦"变为现实。只有从这个角度来观察，我们才能理解太平天国一些看起来很荒谬的政策。杨秀清的东王府建得很大，李秀成的忠王府也很大，这些并不体现他们本人的真实意愿，而是洪秀全主导制定的太平天国神权封建等级制造成的。所以，杨秀清的东王府——根据传教士所言——内部装饰并不奢侈；而李秀成在苏州的忠王府修了三年，一直到苏州城破也没有建好，这应该是李秀成没有上心认真修，主要是根据天国体制按标准圈了个地而已。

所以，我们才一再指出，太平天国内部长期存在着"宗教建国派"和"人民革命派"两大派别的路线斗争。洪秀全就是宗教建国路线的总代表、总头目。不否定洪秀全，则无法肯定太平天国运动，无法肯定太平天国运动的众多英雄人物。他们很多人被抹黑了，但并不全都是被清朝抹黑的，很大部分是被洪秀全的荒唐行为给抹黑的。

洪秀全荒唐行为最重要的根源，并不在中国文化和中国人民的"革命"传统，而是从西方传入的一神教。第二个重要的根源，则是儒家对夏商周三代制度的一贯美化，让读了几十年儒书的洪秀全深受浸淫。第三个重要的根源，是儒家学者书写的历史对中国历史的扭曲，让洪秀全从史书中只学到了封官许愿和权力斗争，而对"人民革命"的真实诉求一无所知。总之，它主要并不是来自"人民革命"自身内在的缺陷，不是"革命"领袖因为不能抵抗权力诱惑而腐化堕落的结果，不是传统"革命史观"所说的"农民运动固有的局限性"，不是什么"小农意识的必然产物"。它只是在清朝末年遭遇西方列强入侵这么一个特殊历史背景下的特殊现象。历史证明，"人民革命"中锻炼和选拔出来的领导层并没有那么容易迅速腐化堕落，而是至少在几代人这么长的时间内，可以创造并维持清廉公正高效的军政组织体系，促进国家的振兴和繁荣。

对洪秀全与真正的"人民革命派"的区分，杨秀清等人虽然没有明确指出，但确实有模模糊糊的认识。在杨秀清写的诗中，就讲过一句："不信山中清、贵、正，亦念魂爷认主真。"这句话是对太平天国将士们说的，意思是说：就算你们觉得山民出身的杨秀清、萧朝贵和韦昌辉（韦昌辉原名韦正）没什么了不起，总该相信"天父皇上帝"派下来的"太平真主"洪秀全吧！

这句诗里面，杨秀清其实已经点出来了：太平天国的领导层分成了两个组成部分，一部分是"山中人"，一部分是"魂爷认主"之人。他把自己、萧朝贵和韦昌辉视为一派，是跟太平军普通战士们一样的贫苦人出身，而洪秀全（也可能包括冯云山）等人则是上帝派来的。虽然此时杨秀清已经有了"天父附体"的特权，他还是在写诗的时候不自觉地透露出自己的"身份意识"。从这句诗也可以看出，杨秀清确实把韦昌辉也看成是跟自己和萧朝贵一样的"山中人"，后来虽然多有责罚，但是保留了他的位置，并派他去江西统兵。但没想到韦昌辉竟然会背叛"山中人"的出身而投入"魂爷认主"的怀抱，终于招致天京事变。

洪秀全不仅行为荒唐、思想与文字水平低下，其军政指挥能力也极为欠缺，还非常不负责任。

金田起义准备期间，洪秀全就全程不在金田，到处秘密隐藏不见外人。起义以后，从永安封王再到进入南京，洪秀全始终也处于一种神秘的半隔绝状态，除了小老婆和服侍他的女官们，可能只有首义诸王以及洪家、王家的少数亲信可以见到他。在永安，清军间谍混入太平军中，报告说"洪秀全终日卧藏，不肯见人"。甚至在向荣给清政府的汇报中，干脆认为"洪秀全实无此人"，只是杨秀清等虚构出来的一个人物。进入南京以后，清军情报刚开始还在说，杨秀清只是放置了一个木制人偶在天王府中，每次进去都不过假装跪拜，然后就拿着圣旨出来颁布命令。

洪秀全不仅自己神秘，对后宫和女官们也严格限制对外接触，多次下令禁止在任何场合讨论后宫事务。他的天王府，就是一个大谜团，谁也不知道里边到底发生着什么。夺取武昌和南京之后，众多民众只看见有无数大小轿子被抬进城，无人见到过天王及其家眷。

在这种情况下，洪秀全不可能有机会学习并掌握"革命"战争的规律，为革命制定正确的战略。历史上的那些"革命"领袖，没有一个是洪秀全这种领导方式。那些认为洪秀全可以不与人民和士兵们接触，仅仅跟杨秀清等少数几个人一起开个会，就能指导太平军从金田一路杀到南京的想法，就不是"唯物史观"，也不是"英雄史观"，而是"上帝史观"。杨秀清能指挥好太平军，起码有一点是他从小在广西山区长大，对山河地理相当熟悉，又在一线实战中逐步摸索成长起来。洪秀全则连这样的知识和经验都没有。除非真的是上帝的儿子，否则任何人都不可能在跟洪秀全一样的成长经历和知识背景下学会正确地指挥"革命"战争。唯一可能的解释——也是符合各种第一手历史材料的解释而不是一厢情愿的想象，就是洪秀全根本就没管事，军事决策权力完全由杨秀清直接掌握，战略和战术都是杨秀清组织制定的。洪秀全只是被大小老婆包围着，跟着太平军一起走，然后根据需要发布一些鼓舞士气的话。洪秀全在永安期间，其主要工作就是制定烦琐复杂的《太平礼制》，为起义注入封建等级制的基因，另外就是做了一些诸如分男行、女行，焚绝古书，捣毁偶像等宗教性决策。进入南京后，他建设"小天堂"的欲望被激发了出来，又赶上杨秀清在镇江生病，才开始亲自推行其"上帝天国"或"宗教理想国"的管理政策，但遭到杨秀清的坚决抵制，由此恼羞成怒，悍然发动天京事变，篡夺领导权。

天京事变以后，洪秀全逼走石达开，亲自担任军师掌握军政决策权，结果搞得一塌糊涂，不断地丧师失地。一直到九江丢了，南京再次被包围，只剩最后一条通道维持不绝如缕的对外联系，他才不得不在朝臣压力下同意委托李秀成提理朝廷军政。

李秀成临危受命，经过一系列指挥协同，联合陈玉成、韦俊、李世贤等人接连踏破江北大营，痛歼湘军主力，摧毁江南大营，夺取江浙基地，令局面出现重大转机。而洪秀全却始终对李秀成猜忌排挤，封杨辅清为中军主将、洪仁玕为干王，一系列重大人事安排瞎折腾，严重破坏内部团结，逼反韦俊；又异想天开地改国号为"上帝天国""天父天兄天王太平天国"，大力宣传"天父天兄天王幼主父子公孙同坐江山"，制造意识形态混乱；在南京任人唯亲，放任一堆洪家亲戚混乱朝政；鼠目寸光，让陈玉成和洪仁玕带领精锐不停地去营救被围得铁桶一般的安庆，往曾国藩挖好的坑里跳，导致主力尽丧；又在各地大肆封王，带头破坏天国体制，架空李秀成，扰乱江浙根据地建设。

在太平天国面临崩溃的最后关头，洪秀全因为长期的宗教玄思和逃避现实，已经出现了一定程度的精神错乱，躲在深宫中长期不与臣下相见。李秀成因为紧急军务回京求见，也要亲自到天王府门口敲登闻鼓才能得到机会。见面的时候，洪秀全全然不理睬军事现实，满口胡言乱语，只管大讲特讲他"天父、天兄"那一套宗教玄学。即李秀成所说，只说"天话"，把李秀成气得半死。等到李秀成多次带兵援救南京失败，哀求洪秀全放弃南京突围，又被洪秀全严词拒绝，胡说什么：

"朕奉上帝圣旨、天兄耶稣圣旨下凡，作天下万国独一真主，何惧之有！不用尔奏，政事不用尔理，尔欲出外去、欲在京，任由于尔。朕铁桶江山，尔不扶，有人扶。尔说无兵，朕之天兵多过于水，何惧曾妖者乎？尔怕死，朕天生真命主，不用兵而定太平一统！"

洪秀全舍不得自己苦心营建起来的"小天堂"，这里是他建设自己"异梦"中"天堂"的地方，是"天父皇上帝"给他的"应许之地"。他至死也不相信"天父皇上帝"会让他丢失南京，坚信在最后关头，"天父皇上帝"一定会派天兵天将下来解救自己。由于物资断绝，洪秀全就下令把青草做成团子，名曰"甘露"，让将士们和城中百姓跟他一起吃"甘露"充饥。他还不是骗人，真的亲自天天吃"甘露"，结果把自己吃的生了重病，在南京城破前病死。临死之前，他还告诉大家，自己将亲自前往"天堂"，请"天父皇上帝"派天兵下凡来解围。

在安庆围城时期，洪秀全一直想要解救安庆，也是出于他要死保南京的根本意图，而不是他有什么战略见解。他实际上没有任何战略见解，只盯着自己的"小天堂"，只要保住"小天堂"，他就愿意付出一切代价，因此才将南京城内的太平军精锐葬送于安庆城下。安庆城破以后，他又只盯着南京城防，湘军刚刚开始靠近南京城，他就一再严令李秀成立刻带兵救援，连下三道圣旨催促。李秀成原本是觉得南京城防御体系庞大且非常坚固，又有江浙运粮支援，湘军很难短期攻克，连彻底合围都做不到，应该等他们围困一段时间，待其士卒疲惫、军心松弛以后，自己再组织训练好的精锐到城下决战。但洪秀全根本不理解这种高级战略，威胁李秀成："尔身受重任，而知朕法否？若不遵诏，国法难容！"李秀成被逼无奈，仓促来援，被湘军击退。此后，洪秀全又多次逼迫李秀成等救援南京，并在救援失败后拒绝放弃南京，将李秀成主力葬送在南京城下。

至于所谓"洪秀全提拔了李秀成、陈玉成等优秀将领"的说法，也不成立。李秀成和陈玉成从普通一兵到中高层将领，都是杨秀清提拔上来的。等到江西的主要将领都跟着石达开走了，剩下还忠于洪秀全的将领中，陈玉成手下的军队战斗力最强，李秀成手下的兵数量最多，洪秀全除了重用他们以外别无选择。把普通士兵提拔培养成优秀将领意义重大，还是给手握重兵的将领加官晋爵意义重大呢？答案是明摆着的。李秀成和陈玉成在后期的顶梁柱作用，主要还是杨秀清在前期坚持严格按照战功和才能来选拔人才的结果，是杨秀清长期进行卓越的军队组织建设打下的基础在继续发挥作用，并不是洪秀全有什么知人善任的本事。相反，对既忠心又能干的李秀成，他长期猜忌、不断打压、处处架空。

八、千古英雄（上）：杨秀清和石达开

只有正确理解了洪秀全和他的宗教建国路线之后，我们才能真正理解杨秀清、石达开、李秀成这些忠于太平天国事业却反对洪秀全路线的"人民革命"英雄。

杨秀清巧妙地利用了"神仙附体"的中国传统多神教理论对西洋传入的一神教进行了大变革，使"革命"领导权从洪秀全这个宗教导师身上转移到真正的"革命者"手中；他颁布了《奉天讨胡檄》，明确了太平天国"反满反官"的纲领，对于太平军从广西进军全国，从1万多名拜上帝教教徒扩展到10多万正规军奠定了意识形态基础；他是金田起义的组织者，后来又主持制定了《太平军目》等建军行军的纲领性文件，是太平军这支军队的缔造者；他卓越地指挥了从金田起义后的"迎主之战"一直到踏破江南、江北大营的一系列关键战役，是太平军从金田到南京大进军的总指挥；他坚决制止了洪秀全焚书禁儒等大规模破坏中国传统文化的企图，有效地抵御了一神教思想对中国文化的侵蚀；他主导的甲寅变政为石达开经略江西提供了支持；他提拔了李秀成、陈玉成等年轻将领，为天京事变后太平军的继续斗争奠定了基础。他执法严厉，让太平军成为一支纪律严明、深得民心的正义之师。他为了保护金田起义兄弟们的妻母姐妹，不惜得罪洪秀全，怒闯天王府仗责天王，更是表现出有情有义的英雄本色。

他的缺点主要是未能完全摆脱洪秀全神权政治和封建等级制等错误思想的影响，其东王府占地广大而且存在圈占破坏民居的行为，出行讲究排场和声势，将这些形式主义的东西跟维护个人权威错误地联系了起来。关键错误是对洪秀全的野心缺乏戒备，未能有效防止天京事变发生。至于他的个人生活是否奢侈、有多少后宫等问题，由于其妻妾儿女连带全部王府属员都在天京事变中被杀害，东王府也被夷为平地，也就完全无从考证。流传下来的野史中有很多对他的污蔑之

词，并不可信。

关于石达开，这是一个文武双全的少年英雄，出身大户人家，年少习武、喜读春秋、生性豪爽、胸怀大志。金田起义的时候他只有19岁，永安封王的时候只有20岁，统率太平军主力在湖口决战中击败曾国藩亲自带领的湘军主力的时候只有23岁。石达开这个人最突出的性格就是讲义气，喜欢仗义疏财结交豪杰。在贵县时，为了营救被捕入狱的兄弟，他不惜跟团练打仗，跟萧朝贵起冲突。等到洪秀全发明"神仙小家庭"理论，宣布首义六王都是上帝的儿子、女婿，这个说法肯定很符合他的心意。六王之中，他年龄最小，排名也最后。在他看来，洪、杨等人就是兄长，并和他们一起干出了一番惊天动地的大事业。萧朝贵死后，石达开接替了他的位置，长期担任前锋主将，立下赫赫战功，深受杨秀清信任。

太平天国前期高层中对洪秀全路线抵制最坚决的应该就是石达开，甚至比杨秀清还要坚决。杨秀清在中央搞"甲寅变政"，他就在地方搞"安庆易制"，抛弃一神教的宗教教条，按照中国传统的世俗理念来治理江西，取得了极大的成功。对于打仗缴获的财物，石达开也喜欢论功行赏分发给将士们，而不是一律收归"圣库"。他很明显喜欢按照"春秋大义"来说话、做事，而不讲"天父、天兄"的那些鬼话。根据清军情报的记录，东王、北王等都按照洪秀全定的标准修建王府，为此圈占和破坏了不少南京城内的民居，只有石达开的翼王府严重不达标，也没有圈占和破坏民居。

洪秀全和韦昌辉、秦日纲联手杀掉杨秀清的事，他绝不可能提前参与过密谋。他刚开始以为是韦昌辉和秦日纲主动搞的，洪秀全只是被动参与。在自己家人也遭到杀害以后，他举兵声讨二人。等到韦、秦被洪秀全所杀，他回到南京，以大局为重，对二人的家人和下属不搞牵连追杀，稳住了局面也赢得了人心。南京主政期间，他有足够的时间和资源调查天京事变的真相，慢慢地明白了洪秀全在整个事件中的主导作用。当洪秀全重用安、福二王，架空自己，甚至有"一并谋害之意"的时候，石达开终于崩溃了，这个时候的石达开内心应该是极其痛苦的。

悲愤之中，石达开如果不想莫名其妙地死掉，只可能有一个选择，就是离开南京。为了表明自己的心迹，他在出走之时把自己与洪秀全的矛盾写成了通告公之于众。他让太平天国的众将士们选择：是跟洪秀全走还是跟着他走。大部分江西地区的太平天国将士选择了跟着石达开走。不过，石达开最大的问题是受"义气"所限，不能够真正的独立。他离开南京之后，有两个选择，一个是在召集完人马后宣布"清君侧"，要求废掉安、福二王，逼迫洪秀全放权，夺取太平天国运动的主导权；一个是彻底跟洪秀全翻脸，抛弃拜上帝教的那一套歪理邪说，自己提出一套新的"革命"路线出来，建立一个新政权。前者更稳妥，后者风险更大，但这两条路都有可能走得通。遗憾的是，石达开没有选择任何一个，而是继续打着太平天国翼王的旗号四处征战。尽管这样看起来很讲"义气"，是一个没有个人野心的"忠臣"，符合"春秋大义"，但其实不过是一种愚昧且错误的认识，让自己的行动难以摆脱"搞分裂"的指责。将士们跟着石达开走是认为他讲义气、能打胜仗，但"革命正统"和意识形态的权威始终还在洪秀全手里，一旦遭遇困难的局面，就很容易出现军心动摇。这对一支"革命"军队而言是致命的缺陷。一路打过来，不断出现将士脱离石达开"回归"南京政权的情况，石达开对此也无可奈何。

在四处征战的过程中，不断有许多天地会等民间反抗组织的队伍加入。这些队伍山头林立、纪律溃散，石达开以"义气"相许，宽容接纳。但由于提不出自己独立的"革命"纲领，缺乏独立的领袖权威，也就没有办法对这些队伍进行真正的改造和消化，不能够像杨秀清进军湖南的时候一样将众多起义军组合成一支指挥自如的正规军队，而只能是结成一个松散的联盟。这些新加入的队伍甚至都各自保留着自己的旗帜，各种颜色、符号都有，打起仗来看过去五颜六色，因此也被称为"花旗军"。在石达开部所过之处的地方志中，有大量关于"花旗军"烧杀抢掠的记录。这让石达开的部队看起来声势浩大，实则内部四分五裂，军队纪律也不好，所过之处不能得到广大底层人民的支持响应，成了一支类似于"流寇"的军队。这是石达开失败的根本原因。

最终，石达开带领着这一支没有了理想信念的队伍回到广西。广西老兄弟们四散回家，等他再想要离开广西进军四川，已经没有多少老兄弟愿意跟随他了。在大渡河被清军围困之际，他最终决定牺牲自己来保全兄弟们，以个人投降为条件换来清军放过兄弟们一命。尽管清军最后背信弃义，但石达开的投降也绝不是贪生怕死，他在投降后毫无祈命之意，只是一再要求清军遵守承诺放过众多弟兄。在他被囚禁期间有关天京事变的陈述，是可信可靠的权威资料。

石达开的失败说明，"人民革命"不是靠兄弟义气能支撑得起来的，面对湘军这种用理学意识形态组织起来的敌人，起义者必须要有先进的纲领和意识形态来与之对抗才有可能取胜。石达开毕竟是出身于富裕人家，对底层人民的苦难认识有限，只知道讲"仁义"却没有足够的阶级意识。他反对洪秀全装神弄鬼的那一套谎言，却提不出能代替拜上帝教的新纲领新目标。只有在贫苦山民出身的杨秀清及其路线的领导下，他才能在江西搞得风生水起。没有了杨秀清，只懂得讲义气的石达开，无法回答"革命"需要依靠什么力量、"革命"军队和"革命"政权要为什么样的阶级服务这些尖锐但必要的问题。没有这些东西，"革命"斗争就会失去方向。这样，他带领的军队也就无法像天京事变前在中国人民中间如鱼得水，也就不可能在征战过程中不断发展壮大而只会越打越少，也就不可能重演杨秀清带领1万多人席卷半个中国的征程。文武双全、义薄云天的石达开也只能一步步走向穷途末路。

九、千古英雄（下）：忠王李秀成的忠诚与"叛变"

最后，关于李秀成，他是一个具有杨秀清和石达开的优点而又几乎没有二人缺点的"革命"英雄。李秀成的全局意识、战略水平好于石达开，跟杨秀清至少是同一水平。但他又不像杨秀清那样过于严厉和讲究威风，而是像石达开一样很能团结人，跟下级和同僚打成一片。打起仗来，他像萧朝贵一样勇猛，可以亲自带领前锋部队冲锋陷阵。他带领轻骑兵翻山越岭深入敌人后方腹地，千里迂回奇袭杭州，又迅速放弃并秘密撤退踏破江南大营，整个过程集冒险、计谋、战略于一体，充满了传奇色彩。

李秀成跟杨秀清一样，出身于极度贫苦的山民之家，春天在山中种蓝，秋冬烧炭，艰苦度日。不过他比杨秀清好一点，父母健在，还有个舅父是个私塾老师。他有时候会到私塾里给舅父帮忙干些杂活，也抓住机会自学了些文字，文化水平比杨秀清要高。拜上帝教在广西贫苦山民中广为传播，带有很强的底层人民互助性质，李秀成全家也都跟着入了教。后来金田起义，全家也很自然地跟着参了军。

定都天京后，杨秀清亲自提拔李秀成为右四军的军帅。杨秀清是如何发现这个人才的，今天已无史料可考。陈玉成被杨秀清重点提拔的原因比较清楚，就是武艺高强、作战勇猛。第一次攻克武昌，首先带队冲上武昌城楼的就是陈玉成，肯定要提拔。但李秀成并没有什么突出的战功。被杨秀清相中以后，先安排他跟石达开到江西历练，又调到安徽跟着秦日纲打仗。此后一年之内，李秀成连升四级，被杨秀清提拔到指挥的职位上。天京事变前太平天国官制严肃，不像天京事变后洪秀全掌权时期那样滥封爵赏。其官阶分为王、侯、丞相、检点、指挥、将军、总制、监军、军帅、师帅、旅帅、卒长、两司马，共计13个等级。王、侯是爵位，丞相以下才是官位。检点和指挥属中高级将领，归丞相领导。在实际作战中，陈玉成和李秀成都是燕王（顶天侯）秦日纲直接指挥的统兵大将，级别很高。

天京事变后，李秀成和陈玉成联手撑起了太平天国的大局。陈玉成靠招募湖北、皖北饥民壮大，李秀成主要靠招募河北捻军。李秀成跟陈玉成打小就认识，是一个村里的邻居。陈玉成带兵的特点是勇猛、机智，喜欢临阵应变；李秀成的特点是冷静、稳重，喜欢提前谋划清楚再打，也更有大局观，这应该跟他读过书有关。陈玉成作战容易大胜大败，而李秀成在遇到英法殖民列强的坚船利炮之前，从未打过败仗。1857年，二人联手在三河镇歼灭李续宾部之后，陈玉成主张乘胜追击，李秀成却持保守稳重态度，认为李续宾冒进被歼，但湘军实力尚在，鲍超等部基本保持完好，他们只要不犯李续宾的错误，太平军现有实力很难予以有力的杀伤，主张放弃追击，停下来休整以待时机。陈玉成不听，在追击中果然遭到鲍超的突然反击，损失极为惨重。

陈玉成治军严肃，有杨秀清的风范。李秀成则相对宽松大度，与石达开相似。二人在关于捻军纪律的问题上起过争议。陈玉成指责李秀成对捻军过度纵容，有不少捻军扰民害民，李秀成也不大管。其实李秀成对自己直接统率的亲兵管理非常严格，纪律也很好。对捻军宽松主要是局势所迫，石达开带走江西部队以后，太平军兵力严重不足，必须依靠捻军壮大实力，对这帮人只能慢慢消化，不能骤然采取激烈措施。这跟杨秀清对待长江船工组成的水营是一样的，有针对性地采取特殊措施。

李秀成的性格，是典型的"外柔内刚"。在"内刚"方面，李秀成敢亲自带兵奇袭杭州，敢上书洪秀全要求重用石达开，坚持废掉安、福二王的实权，不管对内、对外，勇气、胆量都绝无问题。根据传教士记载，苏州城门上一直悬挂着一些违反军事纪律骚扰老百姓的太平军兵士的头颅。英国维多利亚主教斯密斯对李秀成手下太平军纪律的评价是："在亚洲战争中所常见的奸杀掳掠，太平军是用死刑来严加禁止的。"这说明李秀成能管得住他的部队，该下狠手也能下得了手，这方面并不比陈玉成差。但在搞统一战线方面，他就比陈玉成更有手腕，"外柔"的本事展露无余。1859年，在收到洪秀全封忠王的诏书以后，他先上书推辞，要求先给手下几个重要的原捻军首领封爵，自己才能受封。封王以后，就给那些首领们写信，自称"兄"而不称王，说：老兄我今天有幸能用王印，完全是有赖于各位兄弟的威名，没有各位的支持我就什么都不是[1]。再加上他全力主张公开赦免韦俊，稳定军心，看得出来他在团结人方面的才能很高。天京事变后没有李秀成对全局的协调，局面根本不可收拾，他对太平天国的重要性要高于陈玉成。

不少捻军首领先加入太平军又投降了清军，其中江浦守将薛之元投降还给南京造成了空前的危机，但这不是李秀成的问题。天京事变之后太平军缺兵少将、人心浮动，只能拆了东墙补西墙，东拼西凑来维持局面，不可能不出漏子。李秀成在薛之元叛变后突出奇招，反而灭了清军江南大营，彻底解决南京之围，就是出了漏子之后再堵上。李秀成招募的捻军虽然纪律不如陈玉成的部队和他自己带领的亲兵，但堪称合格，起码比清军那是好得多。有些将领如张乐成，听封不听

---

[1] "承贤台兄殷殷，嘱兄开用王印，想兄何才何力，敢受如此藩封，不过赖贤台之威名以助耳。"引自《李秀成致捻军伦天燕韩碧峰、萧天燕韩绣峰书》。

调，只能当友军，没法管；有一些听从调遣，纪律上难以约束；有些接受改编，服从纪律，但不能一上来就管得过于严厉，要慢慢适应。李秀成区别对待、逐步消化，这个策略并无问题。1862年以后，洪秀全为架空李秀成，将李秀成手下的那些前捻军头目全部封王；后期还有土匪、团练愿意打太平军旗号的，只要给南京方面的洪家亲戚们送点钱，也可以封爵直至封王，这才让局势脱离了李秀成的控制，江浙地区大量出现地主团练甚至地痞流氓打着太平军旗号烧杀抢掠的情况。这显然就不是李秀成治军不严的过错了。从始至终，李秀成直接统率的队伍纪律都非常好，深得军心、民心。

据曾国藩记录，李秀成在南京城破之后被捕，周围乡民得知消息，自发将他们以为的抓捕李秀成的清军打死，以为忠王报仇；太平军松王陈德风被捕，押入曾国藩大营，见李秀成也被囚禁，马上就下跪请安。曾国藩对幕僚说："是人不早除，军中将生大变。"可见李秀成在军队和人民中间的威信。

治理江南期间，李秀成搞"着佃征粮"政策，司法、行政也总体有利于普通农民而不利于地主士绅，阶级立场是清楚的。但不搞平分土地、消灭团练等过于激进的政策，统一战线搞得很好。还有扶持中小工商户、减免关税刺激进出口等措施。他治理下的江南地区社会稳定、经济繁荣，生丝的出口比清朝统治下大大地增加了。在行政管理方面，也是才华出众。

在引进西方先进武器装备、学习西方技术方面，他也毫不迟疑。只要列强不使用军舰，李秀成的太平军可以战胜按照西方模式训练、装备西洋枪炮并由西方将领统率的"常胜军""常捷军"。

太平军杀伤的列强军队人数，比清军在两次鸦片战争中制造的杀伤加起来还要多。李秀成的军队先后击毙了"常胜军"领袖华尔和法国海军提督卜罗德。其中，击杀卜罗德的战役就发生在今天的上海。当时英法联军依靠优势炮火攻打浦东南桥，一通猛轰之后，太平军阵地看起来被彻底摧毁了。在第一次和第二次鸦片战争中，清军遭到这种量级的炮火打击，都是一哄而散的。英法联军以为这次也不例外，纷纷冲入太平军阵地，不料太平军将士们在废墟中隐藏了起来，等敌人冲了过来才开始还击。卜罗德在混战中被打成重伤，逃回军营后很快就死掉了。

跟石达开一样，李秀成最大的缺点就是对洪秀全的"愚忠"。他可以不惧自身得失跟洪秀全硬扛，大胆上书要求重新起用石达开，坚持废掉安、福二王，坚持带兵离开南京去打杭州，拒不带兵去救援安庆，等等。但这些都是基于对洪秀全本人的忠诚，一旦洪秀全铁了心坚持己见，他绝不会采用强力手段来逼迫洪秀全服从。南京被围，他认为不应该立刻去救援，洪秀全三道圣旨逼着他去，他还是去了；他对洪秀全身边的宠臣们非常不满，多次进言要求洪秀全换人，洪秀全坚决不听，他也没有直接动手；南京危险，他苦劝洪秀全放弃南京，洪秀全死活不走，他也没有强制把洪秀全带走。最后关头，洪秀全病死，他扶幼主登基，等到南京城破，亲自带着幼天王逃走，他把自己的战马给了幼天王，自己骑了一匹普通的马。结果自己被抓获而幼天王却成功逃走。这些事实都说明，李秀成绝对没有在江浙地区当军阀、当土皇帝的野心，他对洪秀全是绝对忠诚的，对太平天国的"革命"事业也绝对没有私心。

对李秀成"愚忠"的这个缺点，太平天国和清军方面都有人看得出来。第二次踏破江南大营之后，洪秀全依旧不改自己对李秀成的猜忌，拒绝按照功劳重赏李秀成及其手下。李秀成自己已经习惯了，无所谓，但手下的将士们极度不满。大将童容海就劝李秀成到天京"清君侧"，李秀成却予以拒绝。童容海叹道："主昏庸而臣愚忠"，自行带兵离去。从此后，童容海便认为太平天国绝无前途，心怀异志，对手下士兵不再按照纪律约束，允许他们打完仗后各自劫掠，后投降清军。

第二次攻下杭州以后，李秀成对杭州城内的清军将领一概不杀，还把他们释放。两个清军高官——米兴朝和林福祥在被释放后，临走之前给李秀成留下了一封信。总体意思是表示感谢，也说了一句："尔忠王本事出色，未遇明君，好惜！好惜！"

李秀成当然能理解这些话的意思，但他什么也没有做。

如果说，在安庆失陷之前，还有陈玉成掣肘，李秀成不具备"清君侧"的能力。等安庆失陷、陈玉成被捕以后，李秀成已有足够的实力这么做。而且他本人对洪秀全的路线和人事方针也极度反感。那么，为了挽救"革命"，就应该动用军队清洗南京的太平天国高层，安排能推行自己路线方针的人控制洪秀全，从而掌握太平天国运动的领导权，保留一丝"革命"胜利的希望。但他没有这么做，这绝不是什么值得歌颂的优秀品格，而是一种对"革命"事业不负责任的"愚忠"。他没有认识到，"革命"不是为洪秀全个人服务的，是为这个国家和它的人民服务的。洪秀全只是一个象征，忠于洪秀全本人和忠于"革命"事业有时候是一致的，有时候是可以不一致的。一些战术甚至战略上的争议，为了维护中央权威和内部团结，地方服从中央、将领服从领袖，这是应该的。但在根本性的路线方针上有重大冲突，且这种冲突已经明显威胁到"革命"事业的前途，那么对"革命"事业的忠诚就要压过对领袖本人的忠诚，就应该坚持原则、坚决斗争，不管别人说你是以下犯上也好、野心膨胀也好，原则问题当仁不让，路线正确坚决掌权，不能搞"温良恭俭让"。

"愚忠"的结果就是"革命"事业迅速走向崩溃。在最后的两年里，李秀成不停在南京和苏州之间奔走，应对来自曾国藩的湘军和列强支持下的李鸿章淮军东西两线夹击，疲于奔命。1863年，他最后一次离开苏州前往南京的时候，已察觉到苏州城中的诸王有投降清军的密谋。但他什么也没做、什么也没说，因为他知道已经无力回天，愿意给兄弟们留一条生路，独自回南京去尽最后的忠诚。他离开后没多久，苏州城诸王便合谋杀掉不愿投降的慕王谭绍光，献出城池后投降李鸿章。但李鸿章仍然心狠手辣地将诸王连带苏州城中的太平军将士尽数予以屠杀，李秀成这点最后的仁义也没有发挥任何作用。

李秀成被捕之后，自知必死，但仍然以愿意供述为由，抓住生命中最后一点时间疯狂写作，将他所知道的太平天国"革命"历史尽可能详细地记录下来。他几乎不吃不喝，日夜奋笔疾书，为后人留下了关于太平天国运动极为宝贵的历史资料。七天以后，他就被曾国藩下令处决。

李秀成最后的供述，后来有不少人认为他这是为了想活命，向曾国藩乞降。为此太平天国的研究者们没少打笔墨官司，现存《李秀成供述》到底在多大程度上被曾国藩删改过也没有定论。只能说，李秀成有可能有祈求活命的意思，也可能没有。但即便有，核心原因也应该不是他贪生怕死，而是对太平天国运动的前途感到绝望。从当时和后来的情形看，李秀成这个判断并没有错——太平天国运动此时已绝不会再有成功的希望。洪秀全死了、南京城丢了，他已经竭尽全力，问心无愧。"愚忠"已尽，他不论是想求死还是想活下去，都没有什么可指责的。

李秀成不是一个喜欢战争和杀戮的人。他希望无意义的战争能够尽快结束，希望可以说服曾国藩能采取怀柔手段对待太平军余部。他在供述中说，天京事变以后，太平天国内部就已经人心离散了，但清军一直将太平军中的广西、广东人视为首逆，即使投降也要杀掉，这些老将士们才不得不抱团反抗，没有散去，所以抵抗至今。这就是在提醒曾国藩：对付太平军余部，怀柔手段更有效。然后，他又表示可以去招降旧部，但前提是曾国藩要"肯散两广之人"，也就是给老兄弟们留下活路。这跟石达开在大渡河被困之后，试图以主动投降清军换取其他兄弟们活命差不多是一个意思。

李秀成的供述至少部分达到了目的。曾国藩在读了供述，正式下令处决李秀成前一晚，单独与李秀成密谈了一夜。密谈内容无第三人得知。第二天，李秀成在供述中继续写道："昨夜深惠厚情，死而足愿，欢乐归阴。"没过多久，曾国藩就派人告知李秀成将会很快处死他。赵烈文《能静居日记》记录，李秀成听了之后"无戚容"，也就是面不改色、毫无恐惧或沮丧之意，后来也是"谈笑自若"，还颇有兴致地写了十首绝命词，并继续对曾国藩表示感谢，说："中堂厚德，铭刻不忘；今世已误，来生愿图报。"

曾国藩和李秀成只谈过两次话。第一次谈话是刚被捕。谈话之后李秀成没有讲任何要感谢曾国藩的话。相反，经过第二次谈话，明知曾国藩要杀掉自己之后，却极力对曾国藩表示感谢。这是为什么呢？显然，李秀成感谢曾国藩的事——也就是第二次密谈中请求曾国藩做的事——不是接受其投降或饶他一命，而是对太平军两广老将士采取怀柔招降的手段，不再赶尽杀绝。杀了李秀成之后，曾国藩在给朝廷的上书中说，李秀成劝他"不宜专杀两广之人"，而且他认为"此说颇有可采"[1]。后来曾国藩很快解散了湘军，如何处置太平军余部其实不归他管了，但他向朝廷转述了李秀成的意见而且明确表态支持，这就是履行了对李秀成的承诺。李秀成所感谢的"厚德"也正是这个。当然，这不是曾国藩对李

---

[1]《李秀成供述原稿考证》，载罗尔纲：《李秀成供述原稿注》，中国社会科学出版社1995年版，第1—23页。

秀成讲诚信，关键还是李秀成的话说服了他，让他相信这样做对清朝和湘军都有好处。

李秀成数万字的供述翻来覆去其实就是一句话：太平天国已经完了，但大部分将士都是一时糊涂、各随其主而已，并不是铁了心要反清，如果他们愿意放下武器，希望能饶他们一命，不然会逼着他们再次抱团做困兽之斗，虽然无法扭转大局，也一定会给清军造成更多损失。曾国藩认可了这个结论。

李秀成没有把曾国藩痛骂一通就死掉，而是以写供述为名争取了几天的时间，写了几万字向曾国藩讲道理，中间还有"中堂有仁爱惠四方，兼有德化之心"等讨好之语。他是被关在囚笼中，在死亡的威胁下，冒着酷暑，以大约每天7000字的速度撰写这份供词的。当写到三万七八千字时，李秀成用完了纸，写坏了笔，便提出再给一本纸簿和一支好笔，表示"烦各位师爷转禀老中堂及中丞大人宽限，我亦赶写"。可见他深知以自己的身份地位，不大可能免死，曾国藩等人耐心有限，供述写完之日，便是行刑之时。但他的努力没有白费，曾国藩被说服了，也就间接挽救了许许多多两广老兄弟以及普通老百姓的生命。于是心无牵挂，从容就义①。

十、忠王之误：太平天国运动失败的根源

《李秀成供述》中还有一大主题，就是对洪秀全"疯狂吐槽"。看起来他是被压抑得太深太苦，终于可以有机会一吐胸中闷气，把对洪秀全的种种不满一股

---

① 最后一天李秀成的供述，除了对曾国藩表示感激的文字外，余下大部分被曾国藩毁掉了。而之前的内容则几乎保留了下来。我们还可以进一步推测，李秀成供述实际上分为两个部分，一个是曾国藩同意不"专杀两广之人"之前的部分，也就是今天能看到的内容。这个部分李秀成希望达到的目的就是劝曾国藩采取怀柔政策。在这个目的已经达到以后，李秀成接下来可能就想再进一步，劝说曾国藩干点其他事。这就可能涉及太平天国运动被镇压之后的天下大势了，有人猜测可能是劝曾国藩反清之类的。由于原稿已被曾国藩毁掉，具体如何便全无线索，只能猜测了。

脑全部倾倒了出来。这里再摘抄几条：

> 这班臣子本是忠直贤良，不幸未逢明主，忽误英雄，死去无数之好汉，误死世民，实出吾主之过；
>
> 我主用人不专，信人之不实，谗佞张扬，明贤偃避，豪杰不登，故有今之败；
>
> 主不问政事，不严法章，不用明才佐政，故而坏由此等之人坏起。
>
> 主见我兵权重大，总计分割我权……降我之职，暗中密革我权。我手下部将见此，其心不服，未有战心，各筹一路，乱政乱规。
>
> 主不问国事，一味靠天，军务政务不问，我在天朝实无法处。
>
> ……

这些对洪秀全的负面评价，如果只是李秀成一个人这么说，我们还难以判断谁对谁错。问题是，太平天国的"革命"骨干，大家公认的也就那么几个：首义六王加后期两王——英王陈玉成和忠王李秀成。萧朝贵、冯云山早死，陈玉成没留下一句话。剩下的四人，韦昌辉被洪秀全杀了；杨秀清被洪秀全气得怒闯天王府要把洪秀全拉出来打板子，也被洪秀全杀了；石达开认为洪秀全想杀他，宁可分裂太平天国也要跟洪秀全决裂，此后至死不愿意跟洪秀全和解，也没再说过他一句好话；李秀成死前写下万言书，从用人行政和路线方针方面对洪秀全进行批判。甚至，萧朝贵在金田起义之前也有诸多对洪秀全不满的言辞。第一次广西传教过程中，冯云山和洪秀全也是闹掰了，各走各路，洪秀全独自返回了广东。那么，是这些英雄人物对不起洪秀全，还是洪秀全对不起这些英雄人物呢？传统的"革命史观"认为是前者，本书中认为是后者。综合各方面的史料，我们对李秀成的话才不得不信。太平天国运动失败的根源，就在洪秀全身上，在于他所秉承的拜上帝教原教旨主义。

对这个问题，杨秀清、石达开、李秀成都有不同程度的察觉。但只有杨秀清真正试图从意识形态的层面来解决问题。从他发布《奉天讨胡檄》和下令禁止西洋《圣经》出版的做法来看，基本上可以肯定他找对了方向。而石达开和李秀成都只是在逃避问题。这里边除了"愚忠"这种主观认识以外，应该也跟石达开和李秀成长期在一线带兵打仗，没有时间、精力来思考"革命"纲领、顶层制度方面的问题有关。杨秀清在第二次紫荆山保卫战以后，先后任用萧朝贵和石达开做前锋，基本从一线指挥的位置上脱离出来，才有时间思考战略和意识形态问题。东王府里边养了一批文人幕僚，还为杨秀清搞出来了一本《天情道理书》，此书就像冯云山编写《太平天日》讲洪秀全神迹一样，大讲东王故事，虽然没有脱离拜上帝教的教义，但已经是杨秀清要自立经典，从洪秀全手中全面夺取意识形态解释权的意思了。后来杨秀清经过与幕僚讨论，解散女营、停印《圣经》，在一些深层次的问题上对拜上帝教的教义进行纠偏，又比《天情道理书》的观点进了一大步。只是这批幕僚都在天京事变中被杀害，东王府内这方面的工作推进到什么程度也就无从得知。

　　李秀成要解决的关键问题是化解拜上帝教教义和中国世俗文化传统的冲突。而解决办法其实是现成的，杨秀清已经快要走通了，不过被天京事变打断了而已。1854年7月，杨秀清以"天父下凡"的形式宣布西洋《圣经》有错误，不准印刷出版，就是抓住了问题的核心。"天父下凡"是拜上帝教与基督教最大的教义差别，洪秀全也认可过，是太平天国从金田杀到南京的一大"法宝"，天国将士们在思想上接受起来没有问题。由于"天父"地位高于洪秀全，他想要下凡附体到谁身上就可以附到谁身上，不受洪秀全控制，而且没有任何教义规定"天父下凡"需要符合什么标准。这是杨秀清改造拜上帝教的最大成果，它其实意味着谁能掌握军队、谁最受军民拥戴，谁就可以成为拜上帝教的意识形态最高权威，随时可以让洪秀全变成一个虚位宗教领袖。李秀成只需要在合适的时机以合适的形式宣布"天父下凡"[①]，指责洪秀全身边的宠臣都是妖魔鬼怪，迷惑了洪秀全让他无法做出正确决策，由忠王来"清君侧"，一切问题即可迎刃而解。这也为天京事变以后"革命"事业的一度低迷做出了教义上的解释，可以重新

[①] 萧朝贵在早期还表演过"天父托梦"，以转达梦中"天父"嘱托的形式对洪秀全进行教育。洪秀全的教主地位也来自"异梦"，因此"天父下凡"和"天父托梦"都是可以架空洪秀全地位的方法。

振奋军心。

夺取领导权以后，再以"天父下凡"的名义宣布，中国历朝历代的明君贤相、英雄人物、军事名将都是"天父"派来为中国人民服务的，而各种坏人包括清政府、湘军、贪官污吏、土豪劣绅等太平天国打击的对象当然是妖魔鬼怪的化身。孔子、孟子、老子、庄子、韩非子等也全都推崇起来，对清朝倡导的忠君理学则绝对不认账。至于"天父"本人，西洋《圣经》记录的事迹只适用于西洋各国，由"天兄"耶稣负责管理和解释，跟中国无关，太平天国所敬拜的"天父"跟国人敬仰的"老天爷"其实是一个东西。"敬天法祖"就是敬仰"天父"、尊重祖宗，二者不冲突。以"天父"的名义捣毁一些神仙菩萨庙、反对各种巫术迷信倒是没啥问题，以前砸了就砸了，以后可以先留着。这就把思想文化方面的深层次问题理顺了。然后，"天父"再宣布，洪秀全还是天王，但行政、军事权力委托给忠王行使，各种圣旨由忠王起草，以天王名义发布，如东王故事。再把太平天国真正的"革命"纲领也以类似于《奉天讨胡檄》的形式，用"天父"的名义颁布，包括降低人民税负、重新分配土地、提高妇女地位禁止缠足、严惩贪官污吏、打击土豪劣绅、建设廉洁高效的新政权、继续以中国文化经典为标准开科取士、学习西方先进科学技术、抵抗西方列强入侵、废除不平等条约、禁止鸦片贸易、废除一切"文字狱"和禁止结社的反动政策等——这些大部分都是李秀成在治理江南的时候本来就在干的事儿，稍微总结就有了。

这些事儿只要在湘军彻底围困南京之前能给办妥了，哪怕是最后关头李秀成带兵架着洪秀全跑出南京城，把南京城连带里边的宠臣勋贵们留给湘军，太平天国就终究还会有成功的希望。没有去办这件事，才是李秀成最大的失误。其他什么对陈玉成见死不救之类的，都是对李秀成毫无意义的错误指责——不练兵、不改革，救安庆就是去送人头。

以往那些对李秀成错误的指责都是建立在对太平天国运动失败根源的错误认识基础上的。指责者把"革命"战争当成纯粹的军事斗争，以一城一地的得失作为决定"革命"成败的关键，是肤浅且有害的。

李秀成在军事上看得很准，坚决拒绝冒冒失失地去救援安庆，是正确的；但在意识形态和"革命"路线上犯了糊涂，以"愚忠"压过了自己的"革命"责任，才是他最大的失策。"清君侧"有风险，不一定成功，但从后来的局面来看，不论是石达开，还是李秀成，都应该拼一把才对。

这里需要说明的是，尽管李秀成没有这么做，但不影响整个太平天国运动的整体正义性。有些试图否定太平天国的人认为，如果太平天国运动取得胜利，那一神教意识形态就会消灭中国的传统世俗文化传统。为了避免出现这种对中华文明的根本性颠覆，暂时依托清朝政权将其镇压是正确的选择。这种认识错误地理解了主导太平天国运动的真正力量，以为太平军从上到下都是拜上帝教的忠实信徒。实际上，从杨秀清、石达开到李秀成、李世贤兄弟，这些真正掌握太平军军事权力的英雄人物，几乎对洪秀全宣传的那一套东西不认可，不过是基于中国传统的"忠君"思想，承认洪秀全的君主地位才向他效忠的。即使在太平天国后期，洪秀全想要把国号改为"上帝天国"也根本无法执行，李秀成、李世贤兄弟都拒绝执行他把太平军改为"天兵"的命令。一位传教士在江浙地区与太平军将领讨论拜上帝教义，他说："有军官数人曾来船上访问，我们曾问到天弟代表什么意义，他们表示无法回答，显然他们是茫然不解的，这证明他们从未注意过这个问题。"

也就是说，不管在天京事变之前还是之后，拜上帝教的一神教意识形态都从未成为太平天国政权的主导意识形态。洪秀全和他的那一套理论，更多只是一个偶像和旗帜。太平军将士们跟当时的其他中国人一样，大体相信神的存在，但对一神和多神之类的区别则完全不了解。在他们看来，说洪秀全是上帝之子跟以前的"革命"领袖宣称自己造反是替天行道没什么区别。在这种情况下，如果太平天国运动成功推翻了清政府的统治，而洪秀全还坐在天王的位置上，那么接下来一定会再次出现激烈的内部路线斗争，以洪秀全为首的少数"宗教建国派"和以李秀成为代表的"人民革命派"会从"革命"时期的潜在矛盾走向公开斗争。斗争的过程可能会有反复，但洪秀全要想再次像杀掉杨秀清那样轻松干掉掌握实权的"人民革命派"领袖，难度极大，因为天京事变这种阴谋很难再实施一次，不管是李秀成还是其他"人民革命派"领袖，都会充分吸取杨秀清的教训，加强防范。斗争的结果，总体看一定是实际掌握军权的"人民革命派"获胜。较大的可能是中央与地方分裂，洪秀全继续在南京城内关起城门来建设他的"小天堂"，而地方实际行政则按照"人民革命派"的路线执行。1864年，洪秀全死的时候50岁了。他在位期间，长期深居天王府进行宗教玄思，不锻炼不外出，长得胖胖的（罗孝全在南京见过他后，回来做过描述），这种方式生活在古代很难长寿。所以，等他一死，"宗教建国派"就会彻底完蛋。而且，有拜上帝教这个幌子，理学思想的统治被摧毁，中国学习西方先进的技术和社会治理模式就会少很多心理障碍，双方也更容易沟通。就好像太平军在进攻宁波之前，宁波领事馆翻译休莱特记录那样：（负责攻打宁波的太平军首领）向我们确认说，他愿意和外国人保持友好关系，并渴望向外国人开放贸易。他说，我们和他们崇拜同一上帝、同一基督，并称我们为外国兄弟[1]。

中国文化是一个世俗主义的文明，同时是一个务实的文明。只要能把西方先进的科学技术学到手，西方人喜欢崇拜上帝，我们也可以一起跟着拜上帝。在这个过程中，把一些神仙菩萨、孔子、关公、宗族祠堂的偶像砸烂了，这根本不算什么。太平军从整体来看永远也不可能真的变成一神教信徒，不管是造反还是跟外国人打交道，不过都是把一神教当作一个方便的工具来使用而已。镇压太平天国运动并不能捍卫中华文明，反而严重阻碍了中华文明的复兴和中国的现代化进程，这是一个有充足依据的历史结论。

十一、理学建军：湘军背后的意识形态与社会控制体系支撑

意识形态的交锋，在刘邦时代、朱元璋时代，还不那么重要。因为那个时候他们的敌人在意识形态方面也很不成熟。如果李秀成的敌人也只是八旗、绿营这种古代意识形态控制的腐朽军队，他也可以轻易把他们打垮。而到了太平天国及其之后的时代，这就成了一个直接关系"革命"成败的严肃问题。因为"革命"的敌人在意识形态及其对应的组织形式和动员能力方面已经大大地进步了。这是

---

[1]　呤唎：《太平天国革命亲历记》，第330页。

古代"人民革命"和近现代"人民革命"的一个重要区别，太平天国正好位于分水岭上。

太平天国最可怕的敌人——湘军，是一支在成熟的意识形态体系指导下建立起来的军队。这套意识形态体系，就是"忠君理学"。基于这套意识形态的社会控制系统，是曾国藩建立湘军的主要依靠。

曾国藩组建湘军，是先招将领再招兵。将领的选拔，曾国藩一个一个亲自考察，确保这些人都是忠君理学的忠实信徒。最后选出来的将领以参加过科举考试的儒生为主，在能查到出生的179名湘军将领中，儒学书生104人，占了大约60%。湘军三大统帅和15个主要幕僚都是儒生，各军统领13人，儒生占8人；分统领43人，儒生占了28人（罗尔纲《湘军军志》）。

有了"政治上可靠"的将领，再去招兵。招兵的方法是将领回到自己的原籍，招募本乡本县之人——不是说湖南人招湖南人，而是要具体到县乡。比如曾国荃招兵，就只招湘乡本地人，外地湖南人也一律不招。招兵的时候，要严格考察其出身，必须是老实可靠的乡民，终生都在宗族保甲体制下生活，对外面的世界一无所知，没有被太平天国、天地会等"反动组织"的思想污染过。招募的时候，还必须由本地宗族保甲出具证明和担保，注明其居住地址、名下土地财产、父母兄弟妻子的姓名，等等，才能来当兵。

这种证明和担保，既是一种政治审查方式，也是一种人身控制形式。如果违反军事纪律当逃兵，跑回家很容易抓住；如果是叛逃，则可以株连其家属——这种威胁很可信，理学士大夫们是一群很严肃的人，说杀你全家就杀你全家，绝对不开玩笑。

这样，湘军以忠君理学思想为旗号，核心将领都是理学信徒，基层士兵则以乡土血缘思想为连接，再以宗族保甲体制为威慑，构成了其"理学卫道军"的组织底色。

忠君理学的主要理念，是君主独裁制和中国道统理学相结合的产物，是中华传统文化中的糟粕与野蛮文明结合的产物。道统理学是儒家思想的哲学化，也代表了儒家士大夫巩固自身利益的需求，核心要义是用"天理""道统"等抽象哲学概念论证强化儒家"三纲"等级思想：君为臣纲、父为子纲、夫为妻纲。其中，"父为子纲、夫为妻纲"是真的，"君为臣纲"是假的。士大夫们对下讲纲常、对上讲道统，对自己讲"书中自有千钟粟、书中自有黄金屋、书中自有颜如玉"，权势、金钱、美色的享受一样不少，在宋明时期日子过得非常爽。等到满洲内犯，以野蛮暴力强行坐实"君为臣纲"，把道统理学斥之为"伪道学"，君权与道统合一，剥夺士大夫们对"道统"的解释权，形成了忠君理学。

忠君理学集成了宋明理学的哲学化形式，相对于传统儒家思想更为深奥复杂，洗脑能力更强。

理学带有宗教色彩，理学家们也带有一定程度的传教士情怀。儒家士大夫有强烈的按照理学思想来构建理想社会的情节。他们在哲学化思考之余，又对各种民间故事进行改造，以通俗易懂的形式把忠孝节烈的意识渗透到社会基层中去。这种努力同时也伴随着文化知识的进一步向基层传统渗透。这就存在一个"理学思想下沉"的历史过程。这一过程从好的方面来看，有利于文化普及。但更重要的是，在"理学下沉"过程中，儒家思想中的封建等级意识跟宗族力量不断结合，以"父为子纲、夫为妻纲"为原则强化基层控制、固化社会等级结构[1]。

宋朝的士大夫们特别喜欢在出将入相、功成名就之后，出资出力捐助建设宗族学校。范仲淹在当了高官之后，坚持把俸禄和田产拿出来成立了范氏义庄，专门资助本宗族的穷苦人，其中就包括供养本宗族的子弟读书。其他范氏家族的有钱人也纷纷跟进，向范氏义庄捐钱捐田。范仲淹亲自制定管理章程，确保它能良性运作，范氏义庄存在了800多年，历经宋元明清四个朝代，也让范氏家族一直人才辈出、兴旺发达。范仲淹的义庄多次受到不同朝代政府表彰，理学士大夫们纷纷效仿。

捐资扶贫、发展教育的做法总体来说是好的，但有一个问题，就是大部分捐助都被局限于本土宗族。范氏义庄800多年来，基本上就是只为范氏族人服务的。单个来看问题不大，但若士大夫们都照此行事，依靠宗族支持出人头地，当

---

① 石达开、李秀成对洪秀全的"愚忠"思想，应该也与自宋以来理学思想对民间的渗透有关，特别是清朝对民间故事、戏曲基于忠君理学的改造有关。乾隆皇帝在搞"文字狱"期间，同时大力推动对中国古典戏曲和民间传说的全面改编，具体可参考张宏杰《饥饿的盛世》一书。

了官以后又回报宗族，实际上就是把官位权力与宗族利益密切捆绑。那么，天下国家作为一个整体谁来负责呢？

士大夫们把调门唱的很高，纷纷表示天下国家的事普通人不用担心，我们绝对不会含糊。例如著名理学家张载就声称儒学学者的使命是"为天地立心、为生民立命、为往圣继绝学、为万世开太平"。这句话被儒家知识分子们传成了千古名句，还专门给这句话起了个名字，叫"横渠四句"，因为张载的外号是横渠先生。

但张载在猛吹天下国家情怀的同时，又是封建继承制的积极鼓吹者。他说：

"宗子之法不立，则朝廷无世臣。且如公卿一日崛起于贫贱之中以至公相，宗法不立，既死遂族散，其家不传……家且不能保，又安能保国家！"

这句话的意思是说：要强化宗法制度，官员的儿子要接着做官，这样朝廷才有"世臣"，也就是世代都当官的家族。为什么要这样呢？因为公卿大夫们自己累死累活奋斗上来了，如果不能把权势传给子孙，死后家族败落，这样大家都会觉得没有奔头，不愿为国家效忠了。也就是"家且不能保，又安能保国家"。

这段话的逻辑是有问题的。一个人努力读书、努力工作，最后被提拔到国家高级官员的地位上，难道是为了把荣华富贵一代一代传下去吗？国家把这个高级职位给你，让你执掌天下的公器，拥有巨大的权力，承担决定国家民族人民命运的巨大责任，结果你却说：如果家族不能跟着我永保荣华富贵，我就不为国家出力尽忠了。这不是混蛋逻辑是什么？

汉景帝手下的名臣，也即儒家史书中著名的"酷吏"——郅都，他为官清正廉洁，敢于得罪权贵，面对威胁和利益诱惑，他说："已经背离父母而来当官，我就应当在官位上奉公尽职，保持节操而死，终究不能顾念妻子儿女。"这才是正确的做法，这才应该是中国士人的真精神。

张载是理学创始人之一。从源头开始，理学家们一边唱高调一边为自己谋私利的伪君子做法就已经奠基了。他的"横渠四句"应该再加一句"为家族谋福利"，改成"横渠五句"，这样才能完整地体现理学家们的世界观、价值观、人生观。

宗族或者大家族，并不是什么坏东西，它依靠血缘关系自然形成，是天然的基础社会单元。家族内部互相接济帮助，是古代社会重要的社会救济方式；通过一定形式的家族组织来维持社会伦理和推动文化教育，有利于社会稳定和文明进步。

但宗族是在古代交通比较封闭的条件下形成的，局限于一个狭小的地域和近亲血缘群体，天生的不利于大一统国家的构建和人类个体的身心自由。因此，在大一统帝国形成以后，宗族要继续发挥正面作用，它的影响力就应该被严格限制在内部救济、道德教化这些不带有强制性的方面，如果宗族掌握了足以对内部成员进行人身控制的经济和政治权力，对上就会威胁国家统一、对下就会破坏个体自由，成为夹在国家和个人之间的祸害。

中国之所以为中国，不是一个一个家族的空间聚集，而是有超越家族的天下国家意识，以及与之相对应的更高层级的政治体系。对士大夫而言，一旦进入国家政权系统，就应该超越宗族、乡土的狭小观念，从天下国家的层面来思考问题。如果把过多精力甚至自己掌握的权力资源投入自己家族的传承兴旺中去，那就是一种错误的做法。照顾宗族家族，那是地主士绅该做的事，不是士大夫该做的事。士大夫们在入仕以后，还继续跟老家的地主乡绅们打成一片，对本土本乡本族建设投入过度热情，就会在公权力和宗族之间建立起了密切联系，逐步形成"官僚体系与地主士绅一体化"或者"政权与宗族一体化"的格局。官员入仕，要依靠宗族力量的支持；获得权力后，则用来提升自己宗族的地位，这种"合作"显然不是一个好现象。

宋明时期，尽管存在士大夫对自己宗族过度照顾的不良风气，宗族力量也存在不断加强的趋势，但总体而言宗族与政权的结合并不算密切，宗族力量还是以发挥正面作用为主。

到了清朝，情况才发生根本性的改变。满洲统治者高度重视基层控制。它们对元朝不到100年就被农民起义推翻的历史教训非常上心，"胡虏无百年国运"的民间流言时刻让他们心惊胆战。为了避免重蹈元朝的覆辙，他们把宗族作为强化基层控制的关键抓手。雍正皇帝设立族正，推行保甲，赋予宗族司法权。同时，以严刑峻法禁止除了宗族以外的其他一切形式的人民结社。这样，宗族力量与政治力量正式结合，拥有了从道德、经济、司法等层面对族人进行人身控制的能力。每个人一出生，就在精神、经济与人身方面都受到宗族力量的严密控制。绝大多数中国人终生都生活在宗族的严厉管控之下，从小服从父亲、长大服从族长，等级和服从意识深入骨髓，不知道自由为何物，甚至没有天下国家的概念。本土本宗以外的其他人，都形同异族，异姓之间要团结起来反抗一个大一统政权，基本上就不可能。

通过忠君理学意识形态建设和大力发展宗族力量控制基层，清朝政权就形成了从高到低的三个管控体系，最高层是满洲集团，直接掌握军事体系和中央枢机，以满洲民族特权思想和清王朝国家观念混合的忠君意识形态控制国家机器；最基层是宗族保甲体制，以强调宗法等级制的理学（道学）意识形态负责对个体中国人的日常管控。在这中间，允许汉族读书人通过学习忠君理学思想进入官僚体系，形成满洲集团与宗族保甲之间的中间层。这套满汉联合专政的体系非常复杂严密，有枪杆子镇压，有意识形态洗脑，有基层控制，相对于蒙古人建立的元朝，大大地进化了。它是清朝能统治中国200多年的根本。

蒙元时期，蒙古统治者对意识形态建设和基层管理很不重视，简单地委托汉族士绅管理地方，但没有对理学进行意识形态改造，没有大规模吸收理学士大夫进入政府，没有依托宗族建立严密的基层管控体制。这样，当元末农民大起义爆发的时候，元朝只能依靠现有的国家军队进行镇压。但国家军队已经腐朽，尤其是地方上的汉族政府军，就跟清军绿营一样——将领腐败无能，士兵们也想不通自己为什么要跟本民族的起义军拼命，战斗力极差。

相反，在清朝，三级控制体制联动效果惊人。由于宗族保甲的严密控制，绝大多数反抗都会被消灭在萌芽阶段——洪秀全刚把甘王庙砸了没多久，宗族力量就把冯云山抓住送官了，反应速度相当快，如果不是有洋人的基督教做幌子，冯云山早就被杀了。如果遇到白莲教起义这种大规模的叛乱，地方上就开始自发地搞团练，密切配合政府军，把本地居民组织起来，一方面切断起义军的粮饷后勤，另一方面也防止本地人去参军。

洪秀全、冯云山在自己家乡传教，本土的宗族势力控制严密，根本传不大，即使到了广西赐谷村，也是屡屡受挫。一直到冯云山去了紫荆山，跟那些不受宗族势力管控的山民结合，才把拜上帝教的声势壮大起来。后来，在贵县还发展了一支很重要的力量——秦日纲部，他们是当地矿山的矿工。山民加矿工，成了金田起义的骨干，矿工们在制造攻城器械、挖地道等方面发挥了极大作用。这些人都是游离于宗族管控之外的力量，才能被拜上帝教组织起来，发动大规模的起义。

此后，拜上帝教大量吸收广西、湖南天地会的起义军。天地会以无业游民为主体，也是脱离宗族势力管控的人群。打到岳州，又招募了大批船工，形成水营，获得了在长江流域攻城略地的战略优势。

这样，算来算去，太平天国起义领导层和士兵主体都不是农民。所以我们讲太平天国的时候，一直用的是"人民革命"这个词，而不是传统革命史观所用的"农民革命"。真正种地的农民阶级参加太平军的很少，他们都被宗族势力以团练、保甲等形式牢牢地控制着，动弹不得。

曾国藩建立湘军的过程，就是一群信仰忠君理学的士大夫，利用清朝的以宗族为核心的基层管控体制来进行军事动员，吸收大量农民参军。湘军的成分，主要是农民。太平军的主体，反而不是农民。

曾国藩不招无业游民，只招所谓"憨厚老实本分"的农民，其实就是在宗族保甲体制下被控制得很好，严重缺乏自由精神、反抗精神的那种人。本乡本土的将领去招本乡本土的兵，再以保甲等方式确保他们不会逃跑叛变。这些人就只会服从家乡将领的命令，打起仗来内部也很团结。

但是，如果只依赖宗族保甲对农民进行组织，就很难进行大规模协作。在曾国藩之前，宗族保甲只能分散地各自搞团练，而团练在正规军面前是不堪一击的。因此，要对团练进行改造，关键是需要有一批能打破乡土观念、具有天下国家观念的中高级将领，把这些分散的力量组织成一支正规军。具有天下国家观念的人，又很容易受到反满反官、社会公平这些思想的引诱。要确保这些人完全被忠君理学思想洗脑，其中儒学书生是最佳选择。于是，"书生统兵、兵为将有、保甲募兵"成了湘军建军的重要原则。

这样，在忠君理学意识形态系统中偏向于"忠君"的政府军被击溃以后，侧重于"理学"的湘军崛起，成为镇压太平天国运动的主力。单纯的"忠君"意识形态，在满洲政府长期执行民族歧视政策的情况下，很难支撑起汉族军队的战斗力；而"理学"意识形态的迷惑性要强大得多。曾国藩这种坚定信仰忠君理学的汉族士大夫，扮演了连接清政府和宗族势力的关键纽带。

办湘军这种事儿，湖南本土团练成长起来的王鑫搞不成，因为他缺乏对各地团练进行全局整合所必需的高层资源；真正的满洲高官勋贵更搞不成，他们不懂得如何跟宗族保甲力量合作，也无法赢得汉族士绅们的信任；只能是出身于汉族士绅阶层，经过科举考试选拔进入官僚体系，又进入中央枢机当了多年高官的曾国藩才能搞成。他能动用自己在家乡的资源招兵，又能把广东的军费、中央的漕运用来练兵，还有深刻的忠君理学修养，能写出《讨粤匪檄》这种有号召力的军事斗争纲领，从儒家知识分子群体及其背后的士绅和官僚阶层中获得广泛的支持，实现清朝三套管控机制"国家政权、官僚行政、宗族保甲"的有效联动，最终成功镇压了太平天国运动。

这套"三结合"的联动机制，也可以从湘军的军费来源看出来。

最初的时候，曾国藩自筹经费练兵，靠的是地主乡绅们的自发捐款，这些钱代表了基层管控势力的支持。

后来，曾国藩以练水师为名，获得了截留一部分漕运粮食的权力，又奉圣旨划拨了一部分广东和湖南的地方财政。曾国藩一直想要谋求地方巡抚或总督的实权职位，也就是想尽可能把地方财政用于湘军开支。这些都是国家政权体系下的税收，来自清朝依靠武力征服中国夺取政权建立的税收体制。

但穷尽清政府原有的税收方式也无法满足镇压太平天国的军费开支。地方官僚和湘军将领们又自发搞出来了一套厘金征收体制，在中央税收之外独立对商业贸易活动征税，专门用于支持湘军系镇压太平天国运动。在道路上设立关卡所收的厘金，叫"行厘"；对商业店铺直接收的厘金，叫"坐厘"；税率刚开始是货物价值的百分之一，古代把百分之一的利息称之为一厘，故称厘金，但后来各地自作主张，不断提高税率，最高可达百分之二十之多。这部分收入占了湘军后期军费的大约三分之一。它是掌握军权后的汉族士大夫阶层开辟的财源。厘金由地方根据军事需要自收自支，具有政府强制征税和地方势力独立筹款的双重特征。这样，"士绅捐助+政府税收+地方厘金"共同构成了湘军系军费来源，三者加起来，才让曾国藩等能给湘军系士兵们发的起比绿营高出三四倍的军饷，维持湘军的士气和战斗力。

十二、杀人如麻：清军镇压行动的血腥后果

清军镇压太平天国运动的战争，导致了中国南方人口大约减少了5000万到1个亿。这是继200年前清军征服中国导致了超过2亿的人口损失之后，给中国人民制造的又一次巨大灾难。

跟清朝初期的屠杀一样，清军镇压太平天国的军事行动之所以会造成如此巨大的人口损失，跟清朝的军事纪律密切相关。同时，以曾国藩为代表的理学士大夫的残忍无情，以及清军的纪律败坏也是重要原因。太平军由于长期坚持严格的军事纪律，又在其占领地区推行轻徭薄赋的税收政策，其军事行动带来的人口损失很少。在后期，由于洪秀全疯狂封王封丞相，太平军军阀化现象严重，不少地主团练和地痞流氓混入，军事纪律废弛，出现了很多烧杀抢掠的情况，也给经济社会制造了巨大的破坏。但总体而言，人口损失主要还是清军的屠杀和劫掠造成的。光绪《无锡金匮县志》卷七《兵事》总结无锡破坏情况说："城中民居十无一二，盖贼（指太平军）毁其二；土匪毁其一；其五六则兵勇（指清兵及地主武装团练）争遗物不均，遂付之一炬耳。"在估算各方势力造成人口损失中，这个比例可以作为参考，清军制造的损失超过百分之六十，占了绝大部分。

英国驻华领事富礼赐曾经在江南太平天国统治地区走陆路游历，又在南京城外的小船上住过好几个月。他对后期太平军和清军纪律的总体评价是：

"太平天国部队的行为丝毫不比清军的行为恶劣，且绍兴与杭州之类城镇的居民，在太平天国治下过的日子，比起那些城市被清廷收复、落入蛮族官员之手后居民的不幸遭遇，要好上太多。"①

---

① 【美】裴士锋：《天国之秋》，社会科学文献出版社2014年版，第361页。

清朝中央朝廷，跟他们的祖先一样，对"人民革命"这种事情，除了主张将参与反抗的全家老小一律杀光以外，没有任何军事纪律要求。只要能维持其反动统治，清政府根本不介意军队如何杀人放火。

在广西围追堵截的过程中，清军就一路烧杀抢掠。向荣亲自指使兵勇沿途"渡河抄掠，民物殆尽"。"田里桑麻尽铲空"，"奸淫妇女、中丞莫能禁"。其中又以来自广东的潮勇最坏，时称"土匪如篦，潮勇如洗"的说法，也就是土匪劫掠，不过像篦子（比普通梳子更密更长一些的头发整理工具）一样，刮掉一些头皮屑和头发；潮勇过处，民间财物如同被水洗过一样干净。"处处瓶垒余瓦砾，井邑萧条足感伤。"[1]

面对清军的劫掠，搞得一些尚有良心的清朝地方官也很恼火，干脆下令对害民的清军兵勇"民间自行戕杀"[2]。

清军绿营纪律之坏，对人民戕害之惨，众所周知，相关资料汗牛充栋，从广西一直到江北、江南大营以至于江苏、浙江等地都是如此，不需要更多说明。但很多人对新起的湘军还抱有幻想，觉得湘军应该是纪律不错的。曾国藩在这方面确实比较注意，还专门写了《爱民歌》来对湘军进行教育，明确规定了不准劫掠居民财物、买东西要付钱、不准调戏妇女，等等。

但实际情况是，湘军的纪律只是比绿营略好，跟太平军相比仍然要差得多。湘军所过之处，沿途士绅向曾国藩投诉其强占房屋、劫掠财富的文献资料非常多。

要正确认识湘军的纪律，首先要搞清楚湘军系的各个派别。湘军分为狭义的湘军和广义的湘军系军队两个概念。狭义的湘军，就是曾国藩直接控制、其弟曾国荃直接指挥的那三四万军队（南京围城期间增至10万），其中包括水师。这支军队平时的纪律比绿营确实要好一些，因为他们负责跟太平军主力决战，沿长江攻陷安庆、南京等战略要地，没有比较好的军事纪律无法保证战斗力。为此，曾国藩很舍得下血本，基本方式有两个。一个是多发钱，把朝廷的钱、募

---

① 《独秀峰题诗抄》，《粤匪杂录》，转载自《太平天国战争全史》第一卷。
② 况澄：《日抄》，转载自《太平天国战争全史》第一卷。

捐的钱、厘金都拿过来发军饷，工资水平是绿营的三四倍，又在水师上设立"船台"——也就是一艘专门负责日常物资供应的大船，士兵们需要买的东西基本都有，价格也很便宜，可以不用出去劫掠也能保障生活。另一个就是允许屠城劫掠，也就是说，平时不准抢劫，一旦攻破太平军占领的城池，就可以放开了杀人放火，把整座城市洗劫一空，劫掠的财物全部归士兵个人所有。这就是所谓的"一年不开张，开张吃十年"，平时不怎么抢劫不杀人，一次抢劫杀人的数量足以抵得上其他"纪律不好"的清军折腾好多年的。

九江屠城、安庆屠城，都是很惨烈的。曾国藩在被咸丰皇帝逼的回家守孝期间，也多次给前线带兵的弟弟曾国荃写信，鼓励其尽量多杀。听到九江屠城，他非常高兴，说："九江克复，喜慰无量。屠戮净尽，三省官绅士民同为称快。"然后，他又要求曾国荃向李续宾学习，以后打仗"只求全城屠戮，不使一名漏网耳。如似九江之斩杀殆尽，则虽迟亦无后患"。

曾国荃在杀人方面似乎总不能完全让曾国藩满意，曾国藩除了多次写信劝导，还屡次直接催促。1861年安庆战役期间，曾国藩亲自作《解散歌》督促太平军投降，声称"八不杀"，以骗取太平军的信任：

第一不杀老和少，登时释放给护照。
第二不杀老长发，一尺二尺皆遣发。
第三不杀面刺字，劝他用药洗几次。
第四不杀打过仗，丢了军器便释放。
第五不杀做伪官，被胁受职也可宽。
第六不杀旧官兵，被贼围捉也原情。
第七不杀贼探子，也有愚民被驱使。
第八不杀捆送人，也防乡团捆难民。

受这个《解散歌》的欺骗，加上湘军的军事压力，安庆周边有4000名太平军投降。曾国藩立刻写信给曾国荃要求全部杀掉。

曾国荃对杀降一事颇有顾虑，迟迟没有给曾国藩回信。曾国藩等了一天不见回音，便再次写信催促，说："今日未接弟信，不知……已降之三垒已杀之否？"曾国荃无奈，只得将降兵全部杀掉。曾国藩接到消息，兴奋异常，在回信中把杀降报告称之为"报喜一缄"，又赶紧给老家的二弟曾国潢写信分享杀人的喜悦。后来又有8000名太平军来降，也被一律屠杀。

曾国藩在安庆战役中光杀降就杀了1万多人。所以说，曾国藩对《解散歌》《爱民歌》这种拿来做宣传的文字，千万不能当真。有人因为读了曾国藩的《爱民歌》，就认为湘军有爱民思想，那是太幼稚了，就跟安庆的太平军看到《解散歌》以为投降就能免死一样，不过是上了曾国藩的当。

1862年，湘军攻下安徽宁国府，进城以后马上开始了大屠杀，城内外数万尸体没人收埋。

南京城破以后，曾国藩、曾国荃兄弟当然要纵兵屠城。在给朝廷的报告中，曾国藩大肆吹嘘："分段搜杀，三日之间毙贼共十余万人。秦淮长河，尸首如麻。"根据《李秀成供述》，城破之前的城内太平军只有三四千人，被湘军杀害的10多万人大部分都是普通市民，其中绝大部分是没有能力提前逃出城的老弱病残和妇女。

据赵烈文在《能静居日记》中关于对南京屠城的记载，"老弱本地人民，不能挑担，又无窖可挖者，尽遭杀死。沿街死尸十之九皆老者。其幼孩未满二三岁者亦斫戮以为戏，匍匐道上。妇女四十岁以下者一人俱无"。

曾国藩对南京城内有大量老弱的情况很清楚，因为城破之前李秀成曾经试图把老弱妇幼放出南京逃命。曾国荃向曾国藩请示怎么办，曾国藩最终决定把这些人赶回去，以加速南京城内的粮食消耗。把人赶回去的做法还可以说是尽快结束战争的需要，而明知把人赶回去了，城破之后还要打着诛杀太平军的名义疯狂屠城，那就只能说是丧尽天良了。

在正式报告中，曾国藩也公开向朝廷声称，自己早已向士兵们许诺城破以后可以随意劫掠，财物都归士兵个人。

谭嗣同在《北游访学记》里这样写自己多年后在南京城的见闻：

顷来金陵，见满地荒寒现象。本地人言：发匪据城时，并未焚杀，百姓安堵如故。终以为彼叛匪也，故日盼官军之至，不料官军一破城，见人即杀，见屋即烧，子女玉帛，扫数悉入于湘军，而金陵永穷矣。至今父老言之，犹深愤恨。

尽管如此，由于只针对少量城市进行屠杀，曾国藩直属的狭义湘军制造的人口损失数量仍然不算多，估计总共也就百万上下。太平军在攻陷武昌、南京之时，也对满城中的旗人进行过不分老幼的屠杀。湘军为满洲政权卖命，这种加倍报复还勉强可以称之为是古代战争的常见行为。

真正疯狂的其他湘军系军队也就是"广义湘军"的做法，曾国藩交给他们的任务是彻底摧毁太平军的后勤保障基础。在《沿途察看军情贼势片》中，曾国藩经过考察发现：太平军"禁止奸淫"，"听民耕种"，"民间耕获，与贼各分其半"，"傍江人民亦且安之若素"。也就是说太平军占领区生产繁荣，民生安乐。这让曾国藩感到非常愤慨和恐惧——如果任由这种情况发展，清军如何能战胜太平军呢？

对此，曾国藩得出结论不是要进一步改进清军的纪律，减轻人民负担以与太平军争夺人心，而是认为：清军要取得胜利，就必须对太平军控制区进行大烧大杀，做到"男妇逃避，烟火断绝，耕者无颗粒之收，相率废业"，使太平军"行无民之境，犹鱼游无水之池"，"居不耕之乡，犹鸟居无木之山"，彻底摧毁太平军的后勤保障。

这个战略由不担任主攻任务的其他湘军系军队，以及受曾国藩节制的各地绿营等其他清军承担。这就不是纪律差的问题，而是系统性地对长江中下游经济进行摧毁破坏。

胡林翼、李世忠、李鸿章等人是执行曾国藩毁灭性战略的代表。

胡林翼在书信中说，自己对麾下湘军的要求是："见屋即烧，烧一屋则赏一次，无论是居民是贼馆。能募团局散人入，专管烧屋，则不过三五日，贼无驻足之地"；又说，（舒城）"得城之时，密派勇丁各持一炬，将城里大小房屋米粮付之一炬，片瓦不留，则异日必无贼可守矣"（《胡林翼书牍》）。

李世忠就是给李秀成写劝降信的李昭寿，捻军出身，先当土匪，再投降清军，后投降太平军，然后又投降清军，打仗不行，烧杀抢掠是专业的，做人做事绝对没有任何底线。李世忠担任江南提督，统领自己的"豫字营"六七万人，在长江沿线无恶不作，甚至跟其他清军为了争夺财物而出现火并，跟土匪没有任何区别。有一次，曾国荃的辖区也被他抢了。曾国荃向曾国藩投诉说："李世忠部下虐民十倍于贼，欲为百姓作不平之鸣。"[1]曾国藩再三以忍让和顾全大局相劝。当时江浙等地清军将领，所作所为也大都与李世忠类似。

李鸿章的淮军也是这个战略的积极执行者之一。赵烈文《能静居日记》记载，在淮军征战江苏期间，从常州一直到松江，淮军"剽掠无虚日，杀人夺财，视为当然"，"乡间弥望无烟，耕者万分无一"，"房屋俱被兵勇占住或拆毁"——真正把曾国藩设想的"烟火断绝，耕者无颗粒之收"落到了实处。

这便是曾国藩版的"三光"政策，真正的烧光、杀光、抢光。这种彻底的经济破坏，比直接屠城恐怖百倍，让江南地区人民大量饿死。这是造成江苏等地人口迅速下降的主要原因。

谭嗣同的《北游访学记》也记述了湘军系军队在东南各省份的烧杀掳掠：

湘军以戮民为义，城邑一经湘军之所谓克复，借搜缉捕盗为名，无良莠皆膏之于锋刃，乘势淫房焚掠，无所不止，卷东南数省之精髓，悉数入于湘军，或至逾三四十年，无能恢复其元气。

苏州城内的太平军是经过和平谈判投降的。谈判的中间人是常胜军首领戈登。但李鸿章在接受投降以后，认为苏州城中太平军数量太多，难以控制。而且如果和平受降，淮军将领们就没有借口劫掠这些财富。于是，李鸿章出尔反尔，先将城中八王召集起来杀掉，然后纵兵屠杀苏州城中军民。城内数万太平军尽数被杀，连带遭殃的还有无数的无辜百姓，城内财富被淮军洗劫一空。

1865年，西方的商人在《上海之友》中刊登的一篇文章记载道，苏州被清军攻破前，苏州一带非常繁华，当地的农民们辛苦地劳动，运河的两旁密密

---

[1]《曾国荃集》第五册，岳麓书社2008年版，第123页。

麻麻的房子。苏州被清军再次攻破后，一眼望去，只看得到破桥断壁，见不到人影，群众见到清军就如同见到豺狼虎豹一样，苏州通往无锡的路上，遍地荒芜，荆草蔓生……沿途布满了数不清的白骨骷髅和半腐烂的尸体，使人望而生畏。

李鸿章这种卑鄙残忍的手段激怒了戈登。他感到自己的荣誉受到了侮辱，因为和平招降这个事情是经过他担保的。听到苏州杀降的消息，戈登气得拿着枪要去军营中找李鸿章决斗，李鸿章吓得不敢出来。戈登咽不下这口气，威胁要将苏州城再还给太平天国，甚至扬言还要率部加入太平军，反过来攻打淮军。

一时间，"苏州杀降"成为大热话题，上海、香港洋人舆情汹涌，各国驻上海领事馆官员纷纷表态，"无保留地谴责抚台（李鸿章）最近在苏州的举措，是违背人性的极其严重的背信弃义行为！"

清政府得知了苏州杀降事件，大为震惊。不是震惊李鸿章杀降屠城，而是震惊戈登等人怎么如此不讲道理，把这么一件小事搞成外交事件。曾国藩上书力挺李鸿章，认为其所做并无不妥，赞扬其"眼明手辣"，"最快人意"，又说"此间近事，惟李少荃在苏州杀降王八人最快人意"。朝廷下旨把李鸿章表扬了一番，让他放宽心，"所办并无不合"，"甚为允协"。最后，李鸿章连个公开道歉都没有，只在上海的报纸上登了个声明，说苏州杀降是清军内部决策，跟戈登无关，以"照顾"戈登的荣誉。

在这个过程中，列强政府碍于舆论压力，嘴上也跟着谴责了几句，但并未施加任何正式的外交压力要求惩罚李鸿章。对列强而言，中国人杀中国人与他们毫无关系，他们只支持能更好保护他们在中国殖民利益的一方。戈登的抗议是其个人行为，主要也是维护自己的"荣誉"而不是同情苏州军民。英国政府一边公开谴责苏州杀降，一边派新上任的中国海关总税务司赫德亲自去找戈登谈判，要求戈登息事宁人。

最终，经赫德撮合，李鸿章给了"常胜军"7万银圆的军费，又给了戈登个人1万两银子，事情遂摆平。

除了直接为战争服务的屠杀以外，清朝的司法行政体系也在一天不停地疯狂杀人。大屠杀也并不仅限于长江中下游的太平天国占领区。当时，受太平天国运动的鼓舞，全国各地都掀起了反抗清朝反动统治的起义热潮。各地政府也就都在日夜不停地杀人以镇压这些反抗。

最有名的是发生在广东地区的屠杀，其中的广州大屠杀因为有外国媒体报道而变得广为人知。

1854年夏天，广东地区爆发天地会起义，多路天地会起义军围攻广州城。广州依靠殖民列强的支持，从海上获得大量补给。天地会起义军长期无法攻克，最终在围城数月以后散去。

起义军从广州撤退后，叶名琛开始大肆屠杀。

在此期间，留美归国的容闳在广州考察，其住处距离刑场很近，他亲眼目睹了刑场的血腥：

"场中流血成渠，道旁无首之尸纵横遍地。盖以杀戮过众，不及掩埋……地上之土，吸血既饱，皆作赭色。余血盈科而进，汇为污池。空气中毒菌之弥漫，殆不可以言语形容。"

容闳说叶名琛杀人，"不讯口供，捕得即杀，有如牛羊之入屠肆"。从广州府的审判记录来看，广州府临时公堂从四月中旬开始的两个月间，审理了35097名犯人，判处死刑30806人，另外还有死于狱中的2225人，实际处死率高达94%[1]。而当时广州城内还有其他审案局也在按照同样的效率杀人。英国广州领事将其称之为"人类信史所记载，在规模和方式上最骇人的处决之一"[2]。

根据容闳的记录，这个夏天，广州杀了7.5万多人。叶名琛后来的自述则说杀了10多万人。

不过，这只是整个广东屠杀的一小部分。根据黄宇和在《两广总督叶名琛》中的考证，只有在广州附近被抓获的或者有情报价值的犯人才会被押送到广州审判，绝大部分死刑都是在府县自行审决的。例如广州北边的韶州府，就有自己的法庭，只将有重要的俘虏送往广州。而距离广州更远的潮州则完全自行审理。

---

① 黄宇和：《两广总督叶名琛》，上海书店出版社2004年版，第53—56页。
② 【美】裴士锋：《天国之秋》，社会科学文献出版社2014年版，第22页。

杀人之权不仅州府有，还被进一步下放到县和乡村。韶州府报告，由于犯人太多，根本来不及审理，许多犯人都被发往原籍所在的县审理。一位知县向叶名琛报告，他在上任的 15 个月内就抓了 1 万多造反者，并杀了其中的 8757 人，另外有 468 人在审判之前死在了牢房里。而广州当时有 80 多个县，县这一级所杀之人当不少于 50 万。

但县里杀人的速度还是跟不上镇压的需要，叶名琛进一步把杀人之权下放。由诸多村落士绅们联合组成的"社学"或"公局"，作为执法机构也在大量杀人。黄宇和找到了一份资料，显示由 32 个村组织的同仁社学在起义期间也在受命就地处决起义嫌犯，事后只需要把死者的耳朵送到广州作为备案登记即可①。

初步估算，为了镇压 1854 年的天地会起义，在 1854—1855 年不到两年的时间内，广东省、府、县、乡各级通过审理杀人的数量，就在百万左右。更不要说战争中的杀伤以及军队劫掠造成的人口损失了。而这只是广东一省。

在太平天国后期，清军还雇用了很多海盗参加与太平军的战斗，扬言上交一个人头奖励六块大洋。起初，这些海盗只是在附近的码头上杀人，整个码头上堆满了人头，后来清政府的官员把屠场移到郊外一英里处，两天的时间，就砍下了 2000 多个人头。

与清军勾结的外国军队在中国的劫掠屠杀，也跟海盗差不多。美国历史学家裴士锋在《天国之秋》中说："（英法联军的）行径使清军的残暴如同小儿科。"他以 1860 年 9 月的一次太平军进攻为例：法军为了防止太平军利用上海城厢一带的房屋进行隐蔽和巷战，干脆把城厢地区的房屋焚毁一空，并在"该地守法居民中间疯狂的横冲直撞，不分青红皂白的杀掉男女小孩……这些残暴的强盗毫无顾忌的强奸女人、洗劫房舍"。据一位目击者估计，仅仅这一次行动，就造成数以万计的中国人无家可归②。这些逃过杀戮但丧失家园和生计的人们大部分也会在辗转流浪中绝望地死去。

---

① 黄宇和：《两广总督叶名琛》，上海书店出版社 2004 年版，第 56—57 页。
② 【美】裴士锋：《天国之秋》，社会科学文献出版社 2014 年版，第 102 页。

在防御的时候烧杀一次——坚壁清野；逃跑的时候烧杀一次——不给太平军留下财富和人口；反攻的时候再烧杀一次——以清理残余叛匪为名劫掠民财，是清军在江浙地区跟太平军作战的常规套路。一个地区只要经过一次清军与太平军的反复拉锯，基本上就会从繁华富裕之地变成废墟和荒原。

在整个太平天国起义期间，清政府就好像一辆开足了马力的庞大杀人机器，从上到下密切配合，在全国范围内通过屠城、经济破坏、司法处决、勾结海盗和外国军队等众多方式疯狂杀戮中国人民，持续十多年。这才造成人口损失超过5000万甚至高达1个亿的巨大悲剧。

这个悲剧，是满洲的野蛮和理学士大夫的疯狂共同造成的。

至于像曾国藩、李鸿章、叶名琛等汉族高官，他们受宗教化和哲学化的理学思想洗脑，已经把维护等级统治秩序看成是不可动摇的"天理"。明朝中后期理学和心学思想交锋的结果是理学胜出、心学革命被镇压，"天理"胜过了"人心"。人的良知已经不再重要，只有经过哲学论证的天理才是压倒一切的。一个人的想法如果与理学家们认定的"天理"——也就是基于三纲五常的宗法等级制度相矛盾，那他的心就不是人心，而是禽兽之心。对于禽兽，是完全没有必要手下留情的。杀掉这些人跟杀鸡杀猪没有什么区别——都是消灭禽兽而已。反抗儒家纲常伦理的革命思想，在理学家眼里就好像是病毒一样，总是会迅速传播而又没有什么药物可以医治，唯一的办法就是把感染这些思想病毒的人全部杀掉，而且要把感染者的密切接触者们也一起杀光，只有这样才能避免病毒传播，维持他们心目中最完美社会——儒家专制理想国的机体健康。曾国藩在解释为什么要杀人的时候就说："天父天兄之教，天燕天豫之官，虽使周孔生今，断无不力谋诛灭之理，既谋诛灭，断无以多杀为悔之理。"这就十分类似于宗教狂热式的杀人了。

太平天国起义之前，官运最为亨通的汉人有两个，一个是曾国藩，一个是叶名琛。他们两人都是忠君理学思想培养出来的"楷模"。

叶名琛的名头不如曾国藩响亮，其实二人几乎是一个模子刻出来的。

叶名琛比曾国藩大几岁，算是同龄人。他出身士绅家庭，通过科举考试当上进士，26岁进翰林院做编修，然后得到中央大员赏识，下放到行政岗位历练，迅速被提拔。39岁当上正二品的广东巡抚。曾国藩进翰林院的时间是29岁，获得正二品侍郎头衔的时间是37岁。二人在镇压太平天国运动之前的人生关键节点基本同步，关键都是靠科举苦读和在翰林院的表现而飞黄腾达。曾国藩在中央历练，更快到达正二品，但广东巡抚的含金量又比六部侍郎更高，曾国藩获实授正二品侍郎的时间也是39岁，二人总体而言不相伯仲。连续破格提拔他们的人，都是倡导节俭的道光皇帝。

叶名琛和曾国藩的共同特点是喜欢刻苦研习理学，并且生活节俭，对物质享乐几乎没有兴趣。这种态度不是做给道光皇帝看的，而是他们坚持一生的习惯。叶名琛家里三代为官，出身优越，个人从小就喜爱诗书、不爱应酬，而且生活极为节俭，衣服上长了虱子都不换。1857年叶名琛被英军逮捕送往印度，据英国人记录："他不抽鸦片、只饮热茶，早餐素食。生性简朴，所穿之袍褂油渍光硬，据他自己说已经穿了十年；他在中国的家属给他三千元作为在印度的零用，他至死未动用过分文……在私生活方面，叶名琛是极可敬的中国人。"[1]

曾国藩的家庭情况不如叶名琛，其家族虽在湖南湘乡农村也算有钱有势，但终究是乡下人家，见过的世面有限。其个性一直本分老实，但当上翰林院编修以后，被北京城的权势繁华吸引，一度沉溺于吃喝玩乐、纵酒高会。一年后，结识了同为湖南人的著名理学学者唐鉴，受其影响，开始专心研习理学，减少交际应酬。唐鉴、曾国藩、倭仁等几个人结成了理学研究小组。曾国藩和倭仁每天交换日记，互相批阅，探析理学"义理"的精微。每天还要静坐反思，把易经、佛经里边的思想融入理学之中，以求融会贯通、淬炼心智，树立起坚固的牢不可破的理学世界观。

在理学上的修炼让曾国藩博得了满汉官僚中一个小圈子的重视，逐渐获得一些具体的差事，有了展示才能的机会，包括到四川担任科举考试的学官等。他用了五年时间，到1847年升迁为正四品的侍读学士。这个速度算快的，但并不十分惊人。真正关键的是1847年4月的一次翰林院选拔考试。曾国藩考的一般，名列中游，但获得了面见道光皇帝的机会。陛见一个月后，就突然被直接任命为正

---

[1] 黄宇和：《两广总督叶名琛》，上海书店出版社2004年版，第216—219页。

二品的礼部侍郎，连升四级，而且从学官转为了行政官。如此超擢，极为罕见。曾国藩也说："湖南37岁任正二品，本朝尚无一人。"这种破纪录的升迁，只可能是道光皇帝本人亲自点将。

这次陛见，曾国藩靠什么给道光留下如此深刻的印象呢？已经全无史料可考了，只能让后人自行揣测。不过道光崇尚节俭，喜欢理学。道光时期另一个名臣张集馨记录自己第一次面见道光，道光叮嘱他："汝在家总宜读经世之书。文酒之会，为翰林积习，亦当检点。"曾国藩在这方面应该是很对道光脾气。

跟曾国藩一起专研理学的倭仁，在三年前就已被提拔为正二品的大理寺卿。倭仁是蒙古旗人，家里世代都是下级军官或者普通士兵，从小在八旗驻防地长大，属于下层旗人，没多大背景。倭仁考进翰林院后，天天沉溺于理学研究，谈不上有任何政绩，却40岁升正二品，也是相当快的速度。看来道光对书呆子性格的臣僚确实颇为赏识。

道光看人的眼光不错，书呆子气的曾国藩果然感恩图报，为维护清王朝的统治竭尽所能，鞠躬尽瘁、死而后已，虽杀人千万亦未尝有过一丝后悔。

1852年底，在家守孝的曾国藩被任命为湖南帮办团练大臣，授予了他"搜查土匪"的权力。曾国藩立刻上奏皇帝，说：

> 湖南会匪之多，人所共知……臣之愚见，欲纯用重典以锄强暴，即臣身得残忍严酷之名亦不敢辞。誓当尽除湖南大小会匪……不敢稍留余孽，以贻君父之忧。至于教匪、盗匪，与会匪事一律。

本来是要严办土匪的，但是通篇基本不提抢劫杀人的土匪，却把反政府的会党与土匪等同，处心积虑地扩大打击面。

他又在奏折中说，还要关注"近期新出之游匪"，对于这些无家可归的"游匪"，曾国藩认为处理的办法是一经拿获，"立行正法"——没钱回家也成了罪过，而且是需要立刻处死的死罪。

曾国藩并未就此打住，他进一步地扩大打击面，认为对"寻常痞匪，如奸胥、蠹役、讼师、光棍之类，亦加倍严惩"。

这里面竟然有"光棍"！因为贫穷娶不起老婆也要加倍严惩。还有"讼师"，就是收钱帮人打官司的，如果被认定为给官府添乱，也要杀。

朝廷对曾国藩的奏章高度赞赏，认为他抓住了解决国家问题的关键——多杀人，展现了为君分忧的决心。曾国藩也马不停蹄地行动起来，在巡抚衙门之外另外成立了一个协办团练大臣公馆，直接管理湖南各地的团练组织，一方面自己开办审案局，直接审判杀人；另一方面授权各地士绅团练，对不法之徒可以经过族长、团长审理后直接杀掉①。这是清政府第一次正式授权宗族和士绅们有直接审判杀人之权。

曾国藩的家族带头积极响应号召。其父亲带领曾国藩诸兄弟，将他们认为的不法分子抓起来判处死刑，送到县里要求县官立刻执行。县官熊某知道其中有很多冤屈，对自己不利，隔几天总要私哭一次。有人问他，他就说："曾四爷又欲假我手杀人矣！"②

曾国藩在长沙的审案局也一日不停地杀人。《曾国藩年谱》中记录说三个月杀了200多人，但实际肯定远远不止。因为曾国藩在五月就记录了一次杀掉上百人的事件：安化县蓝田地方四月送来了100多名被团练抓捕的"会党分子"。经过一个多月的严刑拷打，这些人仍然不承认有罪。但曾国藩说，"据该处绅士吁请之诚，一概桀之"③，"陆续斩决之犯六十七名，监毙狱中者三十六名，永远监禁者四名"④——永远监禁在当时的条件下也终究难逃一死，也就是蓝田送来的100多人在没有任何口供的情况下，曾国藩仅根据当地士绅的要求，就一律杀了。蓝田是一个小镇，据《曾国藩评传》的考证，该地人口2000多人，这一个案件所杀的人，就相当于蓝田镇人口的大约百分之五。

三年后，叶名琛在广东开审案局杀人百万，也是跟曾国藩学的。叶名琛是广

---

① 曾国藩：《与湖南各州县公正绅耆书》，云："有素行不法、惯为盗贼、造谣惑众者，告知团长、族长，公同处罚，轻则治以家刑，重则置之死地。"

② 范文澜：《汉奸刽子手曾国藩的一生》，1950年。

③《曾国藩全集》第21册，第172页。

④《曾国藩全集》第1册，第65页。

东巡抚、两广总督，比帮办团练大臣曾国藩更有实权，直接掌握广东军事、司法、行政系统，因此杀人也就更多。

仅仅帮办团练这一个事儿，曾国藩就带动湖南士绅群体上上下下不知道杀了多少湖南人，为自己在湖南民间赢得了"曾剃头"的外号。后来办理湘军，军权在握，杀起人来即更是如砍瓜切菜一般顺手。一个没口供的案子就能杀掉一个镇百分之五的人口，一场镇压太平天国的军事行动，与李鸿章、叶名琛等人密切配合，消灭中国百分之十到百分之二十的人口，对曾国藩而言也实在不值得惊讶。

对清朝官场的腐败，对中国底层人民所遭受的苦难，在农村地区长大然后逐渐发迹的曾国藩心知肚明。他在书信中也一再痛斥清政府内部诸多权贵的贪婪无耻，以及对人民的无耻迫害、压榨。曾国藩做官，个人操守也还可以，除了各种"陋规"以外，并不再私下贪污受贿。但是，在他心目中，"民生"和"良心"等都只具有次一等的价值，唯有"忠君"和"理学"才是人生的最高信念，也是人之所以为人的价值所在，这是他经过日夜修炼研习树立起来的坚定信仰。为了捍卫这个理念，中国人民不管被压迫得多么厉害，都绝对不能造反，否则就应该被斩尽杀绝。

曾国藩不是一个伪君子，而是一个虔诚的理学宗教徒，心中只有天理而无良知，把"存天理、灭人欲"的功夫做到了家。他的大女儿和三女儿的婚姻都很不幸，丈夫都是不可救药的纨绔子弟，对妻子脾气暴躁且喜欢招嫖纳妾，其家中长辈也极难伺候。大女儿曾纪静的丈夫袁某因为嫖娼和贪污声名狼藉，曾国藩把这个女婿带在身边，亲自教育，见其屡教不改，终于声称其"不认妻子、不认岳家。吾亦永远绝之"，也就是彻底断绝关系，此后不再往来。其大女儿见状，就想趁机留在曾家，不再去袁家受气。不料曾国藩却无动于衷，认为嫁鸡随鸡、嫁狗随狗，自己可以与不成器的女婿断绝关系，女儿却绝对不允许离开丈夫。曾纪静在袁家守着活寡，精神抑郁，一直不停地写信给大哥曾纪泽要求回娘家。曾纪泽向身为两江总督的曾国藩请示，曾国藩断然拒绝。没过多久，29岁的曾纪静就在痛苦中死去。

他三女儿的情况几乎完全一样，也是通过曾纪泽要求回娘家。曾国藩正式给曾纪泽写了一封信，表明坚决拒绝的态度。信中这段话也堪称他一生信仰的总结。

三纲之道，君为臣纲，父为子纲，夫为妻纲，是地维所赖以立，天柱所赖以尊。故《传》曰：君，天也；父，天也；夫，天也。《仪礼》记曰：君至尊也，父至尊也，夫至尊也。君虽不仁，臣不可以不忠；父虽不慈，子不可以不孝；夫虽不贤，妻不可以不顺。

吾家读书居官，世守礼义，尔当告诫大妹三妹忍耐顺受。

这就是"忠君理学"，它可以让一个老实人、书呆子变成杀人狂魔和冷血的父亲，对人民的苦难无动于衷，对自己女儿的悲剧也袖手旁观。

十三、卖国求存：列强对清政府镇压活动的支持

鸦片战争以后，面对清政府腐朽的统治，中国人民除了采用暴力将其推翻以外，已别无选择。太平军趁势而起，席卷东南，攻破南京，清政府已是摇摇欲坠，如果只依靠八旗、绿营和团练，太平天国起义将会很快取得胜利。正是由于曾国藩等人的"额外努力"，顽固抗拒这一进步且正义的历史趋势，在八旗、绿营、团练之外又搞了一个湘军、淮军出来对抗"人民革命"，极大地拖延了战争的长度，使得更多的中国人在战争中死亡、更多的财富被战争破坏，是太平天国战争中后期中国人口锐减的罪人。

湘军系清军能够镇压太平天国起义，除了它自身的能耐以外，很重要的一点就是背后有西方列强支持。这种支持在某种程度上具有决定意义。也就是说，如果没有西方列强的干预，清政府能否成功镇压太平天国起义，就是一个极大的未知数。

列强对湘军最大的支持是向其出售了大量用于水师战船的火炮，有力地帮助了湘军水师掌握长江的制江权。这对长江主战场的胜负影响至关重要。

战争的双方都向西方购买了大量的先进武器。李秀成的亲兵部队就装备了当时最先进的西洋火枪，因此可以多次击败同样使用西方武器的"洋枪队"。总体而言，"洋枪队""常捷军"等西方雇佣军的装备水平最好，李鸿章依托上海发展起来的淮军武器水平次之，但总体仍然要高于太平军，而曾国荃围攻南京的湘军火器装备水平则低于李秀成统领的太平军主力。但双方差异最大的并非轻武器，而是以火炮为代表的重武器。因为太平天国是通过地下走私，清军方面是官方购买。枪支弹药比较好走私，太平军购买方便，而重型火炮则不容易采用走私的方法买到。

湘军水师在建军之初就开始大量配置了西洋火炮，其购买西洋火炮的主要来源是从广东入口。1854年湘潭之战的时候，湘军水师有水勇5000人，大小战船500艘，并装备了洋炮500余尊。湘潭之战太平军惨败，很大程度是因为第一次见到西洋火炮的威力，对此猝不及防。曾国藩在书信中承认，"湘潭、岳州两次大胜，实赖洋炮之力"。

1856年，曾国藩又委托叶名琛从广东购置600门西洋火炮，并在书信中声称："自武汉至于九江，前后贼船数千，均已片帆不返……夷炮之力也。"

据《曾国藩年谱》记录，攻克安庆以后，湘军已开始直接购买外国军舰，"（1862年正月）二十一日，新购外国火轮船第一号到安庆"。后来曾国藩又派周腾虎去上海继续买洋船以充实水师，具体数量不详。

太平军相对于湘军的优点，在于战术灵活和作战勇猛。但这些优点在长江广阔的水面上很难发挥出来，拥有先进火炮的一方占据的优势实在太大，太平军水营的船只上压根就没有火炮，也难以在短期内掌握西方数百年积累起来的火炮制造与舰船炮战技术，无法与湘军水师长期抗衡。仅仅水师火炮一项，就足以决定战争的胜负——如果没有上千西洋火炮的支持，或者说如果太平军也可以跟湘军一样公开自由地从西方进口火炮，湘军水师很可能早就被太平军消灭。如果太平军水营掌握制江权，在大江之上来去自如地运输物资和军队，曾国藩从武昌到九江、从安庆到南京的进军战略就成了无本之木、无源之水，根本无法实施。

列强对清军的第二大支持就是帮助他们保住了上海和宁波这两个重要的海港

贸易城市。一方面让清军可以轻易从太平军的战略后方发动反击，让太平军腹背受敌；另一方面也让清军可以掌握数量巨大的海关税收和海港贸易收入来支撑战争开支。这也是一个巨大的战略性优势。如果没有列强的支持，太平军会比较轻易地夺取上海和宁波，获得巨大的财源和稳定的战略后方，专心对抗顺江而下的湘军。曾国藩从上游稳打稳扎、步步为营的战略很可能就沦为历史笑柄。而且1855年的广东天地会大起义，围攻广州几个月，没有西方列强从海上给予的物资补给，广州也很有可能落入起义者手中。广州失守，整个广东就得丢失。丢掉广东、上海、宁波的清政府，要想不崩溃几乎不可能。

相对于这两个战略性优势，"洋枪队""常捷军"这种直接给枪给人的支援，则只能位列第三了。太平军并不害怕洋枪队，也不怕深入陆地的英法联军，但面对西方列强数百年积累起来的舰船火炮重型军事工业体系，以及建立在这套体系之上的海洋贸易优势，实在是无力对抗。

如果没有西方列强对清军的支持，清政府和湘军的联合是很难成功镇压太平天国起义的。我们常说，太平天国运动是被国内外反动势力联合镇压的，这一点绝非虚言。清政府、湘军、列强三方势力缺一不可：只有清政府，太平天国运动必然胜利；只有湘军，士绅官僚集团的内部也很难团结——必须有清政府的皇权来统一调度国家资源以支持整个战局，湘军系军队才能与太平军抗衡，不然就只能四分五裂被太平军各个消灭。曾国藩要不是有朝廷的支持，他在湖南都无法立足，更不要说带兵进入江西等地跨省作战。

但是，只有清政府和湘军的联合，没有西方列强的支持，失去水师火炮优势，失去广州、上海、宁波等关键外贸城市和海关关税，清军镇压行动的成功可能性也是不大。

太平天国同时与这三股反动势力——西方殖民列强、理学官僚士绅集团、满洲军事统治集团作战，难度极大，失败得也极为悲壮。

日本明治维新名臣、中日甲午战争的主要发动者伊藤博文这样评价太平天国战争：

"几乎毋庸置疑的是，太平叛乱发生时，满清已是山穷水尽，而戈登及其'常胜军'阻止它遭推翻，进而阻挡了一个正常、有益的自然过程。自那之后满清的所作所为，无一证明它值得一救。满清根本不值得救。而等到满清垮台，由于垮台是必然且不久之后就会发生，动荡将更为暴烈，而且会拖得更久，因为那被延迟太久，老早就该发生。"①

列强深知清朝统治的腐朽，但仍然坚持帮助清军，因为这个腐朽且反动的政权可以继续出卖更多的国家利益给他们。1856年10月至1860年10月的第二次鸦片战争，英法联军先后占领了广州和北京，还在北京郊外的八里桥几乎全歼了清朝北方八旗精锐。这看起来让清政府面临着内外夹攻的危亡之势，实际上却给它带来了意想不到的好处：随着《天津条约》和《北京条约》这两大卖国条约正式生效，西方列强在中国的殖民利益得到了保障和进一步的扩张，他们对清政府的定位从需要打击的抵抗政权变成了一个需要扶持的傀儡政权，开始积极帮助清政府镇压太平天国运动，反而让清政府摆脱了清初以来的最大危机，再延续了半个世纪的寿命。

经过第二次鸦片战争和镇压太平天国的战争以后，清政府的财政收入并没有因为战乱而大幅度减少，反而迅速增加，变得比战争之前更有钱。这种情况在古代王朝绝对不可能发生。古代王朝经过全国性的大起义打击以后，就算不被推翻，也会迅速陷入财政破产，中央政府穷得养不起军队，只能眼睁睁地等着被军阀或者外族军队消灭。清末的情况正好相反：在太平天国运动之前，清政府财政收入每年不到4000万两白银，而到1887年，财政收入已经超过了8000万两，直接翻了一倍多。仔细看它的财政收入结构，传统农耕帝国的主要税收——土地税，1845年收入3000万两，1887年收入3200万两，战前、战后几乎没有发生变化。增加的部分主要来自关税和厘金，从战争前的不到500万两，到1887年猛增至3800万两，增加了3000多万两②。就像《清朝续文献通考》所说的那样："近来岁入之项，转以厘金、洋税（海关税）为大宗。"厘金和海关税收入的猛增，主要是全球殖民贸易体系带来的。出口和进口商品量猛增，同时极大地提高了国内农产品和手工业品的商品化，从而推动了关税和厘金收入的暴涨。

①【美】裴士锋：《天国之秋》，社会科学文献出版社2014年版，第363页。
② 周育民：《晚清财政与社会变迁》，上海人民出版社2000年版，第238—239页。

在创造厘金和关税的商品中，最大宗的就是鸦片，这也是殖民入侵带来的。清末海关税和厘金收入中，有百分之三十到百分之四十来自国际和国内鸦片贸易。鸦片带来的收入，占到了晚清财政收入的百分之六到百分之十。这个比例相当惊人，鸦片收入成了仅次于田赋、非鸦片的关税、厘金、盐税之后的第五大政府收入来源。

清政府就是靠着殖民者带来的鸦片和其他商品贸易产生的意外之财，又硬撑了半个世纪，中间不仅有钱镇压起义，向列强支付各种战争赔款，还能拿钱出来搞洋务运动开办工业，还能有钱买船、买炮组建一支庞大的海军舰队。一直到清朝灭亡，它的财政都没有破产，收入还一直在上升，最后一次完整的中央财政预算，年度收支超过了1亿两白银。再加上地方财政，则直接突破了3亿两，简直就是富得流油。

清朝政权是一个极为幸运的政权。它内侵征服中国的时候，还是古代社会，明朝的海军力量和火器水平还不具备改变陆战格局的能力，满洲骑兵可以像数百年前的蒙古骑兵一样纵横天下；等到它腐朽衰落，面临崩溃的时候，又到了近代，有海外贸易的收入和西方列强的坚船利炮帮它镇压起义，苟延残喘。中华文明三千年不遇的大变局，对清政府而言，实则是三千年不遇的好运气。

第三章　同光中兴

一、因祸得福：海关管理权的丧失

太平天国运动期间，中国海关管理权落入英国人手中，对中国而言是丧权辱国，对清政府而言则是天上掉馅饼的头等好事。

太平天国占领南京后，清政府实际无力控制上海海关。在此情况下，1854年，英国、法国和美国三国驻上海领事馆联合与苏松太道台（上海实际行政长官）吴建彰谈判，决定由三国各派一名税务司"协助"清政府征集关税，委员会首领由英国人担任。这就是列强夺取中国海关管理权的起源。

英国作为头号列强，在攫取对华殖民利益方面也一直走在最前头，关税管理委员会的首领长期也由英国人担任。第一次鸦片战争是它独立发动的，第二次鸦片战争联合了法国，但英国是主导。第一次鸦片战争以后，清政府还没有被打服气，继续做着"天朝上国"的美梦，以为英国跟历史上各种入侵中原的蛮夷差不多，打不过就赔点钱然后允许"朝贡通商"就完事儿了。等到《南京条约》到期，英国人想要续约并且获得更多特权的时候，清政府就很不配合，找各种理由搪塞。英军这边还在跟俄国人打克里米亚战争，暂时顾不过来，等到1856年克里米亚战争结束，就先在1857年攻克广州，又派军舰到大沽口外威胁要炮轰天津，逼迫清政府签订了《天津条约》，增加了不少长江沿岸和华北地区的通商口岸，把《南京条约》的东南沿海通商范围进一步扩大。

1858年，英国又逼着清政府签订了《中英通商章程善后条约》，作为《天津条约》的附属条约。在这个条约里，"上海海关模式"被推广到全中国的对外通商口岸，也就是所有口岸都设立由外国人担任的关税委员会负责管理海关。然后，再在上海设立总税务司这个职位，管理全中国的关税委员会。后来，进一步发展为所有通商口岸海关方圆50里范围内的所有商业税也由海关统一管理。

1859年，两江总督何桂清正式任命英国人李泰国担任总税务司。这样，清朝的海关管理权就全部落入英国手中。其他列强就只能跟在英国后边占便宜。英国的这个主导地位，是它全球殖民霸主地位的体现，也是它主导两次鸦片战争的回报。对这样的安排，英国政府十分满意。

清政府对《天津条约》增加通商口岸、《中英通商善后条约》设立总税务司这几个事儿倒是认账，但《天津条约》里还有在北京设立驻华公使且与列强建立平等外交关系的内容。清政府从咸丰皇帝到满汉大臣都认为这严重损害了天朝上国的尊严，内心始终是拒绝的，不过为了早点把大沽口外的英国军舰赶走，假装同意。等到军舰撤走，英国人要求换约落实的时候，清政府就不认账了，变着法儿地想要把这一条删掉。而且态度极其坚决，在谈判期间积极加固大沽口炮台，不惜与英国人开战也不同意跟其他国家建立平等外交关系，这才引发了英法联军再次侵华。

跟第一次鸦片战争相比，1860年的英国海军已经完全抛弃了帆船，战舰全面采用蒸汽机驱动，不再畏惧东南沿海的台风天气；陆军所用的步枪从燧发变成了击发，火炮也有了新发明的后膛装填线膛炮——阿姆斯特朗炮，枪炮的射击精度和发射频率都得以大幅度提升，足以在平原地区轻松打垮传统骑兵的冲锋。这是英国人不再满足于侵扰东南沿海，而是直接北上试图从陆路进攻北京的军事原因。加固后的大沽口炮台刚开始给英法联军制造了一些麻烦，但等到联军调集了更多的军舰之后，很快就崩溃了。在八里桥，英法联军只用了一天时间就基本全歼北方八旗精锐，然后攻进北京城，赶走咸丰皇帝，火烧圆明园。经过这样一打，才算是彻底把清政府给打服气了，什么条件都可以谈。

按照中国古代战争的标准来看，英法联军在攻克北京以后的条件并不算高。主要就是要求清政府承认之前签订的《天津条约》有效，另外追加天津为通商口岸，把香港旁边的九龙地方割让给英国，以及把战争赔偿从400万两增加到了800万两。

1860年10月25日，《北京条约》一签订，还没拿到钱和土地，英法联军马上就撤离了北京城。

这个事情对正在安庆与太平军作战的曾国藩思想冲击很大。他在给友人的信里边说，想不到英法也很讲信用，竟然签了条约就真的撤军了。清政府上上下下都因此对列强好感大增，也确信列强只是志在通商而不是从清政府手中夺取中国。

曾国藩等人的这种认识，源于对近代殖民列强侵略模式的无知。近代殖民列强是依托海权发展起来的，英国是典型的海权帝国，其侵略殖民模式与传统的陆权帝国大不相同。海路运输的特点是运输量巨大但速度很慢，可以在某个遥远的海港枢纽集结规模庞大的军队，形成绝对军事优势，但后勤物资的持续供应能力不足，经不起持久战的消耗，特别是撑不起深入内陆的长期战争。受此影响，英国一方面可以以一个偏远的岛国建立起全球殖民体系；另一方面又不具备长期占领海外大片内陆地区的能力。因此，其殖民体系并不是把所有殖民地都直接纳入英国版图，而是通过控制少量海港枢纽的方式，把控一个国家或地区的贸易出口，然后扶持傀儡政权统治内陆，以海港为网络建立海洋贸易体系，从这个贸易体系中获得最大化的殖民利益。

按照这个模式，英国夺取了中国全部海关的管理权，然后又实际控制着上海、广州、天津、宁波等关键性的贸易口岸，也就等于把中国纳入英国全球殖民体系。中国的农产品通过这些口岸源源不断地进入国际市场，英国的工业品也通过这些口岸销往内地。英国可以随意对中国的产品征收任何税率的关税，而中国的关税税率以及具体征收方式则主要由英国方面决定。再加上鸦片贸易合法化，印度、斯里兰卡等英国殖民地的鸦片可以疯狂卖到中国赚钱。英国在列强中能获得的殖民利益显然是最大的。在世界地图上，中国是距离英国最遥远的大国，要直接征服和统治难度太大。北美殖民地独立和法国大革命之后，英国全球殖民霸主的地位在不断下降。在中国能够维持这样由英国主导的半殖民利益格局，英国政府就已经感到非常满意了。

由于北京位于中国内陆，远离海港，且中国北方的冬天极为寒冷，在10月之后持续占领会给英法联军带来极大的后勤困难甚至军事危险。1859年，英军刚刚镇压了印度爆发的封建领主起义，英国政府在印度的统治仍然很不稳固，无心在中国事务上投入太多资源，这也是它需要联合法国一起行动的重要原因。英国内阁从英法联军刚攻占北京开始，就不断地发电报催促联军首领额尔金赶紧与清政府签订条约，然后尽最快速度撤军。

经过数百年殖民战争考验的英国人对自己的战争优势和劣势非常清楚。他们打击清政府的策略就是"闪电战"：通过其巨大的海洋运输能力集中绝对优势兵力，以雷霆万钧之势给敌人制造可怕的杀伤，占领其最在意的战略要地，让敌人抵抗意志迅速崩溃，接受不平等条约，然后在海洋运输的物资耗竭之前撤兵。第一次鸦片战争是这样打的，第二次鸦片战争也是这样打的。

不管是清政府还是曾国藩，都对这种海权帝国的战争模式一无所知。他们完全意识不到，英法联军远涉重洋而来，持续作战的能力其实很差，深入内陆就更是危险。不是他们"讲诚信"，而是经验丰富、知己知彼，深知海权帝国与陆权帝国作战的优劣势所在，采取了正确的战略战术来达到自己的目的而已。

在军事上和抵抗意志两方面都崩溃以后，清政府显然已经成为海权帝国殖民版图中傀儡政权的合适之选。特别对英国而言，维持一个对外软弱无力的中央大一统政权，符合其在华殖民利益。这个大一统傀儡政权不能太强大，太强大了就可以集中国内资源抵抗外辱，废除不平等的殖民特权；但不能太弱，太弱了不能维持国家统一，会影响国内市场的商品流通，不利于英国利用关键港口和海关来控制整个国家的经济体系。这中间存在微妙的平衡。

在太平天国起义和第二次鸦片战争之前，清政府作为一个傀儡政权显然太强大了，需要不断地打击它、削弱它；等到第二次鸦片战争结束，清政府作为一个傀儡政权又有点太弱小了，最大的威胁当然是太平军。英国和法国都在其历史发展的关键时刻经历过起义，知道起义的威力。法国大革命之后诞生的拿破仑政权几乎统一欧洲，他们对此绝对印象深刻。中国这种大国一旦经过起义洗礼，并由起义政权来统一中国，那它必然会迅速变得强大而不可控制。腐败无能的满族统治阶层才是傀儡政权的最佳人选，帮助清政府镇压太平军便成了英国和法国理所当然的选择。

但英国人还要看得再深一层，他们注意到了曾国藩等人为代表的湘军系势力的崛起。从历史经验来看，这几乎一定会导致中国在镇压太平天国以后陷入地方军阀割据的局面，而这个局面同样也是对英国不利的。它需要中国维持一个统一的国内市场和政权，一旦陷入军阀割据，不仅会极大地增加跟中国做生意的成本，法国、俄国等列强势力必然会选择地方军阀作为代理人，在中国国内划分势力范围。英国当然可以瓜分一大块势力范围，但这样它就不是当之无愧的老大了，而只能跟俄国、法国平起平坐，它拿到的海关总税务司职位的意义也就没有那么大了。只有清政府的统治权威得以保持，英国才能继续稳定地在列强中当老大，其他列强只能跟在它后面吃点"残渣剩饭"。这跟印度不一样——在征服印度的过程中，英国是一个"后来者"，前边有西班牙、荷兰等老牌殖民帝国已经在印度称王称霸很久了。英国选择了先建立据点和势力范围的方式来殖民印度，然后逐步排挤其他殖民势力，等自己一家独大了，再扶持印度本土的莫卧儿帝国政权充当傀儡，一点一点把印度"消化"。最后才废掉莫卧儿政权，于1859年——也就是进攻北京之前一年——在印度建立了直接的殖民统治，整个过程历经近200年。可以说，在侵略和殖民统治一个大国方面，英国人是相当有耐心的。在中国，英国最先占据有利地位，其策略也就从谋求建立自己的势力范围变成了直接扶持傀儡中央政权以排挤其他列强势力。

这样，在镇压太平天国起义的后期，在拿到了海关总税务司的关键职位以后，英国对华殖民战略发生了急剧的变化，对清政府从打击削弱为主变成了扶持支持为主。不仅支持它镇压太平军，还支持它打压湘军等潜在的地方割据势力。

二、局外旁观：英国对华战略"新思维"

英国对华战略转变的一个标志性事件就是第一任总税务司李泰国主持的对华军事援助。

第二次鸦片战争结束以后，清政府想从英国手里购买一批军舰用于镇压太平天国运动。当时李泰国正好回英国休假，由其副手赫德代理总税务司的职权。恭亲王奕䜣主持的总理衙门向赫德表达了买船的意愿，赫德就赶紧向李泰国报告。李泰国又找到英国外交大臣罗素商量策划，最后经英国外交部和海军部同意，决定批准向中国出售一批军舰并提供训练有素的海军官兵，成立英中联合海军舰队。舰队包括六艘军舰，购置费用和官兵薪酬等开支都由清政府出，总共170多万两银子。随后，海军部通知海军上校阿思本，任命他担任这支舰队的总司令。

这件事双方在一开始就没有扯清楚。李泰国对英国政府讲的是"军事援助"和成立英中联合海军舰队，对清政府讲的是卖军舰。清政府以为军舰买回来当然归自己指挥，而英国政府则理解为是一次军事援助行动：清政府出了银子，固然拥有军舰的财产权，但军舰的控制权仍需掌握在英国军人手中——就好像总税务司名义上是中国官员，但需要由英国人担任一样。等到军舰都开到上海了，李泰国才明确告诉清政府，阿思本是舰队总司令，中方不得再任命总司令，而且阿思本"只执行李泰国转交的中国皇帝命令"，不接受曾国藩和李鸿章的指挥。

李泰国公开宣称自己的理念："要恢复和维持中国的和平，就需要中央政府的直接行动，指挥皇帝的军队，而不是省级地方军队。"

李泰国认为，如果中国要像西方那样强盛和进步的话，必须巩固中央政府，以便在需要的时候，随时执行中央的意志。达到这个目的的唯一办法，就是建立一支国家的而非地方军阀的陆军和海军。他甚至向英国公使卜鲁斯建议，把常胜军也直接置于清政府的控制之下，而不接受李鸿章的指挥[1]。

---

① 姜鸣：《龙旗飘扬的舰队》，生活·读书·新知三联书店2014年版，第27页。

清政府明白其中利害，乐意利用李泰国的海军来制衡湘军，但要给曾国藩、李鸿章面子。经过跟李泰国谈判，双方议定《轮船章程》，李泰国同意中方可以任命一个中国总司令，与阿思本共同管理舰队，且舰队在作战期间服从作战地区督抚的节制。第一任中国总司令由湘军水师将领蔡国祥担任。清政府又进一步跟李泰国约定：如果舰队与湘军共同攻克南京，那么南京城内的财物可以拿走百分之三十；如果单独攻克南京，则可以拿走百分之七十——这就是已经准备好要让阿思本舰队去抢曾国藩的功劳了。

曾国藩得知以后，相当愤怒，直接上奏说：湘军难以奉行《轮船章程》，至于朝廷任命蔡国祥去担任舰队中方司令，也不过是徒然受英方司令羞辱而已，没有必要，我已经让蔡国祥不要动，还是继续待在湘军水师，并建议朝廷解散阿思本舰队，把军舰当礼物赏赐给各国，以打击李泰国的骄气。对阿思本舰队协助攻打南京的要求，当然一口拒绝。他又给李鸿章写信说："（这种做法让）中国大吏居节制之虚号，不特蔡国祥无所用之，即吾二人亦从何处着手？"[1]

曾国藩、李鸿章都是军事政治斗争的高手，一眼就看出阿思本舰队是来架空他们的。曾国藩写奏折，总是喜欢话说一半，剩下一半意思留给阅读者自己去揣测，也给各方面势力留下妥协回转的空间，唯独这次上奏措辞强硬、不留余地，那确实是触动根本利益了。李泰国这边，他本人虽然同意了《轮船章程》，但阿思本的任命直接来自英国海军部，非李泰国所能控制。阿思本拒绝接受《轮船章程》，拒绝中方另外派遣总司令和服从地方督抚节制，清政府被迫二选一。

清政府固然对湘军不放心，但对英国人控制中国的海军更不放心。湘军已经开始围攻南京，镇压太平天国不一定需要这支舰队，相反，跟曾国藩彻底翻脸可能更危险。最后，清政府选择了将舰队解散并交给英国政府变价出售，同时解除李泰国总税务司的职务，由赫德接替。英国后来把这六艘军舰分别卖给了印度和日本，总共卖了100万两银子，转还给清政府。清政府因为阿思本舰队事件，总共损失了大约70万两银子。

---

[1]《曾国藩全集·书信》（六），岳麓书社1994年版，第3887页。

李泰国的计划失败了，本人也因此垮台。但他的思路大体反映了当时英国官方的对华战略，就是通过扶持清政府来进一步强化其殖民利益，同时防范地方军事割据，以维持英国在华一家独大的局面。

更懂得与中国各方面力量沟通的赫德上台，继续执行这个战略。赫德很明智地暂时放弃在最敏感的军事领域出手，转而专注于打好手里的海关这张牌。他将现代化的管理体制引进海关，从全球高薪招募管理人才，制定了合理的薪酬体系，又以严格的考核监督机制杜绝徇私舞弊。海关除了定期给中央财政上交关税以外，其他事务完全由赫德一个人说了算，清朝官员无法干预。赫德将海关打造成了腐败无能的清政府治下最为高效的机构，也就为清政府源源不断地提供了可靠稳定的巨额税收来源。海关税收几乎长期占晚清中央财政收入的三分之一，是清政府维持其反动统治的重要支柱。赫德本人也因此成为清朝政坛上举足轻重的力量，担任海关总税务司长达45年，是清末中英双方乃至中国与列强外交关系中的重要协调人，在诸如推动洋务运动、建立北洋海军等诸多大事上都发挥了很大的作用。

对赫德以现代化体制管理中国海关这个事情，后世比较有影响力的看法是经济学家杨小凯在《百年中国经济史笔记》中的说法："过去的很多史书都指称清朝卖国的证据是将海关权力让与外人，其实这种指责是不准确的政治宣传。清末海关虽由英国人赫德管理，但他是作为清政府的雇员，行使他的职权。他的管理不但使中国海关迅速现代化，而且使海关成为最有效率、最少贪污的清朝官僚机构。他保证了条约制度对关税率的限制，因而促进了自由贸易及公平税收，他也保证了用有效率的管理和制度为清朝政府提供了大量税收。"

赫德高效管理中国海关，本质上是为英国政府的对华殖民战略服务的，他能够获得这个职位，本身也就是因为英国在对华殖民中占据了主导地位。从英国政府的视角来看，清政府哪怕作为一个傀儡政权，也太腐败太无能了，如果海关由清政府直接管理，它的关税很快就会被官僚们"吸干吃净"。失去关税的"输血"，中央政府很快就会在起义者和地方军阀势力的冲击下走向土崩瓦解，分裂的中国将会被列强瓜分，英国在华一家独大的地位就不复存在。所以，由英国人来管理中国海关，一方面要为英国对华贸易服务；另一方面也要负责为维系清政府的统治"输血"。两者都是赫德肩负的重大战略使命。他把海关管理得越是高效，清政府的统治就可以维持更长时间，英国的殖民利益才能获得最大的保障。

英国能以一个小小的岛国建立全球殖民体系，其统治集团内部自然是人才济济，精英辈出。赫德便是其中的一员，他很有才干，也很有野心，尽心尽力地履行了自己的使命。除了管理好海关，还在1865年写了一篇《局外旁观论》递交给清政府，以"局外人"的身份提出改革建议。这篇文章建议清政府清除腐败、加强中央集权、学习西方先进技术，等等，在清政府高层中广泛传阅，影响力很大。紧接着，英国驻华使馆参赞威妥玛也向清政府递交了《新议论略》，观点与赫德完全一致。这两篇文章都是英国人所作，而不是法国人、俄国人写的，显然不是巧合，而是英国整体对华战略转变的体现。

此后，洋务运动兴起，改革路径在诸多方面都与这两篇文章一致，清朝出现了所谓的同光中兴，比较成功地抵抗了俄国在西北的侵略和法国在西南、台湾的侵略。这种局面恰好是英国人希望看到的。

再后来，日本崛起，对中国构成威胁，清政府再次表达了希望从国外购买军舰组建现代化海军的愿望。赫德也学习他的前任李泰国，向清政府建议，模仿总税务司成立一个总海军司，由他担任清政府的海军总司令，帮助清政府强化海防。这一设想遭到了淮军领袖兼直隶总督李鸿章的反对，因为他想把北洋水师掌控在自己手中。清政府再三权衡，还是对外国人掌握本国兵权不放心，把海军建设权交给了李鸿章。结果李鸿章耗费巨资建立的北洋水师从上到下腐败透顶，在1894年的甲午战争中被日本一战全歼。

甲午战争宣告英国对清政府的扶持战略走向失败，清朝进入了被列强瓜分蚕食的新阶段，覆灭进程大大加速。如果清政府把海军交给赫德而不是李鸿章管理，说不定他真能把清朝水军管理得跟海关一样高效，可以压制日本更长时间，至少其战斗力肯定会比李鸿章的北洋水师强出许多。甲午战争的结果说明，清政府和李鸿章等人比英国人想象的更差。

赫德的《局外旁观论》和威妥玛的《新议论略》这两篇文章都提出了一个共同的建议，就是应该尽快设立外交公使并常驻英国，从而绕过沿海地方的督抚，实现两国中央政府之间的直接沟通。英国不希望在它和清政府之间存在汉族实权派的代理人，或者说，应该大力削弱这些代理人的权力，"没有中间商赚差价"是英国对华殖民新思维的关键目标。

清政府经过内部激烈争议，最终于1867年决定委托刚退休的美国驻华公使蒲安臣担任公使出访欧美。蒲安臣先去美国，再去英国，最后再去出访其他欧洲列强。之所以先去美国，也有制衡英国的考虑。在各国列强中，美国作为一个通过革命来摆脱殖民地地位的新国家，外交政策的殖民色彩比较淡。而且它当时力量最弱，还在忙于征服美洲大陆西部和解决内部奴隶贸易的问题，满足于跟在英国后边当"小弟"分享对华殖民利益，没有更多的野心。

蒲安臣代表中国和美国签订了《中美续增条约》（史称《蒲安臣条约》）。这份条约被称为"中国近代史上的第一份平等条约"，其内容没有涉及不平等的殖民利益，主要是美国表示尊重中国领土完整和内部贸易主权，不干预中国内政；中国往美国各商埠派遣领事；中美可以互相派遣学生到对方官方学校就读学习（这一条为后来清朝派出第一批美国留学生创造了条件）；中美两国为彼此人民在对方国家旅游、经商、居住等提供便利和权利保护等。

随后，蒲安臣前往英国。英国女王亲自出面接待，英国外交大臣向使团发布了一份正式的外交照会，其中声称：英国政府"不实施与中国的独立和安全相矛盾的一种不友好的压迫；宁愿和中国中央政府直接接触，不愿同各地官吏交涉"。但同时督促中国政府忠实履行各种条约义务，英国保留使用武力"以便保护生命和财产受到迫切危害"[1]。

英国外交大臣这番话，是英国"对华新思维"的完整体现。在连续两次侵略中国，还绑架中国的总督、占领中国的首都、火烧圆明园之后，突然宣布尊重中国的"独立和安全"。这当然是虚伪的，属于一本正经的胡说八道，不过是"胡萝卜和大棒"交替使用的实用主义外交策略：把清政府打服气了，好处捞够了，一边保留武力威胁"履行条约义务"，一边也开始着手扶持清政府以抵制其他列强来华瓜分势力范围。

蒲安臣使团到其他列强访问，受到的接待就要冷淡的多。二线列强们对华战

---

[1] 邢超：《致命的倔强：从洋务运动到甲午战争》，中国青年出版社2013年版，第89页。

略思路比较复杂，一方面乐得跟在英国后边享受不对等的贸易特权，从清政府手中勒索更多殖民利益；另一方面法国、俄国等也在盘算夺取属于自己的势力范围，扶持自己的代理人势力，打破英国一家独人的局面，因此不愿承诺尊重中国领土和主权完整，也不愿意通过外交礼遇来强化清政府权威。蒲安臣在法国待了半年，条约和照会一个都没搞到，只得失望地离开。俄国沙皇亚历山大二世干脆把蒲安臣当美国公使接待，大谈俄国和美国的交情，绝口不提中俄关系，蒲安臣几次开口都被岔开了话头。德国（普鲁士）这边态度比法国、俄国好一些，因为普鲁士国王威廉一世正在和他的首相俾斯麦积极推动德国统一，无力寻求在中国谋求特殊殖民利益，对华战略以跟在英国后面为主。俾斯麦也公开发表了一份跟英国外交大臣照会内容相似的声明。

英国政府对清政府的支持是一种典型的"双赢"。这种"双赢"战略的集中体现就是英国人管理中国海关。以前，清政府各地海关由地方政府管理，只需要交够中央规定的限额，多出来的部分由地方支配。实际管理中，大量关税被地方官员以私征、贪腐等形式拿走了。交给英国以后，英国人掌握了海关税率的决定权，让中国的关税始终保持在极低水平，名义关税税率不到5%，实际执行税率大约3%，同时期欧美列强的平均关税税率则在10%以上。更夸张的是，中国海关还要对中国产品出口征收15%的出口关税，阻碍中国产品参与国际市场竞争。中国在主要大国中，不仅进口关税税率最低，还是唯一一个出口关税比进口关税更高的国家。

显然，列强控制海关，大大地方便外国商品进入中国，而极为不利于中国产品参与国际和国内市场竞争。在低关税冲击下，中国境内农村和城镇的手工业从业者大量破产，人民生计受到严重冲击。

郑观应1894年在《盛世危言》中记录说：

洋布、洋纱、洋花边、洋袜、洋巾入中国，而女红失业；煤油、洋烛、洋电灯入中国，而东南数省之柏树皆弃为不材；洋铁、洋针、洋钉入中国，而业冶者多无事投闲。此其大者。尚有小者，不胜枚举。

　　但是，需要注意的是：与此同时，中国的关税收入不仅没有下降，还翻着倍地增加。

　　在这个"双赢"局面的背后，利益受损的除了中国的手工业，还有就是地方政府。在《天津条约》中，英国人提出一个条件，把中国国内各地自行征收的厘金，合并到关税中一并征收，称之为"子口税"。也就是说，洋商货物在内地需要交的厘金，由英国人控制的海关在征收关税的时候就"代为征收"了，之后再运往内地，就无须再缴纳任何税费。子口税税率为2.5%，远低于各地厘金税率。这个条款对英国有利，可以降低它对华出口货物的总体税负，也进一步扩大海关的权力范围。与此同时，它对于加强清政府的中央集权也极为有利。因为厘金的征税权在地方，而子口税的征税权在中央——尽管海关由英国人控制，但这些税金都直接通过海关上交中央财政，无需经过地方。

　　清政府对这个条款相当高兴：湘军系大佬们拥兵自重，都不愿意把厘金收入拿出来分给中央，但由洋人来开口，问题就好办多了。湘军系的骄兵悍将们不把朝廷放在眼里，对洋人是服气的，知道洋人的坚船利炮不好惹，只得妥协认账。此后数十年，英国方面不断加码，强化子口税对厘金的替代，不仅洋商货物，连华商货物的厘金也可以用子口税代替。后来，又把通商口岸50里范围内的各种税收也划归海关代为征收。任何税收一经划给海关，即意味着从地方税变成了中央税。在海关税收问题上，实际上形成了英国和清政府合作，共同打压地方汉族官僚士绅势力扩张的局面。

　　以强化海关控制为重心的英国对华殖民"新思维"，确实起到了给清政府"续命"的效果。镇压太平天国运动以后，以湘军系为代表的地方实权派崛起。清政府中央权威总体下降，但这种下降没有迅速演变为军阀割据，唐朝安史之乱以后藩镇割据的局面没有在清末出现。背后的一大特殊因素，就是英国人管理的海关所征收的关税、口岸常税以及代替厘金的子口税。这笔每年超过2000万两白银的收入（1894年海关税收总计2279万两，其中来自鸦片的收入740万两，占了32%），由海关直接上缴中央财政。清政府将这笔完全由中央控制的新增收入，大量投入购买先进武器、训练新式军队、兴办近代化兵工厂等事业中去，维持了摇摇欲坠的中央权威。1902年，清政府因为《辛丑条约》赔款出现财政困难，列强竟然一致同意提高中国海关关税，增加收入用来保证其日常运行和还款能力，让清政府又苟延残喘了几年。

等到清政府垮台以后，英国人继续伙同其他欧美列强控制着中国海关，他们把自己控制的这笔海关税收作为给"傀儡政府"的报酬：哪个政权愿意且有能力充当欧美列强在中国的代理人，有本事出卖更多的国家利益，谁就可以获得这笔数额巨大的收入，从而拥有其他地方军阀无可匹敌的经济优势。

所以，那些认为赫德是一个单纯的在中国工作的外国雇员，试图以一己之力帮助中国走向现代化的看法，实在是幼稚可笑的。中国海关确实在他手里走向了现代化管理，但这个现代化海关所发挥的作用，却是在阻碍中国整体走向现代化。这是因为，中华文明复兴和中国社会现代化最大的敌人，乃是自从1644年以来形成的满汉联合专政的反动政权，是这个政权里的两大反动阶级：满洲军事勋贵集团和汉族理学士绅集团。到了1860年前后，中国人民以起义的方式自行推翻这个反动政权和这两大反动阶级统治的时机已经成熟。英国为首的欧美列强，出于殖民侵略的战略目标，先帮助清政府镇压太平天国，又"帮助"中国建立了一个高效的现代化海关，为这两个反动阶级的统治"续命"。

在近代历史上，欧美殖民列强对中国人民犯下的最大最严重的罪行，并不是他们侵略和打击了清政府，而是他们扶持和帮助了清政府。

长期以来，都存在一种非常具有迷惑性的论调，就是近代殖民列强的入侵给中国带来了现代文明，这种论调是错误的。列强的入侵阻碍和延缓了中国的现代化进程，而不是帮助和推动。

现代文明是个好东西。先进的文明可以创造更丰富的物质财富供人们享受，可以让人类享有更多的自由和更长的寿命。近代科学和工业，以及许多与之相对应的近代化社会治理模式，都有助于在物质和精神两个方面提高社会福祉。对先进的文明成果，拥有数千年文明史的中国人从来都是开放包容和乐于学习借鉴的。所以徐光启看到利玛窦的《几何原本》之后，立刻就着手进行翻译，明朝末年的中国知识分子掀起了大规模翻译西方科技书籍的热潮；明朝的海军在与葡萄牙海盗作战的过程中，发现其火炮技术水平高于自己，立刻就加以学习模仿。先进的东西，中国人一旦知道，立刻就会想要学习，这既来自人类求知和渴望进步的本能，也是我们这个千年文明国度拥有的智慧底蕴。

但是，这个通过学习借鉴西方来走向近代化的进程被打断了，到了19世纪中期的时候，中国已经严重落后于西方，国内精英阶层故步自封、目光短浅，整个社会在物资和精神上都极度贫困而且僵化保守。造成这种现象的根本原因，是1644年的清军入关，将东南沿海的新兴工商业和市民阶层摧毁殆尽，然后执行了在思想文化上闭关锁国和以"文字狱"为代表的文化恐怖政策，又以忠君理学支持宗族势力建立一套深入社会基层的人身和思想控制体制，将中国传统文化中最糟粕的理学思想与野蛮统治结合起来，使中国社会的文明程度倒退上千年，在长达200年的时间内毫无进步，对外部世界的进步和变化一无所知。中国要重新走上学习西方现代文明、重新推进现代化进程的正确道路，首要前提就是要推翻这个反动的政权，推翻这个政权的两大反动阶级的统治。只要做到了这一点，中国人民学习先进科技、发展先进产业、借鉴先进的社会治理模式的热情和才能就会自然爆发出来，迅速走向全面现代化的道路，迅速实现中华民族的复兴。像建立一个现代化的、高效的海关这种事，并不需要什么来自西方人的神秘能力，太平军在占领宁波期间，就一直高效地管理着海关。太平天国运动尽管有内部路线斗争，但在对外开放自由贸易，学习西方先进科技和文明成果方面，"宗教建国派"和"世俗革命派"之间没有分歧，不管是洪秀全，还是李秀成，一看到西方有先进的东西，都立刻赞同尽快加以学习引进。洪仁玕进献《资政新篇》，提出要从科技到产业到治理模式，全盘学习西方，洪秀全大加褒奖，要求印发全国全军高层人手一份认真学习；李秀成反对洪仁玕想要依靠列强来打击清政府的幻想，但一看到西方的大炮好用，就马上组织人仿制。

中国人民并不缺乏学习现代文明的能力，不需要西方的坚船利炮来教育我们，自己就能分辨什么是先进什么是落后。只要我们知道有更先进的东西，就会自觉地、积极地去学习，而且学习能力超强，不让学还要想尽办法偷偷摸摸地去学，学过来之后还要不断改进和创新，争取把这些好东西变得更好。阻碍中国人学习现代文明的，不是中华文明本身，而是满洲反动政权的两大反动集团。殖民列强通过侵略中国，然后将清政府扶持为傀儡政权，这中间为了不让过于腐朽无能的傀儡政权太早垮台，不得不亲自在一些关键环节，比如海关建设、军队训练等方面帮助其实现局部的现代化以提高其敛财和杀人的效率，根本不是为中国带来现代文明，而是为了帮助自己选中的傀儡更好地统治中国，镇压中国人民的反抗，从而从整体上阻碍中国走向现代化和民族复兴。对于这些举动，有一些人看不见西方殖民史和中国历史的大势，就海关论海关、就练兵讲练兵，一口咬定列强是在帮助中国实现现代化，进而得出"殖民侵略进步论"，就是典型的管窥蠡测、坐井观天；朝菌夕死、不知晦朔；寒蝉夏亡、不识春秋。

本书判定文明先进与否的标准是是否可以创造更多的物质和精神财富，物质财富多寡的标准并不包括用来杀人放火的武器，精神财富则更多强调人的精神自由和生命长度。掌握先进科技的文明，如果用这种先进科技来制造更强大的武器用来杀人和掠夺，从而让数量众多的人类被剥夺生命和自由，这显然不能算是先进文明。欧美基督教文明，在历史上长期落后，因为一系列幸运的因素，从阿拉伯人手中学到了抽象科学理论体系等世界其他古文明的科技文化成果，从而实现了科技的爆发性增长。但它们在历史上过于落后，文明的根基很浅，对人类命运和个体自由等问题的认识长期未能跟上科技进步的步伐。科技进步被主要用于制造先进的武器，用来进行殖民掠夺。这种文明与传统中华文明相比，只是在某些方面先进而不是全面领先。

中华文明历史源远流长，其春秋战国的大混战，大约就相当于欧洲11世纪到18世纪的大混战。经过长达数百年的战争，中国人开始反思战争的意义和人类文明存在的价值，提出了"己所不欲，勿施于人"的思想和天下大同的理想目标。孔孟的儒家思想，在内部阶级关系上，主张以"仁"来促进平等和互助，每个人只要按照仁、孝等原则生活，就都可以成为儒家君子乃至圣贤；在对外关系上，则主张以"王道""教化"来帮助野蛮民族步入文明社会。后来，每一次王朝覆灭和军阀割据的混战，都给中国人留下了极为惨痛的记忆，并进一步强化对这些思想理念的认同。理学、道学思想将孔孟之道哲学化，同时走向了僵化，但保留了传统儒学关注人类个体的"仁义"教化和人类整体实现天下大同等核心理念。宋明时期，心学思想崛起，将"良知"作为人类认同的核心，提出但凡有良知的人类，都可以彼此沟通、共同进步，更将中华文明对人类个体与人类整体关系的思考推到一个其他文明无法企及的高度。在这些思想的指导下，中国人并不主张以掠夺和奴役一大批人以供养一小批人，而是强调众生平等和自给自足、自力更生。在古代的科技条件下，这种人文理想以和皇帝制度相结合的方式来实践，对内用皇权遏制军事暴力集团、土地资本集团对人民的过度掠夺，对外建立"天下—朝贡"体系，与世界各国互通有无，并且以"赏赐"的名义为弱小国家和民族提供补贴以维持天下太平。只有在遭遇无理入侵的情况下，军队才执行必要的惩罚和反击。在这个体系下，暴力行为得到了有效的遏制，科学技术被大量应用于农业等经济生产，创造了一个又一个的盛世。受古代科技发展水平的限制，这套体系远远谈不上完美。这些盛世也都最终被内部的腐败或外部的暴力入侵所终结，但在古代技术条件下，与其他任何文明相比，都已经做到了最好，其所取得的成就也足以令中国人感到骄傲，并成为全人类的共同财富和美好回忆。

西方文明尽管在科技上超越了中国，其宗主国内部治理体系也有许多创新，但在战争与和平、生命与死亡、个人与集体、国家与民族这些根本性的人文思想上，一直未能超过古代中国人所达到的深度。作为海权殖民帝国的"首都"，宗主国有钱供养一批专门从事人文思想研究的专家，催生了诸如古典自由主义这样顶尖的人文精神文明成果。但这些思想始终未能沉淀成为社会共识，未能渗透社会基层改变其文明底色，主要作用还是给"文明社会"做装饰品，为列强入侵落后国家提供借口。也就是说，他们公开宣传的文明准则大部分是值得学习的好东西，但这些宣传者自己其实并不真的按照这套文明准则行动。列强精英阶层以及其大多数普通国民，真正相信的还是弱肉强食那一套简单粗暴的丛林法则，骨子里崇尚的是暴力而非文明。简言之，就是其社会精神文明的进步速度，未能跟上其科技和生产能力的进步速度；尽管在某些方面有超乎常态的发展，但整体而言还处在野蛮状态。西方对中国的殖民入侵与中国古代的蛮族入侵固然有差别，但主要性质依旧是一个野蛮文明的侵略，而不是先进文明的扩张。贩卖黑奴、建立奴隶制庄园、强迫推动鸦片等毒品贸易以及对亚非拉人民的血腥屠杀等事件，是西方殖民史的主要方面，科技传播只是这些野蛮暴行的附属品。

如果西方人只是开辟大航海路线，然后平等地与世界各个民族交往和贸易，先进的科技和社会治理模式也会自然地普及全世界，人类文明从整体来看只会进步得更快，而不是更慢。

近代殖民列强所代表的这种科技畸形发展的文明，对中华文明的入侵，并非先进文明对落后文明的征服。有些人拿殖民宗主国国内的生活水平来跟整个中国做片面的比较，以此证明殖民入侵的进步性，其逻辑荒谬可笑。列强入侵中国是为了把中国变成它的殖民地，不是为了让中国也变成宗主国。

一个用武力在殖民地建立奴隶制庄园和毒品种植基地，又用武力强迫那些禁毒的国家将毒品贸易合法化的文明，算哪门子的先进呢？

即使是两千年前的汉武帝打击匈奴，不是也比欧洲人侵略美洲要文明的多吗？匈奴长期以来内侵中原进行掠夺，中原政府被迫反击，也只是打垮为止，并没有进行种族灭绝行动，反而愿意向放弃野蛮掠夺的匈奴人提供耕地，传授农耕技术，让他们过上更好的生活，融入更先进的中华文明。美洲人和非洲人并没有劫掠过欧洲，一个被种族灭绝，一个被贩卖为奴。如此显著的历史事实，难道不是说明近代殖民国家的文明发育程度，连两千年前的中国都赶不上吗？

中国被殖民入侵的后果，除了少数买办精英以外，绝大多数中国人民的生活水平只可能向殖民地看齐，而绝不可能是向宗主国看齐。宗主国人民的生活水平和权利保障，是建立在殖民地人民被奴役基础之上的。中国如果以半殖民地的国家地位片面学习西方的社会治理方式，最后的结果就必然是两极分化：少数买办精英的生活达到宗主国水平，普通人民的生活降低到殖民地水平，中国人民反抗殖民入侵的正义性也就来源于此，少数中国精英极力鼓吹全盘西化、殖民进步论的驱动力也来源于此。

如果没有列强入侵，中国人自己推翻清政府，也会主动学习西方等其他整个外部世界的先进文明成果，而且把它们跟中华文明一直强调的自力更生、人类大同思想结合起来，不仅可以更早实现现代化，还可以创造一个更为公平的中国和更加公平的世界。西方殖民侵略和满洲内侵一样，都是在阻挡和破坏这一进程，绝不存在殖民侵略给中国"送来"现代文明的事情。

如果真的有一个科技更先进的国家，真心地支持中国人民推翻反动政权的革命，真心地帮助中国全面学习先进的科技，让中国真正走上繁荣富强的道路，那才是先进文明应该做的事。而对于殖民列强先强迫清政府签署一系列出卖国家利益的不平等条约之后，再帮助这个丧权辱国、野蛮落后、腐败堕落的傀儡政权建立高效的海关、现代化兵工厂、培训新式军队等行为，我们只有痛恨，绝不感谢。

至于赫德本人的"清廉"，也不过是个虚幻的故事。他给自己定的工资收入极高，每年8000英镑，超过清政府亲王的年俸。赫德本人的胞弟、内弟、表弟、儿子、外甥等多人均在中国海关坐拥高薪工作，属于"一人得道，鸡犬升天"的典型。他和他的亲属先后多次以薪水和退休津贴的名义，从海关提取价值75万英镑的银子，约合500万两白银，并把这些钱汇回英国。

赫德还设立了一个中国海关驻欧代表，由其亲信金登干担任。这个金登干实际是赫德敛财的"白手套"，负责在欧洲联系中国洋务运动的各种进口事宜，比如购买机器、军舰，等等。赫德到欧洲出差，租住的房屋由金登干联系，然后由海关报销，房屋租金是正常租金水平的五倍以上。1875年，金登干接受清政府委托，为中国军队订购火炮和舰船等武器装备，他当时对赫德写信说：

"我已经向克虏伯（德国军火商）、阿姆斯特朗和惠特沃思（英国军火商）公司订了价目表。今天上午，约瑟夫·惠特沃思（公司负责人）来访，他告诉我，他们从不给任何政府雇员以佣金和回扣，但是他可以从自己的利润中拿出1%—2%给商人，以便补偿代理人在交易当中的花费，如果我们接受，他们就会给我们以同样的报酬。"

显然，所谓"从不给佣金和回扣"是一个幌子，约瑟夫·惠特沃思在明确暗示可以给金登干和赫德回扣，比例大概是1%—2%。

在赫德所制定的海关制度里面，收取佣金回扣是绝对不允许的。但赫德在回信当中并没有提出反对意见，默许了金登干的所作所为。很快，相关的交易得以成行，而金登干作为赫德的"白手套"也顺理成章地拿到了这笔回扣。

金登干因为干了这些买办工作，大发横财，他的工资是每年2000英镑，已经相当惊人，但在1893年的一次金融骗局中就被骗走了8万英镑的巨额财产，而且生活水平并未受到影响。如此巨额的财富，显然不是靠工资能够积累起来的。

当然，赫德不会降低身价直接"收钱办事"，更不会像清朝官员们一样明码标价，公开出售海关职位——跟同时期的清政府大部分官僚相比，他敛财的手段要高明得多，敛财数量也比较有节制。赫德本人才华出众、目光远大、精明强干，能够在让自己家族和亲信赚得盆满钵满的同时，确保海关高效运转，很好地完成了英国交给他的战略使命。这也是他能在海关总税务司的位置上稳坐长达近半个世纪的主要原因。

三、督抚崛起：后太平天国时代的权力格局

太平天国运动虽然被血腥镇压，但它还是极大地推动了中国社会的进步。它最大的贡献就是沉重地打击了"八旗—绿营"这个严格受清政府控制的传统清军，让汉族官僚士绅阶级独立掌握的湘军系军队崛起。谁掌握军队，谁在政权里边说话就更硬气，说话管用。

传统绿营虽然汉人为主体，但将领中大量充斥着满洲旗人，而且其军费来源于中央财政拨付，又被大面积地分散在各个汛地。通过这一系列的制度安排，掌握着朝廷中枢的满洲勋贵集团就可以完全控制绿营。因此，八旗和绿营都忠诚地为满洲勋贵服务——这是满洲统治中国的根本。清政府作为"满汉联合专政"政权，满洲军事集团居于优先地位，汉族官僚士绅集团居于从属地位。

太平天国运动后，清朝政权虽然继续存在，但其政府性质已经发生了巨大的变化。湘军系军队由汉族官僚士绅集团建立，依靠宗族地域关系和理学思想进行控制，又通过建立厘金体制掌握了独立的军费来源。这样一支军队，就只听命于汉族理学官僚士绅集团，而不听命于清朝中央朝廷。

太平军两次踏破江南、江北大营，将清军能战的绿营主力基本消灭殆尽。在北方，最后一支能战的八旗精锐在1860年的八里桥战役中被英法联军歼灭，剩下湘军系一支独大。汉族士绅集团一手掌握着地方上的经济行政，一手掌握着国家最强大的军队，这个时候清朝中央朝廷说话就不那么管用了。只是由于有英国

等列强的支持，以及湘军系内部力量还不够统一，不具备"另立中央"的条件，清朝的统治才得以延续。"满汉联合专政"的体制依然存在，但"满洲第一、汉族士绅第二"的执政格局已经被颠覆，实际上变成了"汉族士绅与满洲并列第一"的权力格局，二者不是主从或者主仆关系。也就是说，经过太平天国之役，汉族官僚终于获得了与满洲勋贵们分庭抗礼、平起平坐的资格。太平天国将士们的浴血抗争，未能改变中国人民被奴役的地位，但至少改变了整个汉民族在中国的地位。新崛起的汉族理学官僚们虽然很腐朽而反动，但办事能力和文明程度比满洲勋贵还是强出太多，关键还不怎么害怕汉人学习先进科技会威胁自己的统治地位，这对修复清朝对中华文化的破坏和推动西方先进科技文明在国内的传播，有非常重大的意义。

汉族理学士绅掌握实权的形式，是以控制军队和占据地方督抚职位的形式来实现的。湘军系将领获得了两江总督（曾国藩、刘坤一）、闽浙总督（左宗棠）、直隶总督（曾国藩、李鸿章）、两广总督（刘长佑、毛鸿宾）这几个关键的职位，此外，还有很多地方的总督、巡抚等高级职位被湘军系将领占据。全国八位总督、22位巡抚，湘军系将领占了五督15抚。

把持中央枢机的还是满洲勋贵，但不管是军机大臣还是总理大臣，他们说话已经不如之前那么管用了。

太平天国之前，汉人出任督抚的也很多，但彼时督抚与此时的督抚已全然是两个官职。之前的督抚，权力处处受中央节制，调兵、用钱、用人这三项最关键的权力都难以自主。八旗由中央直属，自不必言；绿营之中，总督只能指挥得动自己的"督标"，也就一两千人的规模，其他的仍然由中央指挥。太平天国之后，督抚普遍获得了对辖区内绿营的指挥权。曾国藩在1859年获得两江总督的职位，第二年又被授权"管辖苏、赣、皖、浙四省军务，自巡抚、提、镇以下文武各官均归节制"，实现了军政一体的统一指挥。他的湖南前辈、两江总督陶澍就完全无法与之相提并论了。

陶澍的两江总督，也就只能管一下文官行政系统，而且连行政系统都管不全。三品以上的官员任命都要通过军机处、吏部和其他主管中央部委；三品以下的职位，则由中央主管部委、总督、巡抚根据职责、历史惯例等因素瓜分用人之权。也就是说，督抚只能任命三品以下文官中的一小部分。行政系统中最关键的钱粮、财政之权掌握在布政使手中，这个官位是户部控制的，由户部遴选。督抚可以向皇帝参劾不听话的布政使，但总的来说布政使还是主要听户部的。

而曾国藩的两江总督，那就是"两江王"：辖区内军队由其统一指挥，将领由其推荐任命，包括巡抚在内的文官也由他推荐，而且有独立的审判杀人之权，军事、财政、用人、司法全权在握。

第二次鸦片战争之后，两江总督兼任南洋通商大臣、直隶总督兼任北洋通商大臣，成了定例。南北洋通商大臣分别负责南方和北方的通商口岸管理以及解决相应的外交问题。中央设立有总理各国事务衙门，负责外交，但南北洋通商大臣直接向皇帝汇报，不是总理衙门的下属。总理衙门无权给他们下令，他们也不需要向总理衙门汇报工作。总理衙门只跟驻扎北京的外国领事们打交道，主要工作是信息传达，通商、传教等具体外交事务的决策则由两大总督全权负责。督抚不仅有了军政全权，还进一步拥有了原本应该完全由中央政府掌握的外交权。

更重要的是，两江总督这个关键职位本身由谁来担任，朝廷也已经不能独立做出决定了，只能根据地方实权派的力量对比来安排。咸丰皇帝一直不愿意给曾国藩地方督抚的职位，就是不想让军事指挥权和行政权合二为一。但大形势的变化由不得他做主——除非他不想当清朝的皇帝，把江山让给太平军，否则就只能任命曾国藩当两江总督。曾国藩的权力已不再主要来源于皇帝的授权，而是自己掌握的军队和财税资源，以及背后支持自己的士绅集团。他在政治上相对于皇权有极大的独立性，这才是一个真正根本性的变革。

1859年曾国藩被任命为两江总督的旨意还没有到达湘军大营，曾国藩就先收到一封来自咸丰皇帝的亲信肃顺的密函。肃顺这封信名义上是写给曾国藩的好友胡林翼，但特地在信最后写了一行小字"请送涤生一阅"，涤生是曾国藩的字。密函中，肃顺说皇帝在任命谁当两江总督的问题上犹豫不决，正是自己力推曾国藩，才让皇帝下定了决心。

肃顺写这封信的意思很清楚，就是要曾国藩知道是自己在皇帝面前为他说了好话的。

肃顺此人，是满洲勋贵中"改革派"的代表，对满洲权贵们的腐化堕落深恶痛疾，很有一番雄心要涤荡污垢，重整大清朝的雄风。他是郑亲王济尔哈朗的七世孙，长期负责宫廷侍卫。咸丰登基之前就与之相熟，对其见识、胆略十分欣赏，登基后便任命肃顺为内阁学士、护军统领等职务，然后就一直不停地升官，始终是咸丰皇帝身边亲近的臣僚。

肃顺最有名的一句话就是"咱们满人都是王八蛋！唯有汉臣可用"。他主张一方面重用汉臣来扭转国家堕落的趋势；另一方面在满人内部进行铁腕整肃，提高八旗精英的军政统治能力。他跟胡林翼关系很好，曾国藩当两江总督也确实是他在皇帝面前力推的。

肃顺干过的最有名的事就是1858年的戊午科场案。正蓝旗一品大学士、户部尚书柏葰等诸多考官，或自己收受贿赂，或通过家人收受贿赂，在科举考试中违规录取一些水平很低的考生。像一个叫平龄的旗人，除了会唱两口京剧，一无所长，居然高中第七名；还有的试卷错别字高达300多个，也上了榜。

在此之前，清朝曾经爆出过两次科举考试大案，分别是顺治十四年的丁酉科场案和康熙五十年的辛卯科场案。这两次科考案的处理结果，都是汉人考官被杀掉，涉事的满人官员最多免职了事。这一次涉及八旗高官，咸丰皇帝对如何处理犹豫不决，肃顺则坚决要求不分满汉旗民一律严惩，最后终于把柏葰给杀了，又共计惩处各级官员91人，波及多个部门甚至亲王宗室，收到"功令为之一肃，数十年诸弊端净绝"的效果。

与此同时，肃顺也把满蒙八旗权贵们给得罪了。

此外，肃顺一直在推行一个事儿，就是逐步裁汰精简满蒙八旗。八旗长期以来靠国家财政军费养活，内部存在大量吃空饷的情况，军事战斗力严重下降，而国家供养八旗的财政压力却在不断上升。肃顺从提升八旗战斗力和改善国家财政出发，不停地压缩八旗钱粮供应，追查空饷，裁汰冗员。这项改革阻力很大，肃顺推行了很多年也没见到多大效果，但仍然足以让他在满人中间臭名昭著。

作为满洲勋贵中的"改革派"，肃顺在满洲内部已经完全失去政治支持，他寄希望于汉族精英们能抛开民族成见，与他共同推进国家政治改革。在清朝的制度安排和利益格局下，这种想法是不切实际的，最终结果只能是被满汉两边同时抛弃。

曾国藩看了肃顺的信之后，一言未发，退还给了胡林翼。

他没有给肃顺回信，也未通过胡林翼向肃顺表达感谢。他的权力地位来自手中掌握的湘军兵马，不需要对任何人表示感谢。

没过多久，英法联军北上天津，攻占大沽口炮台，向北京进兵，朝廷紧急命令曾国藩带兵勤王。曾国藩以请北京方面选择带兵北上的将领等为理由，来回奏报，拖延时间。实际上就拒绝带兵勤王，朝廷拿他毫无办法。

1860年10月，英法联军占领北京。咸丰皇帝逃亡热河，于1861年7月病死，其六岁的儿子继承皇位，为同治皇帝。咸丰死前任命肃顺等八人为顾命大臣，负责为新皇帝草拟圣旨，同时又要求顾命大臣草拟的圣旨必须要由其皇后慈安和同治皇帝的生母慈禧共同盖章才能生效。这是一种权力制衡安排，为的是防止顾命大臣权力过大威胁皇权，避免康熙时期鳌拜专权的情况再次出现。

咸丰皇帝一死，肃顺的靠山就崩塌了。顾命大臣看起来权力很大，实则他们的权力来自已经死掉的咸丰皇帝，地位非常脆弱。历史上的顾命大臣有好下场的不多，搞改革得罪权贵的顾命大臣就更不可能善终。

很快，肃顺就发现两宫皇太后很不配合顾命大臣执政，尤其是慈禧更不甘心只扮演"橡皮图章"的角色，强烈要求垂帘听政。

肃顺没有掌握兵权，八旗不听他的，单靠咸丰遗命没办法长期压制两宫太后。无奈之下，他让亲信王闿运去向曾国藩求助，说两宫太后不尊祖宗制度，想要垂帘听政，与八位顾命大臣意见冲突，想请远在安庆的曾国藩带兵去热河"入觐"，以"申明祖制，庶母后不得临朝"。

同时，肃顺进一步加封曾国藩为太子太保、钦差大臣，后又赏协办大学士衔，之前曾国藩保举的一些官员，也全部批准。

此时，如果曾国藩以协调两宫和顾命大臣的矛盾为理由，带兵进京，那他就是第二个董卓或者曹操了。

显然，忠君理学的忠实信徒曾国藩不会干这种事。他没有采取任何行动，对朝廷政争保持中立。

没有汉族实权派支持的肃顺，在被他骂成"王八蛋"的满洲权贵们中间绝无立足之地。只过了几个月，两宫太后与留守北京的议和大臣、咸丰皇帝的弟弟、恭亲王奕䜣联手，又有八旗主要统领僧格林沁和胜保的支持，杀掉肃顺。随后，两宫正式宣布垂帘听政。

政变刚一结束，清政府马上就给曾国藩升官，让他"兼管浙江军务，江苏、安徽、浙江、江西四省巡抚皆归节制"——给的全是实权，比肃顺给的那些虚职实在的多。这个旨意下得飞快，与曾国藩得知肃顺被杀的密件同一天到达。可见慈禧等人有多么迫切地想要拉拢曾国藩。此时朝廷上下，都比较害怕曾国藩。身处北京的满洲中枢，对南方战场的局面了解不深，以为湘军系人马必然唯曾国藩马首是瞻。八里桥之战后，八旗再无精兵，这般人马想要推翻清政府，看起来易如反掌。

实际情况比清政府预计的要乐观一些。曾国藩能真正掌控的只有曾国荃等少数嫡系，其他湘军系人马并不服从曾国藩指挥。这是湘军建军模式导致的必然后果——谁招的兵就听谁的，全是私家军，各个都是一个独立山头。要联合起来推翻清政府，曾国藩并不具备这样的权威。

更重要的是，汉族士绅集团并不想推翻清朝政权。200多年了，他们对这个体制总体是满意的：清朝很照顾宗族势力，也乐于放纵理学士大夫们贪污腐败，镇压人民反抗又总是那么铁血无情，很难想象有比这更完美的政权了。唯一的遗憾是关键位置都被满人占着，还有就是像乾隆时期那样皇权太强，胡乱诛杀大臣。现在既然兵权在握，汉官也不受满官欺负了，皇帝也不乱杀大臣了，保留满洲皇权当真没啥坏处，还能替汉族官僚们屠杀人民和卖国求荣的事情背黑锅。供养满洲皇权很花钱，不仅皇帝、太后花钱，背后的那个腐败透顶的八旗勋贵集团也很能敛财。以前他们也敛财，但毕竟还能打仗，就当军费开支了。现在连打仗也不行，养着就是个浪费。但毕竟这些钱不由汉族士绅们出，都是大家一起压榨中国人民的血汗钱，另外有英国人控制的海关税收支持着，还养得起。关键还是要维护团结，不能让起义者来个"鹬蚌相争，渔翁得利"。这一点，是汉族士绅集团的基本政治立场。只要满洲权贵们知道分寸，满足于在北京养尊处优，地方上的事情让汉族士绅们随便搞，双方就不会撕破脸。

简单来说就是：曾国藩造反，既不具备军事基础，也不具备政治基础。这一点，曾国藩知道，慈禧刚上台的时候还不知道，但她很快就知道了。

四、裁撤湘军：曾国藩与清政府的政治角力

被授予节制江西、浙江、江苏、安徽巡抚之权的曾国藩，陆续推荐沈葆桢任江西巡抚、左宗棠为浙江巡抚、李鸿章为江苏巡抚。但这三个人一上任就都开始谋求自己的独立地位，不大听曾国藩的话了。

沈葆桢是林则徐的女婿，道光二十七年的进士，然后进了翰林院，也是个理学书呆子性格，生活节俭，为官清廉。翰林院时期，就跟曾国藩相识。后来，沈葆桢到江西做官，遇到太平天国起义，动用林则徐的老关系积极联络各方镇压，屡立战功，深受朝廷和曾国藩重视。1861年，曾国藩邀请他前往安庆大营，委以重用，不久就推荐他担任江西巡抚。

江西是湘军重要的后勤基地，曾国藩让沈葆桢去当巡抚，就是让他干好后勤工作的。想不到沈葆桢到了巡抚任上，竟然只对朝廷和江西负责，不对曾国藩负责了。屡次扣押江西解送湘军的洋税和漕粮折银，曾国藩亲自写信索取也不管用。

1862年四月下旬，曾国荃、彭玉麟等部湘军主力，沿长江水陆并进，直抵太平天国首都天京城下，开始包围天京。为了进一步缩小包围圈，曾国藩不断增兵，1863年七月时统兵已超过10万人，每月需饷不少于50万两，这还不包括购买弹药、枪械等花费。沈葆桢此举，简直就是在曾国藩背后捅刀子。

为了维持湘军系内部团结的局面，曾国藩咬着牙忍了，没跟沈葆桢较劲。

但是，沈葆桢得寸进尺。1864年二月，沈葆桢上奏朝廷，请求将江西厘金全部归江西省征收使用，不再给曾国藩军营。果真如此，意味着曾国藩军饷每月将减少20万两。这就直接撕破了湘军系人马内部团结的面纱，慈禧十分高兴。

沈葆桢之所以这么做，是因为曾国藩作为两江总督，有照顾自己嫡系的嫌疑。在整体饷银短缺的情况下，挤占其他湘军的钱粮倾尽全力照顾曾国荃部。例如，1863年4月给曾国荃的信中，曾国藩先说发了8万两银子和7000石粮食过

去，然后吹嘘说："它营正在载饥载渴之时，弟处已有苟美苟完之乐。"[1] 甚至有已经确定发往其他湘军营地的钱粮，半路被曾国藩截住发给曾国荃了。1864年4月，李鸿章支援鲍超的9万两银子，被曾国藩半路拦下送给曾国荃，并写信说："弟得此项，如贫儿暴富，可过好节矣。"[2] 曾国荃因为有曾国藩偏心供应，粮食充足，甚至开设了赈民局，救济饥民以显示自己的功德。曾国藩听说，赶紧飞书制止，说："赈局以速停为是，恐外间以弟军甚富也。"[3]

曾国藩的这些做法，有集中资源攻打南京的战略考虑，但照顾曾国荃的私心也很明显。攻破南京被视为"天下第一大功"，将围攻南京的任务单独交给曾国荃，让其他部队负责外围配合，也是一种偏心。湘军其他将领内心不满，不便明说，直到沈葆桢这个书呆子出来打抱不平，直接给南京的湘军扣钱，才把内部矛盾暴露了出来。

曾国藩既难堪又愤怒，上奏反驳沈葆桢，威胁说沈葆桢此举导致湘军人心惶惶，围攻天京大局有面临决裂的危险。面对曾国藩近乎弹劾的批评，沈葆桢被迫请辞，但朝廷并未接受，让沈葆桢继续担任江西巡抚。南京军情如此紧急且重要，户部却采取折中调和的办法，决定将厘金一半给湘军一半留给江西。这就完全是赤裸裸地在打脸曾国藩，因为之前圣旨明白说了江西巡抚归曾国藩节制的，一见湘军系内部不和，立刻就不认账。

此时，左宗棠和李鸿章分别带兵，在浙江和江苏进展顺利，有了自己的势力，很多事情不再与曾国藩商议，就直接向朝廷汇报。朝廷不动声色，摆出一副公事公办的架势，实则看在眼里、乐在心里。后来，干脆直接下令让李鸿章带兵去打南京城，抢曾国荃的战功。李鸿章明白其中奥妙，以江苏军务紧急为由推脱拖延，保全了曾氏兄弟最后的面子。

等到南京城破，朝廷第一时间谴责曾国荃放走了城中1000多人。曾国荃想要搞沿途旌旗招展快马向北京报捷的仪式，也被否决。然后，朝廷又要求曾国藩

---

① 《曾国藩全集》第20册，第969页，转引自《曾国藩评传》。
② 《曾国藩全集》第20册，第1115页，转引自《曾国藩评传》。
③ 《曾国藩全集》第20册，第1099页，转引自《曾国藩评传》。

解释南京城中"圣库"财富的下落。种种紧逼，令曾国藩十分难堪。

没过多久，清政府又收到一份"大礼"：浙江巡抚左宗棠上书，揭发曾国藩对朝廷撒谎——洪秀全的儿子洪天贵福并未如曾国藩所说的那样死于南京，而是逃走了。左宗棠在浙江发现了其踪迹，没有先告诉曾国藩就直接上书朝廷。这件事情搞得曾国藩更加狼狈，上书为自己辩护，说左宗棠攻克杭州的时候也放走了不少太平军，南京走失个把人也正常。左宗棠闻讯大怒，又接着上书攻击曾国藩纵兵劫掠南京财富等事。曾、左二人从此决裂。

左宗棠是湘军统兵大将，比沈葆桢实力高出许多，有他跟曾国藩翻脸，湘军造反是绝不可能了。朝廷对此极为高兴，再次利用此事对曾国藩进行敲打警告。曾国藩则日夜忧心"兔死狗烹"的历史故事在自己及其家族身上重演。前思后想，造反绝无成功的希望，也违背自己忠君理学的信仰，于是决定自去羽翼以求自保。他先主动上奏请求裁撤湘军，又让曾国荃称病辞官，请求回老家休养。朝廷很快批准了这些请求，并同意不再追查南京城财富的下落，又给曾国藩封了一个一等侯爵、曾国荃封一等伯爵。双方达成政治妥协：湘军嫡系解散，换取湘军劫掠财富合法化和曾氏兄弟高官厚禄。

曾国荃有个爱好，就是每攻下一座城池，都要请假回家一趟。实则就是把劫掠的财富运回去，购地建房，在老家风光一把。这次走的时候比较狼狈，但南京城里的钱财也没少抢，回到家里，再次狠狠地风光了一下，心情很快好了起来。湘军其他将领士兵的情况也差不多，整个解散过程十分顺利。

接下来，曾国藩被调离两江，负责镇压北方的捻军。

五、镇压捻军：李鸿章与淮军集团的崛起

捻军并不是一支军队，而是北方地区很多小股反政府武装的统称。他们一边反政府，一边也劫掠百姓，尤其是富户，带有一定的土匪性质。

不过，捻军不是土匪，而是贫困地区的人民自救组织。早期的捻军大概每股只有数百人，都是一个地方的同乡，宗族和地域联系密切。不同的捻军队伍彼此

独立行动，主要依靠骑马在平原地区劫掠，抢完就走，偶尔也会袭击政府官员和小股清军。他们最主要的劫掠对象是周边富裕地区的富户，劫掠所得拿回老家供父老乡亲们生活，平时也在村里建"土围子"（土圩）保护父老乡亲不被土匪劫掠或官兵侵扰。捻军在本土本乡的人眼里就是劫富济贫、保家为民的英雄，但在外地士绅们眼里就跟土匪没有区别。

对捻军，曾国藩有个评价很中肯，叫"捻无大志"，也就是说他们不像太平天国那样有起义纲领，以推翻清政府为目标，不过是想要满足自己短期生活所需。因此捻军数量虽然众多，波及整个华北，但其实并不足虑，关键问题还是要镇压太平天国。

捻军发展到一定程度以后，开始试图走向联合，推举盟主，由力量最大最强的队伍的领袖担任。19世纪50年代初期，一个捻军盟主已可以纠集五六千人的队伍。

河南最大的捻军首领叫张乐行，是捻军中比较有政治军事头脑的一个。1855年，趁着太平天国席卷东南，河南多路捻军在河南、安徽交界处的雉河集聚会，推举张乐行为首领，称"大汉明命王"，建黄、白、红、黑、蓝五旗军制，各路捻军俱听调遣，又发布告示和《行军条例》，使捻军有了统一的组织和领导，算是正式起义反清。

但张乐行这个"大汉明命王"也就是个大号盟主。他不具备洪秀全、杨秀清这样的权威，手下各路人马还是自己家乡宗族利益至上。《行军条例》里边有禁止奸淫、打劫的内容，但只是一个字面原则，实际无法执行。各部一起打仗可以，但要是让某一路承担危险的任务，为大局做出牺牲，那就很难办到。此外，还有一些大股的捻军没有参加联盟，继续独立行动。

这种联合固然壮大了声势，也招来了更多清军正规军的镇压。清政府委任河南籍进士、兵部给事中袁甲三为帮办团练大臣，统领河南绿营和团练来镇压张乐行。

袁甲三有个侄儿叫袁宝庆，也跟着他到河南参战。袁宝庆有个过继的儿子，叫袁世凯。这次镇压捻军的任命，是袁甲三、袁宝庆给袁世凯积累军事政治资本的关键起点。

松散的捻军联盟打不过袁甲三统一指挥的清军，张乐行被打得灰头土脸，从老根据地淮北逃入淮南。正好1856年发生了天京事变，石达开出走，太平军实力受到极大的削弱，负责安徽军事的陈玉成和李秀成感到有必要联络捻军合作反清。李秀成先是招降了李昭寿，然后通过李昭寿的牵线搭桥，张乐行也同意与太平军联合。1857年初，李秀成、张乐行联手夺取了安徽霍邱县城，李秀成把霍邱交给张乐行管理。张乐行大为感动，决定接受太平天国的册封。

但捻军内部出现了分裂。蓝旗旗主刘饿狼反对留在淮南地区跟太平军联合作战，要求带兵返回其淮北老家。因为捻军在进军淮南协同太平军作战的时候，清军和团练抓住机会洗劫了他们在淮北的老家。捻军的地域宗族观念极重，他们没有太平军那样远大的起义纲领，可以从广西一路杀到南京。一听说老家被毁，就都着急要回去。

张乐行是捻军中比较"有大志"的，懂得联合反清的意义和必要性。不过他身上匪气也很重，在跟刘饿狼无法达成一致的情况下，就直接把刘饿狼杀了。这种做法激化了矛盾，有四五万捻军返回了淮北老家，继续过那种平时在村镇固守，不时出去劫掠谋生的生活。

留下来的捻军在张乐行指挥下，配合陈玉成和李秀成的太平军主力，参加了围歼湘军李续宾部的三河大捷，算是他们为太平天国运动做出的最大贡献。张乐行也被太平天国封王。

这次辉煌的胜利之后，张乐行带兵返回淮北，想劝说其他捻军领袖再次追随自己，共同协助太平军。他发布了一篇布告，在这篇布告里，张乐行对大家说：捻军"各思苟安之计，回家固守土圩，徒知抢掳，利己之私，久则足以自毙"[1]。

这些话显示出张乐行本人很清楚捻军的问题所在，但它没有收到什么效果。张乐行最终无功而返，陆续又有很多大小旗主带着自己的兵返回老家。

最后的结果，张乐行和太平军方面互相抱怨。张乐行抱怨太平军轻视自己，没有给予足够的资源支持；李秀成抱怨张乐行听封不听调，军事纪律败坏。实则

---

[1]【美】裴宜理：《华北的叛乱者与革命者（1845—1945）》，商务印书馆2007年版，第125页。

他们两个人都是很有大局观念的英雄人物，捻军溃散的根本原因在于其地域宗族思想强烈。在清朝彻底的文化破坏和严厉的宗族体制下，底层老百姓缺乏文化、视野狭隘，仅依靠本能进行反抗无法真正大规模团结起来推翻清政府。"捻无大志"不是捻军中个别领袖没有想当皇帝的大志，而是他们作为一个群体缺乏天下国家的大视野、大格局。

张乐行没过多久就因为叛徒出卖而遭杀害，捻军运动也步入低谷。

1864年南京城破以后，一些太平军余部北上与捻军结合，把正规军建设的经验和战法传授给了捻军，让捻军的战斗力出现了一次飞跃，不断击败清军。此时袁甲三已经病故，清政府只得派出最后的八旗，也就是僧格林沁在八里桥战役中被英法联军歼灭后的残余部队，投入华北战场试图剿灭捻军，但这支残部也打不过捻军，1865年5月，僧格林沁在山东曹州被捻军设计围困，僧格林沁突围失败，被杀于乱军之中。

这一下清政府是真没办法了，北方已无可用之兵，唯有南军北上，方可救急。朝廷于是想出来一个"湘淮分治"的主意：让已经解散了湘军嫡系部队的曾国藩为钦差大臣，带领李鸿章的淮军去剿捻。同时，让李鸿章接替曾国藩的两江总督之职，为剿捻做好后勤保障工作，以期曾、李之间既能彼此配合，又能互相制衡。

曾国藩能带领湘军击败太平军，有两个关键因素，一是有洋人的大炮支持湘军水师在长江上的优势，二是太平天国的内耗不断，实力大损。就曾国藩的军事战略水平而言，最多也就只能算个二流。他自认为最大的本事就是"结硬寨、打呆仗"，循序渐进、稳打稳扎地去跟敌人打阵地战。这个招数以坚船利炮为后盾，对付洪秀全的龟缩战术还是有用的，但现在对付以骑兵为主的捻军就不灵了。华北平原上没有水师大炮给他撑腰，捻军战术灵活行动迅速，"结硬寨、打呆仗"不管用。他指挥淮军在华北平原上到处挖沟筑墙，想要把捻军困死，但毫无成效。捻军灵活机动，在曾国藩精心构筑的防线内不停穿插，越闹越大，从华北波及甘肃、陕西、四川地区。

1865年10月，朝廷终于失去了耐心，下旨严厉责备曾国藩：

"办理一载有余，贼势益形蔓延，现在关中又被复扰，大局糜烂至此！不知该督何颜以对朝廷？"①

这是曾国藩受过的最严厉的责备，吓得他茫然不知所措，几天几夜睡不好觉。还没等他回复，朝廷的第二道命令又到了，宣布将曾国藩免职，回京接受质询，其职权暂时由李鸿章接替。

湘军系的特点是私家军、封建军，其淮军分支就只有李鸿章能指挥得动。曾国藩是湘军系老大、李鸿章名义上的恩师，但指挥不灵。一些淮军将领擅自行动，只向李鸿章报告，不向曾国藩报告；或者收到曾国藩的调遣，还要先去征求李鸿章的意见，李鸿章说可以动才动。其中，又以刘铭传最难约束，先是私自带部与绿营发生火并，杀了绿营50多人，打伤100多人，囚禁绿营提督陈国瑞。没过多久，又因为感觉自己的部队骑兵缺乏，干脆直接伪造曾国藩的命令，把归属八旗的托伦布马队调过来，占为己有。李鸿章对这些做法，总是一再袒护，甚至给曾国藩写信，索取对刘铭传、杨鼎勋这两支淮军中最精锐部队的指挥权，还想把苏州、上海的军饷专供自己直接指挥的部队，把安徽、南京的军饷给曾国藩。

曾国藩被气得不轻。李鸿章的这些做法，不仅是"护犊子"，更有严重的"背信弃义"之嫌。南京城破以后，曾国藩在朝廷压力下，亲自敲定了"裁湘留淮"的战略：以湘军大幅度裁减换来淮军得以保全。一方面是因为湘军目标太大，另一方面也是对李鸿章的信任。"裁湘"，让朝廷不必担心曾国藩功高震主；而"留淮"，又可以让朝廷有所顾忌，不敢轻易"兔死狗烹"。一裁一留，曾国藩的权谋之术玩得炉火纯青。李鸿章在与曾国藩协商"裁湘留淮"策略的过程中，多次信誓旦旦、感恩戴德地向曾国藩保证：湘淮同源，本是一家，以后淮军是我的，也是老师您的，绝对服从调遣。

结果，湘军刚一裁撤完毕，曾国藩真的亲自指挥淮军，立刻就出现指挥不灵的情况，李鸿章还在背后推波助澜，这让曾国藩如何能不怒气冲天呢？

继阿思本舰队事件后，曾国藩再一次丢下说话四平八稳的作风，很不客气地教训了李鸿章一通，说：既然淮军目前归我指挥，你就应该一切放手不管，如果你有不一样的意见，应该直接跟我讲，而不是直接去给你的老部下下命令。你的

---

① 《曾国藩全集》第9册，第5402页。

那些老部下对我的部署有意见，也应该向我解释，而不是找你来跟我说情。

接着，曾国藩义上纲上线地说：我曾某人统领湘军，手下很多人都自立门户，为什么你李鸿章手下的淮军将领看起来都没什么雄心壮志呢？你自己扪心想一想，是这些人本来就没有雄心大志，还是你平时的管理方法有问题？

一番教训之后，曾国藩讲了一句在所有私人书信中都没有说过的话："常存为父为师之心肠，或责之，或激之，无非望子弟成一令名，作一好人耳。"[1]这句话的意思就是说：你李鸿章一天到晚把我恩师长恩师短地叫，还说什么恩师如父，我今天摆出师父的口气责备你一下，无非是希望自己的弟子能够当个好官、做个好人罢了。

李鸿章收到这封信，这才有所收敛，不再明目张胆地对淮军事务直接干预。但曾国藩发一通火，也并不能改变自己指挥淮军打仗不顺利的局面。朝廷见情势危急，也就顾不得"湘淮分治"的战略考量，让李鸿章直接到北方来指挥淮军。曾国藩依旧回去当两江总督，负责给淮军搞后勤。

这样，曾国藩依旧负责嫡系湘军控制的地盘，李鸿章来带自己的嫡系淮军，这个关系才算理顺了，镇压捻军的仗才有的打。

李鸿章打仗的水平并不比他的恩师强多少，但他运气好。刚一上任，就遇到了捻军内部分裂：原属太平天国的一派主张继续在中原地区与清军主力周旋，寻找机会推翻清朝；原来的那帮老捻军领袖还是"流寇主义"思想，觉得关中地区清军兵力薄弱，可以去那里发展，本质上是不想啃"硬骨头"。曾国藩1866年9月被免职，捻军主力1866年10月就分裂成了东西两部，实力大损。李鸿章抓住机会把东捻军镇压了下去，西捻军则主要由左宗棠的楚军负责镇压，李鸿章的淮军提供协助。

曾国藩在围攻安庆期间推荐了三大巡抚：江西巡抚沈葆桢、浙江巡抚左宗棠、江苏巡抚李鸿章，这三个人都出自曾国藩幕僚。其中两个很快就与曾国藩决裂，只有李鸿章一直在表面上对曾国藩十分尊敬。究其原因，有两个。第一个是沈葆桢和左宗棠都是眼睛里容不得沙子的正人君子，对曾国藩偏袒自己弟弟的私

---

[1]《曾国藩全集·书信》（八），岳麓书社1994年版，第5861—5862页。

心十分不满；李鸿章则是个没底线的权谋家，对这种问题并不介意。

还有第二个原因，就是曾国藩给李鸿章的好处不仅比沈、左二人大，而且比给曾国荃的还大。攻克南京这个事儿，被视为平定太平天国的第一大功劳，咸丰皇帝死前甚至留下遗言，谁能攻下南京就给谁封王。但在讲究实力的乱世，再大的功劳也是虚的，只有兵马钱粮最实在。后来真的攻下南京，朝廷立刻食言，只给曾国藩封侯，拒绝封王。这个侯爵也没啥实际好处，曾氏兄弟的嫡系解散后，曾国藩的实际政治地位立刻就下降。对此，曾国藩自己也看得清楚。所以，当上海方面士绅和列强联合要求曾国藩派兵支援的时候，他首先想到的不是李鸿章，而是自己的亲弟弟曾国荃。因为这是比攻克南京更大的好处，上海那个地方是全国财富汇聚之地，又有列强撑腰，一过去肯定马上发达，手上有钱，不愁练不出一支强军，还能跟让朝廷都害怕的列强搭上线，这才是最实在的好处，比攻克南京的功劳实在多了。

但曾国荃是个目光短浅的人，光惦记着南京城里的财富，还有朝廷封王的空头许诺。坚决不肯去上海，一定要争打南京的功劳。曾国藩说不服他，这才退而求其次让李鸿章去了上海。李鸿章到了上海之后，立刻就跟上海的买办集团和列强搭上了线，淮军集团钱粮充足、兵强马壮，李鸿章也成了湘军系的头号实力人物，连曾国藩都要让他三分。对这个局面，他是很满意的，一点也不嫉妒在南京城下"啃砖头"的曾国荃。

曾国藩利用职权照顾自己亲弟弟，把湘军钱粮大量送给曾国荃，帮他扩军、购买军火，独占攻克南京的功劳。湘军系其他将领看在眼里，大多心怀不满，因为他们的军队"吃不饱"，功劳也争不过曾国荃嫡系，纷纷抱怨曾国藩偏袒私人。沈葆桢和左宗棠与曾国藩决裂的由头，最先都是冲着曾国荃去的：一个断了曾国荃的军费，一个告发曾国荃放走了幼天王。而李鸿章不存在这种心理，他的钱粮比曾国荃充足，士兵吃得比曾国荃部还饱，个人权势地位直逼曾国藩，因此一直对曾国藩感恩戴德，绝无怨言。

左宗棠除了跟沈葆桢一样反感曾国藩的私心以外，还额外多了一点在军事水平上的鄙视。左宗棠是一流的军事家，看不起只会"结呆寨、打硬仗"的曾国藩。但就是这么一个二流的人物，竟然夺取了镇压太平天国的第一大功劳，左宗棠不服。

后来曾国藩死了，左宗棠送了一副挽联："知人之明，谋国之忠，自愧不如元辅；同心若金，攻错若石，相欺无负平生。"

人死了当然要说点好话，但从挽联来看，左宗棠认为曾国藩比他强的地方只有两个，一个是"知人之明"，也就是发现和任用人才。曾国藩发掘的最大的人才就是他左宗棠，此外还有左宗棠的得力干将刘松山也是曾国藩培养起来的。在动员一大批同道来一起做一番大事业方面，曾国藩确实很厉害，这也是他最值得后人学习的地方。尽管在处理自己嫡系和非嫡系方面没有搞好，导致了湘军系内部分裂，但总体而言没有危及大局。"知人之明"当之无愧。

至于"谋国之忠"，在为清王朝尽忠这方面，左宗棠自认不如曾国藩是理所当然的，但是褒是贬就不好说了。

六、天津教案：曾国藩死里逃生与李鸿章总督直隶

回到两江总督任上的曾国藩，继续负责为李鸿章等镇压捻军起义提供后勤支持，也办了一些仿制西洋枪炮的洋务工作。后来，李鸿章因为到处带兵镇压各地人民起义，又从直隶总督调任云贵、四川等地。朝廷对曾国藩长期掌握两江军政大权始终不放心，再次以直隶总督空缺为由，把曾国藩调离两江。在直隶总督任上，他碰到了天津教案，处理中国人和洋人传教士的纠纷。

《天津条约》规定，外国传教士可以在中国自由传教，也可以自由购买土地兴建教堂等教会设施。教会背后有列强撑腰，清政府不敢得罪，很多人把加入教会当成了避免自己遭受政府官吏或地方士绅欺压的一种手段，但同时有部分地痞流氓借助教会势力侵占土地，欺凌百姓。老百姓与教会的矛盾日渐加深，各地不断爆发攻击教会或传教士的教案。

具体到天津教案来讲。它的起因是1869年，天津法国传教士在繁华的三岔河口地区建造教堂，卖弄特权，强行拆除本地香火鼎盛的道观——崇禧观以及附近一带的民房、店铺，使许多百姓流离失所，无家可归。教堂建成以后，法国

传教士网罗了一批地痞恶霸、流氓无赖为教徒，为非作歹，欺压百姓，民间对此怨言极大。

1870年四五月间，天津发生多起儿童失踪绑架的事件。6月初，天气炎热，疫病流行，法国天主教仁慈堂收容的中国儿童，因发生瘟疫大批死亡。育婴堂中有三四十名孤儿患病而死，教堂将之葬于河东盐坨之地，尸骸暴露，惨不忍睹，引起群众愤恨，每天有数百人到坟地围观，挖出孩子的尸体查看。

正好在这段时间，天津不断发生迷拐儿童事件。1870年6月20日，一个叫武兰珍的人贩子被当地居民抓住，扭送官府。武兰珍供称系受望海楼天主堂一个叫王三的教民指使，一时民情激愤，舆论大哗。同时，民间开始传言"外国修女以育婴堂为幌子，实则绑架杀死孩童作为药材之用"等谣言，反洋教情绪高涨。士绅集会，书院停课。

第二天清晨，天津知县刘杰带着武兰珍去教堂对质，发现天主教堂并无王三其人，武兰珍所描述关押儿童的房子样式，也跟教堂中的房间对不上。知县把教堂工作人员叫出来让武兰珍指认，武兰珍也指不出自己认识的人。据此，官府认为武兰珍的话并不可信，教堂方面没有参与人口贩卖。但此时群众已经无从分辨真假，教堂门前聚集的民众与教徒发生冲突。

听闻教堂门口发生冲突，清军将领崇厚和法国领事丰大业同时带着武装人员向教堂进发。崇厚原本是在劝架的，也有保护外国人的意思。但丰大业实在是过于嚣张，根本不管这些，向崇厚和刘杰开枪，打伤其随从。

这一下场面就控制不住了，愤怒的群众当场就把丰大业及其随从打死，然后又打死了十名修女、两名神父、另外两名法国领事馆人员、两名法国侨民、三名俄国侨民和30多名中国信徒，焚毁了望海楼天主堂、仁慈堂、位于教堂旁边的法国领事馆，以及当地英美传教士开办的其他四座基督教堂。

教案发生后，法、英、美、俄、普、比、西七国联衔向清政府提出抗议。1870年6月24日，外国调集军舰至大沽口进行威胁，法国公使领衔，七国公使向总理衙门抗议，要求严惩肇事人员和责任官员。

曾国藩受命紧急前往天津处理此案。经过调查，确实找不到教堂参与婴儿贩卖的证据，至于杀死婴儿制造药材之类的说法就更加荒谬。最后，通过跟法国方面交涉，决定处死为首杀人的16人，充军流放25人，并将天津知府张光藻、知县刘杰革职充军发配到黑龙江，赔偿外国人的损失49万两白银，再派官员出使法国道歉。

天津教案的是是非非，至少包含了三个层面：

第一个，婴儿大量死亡，群众要求教会解释清楚，要求非常合理。在群众与教会的纠纷中，法国领事丰大业先开枪伤人，群众当场把丰大业及其随从打死，这是完全合理的反击。

第二个，打死丰大业以后，愤怒的天津群众烧毁了很多教堂和财物，这可以算成是对当年传教士为了建教堂强拆道观和民居的报复，这也带有相当的合理性。

第三个，不仅打死法国领事、烧毁教堂，还另外打死了50来人，这属于暴力行为失控。这种失控的部分，跟贩卖婴儿、杀人制药等谣言的长期传播有关，可以说带有"文化冲突"的成分。其中有些行为是对教会人员长期仗势欺人的反击，带有合理性，但有一部分打砸和杀人的举动超过了合理的范围，应该受到法律惩罚。

经过曾国藩审理，最后以处死16人和赔偿49万两银子结案，这里边有偏袒教会、畏惧列强的成分，不能说是公正处理，但并不算非常过分。

曾国藩在镇压太平天国运动期间，直接下令杀死的中国人成千上万，间接制造的死亡就更多，但并未因此遭到责罚，反而节节升官。这一次只杀了16个人，却意外地遭到了朝廷的斥责。从天津到北京，到处都有人骂曾国藩给国家丢人，向洋人屈服。朝中"清流派"不断上书弹劾，骂他媚外、没骨气。在京的湖南同乡会把他书写的、悬挂在湖广会馆的楹联也给砸了，并宣布开除曾国藩的会籍。清政府也打算以"不协舆论"为由将曾国藩免职。

曾国藩杀了一辈子人，手上冤案无数，这次可能是他杀人错误最少的一回，结果竟然因此丢官，也实在是讽刺。此事让曾国藩感到十分丢人，因为骂他骂得最凶的主要就是那些在理学上跟他最志同道合的一批人——越是这种人越是跟西方宗教势不两立。至于朝廷方面，一方面不敢得罪外国人，一方面也需要向清流士绅们妥协，对一个帮助他们保住了江山却放弃兵权的曾国藩，可以像"扔一双破鞋一样把他扔掉"，用来消弭保守派、清流派的怒火，也算是把这个大清忠臣的最后一点剩余价值榨干吃尽了。

处理完教案之后的曾国藩，于朝廷、士民、洋人三面不讨好，身心疲惫，重病卧床，感到来日无多。

在去天津之前，他就已经预料到这个结局，便提前写好遗书。

在遗嘱中，曾国藩说："外国性情凶悍、津民习气浮嚣，俱难和协，将来构怨兴兵，恐致激成大变。余此行反复筹思，殊无良策。余自咸丰三年募兵以来，即自誓效命疆场，今老年病躯，危难之际，断不肯苟于一死。"

但曾国藩终究还是没有成功"殉难"，关键时刻，湘军系出马救了他。

就在曾国藩写好遗书的第二个月，朝廷派出的两江总督"疑似"被湘军系势力给杀掉了。清政府紧急将曾国藩调回两江处理，而把李鸿章调任直隶，负责继续解决天津教案。

这对曾李二人而言都是一件极为幸运的事情。曾国藩躲过了追责，李鸿章则得到了他垂涎已久的直隶总督之职。相比之下，李鸿章运气更好一点，因为他刚一上任，欧洲就爆发了普法战争。法国在这场战争中被普鲁士击败，拿破仑三世被俘虏，国内又爆发巴黎公社革命，紧接着首都巴黎被普鲁士军队占领，法国政权也从第二帝国变成了第三共和国。发生这种惊天巨变，法国根本顾不上发生在中国的教案。本来这次教案中死的法国人最多，法国已经调集军舰准备以此为借口进攻天津。结果李鸿章上任不久，大沽口外的军舰就撤走了，法国领事对中方的处理意见从激烈抗议变为毫无意见。清政府不明就里，以为是李鸿章外交能力卓越，可以不战而屈列强之兵，此后在外事交涉方面对其极为倚重，李鸿章也从此在直隶总督的位置上稳稳地坐了25年之久，成了名副其实的晚清第一重臣。

七、两江刺马：湘军势力绝地反击

被杀掉的两江总督是马新贻。

马新贻不是湘军系人马，而是镇压捻军起义的袁甲三手下。经袁甲三一再推荐，才从知县一路升到了安徽布政使的位置上。1864年，南京城破之际，马新贻被任命为浙江巡抚。这是朝廷往湘军系里边"掺沙子"的安排，把镇压捻军的北军人马往湘军系地盘渗透。后来左宗棠带兵去西北平叛，马新贻又取代左宗棠升任闽浙总督。

等到1868年捻军被镇压，清政府终于决定把曾国藩再次调离其两江老巢，让马新贻去做两江总督。马新贻没有什么军功，主要是文官履历。在乱世之中，竟然从浙江巡抚干到闽浙总督，再到两江总督，很明显是清政府在故意利用马新贻逐步架空湘军系势力。

两江地区是中国最为富庶的地区，国家的财赋有一半来自此，上海这个最重要的对外贸易中心也位于此地。两江总督一直被称为"天下大缺"，"枢廷部臣衣食所系"。湘军系人马从湖南等地区，沿江而下镇压太平天国，一方面将两江财富疯狂劫掠归为己有，一方面也占据了两江地区的众多军政职位，成为盘踞在两江人民头上的军阀利益集团。两江地区的财富，也被湘军系人马视为"禁脔"，不容他人染指。两江总督的位置，则是保证湘军系人马权势的关键。

南京城破后，曾国藩在朝廷压力下主动请求解散了嫡系部队，湘军系实力大损，清政府趁机恢复了在南方地区的部分权威，才能让马新贻从浙江巡抚任上获任闽浙总督。对此，湘军系也一直没强势反抗，但要拿走两江总督的位置，那就触及底线了。

据马新贻的儿子马毓桢回忆说，在接任两江总督前，马新贻曾经到北京朝见慈禧，当面请求训示。觐见慈禧后，马新贻惊恐失态，大汗淋漓，甚至连朝服都被汗水湿透了。

一般来说，出现这种情况，说明这名官吏因办事不力，受到了严饬，即将面临丢官的厄运。

但奇怪的是，慈禧太后最亲信的太监安德海亲自送马新贻出门，一直到宫门口，还执手相嘱，依依不舍。按照经验，这是官员深受皇太后信任，委以重托的表示。

如此前后矛盾的情况，居然同时发生在同一个人身上，着实令人费解。

按照当时的惯例，马新贻久未进京，应该到处会见京城的大小官员，但面见慈禧后，很快就离开了北京，并且专程请假回家祭祖，在山东菏泽老家与兄弟们告别之际，马新贻将自己的两位哥哥叫到身边，对他们说：

"我此去吉凶难料，万一有不测，千万不要到京告状，要忍气吞声，方能自保。"

尽管这次陛见的具体内容已经无从得知，但结合马新贻的表现来看，很显然，慈禧给他安排了一些非常凶险的任务。有野史干脆认为，就是让马新贻去追查当年湘军从南京城内劫掠的财富。慈禧应该不会去纠结旧账，但能让两江总督处于危险境地的任务，在当时的背景下则只可能是跟打压湘军系势力有关。

马新贻到了两江，迅速清理太平天国战争后的土地遗留问题，鼓励人民开垦抛荒土地，却同时规定：外地进入两江的军事人员不得占有江苏土地。此外，又把自己的亲信、老上司袁甲三的侄儿、袁世凯的父亲袁保庆调到两江，担任营务处总管，负责训练新军，并统领长江的江防水陆军队，以强化社会治安为由，大力逮捕处决了一大批在长江两岸横行不法的"黑社会分子"，这些做法严重得罪了两江湘军势力。

曾国藩虽然解散了围攻南京的湘军，但他创立的湘军水师并未解散。毕竟水师只能在长江活动，保留下来没有大问题。这支水师的统帅是曾国藩的亲信黄翼升，曾国藩晚年纳妾的事儿都是他一手操办的，可见二人关系之亲密。马新贻上任后的一系列举动，就是冲着这支军队去的，被袁保庆捕杀的"黑社会分子"，其实就是在湘军水师庇护下形成的黑恶势力，其中很多是当年被解散之后没有返回原籍的湘军士兵。

本书引言里边讲了清朝三大帮会组织：白莲教、天地会、青帮。湘军解散以后，大量士兵没有返回原籍，在长江两岸加入了天地会、青帮组织，极大地强化了会党力量，衍生出来了哥老会、红帮等新兴会党。这些士兵经过专业军事训练，又与湘军水师有着千丝万缕的联系，让长江两岸成为秘密会党发育最强大的地区。会党组织鱼龙混杂，势力庞大，后来革命党人对其进行思想和组织渗透，借助其力量成功发动武昌起义，成为推翻清王朝的一大契机。清政府逼迫曾国藩遣散湘军，看似在表面化解了危机，实则湘军势力已成，人心思变，不裁是军阀，裁了是会党。

马新贻在江宁练了四营新兵，规定每天操演两次，专习洋枪、抬炮、长矛，每月25日校阅。加上袁保庆新练的水上部队，都是明显要在两江培养一支独立于湘军、忠于朝廷的新军队。这支新军练成，两江恐怕就没有湘军系人马的立足之地了。

1869年7月26日这天，马新贻举办阅射活动，公开观看新军操练骑射，地点就在新建总督衙门前，有很多老百姓来看热闹。总督等高官阅射的地方与民众围观的地方是完全隔离的，偏偏这一天来的"围观群众"特别多，挤得太厉害，把隔离栅栏都给挤坏了，场面有些混乱。马新贻为了不影响阅射，只得允许民众也进到栅栏里边观看。

阅射完毕，马新贻带着护卫往总督府走。突然，从旁边窜出来一个人，大声喊冤，还有上前递信的动作。老百姓拦路喊冤是常见情况，尽管能跑到两江总督面前喊冤的人不多，但不是绝对没有。侍卫和马新贻都放松了警惕，侍卫们也没有以最快速度冲上来。不料那人在喊冤信里藏着一把利刃，对准马新贻的心脏就是一刀，又准又狠。等侍卫们冲过来的时候，为时已晚，马新贻很快就抢救无效死掉了。

刺客叫张汶祥，行刺以后并没有逃走，而是丢下武器束手就擒，笑道："养兵千日，用兵一时。"[1] 无论如何审讯，张汶祥总是胡言乱语，每次审问编的故事都不一样，最后也查不出来到底咋回事。

清朝立国以来，从未发生过总督、巡抚这种高官被刺杀的事情。朝廷派员去查，始终查不出来幕后是否有人主使，调查结论认为只是张汶祥的个人报复。

这个事情是不是湘军系势力所为呢？没有确凿的证据。张汶祥之前在浙江太平军中当过兵，后来觉得太平军快完了，又去投靠湘军提督黄少春，后被遣散。曾国藩给朝廷的报告说是"酌给盘缠回籍"。但他拿到遣散费以后，跟很多湘军士兵一样，并没有返回原籍，而是留在当地加入了会党——正是马新贻、袁保庆重点打击的对象。他跟湘军势力确实存在着千丝万缕的联系。

---

[1] 梁绍辉：《曾国藩评传》，南京大学出版社2011年版，第285页。

站在慈禧的位置看，她必然会在第一时间想到可能是湘军干的，是湘军对她的严重警告：两江重地是无数湘军流血牺牲打下来的，不容其他势力染指。不管有没有确凿证据，她都必须从这个角度来考虑问题并按照这个假设来采取应对措施。如果再继续任用非湘军系背景的官员主管两江，湘军兵变也不是不可能。湘军现在力量薄弱，造反很难成功，但如果被逼兵变，最后两败俱伤，清王朝从此四分五裂的危险极大。

唯一稳妥的办法，就是让曾国藩再回两江。

回任之前，曾国藩进京陛见。这次陛见的待遇不错，慈禧三次接见，又赐"入坤宁宫吃肉"，太后生日这天又在朝房赏赐了点心，都算是大臣的殊荣。

陛见的时候，自然要谈起刺马案。

根据曾国藩的记录，慈禧旁敲侧击地问道："马新贻这事岂不甚奇？"——这句话隐藏的后半句应该是：这么奇怪的事情，你是不是可以给我什么解释？

曾国藩知道慈禧在想什么，当然不会正面回应，只管跟着打哈哈，说："此事实在甚奇。"

慈禧又说："马新贻办事很好。"——朝廷让他担任两江总督是因为他能办事，不是为了打压你和你的湘军人马，你们要理解。

曾国藩跟着说："他办事和平、精细。"——我很理解朝廷的用心，回去一定做好安抚解释工作。

两句话下来，慈禧试探清楚了底线：曾国藩不会承认刺马案与湘军系有关，但不愿进一步扩大事态。二人彼此无话，曾国藩退下，陛见结束。

回到两江，曾国藩跟朝廷派来的刑部尚书郑敦谨一起，继续审问刺客张汶祥。审问的过程，都是郑敦谨在问，曾国藩一言不发，全程旁听。审了好多天，郑敦谨问曾国藩的意见，曾国藩只回了他一句：还是按照之前的审理结论来吧。

郑敦谨目瞪口呆，亦无可奈何，只得与曾国藩共同上书，维持原来的审理结论，即此案没有幕后黑手，是张汶祥个人行为。

一同参与审理的还有两个人，一个是马新贻的亲信孙衣言，另一个就是袁保庆。对曾国藩和郑敦谨的结论，孙、袁拒绝签字认可。曾国藩干脆在上奏中直接就不提二人参与审理这件事，朝廷也立刻就接受了曾国藩的结论。两江总督遇刺的惊天大案，最后就以杀掉刺客结案，不再深究。

郑敦谨完成使命回京，曾国藩按照规矩派人去给他送1000两银子作为路费。清朝大臣出京办案，回程的这笔钱都是必不可少的。但郑敦谨竟然拒收，看来他对这个结论也很不满，不愿落下收受钱财、替曾国藩销案的口实。

此后，朝廷不再敢安排非湘军系官员担任两江总督，而是由曾国藩、彭玉麟（湘军水师创建者）、沈葆桢、左宗棠、曾国荃、刘坤一（江忠源部下）等湘军实力派人马轮流担任。其间有过两次例外，一次是甲午战争期间刘坤一北上参与战事，由湖广总督张之洞暂时代理过一段时间，然后就是1906年到1909年期间，满洲旗人端方被任命为两江总督。前一次只是暂时署理，没有引发任何问题。第二次则完全破坏了太平天国起义被镇压以后的国家权力划分格局，是满洲新一代权贵谋划从汉族官僚手中夺回实权的举动。此次任命之后没过几年，清朝就灭亡了。

也就是说，太平天国起义被镇压以后，清政府只有两次真正意义上的踢开湘军系任命两江总督，以强化中央权威，一次是马新贻，一次是端方。第一次任命的结果是总督没了，第二次的结果是清朝没了。曾国藩对清朝还是忠诚的，但他带出来的这个湘军系利益集团在维护自身核心利益的问题上则毫不含糊。镇压太平天国以后，清政府得力于列强的支持，尚能维系表面的国家统一和中央权威，不至于像唐朝一样陷入藩镇割据，但地方势力尾大不掉的局面已成，不可能再回到从前了。

八、抬棺西征：左宗棠收复新疆的壮举

曾国藩在两江总督任上又干了两年，因病去世。

遣散嫡系湘军后，曾国藩已无力左右大局。真正有发言权的，是两个继续掌握兵权的湘军系大佬：掌握淮军的李鸿章、掌握楚军的左宗棠。

左宗棠在南京城破后即与曾国藩翻脸绝交，李鸿章则始终以曾国藩的学生自

居。左宗棠和李鸿章也自然对付不到一块儿去，朝廷乐得继续"搞平衡"，利用二人矛盾以维持中央权威。

左宗棠出身贫寒，天资聪明，自视甚高，因为喜欢专研军事、地理等，科举考试始终表现一般，考了很多年也就是个举人。后来干脆放弃科举，回乡务农去了。机缘巧合下，因为一副有才气的对联而得到了两江总督陶澍的注意，与其结为儿女亲家，又经陶澍推荐与林则徐结交，林则徐也对左宗棠的见识才气大为赞赏。

受陶澍、林则徐的青睐，左宗棠成了湖南名士，各路人物争相拉拢。1852年萧朝贵、杨秀清先后带兵围攻长沙期间，左宗棠受湖南巡抚张亮基邀请进入长沙，负责指挥守城。太平军不久就放弃长沙北上攻打岳阳、武昌，左宗棠也因此立下大功。张亮基调走后，他继续在湖南巡抚骆秉章手下做事。

张亮基、骆秉章深知左宗棠的才干，委以重任。这样，左宗棠虽然名义上只是一个四品幕僚，实则很多时候是在直接代行巡抚职权。左宗棠恃才放旷，对湖南的道台、总兵等品级高于自己的官员颐指气使，甚至呵斥痛骂，得罪了不少官员，终于遭到参劾，说他以书吏的身份弄权，欺压朝廷命官，扰乱湖南。朝廷对这种事情十分忌讳，想把左宗棠杀掉了事。经骆秉章、胡林翼、曾国藩接连上奏力保，才逃过一劫。不过，经过这次弹劾，左宗棠在湖南待不下去，这才去给正在围攻安庆的曾国藩当幕僚。

李秀成攻破江南大营、占领苏州以后，曾国藩在主力继续围攻安庆的同时，需要更多兵力对付李秀成、李世贤部，于是派左宗棠回湖南招兵。左宗棠在湖南巡抚衙门做了多年幕僚，名气大、关系广，他招兵就不再像传统湘军一样只在本土本乡，而是面向整个湖南省招募了5000人；他不要求理学书生带兵，而是从招募来的士兵中挑选武艺高强、熟悉兵法的担任将领，号称"楚军"。李秀成和陈玉成南北两路西征武昌期间，左宗棠带兵在江西击败了李世贤部，威胁到李秀成从湖北返回江苏的撤退路线，逼迫李秀成放弃攻克武昌的计划，提前带兵返回了江苏。

江西太平军势力基本肃清后，左宗棠开始准备带兵进入浙江。此时浙江大部分地区已被太平军攻占，李世贤部正在围攻杭州。尽管朝廷一再催促，左宗棠还是决定见死不救，因为曾国藩已经推荐他担任浙江巡抚，而现任浙江巡抚王有龄还在杭州城内组织抵抗。救了王有龄，浙江巡抚的位置归谁就不好说了。一直到杭州城破，王有龄自杀身亡，左宗棠才大举入浙，以巡抚的身份抢地盘。

左宗棠治军严肃，个人操守也很好，从来不干屠城、杀降之类的事情。李鸿章苏州杀降以后，大批太平军将领都选择了向左宗棠投降，也因此得以保全。

但左宗棠也就只能管好自己亲自指挥的楚军精锐，浙江、福建还有众多绿营清军以及帮助清军镇压太平天国的外国雇佣军、海盗、土匪、团练等，对这些军队的暴行，左宗棠无力控制。他的军队虽然战斗力强，但没有像李鸿章一样依靠上海列强和买办的支持，势力发展也因此远不如淮军。

太平天国运动被镇压后，左宗棠升任闽浙总督。其先后管理的福建、浙江地区，民生恢复的速度也比曾国藩、李鸿章控制的江苏、江西地区要快得多。

1866年，捻军分裂为东捻和西捻两路以后，李鸿章专心镇压东捻。西捻军进入陕西，与当地的穆斯林贵族叛乱结合，声势越搞越大。朝廷放眼望去，天下能打仗的也就只剩下左宗棠的楚军了，于是任命左宗棠为甘陕总督，负责镇压捻军和穆斯林贵族叛乱。

左宗棠先与李鸿章一起消灭了西捻军，再回过头来对付穆斯林贵族叛乱。

西北地区的穆斯林贵族叛乱是一个整体，不仅包括甘陕地区，还包括更遥远的新疆，西南地区的云南也受到波及。自从乾隆时期灭了准噶尔汗国以后，中国西北边陲屹立上千年的"佛教长城"崩塌，整个西北地区迅速被伊斯兰化。作为一个外来一神教，其教义在明清时期中国化程度不高，信徒对中华文明的认可程度也比较低，更愿意将伊斯兰教发源地中东地区视为"精神母国"。加上伊斯兰教天生强调以暴力方式建立政教合一的宗教政权，又不像基督教那样经过近代宗教改革，西北穆斯林上层中长期存在脱离中国独立建立伊斯兰国家的思想，并积极与境外伊斯兰势力勾结来达到目的。清朝对这种离心倾向一直采取恩威并施的方法，一方面给其宗教高层和封建贵族很高的待遇；另一方面对叛乱行为铁血镇压，先后镇压了大小和卓叛乱（乾隆年间）和张格尔叛乱（嘉庆、道光年间），才把局面暂时稳定下来。等到太平天国起义，全国局面陷入混乱，这帮人就又开始趁机搞分裂，于1862年发起大规模暴动。

甘陕地区的暴动，在初期混杂着一些回族群众自发反抗清政府暴政的正义斗争，对这部分斗争，可以称之为起义。但原教旨一神教的意识形态控制力实在强大，在其驱使下，运动很快就被宗教极端分子和上层分裂分子掌握了领导权，变成了一场针对不信教群众的无差别屠杀和国家分裂运动。据估计，在这场暴动中甘陕地区有上千万不信教群众被屠杀。

与此同时，眼见清军被太平军、捻军和甘陕地区的穆斯林叛军拖住，无力干预新疆局势，新疆的穆斯林贵族也积极联络国外势力发动分裂叛乱。南疆地区的穆斯林贵族建立了五个军阀割据的宗教封建政权，一边屠杀不信教的中国人民，一边彼此之间互相厮杀。南疆地区的喀什噶尔封建主向中亚地区的伊斯兰国家——浩罕汗国请求迎回张格尔之子布素鲁克（张格尔是新疆伊斯兰教白山派首领，大和卓波罗尼都之孙，具有和卓家族的血统），以获得宗教权威。浩罕汗国接到请求，干脆决定入侵新疆，派该国军官阿古柏带兵抢占了喀什噶尔。阿古柏也趁机自立为汗王，陆续消灭其他割据政权，侵占了南疆大片地区。

西北穆斯林贵族叛乱和太平天国运动，在名义上都是一神教意识形态主导，但一个是非正义的宗教叛乱，一个是正义的起义。很多人搞不清楚二者的本质区别，要么受传统革命史观影响，一概称之为起义，要么出于维护中华文明的角度，将二者一概视之为外来宗教入侵诱发的暴动。这两种认识都是错误的，从辩证法的角度来看，二者都有"人民革命"和宗教暴乱的因素存在，但两个因素在运动中的主次关系不同。太平天国运动，是"人民掌握了宗教"，人民利用宗教来进行反满反官的活动；西北穆斯林贵族叛乱，是"宗教掌握了人民"，宗教极端势力和贵族势力利用普通穆斯林群众的反抗意识来组织暴乱，以建立政教合一的分裂政权为目标。

1870年，阿古柏占领乌鲁木齐、吐鲁番，把势力扩展到了北疆。受此影响，北疆最西边的伊犁地区与中国内地已无法连通。俄国趁机出兵占领，宣布它是在替清政府暂时"代管"伊犁，等将来清军可以重返伊犁以后再归还中国。按照俄国的盘算，清政府已经衰落至此，当然绝不可能有机会重返伊犁，这句话是不可能兑现的，不过为侵略中国的行为打个幌子。英国是支持清政府的，但它认为以清政府的实力无力顾及新疆，便背弃尊重中国主权的承诺，承认阿古柏政权，以制衡俄国在中亚的扩张。

左宗棠花了四年时间平定了甘陕局势。左宗棠带兵，一向坚持不杀降、不屠城，在处理甘陕问题上，也是一到陕西就给朝廷上奏，说打击对象"只分良莠，不分回汉"，也就是说要严格按照有没有参与暴动来处理，不按照宗教信仰和民族身份来无差别打击。当时西安城内的回民被陕西巡抚严格控制，没有参与暴乱。一些主张报复或者害怕留下后患的官员主张把城内回民一并杀掉，左宗棠坚决制止了这样的提议，西安回民最终得以安然无恙。但是，叛军对不信教群众的屠杀行为已是天怒人怨，左宗棠是压不住这种仇恨情绪的。随着清军节节胜利，报复性的杀戮也未能避免。

平定甘陕以后，新疆问题摆上了台面。1873年，甘肃暴乱头目白彦虎被楚军击败，带领残部跑到新疆，投入入侵中国的阿古柏旗下，充当侵略者的走狗。这也表明，甘陕暴乱和新疆问题是密切联系的，甘陕叛乱高层把宗教联系看得比国家认同重要得多。不解决新疆问题，甘陕也无法实现长治久安。左宗棠遂主动上书朝廷，请求带兵平定新疆。

这个事情本来是顺理成章的，但在1874年6月，日本借口琉球居民被台湾岛居民杀害，出兵入侵台湾，这一下引起了清政府对海疆防御的警觉。英法毕竟遥远，日本可是近在咫尺，将来很有可能成为心腹大患。为此，清政府内部产生关于"片面海防"和"海防塞防兼顾"的争议。甘陕关中地区直接威胁北京，平定这些地方的叛乱谁都无话可说。但新疆距离遥远，用兵成本极高，还有得罪俄国的危险，在内忧外患如此严重的情况下，是否还有必要耗费巨资冒险去收复新疆？

以直隶总督李鸿章为代表的"片面海防派"认为，中华帝国以前以陆地塞防为主，但自从鸦片战争以来，强敌从海外入侵已成为常态，帝国面临"三千年未有之变局"，必须调整战略，以海防为主。主张放弃新疆，全心经略海疆，投巨资发展海军和加强沿海防御。

左宗棠反对这种意见，主张"海防与塞防并重"。中国毕竟是一个大陆国家，海路必须兼顾。新疆关联到两个地方：蒙古和甘陕。在地理上，帕米尔高原构成了中亚和俄国势力入侵中国的巨大地理屏障。外敌占有新疆，也就越过了帕米尔高原那些海拔六七千米的雪山阻碍，之后再通过蒙古高原进军北京就非常容易，通过河西走廊威胁关中更是必然。现在海疆没有大事，局面尚且稳定，正好趁机一举收复新疆，然后再专心海防建设，不然来自西北方向的威胁将没完没了，在甘陕地区持续陈兵防御，花钱更多，海防最终也搞不好。

左宗棠的意见是正确的。新疆的战略地位确实不如海疆重要，这一点李鸿章说的没错。但问题的关键是不能以妥协退让的方式直接放弃。敌人的欲望没有止境，阿古柏得了新疆，接下来必然祸乱甘陕；俄国得了新疆，接下来必然觊觎蒙古，你还能往什么地方退？这也就是苏洵《六国论》中所说的："今日割五城，明日割十城，然后得一夕安寝。起视四境，而秦兵又至矣。然则诸侯之地有限，暴秦之欲无厌，奉之弥繁，侵之愈急。"左宗棠认为，面对外敌入侵，必须先狠狠地打回去，让敌人吃到苦头，才能再来谈和平共处。敌人一亮剑你就退让，永远不会有和平安定。李鸿章一辈子，鸿篇大论的战略文章写了很多，看起来很有气势和眼光，但在这个关键问题上总是犯糊涂——有时候是真糊涂有时候装糊涂——外国列强一旦要"亮家伙、来真的"，李鸿章马上就主张妥协退让，新疆之议只是一个开始。

朝廷最终接受了左宗棠的意见。这里面有个关键因素是左宗棠不仅道理讲得好，还坚持要亲自带兵进新疆，承担全部战争责任。这种关系国家命运的抉择，道理说破天，如果无人愿意站出来承担责任，往往会在互相推诿中消耗时间，永远没人敢拍板。既然左宗棠愿意解决一切问题并承担全部责任，朝廷拍板的压力就小了很多。

新疆这个地方的特点是：干旱且大部分地方都是沙漠和戈壁滩，但它主要是个农耕区域而非游牧地区；距离关中平原比蒙古更远，但交通比蒙古更加便利。由于深处内陆，受青藏高原和帕米尔高原包围，海洋季风吹不过来，常年少雨干旱，但是，周边雪山众多，雪水定期融化形成宝贵的淡水，流到地表的部分会迅速蒸发，只有地下的暗河可以经常性利用。有帕米尔高原阻挡来自西伯利亚的寒风，冬天也远比蒙古高原温暖。这样，在有山体遮挡冬季暴风雪的地方，就会形成一片适合农业耕作的区域。这些区域数量不多，面积不大，基本都集中在帕米尔高原西侧和天山两侧，养育不了很多人口。新疆整个区域地形落差巨大，高山非常高，无法翻越，但高山之间的谷地海拔很低且十分平坦，交通实际上非常方便。军队可以快速运动。连接新疆和关中平原的河西走廊，是一条宽阔的山谷，沿途灌溉农业发达，大宗物资运输畅通无阻。整个新疆适合人类生存的地方呈一个"横着写的Y字型"分布，天山是"一横"，南疆、北疆是两个分叉。天山北侧有一个古城，可通往乌鲁木齐；南侧最主要的据点是哈密和吐鲁番，也是入疆主通道。哈密在天山东端，是新疆进入河西走廊的"咽喉"；吐鲁番在天山中部，是个分岔路口，连接南北疆，往西北走通往乌鲁木齐，再往西就是伊犁；从吐鲁番往西南走就进入南疆。

汉唐时期，中原政权的军队从关中出发，沿着河西走廊征服西域南北，然后在那些小片的农耕区域进行屯垦，就地解决部分粮食问题，以保障丝绸之路贸易通道的安全。宋朝积贫积弱，连关中平原和华北平原都不能有效控制，也就谈不上关心河西走廊和蒙古的安全，跟新疆就隔得更远。明朝收复了燕云十六州，恢复了对关中平原的完整控制，在新疆天山山脉的东端哈密建立军事据点，以巩固国防。由于此时丝绸之路已经中断，海上贸易成为主流，主要的军事威胁又来自北方的蒙古，明朝只满足于控制哈密以拱卫关中，集中力量组织郑和下西洋等海外活动，没有再进一步恢复汉唐时期的西域边疆。

清朝以北方蛮族征服中原，先征服蒙古再南下灭明，满蒙联盟是其统治根基。新疆对清朝的重要性便远高于明朝。对明朝而言，蒙古是敌国；对清朝而言，蒙古是"第二本部"，是八旗兵的主要兵力来源，仅次于东北，必须保，这也是康熙和乾隆倾尽全力也一定要消灭准噶尔汗国的主要原因。

针对新疆的特殊地理情况和当时清朝面临的处境，左宗棠制定了"缓进速战、先北后南"的策略。也就是花长时间做好后勤保障工作，然后集中优势兵力快速进军，速战速决，以减少长途运输带来的巨大花销。阿古柏在北疆势力薄弱，乌鲁木齐为新疆经济中心，周边区域是新疆最大的粮食产区，又联通伊犁，及时收复具有战略意义，所以应先收复北疆（主要是乌鲁木齐）再收复南疆。

1875年，左宗棠被任命为钦差大臣，以钦差大臣督办新疆军务择机出塞平叛新疆。左宗棠花了一年又四个月的时间准备，大量精减老弱士兵，在哈密就地开展屯垦，又从河西走廊、新疆东部、河套平原等地大量采购军粮囤积，甚至找了几个俄国商人购买来自伊犁的粮食。

其间最重要的其实是筹措军费。左宗棠想直接找英国等西方列强借款，初步预计要借1000万两。战争经费的特点是峰值高，"枪炮一响，黄金万两"，但不是每年都有，仅有极少数年份会有大规模战争。"一次举债、分期偿还"也有利于把战争成分平均分摊到各个年份，减轻战时财政压力。通过举债来打仗的做法是近代欧洲国家的惯例，也算是国际"先进经验"。

清政府在镇压太平天国期间就开始不断向国外银行借钱来支撑军费，但之前一般都是几十万两的水平。最大的一笔战争借款是台湾防御战。1874年，日本借口琉球问题侵略台湾，朝廷派福建船政大臣沈葆桢去台湾负责防卫，沈葆桢找汇丰银行借了200万两银子来解决军费问题。左宗棠就去跟沈葆桢商议，把这里边的程序搞清楚。但想不到，竟然被沈葆桢给顶了回去。

曾国藩手下镇压太平天国的四大湘军名臣，李鸿章、曾国荃是一路人，做事情喜欢公私兼顾，以权谋私有一套；左宗棠和沈葆桢是一路人，有公无私，清正廉洁，不搞阴谋诡计。曾国藩位于中间，自己不收钱敛财，生活也很简朴，但会照顾自家兄弟，功劳和钱粮都优先给曾国荃，其他兄弟在湘乡老家利用其权势代理诉讼、包办钱粮等多种方式疯狂敛财、横行乡里，他也明知故纵。至于其部下各种贪腐劫掠，也一概纵容。所以，沈、左二人与曾国藩决裂，彼此之间又惺惺相惜，私交甚好。

沈葆桢当船政大臣是接替左宗棠的位置。左宗棠离任前往陕西的时候，极力向朝廷推荐"此事（船政）非沈葆桢不可"。但沈葆桢完全不考虑左宗棠推荐自己出山的"恩惠"，坚决不同意左宗棠借外债。不仅不同意，还主动上奏朝廷公开反对，说借钱用来搞建设可以，用来打仗不行，因为搞建设能赚钱，打仗其实最后还是财政还钱，反而多出来很多利息，增加国家财政负担。

沈葆桢此举，实则是"片面海防"和"海塞防兼顾"争议的持续。沈葆桢做事从来都是对事不对人，虽然在操守、人品上与左宗棠心心相通，但在国防战略上，他更倾向于李鸿章的"片面海防论"。当了那么多年船政大臣，又亲自前往台湾组织防御，沈葆桢对来自日本的威胁比谁都感受强烈，而对在遥远的西部边疆大举用兵不以为然。在他看来，为了海疆防御向外国借钱可以，为了新疆借钱那就不值当了。为此，沈葆桢开始跟李鸿章走近，鼎力支持其海军建设计划，而与左宗棠疏远了。

朝廷看到沈葆桢的奏折，最后决定户部出200万两，各省出300万两，允许左宗棠借外债500万两，用于西征军费。各省的300万两没法按时凑齐，只给了大概100万两，左宗棠就拿着800万两银子先开打了。后来又于1877年、1878年、1881年三次举债，总共借了接近2000万两银子的外债，才最终解决了收复新疆的军费开支。

真正进兵的过程非常顺利，一切如左宗棠所料。1877年4月正式出兵，从肃州到乌鲁木齐路程超过2000里，远征军在路上就走了四个月，8月中旬开始围攻乌鲁木齐外围要塞古牧地，用了五天时间攻克。消息传到乌鲁木齐，敌军直接弃城逃跑。北疆（除伊犁外）在11月初全部荡平。此时新疆入冬，部队在北疆休整并就地解决粮食问题，第二年春天出兵南疆，也是一路势如破竹，阿古柏自杀身亡。1878年1月，除伊犁外，全疆收复。

战局如此顺利的原因，首先是清军准备充分，粮食、弹药充足，且武器先进。阿古柏手下有5万军队，且三分之一是骑兵；清军只有2万，骑兵比例不足五分之一。但阿古柏军队的火器大部分还是火绳枪，其中有1万支左右的后装击发枪，也全是老式单发枪。清军直接从美国进口的斯宾塞步骑枪，又称"后膛七响洋枪"，可以七连发，这对于单发步枪而言就是碾压性优势。

跟镇压太平天国一样，清军真正的优势是重武器而非轻武器。其主力火炮是左宗棠所称的"螺丝开花炮"。所谓"螺丝"就是拉了膛线的炮，"开花"就是炮弹能爆炸，炮弹也因此从圆形变成了尖头，方便后装击发。这东西比传统滑膛炮轻便许多，运输方便，射速更快，威力巨大而且准确度很高，非常适用于远征军攻城。

比后膛炮更先进的重武器是从美国买的加特林机枪，它是美国人加特林在1862年发明的，是马克沁机枪发明之前最先进的机枪，虽然比较笨重，但每分钟可以射出600多发子弹，这在晚清战场简直就是穿越武器。

这些新式武器在英国、德国、俄国等列强的军队中都还没有大量装备，说左宗棠的西征军已是当时全世界装备最先进的陆军也不为过。

左宗棠平定甘陕期间就已开始谋划收复新疆，提前在西安和兰州建设了兵工厂，生产需大量消耗的弹药，避免花大价钱进口和从沿海高成本运输。这样，那些先进武器的弹药供应也相当充足。

要办成这些事儿都要花大价钱，左宗棠不惜举借巨额外债，就是为了赢得在装备方面的优势。

另外一个更重要的原因是阿古柏的军队是侵略军，战斗意志极低。浩罕人占据了几乎全部中高层职位，用拉壮丁的方式在占领区强制征兵，又征收极重的税负，搞得人民苦不堪言。清朝之前在新疆一直是财政补贴，是倒贴钱而不是征税，驻军开支全部来自中央国防经费或屯垦，不用本地居民出一分钱，甚至连士兵都来自内地而非本地。两相对比，民心自然倒向清军这边。这样，阿古柏政权的基层士兵跟第一次鸦片战争中的绿营士兵一样，缺乏国家主人意识，毫无意愿为这个侵略政权拼命，属于被逼着上战场，只能在长官的监视下躲在城墙堡垒后边消极防御，没有主动作战意识。被清军的猛烈炮火一通狂轰，堡垒出现缺口，立刻就一哄而散。相反，清军主力——楚军内部的满蒙特权现象已不复存在，士兵的工资待遇比八旗兵还好。太平天国以后，满洲特权被限制在中央枢机，普通中国人对民族歧视的感知已经很淡薄了。士兵们的国家意识较第一次鸦片战争期间的绿营军队有极大提高。加上左宗棠治军严谨，手下将领也都比较公正廉明，双方军队的战斗意志差距极大。

第三个原因是阿古柏采取了分散消极防御的堡垒战术。将5万兵力分散在十多个大小不等的城市或要塞，消极等待清军进攻。让数量仅为自己三分之一的清军几乎在每一场战斗中都占据了兵力优势，被清军集中火力挨个轻松攻破。

消灭阿古柏以后，清政府乘机要求俄国兑现承诺，交还伊犁。俄国刚开始态度强硬，清政府则准备妥协。左宗棠坚决反对，摆出一副要拼了老命的架势，亲自带兵从肃州出发前往新疆，增兵到4万人，还给制作了一口棺材，命人从肃州一路随军抬到哈密，说自己已经快70岁了，不打算活着回到中原，一定要收复伊犁，这就是历史上著名的"左宗棠抬棺西征"。俄国继续增兵伊犁，并派出黑海舰队的军舰到东南沿海巡逻，以示威胁。天津、辽宁和山东也拉响了战争警报。双方似乎剑拔弩张，一场大战一触即发。

　　清政府考虑再三，还是不敢跟俄国打仗，将左宗棠调回北京。俄国这边其实也是虚张声势，因为它刚跟奥斯曼帝国打完第十次俄土战争，打是打赢了，但旷日持久、消耗巨大。战后，英国、德国、法国等列强跑来干预，逼着它吐出了大部分胜利成果。它与西欧列强争夺巴尔干半岛的局面高度紧张。俄国人民对连年战争带来的痛苦极度不满，革命形势高涨，革命派和保守派都对沙皇不满，多次发生沙皇遇刺事件。这个时候在新疆大规模动武实在危险。伊犁之所以能长期被清朝控制，就是因为它从中亚过去非常困难，而从乌鲁木齐过去十分方便。一到冬天，从俄国前往伊犁的通道就会完全中断。伊犁本地的物资并不足以支撑大规模的战争消耗，万一战局不利，跑都没法跑。装备了最新式枪炮的清军，消灭阿古柏所表现出来的战斗力绝对不是开玩笑的。1875年，阿古柏在北疆的扩张引起了俄国的警惕，集了2万军队准备对付阿古柏。俄军对阿古柏军队的战斗力评价是比较高的，想不到会被清军轻易消灭。加上左宗棠抬着棺材要来拼命，想快速击败清军几乎不可能。

　　这种情况下，俄国方面也表示愿意谈判。最后，几经波折，双方终于在1881年2月达成一致，清朝向俄国支付900万卢布的军费，以换回伊犁。

　　和约签订一个月以后，沙皇亚历山大二世遇刺身亡。如果清政府不召回左宗棠，坚持在伊犁用兵，可以肯定还能谈出来更好的条件。

　　1882年到1884年，清俄双方又签订了一系列边界和通商条约，双边形式趋于稳定。从1880年开始，清政府开始大规模裁减塞防军费，并停止将海防经费用于偿还西征债务，国防战略正式向以海防为主转型。左宗棠先西后东、先塞防后海防的思路变成了现实。

九、丁戊奇荒：一场鸦片引发的空前巨灾

　　收复新疆取得巨大胜利的同时，在中国北方内部地区却在上演了一幕罕见的大规模饥荒。这场饥荒是中国历史上和平时期规模最大的一次，有1000多万人饿死，另有2000多万灾民逃荒乞讨。饥荒发生在1877年至1878年，1877年为丁

丑年，1878年为戊寅年，史称"丁戊奇荒"。

大饥荒爆发的直接原因，是华北地区连续三年的旱灾。但中国是一个自然灾害高度频发的国家，每隔几十年就会发生一次大区域性的水旱灾荒，政府和民间都有很丰富的赈灾、抗灾经验。只要不是大规模战争，通过政府救济和民间自救，基本上都可以避免饿死数百万人这种极端灾难。丁戊奇荒能够创下千万级的饿死人历史纪录，是因为罂粟的大规模种植极大地压缩了粮食种植面积，让华北地区的粮食生产处于一种"刚刚够吃"的"紧平衡"状态。当连续的旱灾导致大规模粮食歉收以后，就会出现严重的饥荒。从根本上说，是西方殖民入侵给中国人民带来的灾难。

第二次鸦片战争以后，清政府被迫承认鸦片贸易合法化。长期的鸦片进口在国内培育了一个巨大的毒品消费市场，鸦片上瘾人数激增，各大城市鸦片馆如雨后春笋般地出现。地方政府和农民们都很快发现，种植罂粟比种粮食来钱快得多，一亩地大概可以收获50两鸦片。地方政府可以从鸦片交易中收取厘金，每50两鸦片的厘金是一亩土地税的差不多20倍之多。农民们也发现，种植一亩罂粟在缴纳完各项税赋之后，收入也大大高于粮食。在这种情况下，中国的农业结构开始迅速"毒品化"。

在1874年之前，清政府没有明确放开种植罂粟和熬制鸦片，严格来说它还是违法的。但地方政府在利润驱使下，根本不管这些，中央政府也睁一只眼闭一只眼，中国所有的省份都开始大规模种植鸦片。

这种情况下，一种打着"爱国"幌子的可怕论调开始在决策层中占据上风。它实际上是鸦片战争之前"弛禁派"思想的延续和加强，认为反正打不过列强，禁不了鸦片进口，不如干脆彻底放开国内鸦片种植，跟进口鸦片竞争，好歹可以富民和增加政府税收，不至于让鸦片贸易的好处都让洋人赚走了。不仅在官场，在民间也有很多人持类似观点。

最终影响决策的是淮军大佬李鸿章。他在1874年上书请求放开民间鸦片种植，"暂弛各省罂粟之禁"，理由是"不但夺洋商利权，并可增加税项"。而且进一步发挥想象力，说等国产鸦片替代了进口鸦片之后，再全面禁止鸦片就不会受列强干预，比较易行。

　　在李鸿章等人的推动下，清政府终于在1874年正式宣布种植罂粟和制作鸦片全面合法化。

　　面对外国疯狂的毒品进口，不去想怎么自强自立以根绝其进口走私，却幻想在国内合法大规模种植跟国外毒品抢市场，以更大规模的、更廉价的毒品来毒害更多的中国人，换来政府财政收入的增加，这种思路竟然在太平天国战争以后成为清朝朝野精英阶层的共识，实在是骇人听闻。此时中国整个精英阶层的不可救药可见一斑。一个支持在本国进行大规模毒品种植和生产并在本国销售的政府，哪里能有一丁点统治中国的合法性呢？

　　在这一轮疯狂的罂粟种植浪潮中，西南地区的四川、云南、贵州种植数量最大。贵州因其特殊的气候、土壤条件，所产鸦片质量最好，比进口鸦片更受欢迎。云南省种植比例最高，超过三分之一的土地用于鸦片种植。四川产量最大，据学者估计，大约占全国鸦片产量的40%。巨大的鸦片产量成了后来北洋时期云南、四川等地军阀割据的重要经济基础。

　　华北和西北地区土地相对贫瘠，产量远不如南方地区，但种植面积也很大，对粮食生产的影响尤为严重。陕西八百里秦川，中华文明的重要发源地，竟然也是"遍地罂粟"。1877年，山西530万亩耕地中，土质最好的60万亩全部用于种植鸦片。《温洗马戒吸食鸦片栽种罂粟说》一文中说："今自罂粟盛行，每县之田，种罂粟者不下十之三四，合全省土田计之应占十五万顷。"

　　在正常年景，这种"毒品化"的农业结构看起来问题不大——粮食够吃、种植鸦片又能多赚钱，地方政府和农民都很满意。在李鸿章管理的直隶天津口岸，1875年鸦片进口量占进口总量的比例为15%。而在李鸿章刚上任的1870年，这个比例是30%。五年时间下降了一半，李鸿章的"进口替代战略"看起来颇为成功。各地政府的隐形财政收入也因此大增，"小金库"爆满。

　　但"鸦片替代"的一个必然结果，就是不论官府还是民间的粮食储备都因此大幅度下降，一旦到了大灾之年，粮食就会极度短缺，大规模的饥荒遂不可避免。此外，大量吸食鸦片的"瘾君子"身体状况变得很差，缺乏抵抗饥荒的能力，这也极大地提高了饥荒带来的死亡率。

　　就在李鸿章上书议定鸦片种植合法化之后三年，丁戊奇荒爆发了。

时任山西巡抚曾国荃在奏章中说："此次晋省荒歉，虽曰天灾，实由人事。自境内广种罂粟以来，民间积蓄渐耗，几无半岁之种，猝遇凶荒，遂至可无措乎。"

"人事"的核心，就是以李鸿章为代表的后太平天国时代统治精英，对外无力抵抗列强的鸦片输入，对内不顾人民死活，在国内纵容和推广鸦片种植的无耻行径。

接替曾国荃担任山西巡抚主持救灾的张之洞也赞同鸦片加重饥荒的观点，在奏章中说，经过调查，山西垣曲这个地方鸦片产量最多，饿死的人也最多。其时担任甘陕总督的左宗棠也认为陕西地区的饥荒"乃鸦片之一大劫"。

张之洞在调查报告中写道："晋患不在灾而在烟。有嗜好者，四乡十人而六，城市十人而九，吏、役、兵三种几乎十人而十矣。人人枯瘠，家家晏起。堂堂晋阳，一派阴惨败落景象，有如鬼国，何论振作？"

若张之洞的调查准确，中国社会当时吸毒比例实在是高得吓人——城郊地区60%，城市地区90%，政府基层吏员和士兵大多都在吸食鸦片。当然，这个比例肯定不是总人口比例，而应该是成年男性中的吸毒比例，但即使考虑到这一点，张之洞的调查结论依然足够触目惊心。张之洞甚至不顾忌讳，在奏章中用"鬼国"一词来形容当时的局面。以毒化整个民族为代价来实现"鸦片进口替代"，可以说是丧心病狂，几乎就是对中国人进行有步骤的种族灭绝。

左宗棠收复西北的军事行动，其军费在很大程度上依赖外债和各省的财政划拨，英国人控制的海关税收和各地的"鸦片财政"是支持左宗棠在新疆军事行动的重要经费来源。尽管晚清精英阶层在收复新疆方面功勋卓著，但我们也必须看到，它是以丧权辱国和毒化中华民族为代价来实现的。在对外无法独立自主、对内不能革故鼎新的情况下，这样的军事胜利并不能扭转国家民族整体衰落沉沦的大势。

左宗棠本人倒是一直坚决反对鸦片种植合法化的，他跟张之洞是晚清禁烟派的代表人物。在左宗棠和张之洞的主持下，新疆、甘肃、陕西和山西都大力施行了铲除罂粟、退田还粮、禁食鸦片的运动。1883年，山西全省的鸦片种植已经基本禁绝。但是，他们个人的努力不能改变大局，随着丁戊奇荒的惨痛记忆逐渐淡去，以及左宗棠和张之洞先后调离，这些地方的鸦片种植都在很短的时间内恢复。到1906年，国产鸦片58.4万担，而进口数量仅为5.4万担，国产数量达到了进口的十倍以上，鸦片的自给率达到91%。鸦片种植和生产成为中国的支柱产业，中国的鸦片产量和消费量超过了世界其他国家的总和。满洲政权为了维持其统治，将中国变成了全球第一大毒品生产国。中国作为鸦片生产大国和消费大国的状况，一直持续了近百年，从晚清延续到了北洋军阀和国民政府统治时期。

丁戊奇荒期间，没有爆发大规模的人民起义，这一事实被很多人津津乐道，认为是政府和民间士绅组织救援得力的结果。救灾搞得好不好，显然应该是以救了多少人来衡量，而不是以有没有人造反来衡量。一场饥荒下来，饿死1000万人，还非要说救灾组织得好，当然是胡说八道，枉顾基本事实。正确的说法应该是：由于中央政府统一调度能力低下，加上官僚士绅们的腐败无能，各地救灾组织混乱，才让这么多人饿死。此时的中国社会组织动员能力，已经陷入"一盘散沙"。

中国的老百姓大多都是善良而正直的，如果仅是个人运气不好，他们即使饿死也不会去危害社会。长期以来，儒家所书写的历史极为不愿承认"人民革命"是因为统治阶级腐败无耻造成的，而是片面去强调天灾的影响。每到改朝换代天下大乱的关头，正史上都会反复强调全国各地出现了大灾，导致饥民遍地，才出现了大起义。以至于许多人都有类似的看法：王朝末期的大起义主要都是因为人口无节制地增长、粮食不够吃造成的。对明朝之前的历史，我们已经无法考证其真伪了，官修正史说啥就是啥了。但明清时代的史料还算丰富，可以对照分析。万历年间的大饥荒，并没有引发大起义。太平天国运动，也并不是大规模的自然灾害诱发的，甚至太平军从广西到南京的大进军，所过之地都没有大规模饥荒。大饥荒既不是大起义的充分条件，也不是必要条件。清军入关南下、征服中国期间，遍地都是老百姓造反，也跟有没有饥荒没关系。大起义主要是因为统治阶级对人民的过度压迫所诱发的。丁戊奇荒这种确实是由自然灾害引发的大饥荒，老百姓并未因为粮食歉收而怪罪政府，一吃不饱就要造反。饥荒可能会诱发起义，但大起义爆发的主要原因，一定是人为的社会不公正，以及老百姓能够普遍地认识到这种不公正与当权精英腐败无耻之间的联系。

　　丁戊奇荒没有诱发大起义，首先是经过太平天国和捻军起义的"优胜劣汰"，新一代统治精英腐败无耻程度有所好转，官民矛盾也就没那么突出，像李鸿章和盛宣怀在赈灾过程中还干了一些实事，参劾了一批老官僚，换上了一批淮军系新势力，这些新人一开始确实比老官僚要清廉能干一些；其次是有胆量敢造反的人物被20多年的镇压活动杀得差不多了，也就是说这一代中国人中间敢造反的那一批人早跟着太平军和捻军反了，剩下的多是比较老实好欺负、饿死也不敢造反那种，新一轮大起义只能由下一代中国人来完成；最后就是罂粟大规模种植背后的深层次原因比较复杂，要让这个年代的华北地区老百姓认识到"清政府腐败无能——不能抵抗列强入侵——无法禁烟——只能放开罂粟种植——粮食储备不足——灾年大饥荒"这一长串因果链条，超过了底层人民的认知能力。既然老百姓不觉得自己饿肚子是官府的错误造成的，也就不会大规模造反，饿死了也只怪自己命运不幸而已。

　　简单来说，就是老百姓吃不饱饭，并不一定造反，需要能想明白吃不饱饭背后的原因跟统治者的关系，才会造反。纯粹为了谋生存而违法犯罪，只会让人变成土匪，不会让人成为"革命者"。老百姓无法正确认识大饥荒的根源，也缺乏英雄人物来带头和组织，才是丁戊奇荒没有诱发起义的主要原因，清政府和民间的赈灾行为只是次要因素。我们不能拿有没有爆发起义来作为赈灾效果好坏的检验标准。丁戊奇荒反映了当时中国社会赈灾能力低下，远远低于明清大一统时期的正常水平。

十、甲申易枢：洋务运动的转折点

　　丁戊奇荒和平定西北的战争结束后，中国南方与法国的战争又爆发了，这一次是海陆两个方向的对决。

　　事情的起因是法国从19世纪60年代开始侵略越南，想把越南变成其殖民地。而越南在历史上长期是中国的藩属国，不断向中国求救。19世纪80年代之前，法国主要集中力量侵占越南南部，对中国西南边疆安全尚未构成威胁。清政府自顾不暇，也没有为越南提供实质帮助。1880年后，法军开始往北方进犯，与清军的冲突就不可避免了。

在此之前，越南境内一直有一支中国军队在帮助越南抵抗法军侵略。这支军队叫黑旗军，原本是广西境内天地会起义军，首领刘永福。太平天国运动被镇压以后，1867年，清政府任命冯子材为广西提督，镇压广西境内的起义。冯子材也是广西天地会起义军出身，后来投降清军，跟着向荣从广西一直到南京江南大营，经历了两次太平军踏破江南大营之战。李秀成踏平江北大营的时候，冯子材奉命带了5000人去江北支援，结果被李秀成打得几乎全军覆没，只有300多人跑了回来。

天地会的战斗力比太平军差了很多。在冯子材的攻势下，广西境内的天地会起义军土崩瓦解，刘永福被迫带着数百人退入越南境内。

一同退入越南的天地会义军有很多。越北山区土地贫瘠，养不活那么多军队，这些队伍之间为了争夺生存地盘也不断发生火并。刘永福最后胜出，越南政府也默认了他的存在，还给他封了官。1873年，法军进犯越南北方重镇河内。法军不到200人，就把越军7000人打得屁滚尿流，丢掉了河内。越军紧急向黑旗军求救，1873年12月，刘永福带领1000名士兵南下。他先派了一小撮越军前去挑衅，法军统领安邺轻敌中计，带着20多人就出城应战，在城外的纸桥这个地方被黑旗军包围。安邺及其副手等五人在战斗中被击毙，剩下的突围逃回河内。这场战斗被称为第一次纸桥之战，尽管只击毙了法军五人，黑旗军也牺牲了七人，规模不大，但是近代以来东亚军队第一次击败西方列强的正规军——太平军虽然击毙过法军少将，也击败过"常胜军"这种外国雇佣军，但没有取得过对英法联军的战役胜利。当时正在搞维新变法的日本对这一战极其注意，在报纸上大肆报道。

黑旗军随后包围河内。法国当时在越南投入的兵力还很少，前锋部队一出战就被干掉了指挥官，受此挫折，被迫退出越南北部。

过了十年，法军卷土重来。这次由海军上校、交趾支那舰队司令李威利带着军舰，从海上登陆占领了河内。1883年5月，刘永福再次南下，双方又在纸桥这个地方开打,史称第二次纸桥之战。这一回法军没有轻敌,派了400多人出战。刘永福这边经过十年发展,增加到了3000多人。这一仗法军输得更惨,死伤200多人,李威利也被当场击毙。这是太平天国运动之后中国军队击毙的品级最高的列强军官。

第二次纸桥之战前,清政府就已经应越南方面的请求,派军进驻越南北部。但清政府并不想打仗,李鸿章一直在与法国代表谈判,清军没有参加纸桥之战。

1882年11月,李鸿章正式会见法国驻华公使宝海,双方经过两天的谈判,快速达成和平协议草案,史称"李宝协定",大体条款是清军退出越南,但法国保证不侵入越南北部,给清军留下"安全缓冲区"。李鸿章对这个条款非常满意,和谈氛围也很融洽,便安心等着法国政府签字生效。

等了一个月,宝海突然通知李鸿章:法国议会拒绝了这个草案,议和终止,战事随即重启。李鸿章大惊失色,赶紧派人去找宝海抗议,宝海却躲起来拒不接见,也不再回复李鸿章的任何信息。

原来,法国不过是以谈判为借口拖延时间,加紧从海外调集兵力。为了避免在兵力不足的情况下遭到清军攻击,才派宝海与李鸿章"和谈",以优厚的承诺换取休战。求和心切的李鸿章果然上钩。宝海在后来给法国外交部长的信中说:"这一允诺(李鸿章承诺的和平条款草案)的第一个效果是使中国部队撤离东京(河内),退至边境,从而使我们在众多敌人包围而陷于灭顶之灾的河内驻军解脱出来。"

12月,远东法军已完成了增兵,便立刻终止和谈,向驻越清军发动进攻。两日后,清军战败撤退,法军占领越南山西。中法战争正式开始。

中法战争有一个很重要的背景,就是1861年辛酉政变后长期跟慈禧共同垂帘听政的慈安太后在1881年突然暴病身亡。

慈安太后一直比较低调,大臣陛见的时候基本都是慈禧在说话,她最多寒暄两句家常,外界对其政策主张和人事偏好了解很少。但清政府的军政决策方向确实在慈安去世前后发生了巨大的变化,并直接影响了中法战争乃至中日甲午战争的结局。我们还是需要透过极少的史料对这位低调的太后做一些分析。

一般认为，慈安权力欲望不高，倾向于放手让恭亲王奕䜣全面主持政务，两宫太后尽量少干预决策。慈安作为咸丰的正宫皇后，政治地位要略高于慈禧，对权力欲极强的慈禧是个制约。其性格温和，懂得抓大放小，跟慈禧的关系也还可以。两宫太后一个幕后一个台前，总体而言合作多过斗争。

不过，慈安也并非什么事儿也不管。1869年，慈禧有个宠爱的太监叫安德海，借口预备同治帝大婚典礼，再三请求慈禧太后派他到江南置办龙袍，预备同治皇帝婚礼所用之物，获得慈禧许可。清朝一直有太监不奉差遣不准离京的惯例，慈禧点头同意之后，也没想着要给安德海发放正式公文。不管在慈禧还是安德海看来，这些规矩根本管不到自己头上。慈禧想给自己亲儿子办一个豪华婚礼，这是她派安德海南下的主要原因。结果安德海走到山东，就被山东巡抚丁宝桢以没有公文擅自离京的罪名给抓了起来，并上奏朝廷。朝廷反应极为迅速，以军机处密令的形式让丁宝桢将安德海"毋庸审讯即行就地正法"。这显然不会是慈禧做的决定，只可能是慈安拍板。甚至有野史传言说丁宝桢抓捕安德海就是慈安和奕䜣在幕后策划的。慈禧吃了个哑巴亏，也得到了教训，从此后加强了对身边亲信的管束，同治皇帝的婚礼也搞得相对节俭。当时有个英国记者专门跑到北京参观中国皇帝大婚，他说："（接亲队伍的）花轿上看不到粗俗的珍珠和黄金饰物，相反，它的整个装饰效果显得既质朴又贞洁。正因为这花轿队伍的朴实无华，我听见别人说，跟中国其他的皇帝婚礼相比较，这次显得寒酸。"

从这件事也看得出，慈安虽然低调，在关键问题上不含糊，明白对掌握最高权力的人而言，各种大政方针其实都是小事儿，管好制定大政方针的人才是关键。她的任务就是管好慈禧和奕䜣——或者说协调好慈禧和奕䜣的关系，其他事其他人一概不管不问。

有了慈安的支持，恭亲王奕䜣才能放手做一些动作比较大的改革。其中最重要的，就是在镇压完太平天国以后，听从曾国藩、李鸿章、左宗棠等汉族大臣的建议，积极推行洋务，大力购买外国先进武器，建立近代化的兵工厂仿制西洋轮船、枪炮，以及派遣留学生出国和开办新式学校培养洋务人才，改组绿营训练新式军队，等等。这一轮改革被后世称为洋务运动。前文提到，得益于鸦片战争以后的对外贸易繁荣，清政府海关和厘金税收暴涨，通过洋务运动，新增的财政收入很大部分被用于这些富国强兵的事业之中，而不是被满洲权贵和贪官污吏浪费掉，算是不错的成绩。左宗棠带兵西征收复新疆，从俄国人手中收回了伊犁，便是洋务运动的最大成果。历代大一统王朝，在经过太平天国这种规模的打击以后，还能把局面搞成这样的，实在罕见。这一时期清政府是同治皇帝和光绪皇帝在位，也被清政府得意地称为同光中兴。

同治皇帝在1875年死去，没有儿子，也没有亲弟弟，按照嫡法，就应该由血缘最近的堂弟——也就是其父咸丰皇帝最亲的弟弟的嫡子继位。这跟明朝正德皇帝朱厚照死后，由他的父亲明孝宗朱祐樘的弟弟的儿子朱厚熜继位一样。咸丰是道光第四子，最亲的弟弟是道光第六子奕䜣（第五子已死且无后）。奕䜣正好有一个嫡子，且已经成年。但如果这样，奕䜣的地位就很尴尬，他要么辞去一切职务，要么就得天天向自己儿子磕头请安，或者当太上皇。无论哪一种都会造成政治剧震。奕䜣还非常讨厌自己这个大儿子，认为他不学无术、行为荒唐，不配当皇帝。最终，皇位由道光皇帝第七子奕譞的嫡子继承，这就是光绪皇帝。光绪此时才四岁，在继位之前先被安排过继给咸丰皇帝当儿子，继承咸丰的皇位，两宫太后的地位也就得以继续保持。奕譞也很识相地主动上奏请求辞去一切职务，获得批准。

奕譞的福晋是慈禧的妹妹，光绪即由其所生。因此一直有传言说光绪继位是慈禧故意安排的，让自己外甥当皇帝。但从嫡法来看，若奕䜣的儿子不继位，接下来的第一顺位继承人就是光绪，没有排除其他更有资格的候选人。皇帝从慈禧的亲儿子变成她的外甥，慈安的地位并未因此削弱，两宫之间的权力制衡格局并未因光绪继位而发生改变。

一直到慈安去世，慈禧才真正全面掌权，其两大缺点就逐步暴露了出来。一是胆小、怕打仗，尤其是跟列强打仗，遇到需要做抗击侵略的战争决策慈禧就开始哭，说得最多的就是"不愿再经咸丰故事"；二是铺张浪费，喜欢疯狂花钱给自己修园子，办寿宴。这两个缺点其实也是一体两面——因为贪恋权位富贵，也就更害怕失去权力地位。

慈禧精于权谋，热衷抓权。有低调、节俭的慈安在幕后制约着，她有精力也有能力去试着办些正事，但失去慈安的制约，很快就跑偏了。后来在北洋水师建设过程中，大量的国家经费被慈禧挪用于颐和园工程建设、给自己办六十大寿庆典，给光绪皇帝办理大婚，成为中日甲午战争清方惨败的一个重要原因。如果慈安一直健在，像捕杀安德海一样及时出手予以警示，慈禧不可能搞得这么过分。所以我们才说，慈安的去世对甲午战争的结局也有很大影响。不过这是后话，从近期来看，慈安去世对中法战争的影响主要体现在恭亲王、左宗棠失势和李鸿章被重用这个问题上。

慈安是否在对外问题上持有比慈禧更强硬的态度呢？直接的史料是没有的。两宫太后之间的沟通，没有任何史料记录。不过，慈安跟主张强硬的左宗棠关系更好，慈禧跟主张对外妥协退让的李鸿章关系更好，这倒很明显。左宗棠在西征期间，得到了清政府的有力支持。回到北京以后，陛见两宫太后，慈禧竟然以身体不适为由缺席，慈安单独接见了左宗棠。

进京之前，左宗棠在城门口被守城太监拦住，索取4万两银子才让其进京，声称这是外地大臣进京陛见的老规矩，官位越大交得越多，左宗棠这种级别的标准是10万两，4万两银子已经是很给面子了。左宗棠怎么会吃这一套，他坚决拒绝，为此跟守城太监对峙了五天，最后一分钱没给进了北京。这个太监为什么如此大胆？背后是谁在撑腰呢？难道真的是不给钱就见不到太后，慈禧在采用如此低劣的手段敛财？如果不是，左宗棠收复新疆名震天下，一个太监如何敢当真把他拦在北京城外五天之久呢？

慈安与左宗棠的会见场面相当融洽。她对左宗棠嘘寒问暖，关怀备至，说得左宗棠这种硬汉也忍不住流下眼泪。慈安问左宗棠为何流泪，左宗棠只推说是人老了眼睛不好，又被路上的风沙刺激所致。慈安便让太监把咸丰皇帝用过的一副墨镜拿过来给左宗棠戴上，以遮挡眼泪。左宗棠就戴着这副墨镜出了宫。第二天，左宗棠被任命为军机大臣。

这次召见之后，只过了几天，慈安太后就突然去世了。

当天晚上，左宗棠等少数重臣被召进宫，提前通报慈安的死讯。听到这个消息，他当场就激动起来，大声说：我几天前才见过太后，她说话还跟平时一样好好的。我不信她就这么死了，一定事有蹊跷①。

唯一能让慈安非正常死亡的，只有慈禧。左宗棠这话，就等于是公开怀疑慈禧谋杀了慈安。第二天上朝，几乎所有的大小臣工都躲着左宗棠，生怕跟他沾上关系，受到牵连。

慈禧有没有谋杀慈安？很多野史都这么说，但并没有一个是真正可信的。不过，此事确有蹊跷：在左宗棠进京这段时间，慈禧就称病不出，内廷传言慈禧已经病得不行了，可能很快就会死掉。突然消息传出，太后病故，大家第一反应都以为死的是慈禧，但实际却是身体一直正常的慈安暴病身亡。那么，慈禧是不是在装病，在后宫安排密谋呢？

以上这些推测没有可靠的史料依据。但无论如何，慈禧对左宗棠的反应，必然非常愤怒。左宗棠功劳太大，手下将领多掌握地方要职，不能随便处罚。留着左宗棠，对湘军、淮军势力也是个必要的制衡，但架空其实权还是有必要的。在军机大臣的位置上，左宗棠不管要推行什么政策就是推不动。过了一段时间，左宗棠自己也明白怎么回事，以身体不适为由请求告老还乡。慈禧没有同意，把他外放去做了两江总督。在湘军的地盘，左宗棠也干不了什么大事。

就在两江总督任上，中法战争爆发，左宗棠闻讯立刻上书请求亲自前往越南前线与法军作战。

这时候左宗棠手下没兵。他的楚军精锐在西征以后一部分遣散，一部分留在西北驻防——这也是朝廷对付曾国藩湘军的套路，以战争结束为名遣散主力，解除楚军对中央权威的威胁。左宗棠要去前线，就要再次征兵。

慈禧仍然不愿意让左宗棠再次领兵。她跟李鸿章一样，希望以妥协退让的办法与法国议和。但朝中那些"清流派"官员都支持左宗棠，以奕䜣为首的决策中枢则在和战之间摇摆不定。多方角力的结果，左宗棠的老部下王德榜被派往广西，就地征兵八个营，组成恪靖定边军配合广西淮军参战。而左宗棠本人出征的意见被否决了。

楚军精减后驻防西北，李鸿章手下的淮军就成了清政府仅有的可以调动的正

---

① 【美】贝尔斯：《左宗棠传》，哈尔滨出版社2014年版，第225页。

规国防军。奕䜣提议让李鸿章带兵去越南，至少是派淮军主力南下。李鸿章便以诸如水土不服、兵力不足、北方防务压力大等各种理由推脱。当时广西提督是淮军将领黄桂兰，只有广西淮军可以参战，其他部分则坚决不动。

曾国藩和左宗棠老老实实出力给清政府打江山，打完了，清政府说把军队遣散就遣散了，两人都没有怨言。清政府自以为聪明，实际上是把真正忠心的势力打压了下去，剩下来的就是李鸿章。李鸿章对曾国藩和左宗棠的命运看得很清楚，功劳再大也不如个人实力大管用，为国家拼命把自己军队打残了，结果就是鸟尽弓藏。所以淮军改成国防军，吃着朝廷的喝着朝廷的，但不能给朝廷卖命，必须保存实力。让他的军队拿着洋枪洋炮去镇压拿着刀枪棍棒的农民起义军可以，去跟列强开仗那是绝对不行。

慈禧不开口，奕䜣调不动李鸿章，只能以广西淮军为主力，拼凑一支队伍去跟法军开打。王德榜新招八个营，大约3000人；另外有部分广西、云南等地的练军。所谓练军，就是太平天国以后绿营裁汰改组重新训练的地方军队。楚军和淮军已改组为国防军，称防军，新练的绿营就是练军。练军在管理体制方面模仿防军，但跟防军相比，军饷待遇和武器装备都要差一大截。

这支临时拼凑又缺乏统一指挥的部队大约有两万人，当然打不过法军1.6万多人的正规军。黑旗军战斗意志比清军强，但就3000人击败法军400人的能力，以他们的装备和训练水平，不可能以少胜多。两边开打，清军不断溃败。

1884年4月，在法军连续击败清军、占领越南北部重镇兴化之后，慈禧终于出手，以指挥不当为由，解除了奕䜣的军机大臣和总理大臣职务，其主要助手宝鋆被勒令退休，其他军机处成员也被降级。这样，慈安、慈禧两宫主政时期的政治班底被彻底铲除，主导同光中兴的中央枢机全部换人，换上了一大堆慈禧的亲信：礼亲王世铎主持军机处，庆郡王奕劻主持总理衙门。这个奕劻原来是主要负责给慈禧写一些私人信件，比如慈禧和弟弟桂祥通信。他没有什么学问，更谈不上有啥行政才能，但写得一手好字，又善于为慈禧保守机密，因此青云直上，当上了总理大臣，后来甚至成为首席军机大臣。他在这些掌握清朝命运的关键位置上伙同亲信和家人大收贿赂，赢得了"晚清第一巨贪"的名声。慈禧重用奕劻，就是因为他能力平庸且忠心耿耿，不会像奕䜣一样对自己的权威构成威胁。

此外，慈禧又特别指示，遇有重大事件，世铎和奕劻应先与慈禧的妹夫醇亲王奕譞商办。

醇亲王是光绪皇帝生父，不方便担任正式职务，不然出席朝会的时候还要给自己儿子磕头，出现忠孝伦理冲突。慈禧这样安排就是为了让奕譞掌权。

1884年是农历甲申年，这一事件也就被称为甲申易枢。

甲申易枢，是洋务运动由盛转衰的分水岭。满洲贵族和汉族理学士绅群体经过太平天国运动的优胜劣汰之后，焕发出来的短暂活力消退，重新进入全面堕落的轨道。喜欢修园子、办豪华婚礼的慈禧代替了节俭低调的慈安；热衷于给慈禧修园子的醇亲王和"晚清第一巨贪"奕劻代替了勤勤恳恳的奕䜣；妥协自保、贪婪无耻的李鸿章代替了抬棺西征、廉洁奉公的左宗棠。收复新疆的辉煌胜利，也就成了清政府覆亡前的最后一次回光返照。

十一、《李福协定》：法国人欺骗了李鸿章

甲申易枢之后只过了十天，李鸿章再次经过谈判，与法国代表福禄诺达成和平协议，史称《中法会议简明条约》或《李福协定》。主要内容是清军从越南撤退，中越边境对法国开放通商，中国不干预法国和越南签订的任何条约。对应的，法国承诺不侵犯中越边境，在跟越南的条约中不出现"伤碍中国威望体面"的内容。与"李宝协定"不同，《李福协定》是双方政府正式签字生效的双边条约，不是草案。

《李福协定》体现了李鸿章的战略意图，就是在实质上放弃中国对越南的宗主权，不干预法国对越南的殖民，换来中法之间的和平。中国没有割地赔款等额外损失。这是一个不平等条约，但总体而言不平等的程度比较轻微。

如果这个协定得到落实，那就说明李鸿章的思路是正确的。中越之间的宗主国和附属国关系确实已经落后于时代了，"天朝上国"的思想不能再有，加上中国实力衰落，借机解除对越南的保护义务，以此换取和平，问题不大。至于开放边界通商，也不是什么坏事。

但李鸿章又被骗了。体面停战只是他一厢情愿的、愚蠢的幻想。殖民列强不是靠平等交往吃饭的，更不会受条约义务的约束。清军在战场上节节败退，要想通过谈判拿到平等条款从而体面地退出战场绝不可能。《李福协定》跟"李宝协定"一样，只是法国方面对李鸿章的战略欺骗，根本就没打算遵守，不过是希望以此让越南政府不再对清政府抱有幻想，放弃对法国的抵抗。因为法国和越南方面的条约谈判也在同一时间加紧进行。

签订完《李福协定》之后，法国内阁总理茹费理亲自给李鸿章发电报，称赞他是"为国名臣，深于阅历，所见两国公共利益，并未来之事，竟与我辈相同"。李鸿章受宠若惊，对自己竟然被列强头目夸奖极为高兴，回电拍了茹费理一通马屁。

就在双方互拍电报表扬之后，福禄诺突然找到李鸿章，拿出来一份新的文件，上面列了三个"补充条款"要求李鸿章认可。其中的关键是第二条：要求清军分两批限时20天和40天撤退，且期间不得干预法军消灭越军、黑旗军的任何军事行动。

李鸿章被这个突然出现的"最后期限"搞得有点不知所措，随即表示清军很难在这么短的时间内做好撤退准备，具体时间还需要法国另外派人来详细商议，又说法军不宜急于前进，就算遇到清军也应该尽量避免开战。

福禄诺一再坚持要李鸿章接受，李鸿章则坚持不接受。最后，福禄诺没有表态是否放弃这三条要求就离开了天津。

这是李鸿章的说辞。法国方面的说法是，李鸿章最终同意了这三条临时补充的条款。

综合各方史料，李鸿章的说法应该更接近真相——他还不至于糊涂到私下同意这种类似于最后通牒的条款。但就算事情如李鸿章所说，法国代表临行突然书面提出要求，未能得到满足，在没有承诺放弃要求的情况下就直接走了。这不是小事，直接关系到双方是保持和平还是继续开战。李鸿章竟然认为既然自己没有同意，那就没事了，也就没有向朝廷报告。

《李福协定》签订的消息传到越南，越方主战派得知清军即将撤离，自知无力回天，放弃了抵抗。《李福协定》签署后20天，越南政府跟法国签订了《顺化条约》，正式承认法国对越南的殖民统治。

《顺化条约》签订之后六天，法国就借口李鸿章同意的撤兵期限已到，下令法军进军越南北部"接收"清军谅山营地，又枪杀前来送公文交涉的三名清军人员，廾炮攻击清军营地。清军被迫反击，双方在谅山附近的北黎地区开战，互有死伤，史称北黎事件。法国随即宣布：清军违反了中法协定，没有按时撤军，因此《李福协定》无效。

从整个过程来看，就是法国先欺骗李鸿章，让他同意撤军，再拿着协定去威胁越南方面投降，同时留下三条含混不清的"临时补充条款"，在越南投降以后找借口跟清军继续开战，其目标很明显不仅是要获得对越南的殖民统治，而是要抛开英国挑起"第三次鸦片战争"，从而挑战英国在华一家独大的地位，获得更多的对华殖民利益。

李鸿章愚蠢短视，以为放弃越南就可以保住中国，被法国人玩弄于股掌之间，连着骗了两次。他也不动脑子想一想，清军在越南战场节节败退，凭什么法国政府会同意签署《李福协定》这个看起来还算平等的条约？他还真以为自己运筹帷幄、交涉得力，为国家争取到利益。后来日本人又把这个戏法接过去玩了一次，让李鸿章以为放弃对朝鲜的宗主国地位就可以换来对日和平，结果朝鲜丢了不说，日军还找借口在朝鲜跟清军开战，然后继续入侵中国。套路都是一样的。区别是中法战争的时候左宗棠还没死，李鸿章尚不能总揽全局，中日战争的时候左宗棠已经死了十年，洋务运动的底子也差不多被李鸿章败完了，两次战争的结果才大不相同。

整个过程，法国方面对李鸿章的表现十分满意，从此李鸿章在西方列强中间赢得了"擅长外交"的声誉，此后各路列强侵略中国，但凡需要跟中国谈判，都强烈要求李鸿章出面。之前，在俄国归还伊犁的谈判中，刚开始俄国是跟满洲贵族代表崇厚谈的。俄国对崇厚挺满意，谈的结果是伊犁周边很多地区划归俄国，只把伊犁城交还清政府，外加一大堆俄国在西北地区的特权。但崇厚签完条约刚一回国，就被朝廷清流官员弹劾，以"丧权辱国"的罪名被判处斩监候，签的条约清政府不认账，派曾国藩的儿子曾纪泽去重新谈。曾纪泽态度极其强硬，在莫斯科跟俄国人磨了好几个月，磨得俄国人非常难受，最后在左宗棠兵威下被迫同意交还伊犁全境。

中法谈判，曾纪泽又被派往巴黎。法国方面对曾纪泽非常不满，向李鸿章告状。李鸿章就上了一个折子，说曾纪泽得罪了法国人，恐怕"此后难商后事"，让清政府把曾纪泽给调去英国当大使，由李鸿章本人亲自上场。

经过这几轮折腾，列强心里有数了。像崇厚这种无能的满洲贵族，虽然好对付，但说了不算，有卖国的才能但是没有卖国的实力；曾纪泽、左宗棠这帮汉族新贵，又太不好对付；只有李鸿章能兼二者之长，既有卖国的才能又有卖国的实力，他签的条约既能体现列强的利益，清政府还认账。法国借口三条"临时补充条款"撕毁《李福协定》以后，清政府虽然对李鸿章没有汇报补充条款之事非常愤怒，连续下旨责骂，言官们骂李鸿章的话比当年骂崇厚的难听多了，还有人建议把他发配到越南军前效力，但清政府敢把崇厚判处斩监候，对李鸿章连个处分都没敢给。所以说，卖国也要看实力。没有实力，卖个国人家都不愿意让你来卖。李鸿章凭实力卖国，对外取得列强的支持，对内镇得住反对势力，是他能在晚清政坛长期屹立不倒的根本。

十二、马尾海战：福建水师全军覆没

北黎事件以后，法国方面狮子大开口，要求中国军队立刻撤出越南，并赔款法方军费2.5亿法郎（约合白银3800万两），又威胁说，法国将占领中国一两个海口当作赔款的抵押。这相当于正式宣战前的最后通牒。

面对法国的无耻威胁，清政府方面主战派势力占了优势，让左宗棠出山的呼声高涨。左宗棠第二次奏请去前线督战。但慈禧还是不太信任他，不愿交给他统兵实权，只是宣布将左宗棠调回北京，再次担任军机大臣，参与对法战略制定。慈禧仍然想妥协，只是不敢再公开派李鸿章出面，不然会被言官舆论骂死，遂改派接替左宗棠担任两江总督的曾国荃出面，李鸿章在幕后操纵。

曾国荃不熟悉外交，也不愿意替李鸿章背黑锅，就跟法国代表磨洋工；法国方面也没打算真谈，双方都依旧在按照开战来做准备。

法国方面的进攻方向很明确，除了在越南北部继续进攻，还公开宣布要占领一两个中国海口。广州和上海是各国通商要道，英国等列强在华关键利益所系，不能打。北方海域过于遥远，法国单独进攻成本太高，风险太大。剩下两个明摆着的选择：福建和台湾。清政府也有针对性地进行防守布局。

越南方向，淮军广西提督黄桂兰兵败自杀，淮军广西巡抚潘鼎新奉李鸿章"战胜不追，战败则退"的密令，不战而退，导致中越边界的镇南关失守，被革职。两广总督张树声也引咎辞职。清政府任命山西巡抚张之洞总督两广，统筹广西战事。张之洞到任后，选择了由前广西提督、已经67岁的老将冯子材再次出山统领楚军、淮军、练军各路人马。

福建的沿海战略要地是闽江入海口的水师基地，原本由左宗棠筹划建设，但他去西北打仗的时候没用自己人接替，而是推荐沈葆桢主管。沈葆桢后来在塞防和海防问题上倒向李鸿章，又因为西征借款问题与左宗棠疏远，左宗棠对南洋水师建设的影响力下降。在双方力量均衡的地方，清政府安排何璟担任闽浙总督，何如璋担任南洋船政大臣。这两人都是不属于楚军、淮军派系的文官。眼见要跟法国打仗，清政府又紧急从中央派遣一个钦差大臣前往督战。经过多方博弈，最后选中了没有军事背景的"清流派"代表张佩纶。

所谓的"清流派"，就是通过科举考试进入中央政府工作的汉族文官。这些人不像曾国藩、李鸿章、左宗棠握有兵权，绝大部分也缺乏地方实权履职经历，本质上是满洲勋贵的附庸。相比腐烂透顶的八旗子弟，他们起码智商合格，能把中央政府的日常政务撑起来。清政府也有意利用他们来制衡李鸿章等实权派，一有机会就把他们派往地方担任要职以加强中央权威。"清流派"经过科举选拔，其中有不少能干的，也不都是书呆子。严格来说，曾国藩、沈葆桢都可以算是道光年间的朝廷"清流派"。慈安、慈禧主政时期，"清流派"中最优秀的是张之洞，很早就被派往地方历练，先后担任山西巡抚、两广总督、湖广总督等要职。冯子材去广西主持抗法就是他在两广总督任上敲定的。后来在湖广总督任上主持修建汉阳铁厂、湖北枪炮厂等都取得了不错的成效，是甲申易枢后洋务运动后半段为数不多拿得出手的成果。

张之洞去地方历练以后，在京"清流派"领袖就成了李鸿藻和张佩纶。李鸿藻是河北保定人，当过同治皇帝的儒学老师，一直在中央升迁，后入值军机。他跟出生安徽合肥的李鸿章名字虽然接近，其实没有任何亲戚关系，两人还互相看不上。李鸿藻认为李鸿章软弱卖国，李鸿章觉得李鸿藻保守迂腐，二人经常在奏章中对骂。相比之下，张佩纶跟李鸿章关系比较好，虽然位居清流领袖，各种势力他都敢骂，但从来不说李鸿章坏话。因为张佩纶的父亲张印塘在镇压太平天国运动时期当过安徽布政使，跟李鸿章私交甚好。1879年张佩纶的母亲去世，按照规矩要辞职回家守孝27个月，李鸿章先送上大笔丧葬厘金，又让他到直隶总督府担任幕僚，二人关系因此更为密切。中法战争中，张佩纶是坚定的主战派，但坚持不跟大家一起骂李鸿章卖国。这样，在决定派谁去当钦差大臣督战的时候，"清流派"和李鸿章共同中意的人选就成了张佩纶。福建水师的创办者、对闽江马尾基地最了解的左宗棠反而没有了发言权。

最有戏剧性的是去台湾督战的主将人选。此时台湾守将是刘璈，左宗棠的亲信，常年跟着他南征北战。台湾兵力不足，须淮军人马支持，李鸿章认定法国有海军优势，台湾孤悬海外、必不可守，不愿意派人过去。但淮军内部出现了一个"叛徒"——刘铭传，打破了这一僵局。

刘铭传是李鸿章的老乡，合肥肥西人，原来是个贩卖私盐的。他办团练的过程比较特殊，跟造反差不多，把本地士绅豪强杀了之后拉起来的队伍，只是没参加太平天国运动，相当于中立的第三方。等到李鸿章招募淮军，刘铭传觉得大家都是合肥人，才带着人马去投奔。因为英勇善战，立功无数，迅速成长为淮军二号人物，其手下"铭字营"拥兵两万，28岁就被任命为直隶提督，为从一品武将，是淮军将领中武职最高的。

不过，刘铭传个人品质，一直有很大的问题，跟着李鸿章搞拉帮结派的事儿干了不少。其中比较恶劣的有两次。

第一次是1867年与湘军部鲍超合围捻军。刘铭传为了争功，提前出发，结果被捻军暴打，差点全军覆没。幸好鲍超带兵按时赶到，救了他一命，清军也因此反败为胜。但刘铭传却恩将仇报，声称自己按时出发，是鲍超迟到了，给自己造成了巨大的损失。李鸿章据此上奏，鲍超被朝廷严厉处分，因此抑郁成疾，回乡养病。这件事情让湘军内部对刘铭传极为不满。曾国藩查清真相以后，亲自出面找李鸿章理论，李鸿章才改口让朝廷撤销了对鲍超的处分。

第二次，是左宗棠带兵西征，平定了陕西叛乱，准备进一步进兵甘肃和新疆。1870年，左宗棠的部下刘松山战死，李鸿章看准机会，以支援左宗棠的名义，提议派刘铭传带"铭字营"去陕西。朝廷也愿意看到楚军、淮军互相制衡，同意了这个意见。李鸿章的算盘是：左宗棠带兵去甘肃、新疆打仗，刘铭传负责留守陕西，把陕西变为淮军地盘。这样，冲在前线死的都是楚军，保留实力捞到好处的是淮军。

刘铭传带兵走到陕西，就以眼睛有病为由不走了，跟左宗棠的指挥也各种不配合，两边关系闹得很僵。李鸿章则趁机上奏，推荐刘铭传担任陕西巡抚。清政府这时候是恭亲王奕䜣主政，对里边的门道看的还算清楚，否决了这个提议。

否决之后，刘铭传的"病情"就加重了，无法带兵，请求回家养病，得到朝廷批准。刘铭传刚一走，"铭字营"就开始闹军饷，搞哗变。朝廷对此非常恼火，严肃处理了"铭字营"的哗变，并下旨谴责刘铭传要承担治军不严、推荐接替的人选不当等责任。刘铭传干脆彻底辞职不干，得到了批准。这样，他28岁当直隶提督，34岁就回家休养了。

这一休养就是很多年。这些年里，刘铭传目睹了左宗棠抬棺西征、收复新疆的壮举，对自己在背后捣乱的行为是有所后悔的。又眼见国家的衰落、列强的侵辱，以前那种一切按照淮军势力划线斗争的狭隘眼光有了很大改变。

李鸿章一直在想办法让刘铭传复出。但他前期做事实在过于骄横，跟湘军、楚军都结了梁子，又曾经跟绿营火并，还伪造命令侵吞过八旗马队，把能得罪的势力全都得罪了一遍，复出阻力很大。北洋水师筹建过程中，李鸿章想在中央成立海军部，并推荐刘铭传来当海防大臣，这样中央对北洋水师的建设就会有更大力度的支持。此事在朝廷争议很大，海军部一直没有设立。但这一番运作还是让刘铭传重新进入中央选拔人才的名单。为了调动"铭字营"参加抗法斗争的积极性，张之洞和曾国荃都上奏表态支持刘铭传出山。经过各方博弈，朝廷最终决定招刘铭传进京，委以重任。

1884年6月，刘铭传奉旨进京。按照淮军系内部的规矩，重要将领进京都要去天津拜访李鸿章，跟朝廷说话要按照李鸿章圈定的口径来。刘铭传于6月13日到达天津，李鸿章告诉他，朝廷准备让他去守卫台湾，但自己不同意，希望他能留下来担任北洋水师帮办大臣，并协助直隶地区的防务。

守卫台湾，危险极高；留在天津，品级一样还更安全，又有李鸿章罩着，前途一片光明。

这要放在以前，刘铭传肯定是李鸿章说啥就是啥。但这一次不一样了，他考虑再三，终究还是决定以国家利益为重，奔赴台湾前线。李鸿章见刘铭传态度坚决，只得转而表态支持。

刘铭传进了北京，与军机大臣会面，见到多年前的老对手左宗棠。二人捐弃前嫌，深入讨论了台湾防御问题。商谈中，刘铭传问左宗棠：现在刘敖在台湾，我去了他就是二把手。当年在陕西，他给你当助手，我跟他关系闹得很僵。这次去我指挥不动他怎么办？

左宗棠说：以国家大事为重，他要是有不法行为，你随便处置。

1884年7月，刘铭传到达台湾。仅过了15天，8月5日，法国远东舰队的三艘军舰就突袭台湾基隆。刘铭传指挥清军顽强抵抗，打退了法军。

法军这一仗带有试探性质，兵力不多，其主要攻击目标还是福建马尾的水师基地。

法国一边放烟幕弹跟清政府假装谈判，一边派遣军舰进入闽江入海口，为攻击福建水师做准备。

张佩纶眼见法国军舰不断开进闽江，随时可能发动攻击，不停地向北京发电报请求指示和支援。当时直隶总督李鸿章手下有七艘可以作战的军舰，两江总督曾国荃手下有五艘，两广总督张之洞手下有两艘。军机处电令三大总督派舰支援。李鸿章对此的回复是："现有兵轮较法人铁甲大船相去甚远，尾蹑无济，且津门要地，防守更不敢稍疏。"曾国荃的回复是："兵轮不敷守口，实难分拨。"总之就是找各种借口推脱，见死不救。李鸿章还给张佩纶建议，说法军的目标是马尾造船厂，不如提前把造船厂炸毁，法军自然就会放弃进攻。张佩纶被气了个半死。只有张之洞比较听话，把仅有的两艘军舰"飞云"和"济安"号派过来相助。张佩纶在私人书信中写道："沿海督抚舍香老（张之洞）外，无一有天良者！"主要骂的就是李鸿章和曾国荃。

在是否主动开战的问题上，清政府则一直坚持不许"先发"。因为曾国荃还在跟法国代表谈判，英国和美国也在帮忙"调停"。尽管台湾都已经开战了，清政府还是一厢情愿地希望能避免战争，尤其是对英美调停抱有幻想。张佩纶备战不上心，执行不准先发的命令倒是挺积极，给水师将领传令："不准先行开炮，违者虽胜亦斩。"

此刻，身处军机中枢的左宗棠在做什么呢？他是一贯主战的，不管是越南还是对福建、台湾，他都不停地上奏请求果断开战。李鸿章建议清政府同意法国的赔款要求，理由是"战后亦必赔偿，且为数更巨"。左宗棠则说："与其赔款，不如拿赔款做军费。"[1] 二人相持不下。慈禧对左宗棠的态度很有意思：每次都对其建议点头称是甚至予以表扬，但就是不下决心开打。实则她的内心是倾向于李鸿章的，只是法国人索取的赔款太多，不敢轻易答应。左宗棠的意见处于被搁置的状态，前线收到的军机处命令始终是要尽量维护和平。

8月17日，美国方面通知清政府调停失败。清政府才改变口气，给各地督抚下令"法人如有蠢动，即行攻击，毋稍顾忌！"张佩纶收到这个电报，仍然认为这不是开战命令，继续消极等待。

1884年8月21日，中法谈判彻底破裂，双方各自召回谈判代表。

这个局面，英国方面比清政府还着急。它虽然表面上表示中立，实则还是希望清军能够——至少在局部战场击败法军，以免其在华独大的局面被法国单方面改变。而且它跟法国还在埃及等地争夺势力范围。因此，英国一方面宣布中立；另一方面不断地向清政府提供军事情报。8月21日，英国领事就向福建方面通报了开战在即的情报。8月22日晚上，闽浙总督何璟给张佩纶发电报说：得到消息，法国人可能会在明天趁潮水进攻马尾——这个消息极为准确且非常及时，因为就在发电报的同时法国远东舰队海军司令孤拔正在马尾召开紧急军事会议，做出了第二天下午两点开战的决策。向何璟提供这种绝密消息的也只可能是英国或美国方面。

---

[1] 窦宗一：《李鸿章年（日）谱》，第163—164页。转引自苑书义：《李鸿章传》，人民出版社1991年版，第272页。

张佩纶收到了电报，回电说自己会严阵以待。但他实际上没有做任何准备，甚至没有将这个情报通知到各舰，继续抱着侥幸心理消极等待。一直到第二天开战，福建水师都没有接到任何准备开战的指示。

8月23日下午1点56分，法军舰队集中火力向福建水师开炮。战斗仅持续了40分钟，福建水师全军覆没，11艘军舰全部被击沉，700多名水师官兵阵亡。法军舰队死六人，伤27人，一舰未沉。战后，法军又开炮将基地附近的马尾造船厂彻底破坏，然后退出闽江。

这是人类海战历史上极其罕见的惨败。

导致这场惨败的第一罪人，是张佩纶。当时名义上能指挥水师的有三名大员：督战钦差张佩纶、闽浙总督何璟、福建船政大臣何如璋。闽浙总督有权节制其辖区内所有武装力量，但长期驻守福州，并不直接指挥水师。舰队训练和日常管理由何如璋负责。张佩纶一到，战时指挥权就移交给了张佩纶，何如璋成了张佩纶的副手。张佩纶以钦差大臣的身份驻马尾督战40多天，为前线最高指挥官，必须对战争胜负承担最终责任。

尽管清政府之前一直不让提前开战，放任法国军舰进入闽江，需要对战败负很大的责任。但军机处8月17日的电令已经改变了口径，提前告知了张佩纶：中法和谈已经破裂。"如有蠢动，即行攻击，毋稍顾忌"这12个字，虽不是开战令，实则已把决策权交给了张佩纶。"蠢动"这个词可以做很多解释，法国军舰稍微挪动一下位置都可以说是想要发动攻击的"蠢动"，可以"即行攻击"。军机处故意把话说得很含糊，不想承担开战责任，让前线将领自行决策。这种做法反映了决策中枢的颟顸，但确实是已经给了前线指挥官自行解释中央命令的空间，跟之前明确不准"先发"、等待和谈的命令有根本差异。这份电令从法理上讲，就是一份让前线指挥官自由决定是否开战的授权令。

张佩纶明知谈判破裂、开战在即，依旧在侥幸和畏惧心理的驱使下，坚持把"蠢动"定义为必须法国军舰先开炮才算，甚至在已经通过多个情报渠道得知法军即将动手的情况下，仍然不愿意下令抢先组织进攻。这就是非常典型的官僚主义做法：面对外敌入侵、军队存亡的严重危机，首先考虑个人得失和责任。抱定一个心思：只要上头不明确让我开炮，我就不下令开炮，我在督战钦差的位置上，除了向中央请示以外不做任何重大决策，这样最后我才能不承担战败的责任。张佩纶在给军机处的汇报中不断强调：最好是先发制人，这样才有优势。可见他脑子是清楚的，不是不懂军事，看不清局面。但军机处松口之后，他还是不愿意冒险先发，一定要等法军先发或者军机处明令开火。

"将在外，君命有所不从"是中国几乎人所共知的军事指挥原则。这条原则的关键是"有所不从"，不是绝对不服从也不是绝对服从，而是在某些紧急时刻，根据有利于国家、有利于君王、有利于人民的大方向大原则有选择的"不从"。在收到8月17日电令之后，张佩纶作为前敌最高指挥官，完全可以利用"蠢动"词义的模糊解释空间，不再遵守之前不准"先发"的命令，毅然做出对大局最有利的决策。他没有这么做，也就必须对惨败负第一责任。

作为"清流派"代表，张佩纶没有做好从"清流"到"实干"的转型。他在中央做官，主要工作就是写奏章提意见。至于意见是否变成决策，则由核心领导层决定。张佩纶脑子是够用的，提了很多好的意见不断被中央采纳，本人也节节高升。他在福建给军机处写的奏折里边也把局面分析得头头是道，且结论正确：应该让福建水师先行攻击。但是，写奏章提建议和独立决策看起来只有一线之差，实则完全不同·前者不需要承担责任，后者必须承担责任。张佩纶不敢承担责任，看起来官做得很大，终究也还是个幕僚而非政治家。可以肯定地说，如果当时在前线督战指挥的不是张佩纶而是左宗棠，马尾海战的结局绝不会如此惨烈。让只有幕僚水平的张佩纶代替左宗棠坐到前线决策位置的人——慈禧、醇亲王、李鸿章、李鸿藻等，也应该对此负间接责任。

清政府决策中枢应该为战败负第二责任。为了和谈而暂时不向法国主动进攻、不主动挑起战端是可以理解的，但必须得有个限度。

闽江马尾水师基地是左宗棠精心挑选的，距离闽江入海口有40多公里，沿途岛屿棋布，两侧群山环绕，易守难攻。左宗棠在选址的时候，就已经考虑到新组建的舰队实力必然在很长时期内与列强差距甚远，因此这个基地深入内河，不利于大型军舰入侵。基地周边又结合山形布置了多处炮台保护。马尾海战之时，福建水师有11艘军舰，多艘鱼雷艇，总吨位约9900吨；法军舰队总吨位也就

10837吨，双方实力相差不大①。法军军舰、火炮更为先进，但总体而言双方武器没有代差，威力相当。清军军舰大部分是马尾造船厂自己造的，质量不如法军，但在风平浪静的内河军港，这样的弱点并不至于带来严重后果。加上周围炮台的支持、保护，双方实力其实不相上下。左宗棠在基地建设初具规模之后，并没把福建水师变成自己的私人势力，离任之时没有交给亲信旧部接管，而是积极推荐沈葆桢出山。沈葆桢为官清廉，做事严谨负责，把水师管理训练得井井有条。在40分钟的海战中，绝大多数将士们英勇作战，不像后来的北洋水师那么腐败不堪。总之，在马尾战场，福建水师从各方面来看都不落下风，绝对不应该落得如此惨败。

关键的错误，就是没有"先发"。马尾附近水域狭窄，是一个典型的"狭路相逢勇者胜"的战场，打起来没什么战法、阵形可言，就是近距离对轰，看谁炮火猛烈。孤拔决心冒险进入闽江与福建水师对峙，就是判断清军绝对不敢主动向法军进攻。福建水师在张佩纶"虽胜亦斩"的荒谬命令下，几乎不做开战准备，尤其是停泊的时候竟然依照平时惯例，采用船头向内的方式停泊，以船尾对着法军。这样，法军舰队抢先攻击的时候，绝大多数军舰都还没有来得及调头就被击沉。反之，只要在开战时清军以船头主炮或侧面炮火指向法军，即使不能取胜，也一定可以击沉多艘法国军舰，绝对不至于输到全军覆没而没有击沉对方一艘军舰的地步。所以我们才说，张佩纶在8月17日接到军机处电令以后不敢先发，是这次惨败的第一原因。而清政府在8月17日谈判破裂以前妥协退让，放任敌军舰队大规模进入内河水师基地，则是这次惨败的第二大原因。

跟鸦片战争不同，这一次面对西方列强，前线将士表现英勇，绝大多数奋战到最后一刻，多艘军舰在已经开始沉没之后还在努力向法军开炮。开战之后，停泊在闽江入海口外的法国军舰试图进入闽江支援孤拔，被沿岸炮台守军开炮击退。甚至在所有军舰沉没之后的第二天晚上，还有两艘幸存的水雷艇主动冒险试图去偷袭法军军舰而被击沉。这些都展示出太平天国之后，清朝在英国支持下推动近代化军事变革带来的积极变化。海军将士们已经有了明确的"国防军"意

---

① 姜鸣：《龙旗飘扬的舰队》，生活·读书·新知三联书店2002年版，第181页。

识，不再像传统绿营一样把自己当作傀儡兵了。但这种变化在清政府整体腐败堕落的大趋势下，最终未能影响战局。

十三、不败而败：中法战争结局与左宗棠临终遗言

清政府接到马尾海战战报的第三天，正式下诏对法宣战。

左宗棠此前多次申请赴前线与法国侵略者作战，都被搁置。这一回他干脆直接跑到醇亲王家里去请求统兵出征，醇亲王被左宗棠说动，答应代为向慈禧请旨。此时的局面，确实已是非左宗棠出马不可了。1884年9月7日，朝廷下诏，任命左宗棠为钦差大臣、督办福建军务。左宗棠以72岁高龄最后一次奔赴战场一线。

左宗棠先到南京，与曾国荃商量江浙防务。然后南下福建福州，组织福建和台湾的防御。

南下途中，法军海军已开始集中主力攻打台湾。

10月1日，孤拔统率十艘军舰，约4000人的兵力，分两路攻击通往台北的两大重要港口——基隆港和淡水港。孤拔挟马尾海战之威，态度狂妄，目空一切，在舰上对各国记者宣称，将会在一周内夺取台北，然后以台北为基地挥师北上。

刘铭传亲自带兵防守基隆，与法军激战一整天，战事胶着。但在当天傍晚，他接到淡水守将李彤恩的求救报告，淡水情况非常危急。而刘铭传手里已经没有后备队可以派遣去支援淡水。

基隆港比淡水港更大，看似战略地位更加重要。但淡水港有河流直接通往台北，而基隆去台北只有陆路。法军如果攻下淡水，就可以顺流而上直达台北。刘铭传经过反复考虑，决定主动放弃基隆港，集中兵力守卫淡水港。

这个决策要冒很大的风险，因为清朝军事纪律比较死板，丢失城池将追究守将的责任。手下很多将士也不理解，认为这是临阵脱逃。但刘铭传跟纸上谈兵的张佩纶不一样，是久经战阵的武将，关键时刻能顶得住压力做出必须由个人承担

责任的决策。他坚决弃守基隆港，只留下300人退守腹地要塞狮球岭，阻止法军深入。

由于是主动放弃，清军有足够的时间转移全部武器弹药，并销毁了基隆的1万多吨煤炭等战略物资。法军占领基隆以后，发现不能获得任何补给，离开海军炮火的支持强攻狮球岭也无把握，才发现这是一个"食之无味、弃之可惜"的"鸡肋"。

法军原计划10月2日上午10时进攻淡水。就在集结准备之际，已经到达淡水的刘铭传指挥守军于上午6时35分出乎意料地主动向正在洋面上集结的法军舰队开炮，打乱了法军的进攻部署——当然，这要感谢英国方面提供了及时而准确的情报。整个中法战争期间，英国人的情报工作都相当准确到位，基本上是法军刚开完会，英国人几个小时内就能把会议决议告诉清军。

法军被打了个措手不及，只得放弃进攻，转而向占领基隆的孤拔请求援助，于10月6日集结了2000多人的兵力再度对淡水发动总攻。600多名法国海军陆战队员登陆抢攻，双方在海岸上短兵相接，展开了激烈的厮杀。经过两个多小时的激战，11点45分，一个法国海军陆战队员走到港口灯台的石山上，用手势向舰队发出信号：我们被逼后退，没有军火，损失惨重。

法军随即全线溃退，争先恐后地爬上海边的小艇，向海面上停泊的军舰逃去。

这就是中国史书上记载的淡水大捷。根据法国方面的数字，阵亡九人，失踪八人，伤亡49人；根据刘铭传向朝廷的奏报：斩首25颗，其中军官两名，枪毙约300名。双方战报数据差异较大。清军的斩首数应该是准确的，但枪毙约300人中大多数可能只是中弹受伤。

不管怎样，淡水保卫战以中方的胜利而结束。

孤拔受此挫折，承认快速夺取台北的目标已无法实现。转而宣布对台湾进行封锁，同时向法国政府请求援军。左宗棠到达福州以后，先着手整顿好闽江防务，让法国军舰不能再次入口进而威胁福州。接下来，就是紧急组织对台湾的援助。他给清政府发电报，请求北洋和南洋水师派出军舰来支援。李鸿章和曾国荃接到军机处电令，再次拒绝，表示实力太弱，无法与法军对抗。清政府受淡水胜利的鼓舞，腰杆要挺一些了，对法作战态度趋于强硬，发电报把李鸿章和曾国荃骂了一顿，严令他们必须派军舰支援。这样，李鸿章才表态愿意派出两艘军舰南下，曾国荃也跟着同意派出五艘军舰。

这七艘军舰走到半路，朝鲜发生宫廷政变，李鸿章极力夸大朝鲜局势，渲染日本介入的危险，吓唬清政府，请求把军舰调回去，得到批准。其实这场政变只用了三天就被驻朝清军快速平定，根本用不上军舰。李鸿章事后总结说，"大约十年内外，日本富强必有可观，此中土之远患而非目前之近忧"①——明知是十年后的"远患"还紧急调走军舰，说白了就是找借口自保。曾国荃一看北洋的军舰跑路，也赶紧让自己的军舰以维修改造为名停止前进。倒是孤拔听说清军有军舰南下，亲自带队北上迎击。南洋军舰闻讯立刻躲进镇海港，曾国荃则赶紧下令返航。但这几艘军舰因为害怕返航途中遇到法舰，一直躲在镇海港内死活不肯出来。法军组织了几次攻击，都在沿海炮台的配合下被击退。

镇海的防御条件比闽江马尾基地差得多，就这样还能保护南洋军舰安然无恙，也可以再次看出马尾海战的惨败绝不是由于清军火力不足，福建水师战斗力太差，而是清政府和张佩纶愚不可及的决策造成的。

左宗棠这边，得知南北洋水师救援无望，找德国轮船帮忙运输也被拒绝，只得采取冒险行动。他召集旧部，勉强组建了三个营上千人的恪靖亲军，由王诗正带领，雇佣渔船进行夜渡，以突破法军对台湾的封锁。经过数月冒险抢渡，终于将包括恪靖亲军在内的3000名士兵，以及60门钢炮、9000支步枪、200万发弹药、40只鱼雷和10万两饷银等大量物资送到台湾。

1885年1月，法军又开始对台湾发动进攻。3月，法军援军大规模到达，开始以基隆为基地连续组织超过2000人的强大攻势，再次试图夺取台北。由于左宗棠这边已经输送了大量军队和物资上台，刘铭传和王诗正密切合作，法军多次进攻都没有取得成效，局限在基隆港周边无法前进。只能暂时放弃夺取台湾本岛，转而南下攻占台湾海峡中部的澎湖列岛作为休整基地。

澎湖列岛的生存条件很差，也就比在海上漂着稍微好点，法军内部爆发疫

---

① 姜鸣：《龙旗飘扬的舰队》，生活·读书·新知三联书店2002年版，第203页。

情，大量士兵死去。据法国方面记载，从1885年4月到6月，法军因病死亡997人。连统帅孤拔也于1885年6月11日病死在了澎湖。尽管这些法军的死亡并非由清军直接击毙，但左宗棠和刘铭传领导的台湾保卫战让他们长期无法夺取生活条件优越的陆上休整基地，也是一个极为重要的原因。

与此同时，清军在越南战场取得了巨大的胜利。1885年3月，冯子材指挥清军在中越交界的镇南关大败法军，并乘胜收复了谅山，缴获了法军留在谅山基地的大量粮食、弹药。法国方面宣称只死亡了74人，这显然不可能。法军在镇南关投入兵力3000余人，加上谅山守军总共约5000人，死了几十个人就一路溃败把谅山都丢了，跑得太快以至于连粮食、弹药都来不及销毁，岂不是说明法军的战斗意志连鸦片战争期间的清军绿营都不如？实则是以列强身份惨败于半殖民地的中国，丢不起这个人，故意掩盖自身伤亡。中方宣称击毙超过1000名法军，也可能存在夸大的情况，混杂了一些越南伪军。比较靠谱的是越南方面的记录，"一共有300多个真鬼头在龙州（位于广西境内）示众"，也就是清军取得了300多个法军尸首。法军死亡人数应不少于500人，伤员就更多[1]。

台湾保卫战、镇海保卫战的胜利，再加上镇南关大捷，说明中法战争的局面发生了重大转折。特别是镇南关大捷，这是鸦片战争以来中国军队对列强军队的第一次重大胜利，打破了列强不可战胜的迷信。

镇南关惨败的消息传到法国，茹费理内阁倒台。不过，法国当时是法兰西第三共和国时期，第三共和国总共存在了70年（1870—1940），就换了104届内

---

[1] 镇南关大捷是一场真正意义上的重大胜利，尽管在杀伤法军的人数上双方存在争议，但在法军溃败、丢掉谅山要塞、丢弃大量粮食弹药、主要将领被杀伤这四个方面则不存在争议。后来有些人为了替李鸿章的屈辱求和路线辩护，只引用法军死亡74人的片面记录，试图以此贬低镇南关大捷，将其形容为一次幸运的小规模击溃战，甚至是法军的主动撤退，这是错误的。没有一场小规模击溃战会同时导致敌军出现整体溃逃、丢掉后方要塞、丢弃后方物资和主要将领伤亡四个结局，中法双方共同承认的基本事实说明，法军单方面宣布的74人伤亡数字是严重缩水的。之前的鸦片战争，英军记录自己的伤亡跟清军记录的英军伤亡差异很大，我们一般倾向于采信英军的记录，因为他们取得了胜利，战争的过程和局面支持较小的伤亡数字，而镇南关大捷的战争局面不支持法军的说法。必须根据清军和越军的数据来对其进行修正，才能得到比较可靠的结论。

阁，国际国内稍微有点风吹草动就要换内阁。打一次败仗换一次内阁实属常规操作，并不代表这对法国的殖民政策产生多大冲击。

这种情况下，远在英国的曾纪泽率先提出"乘胜议和"的想法，他在3月30日给国内发电报说：谅山克服，茹费理下野，此时若能议和，中国极为体面，虽稍让亦合算。

另一位外交官许景澄也提出了类似意见。

李鸿章一直就主张议和，当然极力赞成。在曾纪泽电报发出后的第三天，4月1日，李鸿章向总理衙门电请议和。

慈禧见到李鸿章的电报，立刻表态支持。4月4日，中国海关驻欧洲代表、英国人金登干受清政府委托，在巴黎与法国代表签署了《中法停战条件》和《停战条件解释》，规定以《李福协定》为基础停战议和。整个过程可谓快如闪电。

清政府一见和谈有望，于4月7日下令正准备趁胜进攻的冯子材停战并逐步将谅山清军撤回镇南关。相反，法国方面，新的内阁继续主张对华强硬，议会批准了更大规模的战争预算，在签署《中法停战条件》以后，继续派遣更多援军前往越南前线。到了4月下旬，法军在越南已经集结了超过2.5万人，加上越南方面的傀儡军共有3.7万人。而谅山的清军只有1.5万人，清军要想再进一步扩大战果已基本不可能。

6月9日，李鸿章代表中国正式与法国签订了《中法天津条约》(史称《中法新约》)，内容与《李福协定》基本一致，并新增了一部分法国在广西、云南的商业特权。三天后，孤拔就病死在澎湖。15日，法军从澎湖撤出，他们在那里留下了500多座官兵的坟茔[1]。

在中法议和过程中，有三个人坚决反对基于《李福协定》议和，就是督战闽浙的钦差大臣左宗棠、负责广西前线军务的两广总督张之洞、在越南一线指挥作战的老将冯子材。冯子材非常愤怒地给张之洞发电说"议和者诛"。

这个情况跟第一次鸦片战争正好相反。第一次鸦片战争，清政府不知道英军坚船利炮的厉害，坚决主"剿"；东南沿海的督抚们亲眼目睹英军火力之后，吓

---

① 姜鸣：《龙旗飘扬的舰队》，生活·读书·新知三联书店2002年版，第200页。

得魂飞魄散，一意主"抚"。中法战争时，朝廷被两次鸦片战争吓破了胆，以为洋人不可战胜，总想求和；一线指挥官反而对列强的坚船利炮见怪不怪，无所畏惧，奋勇求战。

我们虽不能说第一次鸦片战争中东南沿海督抚们的意见就完全正确。但总体而言，这两次战争，一线指挥官对双方实力的判断都比远在北京的朝廷更符合实际。

镇南关大捷以后，国内主战的力量有两种。一种是舆论和清流，他们不懂战争、不负责任，只凭爱国热情鼓吹"趁胜进攻"。这些人的立场是好的，但很多人盲目自信，以为清军就此可以打败法军，收复越南，把法国人赶下大海，议和就等同于投降。这样的盲目自信不可取——清军并不具备趁胜快速击败法军的实力。在合理的条件下，恢复和平是更理性的选择。只要法方愿意和谈，任何时候都应该欢迎。

问题是，任何和谈都必须有底线。以《李福协定》为基础开战和谈，就是在突破底线，过度妥协。我们不能因为不同意那些盲目自信的、不负责任的清流舆论，就走向另一个极端，认为李鸿章"趁胜即收"的路线是老成谋国的正确选择。

另一种真正值得重视的主战派是以左宗棠、张之洞和冯子材为代表的前线将领。不同于清流和舆论，他们需要对和战决策承担最大责任，其肩上的责任比李鸿章、曾纪泽都要重得多。和谈，他们担子轻、责任小；继续打，他们不仅责任重，很多人甚至要冒生命危险。法军到底战斗力如何？清军还能坚持打多久？他们是真的跟法军交过手的，靠人命堆出来的经验，比任何人都更有发言权。特别像左宗棠和冯子材，都是身经百战的名将。战争不是靠蛮干就可以取胜的，这种人要是只会凭一腔热血盲目求战，早就死在了战场上。左宗棠72岁，冯子材67岁，谁能比他们更渴望早日结束战争，放下担子过几天轻松日子呢？

对这些实战派的主战思想，绝不能跟舆论、清流混淆起来，视之为轻浮冲动的决定。他们必然是在对战局和战略做了深入细致的考虑以后，才明确表态反对议和的。

不管是张之洞、冯子材、左宗棠，都未从根本上反对议和，而是主张趁着镇南关大捷后的形式，抓紧时机扩大战果，争取更好的谈判条件。镇南关大捷之前，法军十分轻视清军的战斗力，在越南整个北部地区投入的军队只有5000人，镇南关大捷之后，法军一溃千里，伤亡惨重，后方缺乏预备队支持，要从其他地方调集援军根本来不及。清军攻占谅山后取得大量粮食、弹药，军队数量两万多人，处于绝对优势。由于有英国的情报支持，清军对法军援军动向了如指掌。这种情况下，乘胜追击，利用法国海外援军到达之前这一个月的时间，进一步消灭法军有生力量是最佳选择。要谈判也是在消灭这部分残兵之后再谈。这个时候曾纪泽、李鸿章等人自作聪明，提出"趁胜即收"，法国人求之不得，以闪电般的速度跟清政府签署了初步的和约，换取清军延缓进攻。清政府自以为得计，不仅延缓进攻，还主动撤兵。而法国方面则抓住时机紧急派遣援军前往越南北部。等到4月下旬，已取得了对在越清军的兵力优势。之前溃败的法军也重新集结休整，伤员得到了治疗，物资得到了补充，南下进攻已无机可乘。

战场形势瞬息万变。很多历史研究者不注意这短暂的时间间隔，以4月下旬的战场形式来断定3月下旬和4月上旬的清军反攻不能取得胜利，以此认为李鸿章有远见，显然是错误的。实则4月下旬的不利局面，正是李鸿章3月的"远见"造成的。法国人再一次利用李鸿章和清政府急于求和的心理，想谈的时候就谈，想打的时候就打，为自己争取到最为有利的战略形势。

再进一步说，即使在法国援军大规模到达越南北部以后，按照《李福协定》来达成和议仍然是错误的。

中法战争分为两个阶段，第一阶段是《李福协定》签署之前。这一时期的战争性质，是清政府和法国争夺越南"势力范围"的冲突：清政府要维护对越南的宗主国地位，法国要把越南变为自己的殖民地，双方在越南发生冲突。由于中越接壤，清政府这边也有维护国家安全的"外线防御"诉求。总的来说，在这个阶段，《李福协定》的条款还算比较合理——中国实力弱于法国，只在名义上保持宗主国地位，实则不干预法国对越南的控制。条约一经签订，从法理上讲，战争就结束了，双方进入和平状态。

但法国很快就撕毁了《李福协定》，主动向清军进攻，并以此为借口直接侵犯中国本土，摧毁福建水师和马尾造船厂，攻打台湾、镇海，夺取澎湖列岛。这样，中法战争的性质就发生了根本的变化，不再是中法争夺越南影响力、中方维护外线国家安全的斗争，而变成了法国对中国的侵略战争。这是中法战争的第二阶段。

第二阶段的中法战争，本质上并不是第一阶段中法在越南冲突的延伸，而是前两次鸦片战争的延续，说白了就是西方列强找了个借口侵略中国。第一次鸦片战争的借口是林则徐禁烟，第二次是所谓的亚罗号事件、传教士被杀、换约受阻等，第二阶段的中法战争就是借口清军没有遵守法方伪造的《李福协定》"三个补充条款"。这三次战争之间存在因果关系：正因为第一次鸦片战争清军惨败，才有了第二次鸦片战争；第二次鸦片战争清军又惨败，才有了第二阶段的中法战争。总之就是看准了清政府好欺负，打一次占一次便宜，就没完没了地来找借口开打。

第一次鸦片战争，英国主导，中国割地、赔款加东南沿海通商并设立租界，列强取得对华片面最惠国待遇、领事裁判权、租界等殖民特权；第二次鸦片战争，英法联合、英国为主，继续割地赔款，加内河、华北通商并设立租界，英国夺取了对中国海关的控制权；第二阶段的中法战争，法国主导，其目标不是要控制越南，而是让中国继续割地、赔款，然后把广西、云南、福建、台湾等地变成法国的势力范围。

第二阶段的中法战争，法国的战争目标没有实现，清政府既没割地也没赔款，也没有给予法国更多对华特权。根本原因当然不是因为李鸿章会谈判，而是以左宗棠、张之洞、冯子材、刘铭传为代表的清军将士奋勇作战，给予了法国侵略军迎头痛击，迫使他们不得不承认这些目标无法通过武力来实现。或者说，实现这些目标所需要付出的代价超过了法国的承受能力，只能草草收场。

势力范围争夺战和反侵略战争，是两种完全不同性质的战争，维护势力范围和反侵略的战争目标也因此截然不同。前者可以让对手草草收场，甚至根据实力和形势变化适度地放弃一些既得利益；而后者则必须不惜代价，让侵略者受到足够的惩罚。所以，《李福协定》的条款对应第一阶段的中法战争是可以的，因为那主要是一场势力范围争夺战；而对第二阶段的中法战争，《李福协定》就是完全不可接受的。法方撕毁《李福协定》，挑起战争入侵中国，摧毁福建水师和马尾造船厂，荼毒东南沿海，给中国和中国人民制造了巨大的伤害和损失。

任何一个国家，但凡稍微有点自尊，想要在国际上保有独立自主的地位，最低最低的底线，就是能让胆敢入侵本国领上的敌人付出足够沉重的代价，更何况是中国这种大国？

从4月下旬法国增兵越南之后的局面来看，清军显然不应该再谋求南下主动进攻法军，能守住谅山就不错了。谅山守不住，还可以退守镇南关。法军越往北部山区推进，人员就越是疲惫，后勤补给就越是困难。清军无法继续南下，并不等于清政府应该轻易议和。因为清军此时的核心战略目标并不是保卫越南，而是反侵略。守住镇南关，威慑谅山，让法军主力长时间被拖在越南北部不能撤走，不断地被战争和疫病消耗，也是胜利。越南北部远离法国本土，而靠近中国本土。法国作为一个海权殖民帝国，它的势力范围遍布全球，这些势力范围会不断地受到来自其他列强和殖民地人民反抗的威胁，维持其殖民霸权的唯一办法就是利用海上运输优势不断地把军事实力从全球的一个地方投送到另一个地方。它可以用这种办法在任何地方取得局部的和短暂的兵力优势，但无法持久。当它从全球调集的军队被长期拖在遥远的越南北部山区，进也不能进、退也没法退的时候，就会极为难受，其殖民帝国就会面临土崩瓦解的危险，甚至它的本土安全也会受到来自德国等相邻列强的威胁。对当时的法国来说，它第一重要的国家利益是跟德国争雄，报普法战争一箭之仇，维护本土安全。1882年，中法战争前两年，德国联合奥地利、意大利组成"三国同盟"，对法国构成巨大威胁，法国不得不开始寻求与老对手英国和俄国结盟，组成协约国，欧洲两大军事集团开始形成。后来的第一次世界大战就是同盟国和协约国这两大集团之间的斗争。在协约国内部，法国还在跟英国争夺地中海对岸的北非殖民地特别是埃及，这是它第二重要的国家利益；同时又联合英国在巴尔干半岛跟俄国对峙，这是它第三重要的国家利益。在遥远的东亚跟中国对抗，处于法国国家利益的最边缘，短期投入重兵搏一把可以，长期来看是耗不起、不值得的。

清朝这边，西北的叛乱已被肃清，俄国因为国内局势自顾不暇，日本还比较弱小，无力威胁中国，英国对在华殖民利益感到满意，躲在幕后支持清军对法作战，海关税收按时足量地交给清政府。洋务运动兴办的军工企业源源不断地生产着武器弹药，拥有英美等国最新武器的清军陆军在装备水平上并不比法军差。国际国内整体局面非常稳固，要继续支撑两三年的对法作战是有底气的。

在东南沿海战场，情况也差不多。马尾海战以后，英国人宣布：由于中法已处于战争状态，出于"中立"原则，拒绝法国军舰利用香港和其他通商口岸进行补给休整。法军要想仅靠澎湖列岛和基隆港就长期封锁台湾海峡是不可能的。军队疫情导致法军士兵不断死亡，士气低落，这种情况随着时间的推延只会越来越严重。《中法新约》是6月签的，接下来的七八月是中国东南沿海的台风季节，海军士兵们的生存状况将会更为恶劣。孤拔在《中法新约》签订后第三天就病死了。如果中方不急于求和，局面只会越来越有利。

总之，清军方面的抗战固然有诸多困难，但从总体来看，持久战对清军更有利，而对法军更不利。在这种局面下，中国应该咬牙坚持而不是妥协求和，因为这是一场反侵略战争而非势力范围争夺战。战争的目标不是让法国人毫发无损地撤走就算了，而是要让他们接受足够的教训，并收回前两次鸦片战争丧失的部分权益。和谈的底线绝不应该是中国放弃对越南的宗主权来实现和平，而是法国放弃对华殖民特权，中国取消对法国的片面最惠国待遇、领事裁判权，收回通商口岸的法国租界，并对法国商品征收惩罚性的关税以此来弥补中方军费开支以及福建水师和马尾造船厂的损失。只有这样，法军在越南才能安全地撤退，去顾及它在全球其他地区的利益。只有这样，中国才能逐步摆脱两次鸦片战争带来的屈辱，走上独立自强的道路。

坚持战争，就需要继续花很多钱，付出更多的牺牲。但这场正义的反侵略战争确实值得打下去。战争是最残酷也是最公正的人才选拔机制。要坚持取得战争的胜利，就必然要求进一步削弱李鸿章为代表的投降派势力，转而重用从战争实践中选拔出来的优秀人才。左宗棠、冯子材这些人都是战争选拔出来的。通过太平天国战争的残酷筛选，之前一大批尸位素餐的腐朽官员被淘汰了，涌现了曾国藩、左宗棠、李鸿章这一批来自汉族士绅中下层的精英分子，支撑了清朝过去20年的洋务运动开展，对内兴办近现代工业，训练近代化的国防陆军和海军，对外能够消灭阿古柏，收复伊犁，抵抗法国侵略，已经有了富国强兵的苗头。

但是，这批人毕竟是镇压起义起家的，不是真正的改革者。他们跟旧势力的关系密切，很快就受到旧势力的腐蚀影响，迅速走向腐化堕落。在此过程中，这批人内部出现了分裂，以左宗棠为代表的一派，能够坚持公忠体国、清廉为官，他们所推动的改革，是真改革；而以李鸿章为代表的淮军集团，依赖英国列强支持，以富国强兵为借口，将国家资源转变为自己这个小集团的私利，对外主张妥协投降，对内跟满洲统治集团沆瀣一气，把改革变成假改革。曾国藩、曾国荃为代表的老湘军集团，曾国藩在的时候，路线、方针算是左右摇摆的中间派，等到曾国荃当两江总督的时候，也跟李鸿章淮军集团狼狈为奸了。

清末主要政治派别一览表

	洋务派			反洋务派
	改革派	中间派	保守派	
满蒙勋贵	肃顺（死于洋务运动前，无洋务主张）	奕䜣、慈安	慈禧、奕劻、奕譞	倭仁、载漪
清流派汉族士绅（附庸）	张之洞、翁同龢	李鸿藻	张佩纶	徐桐、宋晋
实权派汉族士绅（独立）	左宗棠	曾国藩、曾国荃（前期）	李鸿章、曾国荃（后期）	
主要路线	对外独立，对内肃贪；改革自强、富国强兵	在改革派路线和保守派路线中间摇摆	对外妥协投降、甘做傀儡；对内贪腐堕落、假公济私	盲目排外，思想落后，幻想恢复康乾时期的国家格局

上面这张"清末主要政治派别一览表"可以有助于我们快速地理解太平天国战争后的清政府政治格局。主张对满洲权贵集团进行严肃整治的肃顺早在辛酉政变中就被干掉了，满洲内部振作已不可能。有人会疑惑李鸿章为何是保守派而非改革派。在现在的主流观念看来，那个时代只要主张学习西方就应该是改革派。实则中国真正自强，光靠对外学习西方是不够的，关键还是自身内部的变革——要肃清贪腐利益集团，更换新鲜血液才可能成功。要彻底地完全做到这一点，只能"革命"。太平天国被镇压之后，要想仅通过改革来实现富国强兵，那也得政府和军队起码的廉洁高效，这是最低要求。做不到这一点或者不朝这个方向努力，仅主张学点西方的技术或制度，就谈不上是改革派。

在与反洋务的极端保守势力做斗争方面，李鸿章和左宗棠没有区别，他们都是洋务派。第二次鸦片战争和太平天国运动以后，国家实权已完全掌握在洋务派手中，反洋务派只剩下打嘴仗的本事，被清政府拿来充当和地方实权派斗争的工具。跟这帮人斗争不需要费多大力气，真正需要费力气的是在掌握实权的利益集团内部推动革新。由于满洲勋贵仍然掌控中央政权，又有英国控制的海关支持，中央层面的改革肯定推不动。但对实权派汉族士绅而言，在地方督抚的位置上，除了拿钱办洋务以外，能否破除自身利益和自己所代表的利益集团对改革的阻挠，才是判断真改革和假改革的关键。从这个层面来看，我们才说，集团利益至上、带头贪污腐败的李鸿章只是洋务派，不是改革派，他主持的改革是挂着洋务的旗号，干着损公肥私的勾当。只有以大公无私的态度严肃治军治吏，抛开利益集团小圈子提拔任用人才的左宗棠，才是洋务派中的真改革派。

检验左宗棠的真改革和李鸿章的假改革，最权威的标准是对外战争。在对内宣传方面，利益集团可以掌握舆论，颠倒黑白、混淆是非。但外敌入侵不是利益集团能够控制得了的事情。内部腐烂的集团，不可能单独在军队内部实现团结高效。光看李鸿章写的奏折和书信，比左宗棠还要忧国忧民。但左宗棠的军队经过洋务运动，装备了近代化武器，拉出去跟外国军队打，就能打得赢；李鸿章的军队拉出去打，就一败涂地。西北战争，完全是左宗棠的军队主导，胜利如同摧枯拉朽一般。中法战争，前期是李鸿章的广西淮军主导，一溃千里，把镇南关都丢了；后期换成左宗棠的部下王德榜配合冯子材的指挥，加上清流中的杰出人物张之洞的支持，就能取得镇南关大捷。马尾海战，左宗棠说不上话，李鸿章能发挥一点影响力，但主要是满洲集团的附庸——朝廷清流派主导，输得惨不忍睹。台湾保卫战，左宗棠在福建统筹后勤支援，刘铭传和左宗棠部下王诗正在前线作战，也能取得胜利。左宗棠去世后十年，中国变成淮军集团的天下。中日甲午战争，李鸿章和满洲统治集团联合主导，北洋水师输得跟马尾海战一样惨，陆地战场输得跟第二次鸦片战争和中法战争第一阶段一样惨。两相对比，谁在搞真改革、谁在浑水摸鱼搞假改革一目了然。

镇压太平天国时期，曾国荃虽然有屠城劫掠的暴行，但不是全无理想和良心，起码对手下将士的纪律约束比较严格；安庆杀降，刚开始还有点犹豫，是曾国藩再三催促才下的手；对李昭寿手下的士兵烧杀抢掠的暴行，也一度想动手制止。从这些方面来看，他还不算是丧尽天良。湘军遣散以后，曾国荃被迫称病回家休养，过了一段时间复出担任湖北巡抚，配合曾国藩、李鸿章镇压捻军。他上头有个湖广总督官文，这是个无耻无能的满洲权贵。当年弹劾左宗棠在湖南幕府擅权，差点让左宗棠被杀，最终把左宗棠赶出湖南的幕后黑手就是官文。左宗棠收复新疆回到北京以后，二人还在奕䜣举办的宴会上见面了。左宗棠旧事重提，当众把官文羞辱了一番。

官文经营湖广多年，与当地的官场利益集团关系极深，曾国荃想要收拾几个侵吞军饷的贪官，遭遇官文掣肘，一怒之下上奏弹劾。这个事情惹得朝廷非常不高兴，因为官文是唯一能跟镇压太平天国沾上边的满洲高官。胡林翼担任湖北巡抚的时候，善于协调跟官文的关系：事情都是胡林翼在干，功劳则推到官文头上。清政府对此心知肚明，但怎么着也要留着官文作为满洲的颜面，不然镇压太平天国运动的功劳就彻底跟满洲勋贵无关了。

见曾国荃弹劾官文，远在福建的左宗棠也跟着上奏附议——他与曾氏兄弟一向不和，但在弹劾官文这件事上，意见完全一致。湘军、楚军两位大佬联合驱赶官文，清政府没办法，只好把官文撤职查办，但结下了这个仇。等到曾国藩主持镇压捻军不力，这事儿就被翻了出来，曾国荃也跟着丢掉湖北巡抚的官职，再次回家休养。而官文则再次复出，担任直隶总督。

经过这样一番折腾，曾国荃身上原本就不多的那点理想、良知也就基本上给折腾没了。回想起当年因为咸丰皇帝一句"谁攻下南京就给谁封王"，自己被搞得热血沸腾，硬抗李秀成几十万大军，结果等到南京城破，清政府不仅把封王的许诺抛到脑后，还想玩一把"兔死狗烹"的好戏。如此种种，实在是让人寒心。此后，曾国荃做官就一直以表面上过得去为原则，对下不整人，对上不弹劾，大搞一团和气。在两江总督任上，乐得跟李鸿章等人同流合污，以保全两江湘军集团利益为唯一责任，其他事情一概不管。中法战争，朝廷两次下令南北洋水师支援福建，他和李鸿章为保存自身实力，以各种理由推脱，拒不救援。最后北洋水师连法国军舰的影子都没看见就跑路了，南洋水师好歹还躲在镇海港跟法国军舰远距离对轰了一场。但曾国荃的表现也算可圈可点，完成了几次漂亮的闪躲。

彻底沦为保守派的曾国荃赢得了朝廷上下一片赞扬之声，认为其老成持重，可谓国家柱石，两江总督的位置也坐得极为稳当。

曾国荃前、后期的变化，是整个镇压太平天国的那一批精英分子从奋发到堕落的一个缩影。甲申易枢和中法战争是一个关键转折点。改革派的主心骨左宗棠已经72岁，来日无多了，接下来怎么办？内政改革短期内是改不起来的，"革命"则当然不会被任何派别所接受，唯一的办法就是利用外部压力推动内部变革。一场旷日持久的反侵略战争便是很好的契机——依靠血与火的考验来淘汰腐化的保守派和堕落的中间派，从残酷的战争中锻炼和选拔出真心敢于为国牺牲、智勇双全的新一批精英群体，才可能有效制止统治集团的加速堕落，维持同光中兴的局面。左宗棠要想让自己的路线压过李鸿章路线，最后的机会就是把目前的反侵略战争继续打下去，打到侵略者投降认输，才能培养和筛选出来合格的新一代改革派领袖。一旦战争按照李鸿章划定的条件结束，此后李鸿章路线就必然大行其道。

李鸿章代表清政府与法国签署正式停战合约之后九天，失望至极的左宗棠正式上书请求退休回家养病，得到批准。

两个月后，左宗棠去世，留下遗言：

"此次越南和战，实中国强弱一大关键。臣督师南下，迄未大伸挞伐，张我国威，遗恨平生，不能瞑目！"

以左宗棠的才能和地位，竭尽全力也不能扭转国运，以至于有死不瞑目之叹，实则是"后太平天国时代"历史发展的必然。镇压起义，苟延满洲残喘；借师助剿，催生淮军买办；倚靠团练，力保土豪劣绅。干了这些事之后，左宗棠还要想富国强兵，上有满洲，外有列强，下有遍地贪官污吏和士绅豪强，中间还有李鸿章，无一不贪婪无耻，各怀私计。左宗棠夹在中间，看似功高位显，其实孤独无助。即便是西征新疆的功绩，背后也是毒害中国人的鸦片税收和侵略中国的列强控制的海关关税支撑起来的，不过是"一将功成万骨枯"——枯骨中大部分不是死于疆场的战士，而是丁戊奇荒中死于大规模鸦片种植的千万中国人。

第四章　甲午败局

一、淮军天下：中法战争后的权力格局

中法议和成功，极大地提升了李鸿章的政治地位。一场与西方列强硬碰硬的战争，竟然以不割地、不赔款结束，法国人还同意以后在和越南签订的条约中不会出现有损清政府"体面"的内容。慈禧对此大为满意，她似乎并不认为这是左宗棠、张之洞、刘铭传、冯子材等人浴血抗争的结果，而是李鸿章"见好就收"、积极议和的功劳。

中法战争后、甲午战争前的八大总督政治派系一览表

直隶总督	李鸿章（淮系）
两江总督	曾国荃、刘坤一（湘系）
两广总督	李瀚章（淮系）
湖广总督	张之洞（清流）
闽浙总督	杨昌浚（楚军系）、卞宝第（清流、李鸿章亲家）、谭钟麟（楚军系）
陕甘总督	谭钟麟、杨昌浚（楚军系）
四川总督	刘秉璋（淮系）
云贵总督	王文韶（清流与淮系参半）

"后中法战争"时代的权力版图可以通过上表窥见一斑。中法战争之后，清朝八大总督中，李鸿章的淮军系占了三席，并在最重要的沿海三大总督中占了两席。

直隶总督负责北京门户，历来为疆臣之首，由李鸿章亲自担任。

重要性位居第二的两江总督肥缺由湘军势力继续把持。

重要性位居第三的两广总督，在中法战争初期，由淮军二号人物张树声担任。由于广西淮军作战不利，张树声的亲家、广西提督黄桂兰兵败自杀，另一个淮军大佬、广西巡抚潘鼎新被革职，连带着张树声引咎辞职。朝廷派张之洞接替张树声，张之洞又选择了冯子材统领广西清军，随即取得镇南关大捷。这对李鸿章和淮军系是个很大的打击。1889年，张之洞因筹建卢汉铁路，调任湖广总督，改由李鸿章的哥哥李瀚章总督两广。李瀚章原是湘军"大总管"，负责后勤钱粮，对李鸿章的忠诚度和利益捆绑的密切程度比张树声更高。这一任命再次把两广变成了淮军系的势力范围。

西北为左宗棠平定，陕甘总督便一直由楚军将领担任。闽浙总督的位置本来已经被朝廷派清流派占了，但张佩纶、何璟、何如璋这三个清流大员主持的马尾海战惨败，左宗棠南下督师才挽回局面。此后，闽浙总督便由楚军系和"清流派"轮流担任。因朝廷战后在台湾设省，刘铭传任台湾巡抚，闽浙总督的政治地位进一步下降，无法与直隶、两江、两广相提并论。

云贵总督王文韶是前军机大臣沈桂芬的学生，又长期在地方历练，因为在镇压太平军的过程中表现突出，获得了左宗棠、李鸿章的联名保举，此后便青云直上。王文韶的政治底色当属清流，但他与李鸿章关系密切，手下班底多为淮军人马，做官圆滑，谁都不得罪，与张佩纶一样是个清流与淮系参半的人物。

八大总督中，真正完全依靠清政府支持掌权的，仅湖广总督张之洞一人。

满洲贵族掌握中央枢机，在帝国体制下还是很占便宜，可以充分利用湘、淮、楚、清流官僚之间的矛盾，从中制衡挑拨，以维护中央权威。要理解中法战争到甲午战争这十年的政治权力格局，可以粗略地将清政府想象为一家股份公司：清政府（包括其清流附庸）大约占了40%的股份或投票权，李鸿章的淮军集团占了大约30%，湘军、楚军等其他实权派加起来大约占20%，列强掌握了全国海关和租界的管理权，大约占10%投票权。清政府是最大的单一股东，但不占绝对优势，地方实权派联合起来的投票权已高于中央。淮军集团是最强大的地方实权利益集团，虽然比朝廷略微弱一点，也是权倾天下，可以根据情况选择与不同势力联合，决定国家大政方针。李鸿章的天津直隶总督府，已俨然成了"第二朝廷"。

淮军集团脱胎于曾国藩的湘军，但跟湘军、楚军相比，有三个方面更为突出：一是内部联系更为紧密；二是在倚洋自重方面更加突出；三是在贪腐无耻方面更加突出。

淮军集团不仅是一个曾经一起战斗过的军事团体，而且是一个由李鸿章控制的以上下级关系、地域观念、血缘和姻亲关系密切结合在一起的军阀利益集团，一荣俱荣、一损俱损。这个集团核心人物都是安徽人，其中又以合肥（庐州）人为主，内部互相通婚，比如四川总督刘秉璋的儿子娶两广总督张树声的女儿为妻；李鸿章四弟的女儿又嫁给刘秉璋的另外一个儿子；李瀚章的儿子娶了潘鼎新的女儿；广西提督黄桂兰的女儿嫁给张树声的儿子；先后负责朝鲜防务的吴长庆、叶志超也都跟刘秉璋有姻亲关系。

相比之下，湘军和楚军内部的姻亲关系都不甚密切。湘军主要靠地域观念和上下级关系维系，而楚军则连地域观念也很淡薄，主要就是作战过程中形成的上下级关系。

李鸿章对淮军的控制能力，比曾国藩对湘军和左宗棠对楚军的控制力更强。前文引用过曾国藩责备李鸿章的信件中，曾国藩就说：湘军内部多有自立门户的，而淮军内部则绝无此现象。仅有的"叛徒"就是中法战争时期的刘铭传，虽在战后以战功实授台湾巡抚，但因为失去了李鸿章和淮军集团的庇护，位置坐得并不稳当。1890年，刘铭传因台湾开矿事宜遭到清流攻击，关键时刻，李鸿章拒绝出手相助，全程冷眼旁观，刘铭传遂于1891年被革职离任，回家休养直到去世。反之，平庸贪婪但对李鸿章忠心耿耿的刘秉璋和李瀚章则一直稳稳当当地坐在四川总督和两广总督的位置上。

倚洋自重、盲目崇洋是淮军的另一大特殊基因。李鸿章在上海起家，跟英美列强及其买办阶层的联系十分密切，早期军费大多数来自当地买办士绅和海关收入的支持。李鸿章与赫德关系密切，通过赫德来了解列强的意图，于国内外都获得"擅长外交"的名声。中法和谈之际，面对冯子材"议和者诛"的强烈表态，李鸿章致电张之洞说："进和议者二赤，我不过随同画诺而已。"①这里的"二赤"说的就是赫德。李鸿章公开承认自己不过是赫德的傀儡，有夸大其词甩黑锅的成分，但部分道出了二人关系的本质。李鸿章组建北洋水师，购买军舰，也是赫德派中国海关驻欧洲代表、英国人金登干代为联络。清政府曾经一度想统一军事采购，李鸿章则坚持淮军和北洋水师的军火应继续从淮军系控制的军工厂采购。为了说服朝廷，他在奏章中就大段引用赫德的意见来说明为什么统一采购不可行。清政府见李鸿章和赫德意见一致，便搁置了这项改革动议。

清末诸多大政决策，有相当部分都是李鸿章和赫德二人商议敲定的。如果说北京是清末"第一朝廷"，天津直隶总督府是"第二朝廷"，赫德的海关总税务司就是"第三朝廷"。

清政府在军事上依赖淮军，在财税上依赖海关，尤其畏惧赫德背后的列强，如果李鸿章与赫德达成一致，"第一朝廷"往往只能接受他们的意见。

近代史专家陈旭麓曾经指出："在晚清政局中，西太后在朝主政四十多年，李鸿章在朝外主持政治、军事四十年，赫德以总税务司干政五十多年。这三个人物的活动，构成了晚清政治的基本格局。"这三个人，分别代表了晚清三大政治势力，都有自己独立的政治根基，彼此之间都不是依附关系。在这一格局中，李鸿章扮演了协调枢纽的角色。列强倒是很渴望直接与清政府最高决策层对话。但慈禧为代表的满洲皇族，一方面出于对近代国际格局的无知；另一方面也为了保住皇族的面子和"架子"，并不愿与赫德直接沟通，这就为李鸿章"两头通吃"留下了足够的空间。例如赫德想当中国海军总司，李鸿章就拿朝廷的意见来压他，确保对北洋水师的控制权；朝廷想插手北洋和淮军的后勤采购，他就拿赫德的意见来反对，从中为自己谋取最大权势，为淮军集团谋取最大利益。李鸿章扮演了一个"政治买办"的角色。

李鸿章对列强尤其是英国敬若神明，英、法、德、俄、美这些西方列强在他看来是绝对不可战胜的，什么事情总是寄希望于英国人帮忙出面"协调"，以为这样就可有效制约其他列强。中法战争第二阶段，清政府对曾国荃的谈判并不抱

① 贾熟村：《李鸿章与赫德的恩怨》，载《东方论坛》2015年第1期。

多大希望，但对英国和美国的"协调"寄予厚望，为此耽误了很多战争准备的时间，一直到英美"协调失败"才于8月17日通告各地督抚"法人如有蠢动，即行攻击"。这里边负责英美协调工作的，就是李鸿章和赫德二人。后来的甲午战争，李鸿章也没长记性，继续幻想由英国给日本施加外交压力便可以避免战争，往朝鲜运兵也雇佣英国商船，结果日本不仅拒绝了英国的协调，还直接把英国商船给炸沉了。李鸿章震惊亚洲国家竟然有敢跟英国作对的狠角色，这才清醒过来，开始认真备战。

淮军集团相对于湘军和楚军的第三个特质，就是在贪腐无耻方面表现突出。这跟其创始人李鸿章的品行有密切关系。李鸿章本人就是个巨贪，自己和子女在其所办的洋务企业中都占了很多股份。李鸿章死后，其直系子孙分家，留下一份李鸿章的遗产分割清单。其资产价值（土地和房屋，不含股份）即超过千万两白银。后来梁启超给李鸿章做传记，估计其家产超过2000万两，甚至可能高达4000万两。相比之下，曾国藩的遗产在10万两银子左右，左宗棠留下的遗产在2万两银子上下。曾国藩对自家兄弟比较关照，家族还有不少飞黄腾达的，左宗棠则连家族都没能跟着沾光。

左宗棠在准备西征新疆的过程中，委托胡雪岩操办外国借款事宜。李鸿章等人就在背后操控，指使言官弹劾左宗棠从中谋取利益。朝廷派人去查，结果发现左宗棠每个月家庭开支才200两银子，光朝廷给发的养廉银都远远超过这个数目。朝廷就问左宗棠把养廉银都花到什么地方去了。左宗棠说，国事艰难，每个月拿到养廉银，留下一点必需的家庭开销，剩下的都拿去补贴军费了。所以查了半天，没发现左宗棠贪污，反而查出来国家欠了左宗棠不少钱。

左宗棠在京城担任军机大臣期间，逢年过节给大家送点礼物，就是自己家做的豆腐干，因此被京官们嘲笑为"豆腐干中堂"。连一向以清廉自居的清流派领袖李洪藻也非常佩服，专门写了副对联"细君爱听恭维语，独步天下豆腐干"来记录此事。

还有张之洞，他从1881年担任山西巡抚开始，到1909年去世，历任多地总督，职位和任职时间都跟李鸿章高度接近。时人笔记记载，其死后"家无一钱，惟图书数万卷而已"，"任疆寄数十年，及卒，家不增田一亩"，其清廉程度令人震惊。

在那个贪官污吏遍地走的时代，曾国藩、左宗棠、张之洞等人的坚守仍然令人佩服，也证明即使在晚清，政府也需要能办实事的人，不全是靠买官卖官来瓜分职位，当大官做大事并不一定需要像李鸿章一样积攒千万家产。有些人为李鸿章辩护，说如果他不同流合污就会被满洲贵族和官僚集团排挤下台。但对比左宗棠和张之洞，这样的辩解显然不能成立。左宗棠自掏腰包补贴军费，西征大捷；李鸿章积累千万家产，甲午惨败，这二者之间难道是没有联系的吗？李鸿章的贪腐行径，主要还是个人品行低劣和淮军集团的整体腐朽所致。

李鸿章的贪腐和他对贪腐的态度，也是他能够跟慈禧为代表的满洲贵族相得益彰的重要因素。1869年7月，担任湖广总督的李鸿章接到朝廷旨意，让他去调查云贵总督弹劾四川总督吴棠的案件。吴棠是出了名的巨贪，赴任四川的时候光运输财物和家人的力夫就高达3000人，四人以上的轿子多达100多顶，所过州县，接待标准都在两三千两银子，到任时收受礼金超过10万两，公开地买官卖官。李鸿章对吴棠的贪腐情况早有耳闻，但真正接到调查任务，心里却另有一番想法。他深知吴棠背后有慈禧太后撑腰。慈禧还没有入宫当秀女之前，父亲在外地病逝，其母亲带着慈禧姐妹护送棺材回籍，在路过清河县的时候，得到了还在当县令的吴棠的资助[1]。等到慈禧掌权，吴棠自然是节节高升。李鸿章接到旨意，拖延了两个月才到成都展开调查，14天后上报调查结论：吴棠是个清正廉洁的好官，被弹劾是因为办事认真、得罪贪劣官吏所致。吴棠因此毫发无伤，弹劾他的云贵总督反而受到训斥。慈禧对处理结果十分满意，体会到李鸿章对自己的"忠心"。

淮系大员中有几个著名贪官，被人编了口诀，曰："涂宗瀛偷窃；刘秉璋抢掠；潘鼎新骗诈；李瀚章取之有道。"其中最有趣的是李瀚章的"取之有道"。此人原本跟其他贪官一样，饥不择食，吃相难看。入川为督，途经彭山——眉山属下小县——他要求县令置办灰鼠皮帐盖四顶、燕窝若干盒。小县哪能办出

---

[1] 野史记录是吴棠的一个朋友去世，家人奔丧路过，吴棠派手下去送钱，不料手下搞错了送钱的对象，误打误撞送给了慈禧一家。吴棠得知后，打听到这家是旗人，女儿又在参选秀女，将来入宫后说不定能有所益处，干脆将错就错登门吊丧，让慈禧母女大为感动。

这么高级的"供应"？县令"哭乞"减免，李瀚章愣不应允，最终还是拿了笔巨额现金走人。

随着在官场慢慢历练，李瀚章也不断成熟，调任两广总督后，便摒弃了"如盗贼然"的风格，走上"取之有道"的"正路"。其时，广东巡抚是满洲人刚毅，背景深，后台硬，买官卖官大发横财。李瀚章不敢抢他的生意，把文官市场让给刚毅，转而"尽鬻各武职"——将武官职位拿出来卖钱。时人笔记记载，某年，李瀚章生日，有杨某送礼金1万两。杨某原来是李鸿章家厨子，"积军功保至提督"，但这是一个空头衔，并无实任，听说李瀚章这里可安排补缺，赶紧凑足银子到广州来"跑官"。李瀚章收到银子，二话不说，给他补了个钦防统领。杨某到任，发现月薪不过300两，也没有过手的银子可以捞；要收回投资，至少在三年以上，于是跑到督府诉苦。李瀚章一听，骂了声"蠢材"，便不理他，令门丁去开导。门丁将他叫到一旁，说："大老爷让你做官，可没说让你靠薪水生活。你手下不有那么多管带之职么？我告诉你，如今想做管带的人可海了去了。"杨某一听，大彻大悟，回营后将现有管带开革，空缺职位"竞标"上岗。不几天工夫，不但收回成本，还净赚3000两。

谋求武职的人大多没啥文化，是大老粗，李瀚章在收了钱之后，竟然也认真办事，努力让他们"未尝有亏耗"，由此获得"取之有道"的美誉。李瀚章任官30年，从未以"贪酷"的罪名参劾过任何人，在贪官们看来，可谓菩萨心肠，获评外号"官界佛子"。

高层人物的贪腐，自然会带动下边一片污烂。李鸿章的幕僚盛宣怀，利用权势把大量洋务运动企业的股份收入囊中，又把盛家亲戚安插到各个肥缺，其管理的中国电报局各地分支机构负责人中，盛宣怀亲戚就有31人。时人总结为"总揽轮船、银行、铁政、炼冶、煤矿、纺织诸大政，所谓一只手捞十八颗夜明珠"。据估计，盛宣怀的总资产大约有1700多万两[1]，足以与李鸿章家族匹敌。

即使李鸿章的厨师和门房，也都积极利用自己的关系谋利。当时的一个外国观察者笔记记录，"常年有许多买卖的代理人，川流不息的从各地区和海洋上的

---

[1]《盛宣怀档案》，转引自谢世诚：《李鸿章评传》，南京大学出版社2006年版，第359页。

各岛屿走向天津的总督衙门……他们贿赂李的幕客与门房。他们拜会李的厨师，奉承他的理发匠。他们寻求领事甚至外交官们的援助。他们花了钱，有时是斯文地送些贵重的礼品，有时是更直接更粗鲁地进行行贿——这一切花费终局都包括在货物的价格内，就这样获得补偿。"[①]

在这种状态下，不管李鸿章本人是不是真心想办好事情，反正各种决策经过内部一番折腾，最后总是会做走样。同样是送学生出国留学，曾国藩主持搞的第一批，就培养了很多人才出来，著名的比如修建京张铁路的詹天佑；后来李鸿章主持送出去的，就出不了人才，而且外交官纷纷反映这批留学的人素质不行，在国外干了很多丢人的事情，以后干脆别派了。同样是办水师学堂，左宗棠在福建搞，就培养了很多人才出来，北洋水师大部分著名将领都是从这里培养出来的，甲午海战中表现最突出的邓世昌就来自这里；后来李鸿章在天津也跟着搞，就培养不出来像样的人才。同样是造船，左宗棠在福建的马尾造船厂就能批量生产军舰，李鸿章在天津搞的军械局就只能生产不合格的炮弹和给慈禧游玩的小艇。其原因不难想见：内部腐败让具体工作——从人才选拔到日常管理都搞变了形。曾国藩和左宗棠的手下落实领导决策，选拔学生、老师、技术人员，主要根据其才能；李鸿章的手下落实其决策，选拔学生、老师、技术人员，则主要根据其贿赂。用这种模式行动，能把国家大事办好那才怪。

知道了这个，我们对后边甲午战争淮军陆军和北洋水师同时在水陆两个方面惨败也就不难理解了。

二、造不如买：李鸿章建军路线及其危害

军阀势力、政治买办、贪腐集团，是李鸿章淮军系的三大基本特征。明白了这几个特征，我们才能看清楚这股势力和满洲权贵们联合主导的、从中法战争到

---

① 中国史学会主编：《中国近代史资料丛刊·洋务运动》第8册，上海人民出版社1961年版，第368—469页。

甲午惨败这十年间的中国局势。

这十年，中国的情况从表面上看起来还可以。由于在越南和台湾硬抗法军并且取得了胜利，清政府也因此得到列强一定程度的"尊敬"。俄国和法国的侵华野心受到了遏制，英国与中国的战略同盟关系进一步加强——尽管是一种不对等的同盟关系。洋务运动继续推进，各种近代化的军用、民用企业继续兴办，经济社会发展相对平稳。

这一时期中国最重要的事情主要是两个，第一个是光绪皇帝成年，并于1889年大婚，慈禧按理就应该归政，将权力交给光绪。最高权力如何平稳交接过渡，是清政府核心决策层最为关心的问题。第二个就是李鸿章控制的北洋水师建设成型，并开始全力应对来自日本的挑战。

要想让慈禧交出最高权力，显然必须要花大价钱。慈禧表面上说着要归政，却始终不见行动。光绪的生父奕譞，以及皇帝身边的一群亲信——比如皇帝的师傅、大学士翁同龢——都很着急想要让光绪早日亲政。经过反复沟通博弈，双方大体达成了某种形式的默契：由醇亲王出面负责在北京西北面圆明园旧址附近新建一座豪华园林——颐和园，用于慈禧太后60岁大寿的"献礼"，慈禧在过完60大寿以后就到颐和园养老，算是正式"退居二线"。在习惯了奢侈生活的慈禧看来，为了"赎买"自己手中的权力，国家不管花多少钱给自己修园子、办寿宴那都是应该的。而奕譞等人为了"表忠心"，更是不敢在花钱方面有一点犹豫。奕譞本人亲自担任颐和园工程的总负责人，千方百计从各个地方找钱来修园子、办寿宴。各地督抚也纷纷把它当成一个政治任务来抓，积极为太后和醇亲王"排忧解难"，作为疆臣之首的李鸿章也是其中非常积极的一员。为了帮助醇亲王凑款，李鸿章甚至让醇亲王的管家张翼担任开平煤矿的总办，将开平煤矿的利润源源不断地送进醇亲王府。

通过卖官鬻爵、挪用公款等各种方式，清政府在1894年之前七八年间，总共为修建颐和园和给慈禧办寿宴累计花了上千万两的白银。另外，还有光绪皇帝大婚又花了惊人的550万两银子，创下皇帝大婚的开销记录。之前，由于慈安的制衡，慈禧在亲儿子同治皇帝大婚上没花多少钱，这回终于在光绪的婚礼上找回了颜面。

这些花销绝对数量大得惊人，但不至于大得让清政府陷入财政崩溃。此时，鸦片仍然在中国大地上疯狂种植和销售，贩毒收入源源不断地流入政府财政；海关税收仍然控制在英国人手中，海外贸易带来了巨大的贸易量和投资机会，关税和商业税收都在持续增加。有了这些新增税收支持，如果没有日本的意外崛起，慈禧、醇亲王联合主演，李鸿章等人积极配合的这一幕权力"赎买"大戏说不定真的能圆满收场。

日本通过1865年至1867年的倒幕运动推翻了德川幕府的封建统治，搞"王政复古"，强化天皇权威，又推动明治维新，一方面模仿中国建立了中央集权的国家体制；另一方面学习西方的近代武器和工业技术，国力开始强大，并立刻走上了对外殖民扩张的道路。最终在慈禧60岁生日这一年发动了甲午战争，把清政府准备数年的权力"赎买"大戏给彻底搅黄。

1875年，日本派兵占领其南方的琉球群岛，吞并了琉球王国这个历史悠久的中国属国。然后，又以琉球居民被台湾渔民杀害为理由，派兵侵略台湾。清政府大为震动，赶紧派福建水师大臣沈葆桢进驻台湾组织抵抗，又派李鸿章负责对日交涉。李鸿章趁机抛出"片面海防论"，主张放弃新疆专心海防，引出了左宗棠的"海防塞防兼顾论"作为反击。沈葆桢也开始倒向李鸿章，上书反对左宗棠借款西征。

日本当时没有像样的海军，而福建水师经过左宗棠、沈葆桢的苦心经营已初具规模，中方掌握了制海权。侵台日军无后方作战，无论兵力、火力、军舰、后勤都无法跟中方相提并论。这个仗真的打下去，日方几乎毫无胜算。实际上，侵台之后，双方还没有真正开打，总共3600名登陆日军就因为疫病死亡了超过500人。日军这一次行动，完全就是一次自己作死般的军事冒险。

但李鸿章和沈葆桢都不愿意开战——他们都被第二次鸦片战争吓破了胆，对来自海外的敌人有着刻骨铭心的恐惧感。李鸿章积极寻求英国、德国来帮忙"协调"。经过谈判和协调，清政府终于和日本政府达成协议：赔款50万两银子换取日本撤军。

李鸿章和慈禧在对外交涉方面意见一直比较一致：死要面子。李鸿章在跟日本的谈判中也坚持一点：一定要给清政府留够面子，其他什么都好说。双方最后同意：清政府给日本支付的50万两银子不是战争赔款，而是对那些被台湾渔民杀死的日本居民（实际是琉球人）的抚恤金，以及日军在台湾建设的军事设施的赎买金。这个理由荒唐绝顶，中国并没有承认过琉球属于日本，为什么要为琉球居民的死亡向日本支付抚恤金呢？侵略军跑到中国的地盘来修建军事设施，竟然还需要中国去花钱给买过来？

但不管怎样，李鸿章成功地为清政府保留了"体面"，慈禧也感到满意，于是议和就这样成了。这个结果极大地助长了日本的野心，让日本方面看清了清政府软弱可欺的真面目，以针对中国的侵略扩张来实现日本国家和民族振兴成了朝野共识。

日本1875年的侵台事件，也让清政府进一步认识到巩固海防的重要性。也就是从这一年开始，清政府决定每年拿出400万两银子来建设海军。基本方案是南洋、北洋各200万两。

在有关是否需要海塞兼顾的争议中，李鸿章与沈葆桢已结为政治盟友。这一年正好两江总督兼南洋大臣的位置空缺，李鸿章遂极力推荐沈葆桢接任。非湘军系人马不能担任两江总督，是刺马案以后的惯例。沈葆桢出身曾国藩幕僚，曾经与左宗棠、李鸿章平起平坐，算是湘军系的老资格，又得到李鸿章支持，任两江总督当无问题。不过，沈葆桢的行事风格一向比较独特，谁推荐他升官他就跟谁翻脸——曾国藩推荐他当江西巡抚，他就扣押江西钱粮拒绝支持曾国荃；左宗棠推荐他当福建船政大臣，他就公开上书反对左宗棠西征借款。李鸿章的这次举荐，看起来还是有风险的。

但别的人搞不定沈葆桢，李鸿章偏偏能搞定沈葆桢。他的方法很简单，就是"君子欺之以方"。

沈葆桢是个真君子，一个忠君理学思想培养出来的书呆子。他的做事原则特简单，就是什么事情对清王朝的统治最有利，他就做什么，完全不管个人恩怨。曾国藩、左宗棠、李鸿章这些人对他有恩还是跟他有仇，根本就无所谓。他断了曾国荃的钱粮，是因为觉得曾国藩在以打南京为借口扩充个人势力；他反对左宗棠西征借款，是因为觉得海防比塞防更重要，为了收复新疆借外债不值得。曾国藩和左宗棠是实干派，不愿意花时间跟人讲大道理，喜欢比较直接地研究如何把事情办好，但对沈葆桢而言，大道理没有说通，事情就不好办。李鸿章却最擅长拿大道理哄人，对付沈葆桢就比较有一套。他知道沈葆桢是君子，不能跟沈葆桢讲：我推荐你当了两江总督，你在这个位置上就要还我人情——这样做只会适得其反。他采用的方法是不断地给沈葆桢写信"沟通想法"，长篇大论地分析自己对国家海防战略的思考，全是家国情怀那一套，看不出来有半点私心。沈葆桢这种人还偏偏就吃这一套，被李鸿章的"大道理"打动了，在海军建设上采取了完全配合的态度。李鸿章绕来绕去，最终就是表达一个意思：现在这400万两银子根本不够同时建好两支海军，要想国家海防实力快速壮大，必须集中资源。北洋拱卫京畿，是防备日本入侵的第一线，应该先集中把北洋水师建设好。

沈葆桢觉得李鸿章说的有道理，于是很大度地主动上书朝廷，说北洋水师建设更重要，南洋的那200万银子我不要了，先给北洋吧，等北洋建设好了再来建设南洋。

沈葆桢的好心并未换来李鸿章的好报。实际上，李鸿章本来也就是在把书呆子沈葆桢当猴耍，嘴上说的是国家大计，心里始终想的是如何壮大个人的淮军系势力，没想过要给沈葆桢什么好报。

1876年，李鸿章被赫德忽悠，花了几十万两银子买了四艘英国产的新型炮艇。沈葆桢得知后，就向朝廷申请南洋也要购买四艘"蚊子船"，并让李鸿章帮忙。李鸿章在"代购"过程中，让英国人直接把这四艘军舰开到天津大沽口，然后就一直扣着供北洋水师使用，而把用了多年的旧军舰给沈葆桢。沈葆桢对此也并无怨言。

1877年，李鸿章控制的轮船招商局想收购美国旗昌公司，就让盛宣怀打着"爱国"的旗号去找沈葆桢借钱。说这是中国企业第一次收购外国企业，是破天荒的大事，对国家振兴意义极大。沈葆桢听了，立刻表示赞成，从两江财政收入里边借钱给了轮船招商局。这些钱一直到沈葆桢死也没有归还。后来刘坤一接任两江总督，想找李鸿章要回来，也被拒绝。最后，李鸿章以"代南洋购买军舰"的名义"归还"这笔银子，但买的军舰又被李鸿章直接扣在北洋水师训练，跟两江再无一点关系。

姜鸣在《龙骑飘扬的舰队》中总结说："李鸿章对他（沈葆桢）耍了很多政客手腕，他一概表现豁达。"

李鸿章1876年主持购买并为沈葆桢"代购"的新型炮艇特点是船小炮大，

被称为"蚊子船",火力虽然猛但不够稳当,只能在近海当移动炮台使用,不能进入深海作战。购买之前,李鸿章先去找赫德打听,赫德又派金登干去考察。金登干收了造船厂的回扣,最后只告诉李鸿章"蚊子船"的火力优势,却没说不能进入深海。李鸿章买回来之后才发现问题。但他在知道情况以后决定瞒报,不仅不向朝廷说明真相,反而鼓吹"蚊子船"的好处,甚至上奏朝廷鼓励其他沿海督抚也出钱购买。因为这是李鸿章主持的第一次外购军舰,如果让朝廷和同僚发现问题,是一件很丢人的事,以后再要钱买船就不容易了。

李鸿章通过各种手腕,最后无非是想达到一个目标,就是"买船建军"。为此不惜欺骗同僚和朝廷,让国家浪费几十万两银子去多买几艘已经被证明不太实用的"蚊子船"。

1875年日本入侵台湾以后,建设一支强大的海军已成为朝野共识,但具体如何建设,在洋务派中存在路线分歧。洋务派中的改革派主张学习西方技术来形成自己的造船能力,以自己制造为主,购买西方军舰为辅来实现海军建军,代表人物是左宗棠。而保守派则认为西方的先进技术很难学会,自己制造不划算,不如直接花钱买军舰成军,见效更快,代表人物是李鸿章。

李鸿章倒不是完全反对武器国产,但他以为中国只能模仿制造一些技术简单的弹药这种大规模消耗品,先进的枪炮和军舰则只能靠进口来解决。李鸿章的这种观点,一方面是因为他跟列强的利益捆绑比曾国藩、左宗棠更密切,对列强更"放心";另一方面也是因为他北上担任直隶总督,北方地区的先进制造能力远远落后于南方,他要想让北洋海军超过南洋,就只能寄希望于通过购买外国先进武器来"走捷径"。但最根本的原因,还是在于淮军集团自身不争气,裙带关系和腐败问题严重,搞啥啥不成,在李鸿章看来自己手下这帮人能学会造弹药就已经是超常发挥了,要想学到列强的看家本事根本就不可能。淮军从建军开始,就习惯了拿着洋人的枪炮来镇压、屠杀中国人民,倚靠列强自重是它的生存基因,要想摆脱列强走一条独立自主的建军道路,在李鸿章看来是完全不可想象的事情。他们自己做不到,就想当然地认为中国人都做不到。

曾国藩一直对购买洋枪洋炮的做法非常警惕,当他得知李鸿章在上海花大价钱买军火武装淮军的时候,就颇不以为然。曾国藩知道洋枪洋炮威力巨大,但一直坚持要自己制造，不可依赖洋人，甚至为此不惜让曾国荃围攻南京的部队装备水平比李秀成的太平军更落后。攻占安庆以后，他搞了安庆军械所，仿制西方武器，造出了中国历史上第一艘蒸汽船"黄鹄号"；攻占南京以后，安庆军械所迁往南京，改为金陵机器制造局；后来又搞了个江南机器制造总局。

江南机器制造总局是曾国藩联合李鸿章一起搞的。在曾国藩与李鸿章共管时代，造船的事务主要是曾国藩任命的科学家徐寿负责，枪炮弹药主要由李鸿章的亲信涂宗瀛负责。

在徐寿的主持下，造船事业发展的还可以，设立两年后就制造了中国第一艘木质机动兵轮"恬吉号"，此后，江南机器制造总局又建造了"海安""驭远"等多艘兵船，锅炉与主机都是自造，船上能装配26尊大炮，载容500名水兵。1876年，又制造出中国历史上第一艘小型铁甲军舰。

涂宗瀛负责的枪炮制造刚开始也取得了不错的成绩，1872年，已经可以生产比较先进的林明敦式后膛来复枪。但价格高昂质量又差，连淮军也拒绝采购。

1872年曾国藩去世以后，李鸿章完全掌控了江南机器制造总局，然后就开始出问题，各种通关系、走后门塞进来的官员数量迅速增加。江南机器制造总局在造船方面投入持续萎缩，转而全力生产弹药。此后，江南机器制造总局造出来的武器弹药就一直保持价格又贵质量又差的特点，跟世界先进水平的距离越来越远。

这段经历也让李鸿章更加坚信"造不如买"。1885年，在李鸿章的指示下，江南机器制造总局彻底停止了造船业务，转而完全生产弹药。

李鸿章担任直隶总督以后，设立天津机器局，又从江南机器制造总局调来了一批技术人员，主要也就是生产弹药和负责武器维修，并不花力气引进和研究先进技术。天津机器局生产的最先进的船是1887年奉李鸿章指示制作的钢质游艇"捧日号"，主要用途是在颐和园的大湖内供慈禧游玩。

同一时期，左宗棠在福建开始独立筹建福州船政局，下设铁厂、马尾造船厂和船政学堂，既炼铁又造船还负责培养海军人才，并聘用法国等西方国家的人员来做技术指导。左宗棠西征新疆期间，船政事务由沈葆桢负责。左、沈二人都是清廉能干之才，在他们的主导下，马尾造船厂迅速成长为当时东亚地区第一大造船厂。1883年，生产了排水量2200吨的铁肋军舰"开济号"，船身骨架为铁肋，包上两层木壳，其中750匹马力的蒸汽发动机也是国产。从1866年到1886年20年间，马尾造船厂总共花费了500万两银子，造了27艘轮船。1874年之前雇佣法国工程师主持，共造了15艘，造出来的都是比较落后的小船，但培养了大批技术工人；1874年之后则完全由中国工程师主持制造，从国外购买设计图纸和部分关键部件，技术进步速度反而更快。

同一时期，日本的造船技术远远落后于中国。日本于1871年在横须贺设立海军造船所，1877年开始建设铁肋木壳的"海门号"，1884年完工，比"开济"晚了一年，而且只是帆船，根本就没有装蒸汽机。"开济号"已经用上了蒸汽发动机了，750匹马力的蒸汽机也完成了国产仿制。此后，福州船政又批量生产了五艘这种铁肋木壳船。1885年之前，中国的造船技术全面领先日本。

但是，清政府和李鸿章趁左宗棠西征的机会，夺取了福建船政的实际控制权。在中法战争中，清政府纵容法国军舰进入马尾军港，然后，清政府和李鸿章联合推举的钦差大臣张佩纶又不做任何战争准备，关键时刻为了逃避责任没有主动开火，导致福建海军全军覆没，马尾造船厂被法军炮火摧毁。这给马尾造船厂的发展造成了巨大的损失。

战后，马尾造船厂经过抢修，逐步恢复生产。1885年，船政大臣裴荫森与左宗棠联名上书朝廷，请求拨款建造装甲巡洋舰。此议遭到了李鸿章的反对，他写了一篇很长的奏章全面论证为什么国产装甲舰比不上西洋的铁甲舰。但朝廷还是批准了建造计划，慈禧还亲笔做了批示，表态全力支持。1889年，马尾造船厂造出中国第一艘钢甲巡洋舰"平远号"，自制蒸汽机的马力也达到2400匹。北洋水师的英国副统领琅威理检查以后对其评价很高，把它划归了北洋舰队。但李鸿章看不上"平远"，上奏说该舰"归队操练、聊助声威"尚可，但"未可专任海战"。受这个论断的影响，"平远"在北洋水师中长期被边缘化，舰长级别低，弹药补充和维护修理等也不及时。

左宗棠去世后，李鸿章"造不如买"的海军建设思路占据上风，福建船政局的发展路线被清政府抛弃。两广总督张之洞在洋务路线上跟左宗棠是一致的，愿意支持马尾造船厂，于1886年出资48万两从造船厂订购了六艘中小型军舰，暂时缓解了造船厂的经费困难。但到了1889年，李鸿章的哥哥李瀚章接替张之洞出任两广总督，也就停止了对马尾造船厂的支持。这样，"平远号"装甲巡洋舰就成了马尾造船厂的技术顶峰，此后再无进展。

李鸿章购买的"蚊子船"，其实不如马尾造船厂自造的铁肋木壳军舰好用，但他一定要把"蚊子船"的性能吹上天，而大力贬低"平远"，就是为了证明自己"造不如买"的建军路线是正确的。

与此同时，日本在模仿制造西方军舰方面开始大踏步前进。1886年，日本先向法国订购了两艘松岛型巡洋舰，同时拿到设计图纸，于1888年开始自己仿制，1894年建成了"桥立号"巡洋舰，这是一艘铁甲舰，并拥有5400匹马力的蒸汽动力。从此后，日本在军舰制造能力上就远远地把中国甩到了后边。

很有意思的是，在甲午战争的黄海大东沟海战中，国产"平远号"和日本仿制的对象松岛型巡洋舰竟然正面交火——不是跟日本产的"桥立"交火，而是"桥立"的仿制对象，质量更好的法国产"松岛"交火。交火的过程：刚一开始，"平远"就被"松岛"猛烈的炮火轰击受损，但它的装甲有效保护了船身总体安全。随后，"平远"反击，舰首260毫米主炮发射的一颗钢弹击中"松岛"，炮弹从"松岛"左舷中部下甲板的医疗室斜穿而入，击穿一英寸厚的钢铁墙壁，穿过中央鱼雷发射室，击中"松岛"320毫米主炮塔下的机关，引起爆炸，顿时使得火炮炮罩粉碎，火炮无法旋转。这颗炮弹在穿越中央鱼雷发射室时，"使舰内各室发生猛烈震动，硝烟弥漫，人近咫尺难以辨认，令人窒息"，四名日本鱼雷兵因此窒息死亡。

没过多久，"平远"舰装备的47毫米五管小速射炮又接连命中"松岛"的中央鱼雷发射室和桅杆，"弹片四起，室内周围壁上喷溅着骨肉碎末，甲板上流淌着血肉相混之水，难以步行"，多名日本鱼雷兵受重伤，鱼雷管发射电路被打断。

根据战后统计，在整个大东沟海战中，日本旗舰"松岛"共中弹13发，被击毙35人。这是北洋水师多艘战舰配合围攻的结果，单靠"平远"肯定打不过吨位是其数倍的"松岛"。但"平远"在实战中经受住了"松岛"的多轮正面炮火攻击，"松岛"的很大部分损伤由"平远"制造，这也是事实。

"平远"后来又参加了威海军港保卫战，一直到北洋水师全军覆没也没有被击沉，而是被日军俘获编入日本海军，一直服役到1904年，参加了日俄战争，因为误触俄军水雷被炸沉，在海军累计服役时间15年。

实践证明，中国国产的第一艘装甲巡洋舰，性能可靠，经久耐用，具备在海上与西方先进战舰协作和对抗的能力。李鸿章关于"平远号""未可专任海战"的判断完全错误。"平远号"在1889年就被制造了出来，造价只有北洋水师购买的同等型号巡洋舰的一半。按照马尾造船厂的实力，如果北洋、南洋能够携手，像日本一样，购买与仿制相结合，购买一艘仿造一艘，中国军舰制造技术完全跟得上，还可以掌握先进军舰的维护能力，从而极大地提升海军持续作战水平。左宗棠和沈葆桢都积极主张购买外国先进军舰，但始终坚持外购和国产要协同推进，在购买过程中快速增强国产能力，这就与李鸿章片面强调买船建军的思路形成了鲜明的对比。后来的历史证明，对高价采购的先进军舰缺乏基本的维护、维修能力，是北洋水师全军覆没的一个重要原因。

很多人以为中国落后于日本是明治维新之后就发生的事情。实际上，在学习西方先进技术方面，中国在1885年之前，一直走在日本前面。军舰制造就是一个典型的例子。中国在军事技术上开始落后于日本，是在1885年左宗棠去世、李鸿章的淮军势力一家独大后的十年。"造不如买"的路线即是其中一个重要原因。李鸿章和左宗棠都是洋务派，但李鸿章路线有三大特点：贪腐随意、任人唯亲、造不如买。相反，左宗棠（还有沈葆桢、张之洞）的洋务路线则正好与之相对：廉洁奉公、任人唯贤、独立自主。这两条路线的区别和斗争对洋务运动的成败影响极大。

李鸿章自己搞不好先进技术的引进吸收，对福州船政局的成绩一直就比较忌惮。1872年，朝廷清流派、内阁大学士宋晋上书攻击福州船政局，说既然都跟列强签订了和平条约，再造军舰就是在破坏和平，浪费国家公帑，应该停止拨款和制造。

"清流派"是满洲权贵的"打手"，这种荒谬的理由不过是满洲高层打压地方实权派大佬的借口。左宗棠、沈葆桢上奏反对，李鸿章也跟着反对。但李鸿章私下对幕僚王凯泰说，自己表态反对宋晋不过是随大流，为的是捍卫湘军系和洋务派的路线，实则对左宗棠造船的看法，跟他对曾国藩造船的看法是一样的——都不可能成功。原话是："闽轮创之左公，沪船创议曾相，鄙人早知不足御辱，徒增糜费。今已成事而欲善其后，不亦难乎？"[1]

---

[1] 姜鸣：《龙旗飘扬的舰队》，生活·读书·新知三联书店2002年版，第68页。

　　李鸿章既认定左宗棠路线不可能成功，又对左宗棠的成绩感到忌惮，因此在1884年马尾海战之前，他竟然给张佩纶写信，建议主动把马尾造船厂炸掉，以免法国人觊觎。对这样的建议，连一贯胆小的张佩纶都忍不住惊呼："合肥（李鸿章）……不知何以胆怯至此？"[①]

　　后来法军果然把马尾造船厂炸了个稀烂，算是帮李鸿章了了心愿。不过因为造船厂跟海港还有点距离，法军不敢登陆，只是用军舰远距离炮轰，破坏有限，估计是没有达到李鸿章的期望，战争结束后不久就复工复产了。如果张佩纶听了李鸿章的建议自己动手，应该还可以破坏得更彻底一些。

　　马尾造船厂既已凋零，江南机器制造总局和天津军械局在李鸿章的控制下又一团污烂，只能造些价格昂贵、质量低劣的弹药。要建设中国自己的海军，当然就只能是向国外购买了。

　　对于李鸿章的"造不如买"路线和打压马尾造船厂的一系列举动，姜鸣在《龙旗飘扬的舰队》中评论说：

　　"作为一个严肃的政治家，应当利用国际市场的最新水平，促进本国民族工业的发展，而不应以此来苛求和打击民族工业，更不能仅以进口为满足。李鸿章认为造船不如买船，由此停止了江南制造局的造船业务，对于（福建）船政继续造船也不以为然。他以洋务宗师、新式海军鼻祖自居，傲世天下、咄咄逼人，挂公正评价之名，行门户派系之实。这种态度，无助于中国近代海军的发展，这也是他个人品质中的弱点。"[②]

三、北洋建军：李鸿章与北洋水师建设

　　作为"买船建军"路线的代表，李鸿章在搞钱买军舰方面非常积极，主要是找朝廷要钱和从地方同僚手里坑钱两大途径。两江总督沈葆桢就是他的重要

---

① 姜鸣：《龙旗飘扬的舰队》，生活·读书·新知三联书店2002年版，第180页。
② 姜鸣：《龙旗飘扬的舰队》，生活·读书·新知三联书店2002年版，第248页。

坑钱对象。

李鸿章找朝廷要钱，主要靠声称直隶地区拱卫京畿，战略地位重要，朝廷经费应该重点倾斜；坑地方同僚，主要靠宣传自己善于跟洋人打交道，可以免责为沿海其他地区代理购买，从中翻云覆雨，倒腾来倒腾去最后买回来的军舰就变成北洋水师的了。前面帮沈葆桢购买"蚊子船"就是一个典型。后来买铁甲舰也是一样：南洋刚开始搞了点钱想买普通巡洋舰，李鸿章就说铁甲舰更好，我可以帮你们联系买奥斯曼帝国的二手铁甲舰，南洋觉得有道理，就咬着牙又多凑些钱，李鸿章又大谈奥斯曼帝国的二手铁甲舰如何不适合中国海军，拦着不让买，把这笔钱冻结。沈葆桢临死也没看见铁甲舰，给朝廷的遗折上就说，臣这辈子最大的心愿就是能买铁甲舰，中国海军一定要有铁甲舰啊！等北洋想买的时候，李鸿章又大谈铁甲舰对拱卫京畿如何重要，非买不可，北洋的钱不够，拿南洋的来凑一下就可以买全新的了。最后，南洋的钱花出去，买回来了北洋的铁甲舰。

这些政客手腕让北洋水师迅速发展壮大，但很快让各地督抚都对李鸿章产生了很大的怨念——反正你李鸿章就是一门心思坑害同僚来壮大自己的势力，淮军势力大，我们没办法，将来出了事情那也就得淮军上，也别怪我们见死不救。这样，1891年，当朝廷决定未来两年不再拨付经费购买军舰的时候，除了李鸿章以外，各地督抚无人反对，因为他们都知道，购买军舰的钱最后也反正都会落入李鸿章手里。到了1894年甲午战争中，各地督抚对北洋和淮军的失败几乎是一种幸灾乐祸的态度在看戏，绝不出手相助，因为他们都记得，福建水师和台湾被法军围困的时候，北洋坚决袖手旁观，两次拒绝朝廷调令。

有人以为，不管李鸿章手段是否光明正大，北洋水师到底是建起来了。朝廷给的海军经费本来就不多，全部用来给北洋买军舰都不够，如果分散到南北洋各自买船建军，北洋水师实力更弱，岂不是更打不过日本？

这种观点是错误的。

甲午战争中，中方是北洋水师参战，日本是联合舰队参战。日本海军为什么叫联合舰队呢？就是因为它是两支平时相对独立的舰队在战时组合起来的。日本海军比较强的一支叫常备舰队，有九艘主力军舰，旗舰是"松岛"；比较弱的一支叫警备舰队（又称西海舰队），有六艘主力军舰，旗舰是"吉野"。两支舰队都直属海军部，另外有一些军舰由横须贺、佐世保等几个海军镇守府负责训练管理。中国沿海海岸线广阔，平时的建设、训练、警戒分为两支或三支舰队，打仗的时候联合为一支舰队，是正常、正确的操作方式。清政府也是按照这个模式来规划海军发展的，南洋要买好军舰，朝廷支持，钱都到位了；马尾要造先进军舰，朝廷也支持，慈禧还亲笔做了批示，但这些全都被李鸿章玩弄政客伎俩给搅黄了，这才有了北洋一枝独秀的局面。日本的两大舰队在甲午战争开战之前14天才开始改编为联合舰队，开战之前六天才组合完成，战争结束后又分开，到1904年日俄战争又重新编成。这两次战争，日本都通过联合舰队的方式获得了胜利，说明海军平时分开训练，战时联合作战的模式完全可行。这种模式下，北洋一支独大并不能显著增强中国海军的整体实力，因为总共这么多买军舰的经费，买回来归南洋还是归北洋都可以，打仗的时候组成联合舰队一起上。李鸿章把南洋的经费坑蒙拐骗用来买北洋军舰，把造船的经费转为买船的经费，都谈不上做了啥贡献。相反，李鸿章在中法战争期间多次拒绝淮军南下、拒绝北洋舰队南下支援福建和台湾，开了一个极为恶劣的先例，平时又玩弄手段坑骗南洋，掐断福建造船经费，严重破坏南北洋团结，意味着清朝不可能再有联合舰队，只可能是南北洋各顾各。不仅海上无法联合，陆军也无法联合，只能是淮军打淮军的，练军打练军的。反之，如果李鸿章在中法战争中能够以大局为重，投入北方的淮军主力和北洋军舰大力支持广西和福建的战场，在海军建设中坚持团结公正，南北洋共同发展，清政府在海军经费方面自然也会更舍得投入——因为南北洋势力均衡对中央权威更有利。如果是分成几支舰队均衡发展，战时联合作战，不管是造船还是买船，清政府和地方就都有更多积极性掏钱建设海军；而集中建设北洋，清政府和其他地方就都不愿意多花钱。也就沈葆桢会主动提出多给北洋经费支持，结果就是被李鸿章坑的最厉害，临死也没能看见自己天天盼望的铁甲舰。李鸿章的政客手腕只是起到了壮大北洋的效果，实际上极大地危害了中国海军整体实力的发展。

任何一个组织机构，如果让李鸿章这种人成为关键人物，那一定是这个组织最大的噩梦。他一切以自己部门利益为重，为此不惜坑害同僚、腐化上级、纵容手下，同时又把划到自己部门的好处尽可能地变成私人利益。这种人如果不能迅速地从组织体系中清除出去，这个组织肯定就离崩溃不远了。清王朝在其末期，出现李鸿章这样的实权人物，跟出现慈禧这样的统治者一样，是它自身腐化堕落和逆向淘汰的必然结果。清末统治阶层中并不是没有能抛开派系偏见团结协作的人物，左宗棠和张之洞就是这方面的范例。中法战争中，广西战场是两广总督的责任，不是楚军势力范围，但左宗棠一听说越南开战就立刻上书要求去前线；马尾海战之前，张佩纶到处求援，两广总督张之洞就把仅有的两艘军舰派了过来；两江总督曾国荃拖延了一段时间后也派了军舰过来，唯独北洋全程旁观；在越南战场，楚军的王德榜和张之洞推荐的冯子材可以精诚合作取得镇南关大捷；在台湾，楚军的王诗正也能跟刘铭传合作成功击退法军。不同派系势力之间的团结协作，是清军能在中法战争中取得抵抗外敌入侵胜利的关键。为什么左宗棠作为湘军系大佬，能够跟清流派大佬张之洞密切配合，而李鸿章经营直隶多年，面对日本入侵不论海军、陆军都无人愿意为他提供支持呢？关键原因，就是左宗棠和张之洞能真心以天下国家为己任，处理军国大事公心能压过私心，而李鸿章数十年来一心以淮军利益为重，有恶战就躲，有好处就捞，彻底破坏了派系团结的信任基础。这也是中国在甲午战争中惨败的一大关键。有左宗棠和张之洞通力合作在前，我们就不能说甲午时期李鸿章被孤立是体制问题，而更多的是李鸿章个人品质问题。把李鸿章这种品质的人放到直隶总督和北洋大臣的位置上，才是体制问题。

经过李鸿章一番折腾，最后北洋水师总共搞到了大概800多万两银子来购买外国军舰。他用这些钱买了两艘铁甲舰、七艘巡洋舰，以及若干炮艇和鱼雷艇。这些军舰中，主力是"八远"，也就是"定远"和"镇远"这两大7000吨以上的超级铁甲舰，加上"经远""来远""济远""致远""靖远""平远"这六艘2000吨以上的大型巡洋舰。在1887年，已经是东亚地区最为强大的海军力量。

这支舰队看起来很厉害。李鸿章引进了一批福州船政局培养的水师人才来担任各个军舰的舰长（管代），这些人大部分都有出国留学的经历，北洋水师从章程到训练都模仿英国，从水兵到管代的工资也都比陆军高出一大截，还聘请了英国退役海军上校琅威理担任副统领来指导训练，俨然要打造一支现代化的海军。

但这些都是形式，北洋水师在精神实质上与李鸿章的其他淮军部队并无区别，就是一支"海上淮军"。

为了把北洋水师牢牢掌握在自己手中，李鸿章在把表面文章做足的同时，在最关键的问题——北洋水师提督人选上，拒绝使用专业海军人才，而任命一个没有任何海军背景的淮军老将丁汝昌担任。

丁汝昌原是刘铭传部下的骑兵营统领，不仅没打过海战，连海岸炮台防御的经验都没有。李鸿章筹建北洋，参与早期创业的淮军高级官员要么老病不堪，要么就已经混了一个很肥的位置，安于现状，不愿冒险转行。丁汝昌因为跟刘铭传闹矛盾，被刘铭传逼得回家休养了好多年，没有捞到啥好位置，北洋水师提督的职位对他有足够的吸引力。李鸿章选中丁汝昌，主要是因为他参加淮军时间长，忠诚老实且作战勇猛，方便控制。至于丁汝昌能不能指挥好海军，在李鸿章看来并不重要——关键决策自己掌握，军事训练则交给琅威理和各舰管代，丁汝昌当好传令人就可以了。

事实证明，李鸿章看人的眼光还不错。丁汝昌受此大恩，对李鸿章的感激无以言表，在提督的位置上忠实地执行李鸿章的路线，最后也勇敢地自杀殉国。但作为一个海军外行，他在甲午海战中犯下一系列致命错误，成为北洋水师最终全军覆没的重要原因。

负责北洋水师弹药生产和后勤维修的是天津军械局，军械局的生产基地在天津，又在旅顺和威海两个军港设有维修所，它不归丁汝昌管，而是直接听命于李鸿章。李鸿章让自己的外甥张士珩担任军械局的一把手。张家和李鸿章家族世代联姻，李鸿章结婚的花销都是张家出的大头，等李鸿章发达以后，张家大批亲戚也就跟着混到了淮军高位。张士珩只是其中一例。在张士珩的主持下，军械局生产出来的武器弹药质量总是上不去，维修、维护也很不到位，水师上下多有怨言。张士珩的心腹幕僚刘树棻被日本间谍收买，不断向日本方面提供北洋水师武器装备的各种情报，甲午战争结束后才被发现。

北洋水师所用的煤炭由开平煤矿提供。开平煤矿也是李鸿章主持开发的，直隶总督府是其最大股东。煤矿建设初期由唐廷枢负责。唐廷枢原来是上海外国洋行的买办，被李鸿章挖过来担任轮船招商局的董事，派他负责开平煤矿主要是为了方便从上海招揽商人投资入股。唐廷枢能力出众，把煤矿经营得不错。北洋水师当时买煤经费不足，优质煤卖给北洋并不怎么赚钱，但唐廷枢能分清主次，坚持以优质的五槽煤供应水师。

1892年唐廷枢去世，李鸿章推荐张翼接任矿务局总办。张翼上台以后，就改用劣质的八槽煤供应北洋，而把优质煤外销，其中很大部分被日本买走。等到双方海上交战的时候，北洋用的就是劣质煤，烟雾浓重而又动力不足，日本军舰用的却是开平煤矿的优质煤。从整个结果来看，就是李鸿章的直隶总督府和张翼等人多赚钱，北洋水师被坑。

从北洋提督到天津军械局和开平矿务局总办，李鸿章在这三个关键位置上都因为个人私心而致所托非人。唯一还算正确的选择恐怕就剩下让琅威理主管水师训练了。琅威理治军严格，办事勤快，认真按照英国海军的条令训练，为海军官兵所敬惮。由于丁汝昌不熟悉海军业务，舰队训练任务多由琅氏主持。接触过他的人说："琅威理终日料理船事，刻不自暇自逸，尚在厕中犹命打旗语传令。"军中流传着"不怕丁军门，就怕琅副将"的传说。

有以琅威理为代表的一批英国军事顾问支持，北洋水师训练搞得还可以。1886年5月，清政府派醇亲王奕譞巡阅北洋海防，对水师训练水平非常满意，以琅氏训练有功，向他颁发赤金底银质双龙纹饰的二等宝星勋章，并"加恩赏给提督衔"。

但琅威理拼命工作，跟赫德努力经营中国海关并试图担任总海军司的职位一样，很大程度上是肩负着英国政府进一步控制中国的图谋。清政府和李鸿章给琅威理封了一个提督的军衔和副统领的职位，琅威理和英国政府都理解为是跟丁汝昌平起平坐的"双提督"模式，至少也是正、副职关系。李鸿章在给北洋水师的电令中也经常使用"丁琅两提督"的说法。实则无论清政府还是李鸿章都不认为琅威理的提督是实际职位，只不过是名誉头衔。1890年冬天，北洋水师南下香港过冬，有一次丁汝昌不在军中，琅威理试图以提督身份升指挥旗，表明自己所在的军舰即为水师旗舰，遭到了定远舰管代刘步蟾等人的反对。刘步蟾明确告诉琅威理，你的提督只是虚职，无权升指挥旗。琅威理大怒，立刻发电报请李鸿章明示。等他搞清楚刘步蟾所言不假以后，立刻就辞职不干了。英国政府也很生气，跟着撤回了其他军事顾问，并停止接收中国海军留学生。

从维护国家主权的角度来说，李鸿章的这个做法没有什么问题。真正的问题是，赶走了琅威理之后，需要能找到合适的替代者。丁汝昌显然不具备这样的才能，李鸿章也没有再去找替补。这一下，北洋水师的纪律就迅速松弛了下来。

尽管水师将领的工资已经很高，但大家还是不满足，克扣士兵饷银的情况都是常规操作。按照《北洋水师章程》规定，在北洋舰队常年停泊的基地威海刘公岛，除了丁汝昌，各级军官都不得在岸上买房子，必须常年住在舰上。这也是学习外国先进经验，但所谓的学习仅限于字面上，各级军官基本无人遵守。

带头破坏规定的就是丁汝昌。虽然他有权住在陆地上，但他并不满足于此，而是修建了一大批商铺用于出租。"济远号"管代方伯谦也有样学样，搞了不少房屋出租，甚至为了争夺租客跟丁汝昌发生过争执。

在刘公岛周边，有一排一排的娱乐场所，包括赌场、鸦片馆、茶楼、妓院等。它们背后的房东基本都是丁汝昌等北洋水师将领。将领们也时常来光顾，方伯谦就曾经跟丁汝昌为争夺一名妓女发生过矛盾，又与刘步蟾为了争娶一个美貌的小妾几乎拔刀相向[1]。

军队风气如此，日常训练自然也就变成了走过场。有领导来视察的时候，旌旗蔽日，把"定远"和"镇远"两艘铁甲巨舰拉出，载着领导出海巡察。如果要看实战演练，也很好办，靶子早在一个固定位置准备好，几个预定的开炮点也设置好，检阅开始以后，军舰开到这些预定地点，按照固定的角度开炮，百发百中。

按照这种方式训练，能打赢武器水平相当的外国入侵者，那才是见鬼了。

与此同时，朝廷为慈禧太后做寿的工作也在如火如荼地进行，海军军费是不可能再有增加了。1891年李鸿章搞了一次北洋大阅兵，从大沽口出发，途经旅顺、威海、胶州湾、青岛、烟台，来回18天，行程3000里，视察内容包括武器

---

[1] 黄治军：《晚清最后十八年》第一卷，中国出版集团公司、华文出版社2019年版，第133页。

装备、炮台堡垒建设、海陆军编队训练与实弹演习、鱼雷艇实弹射击等。阅兵完成之后，李鸿章不无得意地向朝廷保证"就渤海门户而论，已有深固不摇之势"。朝廷有理由相信，北洋水师的武器水平再配合旅顺、威海军港炮台，用来保护首都渤海门户安全是足够了。因此决定从1891年开始，暂时停止海军添置新的舰船武器两年，省下来的钱用来修铁路以及给慈禧贺寿。

醇亲王为了给慈禧建颐和园筹款，计无所出，想出来传统的"捐输"方法，也就是直接出卖官位来敛财。这种办法在清朝中期以前是一种常规的战时军费筹措手段，鸦片战争以后有了找外国银行借钱的新模式，"捐输"就用的少了。但就算沿用鸦片战争以前的成例，"捐输"也只能用于军费，拿来修园子是说不过去的，至少是会让慈禧太后觉得很没有面子。于是，醇亲王跟李鸿章商量，以筹措海军军费的名义开"海防捐"，用于填补做寿造成的财政"窟窿"。这件事情后来被说成是挪用海军军费为慈禧修园子。其实这个经费本来就不是海军预算，不过是借用海军的名义而已。而且不是所有的"海防捐"全部拿去做寿，李鸿章也从中拿到了150万两的银子用于海军军费[1]。"海防捐"实际上增加而不是减少了北洋水师的军费。

挪用克扣海军军费的情况确实存在，既有修颐和园的影响，也有各地督抚拖欠等因素。根据各种估算，修建颐和园挪用海军军费不到300万两，各地拖欠的则略多于这个数字。据姜鸣的考证，去掉各种克扣挪用，李鸿章办海军实际得到的拨款是2000多万两，另外购买军舰的费用有800多万两（包括朝廷拨款和从福建、南洋坑过来的钱），此外还有一些诸如修建旅顺军港的其他专项拨款等[2]。总共算起来，北洋水师建设费用超过3000万两银子。这是一笔巨款，远远超过了南洋和福建海军的建设经费总和。清政府虽然腐败，慈禧固然挥金如土，醇亲王和翁同龢等皇帝亲信又急于花钱做寿推动皇帝尽早亲政，导致海军军费长期拮据，但从最终给李鸿章的钱来看，用来建设一支保卫渤海门户安全的海军，省着

---

[1] 1885年"海防捐"用于海防的支出1128199两，1886年366577两，合计约150万两。见《龙旗飘扬的舰队》第二章尾注《光绪元年——二十年北洋海防经费收入细表》，第159页。

[2] 姜鸣：《龙旗飘扬的舰队》，生活·读书·新知三联书店2002年版，第138页。

点花是基本够的。李鸿章1891年也在奏章中信心十足地宣称，现有实力守卫渤海没问题。

此外，淮军还另有中央军费和各地厘金养着，李鸿章还控制着直隶地区的财政，以及开平煤矿、天津军械所、江南机器制造总局、轮船招商局等大型军工或民用国企，并通过盛宣怀掌握着全国电报系统，又拥有对外交涉的特权。李鸿章的权力版图，俨然就是一个庞大的海陆军工复合体。如果这些资源单独组成一个国家，也应该是一个令人望而生畏的区域性强权。

可以说，大清国从中央到地方为李鸿章提供了如此多的资源，仅仅让他承担直隶和渤海地区的国防责任，绝对对得起李鸿章。

但李鸿章和北洋水师的表现，显然对不起清政府，更对不起中国。

四、甲午战争：日军入朝与平壤陷落

从1875年首次入侵台湾到1894年，日本经过20年的励精图治，终于准备成熟，正式发动了大规模的侵华战争。

战争的导火线是朝鲜的东学党起义，清政府出于保护属国的义务出兵帮助朝鲜镇压起义，日本以保护侨民为名也跟着派兵，然后就找借口与清军发生冲突，正式挑起了战争。这中间有很多国际政治和外交上的细节，比如清军不出兵朝鲜是否可以避免战争等。这些都并不重要，日本方面从一开始就是冲着要跟中国开战来的。

战争在1894年前后爆发有两个关键因素。第一个关键因素是日本国力、军力上来了，而且它采用了一种"赌国运"的军国主义发展策略，以超过国民经济承受能力的方式来扩充陆军和购买军舰。日本财政支出长期维持在8000万两左右，与经济体量大得多的清王朝相当，而军费开支又占财政支出其中的百分之十五到百分之二十左右，更是远高于清朝。国民经济长期承受如此巨大的军事开支，经济增长创造的财富大部分被拿去养军队了，底层人民长期生活困难，统治集团内部的利益争夺也十分激烈。1890年，日本爆发了近代史上第一次经济危机。如果不能尽快发动对华战争攫取战争收益，国内矛盾就会激化，内战随时可能发生。明治维新政治家福泽裕吉力主"进行东洋侵略，使国内人心转外"。可以说，日本的整个国家战略就是冲着侵略朝鲜和中国去的，数十年的资源投入必须要有个结果，不然国内无法交代。一旦日本方面判断其军力可以战胜清朝，就会立刻开战，而不会顾及外交规则的约束。清政府或者李鸿章想要以放弃对朝鲜的宗主国义务来对日求和，跟中法初期试图放弃越南权益求和一样，都是一厢情愿的幻想，是不可能实现的。

甲午战前有关于"主战"和"主和"的争议，李鸿章是主和派，朝中慈禧、光绪、"清流"都是主战派。因为甲午惨败，就有人说李鸿章主和是正确的，其他人都头脑发热盲目自大。其实战与和根本就不由清政府决定，主战派无非只是看清了非打不可的局面而已，说主和就能避免甲午惨败的说法幼稚可笑。

第二个关键因素是李鸿章赶走琅威理以后，英中"反俄同盟"出现裂痕，英国在远东地区扶持日本对抗俄国的倾向加强。对中日冲突，也开始从支持中国向保持中立转变。1894年，日本通过外交渠道确认了英国方面的正式态度：英国视长江流域为在华核心利益范围，只要中日战争不波及上海周边，英国就会保持中立。1894年7月16日，日本和英国签署了《英日通商航海条约》，英国放弃了在日本的租界和领事裁判权，但保留了70%商品的关税决定权（也就是日本从英国进口的商品中70%的关税税率需要得到英国同意）。这标志着英国扶持日本对抗俄国的战略正式付诸实施。

英国在1894年7月16日与日本签订此约的最根本原因，是英国认为日本抗俄意志坚决，不像清政府那样首鼠两端兼苟且偷安；如果让清政府继续占据满洲、朝鲜，待西伯利亚大铁路贯通后，这些地方必然都成为俄国殖民地。由于中国和日本的海军都聘请了英国军官做顾问，英国对双方的实力摸得比较清楚。甲午开战之前，列强中只有英国认为日本将取得胜利。俄国、法国和德国，还在根据左宗棠新疆之战和中法战争中的清军实力来判断战争局势，据此认为日本必败无疑。殊不知左宗棠时代的清军和李鸿章时代的清军完全就是两个概念。

英国驻华公使欧格讷在战前向英国政府提交的意见中说："自琅威理离去后，中国舰队一直无有能力的首领，委托丁提督管理。这位军官与其说是个水兵，不如说是名陆军，未受过任何海军技术训练，他的习性和能力，远不足担任一名总指挥……无远见和缺乏军事知识的中国当局，将面临海军舰队被彻底摧毁的危险。"

正是这样的判断，让英国下定决心放弃对清政府的支持，赶在战争爆发的最后关头，与日本签订了一份条件极为优惠的通商条约，拉拢即将取得胜利的日本。

英国外交大臣金伯利伯爵在条约签署后，当场就对日本驻英国公使青木周藏说："对清国的战争，你们已经赢了。"

李鸿章对英国和日本关系的变化一无所知，在日本已经派兵进入朝鲜，光绪皇帝已经命令李鸿章做好开战准备后，他竟然还背着朝廷派自己的幕僚伍廷芳去跟日本外交公使讲和，试图以承诺放弃朝鲜来换取停战。伍廷芳直截了当地告诉日本公使"李鸿章能够解决朝鲜问题而无需考虑北京的态度"[①]。这种做法已经是一种叛国行为。李鸿章知道自己的海军、陆军都是用来糊弄朝廷的，外表光鲜、里边稀烂，用来对内谋求政治地位和管朝廷要钱可以，一旦开战肯定打不过日本。但他又不敢直接说，毕竟朝廷派人来巡视的时候，北洋水师的演练看起来总是那么威武雄壮，自己也信誓旦旦，可保渤海门户无虞。一遇到战争就立刻自爆家底以后还怎么找朝廷要钱呢？唯一的办法，就是私底下向日本求和，还有就是继续找英国人出面协调，避免开战。他哪里知道，这些手腕用来骗朝廷可以，骗英国人却骗不过去。英国人已经看穿了他的底细，把他当成弃子，转而扶持真心花钱搞军队建设的日本去了。

《英日通商航海条约》签署后九天，1894年7月25日，日本舰队在朝鲜丰岛海面上突袭了李鸿章派出的运兵船队，标志着战争正式爆发。1894年是农历甲午年，因此被称为甲午战争。

丰岛海战双方实力差距悬殊，中国方面只有一艘济远舰2300吨，另外一艘1000吨的"广乙"，小型炮艇，然后就是两艘没有自卫能力的运兵船"操江号"和"高升号"。日本是三艘主力军舰，其旗舰"吉野号"4150吨、"浪速号"3709

---

① 姜鸣：《龙旗飘扬的舰队》，生活·读书·新知三联书店2002年版，第310页。

吨、"秋津洲号"3100吨，且火力、航速都占优。这种局面是李鸿章决策失误造成的。因为日本联合舰队的实力在那里摆着，海上运兵要么像中法战争时左宗棠往台湾运兵一样偷偷摸摸地运，要么北洋水师尽遣主力护航，派"济远号"护航既暴露行踪又打不过联合舰队，分明就是找死。

日军一上来就冲着"济远号"去了，没理睬"广乙"和"操江"，目标很明确，就是要击沉这艘主力军舰。"广乙"拼命冲进战阵中支援"济远"。"济远号"管代方伯谦抓住机会就开始逃跑，根本不管"广乙"。在逃跑路上，遇到了运兵船"高升号"。"济远"也不向它通报已经遇到日本军舰的消息，一心逃跑。甚至有人怀疑，方伯谦是故意想牺牲"高升号"以给自己争取逃跑时间。"高升号"不知道情况，继续朝着日军舰队的方向航行。最后，"广乙号"冲滩搁浅报废，"操江号"被俘，"高升号"因为拒绝投降而被炸沉，船上800多名清军士兵殉国。"济远号"则一路狂奔，跑回了威海军港。

"高升号"会被日军炸沉，是李鸿章万万想不到的。当年曾国藩租借英国商船帮李鸿章把淮军从安庆运到上海，太平军看见是英国船，就真的放了过去，沿途炮台都没有袭击。他这次故技重施，以为日本人也会跟太平军一样老实，不料亚洲竟然还有敢跟英国人过不去的军队。当年苏州的太平军投降，也是英国人做的担保，李鸿章却背信弃义把降军杀了个干净。30年后，甲午海战，李鸿章千算万算，却想不到日本人竟然会跟自己一样厚颜无耻、心狠手辣。

跟李鸿章比起来，日本人还更讲信用一些，因为他们在炸沉"高升号"之前还反复要求清军投降，如果他们投降就可以免于一死。李鸿章屠杀苏州太平军的性质比这还要严重得多。

尽管如此，得知丰岛海战的战报后，李鸿章反而有点兴奋。首先是方伯谦在汇报情况的时候，隐瞒自己临阵脱逃的事实，吹嘘自己重伤了"吉野号"，让"吉野号"落荒而逃。李鸿章一方面误以为"济远号"以一敌三的战果还可以。另一方面，李鸿章认为英国政府一定不会容忍自己的运兵船被炸沉，会派兵报复。如果能让英国介入中日冲突，那自己就可以高枕无忧了。

然而李鸿章的判断完全错误。此时此刻，英国需要扶持日本以对抗俄国，对于炸沉其运兵船这种小事，当然也就不会深究。殖民列强永远是殖民利益至上，看人下菜碟的。最后，不管英国国内民众如何抗议，英国政府都决心不追究日本的责任，反而找了个剑桥大学的国际法专家在报纸上论证日本没有责任，转而找中国赔钱——因为船是中国租用的，被炸沉了就得算到中国头上。而清政府也竟然真的把"高升号"的损失赔给了英方。

至此，李鸿章依赖英国帮忙协调或者干预的幻想才算完全破灭，开始配合清政府调兵遣将进入朝鲜，准备在平壤迎接日军的进攻。至于北洋水师，则在近海区域活动，采取以防守为主的应对战略。

李鸿章毕竟有过长期镇压国内起义军的实战经验，这个安排布置大体得当。不过，在关键位置上的用人错误和平时军队建设的严重问题让这样的布置完全不能发生效果。

在陆地战场，清军在平壤汇聚了1.6万人，日本也派了1.6万人打平壤，双方兵力相当，而且清军的武器装备水平还要高于日军。日军求战心切，为了加快行军速度，兵分四路向平壤进发。

日军的行动是一种军事冒险，犯了兵家大忌。清军正确的策略是集中优势兵力逐一消灭敌军。

进入平壤的清军是从各地抽调的，包括左宝贵的奉军（练军）、马玉昆的毅军（楚军旧部）、卫汝贵的盛军（淮军系），以及丰升阿（满洲正白旗）所部练军四支部队。这四支队伍的统领都是正二品，但左宝贵还有正一品建威将军和记名提督的荣誉头衔，级别最高、年龄最大、军功最多，按理应该指派其为统帅。李鸿章却把任命主帅的事一直拖着，一定要等着他最信任的嫡系叶志超从牙山赶过来当平壤主帅。左宝贵力主主动出击，但无法获得指挥权。

叶志超跟李鸿章作战多年，以英勇善战著称，打仗的时候不要命地往前冲，人送外号"叶大呆子"。但跟很多其他淮军将领一样，随着官越做越大、钱越贪越多，就变得贪生怕死起来。战争爆发前几个月，李鸿章派他去朝鲜，他托李鸿章的心腹幕僚周馥说情，想不去，搞得李鸿章很生气，把他骂了一顿。叶志超这才被迫前往，驻军牙山前线。得知日军大举进攻以后，跟李鸿章商议，决定放弃牙山退守平壤与大军会合。在路上已经跟小股日军交过手，打了败仗，但谎报军情，宣称自己以200人伤亡的代价消灭了2000名日军，成功转进到平壤。李鸿章深信不疑，给朝廷报功。一到平壤，叶志超就被任命为总指挥。叶志超的败绩瞒不过前线将领。败将升官，众人都不服气。叶志超既指挥不动诸军，也绝无胆量和魄力主动出击。左宝贵曾经与其他将领协商制订了一个主动出击的方案，但叶志超听说日本可能包抄平壤后路，坚决要求分兵保护后路，拒绝集中兵力去主动攻击。最后就是各路大军无法统一行动，龟缩在平壤城中等待日军到来。

日军各路大军会合以后，向平壤发起总攻。经过三天的激战，负责最重要的玄武门防御的左宝贵不幸阵亡，清军的弹药消耗也到达极限，预计再过一天弹药就会耗尽。但日军的伤亡其实也非常惨重。作为攻城方，他们的伤亡大于清军，炮弹基本耗尽，步枪子弹也所剩不多，更重要的是粮食基本吃完，只能靠临时采摘的野菜作为补充。当天晚上，平壤下起了大雨，瑟瑟发抖的日军挤在一起，又累又饿，疲惫万分，大量伤员无法医治，全军士气极为低落。

这种情况下，日军实际上已失去继续攻城的能力。清军如果抓住机会反攻，日军甚至连抵抗的力量都没有。日军将领为了防备清军反攻，已决定整体撤退。尽管清军方面并不能完全了解日本的情况，但只需要等到第二天，观察日军的阵势就会很容易发现问题。

但是，叶志超在关键时刻拯救了日军。左宝贵一死，没人能够约束他了。他召集诸将开会，决定弃城逃跑。

不仅如此，他还自作聪明，为了"迷惑"日军，主动在城头升起白旗，派人主动找日军商量投降事宜。

这个画蛇添足的决定愚蠢至极。在战场局面并未处于绝对劣势的情况下突然主动投降，反而让日军意识到清军即将逃走。于是战场局面立刻发生了一百八十度的大转弯，日军放弃撤退计划，转而提前做好布置，在清军撤退路线上进行截击，大量杀伤清军的有生力量，射杀1500余人，杀伤4000多人，俘虏700多人。

叶志超逃跑心切，竟然没有破坏城内的武器弹药，让日军白捡了大量的机枪、大炮，包括炮弹792发、子弹56万发、大量的克虏伯炮和连发毛瑟枪，以及大量的金银，其中金砖就有43公斤。叶志超还在城中留下了大量的军粮，日军粮食危机瞬间得以解除。这极大地增加了日军战斗力，让接下来的鸭绿江防御变得困难。

五、黄海大战：北洋水师的惨败及其根源

在平壤保卫战打响的同一天，1894年9月15日，中日双方的海军也在黄海大东沟海面上展开了决战。这一次跟丰岛海战一样，李鸿章派水师护航运兵，日军闻讯主动出击寻找北洋水师主力决战。鉴于丰岛海战的教训，这一次护航北洋水师全军出动，而不是象征性地只派了一艘济远舰。日本方面也是主力尽出。

这次主力交战是对北洋水师建设的"大考"。结果，日军大获全胜，北洋水师被击沉了四艘军舰，还有一艘冲滩被毁，总共损失了五艘。特别是"八远"主力军舰中"致远"和"经远"被击沉，极大削弱北洋水师战斗力。日本海军则没有一艘被击沉，虽然有几艘损毁严重，但都全身而退，后来很快就被修复，恢复了战斗力。经此一战，北洋水师丧失了在海上与日本海军争雄的能力，制海权被日本完全控制。

后世有很多想给李鸿章翻案的人，坚持认为黄海大战惨败的主要原因是清政府从1891年开始停止进口军舰和先进火炮造成的。李鸿章固然殚精竭虑也无力改变火力严重落后于日军的事实。这一说并非全无道理，如果清政府铆足了马力散钱，李鸿章想买啥就买啥，战场的局面确实可以改变。清政府的腐败无能是甲午战败的重要因素，这是毋庸置疑的。但要说李鸿章已经尽力了，不该为战败承担关键责任，那就严重不符合事实。

不管清政府拿了多少钱去修颐和园，给光绪皇帝办大婚，最后财政花在北洋水师建设上的3000多万两银子是实打实的。这些银子实实在在地变成了"八远"主力军舰，虽然没有取得对日军的火力优势，但总体而言是不相上下的。

首先，从最重要的海军指标——吨位来看，黄海海战北洋水师总吨位35139吨，联合舰队39491吨，总吨位日军略微占优。但北洋水师有两艘7000吨以上的重型铁甲舰，日军最大吨位的军舰也只有4000多吨，数量为四艘，没有5000吨

以上的重型军舰。从主力军舰结构来看北洋水师占优，总体双方势均力敌。

其次，从装甲水平来看，北洋舰队有四艘铁甲舰，"定远"和"镇远"这两艘是一等装甲，厚度达到356毫米，"经远"和"来远"装甲厚度240毫米；另外"致远""平远""济远""靖远"为半铁甲舰。日本方面只有一艘老式全铁甲舰"扶桑"，但航速太慢且火炮落后，在海战中基本发挥不了多大作用。此外就全是半铁甲舰。其主力"吉野号"只有司令塔装了102毫米的装甲。

总体而言，北洋水师的抗打击能力要强得多，在防御力方面完胜。这些都是清政府和各省巨资给李鸿章砸出来的。

再次，从航速来看，北洋舰队的平均航速为15.5节，日本联合舰队的平均航速为16.8节。日军主力"吉野号"高达22.5节，另有八艘在18节以上，而北洋舰队除了"致远""靖远"在18节之外，其他的都在15节左右。

在航速机动性方面，日军占据绝对优势。

最后，从火炮性能来看，北洋水师重炮更多，300毫米以上的重炮，北洋有八门，联合舰队有三门；200毫米以上的重炮，北洋16门，联合舰队只有八门。北洋舰队重炮是联合舰队的两倍。120毫米至200毫米的中型炮，北洋149门，联合舰队160门，双方差不多。不过，中口径火炮中，日本有51门速射炮，发炮速度是北洋主力火炮的数倍。另外双方都还有一些机关炮等小型近战炮，在大规模海战中没有多大作用。北洋的火炮威力大、射程远、精度高；联合舰队的火炮射速快，但射程近、威力小、精度低。考虑到北洋主力军舰"八远"都是装甲和半装甲，日军的速射炮威力小的劣势更为突出。北洋定远和镇远舰的主炮在5000米以内即可攻击日本舰队，而日本联合舰队在3000米以外无法攻击北洋军舰。

有一些试图为李鸿章辩护的文章声称，日本速射炮发射速度比北洋重炮快三倍，因此可以认为日军火力是北洋水师的三倍，这种说法片面夸大日军火力优势，实属无稽之谈。速射炮以牺牲火力和精度为代价提高发射速度，优劣参半，面对北洋水师的装甲巨舰并不能占到便宜。日本海军的舰速较快，也是以减少装甲为代价实现的。总体而言，双方火力势均力敌，互有优劣，谁能取胜，主要还是取决于战术。

此外，参战的鱼雷艇，北洋有一艘（海战快结束的时候北洋又有其他鱼雷艇赶来，但未找到机会开火），日军一艘也没有（本土军港里有，参战舰队中没有）。

从全部指标来看，日军占了一个"快"字，船快炮也快；北洋水师占一个"重"字，装甲厚重炮弹也重。北洋这边还有鱼雷艇，这是击沉对方军舰的有力法宝。双方各有优势，无论怎么算计，也不至于被打成0∶5这么惨烈的结局。惨败的直接原因，还是丁汝昌指挥失误、北洋水师训练不足、炮弹质量较差、船只缺乏维护、将领纪律松弛等李鸿章完全可以控制的因素。

首先说惨败的第一直接原因——丁汝昌指挥失误。

北洋水师的厚甲重炮对日本的快船快炮，双方对自己的优劣势都很清楚。日本联合舰队进攻的时候分成了两部分，一部分叫第一游击队，由船速最快的"吉野号"带领，另一部分为本队，船速较慢，由旗舰"松岛"带领。开战的时候，"吉野"率先带着第一游击队冲上来，试图快速冲过或者绕过北洋舰队，然后跟后边的本队配合，形成两面夹击之势。由于北洋水师有重炮且射程远，可以抢先攻击。在第一游击队冲上来到后面的本队到达之间，存在间隙，快船和慢船之间的配合会出现破绽，这是北洋水师痛击日本联合舰队的最佳时机。丁汝昌一见"吉野号"进入射程，就立刻远距离给"吉野"来了一炮。这个时候"吉野"还打不着北洋舰队，只能被动挨打。

丁汝昌为了鼓舞士气，站在主炮旁边观战。可能是"定远"维护不到位，第一炮打出去，巨炮的后坐力直接就把舰桥给震塌了，把丁汝昌给震得掉了下来，身受重伤。

丁汝昌是最高指挥官，受伤之后不能再继续指挥舰队。按照道理，早就应该指定代理指挥的顺序，以保证这种情况下舰队不会群龙无首。但令人震惊的是，丁汝昌竟然根本没有指定过代理指挥。这是完全违背海军作战原则的做法。估计他是骑兵统帅当习惯了，面对缺乏组织的农民起义军大喊一声：兄弟们冲啊！然后大家一起冲杀就完事了。海军不是集体冲锋能解决问题的，必须根据情况不断调整排兵布阵。但更大的可能是：丁汝昌作为淮军嫡系，指挥一群福建船政学堂毕业的舰长、管代，他和李鸿章都不信任任何非淮系将领，因此长期拒绝指定临时代理。当年琅威理要争丁汝昌不在时的指挥旗升旗权，结果被赶走了，但他提出的问题却始终没有解决。

于是，中日海军主力决战的第一炮刚打响，北洋水师就失去了旗舰的指挥，陷入群龙无首、各自为战的境地。而日本海军则在旗舰的指挥下有组织地应对。一支有组织的海军对付一支无组织的海军，这是黄海大战清方惨败最重要最直接的原因。而这显然是李鸿章出于个人私心，用人不当造成的——既错误地指派一个毫无海军背景的人当统帅，又对他缺乏足够的管教和监督。

姜鸣在《龙旗飘扬的舰队》中也将丁汝昌无能作为此次海战失败的第一条原因。他说：

"丁汝昌完全不懂海战指挥和在海战开始后中断了对舰队的控制，使得舰队失去统一协调，完全处于各自为战的状态，最后陷入一片混乱。……近代海军是个技术性很高的军种，指挥军官需要多年的专门培训。丁汝昌以陆军将领来统率这样一支新式舰队，主要凭资历治军。他从不觉得自己需要有精深的海军知识，这是他的悲剧，也是世界海军史的怪事。"

实际上，我们只要理解李鸿章一贯的任人唯亲和拉帮结派的作风，对这种可以载入海军史的荒诞怪事也就见怪不怪了。

失去统一指挥的北洋水师马上就犯了一个严重错误——集中攻击一艘无足轻重的小型军舰"比睿号"。"比睿号"火力弱航速慢，在第一游击队快速冲锋的过程中被甩下，脱离了大队伍，靠近它的"定远"几炮就把它打成了重伤，接下来原本可以轻松将其击沉。但过来参与围攻的北洋军舰太多，又没有旗舰可以指挥调度，很容易造成炮火误伤，"定远"犹豫了，不敢继续开炮。"经远号"跑过来支援，也不敢乱开炮，情急之下，干脆冒险逼近"比睿号"，试图直接登船俘房"比睿"，因为此时看起来"比睿"的火炮都被打哑火了。这就犯了大错，日本船上近距离的速射炮比较多，没办法远距离对付"定远"和"经远"这种重型装甲舰，必须等它们靠近才行。"比睿号"不开炮是因为它打不着而不是炮坏了，看见"经远号"靠近，就抓住机会一通猛轰。结果就是小舰"比睿号"逃出重围，北洋主力"经远号"反而被近距离速射炮所伤，也为后来"经远号"被击沉埋下了隐患。

水师训练水平严重低下是战败的又一个重要原因。

丁汝昌在受伤之前，曾经下令舰队编队应敌，而且根据日军舰队的阵形指挥了一次变阵——从五叠小队变成夹缝雁行的双横队。丁汝昌的这次变阵决定是否正确，难以定论。问题关键是，这次变阵没有成功。接到命令的各舰，有的跑得比较快，有的变得比较慢，等日军舰队冲到面前的时候，北洋水师的阵形是个"四不像"——既不是变阵之前的五叠小队，也不是雁行双横队，而是一个松散的、不符合任何海军战法且从未演练过的单横队，很容易就被"吉野号"带领的快速舰队冲成两半，局面很快陷入被动。这次变阵并不是丁汝昌临时决定的，在平时训练中演练过，属既定预案。实战中出现变阵失败的情况，就是平时训练不到位的结果。

北洋水师拥有的鱼雷优势也因为射击水平太差而完全没有得以发挥。经远舰曾在近距离向"比睿号"发射鱼雷，结果没有击中。后来，另一艘日舰"西京丸号"受了重伤，正好撞上北洋水师的鱼雷艇"福龙号"。"福龙号"只需要一枚鱼雷就可以轻松将其击沉。结果"福龙号"分别在400米、200米和40米的距离连发三枚鱼雷，竟然一枚都没有击中"西京丸"。这种连续失误表现出来的训练状态之差简直令人震惊。鱼雷艇是北洋水师在黄海大战中独有的致命武器，"福龙号"总共就带了三枚鱼雷，本来是可以抓住机会多击毁几艘日本军舰的，结果在一艘"西京丸号"面前就直接把三枚鱼雷全部浪费，然后因为没有鱼雷而退出了战斗。

炮弹质量和数量的问题就更严重。李鸿章在造船上坚持"造不如买"，造不出先进军舰也就罢了，江南机器制造总局和天津军械局在他领导下长期专注于制造枪支弹药，造了几十年，还是造不出来可供海军使用的先进火炮，必须依靠进口。真正能造的只有炮弹，成本高性能又差。特别是天津军械局让自家亲侄儿管理，死活造不出来质量合格的爆破弹。日本仿制西方武器的时间并不比李鸿章搞洋务的时间更长，几十年发展下来，军舰、火炮、弹药全都能造，自制的濑户火药爆破弹性能很好。大量的爆破弹用于轻型速射炮，给北洋水师制造了巨大的杀伤。

北洋这边，李鸿章的侄儿主管的天津军械局生产的爆破弹数量不足且质量较差。黄海大战中，日舰"赤城"累计中弹20发以上，却没有受到致命的破坏，逃过了被击沉的命运，就是因为北洋方面炮弹质量不行。

北洋水师德国顾问汉纳根回忆说：

"在战前，根据对手日本联合舰队主力舰船多为无侧舷装甲带的巡洋舰这一特点，北洋舰队要求军需部门尽快为之补充爆破弹，然而天津军械局只送来了很少的爆破弹。

我舰弹药之不足，早在一个月前就已经通知军械局，但军械局对此毫无反应。当时定远、镇远除已有的64枚开花弹外，还要求再补给360枚，使两舰的弹数达到总共424枚，每门炮可以分摊53枚。然而，军械局却公然说按照规定，给两舰补充58枚开花弹就已经很充足了。我等后来以电报催促多次，最终没有再送来开花弹。"

汉纳根的回忆还说，"定远"和"镇远"的重炮需要的是装药36千克、长径比达到4.5的大型爆破弹，而天津军械局提供的是铸铁材质的轻型爆破弹，长径比为2.8，装药15.5千克，威力相差甚远，生产质量也一塌糊涂。即使是这种性能糟糕的榴弹，平均每门305毫米炮也只能分到14枚到15枚。其他型号的大中口径火炮的弹药储备情况与之类似。黄海大战爆发之后不到两个小时，大部分爆破弹已经被发射出去，剩余的多为装填沙土作为配重的穿甲弹。战局立刻就开始朝着对北洋水师极为不利的方向发展了①。

天津军械局的问题，不仅影响炮弹质量，还影响了战舰的日常维护。由于长期坚持"造不如买"，没有任何仿制经验，高价买来的先进军舰诸多零部件都没办法自己制造，也就缺乏及时维护的能力，缺个零件都要高价去外国进口。而负责维护的机构又不归北洋水师直接管，需要丁汝昌给李鸿章打报告，李鸿章批准了再去找朝廷要钱，然后从国外进口，再拿去让军械局维护。军械局维护水平低下，又加上进口零部件所需的审批流程复杂，李鸿章咬定了中央不给钱就不修，

---

① 另一个说法是从天津军械局的账目明细来看——如果这些明细没有作假的话——军械局按照海军的要求生产了足够数量的炮弹。但这些炮弹堆积在旅顺和威海，根本没有搬运上军舰。这些弹药最后落入日本手中。如果是这样，军械局的主要责任就只是生产的炮弹质量不行，数量还是给够了的。而丁汝昌治理下的北洋水师管理之混乱、备战水平之低下，就更为令人吃惊了。

绝不自己多掏一分钱，让军舰部件磨损老化现象极为严重。

体现到对海战的影响上，就是各大军舰都不能发挥应有的性能。致远舰一个船舱在吃水线以下被打出了一个洞。这种先进军舰的抗击沉能力其实是很强的，吃水线以下的船舱分为很多个独立的舱位，单独某一个舱位进水绝不会沉没。但致远舰上负责隔离各个舱位的橡皮年久失修，已经破烂，根本起不到防水的效果。一个舱位进水，其他船舱也很快进水，直接导致了致远舰沉没。

在沉没的最后关头，致远舰管代邓世昌决定抓住机会，直接撞击日军主力"吉野号"[①]。当时的局面，应该有较大机会能撞得上，但致远舰内部缺乏维护的地方实在太多，还没冲到"吉野号"跟前就沉没了[②]。关键部件不能国产且平时维护修理不到位是"致远"沉没的最重要原因。

在致远舰沉没以后，丰岛海战中逃跑的济远舰管代方伯谦被吓破了胆，他再次临阵脱逃。

北洋水师的战法是姊妹舰"2+N"作战，也就是"八远"主力两两配合，再带上一两艘小型军舰，组成一个战术单元。跟济远舰配合的主力军舰是经远舰，以及一艘小军舰"广甲号"。"济远"一跑，"广甲"也跟着跑，把经远舰单独丢下了。经远舰在刚开始攻击"比睿号"的时候就已经意外受伤，现在又陷入孤军作战的境地。这个过程中，北洋水师由于没有旗舰指挥，也无法重新调整战术单元组合。"经远"的弱点很快就被发现，日舰开始对"经远"进行围攻，最终将其击沉。

此时，经过四五个小时的激战，天色已晚，双方的弹药都消耗得差不多了。

---

① 也有说是去撞"松岛"。

② 海战结束以后，出现了致远舰被日军炮火击中、引发"致远"的鱼雷爆炸沉没的说法。但战后日军各舰长的报告都没有提到击沉"致远号"的事情。"致远号"是黄海海战中沉没的最重要的清军战舰，谁在最后关头把它击中了必然会重点报告。而关于"致远号"被击沉的说法，都来自其他军舰的目击者看到其最后沉没前船身发生了爆炸。目击者可能是把"致远"沉没之前的爆炸看成被炮弹击中的结果，实则更大可能是船身倾斜下沉过程中锅炉接触海水所引发的锅炉爆炸。战后，朝廷调查海战失败之教训，镇远舰枪炮官曹嘉祥等人呈文称"致、靖两船，请换截堵水门之橡皮，年久破烂，而不能修整，故该船中炮不多时，立即沉没"。与日本方面的记录相对照，这应该是比较符合实际的说法。

"定远"和"镇远"这两艘超级铁甲舰虽然被日舰轮番炮轰，但由于日军的火炮威力不足，始终无法击沉其中任何一艘。有这两艘重型巨舰坚持，日军要想扩大战果十分困难。北洋水师又很幸运地击中了日军旗舰"松岛"的弹药库，导致"松岛"发生大爆炸，被迫退出战斗。而北洋水师又有几艘小型军舰和鱼雷艇从附近的港口赶过来支援。这种情况下，日军决定见好就收，撤出战场。

在海战中，撤退的一方无法用舰首和侧翼的火炮攻击，会立刻处于不利的被攻击位置。此时乘胜追击，是击沉已经受了重伤的"松岛号"或"吉野号"的最后机会。但由于开平煤矿给北洋水师供应的是品质低劣的八槽煤，加上"造不如买"的战略让军舰锅炉不能国产，定远的锅炉轮机老旧部件没有及时更换维修，经过激战以后的北洋军舰已经远远达不到设计航速，而且炮弹数量也不足，无力追击，只能放弃。

纵观整个海战过程，北洋水师最有利的时间就是两军刚刚接触，日军舰队的第一次冲锋导致其快船和慢船拉开距离的时机。此时北洋水师原本有机会击沉两三艘小型慢船，由于丁汝昌指挥失误没有抓住机会；第二次有利的时机就是最后关头日军舰队撤离战场，北洋水师由于煤炭质量、轮船维护问题和炮弹数量不足丧失了追击的机会。

大东沟海战，北洋水师最大的损失是"致远"和"经远"被击沉。"致远"沉没主要是维护不到位导致的，"经远号"的沉没则主要是"济远号"临阵脱逃、舰队缺乏旗舰指挥造成的。除此以外，日军没有别的机会可以击沉北洋水师的主力军舰。

海战过程中，"定远"和"镇远"始终是日舰围攻的重点，但这两艘7000吨铁甲巨舰比日军预期的更经打，怎么打也打不沉。有"定远"和"镇远"在，日军取得大胜的机会其实很小。真正被日军利用其预定战术击沉的北洋军舰只有"超勇"和"扬威"这两艘小舰。还有跟着"济远号"逃跑的"广甲"因为慌不择路，自己触礁，然后被日军击毁。而北洋水师如果不失去旗舰指挥，应该也能击沉"比睿""赤城""西京丸"这三艘小舰。此外，日军旗舰"松岛"和主力舰"吉野"都遭受重创，如果北洋水师拥有足够的爆破弹，也有很大的机会将其击沉。最后的追击中，如果"定远"的煤炭质量和锅炉状态够好，也有机会追上

"松岛"将其击沉。

从整个实战过程看下来，所谓"朝廷给李鸿章的钱没给够，日本在舰队上花的钱多、武器更先进，从而导致北洋水师毫无还手之力"的论调并不能成立。只要北洋水师临战不犯低级错误，日军联合舰队的火力水平并无把握击沉北洋主力舰。黄海海战惨败的主因并非武器装备的差距，朝廷从1891年开始暂停海军武器进口的政策没有让北洋水师在装备方面严重落后于日本从而导致被动挨打。如果李鸿章能在已有经费的范围内尽到自己的责任，北洋水师就有很大的机会击败日本联合舰队——至少是打个平手。

只要有一个条件满足，北洋水师就可以在黄海大战中跟日本打成平手——丁汝昌遵照海军的基本作战原则，提前做好预案，在自己或者旗舰"定远"失去指挥能力的情况下，确保有人可以继续指挥整支舰队。

如果北洋水师不仅能做好指挥预案，还能够刻苦训练以提高炮弹和鱼雷的命中精准度，天津军械局能够为水师舰队提供合格的维修维护服务，能够制造数量充足质量合格的爆破弹，开平煤矿能给舰队提供优质的煤炭，军舰能及时更换老旧部件，方伯谦长期在岸上收租敛财等腐败行为可以更早地得到惩罚——这些全都是李鸿章职责范围内应该做到也可以做到的事情——那么，北洋水师在大东沟海战中击败日本联合舰队就是大概率事件。

所以我们才说，虽然朝廷腐败无耻挪用了海军军费，虽然各省督抚拖欠了不少海军协饷，但最后给到位的北洋军费用来搞好渤海防御是够的。对清政府而言，总体财政经费紧张，全国各地要花钱的地方很多，让北洋水师具备基本的防御实力就算是尽到了义务。朝廷并没有要求北洋水师去纵横大洋，与列强争锋，只需要保守渤海门户安全就可以了。朝廷给北洋水师的定位和实际拨付的经费是相匹配的。李鸿章强行保举一个既无显赫战功，又缺乏海军知识和背景的淮军嫡系丁汝昌担任北洋提督，朝廷也认了，其间无数弹劾都未能动摇丁汝昌的地位。朝廷对李鸿章的授权力度和信任程度不可谓不高。黄海大东沟之战的惨败，李鸿章是第一罪人，丁汝昌是第二罪人，其他的诸如奢侈浪费的慈禧、克扣经费的翁同龢、不懂战争的光绪皇帝，都有责任，但其责任都远远小于李鸿章和丁汝昌。

跟马尾海战一样，甲午海战中的基层士兵们和大部分将领表现英勇，火炮命中率也不算低，这跟琅威理打下的底子密切相关，也是左宗棠建立的福建船政水师学堂培养出来的人才堪用的结果，还跟清政府中央财政巨大的投入密切相关。但这些都不是李鸿章的功劳。李鸿章的主要作用是把这些基础和投入浪费掉了。如果把北洋水师交给左宗棠、张之洞、曾国藩、刘铭传、沈葆桢这样的人打理，战争结果都会完全不一样。

六、一溃千里：旅顺失陷与北洋水师全军覆没

黄海大战失败以后，北洋水师就退回到威海基地。受"造不如买"路线的影响，战争期间列强为了保持"中立"又拒绝向清军出售武器和零部件，北洋严重缺乏维护能力。日军只用了七天就修复了大部分受损军舰，重新配置了火炮和弹药，然后就立刻开始组织运兵登陆辽东半岛；北洋水师用一个月才把军舰修好，其实只是修复到能继续航行的程度，大量火炮仍然不能使用，性能指标也无法复原，战斗力与战前差距甚远，不具备再次与日军正面交火的能力。

战后，方伯谦因为临阵脱逃被处决，算是有人为战败承担了责任。但李鸿章和丁汝昌都只是受了一个象征性处分。朝廷要求北洋水师继续保障旅顺到威海一线的安全。李鸿章思前想后，制订了一个比较保险的方案：一方面尽量不要与日军决战，另一方面也要尽快出港保持对日本海军的威慑。具体做法就是尽量不要离开陆地太远，可以随时寻求炮台火力支援。

这个策略基本符合实际。但丁汝昌及其手下的那批腐败将领们已经被黄海大战吓破了胆，李鸿章先后于9月28日、10月2日、10月4日多次电报催促军舰出港，丁汝昌总是不断以伤势严重或者军舰尚未修复为由拖延。直到10月9日，光绪皇帝直接给丁汝昌发了一道严厉的上谕，要派员严查丁汝昌伤势到底如何，丁汝昌这才宣布回舰任事。10月18日，舰队离开旅顺港，快速向着威海航行，算是执行了离港巡逻的命令，一溜烟跑进威海军港继续躲着，把制海权让给日军。

这段时间，日军在陆地上势如破竹。

叶志超带领败军狂奔500里，逃过鸭绿江才停下来。日军也就一路追击，乘胜进攻鸭绿江边的重镇九连城。

为了攻占九连城，日军先攻击旁边的虎山。这里居高临下，占领了虎山就可以炮轰九连城。淮军将领聂士成表现得非常英勇，带兵死守虎山。但他兵力不足，需要九连城主力增援。

九连城里边有接近3万大军，多于日军，武器弹药也十分充足。但这3万大军有一大半是东北驻防八旗和本地练军，一小半是叶志超的败军。八旗早已堕落，根本不敢出城作战；叶志超手下更是早被日军吓破了胆，无论九连城守将宋庆如何督促，都不肯救援。最后，在十倍日军的强攻下，聂士成被迫撤退，虎山失守。

九连城里的八旗和叶志超部一见虎山失守，马上就开始争相逃跑。日军历史上第一次突破鸭绿江防线，正式攻入中国领土。

在九连城内，日军获得更为丰厚的补给：74门大炮，3万多发了弹，440支毛瑟枪，400多万发子弹，几千顶行军帐篷和5000多石军粮[①]。

日军进攻九连城的同时，也派遣海军运兵，从辽东半岛外侧中部的花园口附近登陆，准备南下攻打北洋水师的"母港"——旅顺港。

日军在花园口从北向南开进，攻打顺序是：花园口、金州、大连、旅顺。金州是从花园口到大连和旅顺的必经之路。

清政府把东北视为满洲人的"禁脔"。东北的防守，由驻防八旗负责，辅之以绿营和练军。只是由于北洋水师在旅顺营建军港，才把旅顺和旁边的大连让出来，由李鸿章的淮军负责。但金州还是驻防八旗负责。

当时驻防八旗主力已经被派往鸭绿江九连城一带布防，金州空虚，只有700名士兵。金州方面紧急向大连和旅顺请求支援。

照理说，金州是在替旅顺阻挡日军，淮军当然应该立刻支援。但李鸿章接到大连和旅顺守将的电报，立刻回电：淮军没有守卫金州的责任，不准支援金州。

---

① 黄治军：《晚清最后十八年》第一卷，中国出版集团公司、华文出版社2019年版，第154页。

最后，只有非淮军系的地方练军统帅、正定镇总兵徐邦道（四川人），带着手下的2000人马去支援金州，在给日军制造较大的杀伤以后，因为寡不敌众撤退到旅顺。

北洋水师此时就在旅顺军港。为了表示对金州的支持，李鸿章想让丁汝昌去骚扰一下日军的运兵船——但同时不要与日本海军大规模交火，以保证军舰安全为第一要务。本质上就是做个样子给朝廷看。但丁汝昌连样子都懒得做，以军舰还没修好为理由给拒绝了——李鸿章首鼠两端的命令也确实无法执行，日军出动16艘军舰护航，北洋水师不可能在不冒险的情况下有效干扰日军登陆。

这样，日军就轻松从花园口登陆，并拿下金州。再次从金州获得大量武器和粮食物资，然后南下攻打大连和旅顺。

大连是李鸿章精心构建的旅顺前沿保卫阵地，花了六年时间来修建防御炮台。这些炮台的基座用混凝土和花岗岩砌成，可谓坚不可摧。大炮也是直接从德国克虏伯公司进口，威力巨大，比日军的行军火炮强得多。日军已经做好了付出重大代价夺取炮台的准备，还找了500人来签生死状当敢死队去袭击炮台。想不到淮军守将赵怀业一听到金州失守就立刻逃跑，日军500人敢死队来到炮台前才发现里边空无一人。赵怀业逃跑的时候把弹药和粮食带走了，没给日军留下。

接下来就是号称"远东第一要塞"的旅顺了。这里有淮军主力1.3万多人，又是北洋军港，不会被陆军围城，后勤保障无忧。李鸿章花了15年的时间在这里修建了极为坚固的保全城防体系，聘请的是德国工程师设计，有30座炮台守卫，大炮总数达147门，且全部从德国进口，大部分可以360度旋转[1]。加上旅顺

---

[1] 有人认为，旅顺的克虏伯巨炮只是理论上可以旋转，实际由于炮身极重和炮台结构原因难以旋转。在架设之初主要考虑海上防御，因此对准海港方向，面对从陆地来进攻的日军无能为力。但日军花园口1894年11月6日登陆到11月21日攻克旅顺，中间间隔半个月之久，调整巨炮的开炮方向时间是足够的。更何况从旅顺的山形地势而言，就算没有巨炮，日军进攻的难度依然极大。旅顺是李鸿章从零开始筹建并经营15年的军港，无论是防御体系设计的时候忽略了来自陆地的威胁，还是炮架结构不利于巨炮调整方向，或者是守军缺乏基本的调整巨炮方向的能力，这些问题都应该由李鸿章以及手下的淮军将领负主要责任，无法推卸。

附近多山，诸多炮台堡垒依山而建，地势险要，从陆地上仰攻难度极大。只要守军足够勇敢，进攻方没有数倍的火力和兵力几乎不可能在守军弹尽粮绝之前攻克。后来的日俄战争也证明了这一点。如此完善的防御体系，在世界各国军港中都是数一数二的。当时的西方人在参观完旅顺防御体系后，根据火力计算：即使海面上有50艘坚固的军舰，陆地上有10万陆军，同时进攻旅顺，也至少需要六个月才能拿下。

而当时的日军在海上没有军舰参与进攻，陆军也只有2.5万人，所用的火炮也主要是国产货，质量不如西方大炮，另外就是从金州缴获的清军火炮。然而他们攻克旅顺的时间，如果从进攻外围据点开始算，用了六天；如果从攻击旅顺城墙开始算，则只用了一天。原因是李鸿章手下的三大淮军嫡系将领：海防炮台总兵黄仕林（安徽庐江人）、白玉山炮台统领卫汝成（安徽合肥人）、水陆营务处统领龚照玙（安徽合肥人）一起临阵脱逃。这三个李鸿章的老乡，一个负责海防炮台、一个负责陆地炮台、一个负责协调海防和陆防，开战之后竟然全都逃走。李鸿章手下的这些淮军将领，连第一次鸦片战争期间的绿营守将都不如。定海三总兵至少还是战死在阵地上，旅顺淮军三个统帅却第一时间逃跑。其中最搞笑的是龚照玙，一听说金州沦陷就立刻坐船逃走，跑到了渤海海峡对面的烟台，被山东巡抚李秉衡以"临阵脱逃"的罪名抓起来，准备斩首示众。他苦苦哀求表示愿意回到旅顺参战，李秉衡才放了他。回到旅顺，等日军正式开始攻打旅顺，又再次逃走。

三员守将一跑，余下的守军当然全无斗志，旅顺立刻就沦陷了。

旅顺的淮军溃败得太快，又丢下大量火炮弹药给日军。从金州到旅顺，日军总共缴获了278门火炮，而当时日军所有的野战炮也就300门。

在旅顺，抵抗日军最得力的还是从金州撤下来的练军徐邦道部。他先在外围的土城子击退了日军先头部队，然后退守鸡冠山，击毙第十四联队第一大队长陆军少佐花冈正贞及日本兵多人。不过，随着淮军负责守卫的椅子山、松树山、二龙山诸堡垒被突破，鸡冠山独木难支，徐邦道最后带兵退入旅顺，又在激烈的巷战后突围。

日军在金州和旅顺进行了大屠杀，以报复徐邦道等人的抵抗。他们实际是在模仿当年清军入关时"守城必屠"的军事纪律，试图以此来震慑清军的抵抗意志。

旅顺保卫战期间，丁汝昌一直躲在威海。李鸿章严令他去支援旅顺，又把他召到天津来耳提面命，丁汝昌才不大情愿地去了一趟旅顺，上岸拜访了一下各位将领。但他只在旅顺待了七个小时，听到日军已经逼近旅顺的消息，立刻就带着军舰跑回了威海。

在舰队返回威海的时候，发生了一件匪夷所思的怪事：北洋的主力装甲舰"镇远号"竟然在其进出过无数次的威海港入口意外触礁，严重受损，镇远舰管代林泰曾随后服毒自杀。

事故发生后，丁汝昌就以镇远舰丧失作战能力为由，一再拒绝李鸿章的调动命令，坚决躲在威海港内，对日军在沿海各地的侵略行动不闻不问。这让人不得不怀疑"镇远"触礁事件是不是北洋水师为逃避出战故意搞出来的。

但丁汝昌苟且偷生的日子也就过了一个月。1895年1月，日军在鸭绿江和旅顺相继得手以后，又继续通过海路运兵的方式，在山东半岛登陆，剑指威海。由于北洋水师一直躲在威海港内，日军的运兵行动没有遇到任何阻碍。

山东的情况跟东北类似——陆地和海港的防务是分开的。陆地不是直隶总督的管辖范围，李鸿章不能直接管到山东巡抚，山东防务主要是山东巡抚手下的练军负责，有1.5万余人。但为了海军建设的需要，朝廷把威海卫作为海港防御体系的一部分，划归李鸿章直管。

旅顺是北洋水师的母港，淮军兵力最强，防御体系也最完善，是照着海陆协防的思路来构建的。但想不到日本真的打过来的时候，海军和陆军统帅不是协同防御，而是"协同逃跑"。威海港是第二基地，防御体系和兵力布置都要差很多，陆地淮军只有5000人，装备也一般。这种情况下，就必须要依靠山东当地的练军协助防守。如果练军加上淮军，实力就与登陆的日军差不多，这场仗还有的打。

李鸿章得知日军从山东登陆的消息，着急上火地赶紧去请求山东巡抚李秉衡支援。李秉衡一口拒绝了李鸿章的请求——日军是来打威海的，关我山东巡抚什么事？

李鸿章哑巴吃黄连，有苦说不出，毕竟就在两个月前，日军去打金州的时候，他也在电报里告诫旅顺和大连的淮军守将：日军去打金州，关我淮军什么事？

再往远了说，清军去守卫平壤。左宝贵作为练军首领，是可以不去平壤的，因为朝鲜事务归李鸿章管，跟地方练军毫无关系。李鸿章给左宝贵写信求援，左宝贵二话没说就去了，到了平壤，在诸将领中资历和威信最高，李鸿章还欠着人家人情，却死活不愿让左宝贵统领平壤驻军，一定要等叶志超来。平壤保卫战开打，左宝贵负责压力最大的玄武门，战死在第一线，淮军将领叶志超和卫汝贵毫发无损地跑了回来。我们就不说战争之前李鸿章仗势欺人、挤占其他督抚军费这些破坏团结的事儿了，仅从开战之后的事情来看，友军去平壤支援淮军，淮军就让友军死在第一线自己跑路；友军在金州有难，淮军就稳如泰山坚决不救。这种情况下，怎能指望山东防军去给李鸿章解围。

很快，威海被日军从陆路攻克，然后日军海陆联手，将躲在威海港中的北洋水师全歼。丁汝昌没有投降，在下令炸沉所有军舰后畏罪自杀，但这已经毫无意义。

七、马关条约：割让台湾与联俄抗日

北洋水师全军覆没以后，李鸿章就被免去北洋大臣的职位。朝廷调派两江总督刘坤一到北京负责总体战略，东北前线的军队则交给湖南巡抚吴大澂统领。吴大澂是清流派，跟李鸿章和刘坤一关系都不错，各派力量博弈的结果才把他派上战场。他跟马尾海战的张佩纶一样，是个八面玲珑和纸上谈兵的清流政客，主要才能是奏章写得好，然后就是精通金石、书画。吴大澂指挥的军队数量有10万之众，号称"湘军"，实际上是各地练军拼凑而成的杂牌军，武器短缺且缺乏训练，还有很多士兵是临时招募的，根本就未经训练，不过是用了几个湘军老将担任指挥而已。这样的主帅配上这样的兵，跟日军交战自然是节节败退，不断地丧师失地。1895年3月，日军占领营口和田台庄，开始威胁山海关。

李鸿章继续积极谋求与日本和谈，慈禧太后在幕后支持。

光绪皇帝原本态度强硬，但在吴大澂的"湘军"溃败以后，也转而支持和谈。

同时，战争也开始将日本的国力拖向极限。开战以来，日本军费已超过2亿日元，相当于两年半的财政收入总和。在战争爆发后三个月，日本全国工业生产就减少了51%，商业减少了31%，农业生产减少了13%。由于长期承担战争成本，日本国民生活苦不堪言，国内已经有零星的农民起义爆发。战争继续拖下去，对日本也不利，因此日方也愿意和谈。当然，此时日本仍然还有很大的战争潜力，还远没有到必须立刻停战的紧急关头。由于战争局势全面占优，谈判条件非常苛刻，核心条件是巨额赔款和割让台湾、辽东半岛，而且要求清政府必须派出有包括割让土地之权在内的全权大臣来谈。

双方都愿意和谈以后，慈禧太后亲自下令，恢复李鸿章一切职务，并任命他为对日谈判全权大臣。

从1895年3月13日到4月15日，经过一个月的谈判，双方最终在日本马关达成和议，史称《马关条约》。这份条约的苛刻程度，超过了清政府之前签署的任何一份不平等条约。

《马关条约》主要内容包括：

1. 清朝从朝鲜撤军并承认朝鲜"独立自主"，不再是朝鲜宗主国；

2. 清国割让台湾岛及所有附属岛屿、澎湖列岛以及辽东半岛给日本；

3. 清国赔偿日本军费2亿两白银；

4. 在所有赔款到位之前，日军继续占领威海卫作为抵押品，清国每年再向日方支付150万两银子的驻军开支；

5. 清国对日本开放内河通商，给予日本片面最惠国待遇等。

条约签订以后，俄国非常愤怒，因为割让辽东半岛一事严重不利于它称霸中国东北的野心。它拉上法国和德国，把军舰开到日本海，扬言日本如果不放弃辽东半岛，就要炮轰日本本土。日本向英国求援，但被英国拒绝，因为英国政府也不太希望看到日本在东北亚一家独大——它原本支持日本是希望看到日本能夺取朝鲜，造成中日俄三国互相制衡的局面，没想到清军会如此不堪一击，把辽东半岛都丢了。

这样，日本被迫把辽东半岛"归还"给了清朝，但基本原则是对列强让步，对清朝不让步：清朝要想拿回辽东半岛，必须再多支付3000万两的赎买费。清政府对此大为满意，立刻接受。

出于对英国暗中支持日本的不满，以及对俄国干涉的感谢，清政府又派李鸿章与俄国秘密签署了中俄《防御同盟条约》（也称《中俄密约》），规定双方结成对抗日本的秘密军事同盟，若日本再入侵中国，中国所有口岸均准俄国兵船驶入。同时，允许俄国修建一条横穿中国东北到达符拉迪沃斯托克①的铁路。后者对俄国在东北建立殖民霸权至关重要。俄国方面将清政府同意铁路建设条款作为中俄同盟的前提。为了确保这一条款通过，甚至安排了行贿资金，向李鸿章许诺，如果"接路"顺利进行，将付给他300万卢布的酬金。李鸿章有没有接受这笔贿赂，目前尚无法证明②。总之他没有太多反对和犹豫就把这一条款转发给了朝廷。他在电报中说："约文无甚悖，若回绝必至失欢，有碍大局。"过了几天，见清政府还在犹豫，又发电催促"俄既推诚，华亦推诚相与，勿过疑虑云……时促事烦，求及早请旨电复遵办"。后来，俄国以《中俄密约》为基础，进一步夺取了在旅顺等东北地区关键战略要地的驻军特权。东北地区变成了俄国的势力范围，清朝对东北的主权名存实亡。《中俄密约》是一个不折不扣的卖国条约，而且是在没有任何军事失败的前提下签署的卖国条约。这并不是一个非签不可的条约，无论有没有收受贿赂，李鸿章都要对其中的关键卖国条款负主要责任。

为了尽快赔付2.3亿两白银，清政府又以海关税收等其他财政收入为抵押，找俄国、法国、英国等国的银行借款。加上回扣和利息，清政府为战争赔偿总共支付了高达7亿两白银。俄国、法国、英国等从中赚到的回扣和利息，比日本拿到的赔款还要多。这些资金的主要来源，也还是英国控制的海关和内地的鸦片税

---

① 原名海参崴，为中国领土，1860年第二次鸦片战争期间被俄国攫取，成了俄罗斯在远东通向日本海的关键海港。

② 俄方确实成立了一个300万卢布的由财政大臣自由支配的基金，这个基金由沙皇秘密谕令成立，名义上是修建关东铁路的自由资金，但俄罗斯外交官在回忆录中声称这就是向李鸿章行贿的钱。此事由俄方外交官个人回忆录和沙俄官方档案相互印证。但基金成立后有无向李鸿章行贿，或者给了多少钱，尚无法查证。

收，此外又新增了许多苛捐杂税来填补赔款造成的财政"窟窿"。清政府的行政税收渠道，实际上成了列强对中国人民的"抽血"通道。清政府作为傀儡政权的性质，也随之进一步加强。

甲午战争彻底暴露了清朝虚弱的军事实力，清朝之前通过左宗棠收复新疆之战和中法战争积累起来的"威望"荡然无存。

上海洋商的报纸《北华捷报》1896年4月10日的一篇文章中说，中日战争打破了"中国是一个大国，其领土不可轻犯神话"。这句话反映了一个今天很少为人所知的事实，就是在第二次鸦片战争结束到甲午战争之间的一段时间，世界上竟然存在过中国的领土不可侵犯的"神话"。这个"神话"是左宗棠、冯子材、刘铭传等人通过新疆之战、中法战争打出来的，也是被李鸿章通过甲午战争给打没的。

俄国、法国、德国这些战前还对清军有所忌惮的列强，开始明目张胆地在中国抢地盘，瓜分势力范围。1897年11月，德国派舰队强占胶州湾。清政府被迫同意将胶州湾租给德国，并允许德国在山东修筑铁路、开采矿山等特权，山东成为德国的势力范围。1897年12月，俄国强占了旅顺口和大连湾，第二年干脆宣布在辽东半岛建立关东省，把整个辽东半岛变成它的势力范围。英国也顺势把香港的租界扩大，又借口抗衡俄国强租威海卫，并要求清政府承诺长江流域的特权不能让与他国。日本也强迫清政府承认福建为日本势力范围，不能把福建沿海的港口租借给其他国家。1898年法国强租广州湾，把广西、云南等地划为自己的势力范围。这样，中国沿海地区除天津以外的主要海港都被列强圈占瓜分。

甲午战争的过程和结局再次印证了伊藤博文之前评论太平天国运动的那句话："（太平天国运动被镇压之后）满清的所作所为，无一证明它值得一救。满清根本不值得救。"

八、头号国贼：谁是甲午战败的第一罪人

对甲午战败和《马关条约》签署的历史责任问题，一直以来存在着巨大的争

议。《马关条约》的具体内容在清政府内部讨论的时候，刘坤一、李秉衡等人就坚决反对签署。刘坤一上奏提出可以退守山海关甚至北京，与日本进行一场持久战，把日本拖死。

刘坤一的这一战略，未被清政府采纳，但在后世支持者颇多。

刘坤一的战略从一个非常大和非常远的视野来看，可以说是正确的。日本当时还没有完成工业化，国力总体而言不算强大，不具备一口气吞掉中国的实力，更不具备与西方列强直接对抗的实力。英国、俄国、德国、法国等列强都绝不会允许日本独占中国东北和华北地区的这种局面出现。日军一旦突破山海关，进军北京，直接威胁清政府的生死存亡，英国和俄国都会出手干预。

而且，日本的国力也难以承受长时间的战争，这一点在前面已经讲过。

但是，由于日军取得胜利付出的代价实在太小，收获的战利品实在太多，尽管消耗巨大，日本国力还远没有到不能再继续打下去的程度。日本政府为筹措军费已经债台高筑，但借的全是内债，还没有开始借外债。在战局如此有利的情况下，筹措外债的潜力还很大。鉴于之前淮军、练军、八旗一触即溃的糟糕表现，列强的干预能否及时阻止日军攻入北京，其实难料。

反之，清政府的财政状况比日本糟糕得多，迅速被战争拉到山穷水尽的地步，开战几个月就火速花出去了6000多万两白银，大部分都是找外国银行借的。外资银行担心清政府战败丧失偿付能力，也不愿意再多借款。

在这种情况下，拒绝和谈就意味着要承担北京陷落的巨大风险。

在太平天国战争以后，湘军系势力经过改组变成了"防军"，既是国防军，又是汉族实权派控制的私人势力，清政府一方面要依赖其镇压人民起义和巩固国防；另一方面又时刻担心"防军"势力做大威胁中央政权。在战争初期，李鸿章的北洋水师和淮军被日军消灭，清政府还可以乐见其败。淮军和日军两败俱伤，大约是清政府最乐意看到的结局。

由于八旗的腐朽，清政府真正比较放心依靠的力量，是传统绿营改组而成的练军。练军虽然也是汉人的军队，但底子还是绿营体制：将领由中央指派调度，军饷由国家统筹安排，平时分散训练维持治安，战时临时集结，中央枢机控制起来比较方便。也可以说，练军是清政府维持统治最后的依靠力量，政治意义比淮军更宝贵、更关键。

在对日作战过程中，淮军和练军在李鸿章和清政府的分别指挥下，都在暗地里较劲——不是比较谁更能跟日军拼命，而是比较谁更能够有效地保存实力。两边心知肚明，谁死伤多，谁在战后的政治权力分配中就会处于劣势。所以整个甲午战争打下来，除了北洋水师逃无可逃被彻底歼灭以外，清朝陆军的死伤并不严重，大多数战场都是在争相逃命。这里边有将领懦弱无能的因素，也有很强的保存实力的因素。就算是北洋水师，李鸿章也一再指示丁汝昌，要以"保坚船"为主要目标。真正"打硬仗"的练军将领左宝贵和淮军将领聂士成都是其中的"异类"而非代表。

在淮军被打残以后，清政府抽调全国练军前往东北，也被击溃。再打下去，如果练军被彻底打没了，清政府要担心的就不仅是割地赔款的问题，而是满洲政权能否继续存在的问题。它绝不敢承担练军被消灭，北京被攻陷的风险。再加上财政困难、军事失利、海军被歼等因素，清政府拒绝持久战选择割地赔款是一种必然选择，也是一种对满洲政权最为有利的理性选择。

真正决定甲午战争失败的关键之战，并不是一开始的丰岛海战和平壤保卫战，也不是鸭绿江防线溃败和北洋水师惨败的黄海大东沟海战，更不是北洋水师全军覆没的威海卫保卫战，而是不太引人注目的旅顺保卫战。在旅顺保卫战之后，战场局面才变成了日军占据绝对优势。在这之前，战略主动权其实始终掌握在清军手中。

旅顺保卫战之所以不引人注目，是因为旅顺只守了一天就被日军攻克了，看起来它只是日军一系列势如破竹的攻势中理所当然的一环。实际上，这里原本是有希望打成甲午战争的"镇南关大捷"，扭转战争局势的。

中法战争在一开始，以淮军为主力的清军也是节节败退，被法军从谅山一路赶到镇南关，马尾海战福建水师全军覆没，后来淮军甚至把镇南关都丢了，冯子材去了以后重新修建长墙防御系统，然后组织反击才取得大捷。甲午战争初期的局面，并不比中法战争更糟糕，丢掉平壤类似于丢掉谅山，而黄海大战虽然惨败，也比马尾海战全军覆没要好得多，北洋水师主力大部分得到了保存。

镇南关的反击能够取得成功，关键因素是法军深入内陆，后勤补给线太长，而清军退回到本土作战，士气和后勤状况都有很大改善。

日军在平壤取胜以后，趁胜攻破鸭绿江防线，进入中国本土，随后就在摩天岭遭遇淮军将领聂士成的狙击，损失惨重，后来又改为进攻海城。虽然取得成功，但其后勤补给线已经拉得很长，进入海城以后就难以再有大的进展。只能另开一路，从花园口登陆，从北向南进攻金州、大连、旅顺。金州和大连的清军兵力都不多，守不住也可以理解。等日军打到旅顺，补给线已经被拉得比较长了，而旅顺集结了1万多淮军主力，防御体系由德国设计师设计，经过十多年的巨资投入，地形易守难攻，堡垒炮台坚固，武器弹药充足且优于进攻的日军，没有道理守不住，说是固若金汤也不为过。海上还有北洋水师可以提供保护和后勤补给，不像平壤一样担心武器、粮食迅速用光。清政府从全国各地调集的10万援军正在赶来，东北地区聂士成等淮军残部也还在坚持，北洋水师主力犹存，日军的后方并不安全。这种情况下，根本就不需要淮军有多么超常的发挥，只要正常坚守就可以了。后来1904年的日俄战争，日军再次攻打旅顺，守军是俄军。1904年的日本国力和日军火力都大大强于1894年。这十年中，日本拿着甲午战争的巨额赔款完成了国内工业化，加强了对朝鲜及其周边海域的控制。在这种情况下，远离本土的俄军硬是守了一年，让日军付出了6万人的伤亡才夺取旅顺，光一个203高地争夺战就伤亡过万。而1894年进攻旅顺的日军总数也才两万多。

此外，1894年日军登陆地点花园口的海面冬天是会结冰的，而清军控制的旅顺港冬天是不结冰的。旅顺保卫战的时间是1894年公历11月，距离海面结冰已经不远了。在这种情况下，淮军只需要坚守两个月，日军就只能撤退，没有其他选择。旅顺保卫战，是打持久战的最佳地点，清军占尽天时地利。旅顺是北洋水师的基地，旅顺不丢，北洋水师也绝无全军覆没之忧。

所以，清军在军队素质低于日军的情况下，要跟日本打持久战，最好的地点就是旅顺。旅顺是无可争议的中国本土，日军补给线漫长而清军补给线较短，以反侵略为旗帜激发清军士兵们的战斗意志不成问题。守卫堡垒不太需要多高明的战术，士兵训练素质低一点也问题不大。实在没守住，这地方距离北京还远得很，只要给日军制造足够大的消耗就算取胜。在旅顺这个地方拖住日军，可以很容易地拖垮日本国力，基本可以无风险地保持战略优势。把旅顺变成甲午战争的镇南关，从各方面来看都是很有把握的，其条件比镇南关好得多。

旅顺保卫战的时候，西方列强派了一些军舰过来观战。这在当时是惯例，中法马尾海战、台湾保卫战、黄海大东沟海战，只要在海上或者海边的战争，中立国都会派军官来围观，借此学习实战。列强这些观战团根据双方兵力对比情况，普遍认为，日军不可能短期攻克旅顺，甚至有人认为日军最少要打三年[1]。

但就在这样一个无论怎么看都胜算十足的地方，1万多清军竟然只守了一天。这是世界战争史上的笑话，是中国军队对外战争史上的奇耻大辱。

旅顺失守，李鸿章又是当之无愧的第一罪人。北洋水师战败还可以怪慈禧修颐和园、翁同龢克扣经费、光绪皇帝瞎指挥、装备不如日军先进，等等。旅顺是李鸿章经营十多年的要塞，从防御系统设计建造开始就是他全权负责，主要将领全部由他的亲信担任。就这样一触即溃，李鸿章治理之下的淮军集团内部之腐朽污烂，可见一斑。

旅顺失守的关键，是李鸿章的四个亲信（三个旅顺守将加丁汝昌）临阵脱逃。

旅顺作为海港，防务工作也分为陆地和海港两个部门，水陆营务处统领龚照玙就是统筹海陆防务的最高长官。龚照玙出生于合肥富豪家族，从小就认识李鸿章，是李鸿章的老乡加心腹。他没有任何打仗的经验，主要靠不停地捐钱来升官，一直在李鸿章手下当差办事。在旅顺港建设过程中，李鸿章给了他负责旅顺船坞工程修建的肥差，然后就直接保举他会办水陆营务处。让一个搞工程的来当旅顺军港最高指挥官，比让骑兵统领当北洋水师提督更加不可思议。

甲午战争清方的惨败，北洋水师全军覆没是一个让中国人印象深刻的大事件，因为中国历史上还从未有过如此大规模的海战，北洋水师的建设过程和黄海大东沟之战也因此成为无数研究甲午战争的学术著作和文艺作品关注的重点。但海战其实并不是这次战争的关键，海军因为有琅威理前期严格训练的底子和来自福建船政学堂培养的专业人才支撑，又有朝廷大把银子养着，表现不算特别差，

[1] 月映长河：《决战甲午：1894—1895》，中国青年出版社2014年版，第253页。

起码比陆军强得多。陆军的迅速溃败才是甲午惨败的关键。陆军的溃败又有两个关键事件，第一次是叶志超在平壤保卫战即将取胜的关头决定弃城逃跑而且愚蠢地向日军诈降，第二次就是旅顺保卫战主要淮军将领临阵脱逃。其中，第二次比第一次更关键，更加不可思议。

旅顺快速失守，让日军获得了巨大的战略物资和东北战场的绝对主动权，北洋水师也失去了可靠的后勤基地和安全港。于是，日本腾出手来运兵到威海彻底消灭北洋水师就非常轻松了。这样，清政府就失去了跟日军打持久战的本钱，割地赔款、屈辱求和成了必然的选择。

回顾从丰岛海战到平壤保卫战、黄海海战，再到鸭绿江防御战、旅顺保卫战和威海保卫战的整个战争过程，我们可以非常明确地说，李鸿章是甲午战争惨败的第一罪人，至于谁是第二罪人，可能是慈禧太后，也可能是其他人。以"贪腐化、买办化、军阀化"为主要特征的淮军集团需对甲午惨败负最大责任；以慈禧太后为代表的清政府，则需要对甲午惨败负第二重的责任。

洋务运动以后，李鸿章失势之前，清军在各次对外战争主要战役中的战绩，跟它的"李鸿章含量"密切相关。"李鸿章含量"越高，清军就输得越惨；反之就会表现得好一些。战争结局跟敌人是哪个国家以及海战、陆战反倒没有多大关系，几乎完全由"李鸿章含量"决定。新疆之战完全没李鸿章的事儿，大获全胜；中法战争的越南战场，前期李鸿章的淮军主导，连战连败；中法战争后期，左宗棠和张之洞主导，转败为胜；马尾海战，李鸿章青睐和推荐的清流派大佬张佩纶主持，全军覆没，后期左宗棠南下督战，东南沿海又恢复安全；北洋水师黄海大战，李鸿章主导，0：5惨败，但有英国人帮忙训练和福建船政人才的支持，局面还较乐观；平壤保卫战，李鸿章主导，但淮军与非淮军士兵参半，战斗过程激烈，几乎取得胜利，最后关头被叶志超搞砸；旅顺保卫战，李鸿章绝对主导，从将领到士兵全是淮系人马，将领临阵脱逃，军队一触即溃，"远东第一要塞"一日即告失守。所谓"李鸿章含量"，就是代表一支队伍中自私自利、贪婪腐败的思想作风所占的分量。如何降低"李鸿章含量"，是任何一个组织领导人都必须重视的关系到组织生死存亡的问题。

从历史唯物主义的观点来看，李鸿章个人对历史发展所起的作用是非常微小的。所谓的"第一罪人"并不是指需要他承担全部责任，也不是需要他承担主要的或者大部分责任。他个人的责任比例可能只有不到百分之一，而慈禧的责任可能是百分之零点五，光绪皇帝和翁同龢的责任可能是百分之零点三，丁汝昌的责任可能是百分之零点一，龚照玙的责任可能是百分之零点零五……成千上万人的责任加起来，才共同导致了甲午的惨败。甲午惨败的结局，不是某一个人能够改变的。

尽管如此，我们仍然有必要对李鸿章进行深入的评述和批判。因为他是淮军集团的总代表，也是后太平天国时期新一代统治精英的主要代表。一个李鸿章坏不了事儿，但成千上万个李鸿章就足以坏事。整个淮军集团，他们大多数具有跟李鸿章一样的特点：贪腐无耻、任人唯亲、崇洋媚外、结党营私——这也是他们能被李鸿章任用的重要原因；满洲统治集团的精英分子们，在贪腐无耻、结党营私等方面，也与李鸿章鼻息相通，这也是满洲集团能与淮军集团联合执政统治中国数十年的重要原因。对李鸿章个人的评述和批判，是对后太平天国时代统治阶层进行评述和批判的关键；反之，为李鸿章翻案，则不可避免地会起到为清朝后50年统治精英阶层——主要是汉族理学官僚士绅集团但同时包括满洲统治集团——翻案的效果。

在一次有关李鸿章的讨论中，我将李鸿章称之为"国贼"。就有人替李鸿章辩护，说签署《马关条约》的决策者并不是李鸿章，因此不能说李鸿章是卖国贼，大清国不是李鸿章能卖得了的。我说，我用的词是"国贼"，不是"卖国贼"。这两个词有区别，卖国贼只是国贼的一种。除了卖国贼以外，国贼还有其他很多种。李鸿章既是卖国贼，还是其他类型的国贼。对他的历史评价，可以用三个类型的国贼来总结。

首先，最重要的，是"祸国之贼"。

李鸿章对中国和中国人民犯下的最严重的罪行，是镇压太平天国运动和捻军起义。通过与殖民列强勾结，镇压中国人民的起义，并在此过程中带领淮军集团屠杀了上千万的中国人，为腐朽反动的满洲政权强行"续命"。满洲反动政权的存在，是中国走向现代化、实现富国强兵的两大内部障碍之一——还有一个就是李鸿章所代表的汉族理学官僚士绅集团。甲午惨败和后来的列强瓜分中国、八国联军侵华等一系列事件无不证明了这一点。

为了给清政府"续命"，他还上奏请求将国内罂粟种植合法化。纵容罂粟在中国大规模种植，毒化中国。

其次，第二重要的，是"窃国之贼"。

李鸿章贪腐成性，不断将国家的权力、资源、财税转变为个人和家族的财富。在他的示范带动和有意纵容之下，整个淮军集团也都争相窃取国家财富。这直接导致淮军战斗力下降，淮系洋务企业运行效率低下，国家资源被大量浪费，人民生活更加困苦，以淮军为核心的国防军在对外战争中一触即溃。甲午战争的惨败，并不是李鸿章指挥错误，也不是朝廷战略失误，更不是缺钱或者装备落后，而是军队和军事后勤组织实在是太腐败了，不具备执行任何战略战术的能力，不管是主动进攻、积极防御、固守堡垒、沿海巡逻、海上决战、诱敌深入，都注定会一败涂地。

对一支连"远东第一要塞"旅顺都只能守一天的军队来说，讲任何战术都没有意义。

俄国人在新疆见过左宗棠的楚军，法国人在越南和台湾见识过冯子材和刘铭传的清军，十年之间不敢再有觊觎中国之心。在他们看来，日军要去跟这种军队硬碰硬，不是找死还能是干啥？他们怎么也想不到，拿着同样装备的同一个政权下的中国军队，只过了十年怎么就突然变得如此不堪一击？他们在甲午战前坚信日本会遭遇惨败，在战后则疯狂参与瓜分中国。用十多年时间把中国军队战斗力搞成旅顺保卫战的水平，李鸿章"居功至伟"。

至于说什么体制问题，左宗棠和张之洞难道不是跟李鸿章在一个体制下做事？

李鸿章是太平天国战后体制最重要的奠基人之一，比他更重要的也就只剩慈禧和曾国藩了。同时，他又是这个体制最大的受益者。曾国藩战前就是二品高官且战后不久就去世了，慈禧有没有太平天国都会成为皇太后，只有李鸿章完全是依靠战争发迹，从无名之辈到权倾天下数十年，没有人从体制中拿到的好处能跟他相比。杀人千万建起来这个体制，又从体制中获益最多，然后在体制下把国家资源浪费或者据为己有，以至国土沦丧、屈辱求和，先祸国后窃国，李鸿章没有任何资格把战败责任推到体制问题上。

有一种很有趣的说法：甲午战争的时候，跟随李鸿章作战的淮军将领大多已经"凋零"，老病不堪，这是淮军战斗力下降的主要原因。"凋零"这个词用得很好，让人产生一种无可奈何花落去的同情。问题是，生老病死是全人类都会面临的问题，李鸿章的对手——日本将领也不是永不凋零。淮军镇压捻军在1868年结束，距离甲午战争26年，此后还有中法战争的锻炼；而日本国内的大规模战争倒幕运动也是在1868年结束，从此以后没有经历过大的战争。到了甲午的时候，倒幕运动的名将们都已经凋零。日本甲午战争的将领，论实战经验还不如淮军将领。攻克旅顺的日军主将乃木希典甲午战争之前就带兵打过一次仗——带几百人去支援友军，半路被敌人击溃，惨败之后想要自杀被人拦下，然后就再没上过战场。

为什么日军的老将凋零之后，新生代将领能够挑起大梁，而淮军一旦老将凋零就战斗力崩溃呢？这就是李鸿章任人唯亲、带头贪腐的治军原则带来的后果。在这种治军原则的指导下，有才能的年轻人很难得到提拔重用，筛选出来的大多数只能是溜须拍马的无耻之徒。而那些没有凋零的老将，也大多像叶志超一样，年轻时勇猛过人，官越大胆越小。

民国时期著名将领冯玉祥甲午战争时期正在大沽口当兵。这里跟旅顺一样，是李鸿章十多年全力经营的战略重地。但据冯玉祥回忆，李鸿章治下的军队纪律极差，士兵们经常因为逛妓院争风吃醋而斗殴打架。军官们也根本不懂行军打仗，有一次20多营的新兵训练，营地竟然选择在低洼地带，结果遇到飓风暴雨，20多营的新兵全被淹死。老兵们经常吓唬新兵，说日本兵马上就要打过来了，谁也别想活，"每月三两三，就卖了我们的命，太不值得！"吓得很多新兵逃走，老兵们就拿了新兵留下的衣服、被褥卖钱来喝酒吃肉[1]。李鸿章重点关注的战略要地军纪军风如此，也就不难想象为什么旅顺只能守得了一天了。

最后，在"祸国"和"窃国"的基础上，是"卖国之贼"。

中法战争之后，甲午战争之前，中国最有权势的人物也就是慈禧太后和李鸿

---

[1]《冯玉祥回忆录》，东方出版社2011年版，第20页。

章二人，光绪皇帝、醇亲王、翁同龢这些人都不过是慈禧权力"羽翼"之下的附庸。只有李鸿章拥有自己独立的权力根基——淮军集团。它既是清朝国防军的主力精锐，也是李鸿章的私家军。

淮军在握的李鸿章，就不仅仅是慈禧太后信任的高级大臣，他本身就是慈禧太后权力的关键支柱和重要来源。二人的关系不能简单理解为政府层级框架中的上下级关系，而是政治同盟关系。对慈禧而言，皇帝不听话都可以想办法换，李鸿章的位置却无法被取代。这是李鸿章能够稳坐直隶总督之位多年的关键原因。

有了这样的地位和实力，卖起国来才能够得心应手。《马关条约》谈判，日本认定了只有两个人有资格去谈，一个是恭亲王奕䜣，一个就是李鸿章。派其他人去，日本方面根本就拒绝谈判。《马关条约》核心条款的最终拍板人是慈禧和光绪皇帝，但他们也不想卖国，不想割地赔款，拍板的时候也伤心难过、悲痛欲绝。让他们不得不认可这些卖国条款的最重要最直接的原因，就是李鸿章的淮军和北洋水师在战场上一败涂地。说慈禧卖国并不能说明李鸿章不卖国，说李鸿章卖国也不能说明慈禧没卖国。在签署《马关条约》的问题上，说李鸿章是卖国贼不会有错。

而李鸿章的卖国行为，又远不是当谈判代表签署过几个卖国条约那么简单。李鸿章的卖国，是战略层面和战术层面到亲自谈判签字层面的。

在战略层面，李鸿章是晚清外交战略的主要制定者。他过分迷信"合纵连横"的外交手腕对列强的制约作用，没有看到，自己不独立自强，列强只会欺软怕硬，没有哪一个列强是"靠得住"的。1871年，日本刚结束倒幕运动，开始维新变法，就来找中国签订通商条约。条约的内容还比较平等，主要是互相开放通商口岸，因为那时候日本还很弱。李鸿章便想要与日本联合，幻想"联日抗西"，因为大家都是黄种人嘛，都被迫跟西方列强签了不少不平等条约，联合起来与列强斗争是理所当然的。他故意在条约里边增加了针对第三国的条款，规定有他国对待中日的"不公之事"，中日要"彼此相助"。可日本哪里有力量和心思去对抗列强？朝思暮想的就是可以像其他列强一样来侵略腐朽的清国。刚发展了几年有点实力，就迫不及待地在1875年侵略台湾。李鸿章眼见"联日抗西"

行不通，又开始"联英抗日"。不料琅威理事件后，英国眼见李鸿章的北洋水师过于腐败无能，下定决心扶持日本。甲午战争，李鸿章屡次请求英国出面干涉都被拒绝，眼见俄国出头帮中国要回了辽东半岛，又制定"联俄抗日"的战略，主动要去找俄国签订秘密军事同盟条约。俄国人立刻趁机提出要修铁路横穿东北，随后又强占旅顺和大连。李鸿章的这一系列战略实施下来，每变一次，就被他幻想联合的对象敲诈勒索一轮。

在军队建设上，李鸿章一贯主张"造不如买"，耗费巨资购买外国先进武器，把这些钱变成列强养活技术研发人员和制造业工人的经费，严重耽误了国内军工产业的发展。这也是在战略路线上卖国的体现。

在战术层面。由于列强都知道李鸿章害怕跟列强开战，便一再利用这种弱点来为自己争取战术上的主动地位。最典型的就是中法战争，法国方面一旦发现局面不利就赶紧找李鸿章和谈，给出诱人的条件换取清军停战或撤兵，然后积极调兵遣将。一旦调兵完成，马上就找借口停止谈判甚至撕毁条约再战。李鸿章总是一而再，再而三地上当受骗，成了法国侵略中国的方便工具。所以左宗棠才骂他，说十个法国将军都不如一个李鸿章坏事儿。

后来，日本也是不断利用李鸿章的这个特点，以武力威胁逼迫李鸿章不断退让。在国力弱小的时候，就先通过威胁和谈判让李鸿章在1885年签署《中日天津条约》。这个条约承认了朝鲜出现内乱的时候，日本可以跟中国拥有同等的出兵干涉的权利。这就为1895年日军借口朝鲜内乱进入朝鲜，并借机与清军开战创造了条件。

最后，落到具体的条约谈判层面，作为清朝外战战略制定者和战术执行人的李鸿章，也被列强谈判代表们所"青睐"，强烈要求他亲自出面谈判。李鸿章谈判的特点是喜欢做表面文章，死要面子——只要能给朝廷（实际就是慈禧）和李鸿章本人足够的"面子"，很多实质性的卖国条款，李鸿章反而并不介意。跟李鸿章谈判，无论是书信往来还是当面交涉，气氛都十分紧张，李鸿章喜欢据理力争甚至拍桌子表示强硬，也就是场面上一定要"好看"，但私下却非常愿意妥协。

1876年，日本侵略台湾之后第二年，就转而派兵入侵朝鲜江华岛，并逼迫朝鲜跟它签订不平等条约。朝鲜坚决拒绝，并表示朝鲜为中国的传统属国，日本想要跟朝鲜签订外事条约需要去找清政府谈。日本就派外交代表森有礼去跟李鸿章谈。李鸿章跟森有礼进行了足足七个小时的激烈辩论，场面一度剑拔弩张。李鸿章坚称朝鲜是中国的属国毋庸置疑，日本如果胆敢侵犯朝鲜，中国一定不会袖手旁观。

等七小时的辩论结束，李鸿章转头就告诉总理衙门，建议礼部派人去说服朝鲜，接待日本谈判代表。清朝最终对日本和朝鲜的谈判采取了听之任之的态度。

最后，朝鲜被迫和日本签订了《日朝修好条规》这个不平等条约，朝鲜单方面向日本开放通商，并在通商口岸赋予日本领事裁判权，还允许日本对朝鲜海岸进行测绘。

李鸿章的这一番表演，看起来矛盾，其实不矛盾。他跟森有礼的辩论，是争的"面子问题"——中国作为宗主国的面子一定要保住，至于朝鲜的损失以及由此带来的中国国家安全的损害，则是可以私下进行利益交换的筹码。

1875年，李鸿章在日本侵略台湾的谈判中，也是一样。他坚持的重点始终是反复要求日本要尊重中国的"国体"和"体面"。日本侵略了中国领土，在打不赢的情况下还要找中国赔钱，李鸿章都可以答应这种条件——只要能找到"体面"的借口就行。最终日本同意以"赔偿日军在台湾修建的房屋损失"为由索取赔款，而不是直接索赔军费，李鸿章就欣然应允了。

列强的政治家和外交家们都是极高明的人物，很容易就看懂了李鸿章的战略战术和谈判技巧。对李鸿章，只需要坚船利炮加以威胁，然后在表面上给他和慈禧太后留够"体面"，他就什么卖国条件都可以考虑。李鸿章手握大清国最精锐的国防军，又有高明的政治手腕，深受慈禧太后信任，只要他接受的条件，基本上就能定下来。李鸿章有足够的本事去平息清政府内部对他卖国的指责，绝不至于像崇厚一样签完条约就被抓起来判刑。于是，列强迫切希望在涉华问题上以李鸿章为对手进行沟通和谈判，给他戴上一大堆"高帽子"，诸如"中国最伟大的外交家"等头衔，进一步提高他在国内的威望、地位，在谈判的时候也尽量对他个人进行吹捧，甚至像俄国人那样愿意安排贿赂，至于攫取对华殖民利益的核心条款，则寸步不让。最后，在经过一番激烈的唇枪舌战，李鸿章的表演欲和虚荣心得到满足之后，他们几乎总能达到目的。

这样，在签署卖国条约的数量上，李鸿章便成了当之无愧的晚清第一人。

所以，我们才说，李鸿章凭实力卖国。在出卖国家利益方面，李鸿章战略卖国、战术卖国、签字卖国"三位一体"，从国家战略制定一直到最后在卖国条约上签字画押，都亲力亲为，为列强攫取对华殖民利益提供全流程服务，并在其间收受贿赂，谋取个人政治资本，是近代中国的头号卖国贼。在危害国家利益、阻碍中国进步方面，更是祸国、窃国、卖国"三位一体"，堪称近代中国第一国贼。

九、败家先驱：洋务运动失败的根源

本书对李鸿章的批判，显然是相当严厉的。在作者阅读范围内，比较严谨的历史著作，包括各种普及类读物和学术专著，像本书这样严厉批判李鸿章的，十分少见。

那些刻意为李鸿章翻案而扭曲历史的二流作品就不必提了。大部分严谨的作者，在讲述李鸿章生平事迹或甲午战争相关历史的时候，都会把本书前文所列举的李鸿章窃国、卖国事迹讲一下，因为这些都是确凿无疑的历史大事。对李鸿章为了维护个人势力，任命丁汝昌担任海军提督，任命叶志超统率平壤守军，任命龚照玙主管旅顺防务，李鸿章家族积累巨额财富，等等，大部分作者也都持批评态度。但把这些事讲完之后，在对李鸿章这个人做总体评价的时候，作者们的态度往往会变得十分温和，甚至整体倾向于正面而非负面。如姜鸣的《龙旗飘扬的舰队》为研究近代中国海军史的经典名著，其中包含了大量指责李鸿章为人做事的文字和相关证据材料。该书作者对李鸿章干的那些坏事、错事，显然非常清楚。但姜鸣本人在其历史随笔《天公不语对枯棋》中，提到李鸿章，却感慨："谁能理解真正的李鸿章呢？"

为李鸿章辩护的理由，主要有两条。第一条是李鸿章"处境艰难"，"逼不得已"，在其能力范围内已经做到了最好，或者说是尽心尽力了，只是由于清政府反对力量过于强大才未能尽行其志；第二条是李鸿章是"洋务旗手"，"改革先驱"，在学习西方推动中国社会进步方面的大方向是正确的，做了很多开创性的工作，过于纠结其个人品质和政治手腕，不是公正客观的态度。

关于第一条，前文已经有所提及。作为淮军创始人和控制人，李鸿章权力根基坚固，并不需要仰清政府的"鼻息"，他和他的淮军集团与满洲权贵们首先是政治盟友关系，然后才是上下级关系，彼此之间既合作又斗争，合作为主，斗争为次。清政府是一个祸国政权和卖国政权，慈禧太后是个祸国贼、窃国贼、卖国贼，这些与李鸿章是一个祸国贼、窃国贼、卖国贼不仅不矛盾，反而可以互相印证。慈禧和李鸿章，本来就是一丘之貉，臭味相投，才能彼此支持。把清政府与李鸿章在一些细节上的斗争作为历史的主线来叙述，以为李鸿章不过是一个地方官，清政府或者慈禧一不高兴就可以把他撤职，李鸿章对中央的掣肘无可奈何，一旦遭到朝廷清流派的攻击就"处境艰难"，这是一种肤浅的、错误的认识。

对满洲政权而言，换个人当太后，换个人当皇帝，都是可以的，但谁来当直隶总督，却没得选。只要有李鸿章和他的淮军集团支持，任何智力正常的人都可以坐在满洲皇位上维持体制运行；反之，如果跟淮军集团闹翻了，清朝政权还能否继续存在就会成为一个很大的问题。

李鸿章并没有强大到可以决定谁来做皇帝的程度，想要造反自己当皇帝也很难成功——士绅集团不支持，外国列强也不支持，但如果清政府给淮军集团的权势、富贵不到位，或者真要把李鸿章撤职，他们把清政府搞垮台的能力是有的。这并不需要赤裸裸的举旗造反。诸如"煽动哗变"，"养寇自重"，"引狼入室"等，都是军事集团的基本闹事技巧，一旦不高兴就放松基层镇压，再搞一个太平天国出来也不是不可能。甲午战争后淮军集团被打残了，李鸿章被迫离开直隶总督的位置，满人直接担任直隶总督，结果就出来一个义和团运动，引来八国联军侵华。等清政府与八国联军开战，李鸿章在广州联合南方总督搞"东南自保"，拒绝救援，这就相当于是公开叛国了，清政府也拿他毫无办法，跟洋人谈条约还得求着他北上，因为列强只认李鸿章。

李鸿章担任直隶总督时，权力地位稳固，重大决策自由度极高，无须事事受制于中央，这一点毋庸置疑。北洋水师提督、旅顺与威海守将、平壤统帅、军械局与开平矿务局等军民企业总办这些关键职位的人选，都是李鸿章自行决策的，清政府完全尊重其决定。外交政策方面，总理大臣奕劻对外交事务一窍不通，除了贪污以外不知道做官还有其他事情可做，在外交政策方面对李鸿章言听计从。至于直隶范围内的人事、钱粮等事务，则完全由李鸿章控制。直隶之外的诸多督抚、提督、总兵等军政要员，也由李鸿章保举推荐。

具有迷惑性的一个现象是：权倾天下的李鸿章，同时是朝廷清流派官员政治攻击的重点，弹劾、辱骂他的奏章汗牛充栋。不管李鸿章做了什么决定，或者想要做点什么事，清流派言官们都会一拥而上对他进行攻击。攻击的理由，既有诸如拥兵自重、贪污腐败这样比较实在的，也有诸如破坏风水影响地脉这些非常荒唐的。单从奏章上看，李鸿章确实"处境艰难"，好像一个理智正常的人想干点正事，却被一群神经病围攻，口水都说干了也没有用。

但这只是表面现象。中央清流派不掌握兵权，权力、地位完全是清政府给的，是满洲勋贵们的附庸。他们围攻李鸿章，很大程度不过是替他们的主人出头对李鸿章进行"敲打"。对李鸿章做错的事情，比如卖国和贪污，他们要攻击反对；对李鸿章做的正确的事情，比如兴办洋务企业，他们也要找借口反对和攻击。

这些五花八门的言论攻击，数量众多而且言辞激烈，但对李鸿章而言无关痛痒。相反，很多清流派私底下跟李鸿章交情还不错，在弹劾围攻之前，更先跟李鸿章通气，掌握一下言论攻击的尺度，既要让主人满意，又不能当真得罪李鸿章。清流领袖李鸿藻，其门生袁保龄就在给李鸿章当幕僚，担任他们私下沟通的"桥梁"。而李鸿藻重点培养的张佩纶，就是清流大佬；回家守孝没工作，就给李鸿章当幕僚；守孝期结束，又回到北京继续当清流；马尾海战惨败后被朝廷免职，又到李鸿章幕府做事，还成了李鸿章的女婿。张佩纶在李鸿章和李鸿藻之间"牵线搭桥"，成了清流与淮系进行政治协商的关键人物，其中的诸多内幕和私下书信往来，直到21世纪才被历史学者挖掘出来[①]。

---

① 姜鸣：《光绪前期张佩纶与李鸿章谋划海军之研究》，载《龙旗飘扬的舰队》附录。

　　各地实权督抚也都跟李鸿章培养张佩纶一样，在中央清流派中培养自己的代言人，作为进行政治斗争的工具。1880年，两江总督刘坤一想找李鸿章要回轮船招商局从沈葆桢那里借走的100多万两银子，被李鸿章拒绝，他就安排国子监祭酒王先谦弹劾盛宣怀贪污腐败，要求改组招商局。朝廷收到奏章，向刘坤一等地方大吏询问，刘坤一便借机提出招商局欠钱不还的事，还想进一步夺取对招商局的控制权。但李鸿章在清流派中也有眼线，很快打听到王先谦曾经找刘坤一帮忙解决国子监学生的学费问题，于是反戈一击，说王先谦的弹劾是"有人贿嘱"。刘坤一和王先谦被抓住把柄，此事最终不了了之[1]。

　　清流派各种有道理没道理的攻击，远远到不了让李鸿章"处境艰难"的地步。李鸿章手下有一群幕僚，不仅才华出众，而且权势惊人，他们各自也养着一批心腹幕僚。也就是说，李鸿章的幕僚都有自己的幕僚团队。这种情况下，跟清流派言官打"嘴仗"，根本无须李鸿章劳神费力。

　　李鸿章是个聪明人，非常懂得清流派背后满洲大佬们的意图。面对这些声势浩大的言辞攻击，装出楚楚可怜有理没处讲的样子，让满洲大佬们"有面子"，对自己有益无害。朝廷也可以根据需要从中挑出些过错来对李鸿章进行斥责敲打。但在关键利害之处，清政府和李鸿章的决策都不会重视清流派的意见。

　　真正会被清流派打击的，是失去军事集团保护的实干家。最典型的是刘铭传。他之前把湘军、八旗、绿营、楚军都得罪了，最终被赶回了老家。但李鸿章认定他是"嫡系"，便一直在幕后积极活动，谋求让刘铭传复出，找机会要给他安排一个北洋帮办大臣的职位。想不到刘铭传爱国心切，竟然拒绝了李鸿章的安排，跟左宗棠搞到一起去了，联合楚军死守台湾，做了淮军集团的"叛徒"。中法战争结束后，刘铭传以军功获得了台湾巡抚的职位，但左宗棠死了，没有人保他，清流派中的保守分子和投机分子们就一拥而上，不管他想在台湾开煤矿还是修铁路，都弹劾。一般来说，遇到这种事情，就需要实权派大佬出面担保，比如前面刘坤一和王先谦联手弹劾盛宣怀，李鸿章上奏说担保盛

---

[1]　卢伯炜：《论刘坤一与李鸿章争夺轮船招商局》，载《苏州大学学报》2007年11月第6期。

宣怀没问题，朝廷也就不再深究；后来如天津军械局总办张士珩、北洋提督丁汝昌等人也都不断被弹劾，李鸿章出面保一下，就都没事了。眼看着刘铭传被弹劾，李鸿章却始终不开口说一句话，朝廷遂严斥刘铭传，逼着他辞职。刘铭传被清流弹劾下台，既是朝廷在借机对地方督抚展示权威，也是李鸿章在"清理门户"。

晚清政坛，处境艰难的绝不是拥兵自重的李鸿章，而是像刘铭传这种能抛开门户之见，毅然为国家献身的人物。失去了派系势力的庇护，他们就寸步难行。

在权力、地位稳固的情况下，李鸿章的诸多决策都不是考虑自身安危，而是考虑如何实现自己和淮军集团利益最大化。

有了这样的认识，再来看李鸿章所谓"洋务先驱"的身份，才能看得更明白。

李鸿章长期主张学习西方的科学技术，购买西方武器并部分仿制，又主持兴办了许多洋务企业。这些事情都是正确的，但由于其本人和淮军集团的贪腐无耻，把这些事情搞得很糟糕，浪费了巨大的国家资源而几乎一事无成。这种人是没资格当"先驱"的，更谈不上是"改革派"。

主张学习西方的技术，用西方的先进武器，这个事情难不难？一点也不难，简直是世界上最简单的事情。它并不需要有什么远见卓识。科技先进和武器先进这种东西，智力正常的人一看就知道。李鸿章到上海以后，向朝廷报告说洋人愿意卖给咱们先进武器，慈禧太后和恭亲王奕䜣兴奋异常，立刻商量要用最先进的武器来武装驻京八旗，并火速派人到上海采购。此后，驻京八旗的神机营一直用着当时能买到的最先进的火器。

所以，"主张学习西方的科技，使用西方先进武器"这个事情，一点也不难，数百年来中国当权者没有人当真反对。到了19世纪，列强军队在攻破北京以后，才提出这个主张，谈不上有什么远见。中国文化是世俗文明，中国人从不迷信怪力乱神，不相信上帝、神仙能当真改善人的生活，很容易理解先进科技和武器能带来的好处。

那么，为什么近代中国会在武器装备和科学技术上如此落后于西方呢？这不是当权者不知道先进的技术和武器好用，而是他们希望由谁来掌握和学习先进技术和武器的问题。一句话，这不是认识问题，而是利益问题。

在清朝的刀锋之下，中国人连学习本国本民族文化的权利都没有，何况学习西方？

中国人要打破清朝在思想文化领域的"闭关锁国"，学习西方先进的科学技术，使用和制造先进武器，难点不在于知道西方的武器、科技、机器是好东西，难点在于破除满洲以野蛮落后的少数人对文明的多数人的准殖民统治。

这个事情是谁来干成的呢？是太平天国和捻军干成的。

太平天国和捻军起义，把清八旗和绿营这一套传统的军事专制机器给砸了个稀巴烂，清政府为了维持生存，不得不同意汉族士绅募兵、募款，建立一套独立的军事系统。汉人手里有了能独立控制的军队，而且实力胜过了八旗和绿营，才有资格去学一点满洲人没有掌握好的东西。

在太平天国运动之前，谁要是想打破满洲专制体制划定的思想"囚笼"，就只能落得一个被抄家灭族的悲惨结局。

自从15世纪西方科技领先中国以来，不管是汉人还是满人，中国精英阶层中就从来没有出现过当真"反对学习西方"的实权政治派别，最多也不过是一些无权无势的酸腐文人的议论而已。清流出身的张之洞，一到地方上掌握实权，也立刻转型为洋务派。把"主张学习西方"当成一个了不起的远见卓识来加以宣传，借此给李鸿章"贴金"，实则是对中华文明的一种污蔑。

中国古代文明的主流，既不"闭关锁国"，也不"盲目自大"。中国历朝历代的大一统王朝，都是执行对外开放和自由贸易的经济政策，并积极鼓励先进科技的研发和推广，对外部文明的好东西，也总是乐意学习引进。甚至清王朝在经济领域也一直是对外开放的，自由贸易程度比同时期的西方国家高得多，只是在思想文化领域基于民族歧视采取封闭和高压的政策而已。清朝的皇帝，也是主张学习西方的，不过是只让满蒙统治阶层学习，不准汉人学习而已。太平天国战争的双方，"革命派"和镇压"革命派"，都主张对外开放和学习西方先进科技；战后的两个当权利益集团，满洲勋贵和汉族士绅们，也都赞成学习西方。李鸿章代表自己的利益集团主张学习西方，用先进武器武装淮军，建立垄断企业为淮系集团捞钱，根本谈不上是什么"先驱"。而那些为了帮助满洲主子敲打地方实权派的清流保守派，用各种荒唐的理由来攻击李鸿章的各种政治决策，也不能代表中国文化、中华文明的主流。把清流保守派们的聒噪，当成中国传统文化对洋务运动的重要阻挠，是错误的。

例如，在为开平煤矿运煤的唐胥铁路的修建问题上，长期以来流传着一个传言：保守派认为修建铁路会震动皇陵，强烈反对用蒸汽机车来拉火车，李鸿章为了让铁路项目能顺利进行，不得已采用马拉火车。马拉火车也就在许许多多的近代史作品中，成了中国传统文化抵抗现代化的一个"显证"。然而根据中国人民大学清史研究所副教授潘向明《唐胥铁路史实考辩》中的考证，李鸿章在一开始筹备唐胥铁路建设的时候，就定的是用马力来拉动火车。因为蒸汽机车在当时的西方也没有完全普及，煤矿的铁路用马力来拉动仍然是一种常见的方式。整个唐胥铁路修建过程中，朝廷对李鸿章的各种奏请都是一概予以批准，不存在以"震动皇陵"反对铁路修建的说法。后来，唐胥铁路的技术人员自己想办法组装了一个蒸汽机头，用它来代替马力，也顺理成章，中间未有人提过反对意见。"震动皇陵"之说，完全是时人看见马拉火车，以为奇观，编造出来的民间传言而已。

在修建大的铁路项目问题上，朝廷内部确实有过争议。清流保守派们发表过一些诸如影响风水之类的奇谈怪论，但朝廷决策从未理睬过这些说法。朝廷一再拖延大型铁路项目上马建设，关键是两个原因：财政困难和国家安全。

一些花钱少的建设项目，比如全国的电报网络，很快就建起来了。但修铁路花的钱要多得多，如果要大规模上马，就得找列强借钱，就要出让许多铁路沿线的权益，说不定还会危害国家安全，这个事情关系重大，不敢轻易定夺，而不是思想保守害怕火车震动地脉破坏风水。当时要花钱的地方太多，比铁路重要的事情也很多，一直等到1891年李鸿章宣布海军建设基本完成，朝廷才开始批准铁路投资。

中国文化对铁路这些西方新事物的态度，与其看清流派的无聊奏章，不如看它实际开通以后的民间反应。

1872年，英国人在上海吴淞修了一条长15公里的铁路。建设过程中，由于工资比较高，当地人打破了头来施工队找工作。"乡人踊跃从事，毫无怨言。"唯一比较麻烦的是征地，刚开始还比较顺利，后来沿线居民发现这是一个生财之道，就竞相抬高房屋拆迁价格。有个叫李昆荣的农民，跟当地地保串通修改土地记录，把自家土地从0.871亩改为1.5亩，三人瓜分了多拿的拆迁款。此事后来被宝山县令发现，对三人做了鞭笞的处罚。总体而言，人民都是从世俗利益出发来看待修铁路，没有出现因为风水等传统意识阻碍修建过程的问题。

等铁路开通的那天，火车站附近简直就是人山人海，全上海的人都跑来看热闹，有钱人争相购买一等座来体验最新的"洋玩意儿"。《申报》记载，专门来围观火车的观众每天都有上千人，马车、大轿、人力车等生意火爆，车站周围也开起来了很多水果摊、点心摊，如同赶集。不仅上海人来围观，还一传十、十传百，很多全国各地的有钱人专程来上海，花两块钱体验一把15公里的火车乘坐体验。吴淞铁路成了上海著名旅游景点，迅速实现了盈利，达到了每英里每周盈利27英镑的水平，跟伦敦持平[1]。

不过，由于这条铁路是英国人打着"修马路"的旗号修的，没有经过官方审批。两江总督沈葆桢知道以后，认为这里边包含了列强进一步侵略中国的图谋，下令把它拆掉了。沈葆桢是仿制和购买外国军舰以发展海军的积极倡导者，并不保守，拆掉吴淞铁路主要是基于国防安全的考虑。这种考虑也并不是完全错误。后来修建的从天津到北京的铁路，在八国联军侵华期间就成了侵略军进军北京的运兵铁路。

洋务运动中，铁路修不修、何时修、在哪里修、怎么修的决策过程，清政府上下的决策者们主要都是基于财政和国家安全的考虑来做决定的，是很现实的考虑，文化思想意识形态方面的影响不能说没有，但是极小。从拿钱参与铁路施工的穷苦人民，到花钱体验火车的全国富裕阶层，中国人上上下下都对铁路这类新鲜事物的接纳程度极高，总体上不存在盲目排外的问题。其间，即使有个别比较荒唐保守的思想言论，也是全人类共有的对新鲜事物的陌生感、恐惧感的体现，

---

① 雪珥：《天子脚下：晚清政局与天津特区对外开放》，中国青年出版社2018年版，第274页。

与中国文化的特质无关。一个叫高思特的英国人在1899年写了一本书，叫《中国的进步》。他在书中比较了中国人和英国人对修建铁路的态度，认为面对新技术新事物，中国人比英国人更加开明和积极。他说：

"60多年前在英国，当人们建议筑造第一条铁路时，全国吵闹反对。如果那些喜欢嘲笑中国人害怕蒸汽机工厂和铁路运营的人们，能回忆及此，不是没有好处的。那时英国人所提出的反对，比今天中国人所表示的厌恶，可笑得多了。中国人不喜欢他们的墓地受到侵害，或者是他们的风水规条受到破坏。但是在英国，一个著名的律师居然说，狂风时，蒸汽机将无法运转，即使搅拨火炉，甚至增加蒸汽的压力到锅炉要爆炸的地步，也是毫无用处的。医学家说，隧道的暗淡与潮湿、汽笛的尖叫、机器的飞转，都将给公共卫生带来很大的损害。机车通过时的火花，将引起房屋火灾。乡绅们则担心自己牧场上的牛将受到惊吓而不再进食，母鸡则将停止下蛋。"

在遇到火车这种从未见过的庞然大物的时候，任何国家的普通人都会出现恐惧感，担心它会造成一些难以预料的危害。这种情况绝不是只会在中国发生。

真正的情况是，当满洲人发现已经无法阻挡汉人学习西方的时候，满汉双方迅速开展了学习西方的竞赛：清政府拼命想让八旗拥有最先进的武器，快速建立电报系统加强对地方的控制，汉族大佬们也拼命搞钱来武装自己的军队，建立自己的兵工厂。

正因为如此，在那些把"主张学习西方"当成一件了不得的远见卓识的人看来，晚清政坛从慈禧到李鸿章，从恭亲王奕䜣到醇亲王奕譞，当权派们全是一群开明的、开放的、积极谋求改革的政治家，无一人反对学习西方。甚至连英国人海关总税务司赫德也成了推动中国政府管理体制现代化的先驱人物。他们全都在处心积虑地推动中国学习西方。但不知道为什么，洋务运动竟然失败了，甲午战争中国竟然一败涂地。中国跟美国、德国、日本一样，都在一场激烈的内战以后谋求富国强兵，同一个时期、类似的做法，结果其他三国都成了新兴霸权国家，只有中国成了被列强瓜分的对象。他们不能理解，因此只能往虚无缥缈的"文化基因"上去找原因，认为洋务运动的失败，并不是慈禧、李鸿章、赫德这些掌握着中央枢机、国防精锐、列强授权的显赫人物的过错，而是诸如倭仁、宋晋、徐桐、翁同龢这些手上无一兵一卒、只能写奏章提建议的人搞坏了事儿，认为是这些人受中国传统文化影响，力主保守，反对学习西方，成了洋务运动改革的"绊脚石"，让国家"改革"失败。相反，满洲勋贵、淮军集团、西方列强，都在一心推动中国现代化，只是因为中国文化基因太差，中国人过于愚昧无知，最后才给搞坏了。

这种看法相当荒唐可笑，一群腐儒、一堆古书哪有力量挡得住皇权、军权和列强的联合意志？

整个洋务运动中，最烂最坏的，恰恰就是以慈禧、李鸿章、赫德为代表的这一批人，以及背后支持他们权力的利益集团。只有他们足够烂、足够坏，才能在19世纪下半期，在这个第二次工业革命蓬勃开展、第一次世界大战爆发之前、全球大国格局重新"洗牌"的重大历史机遇期，让中国经过30多年的和平建设，只搞出来一批中看不中用的"形象工程"，外表光鲜、里头稀烂，被一个新兴的海外小国一戳即破。这批人共同的特点，就是都支持中国学习西方，嘴上都把中国富国强兵作为自己的工作目标，但背后都在为自己和自己所代表的利益集团算计，时时处处以本人和本集团利益优先。他们所代表的集团或阶级，都只在乎自己的利益，而且贪得无厌、欲壑无穷，打着富国强兵的旗号拼命把好处往自己兜里揣，他们经常因为分赃不均而内斗，但在合作剥削中国人民的血汗所创造的财富方面则完全一致。

清流派，只是满洲勋贵和汉族士绅们进行内部分赃的斗争工具，他们的思想和言论，无论是"清"是"浊"，对国家重大军政决策影响甚微，也决定不了洋务运动的成败。

通过科举制度选拔出来的清流官员，并不全都是迂腐保守的，其中不乏有才干也有操守的人才。曾国藩在建立湘军之前，可以说也是朝中"清流"。张之洞以清流而转型为地方实干型政治家，一身清廉而专心洋务，跟左宗棠一起撑起洋务运动的半边天，最后也取得了一些成就，他主持建设的钢铁厂、煤矿、军工厂等最终投入、产出的效率都远远超过了李鸿章主持建设的江南机器制造总局、天津军械局。

此外，朝中清流派对整顿吏治、改革司法做过很多有益的讨论，并不是一门心思反对改革。晚清著名的"杨乃武与小白菜案"①，就是翁同龢等清流人士主持的，为两个被司法系统的腐败无能冤枉的普通底层人民申了冤、翻了案。坚持"祖宗之法不可变"的极端保守派在清流中也只是一个非主流的分支②。

但清流派这些成绩和有益的讨论，对大局并没有产生很大的影响。

把"学习西方"的旗号举得最高、吹得最好的李鸿章，以及在背后信任和支持他的慈禧太后，这两个人才是中国近代学习西方、实现现代化最大的"拦路虎"和"绊脚石"，其间的辩证关系，是值得我们深思的。

中国社会的进步，最不需要的，就是漂亮的口号和华而不实的形象工程；最需要的，是能打破既得利益格局的勇气，尤其是与自身利益和支持自己的利益集团的利益进行斗争的勇气。如果当权者自己就贪婪无耻，时时处处把自身利益放在第一位，不管多正确的路线和口号都只会阻碍中国社会的进步而不是促进。

民间保守观念对洋务运动的阻碍，比清流派中的"保守派"力量更加微弱。面对民间的反抗，洋务大佬们的处理方式非常简单。沈葆桢在给马尾造船厂征地

---

① 杨乃武与小白菜（本名毕秀姑）都是浙江余杭人。毕秀姑丈夫去世，坊间传言为杨乃武与小白菜有私情，联合将其毒死。知县刘锡彤因与杨乃武有过节，便借此机会刑讯逼供并篡改供词和尸检结论，做成冤案，判处二人死刑。杨家人不服，在地方申冤，都没有结果。最终一路上诉到北京，托关系把诉状交给翁同龢。翁同龢看过之后，认为疑点重重，上书慈禧请求重审。后经过反复审理，通过再次开棺验尸证明毕秀姑的丈夫并未中毒，而且之前审理供词中的砒霜购买地点爱仁堂并不出售砒霜，供词为屈打成招所得，遂将二人无罪释放。

② 晚清清流派与明末东林党不可同日而语。清流缺乏强有力的利益集团支持，内部派系林立，有极端保守派，也有改革派，还有投靠各大实权派别的政治傀儡和投机分子，等等，并没有一个统一的组织和意识形态。东林党背后有东南豪强的经济支持，文官集团"文官统兵"的制度让他们可以掌握军权，又有统一意识形态支持初步的政党形态，因此能深刻影响国家的政治军事经济格局。晚清军权控制于满洲和湘军系，朝廷文官系统不掌握兵权，地方实权督抚又掌握厘金等财政收入，海关为列强所控制，清流几无实权。因此，东林党和清流虽然看起来都有喜欢以言论影响政府决策的行为，其实为两种完全不同类型的政治群体。东林实力祸国，需对明朝灭亡负重要责任；而清流并不怎么祸国，对清朝兴衰的责任不大。

建设的时候，就遇到村民们的反对。本地村民以保卫祖宗坟墓和个人财产为由把拆迁队伍赶走了。沈葆桢得知以后，派出炮艇开过去对准那个村庄。村庄的首领立刻服软，交出几个带头闹事的村民。沈葆桢下令把他们斩首示众，拆迁便得以顺利推进。还有那个跟地保串通、索要过多铁路拆迁费的上海农民李昆荣，洋人去找官府投诉，宝山县令一句话，把他抓起来鞭笞，没几天就因伤口感染而死。

在敢于杀掉上千万人以维护自己统治的势力面前，什么祖宗坟茔不能动、祖宗之法不变之类的思想观念根本不值得一提。这些势力的丑恶私欲，以及他们之间内部的斗争，才是国家衰落的根源。

镇压太平天国运动和捻军起义以后，中国学习西方的速度是惊人的。左宗棠西征的时候，中国军队就已经装备了世界上最先进的步枪和火炮。遍布中国的电报系统也在十年之间就建立了起来。马尾造船厂已经具备制造船用蒸汽机和装甲舰的能力。在上海，甚至连证券交易所也建立了起来，任由民间进行期货和股票买卖。高思特在《中国的进步》中也不禁感慨地说："对中国从1860—1895年之间的迅猛的进步，实在不能不感到惊叹！"

几百年来，中国所有掌握军队的实权派别都主张学习西方，都知道对自己能控制的军队而言，士兵们的武器越先进越好，制造武器的机器越高效越好，运输士兵的工具越快越好，传递命令的信息系统越发达越好，挣钱来养活军队的渠道越多越好。李鸿章的洋务观念，并没有超出这个范畴。因此，评价李鸿章参与洋务运动的功过，就不能以他发表了多少主张学习西方的言论，提了多少"开风气之先"的建议来衡量，而只能用他实际办事的成果和绩效来衡量。他镇压了太平天国运动、捻军起义，然后积极参与并主导洋务运动，那就必须证明自己能比太平天国起义者更好地学习西方，更好地推动中国社会进步，才能有资格被认为是"改革先驱"。

不管是用中国历史来做纵向对比，还是拿同时期的其他国家来做横向对比，洋务运动都是非常失败的。其核心不过是清王朝的两大反动阶级，依靠洋人控制的海关和对内贩卖鸦片获得的钱财，购买外国先进武器，建设近代化兵工厂用来加强内部镇压的自保行动。李鸿章作为洋务运动的代表人物，集祸国、窃国、卖国于一身，杀人如麻、结党营私、贪污腐败、畏敌如虎、卖国求荣，是洋务运动的最佳形象代言人，也是洋务运动失败的一大关键因素。

现在还有一种奇怪的论点，认为是左宗棠收复新疆花钱太多，导致朝廷给李鸿章建海军的经费没给够，这才导致了甲午惨败。这种观点实在是匪夷所思。这两次战争前后相隔十多年，中间还打了一次中法战争。新疆之战和中法战争都成功地保障了中国一个战略方向上的安全，为李鸿章在"朝鲜—日本"方向安心经营提供了保障。甲午战争期间，甘肃又发生回民起义，并波及青海和关中地区，为了镇压这次规模不大的起义，清政府便开支军费1000万两[①]。如果新疆丢给了阿古柏和俄国，甘陕地区的叛乱是会增加还是减少？很显然，如果有来自新疆的支援，这些地方的叛乱只会增加不会减少，为此又将不得不多开销很多个1000万两。如果西南输给了对法国的战争，割地、赔款的损失也少不了。中国的地理环境本来就是海陆双向受敌的位置，每个方向都要兼顾，任何一个方向被击垮都会带来无穷无尽的麻烦。

左宗棠与李鸿章的国防路线之争，长期以来被误解为"塞防"和"海防"之争，这是一种有误导性的表述，准确的表达是"海防和塞防兼顾"与"不要塞防只要海防"之争。左宗棠秉承的是"海防和塞防兼顾"的战略，不是"只要塞防"战略。左宗棠不仅主导了西征新疆，还参与了中法战争后期在福建和台湾与法国海军的对抗，他一出手，海陆两个方向都能取得胜利，不仅在理论上而且在行动上把"海防"和"塞防"给兼顾了。李鸿章是"片面海防"战略，只要海防不要塞防，而且在实际操作中是只要北洋的海防，不要南洋的海防，这是基于个人私利的片面且错误的做法。之所以后世觉得李鸿章好像有远见，日本真的如他所说成了中国最大的威胁，那是因为负责对日防御的李鸿章，硬生生地把一个没多大威胁的小国养成了威胁中国生死存亡的列强。李鸿章之所以很有远见地"看到"日本对中国威胁最大，是因为只有拼命夸大日本的威胁，才能给自己揽权、要钱找到足够的借口。

从总体来看，不存在左宗棠主张"塞防"、李鸿章主张"海防"的问题。左

---

① 吴廷燮：《清财政考略》，1914年，第22页。

宗棠是"塞防"防住了，"海防"也防住了；李鸿章是"海防"不行，"塞防"更不行，他主要是耍嘴皮子行和给自己捞好处行。左宗棠配合刘铭传守住了台湾，李鸿章则丢了台湾，即使在"海防"上，李鸿章跟左宗棠相比也是个彻底的失败者。

欧亚大陆的两端，有两个重要的岛国，最西端是英国，最东端是日本。英国能够崛起，是因为欧洲大陆长期处于分裂状态，它可以不断利用西班牙、法国、荷兰、德国甚至俄国之间的矛盾，拉一家打一家，为自己赢得战略优势，这是关键。而日本从地缘上来看，是很难崛起的，因为它旁边的东亚大陆长期存在一个统一的大国——中国。中国的综合国力实在过于强大，即使在衰落的时候，要遏制日本也问题不大。明末日本侵略朝鲜，就被明军给打了回去。到李鸿章主政时期，要遏制日本，机会也很多。1875年日本侵略台湾就应该让他有来无回，全歼其登陆侵略军和后勤海军毫无困难，但李鸿章退缩了，反而向日本赔款50万两。

1886年，北洋水师到日本长崎做军事访问，结果因为日本民间的长期仇中情绪和对中国先进军舰的嫉妒，竟然发生了对北洋水兵的屠杀事件，杀死北洋水兵八人，伤42人，史称"长崎血案"。这是一次单方面的屠杀而非斗殴，因为在此之前三天已经发生过北洋士兵在岸上遇袭的事件。丁汝昌误以为是斗殴，下令此后北洋士兵们都不准携带武器下船，并严令不得与日本居民冲突。士兵们是在上岸购物消费的过程中被数百名手持凶器的日本人包围攻击的，其中还有不少日本警察。发生这种事情，琅威理当时就建议应该抓住机会对日开战，炮轰长崎，消灭其还比较弱小的海军以扼杀日本的战略威胁。这一建议遭到丁汝昌和李鸿章的否决，最后"长崎血案"以"双方互殴"的形式结案，中日双方互相赔偿对方死伤，日本多赔了几万块钱，连个道歉都没有。这时候英国还是支持清朝的。琅威理都主张打，也就意味着对日开战不会有外交压力。

"长崎血案"的处理方式，说明李鸿章在很大程度上把日本这个威胁当作向朝廷索要海军经费的借口，有传统的"养寇自重"思维——如果一战就把日本海军灭了，接下来还怎么找朝廷要钱？

日本海军就在李鸿章的纵容下，一步一步成长壮大起来。等到日军羽翼成熟了，也没打算感谢李鸿章的恩惠，毫不客气地发动了侵略战争。在这场战争中，李鸿章的淮军一溃千里，把大量的军需物资留给了日军。其中最神奇的是，在旅顺，日军竟然还缴获了6000吨铁轨。原来，清政府内部经过数年讨论研究，最终在1891年批准李鸿章的报告，决定修建关东铁路和津沽铁路的联络线，用于加强对东北的控制，对抗日本和俄国的侵略企图。为此给李鸿章每年200万两银子。李鸿章拿着这笔银子去欧洲进口了6000吨铁轨，耗费巨资运到旅顺，结果旅顺保卫战只打了一天，淮军就弃城逃跑，连弹药都没来得及销毁，就更不顾上这批铁轨了。当时日本也在筹划修铁路，但财政开支集中于军队建设，得到这批铁轨后大喜过望，立刻运回国内用于铁路建设。李鸿章不仅为日本解决了军需问题，一路供应火炮弹药，连民用铁路问题也一起给解决了。

通过甲午战争，日本获得了总共2.3亿两银子的赔款，又掠夺了包括大量火炮、铁轨在内的军用、民用物资，有人估算大约价值8000万至1亿两白银。也就是总共获得了超过3亿两白银的巨额收入，是其1884年全年财政收入的五倍以上。日本利用这些赔款和物资建立了军工、钢铁、铁路、航运、采矿、电报电话等近代企业，快速地完成了产业革命，还完成了从白银本位到金本位的币制改革。数据显示，在获得赔款的第一年（1895年）至1900年的五年里，日本的工业化成就相当于明治维新以来至甲午战争30年的总和[1]。李鸿章在甲午战败以后，狠吹自己"以一人敌一国"，以推卸战败责任；按照这个逻辑，我们也可以说他是"以一人强一国"——他一个人为日本工业化所做的贡献，就比整个明治维新派做的贡献都大。

日本作为一个海上岛国，临近中国这种广土巨国，其兴衰并非是自己能够控制的，必须有大国的"配合"才行。只要中国稍微表现正常，无论其本国的英雄人物们如何奋发努力，也无法摆脱二流地位，只能充当大国博弈的"棋子"。只有当中国四分五裂陷入军阀混战的时候，或者在大一统时期出现李鸿章这种人物

---

[1] 黄治军：《晚清最后十八年》第一卷，花城出版社2016年版，第225页。

的时候，他们的努力才可能产生奇迹。

对甲午战争中淮军的表现，我们并不要求他们像左宗棠的西征军一样平推对手，只需要像中法战争一样就可以了。可以把朝鲜丢掉，可以守不住平壤甚至守不住鸭绿江，可以在海军正面对决中失利，但起码能像中法战争后期一样，依托旅顺这样的堡垒要塞搞好纵深防御，不要一溃千里，不要把大量战略物资白送给日本。最后哪怕跟日本签一个像《中法新约》那样的条约就是胜利，可以放弃对朝鲜的宗主权，可以给日本一些通商贸易的特权，但不割地、不赔款，让日本的战争消耗得不到补充，杀敌3000自损1万都行。这样的要求并不苛刻，李鸿章完全可以也应该在清政府实际给他的权力、资金和资源范围内做到这一点。这一点都做不到，说他祸国、窃国、卖国就绝不冤枉他。这一点都做不到，还要把他吹捧为"先驱"，那就是天大的笑话。

十、第一伪人：李鸿章的路线与真伪

要说李鸿章一点好事都没有做，那也不客观。例如兴建新式学堂，兴办近代企业，就是好事。但相对于他的权力、地位所掌握的资源而言，这些事并不能成为评价其历史功过的主要标准。普通人积累一生财富，用来修建一所小型学堂可能都不够；一个人用尽全部精力创业，最后能让一家小企业活下来就算很厉害了。但作为直隶总督，只需要点个头，一所学堂就可以建起来，一个企业就可以办起来。办学堂，也就是财政支出的零头；办军工企业，背后有军事采购支撑，产品不愁销路；办轮船招商局，直接把漕运业务划过去，用漕运收入就能支持它的日常开支。说来说去，这些近代企业的钱，都是来自财政收入，不是花的李鸿章的钱。财政收入扣除日常行政开支，能结余的主要就是海关、厘金两大类，关税最大宗的商品是鸦片，厘金中除了传统的盐税，最大宗的也是鸦片。手握枪杆子，把这些钱拿过来花，建起来几所学校、企业，买几艘外国先进军舰，都不能算多大本事。关键是钱花出去，要搞出成效来，要比同时期的日本人更高效，才算本事。数千万两的银子花出去，把企业搞得半死不活，产品质量差、价格贵，军队战斗力一塌糊涂，还养了一大堆贪官污吏，通过办企业、建海军等方式把国家的、人民的银子不停往自己家亲戚和亲信的口袋里装，那就不仅是没本事，而是窃国大盗、民族罪人。

李鸿章这个人特别有才华，文章写得非常好，"数千年未有之变局"、"中国士大夫沉浸于章句小楷之积习"这些都是千古名句，读起来令人印象深刻。李鸿章年轻时去北京赶考，写了"一万年来谁著史，三千里外觅封侯"；老了的时候，又写了"秋风宝剑孤臣泪，落日孤星大将坛"，都是绝妙好词。

也正因为如此，李鸿章似乎特别容易被文人学者所"理解"。普通老百姓知道了李鸿章干的那些事儿，都会第一反应骂他是卖国贼。许多学者经过深入研究，阅读了李鸿章的奏章、笔记、书信等一手材料之后，却往往会改变想法，觉得李鸿章特别不容易，特别想把事情办好，很多决策都是在真心为国家强大、社会进步考虑。在产生这种"同理心"之后，就倾向于努力为李鸿章辩护，总觉得好多事儿他都是逼不得已。这就上了李鸿章的当。

越是有才华的人，便越容易利用自己的文字功夫来骗人。李鸿章不仅自己文字功底深厚，手下的幕僚也个个都是文字高手。拿着奏章、书信上的文字，以及李鸿章的幕僚们的回忆录研究李鸿章，用于了解历史事实则可，想借此"读懂"李鸿章的内心世界，那就难免上当受骗了。

中国古代官员们的奏章，无一不写满了家国情怀，每一个观点，都从国家民族大义出发展开，文字精妙之处，能把读者感动得痛哭流涕，但其真实目的，则往往隐藏的很深，真伪难辨。光看李鸿章的奏章，我们会以为清朝完全是被慈禧太后和清流派搞坏的。

我们对手握军政大权的政治人物的评价，从来都不应该看他们在奏章和书信中说了什么，而是要看他们实际做了什么，做成了什么样子。尤其是，在他们的个人利益、小集团利益和国家利益发生明显冲突矛盾的关键时刻，他们是如何决策，如何行动的。这才是关键。

曾国藩给李鸿章做过一个评价："李少荃拼命做官。"这句话说得很到位，李鸿章就是一个削尖了脑袋想做大官的人，没有什么做人的底线或家国情怀。晚清文人黄濬对此也做过总结，说曾国藩、左宗棠二人"皆不勾结宫廷王公太监，稍存书生本色；李文忠则好结内援，宦术深矣"①。

以李鸿章的聪明才智，早就想明白了，在晚清政坛要把官做大、坐稳，一定要把握三个关键：第一个关键，是要死死抓住兵权，这是安身立命之本，所以关键位置只用淮军嫡系；第二个关键，是要跟满洲权贵们同流合污，这是政治同盟的根基，所以以贪腐联络高层，笼络手下是其基本手段；第三个关键，是要倚靠列强，拉大旗作虎皮，凡事总要强调学习西方，这样才能有充足的借口找朝廷要钱，把海关每年几千万的银子尽可能多地装进自家口袋，再打着"造不如买"的旗号把钱花到列强头上，换取列强支持，有钱、有枪、有靠山，地位自然稳如泰山。

李鸿章打着"学习西方、富国强兵"的旗号要钱，显然就是后者。也就是说，不管是办学校、建企业，还是买军舰、修铁路，在他那里都只是要钱的借口而非真正的目的。要钱的时候，奏章里写满了对国家民族前途的忧虑，一开口就是"三千年未有之变局"，谁反对谁就是千古罪人；一旦要到钱，就大把大把地往自己兜里揣，做点表面功夫糊弄朝廷。

1894年3月，甲午战争爆发之前四个月，李鸿章给朝廷上了一道奏章，请求户部给35万两银子购买一批速射炮用来装备海军。由于1891年朝廷决定停止购买海军军火两年，到1894年这个禁令到期了，然后就没有再表态。这道奏章也是在试探朝廷的态度。

朝廷收到奏章，只批了五个字：该衙门知道。

这五个字的意思比较含糊，可以做两种解释。第一种是：知道了，不准买；第二种是：知道了，不给钱。由于购买禁令已经到期，第二种解释显然更合理。

从李鸿章的上奏内容来看，他很清楚日本海军建设发展很快，也非常忧虑日军会对华开战，而这一批速射炮对于北洋水师的战斗力影响很大。35万两银子不算多，实际上，李鸿章自己手里掌握的军费要买这一批速射炮是很简单的事情。李鸿章手里有多少钱呢？甲午战败以后，朝廷指派王文韶接任直隶总督，在办理

---

① 【清】黄濬：《花随人圣盦摭忆》，转引自易惠莉：《光绪六、七年的晚清中国政坛》，载《近代中国》第18辑。

交接的时候，光其淮军钱粮所的账户上就有800多万两银子的结余①。同时，在汇丰银行等外国银行的账户上，北洋海军也还有260多万两的银子。

但是，朝廷不另外给钱，他就坚决不会自己掏钱。在李鸿章看来，北洋水师建设是国家项目，我只负责要钱，给多少钱办多少事，不给钱就不办事儿。在朝廷看来，北洋水师一半是国家水师，一半也是李鸿章的淮军势力，朝廷已经给了3000多万两的银子，剩下买几门大炮之类的钱让你李鸿章自掏腰包还不行吗？再说你隔三岔五就找朝廷要钱，每一次都说这回要的钱用途特别重要，不给这个钱国家就没有希望，大清国就快完蛋了，朝廷哪里知道这一回买速射炮到底是真重要还是假重要。

李鸿章可不管这些，已经落入腰包的钱统统不算数，不给钱就不买。

也有人认为，朝廷不批，李鸿章就没有权力买这批速射炮。比如《决战甲午：1894—1895》的作者就在书中说："（李鸿章）只能眼馋口水干着急，除非他活得不耐烦了。抗旨不尊、私购军火，想造反吗，不想活了？"

这种说法是错误的。

首先，1891年的两年禁令已经过期了，后边朝廷让不让买没有正式说法；其次，朝廷的批复是"该衙门知道"，没说是不给钱还是不准买。就跟马尾海战，军机处给张佩纶的电令"法人如有蠢动，即行攻击"一样，属于模棱两可的表

---

① 梁士诒《三水梁燕孙先生年谱》记录了他本人与王文韶在光绪二十九年（1903年）的一次对话。王文韶说："当甲午之后，李文忠赴日议约，离北洋大臣任，由我接替，列册交代，有淮军银钱所存银八百余万两。此系文忠带兵数十年，由截旷、扣建而积存者。如果我王某人带兵，此款是否应该交出，尚费斟酌，然文忠淡然置之。及后既列作公款，我离任后，由荣仲华而至袁慰亭，中经庚子之乱，此款独能保存。今慰亭移作小站练兵之需，气象雄润，是受李文忠之荫也。"王文韶说这个事儿的意思是夸奖李鸿章愿意移交这笔钱而非私藏。梁士诒记录这段话之后又夸李鸿章"廉洁"，并无污蔑之意，且为直接从王文韶口中得知，当为可靠史料。又有刘秉璋之子刘体仁在其所著《异辞录》中说："淮军自始至终，每年皆发饷七关有半，而南北设粮台坐收各省解款。先以解款不到而致欠饷，既到不以发饷，遂积成巨款。李文忠直隶总督任内，淮军银钱所专司其事。历王文勤、荣文忠两公，泊文忠复任，犹存五百余万两。文忠逝世，项城用以扩充新军至六镇之多。"两文献对照，甲午战争前李鸿章手握淮军军费结余800万两之事当无疑问。

达，张佩纶可以自由界定含义，从而获得抢先开火权。李鸿章如果真的担心日本发动战争危害国家安全，而不只是想找借口要钱，他有足够多的办法将其解释为"知道了，不给钱"，而不是"不准买"，然后声称已经向朝廷打过报告，自己去把这批速射炮买回来。花的也不是李鸿章的私人财产，而是朝廷在其他时间从别的渠道给的经费的结余，但他就是不买。

退一万步说，就算真有圣旨命令李鸿章不准买，然后李鸿章真去把这批速射炮买回来了，清政府不会拿他怎么样。北洋水师是国防军，在向朝廷打过招呼的情况下去购买武器，扣"帽子"扣不到"造反"的问题上。朝廷要是为了这点小事就给李鸿章扣"造反"的"帽子"，说不定真的会把他逼反，环京地区的精锐全是李鸿章嫡系掌握，到时候谁先倒台还不一定。而且要给李鸿章治罪，也过不了慈禧太后这一关。光绪在1885年大婚以后亲政，慈禧给他定的规矩就是二品以上大员任免需要经过她批准。处理李鸿章的弹劾奏章递上去，慈禧一看：李鸿章自己掏钱给海军买了几十门火炮，想让我60大寿能过的安稳些，朝廷也知道，你们却想整死他？这不是跟我过不去吗？哪怕是为了给皇帝面子，最多也就是定个抗旨不尊的罪名，让李鸿章背个处分，下不为例。

左宗棠曾经公开质疑慈安太后是非自然死亡，慈禧都没敢拿他怎么样，只能在暗处略微架空其实权。曾国藩在英法联军进攻北京之际，抗旨不尊拒绝北上勤王，慈禧和肃顺还要抢着给他升官。朝廷任命的两江总督在湘军的地盘上被人直接捅死，也没有任何湘军将领被追责。太平天国运动以后这批手握重兵的大佬，不是清政府可以随便动的。1891年暂停购买海军装备的旨意，无非就是朝廷的钱不够用了，想从海军军费头上节省而已。1894年的李鸿章无论在兵权实力还是受慈禧信任的程度上，都远胜于当年的曾国藩和左宗棠，自己决定买几门海军火炮或者进口一些锅炉、橡胶等维护军舰的零配件，根本就是一件无关痛痒的小事儿。购买程序有点问题，骂他的奏章肯定不会少，但他的位置稳当不稳当，跟有没有人骂他根本就没关系。中法战争期间他都快被弹劾奏章淹死了，法国公使福禄诺提出的三个补充条款，他对朝廷隐瞒不报遭到朝廷严厉斥责，还不是照样没事，没有人能利用这些小事中存在的程序性瑕疵来撼动李鸿章的政治地位。

再进一步讲，光绪皇帝跟李鸿章也没什么矛盾，他爹醇亲王跟李鸿章甚至可以说交情不错，1886年视察北洋水师之后在慈禧面前大力把李鸿章夸奖了一番。李鸿章也保举醇亲王心腹张翼担任开平煤矿总办，开"海防捐"帮醇亲王解决颐和园建设经费。双方互动相当默契。光绪和醇亲王，都有点拉拢李鸿章获得其政治支持的意思。真正跟李鸿章过不去的是皇帝的老师、大学士翁同龢，二人之间既有清流与淮系的斗争，也不排除有一些私人恩怨，比如翁同龢长期认为其父在太平天国战争期间被曾国藩弹劾治罪的折子是李鸿章写的。但以翁同龢的政治能量，也就能在户部拨款的问题上给李鸿章穿穿"小鞋"。想以程序性问题为借口给李鸿章治罪，连光绪皇帝这一关都过不去，更别说慈禧太后了。

这些权力关系，老谋深算的李鸿章不会不清楚，他不掏钱的原因就是不想花钱，还有就是不想闹出争端，加强自己在慈禧心目中"忠臣""老实"的形象，不是害怕因此获罪。

大敌当前，作为最了解敌方情况的一线统帅，不给钱就不办事儿，自己控制的经费坚决不动，背个处分的风险都不愿意承担。为了保持自己的政治地位，在关系国防安全的事情上也要对上搞"韬光养晦"，这就是李鸿章在国家安全利益和个人政治利益之间的权衡算计。

从黄海大东沟海战的实际情况和李鸿章手中淮军军费、北洋军费的结余情况来看，如果算总数，朝廷给李鸿章拿去防御日本的经费不仅够用，而且有很大的富余。

1891年，朝廷在暂停海军购买经费的同时，又批准了李鸿章申请多年的铁路建设计划。海军的经费暂停了，改为每年给李鸿章200万两银子在东北筹建铁路。因为这一年李鸿章上奏朝廷说海军建设已经初见成效，可保渤海门户安全无忧了，同时又宣称日本和俄国正在谋求夺取东北，陆地防御存在严重缺陷，强烈要求把朝廷原本批给张之洞修建从汉口到卢沟桥的卢汉铁路的银子拿过来给他修通往东北的铁路。

张之洞跟沈葆桢一样，从大局出发，愿意放弃自己已经到手的利益，主动给朝廷上奏把银子转给李鸿章。张之洞这个举动很不容易。因为卢汉铁路是他在两广总督任上提的建议，整个铁路线路不经过两广，跟他没关系，完全是从国家整体利益出发提的意见。朝廷觉得他意见提的好，把他调任湖广总督去负责卢汉铁

路。湖广总督的地位低于两广总督，张之洞离开广州去了武昌，两广总督的位置
被李鸿章大哥李瀚章接替了，结果卢汉铁路不修了，钱要转给李鸿章，他两头吃
亏，却立刻表态支持，这是很大度的做法。张之洞和李鸿章做人做事的区别，由
此可见。

朝廷为光绪大婚、慈禧过寿多花钱当然不对，但给李鸿章的银子一直没停
过。李鸿章一边哭穷，一边在陆军账户上躺着800万两银子、海军账户上躺着
200多万两银子坚决不动。最后日本人打过来，海军军舰被日军俘虏并划入日本
海军，铁轨也被日军截获搬到日本修铁路去了。

甲午战败以后，李鸿章为了推卸责任，以"裱糊匠"自嘲，说："我办了一
辈子的事，练兵也，海军也，都是纸糊的老虎，何尝能实在放手办理？不过勉强
涂饰，虚有其表，不揭破犹可敷衍一时。如一间破屋，由裱糊匠东补西贴，居然
成是净室，虽明知为纸片糊裱，然究竟决不定里面是何等材料。"

这句话，跟中法战争期间，他向张之洞解释和谈原因的时候说的那句
话——"进和议者二赤，我不过随同画押而已"——是一个意思，就是把责任都
甩给别人。屈膝投降的责任甩给赫德，内政腐败的责任甩给清政府，把自己摘个
干净。

李鸿章说自己是"裱糊匠"是真，说自己不能决定里边是何种材料是假。海
军的炮弹里边是煤渣还是炸药，"致远号"船舱里的密封橡胶是好的还是烂的，
军舰用的煤炭是五槽煤还是八槽煤，海军司令是专家还是外行，旅顺统帅是懦夫
还是勇将，平壤统领是左宝贵还是叶志超……这些都是他能决定的。李鸿章办
洋务，如果用搞工程建房子来比喻，那也应该是："收了钢筋混凝土的钱，干了
裱糊匠的活儿。"

要说李鸿章是日本派来的间谍，一门心思想着怎么掏空大清国的根基，那肯
定不对。在淮军集团的利益和国家利益一致的时候，他也乐得干些有利于国家的
事情，这是他能够欺骗很多历史研究者同情他的原因。但在二者利益发生冲突的
时候，他就会真相毕露，毫不犹豫地选择自己和淮军集团的利益。当海军提督的
专业需求和他任用淮军嫡系的私心相矛盾的时候，他选择了后者；当尽快确定平
壤统帅打击日军与确保自己嫡系对军队控制力相矛盾的时候，他选择了后者；当

任命专业勇敢的将领守卫旅顺与给自己心腹亲信安排肥缺相矛盾的时候，他选择了后者；当天津军械局等需要专业负责的人才管理和让自家亲戚掌控重要资源相矛盾的时候，他还是选择了后者。对一个直隶总督、北洋大臣、淮军领袖兼于一身的国家重臣而言，判断其功过真伪的关键标准，并不是他直接安排建设了几所学校、几个工厂，更不是他在文章中写了什么、对别人说了什么，而是他制定了什么样的战略路线，然后在关键的位置用了什么样的人去执行他的路线和战略。

事实证明，李鸿章制定的是"以学习西方为政治旗号，以满汉同盟为政治基础，以私人军队为政治倚靠，以依赖列强为外交战略，以造不如买为发展方针"的战略路线，并在关键位置全部使用才不堪用的淮军嫡系人马来执行这样的路线。

在其公开宣传的忠君爱国的路线方针与其个人的、小集团的利益在关键问题上出现矛盾的时候，李鸿章总是选择后者。

正因为如此，对李鸿章的评价，跟曾国藩、左宗棠等镇压太平天国运动起家的汉族实权派们相比，要多一个特殊的定位——"伪"。

一个人的"真伪"与"好坏"并不完全等同。站在进步的和正义的立场，曾国藩、左宗棠参与镇压太平天国运动，都是错误和反动的。但这两个人都是"真人"而不是"伪人"。也就是说，他们真心相信自己公开宣称的那一套思想理论，坚信自己的行为是正义、正确的，并且愿意为了这些东西而献身。"革命者"们跟他们的区别主要是对进步和正义的看法不同。曾国藩也会用《解散歌》《爱民歌》这些文字把戏来骗人，但总的来说，他真心相信"忠君理学"那一套东西，随时准备为这套信念牺牲自己的一切。他之所以杀那么多人，是认为此乃维护自己的信仰所必需。左宗棠就更是如此，其军队纪律良好，不杀降不屠城，为官清廉，不治私产。在真伪问题上，曾国藩大约是七分真、三分伪；左宗棠、张之洞差不多能做到九分真、一分伪；像沈葆桢这种油盐不进的书呆子，几乎就是十分真了。

曾国藩和左宗棠的对手——太平天国的主要将领们，也都是真大于伪的。洪秀全虽然行事荒唐，但他没骗人。他真心相信"天父皇上帝"那一套，坚决按照自己幻想的"天父皇上帝"信仰来行动做事。南京围城缺粮食，他鼓励大家吃青草，说是上帝给的食物，他就敢自己带头吃，最后把自己给吃死了。杨秀清虽然玩弄"天父附体"的把戏，在执行自己的"人民革命"路线方面却毫不含糊。其他如萧朝贵、石达开、李秀成，也都是如此。

左宗棠跟曾国藩决裂，后来还不断地攻击曾国藩"伪"，那是因为左宗棠对真伪的衡量标准要高于曾国藩。曾国藩看似一门心思忠君卫道，实则为自己家族利益考虑，为自己名誉考虑的地方很多，权谋、权术也玩得炉火纯青，并不是什么理学圣人。这一点，左宗棠看的很准，批的也很对。但曾国藩和左宗棠的区别，只是谁作伪的地方多一些谁少一些的问题，总体都是真大于伪的。所以曾国藩死了，左宗棠还是给他送了一副挽联表示敬意。曾国藩对左宗棠的评价也很高："论兵战，吾不如左宗棠；为国尽忠，亦以季高为冠。国幸有左宗棠也。"而对李鸿章，曾国藩认为其有宰相之才，也有"李少荃拼命做官"的调侃和"成一令名、作一好人"的嘱咐。事实证明，李鸿章做官的本事超过了曾国藩，但始终没有达到曾国藩"成令名"和"做好人"的标准。

从洪秀全到曾国藩，从杨秀清到左宗棠，从石达开到沈葆桢，从李秀成到张之洞，他们都和李鸿章有着本质的不同。李鸿章这个人是没有什么信仰的，忠君爱国谈不上，理学卫道也谈不上，学习西方在他手里就是一个揽权和要钱的工具，不管是带兵打仗还是为官做宰，他最关心的始终都是自己的权势，是一个比较典型的为达目的不择手段的政治投机分子。

第五章　落日余晖

一、瓜分中国：甲午战争后的国家局势

甲午战争以后，李鸿章被免去了直隶总督和北洋大臣的职务，这不是因为他在《马关条约》上签字被骂成卖国贼——他在《中法新约》上签字后也被骂成卖国贼，但丝毫没影响他继续当直隶总督等职。关键还是北洋水师全军覆没，直隶淮军被打残，且李鸿章对此负有不可推卸的责任。

不过，直隶淮军只是损失较大，并未全军覆没，直隶以外的其他淮军也还保存着；慈禧对李鸿章的信任没有从根本上发生动摇；列强还是只信任李鸿章签字的条约。李鸿章赖以生存的三大根基都还在，因此只是被暂时地免去实权职务，权势大大削弱，还远没有到彻底下台和被清算的地步。他的内阁大学士头衔得以保留，享受着优厚的高级官员生活待遇，并继续对中国的内政外交发挥重要影响。签署《中俄密约》期间，李鸿章又以"特派头等出使大臣"身份到世界各国访问，与各国元首把酒言欢，享受各种外交礼遇，回国后获授总理衙门行走，主管外交，正式恢复公职。

接替李鸿章担任直隶总督的是王文韶。此人号称"把李鸿章做过的官都做

过"：李鸿章在镇压捻军过程中，转战各地，陆续出任各地总督，王文韶便往往在李鸿章去职后负责扫尾工作。他的政治出身是清流而非淮系，但升官却一再得到李鸿章的保举，接替李鸿章之后，总是能够很好地保留淮系势力，继续任用淮系人马。跟张佩纶类似，是淮系和清政府博弈合作的代表性人物。由他接替直隶总督，也就意味着清政府并未打算在甲午战败后对李鸿章和淮系势力进行切割、清算。

《马关条约》签订以后，朝中立刻掀起了弹劾李鸿章及其手下亲信嫡系的高潮，许多调查处置的工作落到王文韶肩上。王文韶对各种弹劾总是以"问题确实存在而且很严重，但具体责任人是谁说不清楚"、"某人确实做了错误决策，但说他贪污卖国，也找不到证据"等理由结案。叶志超和龚照玙这种临阵逃跑无法脱罪的，被逮捕下狱，判处死刑，也都在李鸿章的袒护下免于一死，关了几年就给放回了老家。

李鸿章在外交领域的地位几乎没有下降，"联俄抗日"的战略还是他制定和执行的。在签订《中俄密约》的过程中有受贿的嫌疑，但无足够的证据。不过，接下来在俄国抢占旅顺、大连的过程中，李鸿章受贿卖国的证据就很充分了。

从沙俄灭亡后才解密的俄国机密档案来看，在强占旅顺过程中，俄国财政部驻北京代表璞科第与财政大臣维特通过电报反复协商向李鸿章及其幕僚张荫桓行贿之事。因为英国向清政府表态强烈反对租借旅顺，清政府便想借助英国的干涉来保住旅顺，举棋不定。关键时刻，俄国方面承诺向李鸿章贿赂50万两白银，以确保租借协议顺利签署。贿赂协议达成的时间是1898年3月21日。一周后，也就是3月27日，李鸿章与俄国驻华代办巴甫洛夫在北京签订了《旅大租地条约》。第二天，璞科第即在密电中说："今天我付给李鸿章五十万两（按北京习惯所用市平银重量），计值四十八万六千五百两（按银行所用公砝两重量折算）；李鸿章甚为满意，嘱我对您深表谢意。"29日，巴甫洛夫又密电汇报说："允付李鸿章的五十万两昨天已照付"，标示事情"十分秘密"[1]。从俄方档案来看，行贿过程是由财政部官员直接把银子交给李鸿章，再由驻华谈判代表去向李鸿章方面

---

[1]《红档杂志有关中国交涉史料选译》，张蓉初译，三联书店1957年版，第207—210页。

求证确认，以免行贿官员有私吞贿赂金的问题。

李鸿章在签订《中俄密约》以后，很得意地向清政府吹嘘："总可保二十年无事。"结果只过了两年，就发生德国派兵占领胶州湾这种赤裸裸的外国军事入侵。只是因为清军根本不敢抵抗，双方未发生交火，才只叫"强占"不叫德国对中国的侵略战争。李鸿章大概觉得这都不算事儿，相继在租界胶州湾和旅大的条约上签字。收了俄国50万两银子，还不忘对俄国表示感谢，因为这不仅是很大一笔洋财，也代表了俄国人对他本人的信赖和工作成效的肯定。毕竟，在淮军实力大损的情况下，要保住自己的权势，来自列强的支持就显得更加重要了。

《旅大租地条约》签订后，德国皇帝就给俄国沙皇写信说："我必须衷心地祝贺你在旅顺口采取行动所获得的胜利结果，我们二人将在渤海湾的入口处组成为一对优秀的哨兵，受到人们适当的尊敬，特别是黄种人的尊敬。"

英国人则对此感到有点气馁，他们原来支持日本就是为了遏制俄国势力扩张的，战前的设想是让日本和中国再打一次"中法战争"——日本从清朝手中把朝鲜抢过去，以朝鲜为基地制衡俄国。想不到清军会被日本几乎一战击垮，俄国在东北的势力扩张速度反而加快了。英国立刻派了一艘军舰到旅顺去转了一圈，以宣示英国仍然有"充分权利防卫旅顺口和其他中国口岸"，然后又强迫清政府把威海卫租借给英国。

由于威海卫已经被日军彻底摧毁，军事价值大大降低。英国此举只给自己挣了个面了而缺乏实际意义，它终于被迫承认自己在华一家独大的局面已经无法维系，转而强调力保在长江流域的势力范围。

接着就是法国强租广州湾、日本霸占福建沿海港口等一系列事件。李鸿章在"渤海无虞"之后，吹的第二个牛"可保二十年无事"又被惨痛打脸。当然他本人对此并不在乎，还借机大发洋财，强化自己的政治地位。1899年，慈禧任命李鸿章担任两广总督，搜捕维新派和革命派——因为两广淮军的实力一直在，还是得李鸿章去指挥才最为顺手。他就在广州一边继续卖国和镇压革命，直到1901年死去为止。

李鸿章在甲午战争后权势稍减、富贵无忧的经历，表明了清朝两大当权派对甲午惨败的真实态度，那就是丝毫不知悔改，更谈不上什么醒悟，继续依靠投靠列强和压榨中国人民苟且偷生。

清政府在甲午战争结束之后三年才开始宣布要变法。之所以还要等三年，是因为当权者从根本上觉得甲午惨败没啥大不了的，跟第一次、第二次鸦片战争一样，主要就是打仗打输了赔点钱。这一回好歹没让日军攻进北京，比第二次鸦片战争还强些。特别是辽东半岛失而复得，让他们更为得意，以为靠列强之间的矛盾就可以"二十年无忧"。他们没想到事情会没完没了，列强也都是"柿子拣软的捏"，谁也不愿意当真为一个无能的大清国跟另一个列强过不去，反而联合掀起了瓜分中国的高潮。等到1898年，中国沿海有战略意义的港口，除了北京的咽喉天津港以外，都被列强瓜分完了。稍微有点头脑的人都看得出来，这大清国离亡国已经不远了。

二、戊戌变法：清流派与维新派联合救国

甲午战败之后，清朝中上层知识分子中间兴起了一股讨论变法革新的热潮。其中影响力最大的是康有为、梁启超主办的强学会。

康有为出身广东理学官僚地主家庭，祖父官至连州训导，父亲官至知县，其叔父康国器通过镇压太平天国发迹，升官至广西巡抚。梁启超是康有为的弟子，出生于广州农村地区的普通士绅家庭。广东广州长期是中国与西方交流的门户。康、梁二人都长期在广州学习生活，准备科举考试的同时，也非常注意了解国际国内的最新时事变化，尤其是对日本维新变法的情况有比较深入的研究。康有为写过几本书，其中以《日本变政考》和《孔子改制考》影响最大，前者主张学习日本的维新变法实现国家自强，后者认为孔子是中国变法改制的先驱，在国内知识分子中间很有影响。

1895年，康、梁以举人身份去北京参加科举考试。康有为中了进士，被授予工部主事。梁启超没有上榜。康有为就创办了一份《万国公报》，利用报纸这种在当时还非常新颖的媒体形式宣传自己的变法主张，让梁启超担任主笔。

康有为是学贯中西的学术大家，传统儒学研究功底极深，对西方自然科学人

文思想也很熟悉，又花了数年时间翻译和研读了大量日本明治维新的著作。当时昌言变法的人很多，但真正能花十多年工夫埋头研究变法，能系统地讲清楚日本、俄国变法过程和西方君主立宪体制的人没有几个，康有为在这方面当属翘楚。梁启超比较年轻，才20岁出头，思想深度不及康有为，但才华横溢、文笔极佳、精力充沛，《万国公报》上的文章基本都是他一个人在写。这些文章以康有为思想为后盾，臧否人物、点评时政，在京城官员中间广为流传，影响力极大。康有为因此迅速成为各方公认的变法舆论领袖。

1895年11月，康有为在京创建强学会，组织了一帮品级较低的清流派文官共同研究中国富强之学，力推变法维新。

强学会得到清流派高层的政治支持。翁同龢把维新派的政治见解向光绪皇帝做了介绍，其亲信沈曾植、文廷式等人入会并担任"正董""副董"等高级职位；李鸿藻的得意门生张晓谦入会且负责主持强学会日常事务，张晓谦又推荐了袁世凯、徐世昌等一批同僚入会。张之洞的亲信杨锐是北京强学会发起人，儿子张权也入了北京强学会。此外，张之洞在暂时代理刘坤一的两江总督期间，支持康有为成立了强学会上海分会，其成员一大半是张之洞的幕僚谈客。

清流与维新派的结合是一件值得玩味的事情。因为清流在甲午战前长期多角度攻击李鸿章，被很多人判定是反对洋务运动的"保守派"。这种看法是错误的。

清流派内部政治观点多样，其中很重要的一股力量是"真改革派"，这帮人为官清廉且理想远大，张之洞和翁同龢都属于此类。

清流改革派对西方了解不多，但他们从中国古代政治传统出发，认为政治体制对国家富强的重要性高于武器、技术和经济，富国强兵的改革首先要做的是加强中央集权和肃清吏治。李鸿章是军阀化的地方实权大佬，又是数一数二的大贪官，因此成为他们的攻击重点。

翁同龢与李鸿章的矛盾，长期以来被解释为所谓"帝党"和"后党"的矛盾，这是有偏差的，他们俩的主要矛盾是清流改革派与淮系保守派的矛盾。

清流改革派的主要问题是没有实权，只是满洲权贵们的附庸，其改革思想局限性极大而且很少有能够得到实践的机会。康有为的许多改革观点，虽然源头来自对国外变法经验的借鉴，本质上却与清流改革派的意见相通，因此得到了他们的大力支持。

面对风起云涌的变法思潮，政治立场一向模糊摇摆的刘坤一、王文韶也对强学会表态支持，出钱资助强学会。

李鸿章在甲午战争之前，作为晚清体制的最大受益人，是实权保守派，重兵在握却光知道要钱、花钱和贪钱，对深刻的体制问题视而不见。等到甲午战败，淮军力量大大削弱，自己"沦落"了，跟清流派差不多，几乎成了满洲权贵们的附庸。这才开始转型关注"政治体制改革"，进行新一轮的政治投机。强学会成立后不久，他就派人拿着2000两银子去资助。康有为听说是李鸿章的钱，便坚决拒绝，声称自己绝不收"汉奸卖国贼"的银子。

李鸿章眼见维新派与清流改革派联合，却拒绝与自己合作，恼羞成怒，放言道："若辈与我过不去，看他们尚做得成官否？"①唆使自己的亲信帮手、儿女亲家、御史杨崇伊上书弹劾强学会，逼着强学会改名为官书局，负责"译刻各国书籍"，不准议论时政，不准臧否人物，让"专为中国自强而立"的强学会违失原旨。消息传到两江，张之洞见朝廷风向有变，也随即嘱咐其幕僚，将上海强学会解散。

以李鸿章在甲午之后的权势，盯着强学会打压是可以的，要想打压整个维新变法浪潮则不可能做到。他的本意也就只是要收拾拒绝跟他合作的康有为，对维新变法活动并没有什么敌意，甚至盼望着从变法浪潮中捞取政治资本——若能把甲午战败的根源归结为"制度问题"，他和他的淮系军阀集团便有望在政治上彻底翻身。

这样，全国各地宣传维新变法的舆论浪潮便迅速壮大起来。

1896年8月，张之洞让其亲信汪康年接管上海强学会经费，用这笔钱在上海创办《时务报》，又聘请梁启超担任主笔。张之洞回任湖广总督以后，下令湖北各级机构官方订阅，在提到梁启超的时候，60岁的张之洞甚至对20多岁的梁启超尊称为"卓老"（梁启超字卓如）。在张之洞的推动下，《时务报》成为中国历

---

① 汪大燮：《致汪康年、诒年书》，《手扎》。转引自汤志钧《戊戌变法史》。

史上第一份销量超1万的报纸，迅速成为宣传维新变法的舆论中心。

1897年冬，严复在天津主编《国闻报》，成为与《时务报》齐名的在北方宣传维新变法的重要阵地。

1897年，唐才常与谭嗣同在浏阳兴办算学馆，提倡新学，在长沙办时务学堂，编辑《湘学报》。1898年又创办《湘报》，宣传变法维新。

这些与康有为无直接关联的变法宣传活动都开展得十分顺利，没有再遭到朝廷打压。

光绪皇帝密切关注着这场运动，翁同龢也积极把一些维新派的著作或文章进献给光绪皇帝阅读。翁同龢对康有为评价很高，而且很早就密切关注。1888年，康有为托在北京做官的同乡把《上清帝第一书》交给翁同龢，请他转呈光绪。翁同龢没有转交。这是因为康有为的做法不符合规定：平民上书需要有同乡京官的印章保结而不能"托朋友找关系"。另外，上书中有很多不了解朝政的常识性错误和危言耸听之语，转奏会带来政治风险。但翁同龢在退回康有为奏章的同时，却摘抄了一份1500字的"精简版"留存，这说明他对奏章的内容十分重视，才会亲自手抄留存[1]。1895年7月，公车上书后不久，翁同龢就去登门拜访康有为。康有为不在，回来之后得知翁同龢来过，便赶紧回访。面谈之后，翁同龢在日记中写道："此君举世目为狂生，自余观之，盖策士也。"康有为在日记中也记录了这次面谈，说："翁常熟以师傅当国，憾于割台事，有变法之心，来访不遇，乃就而谒之……与论变法之事，自未至西，大洽，索吾论治之书。"

从这件事情来看，翁同龢对变法的态度相当积极。1895年7月，康有为还没有创立《万国公报》，名气不算大，也就是一个新科进士。维新变法的舆论浪潮还没有起来。而翁同龢是军机大臣兼总理大臣、两代帝师，竟然亲自登门拜访康有为，跟他讨论变法，畅谈了三四个小时。同一时期，翁同龢还拜访了赫德。他问赫德，现在推动其《局外旁观论》中的改革措施是否还来得及[2]。翁同龢在甲

---

① 汤志钧：《戊戌变法史》，上海社会科学院出版社2013年版，第55页。

② "赫德致金登干"（1897年11月28日），《中国海关密档》第六册，中华书局1995年版，第770页。

午战败后，四处拜访，寻求国家体制变革的可能性，对来自民间和外国的变法思想都持开放态度，绝不是什么保守派。

不过，翁同龢在积极谋求维新变法的同时，却并没有向光绪皇帝大力推荐康有为这个人。只是在光绪皇帝问起来的时候，称赞其才华"胜臣十倍"，但同时提醒光绪，康有为言辞激进，"其心叵测"，真要让他做事可能会带来政治风险。他还担心光绪皇帝不懂"叵"字的意思，专门解释了一下，"叵测"就是不可测的意思①。

翁同龢对康有为的看法在清流改革派中具有代表性。协办大学士孙家鼐也在奏章中提醒变法心切的光绪："康有为之为人不端，而才华尚富……愿皇上采择其言，而徐察其心术。"②基本意思就是：要采纳康有为的意见，但不要用这个人。

此后事实证明，从保护光绪和维持清王朝统治的角度而言，这样的看法相当有远见。

清流改革派之所以持这样的看法，是因为他们读过康有为的《日本变政考》和《孔子改制考》等书。康有为写的书都有个特点，就是"半真半假"：在做了大量研究工作的同时，又根据自己的政治倾向大量地编造或修改史料③。清流改革派看不起这种做法，据此推断此书作者品行存在重大缺陷④。因此，翁同龢虽向光绪介绍了很多维新派的思想，且早在1895年就直接从康有为手里索取了其著作，却始终未将这些书进呈给光绪。

此时的光绪皇帝已经在名义上亲政了十多年，政治经验还是有的，但国家迫

---

① 《戊戌变法》丛刊（四），第253页。

② 马忠文：《"翁同龢荐康说"质疑》，载《中国近代史》1999年第11期。

③ "在大量收集和阅读日本书籍的过程中，他对明治维新的史实进行不少改动和捏造，借以适合中国当时变法改制的需要。这些改动大都和作者所建议的具体变法措施有着密切关系。"村田雄二郎：《康有为的日本研究及其特点——〈日本变政考〉、〈日本书目志〉管见》，载《图书馆杂志（双月刊）》1994年第2期。

④ 《翁同龢日记》戊戌年农历四月初七记录，光绪质问他为何怀疑康有为的人品，翁同龢回答说："见其《孔子改制考》知之。"

在眉睫的巨大危机让他没法沉住气。他得知翁同龢明明看过《日本变政考》却不拿给他看，便大发脾气，把翁同龢骂了一顿。干脆直接下旨，让康有为把变法思想写成专折上奏。

1898年1月29日，康有为上《应诏统筹全局折》，全面阐述了自己的变法思想。

光绪抛开翁同龢这个"中间人"，直接与康有为联系，意味着他对清流改革派的强烈不满，嫌他们推动变法的速度过于缓慢。这也确实是清流改革派们的问题——他们是一群饱读诗书的文人，在官僚体系里混了几十年，又不掌握实权，动嘴的功夫强过动手的本事，面对各个利益集团的搅和与阻拦，迟迟不能采取果断行动。维新变法要指望这群人，光绪等不起、清朝等不起，中国更等不起。

通过与维新派的直接沟通，光绪在1898年6月11日颁下《明定国是诏》，宣布正式推行变法。这份诏书只有短短500多个字，措辞相当激烈，应该是光绪亲自写的。500多字的诏书，有一半在骂人，骂他手下的大臣们只见嘴动不见行动：

数年以来，中外臣工，讲求时务，多主变法自强。迩者诏书数下，如开特科，裁冗兵，改武科制度，立大小学堂，皆经再三审定，筹之至熟，甫议施行。惟是风气尚未大开，论说莫衷一是，或托于老成忧国，以为旧章必应墨守，新法必当摈除，众喙哓哓，空言无补。试问今日时局如此，国势如此，若仍以不练之兵，有限之饷，士无实学，工无良师，强弱相形，贫富悬绝，岂真能制梃以挞坚甲利兵乎？

这份诏书颁布之前，光绪跟慈禧太后做过沟通且得到了她的首肯。

慈禧对变法总体持支持态度。《明定国是诏》中列举的"开特科，裁冗兵，改武科制度，立大小学堂"这几件事，根本就无关紧要，谈不上多大个制度变革。建立新式学堂这种事，慈禧主持的洋务运动搞了几十年了，现在又拿出来说无非扩大规模而已。开特科和改武科制度，都是改变一下基层行政和军事系统的人才选拔方式，对高层权力格局没啥影响，如果能把基层办事人员素质提高一点，大家都乐见其成。

"裁冗兵"涉及军权，看似敏感，却恰是慈禧最希望光绪来干的事。中央主持裁军，最后结果总是有利于中央集权不利于地方分权。甲午战败以后，趁机狠狠地裁掉一批淮军、传统绿营和老练军，省下来军费多练新军，是清政府早已确定的大政方针，而且早就已经开始着手干了。天津的新军都练了快三年了，不是等到戊戌年才开始干的。对训练新军，慈禧要亲自抓。而裁掉旧军，这是一个得罪人的事儿。当年曾国藩攻下南京以后，裁撤湘军就是慈禧主持的，整个过程惊心动魄。这种事光绪愿意出头背黑锅，慈禧求之不得。

与裁兵相对应的是裁撤政府冗员，《明定国是诏》里边没提，但一直在维新变法的讨论范围内，之前也一直在推。跟裁兵一样，是节约财政开支的办法，也是得罪人的事儿。

这些事儿，慈禧不仅不反对甚至很支持。她给光绪撂下一句话：只要你不把祖宗牌位烧了，不把头上的辫子剪了，我便不管。

有了这句话，光绪才敢大张旗鼓地开始变法。

但慈禧嘴上说不管，实际还是要管。《明定国是诏》颁布之后六天内，就以太后懿旨名义，下了几道命令：

第一，维新变法期间，新任二品及以上官员，需要到颐和园向太后谢恩。这就是不给光绪二品以上大员任用权的意思。

第二，任命自己的心腹荣禄代替王文韶担任直隶总督。并宣布1898年秋天太后和皇帝将一同到天津阅兵，检查新军的训练情况，命荣禄准备一切。这是让荣禄掌握直隶地区的兵权，为可能出现的政治危机做准备。

第三，免去翁同龢一切职务，让他回家养老。其主要职位由王文韶代替。

翁同龢被免职，是慈禧和光绪都希望看到的。他夹在保守派和维新派之间，两头不讨好。保守派认定是他向光绪皇帝推荐了康有为，光绪皇帝则认定翁同龢压制了康有为以及其他少壮派维新人士。站在中立的角度说，作为军机大臣，翁同龢在甲午战败后的前三年虽然一直主张和研究维新变法，但始终没有拿出魄力来推动实际的改革，这样黯然收场也不算冤枉。

翁同龢的去职，标志着保守派与维新派之间再无缓冲层，双方直接冲突不可避免。

很快，光绪就召见了康有为，二人密谈了两个多小时。

会谈结束以后，光绪有重用康有为的意思，但鉴于保守派军机大臣刚毅等人的强烈反对，只给了康有为一个总理衙门章京行走的职位。康有为1895年中进士后，已有一个工部主事的头衔，跟总理衙门章京行走同为正六品，没有升官。此后，光绪再没有召见过康有为。

不过，光绪还是给了康有为一个专折奏事之权。按规矩，四品以上才有专折奏事权，四品以下就需要皇帝特批。这为康有为将其变法思想转变为政府决策打开了渠道。

康有为抓住机会，开始疯狂上书。不仅自己专折上奏，还以杨深秀、郑伯鲁、徐致靖等维新派官员的名义上书，以形成声势。经统计整理，1898年康有为累计上书30多次，其中提出的大部分意见都被光绪采纳，以上谕的形式发布，成为国家的大政方针。

汤志钧在《戊戌变法史》中把康有为的上书与光绪的变法上谕做了一个对比，并把对比结果分为三类，第一类是已发上谕，第二类是宣布准备但没有正式发布上谕，第三类就是没有回音。

康有为的大部分建议都变成上谕发布，第二类和第三类只占极少数。先说没有回音的，重要的是两个：一是立宪法、设议会；二是裁撤厘金、加增关税，把地方税变成中央税。前者涉及在中国建立君主立宪制的问题，是对君主专制制度的根本性变革，光绪对此还缺乏准备，也不敢表态支持。后者是为了降低工商业的负担，但在甲午战争赔款的大背景下，清政府拼命凑钱还来不及，绝无可能压缩任何已有收入来源，更不用说厘金这个大税源了。至于增加关税，有利于民族工商业不利于外国企业，在列强那里很难通过。裁厘金、加关税既得罪地方势力又得罪外国列强，几乎没有实行的可能。这两个建议过于激进，连变法心切的光绪这一关都通不过，也就不存在得罪慈禧和保守派官员的问题。

直接发布上谕的改革措施，则都是能在慈禧那里过关的。整个戊戌维新期间，光绪去了颐和园12次，平均每八九天去一次，当面向慈禧汇报变法进程。

前十次汇报的事情，慈禧全都表态支持，没有反驳过一条。这些内容包括振兴工商业、设立各种新式学堂培养新式人才、陆军改练洋操、筹建海军兵轮、推进裁军、政府裁员、改革科举、翻译西方书籍、派遣宗室王公游历各国，等等。简单来说，都是些省钱和花钱的事儿，除了废除八股文、改用策论算是跟体制改革有些关系，其他的跟洋务运动没有多大区别。

真正促进慈禧和光绪皇帝矛盾激化的，隐藏在第二类中，也就是宣布准备施行而没有公开发布的变法措施。它们是光绪准备干，但无法说服慈禧的那部分。第二类只有四条：裁詹事府等六衙门、开懋勤殿以议制度、准许旗人经营商业、户部编制预算并每月刊报。

户部编预算这个不算大事儿，就是开始准备还没来得及正式实施。准许旗人经营商业属于推动满汉平等的举措，在准许他们自谋生计的同时取消国家补助，这是很得罪人的，但能节省政府支出，尚在慈禧可以接受的范围内。詹事府这种边缘化的机构裁掉也类似，会得罪一批领着国家工资吃闲饭的关系户，改革有阻力，但不至于出大问题。

真正激化光绪与慈禧矛盾的，是开懋勤殿以议制度。9月13日，距离《明定国是诏》颁布刚过了92天，光绪宣布准备开懋勤殿。9月14日，光绪第十一次去颐和园向慈禧汇报此事。慈禧一反常态，无论光绪如何劝说都拒绝接受。两天后，光绪第十二次也是最后一次去颐和园，并在那里住了两天，再次试图说服慈禧也终于无效，于9月18日情绪低落地返回皇宫。第二天晚上，慈禧也从颐和园回宫，训斥光绪，终止变法，并于9月20日宣布重新垂帘听政。

懋勤殿是皇宫中的一座书房，皇帝经常在此读书。光绪开懋勤殿就是在此新设立一个议政机构。这也是康有为的主张，他在奏章中将其构架表述为："选集通国英才数十人，并延聘东西各国的政治专家，共议政治制度，将一切应兴应革之事全盘筹算，定一详细规则，然后施行。"

康有为一直在谋求绕开军机处，新建一个皇帝直接管理的维新变法中央枢机。在《应召统筹全局折》里边的提法叫制度局，因遭到军机大臣们的坚决反对而作罢，便又想了个更文雅的名称——开懋勤殿，但意思不变。

此事涉及中央枢机的变革，与朱棣设立内阁、雍正设立军机处类似。光绪开懋勤殿，接下来将如何操作，各方势力都一目了然。很显然，就是从政府部门抽调一批年轻的、品级较低但深受皇帝信任的官员入殿，协助皇帝处理奏章和拟定旨意，逐渐把军机处权力转移出去，慈禧控制二品大员人选尤其是军机大臣人选来确保自身权力的做法也就被绕过去了。这是慈禧和保守派都无法接受的。

跟朱棣设内阁和雍正设军机处相比，开懋勤殿的设想还多了一个新思路——要聘请外国专家进入中央枢机参与变法决策。这是康有为变法思路中一个比较严重的大败笔，它不仅得罪了军机处，连很多对变法持中立甚至支持态度的官员也无法接受。而康有为推荐的外国专家又极为特殊——日本离任内阁首相、甲午战争的决策者之一伊藤博文。

慈禧和李鸿章可能记不住日本天皇的名号，但对伊藤博文这四个字绝不可能忘记。甲午战争时的日本首相，《马关条约》的日方签字人啊。这才过去三年，就请他过来给中国当变法顾问，这不是卖国是什么？其性质比把海关总税务司的职位交给英国人更严重。

这一建议反映了维新派在政治上的幼稚。伊藤博文不仅是一个改革者，也是一个坚定的、狂热的日本军国主义分子。他与日本军国主义势力联系密切，政治背景深不可测，不是说不当首相了就成了中立人士，与学者、专家无异，可以到中国来当顾问了。康有为的基本变法思路就是学习日本，其对外政治立场也比较亲日、亲英，这跟慈禧和李鸿章在甲午战争以后制定的亲俄路线相互对立。日本是否有借助维新运动在清政府内部扶持亲日派的思路呢？伊藤博文在离开日本之前，专门与天皇密谈了两个多小时，他当真是以平民的身份来游历中国吗？这是不可能的，必定肩负了某种关乎日本利益的秘密使命。伊藤博文9月11日到达天津，光绪皇帝9月13日宣布准备开懋勤殿，二者时间如此之近，难道仅仅是一种巧合？

在伊藤博文访华之前，京城的政治气氛就已经十分紧张。维新派与保守派的斗争已是火药味十足。

此时，距离光绪宣布正式变法已经过去了三个月。这三个月里，变法上谕不断下达，然而由于不掌握二品以上官员的任用之权，人事、行政权力尽数掌握在保守派手中，上谕几乎没有人执行。官员们以各种理由推脱，对裁员、裁军这种事儿，绕来绕去就一个意思：没法裁，裁了就要影响地方稳定。至于其他变法事项，大家不反对，但纷纷表示没钱，钱都拿去赔款和付贷款利息了，要想建新学校、翻译西方书籍什么的可以，朝廷给钱我就办，不给就不办。

保守派官员们在思想上并不保守，主要是在利益上保守。除了少数几个迂腐的清流，大部分高官并不否认学习西方、推进变法的大方向是正确的，只是一旦涉及要裁员花钱这些影响既定利益格局的事项，就不愿意改。

光绪很着急，也看得出来，不动人事格局，这个法就没法变。

9月4日，变法之火终于烧到人事格局这个最敏感的问题上。几天前，礼部主事王照上书，请求皇帝亲自游历各国了解变法。礼部尚书怀塔布、许应骙等六个礼部堂官，以"言辞荒谬"为由，阻挠条陈上奏。光绪得知以后大怒，认为这六个人是在蓄意破坏他制定的广开言路、允许四品以下官民上书言事的制度，下令将六人革职。

9月5日，光绪任命杨锐、刘光第、林旭、谭嗣同这四个低品级的维新派官员为军机章京，参与新政。军机章京为四品，名义上是军机大臣的助理，实则这四个人可以直接对皇帝负责。这是光绪在绕开无权直接任命二品官员的障碍，往慈禧安排的军机处班子里"掺沙子"，架空不听话的军机大臣们。

9月7日，上谕免去李鸿章总理衙门行走的职位，仅保留内阁大学士的虚衔。

光绪这"三板斧"——革礼部六堂官、用军机四章京、免李鸿章实职，将路线斗争升级为人事斗争，立刻激起惊涛骇浪。

9月11日，保守派开始针锋相对地利用四品以下官民自由上书言事的体制反戈一击，由湖南的一个举人曾廉上书，控告康有为、梁启超有谋反言论，请求诛杀二人。

曾廉的控告是有根据的。康有为、梁启超在宣传维新变法的过程中，确实讲过一些"过激"的话，很容易被抓住把柄。曾廉举报梁启超在湖南讲学的时候，给学生们的学习心得写评语，里边有一条说如果朝廷不为民做事，人民就有权反抗；又有一条说清朝初年清军在扬州的屠城行动是"独夫民贼"的暴行。这两条在清朝的法制体系下，说是煽动谋反的言论一点问题都没有。曾廉的奏章里边夹了附片，是梁启超亲笔写的批语，可谓铁证如山。

军机四章京看到这份奏章，被吓得半死。这种奏章压不住，压了罪过更大。经内部紧急磋商，决定把关键的附件烧掉，只把正文精简抄录上奏，并附文声明这是保守势力对二人的诬告。这样既有了转交记录，又淡化了事情的严重性。光绪看了，未作批示，留中不发，把事情掩盖了过去。

这一天，伊藤博文到达天津。北京城中盛传，伊藤博文将进京拜相执掌变法大权，日本也将派遣军舰到大沽口确保伊藤权柄。

同一天，光绪传令在天津主持操练新军的袁世凯进京陛见。

接连发生了这么多事，对9月13日光绪宣布准备开懋勤殿的决定，慈禧当然绝无可能同意。她应该就在这个时间点上，做好了回京再次垂帘听政的准备。

让慈禧最终下定决心的，是伊藤博文将于9月20日与光绪皇帝会面。她无论如何不能容许光绪与日本建立起直接的信任关系。不管是清流改革派还是维新变法派，都是一群没有兵权的书生，慈禧不信他们翻得了天，让他们再多闹腾一段时间也没有什么关系。礼部尚书怀塔布被革职后，他的夫人是慈禧家的亲戚，天天到颐和园哭着求慈禧出面主持公道，慈禧也没理她。召见袁世凯这种事，原本就是为既定的阅兵计划做安排，不算逾越之举，距离争夺兵权还差得很远。袁世凯见完光绪，被授予二品侍郎的虚衔，随即到颐和园谢恩。这次召见说不定本来就是慈禧的意思，因为慈禧以前也没见过袁世凯，只是按照程序来，先见皇帝再见太后而已。唯独对日本，慈禧是完全摸不清楚套路。日本人如何出牌，不受慈禧控制，慈禧也绝无信心可以与之抗衡。因此，必须在光绪会见伊藤博文之前进行干预，不然事态发展可能会失控。

几乎可以肯定，康有为在推荐伊藤博文做变法顾问的时候，心里存了拿日本人来压慈禧一头的心思。如果伊藤博文进了懋勤殿当顾问，以后慈禧再反对懋勤殿的决策，那就是跟日本人而不是跟维新派或光绪皇帝过不去了。伊藤博文有足够的政治能量调动列强干预中国内政。康有为这个小聪明耍得很失策，把慈禧和保守派当傻子了。

伊藤博文9月20日陛见，慈禧9月19日紧急回宫，第二天光绪会见伊藤博文的时候，慈禧本人就在旁边的房子里坐着听——会谈内容实在过于关键，慈禧其至都不放心让太监转达。

在这中间起关键作用的还是李鸿章的亲家、御史杨崇伊。伊藤博文刚到天津，他就跑到天津去跟荣禄会面密谈。然后在9月17日找到总理大臣奕劻，托奕劻在第二天面见慈禧的时候转交其密折。

这份密折先是控诉维新派图谋不轨、祸乱朝政，然后笔锋一转，说："风闻东洋故相依籐博文，即日到京，将专政柄……依籐果用，则祖宗所传之天下，不啻拱手让人。"

在密折的最后，他正式提出恳请皇太后临朝训政。慈禧收到这份密折的第二天就返回了皇宫。

杨崇伊只是一个御史，密折内容仅数百字，如何能有这么大政治能量呢？因为他三天前专程去天津与荣禄做过沟通，又是李鸿章的亲家兼亲信，其密折由奕劻代为转奏。这三个人正是慈禧最信任的三大重臣。杨崇伊密折实际上代表了荣禄、李鸿章和奕劻的共同意见，分量极重。

杨崇伊密折和伊藤博文陛见这两件事，共同终结了戊戌变法。

伊藤博文陛见之后第二天，9月21日，慈禧就宣布再次临朝训政，收回了光绪亲政的权力，并下令捉拿康有为及其弟弟康广仁。

三、围园杀后：康有为最后一搏

9月21日发生的事，还在常规的帝后权力博弈范围内。光绪本来就没啥实权，批阅过的奏章都要转呈慈禧，隔三岔五就要跑一趟颐和园汇报工作。现在慈禧回到皇宫，他还能省点事儿。上谕也只是要求捉拿康有为和康广仁，并不涉及其他维新派人士。

但是，从9月23日起，情况发生剧变。这一天，光绪被软禁于瀛台，失去人身自由。24日，逮捕的范围扩大到军机四章京及多名与康有为关系密切的维新派人士。25日，朝廷宣布光绪"病重"，不再参加各种重要会议和典礼。逮捕行动之后仅过了四天，9月28日，谭嗣同、康广仁、林旭、杨深秀、杨锐、刘光第六人就以"大逆不道"的模糊罪名被杀于菜市口，史称戊戌六君子。

情况恶化速度如此之快，是因为9月22日荣禄从天津带来消息：据袁世凯举报，康有为、梁启超、谭嗣同等人有"围园杀后"的谋反之举。这就把问题性质变严重了。

原来，9月13日光绪去颐和园，开懋勤殿的事情被慈禧否决，深感沮丧，回来后便给军机四章京之一的杨锐下了一道密旨，大概意思是：皇太后已经不太支持变法了，我感到很为难，如果坚持己见，像过去几天那样大刀阔斧地革职保守派大员，任用新人，可能连皇位都保不住。请你跟林旭、谭嗣同、刘光第等人商量，有没有什么两全其美的办法，既不违背太后的意旨，又能够继续推动变法。回头形成意见，通过军机处上书给我。

同时，光绪也知道康有为已成为保守派众矢之的，便让杨锐催促康有为赶紧离开北京，去上海办报。

杨锐第一时间找到康有为。康有为觉得事态严重，特别是光绪密旨中有"朕位且不能保"这句话，他认为这是皇帝在求救。要想拯救皇帝，推动变法，那就必须除掉慈禧太后。他跟谭嗣同商量，从湖南调兵。因谭嗣同在湖南办时务学堂的时候，有个好朋友叫毕永年。毕永年从小跟随父亲在军队长大，胆识过人，功夫了得，还加入湖南地区的会党，被封为哥老会"龙头"，手下有一批兄弟。谭嗣同进京，毕永年也一起来了。康有为叫毕永年紧急调100名精干的湖南兄弟进京，准备找机会潜入颐和园杀掉慈禧。

对这些惊天密谋，光绪并不知情。9月18日，光绪第二次去颐和园请开懋勤殿失败后，得知康有为竟然还在北京待着没走，再次让林旭催促其南下。林旭面露难色，说康有为不听他的话。光绪急了，便亲自给康有为写了一道密诏，大意是说：我让你南下，实在是有不得已的苦衷，不是不想重用你。你先离开北京，好好休息，保全自身，将来再找机会，我对你寄予厚望①。

---

① 原文为"朕今命汝督办官报，实有不得已之苦衷，非楮墨所能罄也。汝可速外出，不可延迟。汝一片忠爱热肠，朕所深悉。其爱惜身体，善自调摄，将来更效驰驱，朕有厚望焉"。见汤志钧《戊戌变法史》。

康有为看到密诏，痛哭流涕，乃下定决心要发动兵变以救光绪。毕永年的湖南兄弟还没到，即便到了也不够。康有为就想到了袁世凯。因为袁世凯曾经是强学会成员，又多次对维新派表示愿意为维新活动"赴汤蹈火、在所不辞"。他手中掌握了7000名精锐新军，康有为认为可以说服袁世凯带兵勤王。

此时袁世凯正在北京陛见，康有为派谭嗣同连夜秘密进入袁世凯住所，向其出示光绪皇帝给杨锐的第一道密诏并告知其围园杀后的计划。袁世凯被吓得半死，不敢参与。但他见谭嗣同身上藏有武器，知道如果当面拒绝，谭嗣同可能会动手杀掉自己，遂假装同意，答应回天津做准备。

袁世凯回到天津以后，于9月21日向荣禄报告了谭嗣同劝他谋反之事。此时慈禧已经回宫两天并宣布训政。因此戊戌变法的终止与袁世凯告密并无关系，但接下来光绪被软禁和戊戌六君子之死则与之有直接关系。慈禧如果仅是为了终止变法、拿回训政的权力，并不需要杀人，也无须对光绪采取软禁措施。她是了解到围园杀后的密谋之后才下此狠手的。

袁世凯向荣禄报告谋反密谋的做法，长期以来被同情维新派的人们所诟病，认为他是一个可耻的告密者，出卖了变法志士和光绪皇帝。其实，袁世凯的做法从人品来讲并没有什么问题。他早期加入过强学会，后来也对维新派提供过口头支持，不管是出于真心还是政治投机，都是在法律允许的范围内行动，绝不包含任何支持谋反的承诺。围园杀后这种事如果要拉拢袁世凯，正确的做法应该是先旁敲侧击、各种暗示，让他明确表态可以为了维新事业动用军队做一些违反大清法律的事并承担罪责，然后再挑明。一上来就带着武器潜入其住所，逼着他立刻表态，然后在事后指责其告密，显然是过于苛刻的要求。袁世凯没有为谭嗣同、康有为掩盖谋反罪责的道德义务。由于光绪皇帝从未写过任何有关兵变的密旨，从政治法律上来讲，作为清政府的高官，不管他是忠于慈禧还是忠于皇帝，他都必须报告也应该报告。

戊戌六君子被杀害的速度如此之快，罪名也很笼统，没有走正常的审判程序，这是很不正常的。清政府如此迫不及待地杀人，主要是为了"保护"光绪皇帝。给六人定罪的诏书以光绪名义发布，说他们计划"劫持皇太后"并"陷害朕躬"，也就是把光绪列为康有为密谋的受害者。这在政治上给光绪解了围。如果深入追查，查出光绪跟围园杀后的密谋有关联，那么接下来就要给光绪定罪，后果不仅是其皇位不保，关键是会严重削弱慈禧太后乃至清政府的统治合法性。满洲统治中国的合法性关键就是掌握了皇权，皇帝是神圣的统治者。如果光绪犯下谋杀慈禧的罪行，满洲皇权的神圣地位就会遭受沉重打击。

戊戌变法对中国社会几乎没有发生任何直接的影响。它的那些变法举措，形式大于实质，跟洋务运动相比没有多大新意，即便不发生政变，也不能指望靠这些措施就可以挽救满洲统治，更谈不上让中国富国强兵了。从最乐观的角度看，也只能说是希望光绪和维新派掌权后，能进一步提出更多更深刻的变法措施。仅从他们已经提出的措施而言，毫无可能改变国家衰落大势。它之所以在形式上也彻底失败，是因为光绪变法心切，动了保守派的既得利益。保守派们反对光绪皇帝和他的变法行动，关键不是思想保守、反对学习西方，关键是拒绝改变现有的人事格局利益。而不改变这些既得利益，所谓的变法便注定一事无成。这些腐败无耻的顽固分子，根本不管什么思想信念，他们只认得暴力。不掌握比他们更强大的暴力，哪怕把道理说破天，一切都注定无济于事。

康有为围园杀后的密谋，几乎没有成功的可能，即便成功，杀了慈禧太后，变法也必然中断。光绪会因为杀害慈禧而丧失执政合法性。围园杀后跟辛酉政变中两宫太后杀掉顾命大臣完全不是一个性质，后者是君杀臣，前者是儿弑母。儿弑母比君杀臣的性质要严重得多。满洲集团内部通不过，汉族官僚士绅集团内部也通不过。慈禧一死，康有为和光绪绝对无法控制局势，中央和地方的各种兵变、政变一定会接踵而来，清朝灭亡、军阀割据的局面将会提前出现。无论成功、失败，围园杀后最终一定是会害了光绪而非保护光绪。

但是，对康有为的一系列激进决策，总体而言还是应该肯定而非否定。如果维新派只能动嘴不能动手整人的局面继续僵持下去，所谓变法就不过是一个骗人的幌子，结果就是光绪和维新派在台前假装变法，统治集团在幕后继续祸国殃民、鱼肉中国。康有为在"整人"这个问题上毫不妥协，坚持设制度局和开懋勤殿，一定要触动权力格局，就是拒绝当傀儡，最终逼着保守派不得不亲自动手揭开他们搞"假变法"欺骗中国人民的阴谋，暴露了他们在国家民族危亡的关头也绝不放弃一点点既得利益的真面目。在开懋勤殿的策划中想邀请伊藤博文当顾问是个败笔，也只是加速了戊戌变法的失败。没有伊藤博文访华事件，维新派也照样无力推动中央枢机变革。而围园杀后，则不过是在开懋勤殿被彻底否决、变法已经注定失败的情况下，发动的拼死一搏，代表了维新志士们为了推动国家进步不可动摇的决心和意志。虽然幼稚，也不失血性和魄力，可以说是虽败犹荣。没有围园杀后和它引发的戊戌六君子牺牲，戊戌变法的光芒，绝不会像今天这般引人注目。六君子的血，让无数对清政府的变法骗局还抱有不切实际希望的人们清醒了过来，坚定地走上了以革命方式推翻清政府的道路。毕永年在得知谭嗣同被杀后，就立刻转身加入革命党，参加了孙中山发动的惠州起义。从大局来看，围园杀后不利于光绪，也不利于清政府，但无疑有利于中国。

康有为以一介书生，依靠自身努力发动了席卷中国的维新变法舆论浪潮，并以运动领袖的身份将自己的思想与皇权结合，通过写奏章的方式源源不断地将个人思想转变为政府决策，这种情况在中国历史上极为罕见。能纯粹依靠笔杆子独立干出这种惊天事业的人物，其才华和魄力绝对不容小觑。他的才华和个人品行，近些年来被舆论过度地贬低了。他虽然有狂妄自大和喜欢吹牛皮的毛病，但在治学方面下的功夫极深，纯从学术水平上，说是一代宗师也不为过。围园杀后这个决策，说明康有为对维新变法的研究虽然研究得不够透彻，但毕竟没有白搞，从中国古代的商鞅变法，到近代日本、俄国的变法，没有哪次成功的变法，背后是没有暴力斗争作为支撑的。像清流改革派那帮人，天天骂李鸿章，骂了几十年也没见把李鸿章骂死。不动人事格局、不掌握枪杆子，再好的变法措施都是空谈。

据野史记载，康有为在陛见光绪的时候，在军机处碰到了荣禄，跟荣禄有过一番对话。荣禄说，变法当然是要变的，但中国几千年的传统，哪能说变就变呢？康有为回答说：这有什么难的，杀几个一品大员，法自然就变了。

这番对话的真实性很难讲，但它基本正确反映了康有为的变法态度。就当时中国的局面而言，康有为不是太激进，而是太保守、太乐观了——杀几个一品大员，这个法恐怕还是变不了。杀完一品大员，还有一大批二品三品、四品五品、六品七品、八品九品、土豪劣绅、宗族势力需要收拾，这法才能有那么一点点变得了的可能。要想真的推动变法，康有为若不坚持斗争直到决裂，而是让光绪继续在慈禧划定的圈子里变法，结果就是让维新运动跟洋务运动一样，再耽误中国几十年。

围园杀后的决策，代表了新一代维新变法人士与传统清流改革派的根本区别，清流改革派是"怎么变，提意见"，维新派则是"不计变，就亮剑"。谭嗣同在湖南的时候，通过毕永年联络会党，宣称"爱新觉罗诸贱类异种，亦得凭陵乎蛮野凶杀之性气以窃中国"等激进思想，已经有要干革命的意思了。后来进京参与变法，推行改良路线，基本放弃了革命的念头。但在变法面临失败的危急时刻，康有为提出围园杀后的想法，他便鼎力支持、挺身而出，不顾个人安危夜访袁世凯劝说其兵变，最后因此罹难。从这个意义上说，康有为、谭嗣同已经有一只脚跨进了革命的门槛，要对统治者动刀了。谭嗣同在湖南办时务学堂的同志唐才常，在上海组织自立军，准备发动起义推翻清政府，但保留光绪的皇帝位。这其实也是一种革命方式。自立军的活动跟孙中山的惠州起义南北呼应，也得到孙中山的支持。

虽然后来康有为坚决拒绝跟孙中山等共和革命派合作，那是因为他坚信君主立宪制才适合中国的国情，而君主立宪制也是要用革命的手段才能争取到的。英国的君主立宪制，就是革命的成果。不来点革命的手段，不要说推翻清政府，连变法都不让你变。康有为、谭嗣同、唐才常都是保皇派，同时是"革命派"。围园杀后是一种很肤浅的、简单粗暴的革命手段，但它终究是革命，不是改革。这跟张之洞、翁同龢等清流改革派相比，又大大地向前进了一步。

戊戌变法失败后，康有为跑到日本，积极组织"勤王军"，并继续发挥其舆论宣传天赋，包括但不限于伪造光绪皇帝密旨、编造各种对慈禧不利的八卦新闻，等等，不断在世界各国媒体上露面，天天喊着要打进北京城杀掉慈禧救出光绪帝。慈禧对此极为恼怒，把大量精力花在了搜捕捉拿"康党"的问题上，客观上放松了对孙中山等共和革命派的镇压。孙中山自己也说："清政府在康有为公开致力种种运动或采取恐吓政府的手段之际……对我们党派的注重逐渐放松，这在某种程度上正是我党的幸事。"[1]

---

[1] 孙中山：《离横滨时的谈话》，《孙中山全集》第一卷，中华书局1981年版。

四、己亥建储：光绪皇位废立的幕后斗争

开懋勤殿和围园杀后的决策，深刻影响了后戊戌变法时代的政治局势，它触发了清朝统治阶层长期不愿提及的敏感话题——满汉之争，促进了晚清两大统治集团的大分裂，加速了清朝的覆亡。

在为杀害戊戌六君子找借口的上谕中，出现了一句很不寻常的话："该乱党私立保国会，言保中国不保大清。其悖逆情形，实堪发指。"[①]

上谕把"保中国不保大清"作为一个叛逆重罪公开提出来，从政治上看非常不妥当，等于公开承认中国不等于大清。之前有保守派用类似的罪名弹劾过维新派，光绪皇帝批示说，保中国就是保大清，没矛盾，只要愿意保中国的，就都是同志。这个说法很高明，有利于加强满汉团结。等光绪被软禁，上谕反过来把"保中国不保大清"当作令人发指的罪名公开，这是因为在保守派内部，一个极端派别开始影响中央枢机决策。

这个极端保守派的主要头目，是一些满洲皇族宗亲。他们的特点是愚蠢无知而又盲目自大，对太平天国运动以后的国家局面非常不满，觉得都是汉人掌权瞎搞惹出来的祸，甲午战争的结局说明汉人根本无法管理好中国，解决方案是恢复太平天国以前、康乾时期乃至清朝初年的政治格局，由满人掌握一切军政大权，就可以恢复康乾时期的荣光。汉族清流派中的理学书呆子们，也有一部分人支持这种主张，以为只要恢复忠君理学的"万古纲常"，重建满洲专制理想国，中国就会再次强大。

这个派别在甲午战争和戊戌变法之前是被压制的。满洲集团内部，慈禧、奕䜣都算是很有政治头脑的人物，能看清太平天国以后满洲军事能力衰落的现实，深知如果不"放权"，不把实实在在的好处——包括高级军政职位和财政收入盈余——交给汉族实权派，清政府只会灭亡得更快。他们从务实的态度出发，

---

① 《德宗皇帝实录》卷四百二十七。

对列强妥协投降，拿着海关的关税往洋务运动中投入，对李鸿章等实力军阀以权位和财政转移支付努力拉拢，这才勉强维持满洲政权不倒台。满洲王公贵族们才能继续在北京城中作威作福——虽然没有多大实权，但好歹荣华富贵不缺。

甲午战争和戊戌变法改变了这个局面。首先是李鸿章的淮军对日作战惨败，北洋水师全军覆没，李鸿章也丢掉了直隶总督的职位。这帮人一看，李鸿章也不行嘛！之前镇压太平天国和捻军起义，他们还是服李鸿章的，就算嘴上不服心里也不得不服，但眼见淮军对日军的惨败，他们就忘掉了八旗和绿营之前是如何被太平军和捻军吊打的了，觉得自己起码能比李鸿章强点。直隶地区，淮军势力消退，满洲势力出现了大幅度的反弹，这是极端保守派势力加强的基础。

不过，这还不够，因为慈禧并不支持极端保守派。她不是不想重用皇室宗亲，关键是这帮人实在提不起来。慈禧的亲弟弟桂祥，慈禧就一直想重用提拔，先去当户部侍郎，账目数字一抹黑；民政不行，那就当兵，调去当神机营统领，甲午战争派他去山海关防御，出发前连马背都爬不上去，走了半个月也没走到山海关，不得不叫回来；没办法，派去当崇文门监督，负责收税，很快就大发横财，修了很大一座宅院，结果施工监管不到位，一把火烧了，贪污的银子全打了水漂。桂祥最大的爱好就是抽鸦片，不管什么鸦片，他一闻就知道是国产的还是进口的，云南货还是山西货。一旦没钱了就把慈禧、光绪皇帝赐的各种宝物拿出去抵押变卖。八旗子弟、皇室宗亲在当时就是败家子的代名词，这帮人能重用吗？稍微有两个脑子清楚的，肯定都赶紧提拔到重要岗位上了，剩下的那些实在是没法用。

这些人要是都像桂祥一样满足于抽鸦片打发日子也就罢了，偏偏还有很多眼高手低之徒，觉得自己比李鸿章还能干，在国家大事上想要插一脚，那就非坏事不可了。李鸿章虽然又贪又坏，但是从基层一路层层竞争淘汰升上来的，个人能力绝非那般王公子弟能望其项背。慈禧对这班人的态度，一直是压制，但她毕竟是清朝的皇太后，权力合法性必须得到皇室宗亲的支持，因此也要给他们一些权力和发言的空间，维持一种微妙的平衡。

围园杀后这件事儿让慈禧颜面扫地，她在皇室宗亲中的权威受到很大的打击。光绪是她亲自指定的同治皇帝皇位继承人，是她亲自抚育长大的，也是她权力合法性的重要来源。现在，光绪竟然想要对她动刀子，慈禧本人显然需要承担非常重大的责任。

光绪没有参与围园杀后的密谋。但在当时，清政府内部并不能确认此事。光绪先后给杨锐和康有为下过两道密诏，其中提到了自己与慈禧的政治分歧。但有没有跟围园杀后相关的内容呢？清政府未能追查到密诏原件，具体内容除了光绪、杨锐、康有为、谭嗣同这几个人以外，谁也不知道。康有为跑到日本，宣布光绪给了他"衣带诏"，里边有带兵勤王的内容。我们今天知道这部分内容是他伪造的，可清政府不知道。慈禧对光绪到底有没有参与密谋，只能说是将信将疑、心里没底，她不敢冒险深入追查，因此匆忙杀掉戊戌六君子以切断线索。但杀掉六人之后，此事就更说不清楚了。对康有为在日本公布的"衣带诏"，她多半是信了。极端保守派抓住这个问题大做文章，要求废掉光绪皇帝，另立新帝。

慈禧的头号亲信荣禄算是头脑清楚的，正是在荣禄的劝说下，她才决定快速杀掉六君子以消除隐患。她明白光绪对她权力、地位的重要性。但这个一手抚育成人的皇帝竟然想发动兵变杀掉自己，实在是让她难以释怀，更何况还有康有为在日本天天喊着要来救皇帝，更让她气不打一处来。对极端保守派要求废掉光绪的呼声，她表现出一种犹豫不决的态度，甚至一度倾向于支持废立。极端保守派提出了一种方案：对外不承认光绪有围园杀后的罪责，而是让光绪以"病重"不能承担治理国家的重任为理由退位，另立新君。简单来说，就是"家丑不可外扬"，但对光绪还是要处罚。这是一个慈禧觉得可以接受的方案。

慈禧态度转变，荣禄也跟着摇摆起来。当时军机处已完全由满洲大佬把持，除了荣禄，其他军机大臣都支持废立。中央枢机没意见，接下来还需要打探地方督抚们对废立问题的态度。对此，汉族督抚们当然都持反对态度。清政府公开把"保中国不保大清"作为一个罪名，已经让他们很不爽了。他们本来就被民间骂成是"汉奸"了，因此只强调"忠君爱国"而故意淡化满汉之分，结果上谕竟然也说中国不等于大清，不是坐实了他们的"汉奸"身份吗？不怕人民造反就怕主子打脸啊。曾国藩当年发布《讨粤匪檄》，也只是说太平天国反对孔子名教，只字不提要保卫大清，难不成曾国藩也犯了"保中国不保大清"的重罪？现在这帮满洲权贵们还要得寸进尺，废掉主张"保中国就是保大清"的光绪皇帝，把满汉统治联盟双方共同认可的皇权当作满洲内部事务来处理，这当然更加不可接受。

刘坤一写了一份《太后训政保护圣躬疏》，说"伏愿皇太后、皇上慈孝相孚，以慰天下臣民尊亲共戴之忱"，意思就是帝后一体，不能彻底闹掰。他去找张之洞联合署名，张之洞不肯签字，刘坤一一咬牙就自己单独上奏了。回头又给荣禄发电报，更露骨地说："君臣之义已定，中外之口难防"，劝荣禄站在反对废立的一方。清政府怕他捣鬼，调其进京，让江西巡抚鹿传霖代理两江总督，等事情过去了再放回两江。

对废立问题，李鸿章始终不明确表态。慈禧再次垂帘后，极端保守派把持朝政，一直没给李鸿章恢复总理衙门行走的职务，反而派他去巡视黄河河道，干这种费力不讨好的事。后来，又委派他为商务大臣，负责考察各通商口岸的情况。李鸿章对此十分不满，认为是"提空名而无实际"，在1899年12月得到商务大臣的任命后，以大运河封冻为由窝在北京不动，要等天气暖和、大运河解冻了再坐船南下。

慈禧让李鸿章当商务大臣，主要有两个事，一是想办法把康有为抓回来，二是想叫他打探列强对废立的态度。当时已经定下来了，1900年1月就要册立端王载漪的儿子溥儁为大阿哥，也就是皇储。建储以后，是让光绪宣布因病退位，还是继续当皇帝，需要听听列强的意见。李鸿章心知肚明，故意拖着不动，跟慈禧讨价还价。他向荣禄透露："如必欲我询，当授我以两广总督。我先于泰晤士报传其风声，届时外宾必来贺我，询我以国事，我可就而探之。"[1]

建储然后废立是极端保守派的急切诉求，为了把这件事儿办好，他们也顾不得打压李鸿章这个汉族权臣了，同意了这个要求，改授李鸿章两广总督，即刻南下。李鸿章得到任命，也就不管大运河封冻不封冻，迫不及待地离京赴任。1899年12月19日任命下来，他不到一个月就已经在两广总督府开署办事了。

在实权督抚的位置上，李鸿章才开始表露自己反对废立的态度。

1900年1月24日（农历己亥年腊月二十四），清政府正式册封溥儁为大阿哥，史称己亥建储。驻英公使罗丰禄拍电报来问李鸿章，是否应该向溥儁发祝贺

---

[1] 中国史学会主编：《中国近代史资料丛刊·戊戌变法》第4册，第222页。

电，李鸿章回电说："为毅皇立阿哥，无太子之名，似不应贺。"①

在地方督抚们的授意或纵容下，全国上下掀起了反对废立的抗议浪潮。特别是李鸿章的老部下、上海电报总局总办经元善（全国电报系统的总办都是李鸿章、盛宣怀挑选任命的），联合沪上各省士绅1200多人上奏，请光绪"力疾临御，勿存退位之思"，并称"各国有调兵干预之说"。清政府对这种民间干预皇位更迭的举动，大为震怒，下令捉拿经元善，但他提前得到消息跑到了澳门。清政府又命两广总督李鸿章负责捉拿，结果可想而知，当然是永远也捉拿不到。两年后风波平息，经元善又回到上海。

与此同时，刘坤一、张之洞、李鸿章等人也都通过各种形式向慈禧和荣禄表示：如果匆忙废立，可能引起列强干涉。

实际上，列强对光绪的废立并无立场。驻华外国公使们对这场废立大戏很感兴趣，拼命打听光绪的健康状况和慈禧的态度，还找了些外国医生去给光绪看病，但他们大多无意深度介入。

俄、法两国本就支持慈禧和李鸿章，只要中国继续执行亲俄、亲法路线，谁当皇帝他们懒得管。英国在变法期间支持光绪和维新派，想把他们培养为对抗慈禧和李鸿章的亲英派。但是，善变的英国政府始终秉承"没有永恒的朋友，只有永恒的利益"这一外交信条，等他们发现慈禧仍然可以掌控全局以后，就像俄国驻京公使的报告中说的那样："（政变以后）英国迅速地改变了对北京的政策方向，最近急剧的转向了慈禧太后及其同党一边。"英国外交副大臣也通告日本驻英公使："至于立储，英国不打算给清廷任何劝告，因为实权早已掌握在慈禧手里，光绪是否在位，并没有多大区别。"10月19日，英国外交大臣在与日本驻英公使加藤高明的谈话中说："不必担心外国利益会因反对改革运动而受到特别损害，中国的政治将如以往那样发展下去。"②

此外，德国刚刚取得胶州湾，无意与清政府为难；美国更是从来不愿过多干涉中国事务。日本倒一直想拿变法和废立的问题做文章，以此搞乱中国，所以

---

① 谢世诚：《李鸿章评传》，南京大学出版社2011年版，第618页。

② 汤志钧：《戊戌变法史》，上海社会科学院出版社2003年版，第404页。

才帮助康有为、梁启超逃亡，又默许他们在日本组织勤王活动。不过，等英国表明态度，日本自知孤掌难鸣，放弃了对康有为的支持，将其"礼送出境"。康有为给英国驻华公使致信，请求"主持公议、调兵会议、速为救援"，如同石沉大海。他又亲自跑到英国去请求干预，幻想能见到女王，请"英皇能开导中国西太后"，英国政府根本就不理他。

显然，列强并无以废立为借口干预中国内政的计划。但慈禧和极端保守派心里有鬼，不敢从官方渠道询问外交公使，对外只说光绪病重，绝口不提"废立"二字，让李鸿章等人私底下去打听。以李鸿章为代表的汉族地方督抚，便通过其外交信息优势，利用"政治买办"的有利地位，挟洋自重，借口列强干预来间接地表达自己反对废立的态度。

这一招很有效。慈禧这辈子最怕的就是列强干预，听说列强不高兴，便不再摇摆，否决了极端保守派在建储之后即行废立的计划。

溥儁的父亲载漪对此极其不满。如果溥儁登基，他就可以像醇亲王奕譞一样掌握国家军政大权。他跟慈禧一样，相信了李鸿章等汉族大臣的鬼话，认为是洋人在妨碍皇帝的废立。为了实现让自己儿子当皇帝的目标，他决定与洋人决一死战。

载漪、庄亲王载勋、惇勤郡王载濂（载漪的大哥）、辅国公载澜（载漪的弟弟）这四个皇室宗亲，再加上军机大臣刚毅，是极端保守派的领袖人物，围绕他们形成了一个端王集团。这些人既有夺取国家权力的私欲，也有对清朝现状不满想要改变现状的雄心，以及作为满洲精英的自豪感。他们的主要问题是其才能与欲望、雄心和自豪感很不匹配，对世界和中国历史发展大势的看法也与实际情况背道而驰。

在端王集团看来，清朝就是爱新觉罗氏的江山，立谁当皇帝是"爱新觉罗家事"，汉人是奴才、洋人的外客，都无权干预。但是，国防军力量都掌握在汉人手里，李鸿章的淮军这种准私家军不必说，甲午战争之后护卫京畿地区的新军，其统帅袁世凯、聂士成也都是李鸿章的老部下。这些人对朝廷的"忠诚"更多体现为传统中国将领对皇权的服从，也就是只听皇帝和太后的，并不把爱新觉罗皇室宗亲们当回事，端王集团指挥不动他们。而且李鸿章、袁世凯等人也从来都是对外妥协投降的思想，明里暗里地反对废掉光绪，靠不住。端王集团能指挥得动的，仅限于驻京八旗。单靠这一部分人马，不可能抵抗得住列强入侵。要打消慈禧对列强的顾虑，废掉光绪另立溥儁，那就必须另外想办法，找到一股愿意跟他们一起对抗洋人的力量。

正好在这个时候，山东、河北等地爆发了义和团运动。义和团打出"扶清灭洋"的旗帜，很合他们的胃口。他们遂决定利用义和团来对抗洋人，进而再次推动废立。

五、梨园教案：教堂与玉皇庙的建设纠纷

义和团运动最先爆发于山东。要了解它发生的根源，首先要搞清楚它和甲午战争之前各种教案的联系。

对甲午战争之前的教案问题，本书在天津教案一节中已有过评述。洋人到中国传教与列强殖民侵略的关系，相当复杂。我们以三次关键的侵略战争为线索来分析。

在第一次鸦片战争以前，清政府禁止外国人在中国传教。这种限制并不合理，阻碍了东西方正常的文化交流，也是清朝对中国人进行文化思想控制的一种手段。早在明朝，西方来华传教士就是中国了解西方文化特别是科学技术的一个重要途径。这个途径被切断，是中国在清朝时期落后于西方的一个重要原因。在广州这种对西方开放的口岸，有少量的传教活动，地方政府对此睁一只眼闭一只眼。洪秀全在广州考试期间接触基督教，就是在第一次鸦片战争之前。

第一次鸦片战争后签订的《南京条约》中，没有涉及传教的问题。但到了1844年，清政府在列强压力下正式允许外国人在通商口岸传教。非通商口岸地区的传教活动还是非法的，但沿海地区的官员都知道洋人的枪炮不好惹，对传教活动的管理实际上大大地放松了。冯云山在广西被捕入狱，最后幸而得以逃脱，就跟地方官不敢过于得罪基督教传教士有关。

第二次鸦片战争的爆发，跟传教活动直接相关。1856年法国出兵攻打广州的

借口就是法籍天主教神甫马赖在广西西林被杀。当时像马赖这种传教士，国内很多，如果只是老老实实传教，地方官都是懒得管的。但马赖跟土匪勾结、私和人命，又有奸淫妇女的罪行，被人举报到官，县令过堂审理，找了很多人来作证，双方对质，经过公开完整的司法程序，判处马赖罪名成立，然后处决。从整个过程来看，相当公正合理。

但法国政府以此为借口侵略中国，性质就变了。法军联合英军攻陷了广州，还把两广总督叶名琛抓走。后来英法联军攻入北京，《天津条约》也明确了外国人可以进入内地自由传教，且中国政府要为他们提供保护。条约在字面上当然没说传教士就从此可以作奸犯科，无视中国法律，但地方官员肯定是不大敢再秉公处理此类事件了，对传教士的违法犯罪行为尽量以息事宁人为原则。

这样，在第二次鸦片战争以后，传教士在中国传教就不再是自由而是特权了，不仅他们本人干了坏事官府不敢处罚，连入了教的中国教民，也可以得到教会和传教士的庇护，享有法外特权。这成为第二次鸦片战争以后教案频发的根源。

台湾"中央研究院"近代史研究所吕实强在《中国官绅反教的原因》一书中，对1860年至1874年有记录的教案做了全面分析，得出结论，发生教案的原因主要有两个：一是土地纠纷，也就是教会建设教堂等占用土地引发的；二是教会干涉诉讼，也就是教民和非教民发生需要政府裁决纠纷的时候，教会就出面向官府施加压力，让官府做出有利于教民的裁决，而习俗、观念、礼制等原因引发的冲突只是次要因素。

在甲午战争之前，大部分教案由士绅阶层主导，事态也在可控范围内。因为清政府还没有被列强完全打断"脊梁骨"，处理涉外问题尚能有些骨气。士绅阶层通过跟官府沟通，多少还能为本土本乡争取点正当权益，不会任由教会欺凌。1871年，天津教案以后，总理衙门出台了一份《传教章程》，规定"传教士当服从中国法律、风俗"，"不可僭越权柄及凌辱民众"，"进教后所为不法者即逐出教外"等。这份章程毫不意外地遭到了列强政府和传教士们的一致反对，他们声称清政府的司法体系不可能公正对待传教人员，在中国传教的同时遵守中国法律无异于自杀。1892年，李鸿章又搞了一个《酌拟教堂禁约十条》，内容与

《传教章程》类似，再次被列强拒绝接受。但这些都是清政府限制传教士特权的努力。

等到1894年甲午战争结束，清政府完全被打怕了。特别是1898年，有两个德国传教士在山东巨野县的教堂中被杀，德国以此为借口出兵强占胶州湾，连带山东巡抚李秉衡被革职，一大批官员被查处。从此以后，山东各级官府几乎就对教会唯命是从，完全变成了教会欺凌中国人民的工具。士绅阶层被官府压迫，退出了参与矛盾调解的行列，让中下层百姓直接和教会冲突对抗，这才使得山东民教矛盾失控，并最终演化成了义和团运动。

简单来说，就是刚开始官府一碗水端平，传教士守法传教，民间和教会几乎就没啥矛盾，有作奸犯科的传教士也不过抓起来绑送官府依法处理。清政府官员虽然很善于欺压百姓，但对涉外案件总是十分谨慎，不会拿对付老百姓的手段来对付传教士。传教士在司法诉讼中并不会吃亏。但列强和教会并不满足于被公正对待，一定要为传教士争特权，不给特权就武力威胁甚至武力入侵，打得官府根本就不敢管传教士了，转而由地方士绅出面组织对抗教会特权，于是会偶发教案。士绅与官府有沟通渠道，其行动在幕后会受官府控制和影响，民教冲突的局面总体可控。列强还是不满足，继续给官府施加压力，最后搞得士绅也不敢出头了，直接让底层百姓去跟教会对抗，教案就彻底失控了。列强逼得越紧，教会在中国特权越大，传教士和教民实际上也就越倒霉，越容易被不受清政府控制的力量打击。

义和团这个名字诞生的过程，就是传教士们不断得寸进尺最终导致基层失控的典型案例。

一般认为，义和团最先出现在山东冠县梨园屯，这是一个总共也就300多户人家的小村庄。冠县这个地方很早就有传教士来传教，但并未发生过民教冲突。中国人对宗教总是很宽容，各种宗教都可以传，要干涉也是清政府干涉，普通老百姓根本不在乎。谁家有人入了洋教，虽表示不理解，但自家的日子还是继续该怎么过怎么过。像洪秀全那种宣布自己就是某个宗教教主的事情在中国农村地区也很多，总会有人愿意信，而那些不愿相信的乡民们也就当个笑话听，不会像中世纪的西方社会一样把非正统宗教当异端进行迫害甚至杀掉。

　　真正出问题的是，《天津条约》和《北京条约》规定外国传教士有了在内地购置土地、建设教堂的权力，而且是通过侵略战争获得的特权。冠县的教会组织就开始打主意，想在梨园屯建个教堂。建教堂也可以，公开合法地购买土地来建设，没人会有意见。但教会有了特权，想法就不一样了，偏偏就看中了梨园屯康熙年间修建的玉皇庙，想把玉皇庙的土地占了，再把玉皇庙给拆了建教堂。这就跟洪秀全在老家砸孔子牌位一样，属于一神教特有的排他性做法。在中国人眼里，我去庙里拜玉皇大帝，你去教堂拜上帝，大家其乐融融，岂不美哉？在一神教眼里，除了上帝其他神仙都是异端，中国的各种多神信仰都是愚昧无知荒唐不羁的迷信，统统应该铲除，唯上帝独尊。所以建教堂的同时，还得把玉皇庙给拆了才算胜利。

　　建教堂是合理合法的，但在建教堂的同时要把代表本土信仰的玉皇庙给拆了，这就是过分的，是梨园屯民教冲突爆发的根源。

　　教会打了这个主意，又不公开跟村民商量，而是让本地教民主张分地。因为玉皇庙的香火祭祀等开销来自30多亩公共土地，这是当年建玉皇庙的时候就定了的，算是村民集体所有。这些教民只要求分到玉皇庙占的那几块地，而把可以耕作的公共土地分给其他村民。村民们不明就里，觉得占了便宜，同意分地。1869年，分地计划顺利实施。结果这些教民把土地分到手以后，就宣布捐赠给教会，然后教会就准备把玉皇庙拆了要修教堂。

　　土地分配以后，分到土地的村民有权把它捐赠给教会，教会有权在中国拥有土地建设教堂，这没有问题。虽然教会搞到这块土地的手段很不地道，但从表面上看还是合法的。真正的问题是：获得捐赠的教会是否有权在不经过村民集体同意的情况下拆掉玉皇庙这座历史建筑？

　　一般来说，地上建筑物的所有权是跟着土地所有权走的，但改变地上建筑形态的权力并不完全归土地所有者。在大多数国家的法律体系中，要在自己的土地上搞建设，不管是拆掉老建筑还是新建房屋，都需要政府审批或者是邻居集体同意，不是说买了块土地就可以随意改变地上建筑物。

　　梨园屯玉皇庙是历史建筑，是本地居民感情的维系。要对玉皇庙进行拆除，无论土地和建筑物所有权属在谁手里，都必须经过政府审批或居民集体同意这样的程序。在梨园屯玉皇庙事件中，村民们在分地的时候根本不知道教民和教会的拆建计划，一直被欺骗蒙蔽，不存在诚信问题。刚开始的斗争是依法进行的：本地士绅代表村民去找冠县县令裁决。但清政府不敢公正处理此事，偏袒教民，裁定拆建行为合法。

士绅们不服，就组织上访，到知府、省里控告，同时组织人手阻碍教堂建设。经过十多年的斗争，县政府和教民都意识到不能这样欺负人，于是做出妥协：由县政府掏200两银子，给教民们另外买块土地来建教堂。这样，教会虽然没有拿到玉皇庙那块土地，但相当于白得了200两银子，教堂还可以继续建，也是占了便宜的。

不过，本地教民虽然同意了这个方案，他们背后的教会却不同意，一定要把玉皇庙拆掉。县政府拿教会没办法，事情就这样僵持着。一直到1891年，整整22年的时间里，双方矛盾纠纷不断，但总体还控制在法律和理性的范围内。

1891年，湖北爆发了规模浩大的宜昌教案。事情原因是有小孩走失，后来在教堂里被发现，民众认为这跟教会组织贩卖人口有关，引发民众在教堂周围抗议。这件事可能是误会，教会方面解释清楚赔礼道歉就可以了。如果真有教会人员参与人口贩卖，那就把犯罪分子交给官府处理。抗议群众的诉求无非就是教会给出解释或者处罚罪犯，并没有暴力行为。但美国传教士苏卫白竟然当街向抗议民众开枪，打伤一人，群众情绪遂不可收拾，出现了大规模毁坏教堂和教会财物的社会骚乱。

与天津教案不同，宜昌教案没有打死人，只有四名传教士受伤。

尽管如此，此事还是引发了英、法、美等多个列强的联合干涉，英法派遣军舰到宜昌、汉口示威。清政府妥协退让，以严惩带头闹事分子和赔偿各国18万两银子结案。

宜昌教案发生以后，清政府连发两道上谕，把教案责任归结为亡命之徒捣乱，而传教士们毫无责任，并要求各地按照这个原则处理民教冲突，威胁以后地方上出现任何教案都要追究地方官的责任。

这样一来，冠县这边的案子就没法继续僵持下去了。山东主教找到法国公使，施压总理衙门，要求立刻解决此事。冠县县令收到总理衙门的文书，把判决来个180度的对调：县政府给村民们200两银子找地方新建玉皇庙，教会可以继续把老玉皇庙拆了建教堂。

但此时的教会已经不再满足于拆建，进一步向县政府提出：必须将反对修建教堂的闹事分子全部逮捕并判刑，这事儿才算完。

村民这边，本来就不接受拆掉原来的玉皇庙，更何况还要捉人。

领头上访的士绅有六家，都是梨园屯有头有脸的大户，太平天国运动和捻军起义的时候，还负责组织团练维护治安和协助清军，政府也给他们授予过名誉职务。他们听说政府要来捉人，就把团练重新组织起来，占领玉皇庙，准备对抗。

事情惊动了官府，由山东道台出面，亲自给这六家人施加压力，劝他们放弃对抗。在官府的压力下，这六家人选择了离开梨园屯，搬家到冠县以外的地方，以远离这场是非。在这过去20多年的民教对抗中，六家士绅已经耗尽家产，现在又被迫搬迁，可以说是代价惨重，被当地人称为"六大冤"。

"六大冤"被迫离开，标志着士绅阶层作为矛盾缓冲层消失了。按照教会以及官府的逻辑来看，领头闹事的人被解决了，问题自然就解决了。但实际情况并非如此，村民们并不愿意屈从于这样的强权。士绅作为介于官府和平民直接的阶层，既有为民众代言的作用，也有控制民众的作用。民教对抗20多年，问题一直没解决，但没闹出严重的暴力事件，跟"六大冤"的努力是分不开的。

"六大冤"被迫离开以后，矛盾升级、事态进一步失控，来自贫民阶层的18个青壮年——"十八魁"成了村民们捍卫玉皇庙的新领袖。他们公开宣称：官府已经不讲理了，我们也没必要再讲理。他们不再上访，不再跟官府沟通——官府也不会跟这些没有身份的穷人沟通。

"十八魁"的斗争方法很简单，就是干扰施工，直接用武力把教会派来的施工人员赶走，将修好的房屋拆毁。

教会方面也不服软，组织一批人带着洋枪来武装保卫教堂施工。这样，双方就开始了赤裸裸的暴力对抗。

梨园屯总共就300户人家，"十八魁"势单力薄，打不过教会组织的洋枪护卫队，就跑到周边地区去搬救兵。当时在山东有个比较大的民间武术组织梅花拳，师徒相授练习拳法武功，同时有社会救济和维护治安的作用，成员主要是下层贫民。这种组织在清朝是非法的，但太平天国运动和鸦片战争以后清政府已经没有精力管这种事，只要他们不公然造反，就默认其存在和公开活动。"十八魁"跑去找到冠县名气最大的梅花拳师傅赵三多，一方面是要拜师学艺增强战斗力；另一方面是请他出面带领梅花拳的人帮忙打架。

梨园屯的事情闹了几十年，方圆十里八乡都知道里边的是是非非。教会飞扬跋扈，依仗官府欺压百姓，也不是只在梨园屯一个地方这么干，早就激起公愤了。梅花拳的师兄弟们纷纷表示愿意支持，要去梨园屯助拳。

赵三多此时50多岁，出身贫苦，但随着在梅花拳内部地位的提升，成家立业，生活水平也可以比肩一般的地主士绅了。他见过清军镇压捻军的残酷手段，社会经验告诉他，参与武力对抗官府都害怕的教会可能会带来严重后果，杀头灭族之类的惨祸随时可能发生。他一开始非常谨慎，不愿意收"十八魁"为徒，也不让梅花拳的人卷入梨园屯冲突。但这种做法很快就严重影响了他的声誉，徒弟们觉得师傅的做法有违侠义之道，纷纷表示不满。

经过一段时间的思想斗争，赵三多做出了跟真正的地主士绅"六大冤"不一样的选择，他决心出头帮助"十八魁"。

为了不牵连梅花拳的其他支派，赵三多决定把自己统率的梅花拳队伍改名为义和拳，也就是出于道义而联合起来的拳民队伍。这就是义和团名字的起源。

这是一个艰难的、勇敢的决定。

1897年4月，赵三多带了2000多人奔赴梨园屯"亮拳"，与教会的洋枪护卫队正式开打。赵三多这边人多势众，很轻易地就占领并拆毁了教堂。冲突当中，有一名教会人员被打成重伤，但最后还是活了下来[1]。

经过这么一打，教会有点害怕了，不再强求在这个地方建教堂。官府见教会方面态度软化，也就顺水推舟，再次恢复之前的裁决：由政府出钱帮教会另外找地方建教堂，把玉皇庙的土地交还给村民。

此时，玉皇庙已经被拆毁了。官府告诉教会，这块土地被用于修建"义学"，

---

[1]《北华捷报》的记者声称有三人死亡，但后来报纸对此进行了纠正报道，只有一人受重伤并在教会医院接受抢救。见周锡瑞《义和团运动的起源》第172页脚注。

也就是学堂，而不是玉皇庙。而实际情况是玉皇庙直接在原地重建了。官府撒了谎，但并没有违法，因为正式裁决没有要求玉皇庙异地重建。村民们则既没有撒谎也没有违法。他们取得土地所有权之后，有完整的权力集体决定在这里修建何种建筑物。教堂既然已经另外找地开建，玉皇庙在哪里重建就与教会无关。

我们不清楚教会是否了解玉皇庙原地重建的情况，反正他们认可了官府的裁决，事情在1897年的秋天看来得到了解决。

不过，只过了几个月，巨野教案爆发，德国趁机强占胶州湾。清政府惊慌失措，应德国政府的要求，把山东巡抚在内的一大批处理教案不力的官员革职。这一下，教会的腰杆又硬了起来，翻脸不认账了，找到官府要求收回玉皇庙的土地，继续在这里建教堂。冠县政府再次180度大转弯，下令拆掉刚修好的玉皇庙，把地基交给教会建教堂。

梨园屯村民们刚花了一大笔钱重建玉皇庙，并且把周边地区的父老们请过来举办了一场盛大的宴会庆祝对教会斗争的胜利，这么快就被打脸，在本土本乡实在没法混。大家义愤填膺，再次组织起来保卫玉皇庙，不让官兵来拆庙。

另外，教会对官府的新判决也不满意，他们要求捉拿1897年4月攻击教堂施工的闹事分子，并处分之前支持村民收回地基的官员。

1898年初，冠县县令何士箴被迫辞职。何士箴的上司、东昌知府洪用舟去找东昌地区的传教士首领协商，建议由政府出钱来赔偿教会损失，换取他们同意不要捉拿闹事分子。因为捉人很可能再次激起严重的骚乱。但传教士们坚决拒绝，声称在肇事者被严惩之前不会讨论任何赔偿问题。当时列强正在疯狂瓜分中国沿海的港口，在山东，德国甚至逼迫清政府承认，山东主教可以享有跟山东巡抚一样的仪仗等政治待遇，地区传教士则与知府对等，总之，一个教区的领导就跟这个地区的行政首脑平级，俨然就是要把欧洲中世纪那种政教体制搬到中国来。传教士们趾高气扬，觉得在中国已是高人一等的贵族，岂肯对敢于抗拒他们意志的人手下留情。

东昌知府没有办法，不得不公开下令通缉赵三多和"十八魁"首领阎书勤等人。

为了降低反抗力度，分化抵抗力量，东昌知府派新上任的冠县县令曹倜找到赵三多，劝他与官府合作。曹倜在其个人文集《古春草堂笔记》中记录了对赵三多说的话。

他说："汝家道殷实，儿孙成立，汝何不图自保身家？纵令徒众生事，且杀人放火者另有其人，汝何必为他人作傀儡乎？"

官府的意思，就是要让赵三多和梅花拳不再支持"十八魁"，把杀人放火的责任全部丢给阎书勤等人。赵三多见还有退路，在收到东昌知府、冠县县令以及周边几个县令的联合保证以后，把义和拳的徒弟们召集起来，宣布解散，从此不再过问梨园屯的事。这些事儿干完以后，官府给赵三多送了一块写着"禀正"二字的牌子，算是给他封了一个合法的团练领袖身份，义和拳弟子也自愿可以加入本地士绅们组织的民团。这些官府控制的团练也会经常组织操练，由士绅们出钱补贴些生活费。这样，义和拳就算被官府"招安"了。

1898年二月，义和拳退出梨园屯。三月，官府才派兵进入梨园屯，拆掉新玉皇庙，宣布把地基归还给教民。不过此时梨园屯的那几户教民都已经逃走了，没人敢回来领取土地。

清军纪律废弛，洋商们筹办的《北华捷报》三月报道说："（在梨园屯）几个当兵的滋事生非，抢掠财物，人们愤怒而起，扣留了官员，不拿出银两赔偿他们的损失就不让走。"这种事情在1898年春天的山东非常普遍，因为各地都有民教冲突需要处理，官府一味偏袒教会，然后又四下派出军队镇压老百姓的反抗，搞得天怒人怨。全山东的农村地区都是一片喊打喊杀局面，眼看就要出大事了，很多地主士绅开始逃到城里避难。

面对这种形势，清政府决定加大镇压力度，由曹州府镇压大刀会最得力的前曹州知府、主管刑狱的按察使毓贤主持，准备多杀点人来稳定局面。

毓贤是满洲正黄旗人，功名是捐钱买的而不是科举考试取得的，从1889年开始被派到曹州当知府。他对地方民情一抹黑，最擅长的就是杀人。这种做法在乱世颇受清政府赞赏，用来对付土匪也还真有用。毓贤在曹州知府任上三个月就杀了2000多人，其中大多数是土匪等真正的刑事罪犯，但有不少冤假错案和对革命者的残酷镇压。他在曹州处理的最有名的案件就是1896年的大刀会与教会争夺土地的冲突。

这些冲突的根源很简单，就是曹州本地两个大的家族争夺一块因为发洪水产生的无主土地。争端一方的刘氏家族参加了教会，依靠教会的势力占了便宜。另外一家庞氏家族，就找到大刀会帮忙。整个过程跟梨园屯村民被教会欺负，然后找到梅花拳帮忙基本一样。这种家族或村落之间为争夺土地、水源而发生械斗的事情，在中国古代非常常见。有些家族或村落之间，会有持续上百年的斗争史，其间的是是非非根本没法理得清楚。官府一般很少过问这种事情。这次是因为有教会卷入，才把问题给闹大了。

1896年6月，庞氏家族的族长庞三杰带着100多名家族成员和大刀会成员向教会发动攻击，焚烧劫掠了曹州和江苏交界地带的许多教堂和教民家庭。教会照例向政府控告要求处理。毓贤此时已经升任道台，曹州仍然归他管辖。接到报案，不管三七二十一，把曹州大刀会的两个领袖——刘士瑞和曹有礼抓起来杀了。山东和江苏都发布了要求捉拿并处死庞三杰的公文。庞三杰得到消息，赶紧潜逃，他的哥哥被逮捕下狱，土地被充公。庞氏家族就去找教会求情。最后双方达成协议：整个曹州一带、山东和江苏交界地区的庞氏家族18个村4000多人包括庞三杰在内全部入教，并将部分宗族祠堂改为教堂，以此换取教会饶过庞三杰性命。

教会对这个结果相当满意，他们不仅所有损失都得到了弥补，还极大地扩张了在山东和江苏的势力。

清政府对曹州事件的处理方式简直就是混账透顶。这次冲突没有一个人死亡，主犯是庞三杰和庞氏家族，大刀会只是派人参加。刘士瑞和曹有礼两人都没有去，曹有礼更是一直反对大刀会参与此事。结果毓贤把刘士瑞和曹有礼杀了，投靠教会的庞三杰和庞氏家族却安然无恙。

用这种混账方式来处理涉及地方民教冲突的事件，又如何能责怪将来山东人民用更加暴力血腥的方式来对抗教会势力呢？

在曹州事件中，毓贤因为不分青红皂白快速逮捕并处死了大刀会的两个首领，而被清政府表扬。其实这是一个大败笔。大刀会之前一直在士绅力量的控制之下，刘士瑞和曹有礼都是士绅家庭出身，在当地算有头有脸的人物。他们控制下的大刀会，跟官府一直和平相处，经常协助官府抓捕土匪和维持社会治安。当时的徐州道台在一份报告中公开承认："近年菏泽、城武、单县、定陶、曹县等处，直无一贼，皆赖大刀会之力。"大刀会虽然偶尔也会卷入民教冲突，但一般会服从官府的裁决。这次曹州事件，大刀会成员协助庞氏家族烧毁了周边许多地区教民的房屋，但没有打死一个人，很显然是在有意控制暴力。毓贤如此简单粗暴地处理此事，把大刀会当成土匪集团对待，用"擒贼先擒王"的思路直接把首领杀掉，士绅阶层退出大刀会管理。大刀会活动转入地下，大批成员与会党、土匪合作，积极进行反政府和反教会活动。这就为两年后巨野教案的发生埋下了隐患。

巨野教案和大刀会有直接关联，清政府逮捕的巨野教案肇事者中就有原大刀会成员。曹州事件与巨野教案之间斗争逻辑也存在着明显的联系。曹州事件是公开的暴力威慑，打砸抢烧但不打死人，试图通过受控的斗争来换取教会方面低头，不要再介入本土宗族之间的土地纠纷。巨野教案同样发生在曹州①，是几个人摸黑偷偷进入教堂，直接杀掉两个外国传教士然后跑掉，教堂的财物丝毫未动。前者是士绅阶层控制的斗争方式，后者是土匪黑社会的斗争方式。前者被政府血腥镇压，并拒不解决教会特权问题，自然会让后者大行其道。

"擒贼先擒王"的模式用来对付土匪是可以的，土匪是一群亡命之徒，主要靠土匪头目带领和"壮胆"，还有很多其实是被胁迫参与的。匪首一般是心最坏胆子最大的那一个。一旦匪首被杀掉，匪群很容易一哄而散。但用来对付底层人民的反抗则用处不大。因为人民的反抗带有正义性，基本都是主动参与的，反抗领袖利益不大、风险不小，往往需要由众人推举，有威望有本事，同时比普通人更有理性。在不解决人民合理诉求的情况下，把领袖人物杀掉，结果就是让抗争行动更加失去理性，变得更为激进和大胆。毓贤用对付土匪的手段来对付大刀会，自以为得计，其实是为民教斗争失控埋下了隐患。

当然，清政府和毓贤本人都不这么看。在巨野教案爆发之前，毓贤就因为剿匪有功升任山东按察使。巨野教案发生后，清政府也没觉得它跟毓贤杀掉大刀会头目有关系。反倒是觉得山东治安形势日益严峻，急需毓贤的手段，任命他为臬司，专职镇压人民反抗，下一步就是准备让他接替山东巡抚的位置，也顺便让满

---

① 巨野县在清代为曹州府属县。1953年以后划入菏泽地区，现在为菏泽市下属县。

人取代汉人多占据一个地方督抚的职位。

在毓贤的主持下，清军开始在山东地区大规模搜捕"十八魁"等梨园屯事件的领袖，清军的搜捕小队进入冠县各个村庄。1898年10月，阎书勒的哥哥和"十八魁"的另一名成员阎士和被抓住。山东清军甚至越过省界，进入直隶地区，到赵三多的老家沙柳寨村进行搜捕。搜捕过程同时也是清军劫掠民财的过程，在沙柳寨，清军就趁机从被搜查的村民们那里抢走了一批牛肉。

沙柳寨的梅花拳拳师姚文起跟阎书勤联合起来，把义和拳的弟兄们再次召集起来对抗清军的搜捕和劫掠。义和拳解散以后，大家分散活动，也经常受到教会和教民的欺负，重新组织的呼声很高。姚文起在梅花拳中的辈分比赵三多还要高一辈，算是赵三多的师叔。他一出面，很快就召集了300多人。

1898年10月25日，姚文起和阎书勤率众找到赵三多。经过谈判，赵三多同意再次出山。他们聚集了3000多人，在冠县蒋庄马场正式祭旗，公开举义。这一次赵三多又想了一个新主意，立起一面"扶清灭洋"的大旗，意思就是不想跟清政府彻底决裂。从这一天开始的义和团运动正式进入与官府和洋教全面暴力对抗的新阶段，此后双方就开始不断地打打杀杀，一直到1900年6月西摩尔的八国联军向北京进发才停止。

很显然，当时的清政府并不愿意被拳民们扶助。义和团运动在一开始，就需要同时跟清军和洋教作战，而且主要的作战对象就是清军而非教会。教会也组织了一些民团跟义和团对抗，但人数不多，战斗力也不高，如果没有清军的帮助，他们根本不是义和团的对手。随着历次对抗中双方人员伤亡数量不断增加，仇恨升级，最终酿成大乱。

回顾梨园屯玉皇庙事件从土地建筑纠纷逐步发展为义和团与清军、教会全面暴力对抗的全过程，我们可以说，义和团运动的起因，无非就是四个字：欺人太甚。

教会、列强和清政府都干得太过分了，一点小的纠纷，教会偏要仗势欺人，不是自己强占土地房屋，就是支持教民强占土地房屋，一个宗教团体非要强行介入非宗教纠纷，谋求非宗教特权；列强作为外国政府非要干涉中国内部的民教冲突，还要让教区主教享受跟地区官员同样的政治待遇，把自己都已经淘汰的中世纪教会特权强加到中国人头上；清政府不敢主持公道甘心给教会和列强当傀儡，执法过程中还顺便干一些抢劫民财、胡乱杀人之类的事情，视中国人民的生命和财产如同草芥。

1898年1月9日，《北华捷报》第62期刊登了一个新教传教士的文章，作者在文中说："天主教神父及其教徒又成为老百姓受压的另一个新来源，众所周知，外国神父的行为举止，一般来说，或多或少地是仿照中国官员的作风。本地人吃了很多亏以后了解到：这些神父代表着权力。"

山东兖州道台彭虞孙在向朝廷的长篇奏报中，详细描述了巨野教案以后教会欺凌百姓的情况。由于人民已经意识到向官府控告教会不会有任何效果，被迫接受教会在乡村地区的权威。教会就像政府一样可以直接裁决民间纠纷，而毫无例外都是倾向于教民而不利于非教民。教会可以直接对老百姓施加处罚，最常见的就是罚款，主要形式是强迫非教民向教会"捐赠"物资，后来逐步发展到"罚席"，也就是强令非教民在教堂举办宴席，向纠纷的另一方——也就是教民公开认错。整个过程由神父主持，下令非教民手持食物，跪着向教民进献并大声道歉，同时击鼓和鸣放鞭炮。这种公开羞辱非教民和炫耀特权的做法，不可能不激起普遍的激烈反抗。

在三股反动势力的过度压迫下，人民才被迫组织起来反抗，反抗的形式也从合法的上访，逐步升级为聚众械斗，一直到公开举旗造反。从上访到造反，中间经过了30多年的艰难抗争。

六、义和神拳：义和团运动兴起

受赵三多的影响，山东很多地方的人民起义也竖起了"义和团"和"扶清灭洋"的大旗。这些队伍彼此之间互不统属，各自为战。其中最有影响力的是朱红灯的神拳义和团。

神拳是非常草根的民间底层组织。周锡瑞在《义和团运动的起源》中把它称之为"大刀会的穷亲戚"。这个比喻很有意思。大刀会相对于官方的团练来说，已经算是"穷亲戚"：大地主士绅有钱，办真团练，受官府控制和资助；小地主小士绅就办人刀会，跟官府藕断丝连，经费更拮据一些。加入大刀会要交香火费，赵三多的梅花拳要拜师学艺也得给老师交学费。很多贫苦农民交不起，他们就加入神拳。神拳完全不需要交费，不建庙不供神，没有什么公共开支，主要就是通过念咒语和烧香的方式来表演"神仙附体"，然后就可宣布自己"刀枪不入"，学会了神仙传授的拳法，非常适合交不起香火钱或拜师费用的穷人。

下凡附体的神仙都是中国民间戏文中的形象，有如来佛、观音菩萨这种真正的神仙，也有孙悟空、猪八戒、二郎神这种神话人物，还有姜子牙、关羽、赵云这些历史上的英雄。

跟白莲教、天地会一样，神拳义和团的组织高度分散，每个村庄都可以自己成立一个组织，称"坛"，每个"坛"有一个"大师兄"当领导，负责表演神仙附体的仪式。这些"坛"有的称"总坛"有的称"分坛"，但彼此之间互不隶属，仅是平时沟通联络，出了事情互相协助。神拳义和团在赵三多义和拳"扶清灭洋"的基础上增加了一套完整的仪式，方便传播和组织动员，后来传到直隶的义和团基本都是神拳义和团。

"神仙附体"的仪式很荒谬，反映了底层人民科学文化素质的严重短缺，但它有一个很大的优点，就是省钱：一分钱不花就能让神仙传授自己拳法。它可以迅速组织和动员底层人民加入反对洋教特权的斗争。对这种仪式要正确理解：不是底层人民被迷信思想煽动蒙蔽了之后，才去反对洋教特权。而是底层人民已经有了强烈的反对洋教特权的诉求，但不知道怎么消灭这些特权的压迫，才有朱红灯这种领袖人物利用这套仪式把大家动员组织起来去采取行动。是先有反教会特权的诉求，再去找合适的仪式，而不是先有仪式，通过仪式让大家产生原来没有的诉求。这跟白莲教起义、太平天国起义是一样的，宗教仪式和理论都是起义的工具而非源动力，不能颠倒了其中的因果关系。

神拳仪式和义和团"扶清灭洋"的口号结合以后，传播能力迅速增强，在华北大地上蔓延开来，成了华北人民反抗洋教特权最受欢迎的工具。受教会欺负多年的人们终于可以联合起来反抗教会压迫，出这一口恶气了。山东和直隶地区，到处都是义和团组织，几乎每个村庄都会设立拳坛。

面对这种形势，列强对清政府强烈不满，要求加强镇压。清政府不得不把刚任一年的山东巡抚张汝梅免职，任命以铁腕著称的毓贤担任山东巡抚。

义和团这个词最早其实是张汝梅提出来的。他一直主张把拳民收编为团练，在给朝廷的奏章中曾经提议可以把义和拳改编为义和团。朱红灯和赵三多把义和拳改名为义和团是在张汝梅上奏之后，不晓得是受到张汝梅思想的启发还是纯粹的巧合。

李秉衡和张汝梅这两任山东巡抚都倾向于和平处理人民反抗洋教的运动，他们很清楚这里边的是非曲直。毓贤长期处理盗贼和镇压叛乱，对民教冲突理解不够深入，在1896年处理大刀会的时候把大刀会直接当土匪来对待，很得清政府的赏识。但是，随着时间的推移，毓贤在山东布政使、按察使这些高级职位上接触越来越多的涉外问题，见识到列强的蛮横，他的看法开始迅速改变。

1898年1月22日，驻扎在胶州湾的德军百余人离开驻地，进入附近的即墨县城，勒令知县朱衣绣交出地丁册籍和地方志书。朱衣绣拒绝。第二天晚上，一名在县城西门站岗巡逻的德兵，因酗酒滋事，被居民李象凤杀死。事发后，德军深夜闯入县署，将朱衣绣掳去扣押，并立逼其将李象凤捉拿处死。借此事件，德国于1898年3月强迫清政府签订《胶澳租界条约》，胶州湾沿线100里内清军不得进入而德军可随意行动，并强租青岛99年，又在山东境内修建从胶州湾到济南、沂州两条铁路，独占铁路沿线30里的开矿和经商优先权，正式把整个山东变成其势力范围。

这段时间，毓贤正担任山东布政使，全程参与了相关的交涉。作为一个有强烈民族自豪感和国家意识的满洲高官，被德国人蛮横无理的侵略行径气得不轻。

1899年3月，毓贤升任山东巡抚，第二天就向朝廷报告德军入侵沂州事件。这是前不久德军以传教士薛田资在日照后街头村寻衅滋事被当地人扣押三天并遭受虐待、山东矿物公司施工受阻为借口，入侵沂州府，在韩家村纵火烧毁村落、劫持士绅做人质，要求赔偿损失，并逼迫清政府答应向德英财团借款建造天津—镇江铁路。

最后，清政府再次被迫同意了德国人的无理要求，赔了7万多两银子。在谈判过程中，德军又占领了高密县城，并攻击了一个向德军开枪的村庄，杀死13

人。毓贤曾经提出主张，说既然德国人被杀要赔偿，那么多中国人被杀、中国老百姓的财产被摧毁，也应该赔偿，双方互相赔偿对方的损失。这个要求当然被德国方面毫不客气地拒绝了。毓贤作为山东巡抚对德国人的愤怒也上升到一个新的高度。

也就是说，作为缺乏基层经验的满洲官员，毓贤刚开始并不能理解老百姓被洋教欺负的愤慨，把民教冲突理解为跟土匪打砸抢类似的行径。等到他自己作为高级官员也被列强欺负到颜面扫地之后，对义和团运动的态度才开始改变。

毓贤在处死大刀会两大领袖之后，吸收了一些大刀会成员进入清军，又在两年后到曹州调查大刀会的活动。通过深入调查，他对大刀会的看法也发生了改变。在给清政府的报告中，毓贤得出结论：大刀会并没有任何跟土匪一样的劫掠民财和滥杀无辜的罪行，他们与教会的冲突，都是教会方面胡乱干涉民事纠纷造成的。

这样，山东巡抚任上的毓贤，就采取了跟他的前任李秉衡和张汝梅基本上一样的，甚至更加宽容的态度来对待义和团。他基本上把义和团视为合法的团练，对待民教冲突，尽量公平裁决，尤其是坚持不再采用死刑来处理问题，虽然逮捕了少数有明显暴力行为的人，但严格命令官兵在抓捕过程中不得杀死任何人，被逮捕的义和团成员也没有被处死。

这种怀柔政策的效果非常好。毓贤是1899年3月当巡抚的，8月，德国主教安治泰给德国政府报告说："多亏巡抚的保护，济宁现已恢复平静。"周锡瑞则总结说："毓贤的政策发挥了作用……教民蒙受的财产损失很小，而且在毓贤任内，不管教民也好，还是传教士也好，都未有人员死亡。"[1]

但毓贤的怀柔政策只是在山东中部和南部发挥了作用，在靠近直隶的鲁西北则未能生效。因为山东中部和南部是德国的势力范围，鲁西北则有法国、美国等诸多列强势力介入。

德国政府在强迫清政府签署《胶澳租界条约》之后，已经对自己在山东地区的特权感到满意了。它毕竟是一个新兴的海权强国，不具备在中国这么遥远的地

---

[1] 周锡瑞：《义和团运动的起源》，江苏人民出版社2010年版，第240页。

方建立大规模殖民地的能力，占领青岛就是它兵力投送能力的极限了。它的基本谋略是以青岛为核心，建立一个通达济南等地的铁路系统，依靠铁路控制整个山东半岛。《胶澳租界条约》签署以后，这些图谋全都在纸面上得到了满足，接下来需要花时间来修建铁路，把规划中的殖民版图变成现实。在山东半岛，德国已经从"搅局者"变成了主导者，把山东视为自己的地盘了。在自己的地盘内，它希望"稳定压倒一切"。德国的天主教教会——圣公言会，在这之前四处挑事，给政府制造各种侵略山东的口实。现在山东已经霸占成功了，教会再继续制造教案，那就是给政府添乱了。1898年3月胶州湾德军入侵沂州事件招致了德国政府高层的不满，认为少量兵力贸然进入中国内陆地区是相当危险的事情。而当时德国也不具备派遣大量军队长期占领山东内地的能力。

这种情况下，德国海军部长会同外交部，在1898年6月正式通知其胶州总督叶世克和教会，从今往后，德国政府将只保护"德国公民的权益……这不包括中国教民"。并强调驻扎胶州的德国军队不能成为"传教士们的临时雇员"。海军大臣在给胶州总督的信件中说："毫无疑问，山东的骚乱一般来说是由天主教传教士，特别是中国教民的挑衅行为引起的。"德国公使和德国军队都不应再为教会事务出面。

简单来说，就是以义和团为代表的中国人民的武力抗争，逼迫德国政府承认，如果他们滥用国家力量支持教会在中国的超宗教特权，他们在山东就很难获得稳定的殖民利益。德国政府决策层还是头脑清醒的，及时叫停了在山东对教会特权的支持。加上毓贤认识的转变，清政府和德国政府在处理义和团的政策上达成了一致。在山东中部和南部地区，教会特权滥用的情况得到有效的遏制，受此影响，义和团运动也就迅速平息了下来。

但这也仅限于山东中部和南部。在山东西北部，靠近河北的地区，这里不是德国势力范围，法国、美国等诸多教会势力掺杂其中，这块地方到底是谁的势力范围还说不清楚。在此之前，由于德国的教会特别强横，招惹的是非也最多，出现民教冲突一般都是德国政府去找清政府施加压力，法国和美国就乐得跟在后边"搭便车"。现在德国政府不再保护教会特权了，德国的教会组织老实了，法国和美国这边还没转过弯来，其教会继续在山东耀武扬威，义和团的斗争矛头自然就转移到他们头上。这下就轮到法国和美国的公使去总理衙门抗议了。

受此影响，毓贤在鲁西北采取了跟山东其他地方不一样的政策，继续武力捕杀义和团领袖，先后杀掉了朱红灯、心诚和尚等鲁西北义和团的领袖人物。其后果也跟他在曹州捕杀大刀会领袖一样，就是杀掉一个地区的领袖之后，这个地方的义和团运动就会表面上消停一段时间。但教会特权不消失，人心不平，原本追随朱红灯、心诚和尚的义和团成员，就跑到周边邻近地区，壮大邻近地区的义和团队伍，继续暴力攻击教会势力。受甲午战争之后清政府裁军行动的影响，山东巡抚手里能掌握的军队数量有限，不具备全面镇压的能力。这样，问题总不能得到解决，鲁西北地区继续教案频发，暴力活动不断升级。

最终的结果，就是毓贤两头不讨好。鲁西北的义和团将他视为屠夫刽子手；法国和美国又认为义和团的壮大是毓贤在背后支持鼓动的结果——因为毓贤在山东大部分地区确实对义和团非常宽容友好。

总理衙门搞不清楚其间的复杂逻辑，在12月1日给毓贤发电报说：美国公使以前不太干预教案，现在如此频繁地跑来抗议，"其言似非无据"。意思就是已经不相信毓贤的解释了，认为毓贤可能真的在暗中支持义和团闹事。

12月25日，美国公使正式向总理衙门提出了"毓贤下台的必要性和合理性"的意见，并暗示可以把袁世凯的武卫右军派去山东镇压。第二天，毓贤就被免去了山东巡抚的职务并被召回北京，改派袁世凯担任山东巡抚。

长期以来，流传着一种说法：毓贤在山东纵容义和团，而袁世凯则以武力强硬处置义和团，因此义和团在毓贤治下发展迅猛，而被袁世凯的铁腕治理得销声匿迹。这种说法是一种误解。袁世凯屠杀义和团是八国联军侵华之后的事儿，在此之前他在山东的政策跟毓贤差别不大。

从甲午战争到八国联军侵华期间，山东总共换了四任巡抚：李秉衡、张汝梅、毓贤、袁世凯。这四任巡抚对待义和团运动的方法可谓大同小异，没有多大区别。他们都知道义和团是被教会干涉民间纠纷和司法诉讼等非宗教特权的行为给逼出来的，解决方案就是尽可能地公正处理民教冲突，但迫于列强的压力，又不得不偏袒教会，只能尽可能地争取少用暴力解决问题。

在这四个巡抚中，李秉衡、张汝梅、袁世凯是汉族士绅阶层出身，只有毓贤是满人。毓贤跟这三人的区别无非就是头脑相对要简单一点，对士绅阶层的基层控制能力理解不足，刚开始拿对付土匪的手段对付大刀会，间接惹出巨野教案，后来才明白过来。但这些都是细微差别，只要列强坚持在山东维护教会特权，这四个人的政策就都不会让列强满意。

袁世凯在拿到天津练兵的权力后，一直以军人身份示人，去当山东巡抚还把他的7000名武卫军一起带去了山东。朝廷一度担心他会像毓贤一样简单粗暴地处置义和团，在上任之初不断告诫他要注意分寸。

袁世凯并不想用军队镇压义和团，连在鲁西北也不打算这么干。他知道民教冲突是如何爆发的，在1899年7月4日的奏章中说：

"（山东民教冲突）推其缘故，固由教民之强横，亦由地方官员未能持平办理……教民之气焰日张，良民之激怒愈甚，一旦发作，势同决川。"

这个说法跟毓贤等前三任巡抚的说法完全一致，没有区别。

担任山东巡抚后，袁世凯的政策思路就是充分利用士绅阶层的力量加强基层控制，每天上报有无大量人员聚集的活动，一旦发现就坚决制止驱散。然后用武卫军控制少数交通要道，不让义和团跨区域流动。正如林华国所总结的："通过多种手段并用，袁世凯把官、兵、勇、役、士绅、乡团等力量都动员起来了，从多方面形成对义和团的遏制。"[1] 同时，他再私下动员官员和士绅，去说服教民退教，给教民施加压力不要惹是生非。他知道搞不定外国传教士，但很多中国教民还是对官府有畏惧心理，是可以说服的。

这种政策很快就稳定了包括鲁西北在内的山东局势，但仍然不能让教会满意。因为他们要的不是安全和稳定，而是凌驾于法律之上的特权。1900年1月15日，外国传教士致函山东洋务局，指责山东政府没有认真镇压义和团，信中说："各州县未闻拿获一匪。"

袁世凯看到这封信，回信为自己辩解，说自从他担任巡抚20多天以来，"先后获匪十二名"，因此说一个人都没抓是谣言。

---

① 林华国：《历史的真相：义和团运动的史实及其再认识》，天津古籍出版社2002年版，第85页。

算来算去，总共也就抓了十二三个人。

两个月后，袁世凯在另一份公函中宣布，自己当了三个月山东巡抚，已经抓获匪徒30多人，此外还在拘捕过程中击毙了数人。

作为对比，直隶地区在1899年12月的一个月内，就抓捕义和团100余人，击毙数十人。显然，在八国联军侵华之前，袁世凯并没有使用比毓贤更凶残的武力来镇压义和团。他跟前三任山东巡抚在政策方向上没有什么区别，甚至比毓贤更加宽容，只不过控制方法更为精细化，更注重与士绅阶层的合作而已。

按照列强对待前三任山东巡抚的标准，袁世凯这些招数也不会发挥多大作用。他上任之后一个月，就发生了一个英国传教士在山东被杀的事件，在鲁西北地区，小规模的教案仍然在继续发生。

1899年3月22日，袁世凯担任巡抚三个月后，美国公使再次到总理衙门交涉，投诉说："山东拳匪现在临清、庞庄、高唐、夏津、平原各地，每日练拳，恐吓教民，与数月前无异。可见中国并未弹压拿办。"[1]要求总理衙门继续给山东巡抚施加压力，否则将会有严重后果。

列强对袁世凯在山东的做法，还是很不满意。如果不是直隶地区闹出更大的事，袁世凯在山东巡抚的位置上恐怕也很难坐的稳当。

真正"拯救"袁世凯的，并非他在山东的政策举措，而是直隶总督裕禄。裕禄把直隶的义和团问题处理得一团糟，为八国联军发动侵华战争创造了口实，这让列强、清政府、义和团们都顾不上山东，集中力量参与直隶地区的斗争，也就让袁世凯获得了解脱。

七、剿抚之变：慈禧对义和团态度的变化及其原因

裕禄是满人，跟毓贤一样，头脑有点简单粗暴而且不太懂得跟汉族士绅合作

---

[1] 林华国：《历史的真相：义和团运动的史实及其再认识》，天津古籍出版社2002年版，第88页。

进行基层控制。他之前的履历就是在中央政府或者省级高层做官，没有多少基层历练，当然搞不清楚义和团与土匪的区别。反正都是一批造反闹事的，铁血镇压就完了，这就是裕禄的处理思路。在义和团传入直隶地区以后，他不停地派兵四下镇压，逮捕和杀害的义和团数量是袁世凯的十多倍。最后的结果，就是义和团越镇压越多，斗争方式也越来越暴力，直至彻底失控。

义和团大约在1899年秋冬之际大规模传入直隶地区。然后就一路向北，经过保定逼近北京。其传播形式基本都是一个"大师兄"被邀请到另外一个村子传授拳法，聚集众人举行"神仙附体"仪式宣布"开坛"，推举出本村本坛的"大师兄"。然后大家集体到教民们的家或者教堂外边"亮拳"示威，警告他们不得再依仗特权欺负教外村民。大部分示威行动都很和平，没有发生冲突；偶尔有冲突发生，也不过损坏财物，基本不会出现人员伤亡。

根据周锡瑞的统计，从1899年10月到1900年5月，义和团在直隶地区并没有制造很多暴力事件。5月，驻京美国公使向本国政府报告说："到目前为止，还没有义和团攻击美国传教团以及骚扰传教士所在村镇的案子。"保定的一位传教士在家信中说一切平安，根本就没有提到有义和团这回事儿。直至5月，有记录的义和团伤人事件只有一次，造成了一人死亡，而且这个人还不是教民，应该是在冲突中被误伤致死的。此外，地方官报告了几起打着义和团旗号的抢劫事件。整整半年，情况也就仅此而已。看起来义和团方面非常注意控制暴力，不愿意轻易伤人，农民们更多的是利用义和团来自保而非向教会进攻。

清军和教会方面的反应要激烈得多。直隶总督裕禄一听到哪里有义和团聚集闹事就赶紧派兵镇压。5月之前，清军已经杀死了超过50名义和团成员。教民们也在教会的组织下武装起来。教会为教民们搞到了先进的火枪，用来对付手持大刀、长矛的义和团，也杀死了不少拳民。大量私藏火器在清朝是要掉脑袋的重罪，但官府却对教会网开一面，默认了这种事情。整整半年的时间内，都是官兵和教民在杀死拳民，而没有一个官兵或教民被义和团杀掉。

裕禄和教会的这种做法非常不理智，因为他们在人数上处于绝对的劣势。前任直隶总督荣禄在戊戌政变以后回到北京，担任首席军机大臣，同时带走了他在直隶总督任上建立起来的军队。武卫军继续由荣禄直接控制，负责国防安全，留给裕禄管理地方治安的军队，只有很少一部分甲午战后残余的淮军和练军。由于精锐都已经抽调改编成了武卫军，淮军和练军被大量裁撤，裕禄手里能掌握的军队数量极少而且战斗力也很差。这种情况下，还盲目且凶残地屠杀义和团，等于找死。

官兵和教会在非常顺手地屠杀义和团拳民的时候，都没有注意到义和团方面正在变得越来越愤怒，而且越来越团结。

1900年4月，保定附近的大张庄村又发生了一起民教冲突。大张庄村民张洛弟请附近蒋庄的一个补锅匠给他修火石，修好之后张洛弟没有付钱。补锅匠去张洛弟家里索要，双方争吵起来。这原本是一件非常小的民事纠纷。但这个补锅匠是入了教的，这就不一样了。他声称张洛弟在争吵中言语侮辱了教会，便找了教民30多人到张家算账，要求加倍补偿修火石的钱，而且要在此基础上，摆五桌酒席，在教堂面前道歉，赔偿100串钱，且要张家全家入教。张家拒绝接受。此后教民们又来讨要了五次，终于在第五次发生暴力冲突。张家被打死一人，打伤三人。张家人立马找到义和团帮忙，带领众人去蒋庄复仇。教民们早有准备，趴在房顶上向义和团开枪，当场杀死义和团20多人，教民方面只是房屋被毁，无人死亡。

大张庄事件终结了义和团不愿杀人的惯例。一个月后，在保定涞水高洛村，又一场类似的民教冲突爆发。高洛村的村长阎老福，按照本村一年一度的风俗在村中心路口搭戏台唱戏，并扎起帐篷摆好祭台邀请"神仙下凡"听戏。但戏台位于一个教民的家门口，这个教民就认为冒犯了他的"信仰"（再次体现一神教的排他性特征）。教民们联合起来，辱骂神像并踢翻了神台。村民们立刻反击，袭击砸毁了教堂。事情闹到官府，保定天主教主教出面干涉，官府判决阎老福赔偿教民损失250两银子，并要公开宴请教民，在宴席上向教民们磕头道歉。

阎老福愿意赔偿银子，但他们家在当地算是有头有脸的士绅，如何能接受公开磕头认错的羞辱？他派人到邻县去请了几个义和团的"师兄"过来，开坛练拳，经过十天的准备，向教民们发动攻击。

这一次义和团方面终于大开杀戒，杀掉了教民20多人。

裕禄得到高洛村事件的报告，立刻决定派兵镇压。

总兵杨福同带了70多名清军紧急前往高洛村，跟数百名义和团拳民交战，又杀死了60多个拳民，逮捕了20多人。

这是明显的"拉偏架"。大张庄事件义和团被杀掉20多人，清政府对此置若罔闻。义和团的人死了就白死，教民死了就要官兵去镇压报复，加倍杀回来。实在是欺人太甚。

整个直隶地区的义和团都被激怒了。他们发现必须大规模团结起来才能对抗清军的镇压。成千上万的拳民接到消息，开始赶往高洛村附近集结。杨福同带领的70多人对付不了这些源源不断而来的拳民。1900年5月22日，杨福同终于兵败被杀。

在跟杨同福作战的过程中，各地义和团开始加强团结协作。大家都知道杀掉一个官府的总兵会是什么后果，接下来肯定是更大规模的军事镇压，镇压之后就是杀头灭族，没有回头路可以走，必须团结起来斗争到底。

5月24日，愤怒的义和团拳民开始从保定高洛村一带向北京进发。

5月27日，义和团攻占了兵力空虚的涿州县城，然后开始破坏从天津到北京的铁路。在此之前，义和团并没有破坏铁路的行为。这么做纯粹是为了阻碍清军利用铁路调动，跟敌视先进技术西方文明之类的毫无关系。

5月28日，义和团逼近北京丰台火车站。

总兵被杀、县城陷落、进军北京，清政府为之震惊。慈禧也感到害怕了，她在28日下了一道措辞严厉的镇压上谕，要求"统兵大员及地方文武，迅即严拿首要，解散协从，倘敢列仗抗拒，应即相机剿办，以昭炯戒！"

在慈禧和荣禄的亲自安排下，三支军队开始对保定到北京之间的义和团进行合围。分别是从北京出发的武卫中军、从天津出发的武卫前军、裕禄手下的治安军。其中聂士成统领的武卫前军是清军在直隶地区战斗力最强的国防军，数量有1万多人，参与镇压义和团的有数千人。面对这支军队，义和团不具备与之正面对抗的能力。

不过，义和团运动的特点就是高度分散，而且在底层百姓中间的支持度极高。拳民与普通农民根本无法区分，专业的国防军要镇压难度很大。反倒是原来那种绿营加团练的体制非常适合进行广泛的基层镇压。但现在绿营体制已经消失，团练已经全面倒向义和团，集中训练的国防精锐用来搞基层镇压实属逼不得已。

聂士成的军队进入义和团控制的地区，极难获得情报和粮食等物资。从天津到北京的铁路已经被破坏，清军沿铁路前进，不断被埋伏在沿线的义和团伏击和偷袭，两三天时间就伤亡80多人。义和团方面的伤亡更大，但他们人数众多。如果继续这样拼消耗，聂士成方面很快就会被拖垮。6月2日，聂士成决定放弃沿铁路进军的计划，避开义和团的埋伏，改走另外一条路北上与武卫中军会合。

经过数天的进军，三路大军终于开始对义和团主力形成合围之势。双方的大决战看起来一触即发。从双方实力对比来看，义和团方面要想取得胜利难度极大。如果清军能够抓住机会集中围剿一批义和团主力骨干分子，则直隶地区的义和团运动将会陷入一段时间的低潮。

6月6日，慈禧再次发布上谕，对义和团发出"最后通牒"，勒令其立刻自行解散，否则坚决剿灭。她在上谕中说：

"拳民以仇教为名，倡立团会，再有奸民会匪，附入其中，籍端滋扰，拆毁铁路、焚烧教堂。至铁路原系国家所造，教堂亦系教士教民所居，岂得任意焚毁？是该团直与国家为难，实出情理之外……该团应即遵奉，一齐解散……如仍不悔改，即著大学士荣禄……实力剿捕！"

一直到这个时候，清政府与义和团的关系，都是一种镇压与反镇压的势不两立的状态。义和团的"扶清灭洋"旗号完全没有发挥作用。清政府拒绝被"扶"，义和团颇有古代权臣"清君侧"的架势，属于一种留有余地的造反行动。尽管清政府内部有大学士刚毅、赵舒翘等人奔赴涿州，与义和团谈判沟通，主张对义和团采取招纳安抚政策，但慈禧始终没有采纳这个主张。

但是，只过了一周，从6月13日开始，慈禧的态度突然来了一个一百八十度的大转弯，她命令荣禄和聂士成立刻停止进剿义和团，并承认义和团是爱国的"义民"，要求挑选其中精壮力强之人加入清军为国家效力。

对慈禧的这个转变，很多野史记录说是由于大学士刚毅等人从涿州带回来几个义和团成员，当面给慈禧表演"刀枪不入"的神功，骗得慈禧相信了义和团的神奇法力以及对清政府的忠诚。这个说法并不可信。慈禧态度转变的关键原因是英国中将西摩尔率领的八国联军先头部队2000人于6月10日在天津登陆并很快向北京进军，而且有更多的后续外国侵略军正在海上准备登陆。她多次要求西摩尔的八国联军返回天津，各国后援部队返航，都被拒绝。面对强敌入侵，当然不能再让武卫军跟义和团决战，打个两败俱伤。甚至现在要紧急从全国各地征调勤王兵马都已经来不及了：火车从天津到北京只需要五个小时，不坐火车徒步行军也只需要数天时间。因此必须让武卫军立刻转入北京和天津的防御，并紧急安抚义和团，利用他们的反洋教意识，帮助清军阻挡八国联军的侵略。慈禧对义和团的战斗力并不信任，要求军机大臣世铎等人再三考察，到底这些人能不能真打仗。但不管义和团战斗力如何，让他们协助清军总比跟清军作战更好。这才是慈禧态度剧变的根本原因。

八、八国联军：列强入侵与慈禧反击

八国联军侵华，打的旗号是保卫使馆安全和镇压义和团运动。这些都是借口，本质还是想要进一步扩大在华殖民特权。甚至可以说，义和团运动在一定程度上就是列强为了发动侵华战争故意"刺激"出来的。

列强政府都是早已世俗化的政府，并不需要屈从于教会的压力。教会在政府眼里就是政治工具，要用的时候拿出来用，不用的时候就丢掉不管。最典型的就是德国在山东半岛的教会政策：为了霸占山东，拼命鼓励教会特权，山东主教要享受跟山东巡抚一样的政治待遇，有一点风吹草动就借机抗议、发兵，要求割地赔款给特权；等到想要的特权都要到了、独霸山东的图谋基本实现，马上就宣布不再保护教会特权，反过来要求教会不要再到处惹事。

北京和直隶地区，是清政府中央枢机所在，列强之间彼此制衡，谁也不能独霸这块地方。所以，沿海沿江的势力范围都瓜分完了，就剩直隶还不是任何一个列强的势力范围。1899年以后，中国其他地方已经没有多少教案发生了。俄国控制着东北、英国控制了长江流域、法国控制着两广，他们都很注意约束教会行为，不让教会在自己的地盘里添乱。只有直隶地区，各国的教会还继续兴风作浪，索要特权，制造事端，干一些很不要脸的事，比如一有民教纠纷就唆使教民漫天要价，不仅要高额赔偿还要羞辱性地公开摆宴席道歉，甚至私藏武器弹药，制造命案，刺激中国人民起来反抗。一旦有人受不了这种压迫和羞辱，发动义和团起来对抗，他们背后的列强就像"打鸡血"一样的兴奋，公使立刻跑到总理衙门抗议，威胁如果清政府不能镇压义和团，他们就要派兵来自行解决。清政府被吓得半死，赶紧让直隶总督派兵镇压，结果越镇压，义和团发展越快，斗争越激烈。在这中间，教会和列强都制造了很多谣言，比如毓贤在山东暗中支持义和团发展，清政府内部鼓励义和团屠杀教民，等等，竭尽全力把义和团运动和清政府捆绑起来。等局势发展到一定程度，发兵侵华就成了一件顺理成章的事情。

甲午战争以后，列强都看清楚了清军的战斗力有多么的不堪一击，不再像中法战争以后那么畏手畏脚的了，纷纷摩拳擦掌，准备跟清军再打一仗。因为这将是世界上最赚钱的生意，一打完就可以索取巨额战争赔款和各种特权。

从甲午战争到八国联军侵华的六年里，列强的殖民掠夺主要分为以下几个阶段：第一个阶段，就是日本独自击垮清军，独享2.3亿两银子的赔款，并割占台湾；第二个阶段，其他列强借钱给清政府归还战争赔款，赚取近3亿两银子的高利贷利息；第三个阶段，就是开始在沿海沿江划分势力范围；第四个阶段，势力范围瓜分完了，就要将清政府置于列强的武装控制之下，确保它成为一个完全听话的傀儡政府，方法就是出兵占领北京和直隶地区。如果这一步也顺利实现，接下来就是慢慢消化各自的势力范围，在时机成熟以后彻底瓜分中国，把中国各省变成一个一个独立的殖民地。中国作为一个政治实体就会从历史中消亡。这一套侵略逻辑，跟义和团运动是没有关系的，无论有没有义和团，只要中国的军队继续像甲午战争中的清军一样不堪一击，中国历史就会按照这个路线一步一步往下走。

完成第四步——完全控制清政府——就需要军事入侵，而且只能是以各国联军的方式出兵。日本一直想独吞中国，但如果它再次单独出兵，俄国和德国绝不会允许。俄德两国一个占着辽东半岛，一个占着山东半岛，日本的海军和陆军无法越过这道防线进军北京。如果俄国或德国独自去攻打北京，英国和日本又绝不会允许。但如果因为彼此之间利益不一致，就放着清政府这么大一块"肥肉"不去吃，那更说不过去。多方博弈的结果，只能是大家一起去打，得了好处一起分。

1900年3月中旬，义和团在直隶地区还没有打死一个传教士或教民，列强就开始发出战争威胁：如果清政府不能保护传教士和教民，他们就要考虑自己采取行动。这就已经是在为侵华战争做铺垫了。4月中旬，高洛村事件还没有发生，直隶地区仍然没有传教士和教民被杀，两艘英国、两艘意大利、一艘法国和一艘美国军舰就已经开到天津大沽口外，宣布准备保护天津到北京的通道。

5月28日，义和团刚刚到达丰台，北京的各国公使们就提出：为了保护使馆安全，需要各国派兵进京——这些军队此时就在大沽口外的军舰上。

这个要求非常无理，之前签订的各种不平等条约中都没有提到过这一条，当然更不存在这样的国际惯例。正常的做法是如果担心人身安全，那就离开北京，返回自己的"母国"，等危机结束了再回来。如果当时公使和传教士们要求撤离，清军完全有能力保障他们安全离开，清政府也绝对乐意这样做。

清政府屈从了列强的无理要求，但规定进京的士兵数量每个使馆不能超过30人。公使们对此不予理会，最终进京的军队达到了449人，包括英国、法国、德国、美国、俄国、日本、意大利、奥匈帝国八个国家的士兵，几乎超过了总理衙门规定上限的一倍，而且这些军队还带上了机关炮、机枪等重型武器，将大量枪支弹药运进使馆。这个数量和武装水平的军队，驻扎在北京内城，就在皇宫边上，已直接威胁到决策中枢的人身安全。慈禧这个时候就很不安了，清政府内部的愤怒情绪高涨，但尚可忍气吞声地接受。

事情当然不会就这样结束，各国的军舰在5月之前就已经向天津开进，它们显然不会满足于只派出400多人的卫队进京。6月初的时候，大沽口外已经聚集了24艘军舰，上面运载了大量的陆军士兵，武装占领北京的准备已经完成。

此时，清政府正在调集国防军精锐全力镇压义和团，双方决战即将打响。如果让清军把义和团镇压下去，侵华战争就会师出无名。八国联军比清军还要着急，列强在军舰上召开军事会议，推举西摩尔为统帅，于6月10日紧急带着500人，绕过大沽口炮台登陆，前往天津火车站抢夺了五列火车。两天后，又有1000多名联军赶来，联军数量超过了2000人，陆续坐火车北上。直隶总督裕禄不敢阻拦，只给清政府发了个电报，说西摩尔联军朝北京来了，而且据说后续还会有更多军队进京。

西摩尔大军一旦进京，清政府就将被置于列强的武装控制之下，慈禧本人也将失去人身自由。慈禧对列强已经很委曲求全了，总理衙门几乎成了各国公使的"传声筒"，叫干什么就干什么，山东巡抚都换了三轮了，但对这种把祖宗江山拱手相让、把自己的生命安全和人身自由交给外国军队决定的事，还是无法接受。想来想去，说什么也要阻止联军进京。

清政府紧急回电让裕禄"实力禁阻"，实在不行就动武，总之不能让西摩尔进京，没有商量的余地。裕禄劝阻了多次，没有任何效果，但他不敢动武。他手上那点可怜兮兮的治安军去跟联军开战等于送死，只能放任西摩尔联军坐着火车北上。

真正阻挡西摩尔联军的还是义和团。由于他们破坏了铁路，西摩尔只能一边修路一边前进。埋伏在铁路沿线的义和团就像几天前袭击聂士成部一样，不断地骚扰偷袭西摩尔军。这才延缓了西摩尔的进军速度，不然西摩尔联军6月13日之前就能到达北京，清政府连让武卫军停止镇压义和团的命令都来不及发出。

6月13日，又有俄军1700人试图北上加入西摩尔联军，但在路上遭到义和团和清军的狙击，被迫退到天津。

严格来说，在西摩尔联军登陆的那一刻，列强对中国的新一轮侵略就已经开始了。跟之前的使馆卫队不同，西摩尔军队是在未经中国政府允许的情况下入侵中国领土的。

同一时间，北京内城的公使和使馆卫队也在不断挑事儿。

当时，已经有许多分散的义和团拳民进入北京外城。这部分人是负责北京外城防御的端王集团放进来的，慈禧在之后才知道此事。

这里必须要解释一下北京外城和内城的区别。外城是市民生活的场所，达官贵人们基本都居住在内城，中央官署和外国使馆也都在内城。人们常说的京城就是专指北京内城而不包括外城。内城里边还有皇城，皇城里边才是宫城，也就是紫禁城。内城的城墙高大厚实，防御系统复杂坚固。而外城防御对中央枢机的安全影响不大，因此城墙相对低矮，高度和厚度都大约只有内城城墙的60%。负责京城安全的九门提督中的九门就是指的内城九门（德胜门、安定门、东直门、朝阳门、崇文门、正阳门、宣武门、阜成门、西直门），而不包括外城七门（西便门、东便门、广渠门、左安门、永定门、右安门、广宁门）。

外城的特点是商业高度发达，每天大量人流进出，城门管理也不甚严格。端王集团因为被李鸿章等汉族大臣蒙骗，以为洋人是他们废掉光绪帝、另立大阿哥的主要障碍，便一直想借用义和团的力量对抗洋人。他们控制了驻京八旗，有权决定放什么人进入外城，便将大批义和团放了进来。慈禧知道以后，相当不满，连续下令要求"晓谕解散"，并"严惩首犯"。不过，她的主要注意力不在这上边。毕竟列强的使馆卫队都带着机关枪、机关炮进入内城了，外城那些没枪没炮只会舞刀弄拳的义和团活动算不得什么。她重点关注的，是武卫军与涿州义和团主力的决战。只要尽快把这批组织得比较好的、数量众多的义和团镇压下去，外城的义和团活动比较容易解决。

而内城的情况就不一样了，其守卫由慈禧的亲信崇礼负责，直接听命于慈禧，端王集团无法控制。在6月13日之前，甚至在6月10日西摩尔联军入侵开始之后，内城一直没有放义和团进入。

在内城还没有放义和团进来的情况下，德国公使克林德干了一件很疯狂的事。他在6月13日这天带人主动走出使馆，殴打两个从使馆门口路过的中国人，原因是克林德觉得这两个人的装束看起来像是义和团拳民。两人被暴打一顿之后，其中一个年龄大的逃走了，另一个年轻的被克林德抓进了使馆，绑在树上继续殴打审问，生死不明。

在这个高度敏感的时刻公然行凶，立刻就激起了众怒。不仅是外城的义和团情绪激动，内城的清军士兵以及朝廷内部对义和团持同情态度的人也都义愤填膺。清政府要求克林德交人，被无理拒绝。那个可怜的年轻人从此消失，应该是被克林德打死了。

克林德的行为是一种赤裸裸的挑衅。很显然，这是因为他得知西摩尔的联军即将到达，以为清政府绝不敢把他怎么样，可以在中国的首都随意伤人、杀人。甚至，他可能就是故意要制造冲突，为大沽口外的八国联军大举入侵提供足够的借口。

第二天，愤怒的清军士兵就打开了内城城门，放了一批外城的义和团进来。这些人到使馆门口抗议，被使馆卫队用加特林机枪扫射驱散，他们就在内城四下攻击教堂，主要方式就是纵火和殴打教士、教民。

6月15日，使馆卫队开始全面出击，以保护教堂为名，在内城到处射杀义和团拳民，杀死了数百人。他们还得意扬扬地把这次行动称之为"猎取拳民行动"。

也就是说，在6月15日，外国军队就已经在中国的首都四处猎杀中国人了。这种事情，不可能不激起国内稍有自尊心的官员、士兵直至底层百姓的普遍愤怒和强烈的排外情绪。

6月16日，进入内城的义和团拳民们在前门放火烧毁了一家西药店。大火蔓延，把前门地区的数百家商铺也一并烧了。在外城，情况更是一片混乱。很多八旗子弟、市井无赖也宣布加入义和团，跟外地进城的拳民们混合在一起，掀起了一股灭洋排外的热潮。大量外国商品、商店被焚毁，很多教民被杀。这都是克林德和使馆卫队的暴行诱发的恶果。

6月16日晚上，大沽口外的外国舰队向炮台守将罗荣光发出了最后通牒，要求他在6月17日凌晨2点之前主动交出炮台，否则他们将武力攻占。

罗荣光严词拒绝了这份最后通牒。八国军舰便立刻开始炮轰大沽口，经过一夜的炮战，大沽口失守，罗荣光战死。

大沽口炮台顶不住列强舰队的攻击是必然的，不过只用了一个晚上就失守而且几乎没有给敌舰制造有力的杀伤还是有点说不过去。关键的原因有两个，第一个是甲午战后重建的北洋水师拒绝增援；第二个是南岸和北岸炮台的两个弹药库都被联军炮弹击中发生爆炸，既破坏了大沽口的防御体系，也让炮台缺乏弹药可用。

互不救助是清军的老传统，不必多说。第二件事才是真罕见。

弹药库一般位于防线后方的隐蔽位置，被炮火集中的概率极低。而南北两个炮台的弹药库都在几个小时的炮战中先后被击中爆炸，这是几乎不可能发生的事。在人类海战历史上，也就在1900年的大沽口防御战发生过这么一次，可以说是空前绝后。唯一合理的解释是敌军知道弹药库的具体位置。大沽口炮台在第二次鸦片战争中被摧毁过一次，李鸿章担任直隶总督和北洋大臣期间，耗费巨资重新修建而成。李鸿章"造不如买"的买办风格对这次重建影响很大。跟旅顺一样，其炮台体系是请的德国工程师来设计，又花了很多钱购买德国大炮等先进装备来建设完成的。当时李鸿章跟德国关系搞得很好，只想到大沽口需要防御日本入侵，没想到会有德国入侵的一天。结果德国设计师的方案把武器库放在了容易受到攻击的位置，这次德国军舰开过来，直接就把两个弹药库给轰平了，大沽口因此迅速失守。炮台失守的速度比第二次鸦片战争快得多，这再次证明把国防经费拿给李鸿章花就等于拿着钢筋混凝土的钱去请了个裱糊匠来干活儿。

裕禄在6月16日晚上也收到了来自天津使馆转交的要求交出大沽口炮台的最后通牒，不过比联军从军舰上直接交给罗荣光的要晚了几个小时。这是使馆方面故意拖延的，为的是不让裕禄有时间组织援军。等他看到通牒的时候，大沽口炮战已经开始了。

与此同时，一份神秘的、来路不明的"八国联军战争照会"在天津城内出现，又被从江苏坐船运送漕粮到天津的官员看到并紧急派人送往北京。6月16日晚上，慈禧在看到裕禄发来的最后通牒电报的同时，也看到了这份照会。照会的内容，是八国联军提出的停战条件。

第一条，指明一地令大清皇帝居住；

第二条，由列强代收各省钱粮；

第三条，由列强代掌天下兵权；

第四条，慈禧归政于光绪皇帝。

这份照会不是通过使馆渠道递交给清政府的，后来各国使馆和政府也都否认有过这么一份照会。从它的具体内容和出现的时间、地点、方式来看，它最大的可能是八国联军为了诱骗慈禧主动宣战而伪造的。

八国联军在正式发动侵略战争之前，把"找借口"的工作搞得很扎实。先通过教会特权制造民教冲突，诱发义和团运动，然后派卫队进京，在北京捕杀"疑似"义和团的中国人，再开展"猎取拳民行动"，四下杀人，激起民愤，为侵略制造口实。然后，在大规模入侵之前，先给罗荣光发最后通牒，又给裕禄发最后通牒，还伪造战争照会激怒慈禧。

这些都是近代殖民侵略者和中国古代的北方蛮族不一样的地方。北方蛮族只想杀人放火劫掠财富，近代殖民侵略者不仅要杀人放火劫掠财富，还要诛心。他们对战争的认识，远高于古代野蛮民族，懂得战争借口和旗号的重要性：必须有足够的借口才能激发士兵们同仇敌忾的作战意志，只有把中国人包装宣传成杀人成性的、不知好歹的、盲目自大的野蛮民族，侵略战争才能持续不断地进行下去。同时，殖民政府也才能方便地赢得其国内民众对侵略战争的支持。

慈禧确实是被激怒了。她在6月17日的御前会议上公开宣读了这份照会的前二条，而把第四条隐去了没有读。读完之后，朝堂上哭声一片，众大臣群情激愤，发誓要与洋人决一死战。

恽毓鼎在《崇陵传信录》中记录说，慈禧读完后讲了这么一番话：

"今日之事，诸大臣均闻之矣。我为江山社稷不得已而宣战，顾事未可知，有如战之后，江山社稷仍不保，诸公今日皆在此，当知我初心，勿归咎于一人，谓皇太后送祖宗三百年天下！"

慈禧在没有确认照会真伪的情况下，就公开宣读了其中的前三条，当是为开战做高层动员。实则在6月13日给裕禄的电令中，她就已经明确了和平的底线：八国联军不能进京。如果强行进军，那就只有开战。这份照会真假难辨，但八国联军勒令交出大沽口炮台的最后通牒肯定是真的，这就已经足以触发战争了。

尽管把话说得如此激昂，慈禧还是没敢下开战的决心。她还在等裕禄关于大沽口的进一步战报：联军到底有没有开火，战争结果如何？在收到裕禄的电报之前，她还派遣几个主和派官员进入各国使馆，要求和谈，并建议派兵把公使们送往天津，置于八国联军的保护之下。因为联军侵华的理由是保护使馆，只要保护公使安全，那就应该停止侵略。这些建议当然都被坚决拒绝。

裕禄足足沉默了二天才回复慈禧。6月20日，他才发来电报说，联军舰队6月17日已经开始攻打大沽口了，由于电报被切断，战况尚不明朗；同时，还有一支洋兵开始进攻天津，天津使馆内的卫队武装也开始主动出击，里应外合。裕禄的练军、聂士成的武卫军和义和团正在彼此配合保卫天津。

慈禧收到电报，终于确认战争已经全面爆发，列强进军北京的决心不可能改变。

6月21日，她以光绪的名义正式发布战争动员令，称列强欺人太甚，朝廷被迫反击，要求全体军民共同抵抗列强入侵。

这份战争动员令，后来被一些人别有用心地起了个名字叫《对万国宣战诏书》。这些人违背基本的历史事实，编造了这么一个逻辑：西方列强入侵带来了先进的近代文明，中国老百姓愚昧无知掀起义和团运动反对先进文明，破坏铁路和电报，等等，以为有"神功护体"就能抵抗近代文明。慈禧因为之前被列强打败过而长期怀恨在心，听说义和团有"神功护体"而又愿意"扶清灭洋"，兼之害怕列强逼迫她归政于主张学习西方的光绪皇帝，遂发动义和团杀洋人，像发了疯一样地不自量力向世界主要先进国家宣战，结果引发了八国联军侵华战争。

这个逻辑违背事实、颠倒黑白的程度之严重，可谓令人发指，是中国近代史上最无耻的谎言之一。

首先，慈禧根本没发布过什么宣战诏书，只有6月21日的这份动员令。动员诏书中压根没有出现"万国""八国"的字眼，也没有点名任何一个国家，更没有向八国正式向宣战。她发布的是一份给臣下的反侵略战争动员令，解释自己为什么决定抵抗列强联军的入侵，仅此而已[①]。整场战争从开始到结束，清政府和八国联军双方都没有正式宣战。

---

① 诏书原文：我朝二百数年，深仁厚泽，凡远人来中国者，列祖列宗罔不待以怀柔。迨道光、咸丰年间，俯准彼等互市，并乞在我国传教；朝廷以其劝人为善，勉允所请，初亦就我范围，遵我约束。讵三十年来，恃我国仁厚，一意拊循，彼乃益肆枭张，欺临我国家，侵占我土地，蹂躏我人民，勒索我财物。朝廷稍加迁就，彼等负其凶横，日甚一日，无所不至。小则欺压平民，大则侮慢神圣。我国赤子，仇怨郁结，人人欲得而甘心。此义勇焚毁教堂、屠杀教民所由来也。朝廷仍不肯开衅，如前保护者，恐伤吾人民耳。故一再降旨申禁，保卫使馆，加恤教民。故前日有"拳民、教民皆吾赤子"之谕，原为民教，解释夙嫌。朝廷柔服远人，至矣尽矣！然彼等不知感激，反肆要挟。昨日公然有社士兰照会，令我退出大沽口炮台，归彼看管，否则以力袭取。危词恫吓，意在肆其猖獗，震动畿辅。平日交邻之道，我未尝失礼於彼，彼自称教化之国，乃无礼横行，专肆兵坚器利，自取决裂如此乎。朕临御将三十年，待百姓如子孙，百姓亦戴朕如天帝。况慈圣中兴宇宙，恩德所被，浃髓沦肌，祖宗凭依，神只感格。人人忠愤，旷代无所。朕今涕泣以告先庙，慷慨以示师徒，与其苟且图存，贻羞万古，孰若大张挞伐，一决雌雄。连日召见大小臣工，询谋佥同。近畿及山东等省义兵，同日不期而集者，不下数十万人。下至五尺童子，亦能执干戈以卫社稷。彼仗诈谋，我恃天理；彼凭悍力，我恃人心。无论我国忠信甲胄，礼义干橹，人人敢死，即土地广有二十馀省，人民多至四百馀兆，何难减比凶焰，张我国威。其有同仇敌忾，陷阵冲锋，抑或仗义捐资，助益饟项，朝廷不惜破格懋赏，奖励忠勋。苟其自外生成，临阵退缩，甘心从逆，竟作汉奸，朕即刻严诛，绝无宽贷。尔普天臣庶，其各怀忠义之心，共泄神人之愤，朕实有厚望焉！

其次，最关键的是这份动员令的发布时间是6月21日，在西摩尔的八国联军入侵中国11天之后，在八国舰队炮轰并攻占大沽口四天之后，在八国联军和各国使馆卫队里应外合攻打天津三天之后。在诏书发布之前，八国联军就已经全面发动了对华侵略战争，根本不存在慈禧对外宣战引发战争的问题，她是在被逼得无路可走的情况下被迫反侵略。诏书发布的时候，西摩尔的八国联军都已经打到通州了。英国距离中国万里之遥，一个英国将军带着军队杀到中国首都城下，还需要中国宣战才算引发了战争吗？列强做出战争决策并运载数万陆军到达大沽口外的时间更是远早于慈禧的战争动员令。列强是这场侵略战争的主动发动者，慈禧是被逼到悬崖边上被动应战，这一点是毫无疑问的。

最后，义和团"扶清灭洋"的口号、"神功附体"的仪式这些东西对慈禧的和战决策没有任何影响。慈禧决定应战的唯一因素就是八国联军要进京。只要八国联军大举进军北京，她就不得不应战；反之，只要八国联军放弃进军，她就不会开战。义和团运动只是八国联军侵华的借口，而不是慈禧反侵略的原因。在八国联军入侵之前，清政府从未制定过利用义和团来打压排挤列强在华势力的政策；事实恰恰相反——他们一直在坚决执行打击义和团运动的政策。在西摩尔联军进军北京之前，慈禧正在调兵遣将努力镇压义和团。

慈禧对列强要求她归政光绪的照会虽然愤怒，但跟是否开战的决策无关。只要八国联军控制了北京，她归不归政就只有形式上的意义了，反正皇权都会落入列强的控制之下。在6月17日的御前会议上公开宣读来历不明的列强照会之后，她还在派人去找公使们求和，和谈的内容完全没有提及是否归政光绪的问题，而只是反复要求列强退兵。

九、庚子国难：八国联军在中国的暴行与教会特权的消减

1900年7月14日，八国联军在付出伤亡900余人的代价，并发射毒气炮后，攻陷天津。聂士成阵亡，武卫前军覆灭。

攻占天津以后，联军在天津休整了20天，等待后续更大规模的援军到达。

在这期间，他们忙于在天津烧杀抢掠。城破之后，联军在城门楼上架起排枪和大炮胡乱轰击试图逃出城的市民，尸体绵延好几里路，清理了三天都没有清理干净。士兵甚至把天津城外的坟墓都挖掘了一遍，因为听说有很多人把财宝藏在了里边[1]。

慈禧见联军没有立刻向北京进发，又看到希望，赶紧联系和谈，告知联军在努力保护使馆安全，请求他们不要进军北京。这当然毫无效果。

1900年8月中旬，联军2万余人由天津进犯北京。直隶总督裕禄在北仓组织抵抗，兵败自杀。

8月14日，北京失陷。

8月15日晨，慈禧带着光绪皇帝仓皇出逃，向西逃往西安。逃亡途中，紧急指派李鸿章为与列强议和全权代表，要求"量中华之物力结与国之欢心"，同时发布彻底铲除义和团的命令。

命令发布后，清军立刻调转枪口跟八国联军一起屠杀义和团。

在清政府和外国侵略军的联合绞杀之下，义和团运动被扑灭了。

八国联军占领北京后，公开劫掠三日，把北京城内的财富洗劫一空，至少有10万北京市民被杀。甚至有目击者声称："都城之内外，以及近畿一带周百余里内，约死者数百万人。"[2]有很多家庭是全家在一起被纵火烧死，然后被士兵们从灰烬中捡走剩下的金银财宝。如果有联军看不顺眼的"义和团嫌疑犯"，还要被他们押到刑房里，采用各种残酷的刑法虐待致死。联军总司令瓦德西在给德皇的报告中说：

"联军占领北京之后，曾特许军队公开抢劫三日，其后更继以私人抢劫……现在各国互以抢劫之事相推诿，但当时各国无不曾经彻底共同抢劫之事实，却始终存在……抢劫时所发生之强奸妇女、残忍行为、随意杀人、无故放火等事，为数极多……自'三十年战争'以及法国路易十四之匪军（侵略德国）以后，

---

① 【美】柯文：《历史三调：作为事件、经历和神话的义和团》，社会科学文献出版社2015年版，第197页。

② 【美】柯文：《历史三调：作为事件、经历和神话的义和团》，社会科学文献出版社2015年版，第187页。

毁坏如此之惨，还从未见过。"①

洗劫完北京以后，联军又四处攻城略地，打着剿灭义和团的旗号疯狂屠杀中国人民。一个参与此事的美国军官称："每杀死一个义和团拳民，至少有五十个无辜的苦力或农民包括妇女和儿童被杀。"②与此同时，俄国还另外派兵进入东北，于7月16日制造了著名的海兰泡惨案，先后占领齐齐哈尔、吉林和沈阳，屠杀了数万东北居民。

10月中旬，德军统帅瓦德西率兵3万来华，攻占保定、张家口等地，继续在直隶地区执行针对义和团拳民的屠杀行动。

1900年是农历庚子年，这一系列重大事件也就被统称为庚子国难。

这些疯狂的、残暴的行为显然跟什么"先进文明"是不沾边的。它们跟西方国家在全球殖民行动中暴行一起，共同说明近代西方文明主要是在科技方面获得了畸形进步的野蛮文明。他们对战争性质的理解固然比古代蛮族稍强一些，但没有达到中原核心区的华夏文明在春秋战国时期所达到的深度。各种人文思想大师的成果，对这一时期的西方文明而言，尚未能深入社会人心，从根本上改变其野蛮本底。西方文明要在经历了规模空前残酷的两次世界大战、宗主国内部大批贵族精英分子死于战场之后，对战争残酷性才有了真正比较深刻的认识，开始注意节制其战争冲动，并在战争中开始努力执行保护平民等人道主义原则——但各种虐待俘虏、猎杀平民等事情仍然经常发生，距离中国在经过共产主义革命后到达的文明水平仍有很大差距。在此之前，他们的精神文明发育程度最多也就跟清朝中后期的满洲统治者处在同一水平线上，他们对待殖民地人民的残酷程度，在某些方面比满洲贵族们对待平民更甚。

对这些暴行，西方世界供认不讳，但他们长期以来声称，这是对中国人野蛮行径的报复，是用野蛮反击野蛮。德国皇帝在派遣侵华远征军的时候，就在阅兵式上告诉士兵们说：

"像清国人这样，悍然置千年固有的国际法于不顾，以令人发指的方式嘲弄外

---

① 【德】瓦德西：《瓦德西拳乱笔记》，王光祈译，吉林出版社2013年版，第38—54页。

② 【美】周锡瑞：《义和团运动的起源》，江苏人民出版社2010年版，第357页。

国使节和客人的神圣不可侵犯性，这样的事件，在世界史上还没有过先例……你们如果遇到敌人，要以1000年前入侵欧洲的匈奴国王阿提拉为榜样，绝不宽恕，不留活口，让清国人即使在1000年以后，也不敢对德国人侧目而视！"

德国《科隆日报》也发表社论说："所有的西方文明国家，现在必须武装起来报仇雪恨！一定要像消灭食人生番一样消灭清国人，将北京夷为平地。"

德国皇帝说的清国人违反国际法对待外国使节，《科隆日报》所称的"报仇雪恨"，主要是指的德国公使克林德于6月19日在北京的大街上被枪杀一事。这个事情被列强舆论反复炒作，成了清朝"不遵守文明准则"的一件大事。实际上，克林德被杀纯属活该。他在6月13日带人冲出使馆，殴打两个无辜路人，又把一人抓进使馆继续殴打，生死不明，是北京内城局势陷入混乱的罪魁祸首。这种外国公使公然在他国首都行凶杀人的事情，才是令人发指和骇人听闻的野蛮行径。6月15日使馆卫队发起的"猎取拳民行动"，又杀害了许多中国人，克林德也是主凶之一，他还亲自带着士兵巡街，随意向他们认为是义和团拳民的中国人开枪，打死打伤数人。在犯下这么多罪行之后，自己带着武器走出使馆，被愤怒的清军士兵一枪毙掉，一点也不无辜，完全是罪有应得。而且后来经过检查，他所持的手枪里边出过一发子弹，很有可能是他本人过于嚣张，率先开枪才遭到还击的。整个事件从头到尾，都只能说明克林德是个无视国际文明准则的野蛮人，使馆卫队是一支无视国际文明准则的野蛮军队，中国人只是被动还击、维护自己的合理权益而已。

在列强看来，无论西方人杀了多少中国人，只要中国人一还击，杀掉一个西方人，那就是野蛮民族的野蛮行径，需要像对待食人族一样斩尽杀绝，这就是他们的逻辑和长期以来的舆论宣传方式。

实际上，中国人民是很善良的、很文明的、很讲道理的。他们或许没有读过很多书，没有学过很多科学知识，但他们有一样东西是列强们所缺乏的，那就是良心，几千年文明传承下来而又没有被宗教等歪理邪说蒙蔽的良心。他们每天辛勤劳作，养育自己的父母和子女，享受着世俗家庭的天伦之乐，最大的希望就是亲人平安、合家欢乐，绝不会因为一些虚无缥缈的"文化冲突"就去杀人放火。尽管其间不乏喜欢惹是生非之徒，但能让一大群中国人跨越家族和村镇的范围自发地团结起来参与暴力斗争，那就只能是一个原因，就是他们实在被欺负的太厉害、太过分了，他们的敌人太野蛮、太混蛋、太丧尽天良了。

在克林德之前，还有个日本使馆的低级职员于6月11日被清军杀了。这是因为他听说西摩尔的大军6月10日从天津出发来北京，就跟一些其他国家的使馆工作人员跑到火车站去迎接。等了很久没有等到，因为西摩尔联军已经被义和团阻拦在了半路。其他人都走了，他一个人还在火车站附近闲逛，被正在准备迎击西摩尔入侵的清军当作间谍击毙。

这件事情，清军也没有过错。西摩尔联军在清政府明确反对的情况下，强行在天津抢夺火车进京，是纯粹的军事入侵。联军与清军已经进入侵略与反侵略的战时状态。这个时候外国使馆的人未经清政府允许，去火车站迎接侵略军，当然应当被视为跟西摩尔联军一伙的敌方人员。从天津到北京的火车只需要几个小时，清军正在火车站附近连夜紧急构建防线，准备迎战，敌军随时可能出现，精神高度紧张。士兵们对列强的无理侵略也非常愤怒，他们下一个小时就可能被敌军的大炮或机枪打死。一个敌方人员这个时候跑到军事防线周围乱逛，不把他击毙难道等着他跑去跟西摩尔报告清军在什么地方放了大炮、什么地方架着机枪？须知就在六天以后，外国军舰就精确地击中了大沽口南北两个炮台的武器库，直接导致大沽口失守。军事防线信息泄露的后果极为严重，在战时击毙出现在防线附近的敌方人员是完全正确和必要的。如果这个日本人不是间谍，那也只能说是当时外国使馆的人过于嚣张，两军交战前夕还要跑到前线去迎接自己的军队，以为清军就算被列强打到首都大门口也绝不敢开枪还击，结果跟克林德一样为自己愚蠢狂妄的行动付出了应有的代价。

跟八国联军相比，义和团和清军不仅是更正义的一方，也是更文明的一方。其中义和团的文明程度，又比清军更高一些。

受很多谣言的影响，义和团给很多人留下的印象，就是喜欢盲目排外和胡乱杀人。实际上完全不是这样，在1900年5月12日高洛村事件之前，直隶地区义和团在兴起之后很长时间内，都没有打死传教士或者教民的记录。这一点，美国学者周锡瑞在《义和团运动的起源》是这样说的，同为美国学者的柯文在《历史三调：作为事件、经历和神话的义和团》中专门列了一章讲"死亡"，里边引用了大量的直隶义和团杀人史料，最早的也是5月12日的高洛村事件。在此之前，义和团就是号召大家一起搞点"神仙附体"的仪式，练练拳法，组织"亮拳"示威而已，相当的文明。1900年3月22日美国公使到总理衙门抗议，也说的是"（义和团）每日练拳，恐吓教民，与数月前无异"，说明义和团没有乱杀人，连续好几个月的活动都只是发出"恐吓"而已。

而义和团所面对的，是列强、清政府、教会这些势力的凶残杀戮。清政府有军队，教会有先进的武器，他们对义和团的自卫行动不断采取暴力手段，依靠军队和洋枪杀了很多义和团成员。这才有了直隶义和团"开杀戒"的高洛村事件。

从另一个角度看，清政府的官兵、教民、义和团都是中国人，外国传教士实际上处于调拨离间的一方。教民也并非都是坏人，是教会依仗特权引诱他们入教，然后鼓动他们滥用特权，惹是生非，把很多原本通过民间调解或者官府仲裁能够和平解决的纠纷，转化成为非暴力不能解决的仇恨。这中间，教会和他们背后的列强是罪魁祸首。他们一边欺负不信教的普通中国人，刺激他们起来反抗；一边给信教的中国人发放武器，鼓动他们暴力还击，最后双方互相杀伤起来，列强就有了侵略中国的借口，其行为的可恨可耻程度，才是真正令人发指。

在高洛村事件以后，从5月12日到6月10日之间，陆续发生了几起传教士和教民被杀的事件。但只是零星的事件，只有几个人死掉，跟被清军和教民杀害的义和团数量比起来，依旧微不足道。

义和团真正用比较粗暴的方式来对待传教士和教民，发生在6月10日西摩尔联军侵华以后。也就是列强与中国进入侵略与反侵略的战争状态之后。此时，列强已经是"图穷匕首见"，亮出了自己维护教会特权的真实意图了。义和团和清政府都明白了，教会如此积极地保护教民特权，列强如此热衷于干涉中国国内的民教冲突，原来是想给侵略中国找借口。教会和教民是列强侵略中国的工具，或者说是侵略中国的"带路党"，对列强的侵略负有重大责任。

6月初，北京外城公开放义和团入城。这是从5月28日之后，列强超标准派遣全副武装的使馆卫队进入北京内城的必然结果。他们违反清政府的要求，派军队进京，让清政府感到生死存亡的威胁，也激发了清政府内部从上到下的愤怒，才会出现外城守军放义和团拳民入城的事情。使馆卫队进京是义和团拳民大量进入北京外城的导火索，就跟克林德在使馆外边行凶杀人是义和团进入内城的导火索一样。

等到6月10日，西摩尔联军开始不顾清政府的反对向北京进发，侵略行为彻底坐实。反侵略的愤怒情绪在中国军民中间已不可遏制。从这时候开始，义和团才和驻京八旗一起，在外城开始清理教会势力。据杨典诰《庚子大事记》记录，6月12日"东华门教堂起火……是为义和团进京第一次肇祸也"。也就是说，在西摩尔联军入侵两天之后，义和团才第一次在外城火烧教堂。在此之前，北京外城并无义和团发动的暴力事件。

在战争状态下，清理本国首都向侵略者效忠的势力，是一种必然的行动。这中间出现了一些滥杀无辜的错误行为，还有一些地痞流氓混杂在其中搞打砸抢，是在所难免的。这些行为跟八国联军进入中国境内以后的暴行相比，可谓小巫见大巫。

义和团针对教会和教民的暴力行为随着联军炮轰大沽口、攻打天津等侵略行动而不断升级，在慈禧太后6月21日发布战争动员令之后达到了高潮。

从6月21日开始，清军围攻各国使馆，这也不违反"两国交兵、不斩来使"的战争规则。"不斩"和"不管"是两回事。交战一方完全有权限制敌方使者的人身自由，禁止他们通过使馆内的电报跟敌军沟通，或者强行把他们遣送出境。使馆可以视为外国领土，但外国军队都已经入侵我国领土了，为啥我军还是不能进入象征性的外国领土？各国使馆拒绝离开使馆，清军采取武力试图强行接管，作为一种战时行为完全合理。使馆决定进行武装抵抗，双方因此进入交战状态，责任也完全在使馆一方。

在清军围攻使馆的同时，义和团也组织起来，在北京和直隶地区大规模围攻教堂。

在这些战斗中，大家发现教会普遍大量私藏武器，很多教堂都是按照军事堡垒的水准来修建的。在联军入侵的时候，与侵略者联系密切的教会和教民们拒绝向清军和义和团交出武器，反而大规模聚集起来，依靠教堂负隅顽抗。对这些配合侵略军作战的后方武装堡垒，当然必须予以拔除。任何国家在遭遇外敌入侵的时刻，都不会允许这种堡垒存在。

攻打这些武装堡垒的过程中，义和团方面死伤惨重，这更激起了大家的复仇情绪。义和团和清军杀死教士、教民最多的朱家河教堂战斗，发生在1900年7月20日，正是八国联军攻占天津，在天津屠杀、抢劫并大肆挖掘城外坟墓的时间。朱家河战斗中共有大约2500名教民被杀，这跟八国联军在天津及其周边地区杀害的中国人相比，不在一个数量级上。

从6月10日西摩尔联军入侵开始，一直到12月22日清政府与联军达成初步停战协定的这段时间，国内针对外国教会、外国使馆的各种暴力行动，都属于战争行为，而非排外活动。

教会活动与八国联军侵华之间的联系，不是中国人故意捆绑在一起的，是列强自己强行捆绑在一起的，他们侵华的旗号之一就是要保护教会活动，教会活动为列强侵华服务情况也客观存在。教会从来没把自己的活动跟政治划清界限，相反，他们一有事就去找本国政府插手干预，对于在中国享受高人一等的政治待遇长期受之泰然，还把这些特权扩大适用到入教的中国教民身上。在关系到国家存亡的重大战争中，国内大力处决敌方间谍和叛国分子是正常现象。而所谓"义和团暴行"的各种可靠史料，也几乎全部发生在这段时间内。

此外，绝大部分有关义和团如何滥杀无辜的记录都是"听说"而来的传言，而非记录者"目睹"的事实。比如，管鹤是一个生活在天津城内的文人，天津之战期间，他带着妻儿逃出天津。途中遇到义和团盘查，经过多次询问，他都能说清楚自己和妻子的身份，就被放行了，最终安全逃出天津。这是他记录的亲身经历之事。同时，他在个人记录中又说，他从某个朋友那里"听说"，有一个妇女因为头上长的皱纹，看起来像个十字架，就被义和团当作基督教徒给杀掉了。这两个事情，一个是亲身经历的，一个是从朋友那里听说来的，当然有可能都是真的，但很显然，亲身经历的事情更为可靠，听说的则未必真实。

又有北京翰林院编修叶昌炽的记录，说他在1900年6月23日带妻子和孩子逃出北京，夜里住店的时候遇到十个持刀的义和团拳民，对其严加盘问。他的妻子害怕，不敢打开马车帘子给拳民看。拳民起了疑心，大呼"二毛子"！——义和团把洋人叫作"大毛子"，把信教的中国人称为"二毛子"。被认为是"二毛子"，就可能被抓起来甚至杀掉。

叶昌炽连忙下车向拳民们解释，说明自己的身份以及为何出京，声称自己安顿好妻儿以后，还要返回北京继续供职。拳民们对他的解释感到满意，连声说"好人、好人"，便离开了。

叶昌炽在日记中也记录了自己听说的义和团滥杀无辜的事情。我们并不是说，只有亲身经历的记录才可信，从别人那里听说来的就一定不可信。这里边还存着一个"幸存者偏差"的问题，也就是被杀掉的人是没机会做记录的。但听说毕竟不等于目击，在那个动荡混乱的时代，任何事情稍微传过几次，传言的内容就会跟事实拉开很大差距。即使是时人笔记记录的内容，也会有很多夸大其词、无中生有的东西。当时除了义和团胡乱杀人的传言，还有教会贩卖儿童、用婴儿来做药、用人眼来制作照相机等更为荒唐的传言，也都被各种时人笔记郑重记录了下来。如果教会贩卖儿童的谣言不大可信，义和团看到头上有皱纹的人、使用外国物品的人就要杀掉的这类传言，又能有多大的可信度呢？

对这些不是亲眼目睹而只是听说得到的记录，我们必须保持警惕。一般来说，时人笔记中的"传言"，至少要满足其中一个标准才能相信：第一，如果传言直接来自目击者，那就应该是比较可信的；第二，如果传言中的受害者或加害者有准确的姓名，或者有明确的时间、地点，那也是比较可信的。反之，如果这些条件全都不满足，只是记录者从"街坊朋友"那里"听说"，"有个妇女"、"一个书生"在"某天"被"一群义和团"因为某些荒谬的原因残忍地杀掉，那么它十有八九是不可靠的。即使在不同的人所作的记录中都记录了这样的传闻，它也是不可靠的。尤其是，某些传言的情节荒唐离奇，与管鹤和叶昌炽这种亲身经历的记录差距极大，我们就更不能轻易相信。当时社会高度动荡，谣言满天飞，又距离今天只有100年左右，各种笔记资料保留的特别多，如果全都不加辨别地相信，看的历史资料越多，距离历史的真相反而可能越来越远。这就是孟子所说的"尽信书不如无书"了。

当时还有传言，说义和团杀光教民之后，要杀掉读洋书的人，吓得很多人都把家里藏着的外国书籍烧掉了。但后来并没有发生义和团滥杀藏书者的事。这只是一则谣言。管鹤家中藏有大量洋书，他的街坊邻居都知道。听到这个传言之后，好多人都劝他把书烧掉。但他还是决定冒险保存，也没人冲进他家里来检查，一直平安无事。

更有讽刺意味的是，因为有一种由女子组成的义和团名叫红灯照，就有传言义和团要求妇女都穿上红色的衣服。天津有很多妇女听信了这样的传言，为了避免被义和团伤害而穿着红衣服。结果义和团并没有根据衣服颜色杀人，没穿红衣服的妇女安然无恙，反倒是八国联军看见了那些穿红衣服的妇女后，怀疑她们是红灯照而开枪射杀[1]。

从管鹤和叶昌炽记录的亲身经历的事情来看，义和团的盘查至少是相当有耐心的，愿意认真听取被盘查者的解释。在出现误会，大呼"二毛子"之后，还能被说服，改口称对方为"好人"。这些记录说明，他们至少肯定不会像八国联军在天津城头架起枪炮扫射一样的无差别乱杀人，也不会像美军军官说的"每杀死一个义和团，就至少要多杀五十个无辜的人"这么高的滥杀比例。跟侵略军相比，义和团的拳民们是文明得多的战士。

八国联军侵华战争，从头到尾都是列强与清政府之间的较量。义和团的本质，是配合正规军作战的志愿者，不是正规军。在反侵略战争中，清军是正面战场的主力，义和团只起了辅助作用。义和团是非职业军人，其主要斗争目标始终是教会势力而非侵华正规军。很多人按照正规军的标准来要求义和团，并进一步嘲笑他们跟八国联军对抗是不自量力、以卵击石，这是错误的。真正应该嘲笑的是清政府的正规军，政府花了那么多钱养着，天天训练，手持从国外购买的先进武器，面对侵略军这么不经打，才是真的丢人。

在配合清军作战的过程中，义和团和清军经常发生摩擦。特别是聂士成的军队，刚刚沿途北上镇压义和团，杀了很多拳民，双方仇恨未消，就要联合起来保卫天津，出现摩擦在所难免。但清军应该对此负主要责任。慈禧太后在给将领们的指示中，就明确地说，打仗的时候要让义和团的人冲在前面，清军在后面压阵。显然，她最希望看到的是义和团和八国联军两败俱伤，清军主力得以保留。在实际作战过程中，清军将领们也坚决执行了这道命令。

---

[1] 以上有关案例均来自【美】柯文：《历史三调：作为事件、经历和神话的义和团》。

根据刘孟洋《天津拳匪》一书的记录,在保卫天津的战斗中,清军"命令义和团冲在最前面,违令者处斩……当最前面的义和团成员被射杀后,紧随其后的人便会惊慌失措,试图逃跑。清军看到这种情况,就会狂怒起来,向后撤的义和团开枪射击。因此,义和团在战斗中死亡的人数众多,其中只有一部分是洋人的枪炮打死的"[①]。

一个义和团成员、天津西郊的农民李恩九在78岁的时候接受调查者的访问,回忆说:"我们在城里(天津)打仗时,义和团很吃亏。义和团在前,官兵在后。打起仗来,两面开枪,义和团腹背受敌,伤亡很大。"[②]

清军如此对待义和团,双方当然会产生仇恨和对立。义和团也会不时对清军发动反击。由于聂士成最后在天津保卫战中牺牲了,就有一些想要丑化义和团的人围绕聂士成之死大量编造谣言,说什么义和团把聂士成全家抓了起来当人质之类的,把义和团描写为大敌当前还一心报私仇、谋害爱国将领的丑恶形象。实则真打仗的时候往往都是义和团挥舞大刀、长矛等落后武器冲在最前面,消耗敌人的火力,等义和团被击溃了之后,才轮到拿着洋枪、洋炮的清军上阵。如果没有义和团的协助,战局只会更加的惨不忍睹,聂士成只会死得更快。大敌当前还一心想害死友军、保留实力的是清军而非义和团。

清军当时不仅对义和团使坏,自己内部也离心离德。大沽口炮台告急,北洋水师拒绝增援,裕禄在大津的军队也拒绝增援。聂士成帮助裕禄攻打大津使馆,清军让义和团冲在前面,义和团冲完了裕禄就让聂士成的军队冲在前面,自己的军队躲在后边放炮,拒绝冲锋,一再耽误拿下城内使馆的战机,等到城外列强的军队源源不断而来,也就只能腹背受敌、无力回天了。

从6月21日开始,清军驻京八旗和荣禄的武卫中军就在北京内城攻打各国驻京使馆,目的是想要把使馆公使抓起来作为人质,跟侵略军谈判。荣禄暗藏私心,担心将来战败以后列强追究自己的责任,暗中命令自己的武卫中军胡乱开

---

① 【美】柯文:《历史三调:作为事件、经历和神话的义和团》,社会科学文献出版社2015年版,第203页。

② 南开大学历史系编:《天津义和团调查》,天津古籍出版社1990年版,第132页。

炮，几千人打了几千发炮弹也攻不下一个使馆。在联军打下天津原地休整的时间内，慈禧为了向列强示好，让他们不要来打北京，又下令停止攻打使馆，改而给使馆区送食物慰问。至于李鸿章、刘坤一、张之洞这些地方督抚，则干脆拒绝服从中央命令，联合起来搞"东南自保"，继续跟列强做生意。清政府多次要求袁世凯带兵勤王，统统被他拒绝。各方势力纷纷心怀鬼胎，不肯专心抵抗列强侵略。真正愿意为抗击外敌入侵牺牲的，只有义和团和少量的清军将士。这是这次反侵略战争失败的根本原因。

在与八国联军的战斗中，义和团担任主力的，只有在铁路沿线狙击西摩尔联军的行动。经过几天几夜持续不断地袭击，搞得西摩尔联军死伤众多、疲惫不堪，终于在廊坊火车站放弃了乘火车进京的想法，转而去大运河走水路。在水路又遇到清军和义和团的联合狙击，不得不撤退回到天津。除此以外，与八国联军的其他战斗，主要都是清军打的。清政府在承认义和团合法之后，给它的定位也就是民团，不是国防军。团练在战争时期，主要负责维持基层秩序，协助正规军作战。义和团从来都是民，不是军。他们在组织动员的时候，就是针对教会和教民去的，从来没做过针对正规军的组织训练。在八国联军侵华期间，义和团临时被清政府用于协助清军抵抗外敌入侵。他们很好地完成了作为民团应该承担的任务，甚至在廊坊阻击战中还超常发挥，替清军阻挡了西摩尔联军的进攻。至于让他们面对正规军带头冲锋，这绝不是民团应该承担的义务，纯粹是清政府使坏强加到他们头上的，是清军作为正规军不愿意承担战争义务的卑劣行径。义和团的战斗力和牺牲精神比清政府官方扶持的团练强了不知道多少倍。民团的协助这么给力，清军依旧在正面战场迅速溃败。

在承认义和团是合法团练之后，清军象征性地给义和团发放了一些洋枪。拳民们对这批洋枪非常喜欢，拿着杀了不少敌人，看不出一丝一毫的排外意识。没有任何记录说义和团在看到洋枪洋炮以后，因为相信"刀枪不入"而拒绝使用，说明他们对"刀枪不入"的说法也并不以为然，主要是拿来给自己壮胆的。所谓义和团"盲目排外"的说法实在是夸大其词。他们喜欢讲"神仙附体、刀枪不入"的原因，有愚昧无知的因素，但主要不是愚昧，主要是因为一个字——穷。穷，就是没钱。他们都是底层穷苦人，不像清军有政府财政支持购买洋枪洋炮，也不像教民有教会在背后秘密提供武器，只有自己的双手和极为简陋的武器。而他们的敌人，不论是运动前期的清军，还是列强的军队和教民，用的都是洋枪洋炮。但他们又不甘心忍受教会的无理欺辱，想要反抗，所以才用"神仙附体"的仪式来给自己壮胆和加强团结，并大力宣传洋人的洋枪洋炮并不可怕。要不是穷，谁会这么折腾？要是有钱买枪买炮，谁还有心思去折腾"神仙附体"？

面对中外反动势力的镇压，义和团提供的解决方案，是"神仙附体"和"扶清灭洋"。前者是一种动员方式，后者是一种斗争策略。这两个方式都有很大的缺陷。"神仙附体"这种形式用来搞动员、宣示必胜的信念勉强还可以，动员起来之后接下来的军事训练则绝不能采用神拳的形式，而必须是实事求是的、刻苦扎实的军事组织和训练。混乱的神仙体系和组织形式，让大量的义和团处于分散作战的状态，缺乏统一训练和指挥，战斗力难以得到提高。这也是意识形态决定军事组织战斗力水平的一个典型案例。

而"扶清灭洋"的错误，则是没有充分认识到清朝政权的反动性质。在经过第二次鸦片战争以后，清政府已经沦为列强统治中国的"准傀儡政权"。洋人洋教在中国土地上的特权，归根结底是清政府腐败无能，无法抵抗列强军事入侵造成的。列强不过是一群欺软怕硬的殖民者。中国这种大国，但凡本国政府稍有本事，都不会沦落到任由外国势力在国内兴风作浪的地步。要反对教会特权，关键因素是要推翻清政府，而不是与之联合。这一点，义和团运动的领袖们在开始其实头脑还算清楚，但在八国联军开始侵华、清政府鼓励义和团抵抗侵略之后，他们朴素的爱国热情被侵略者激发、被清政府利用了，丧失了对清政府反动性质的警惕。清政府倒是一直头脑清楚，打仗总是先让义和团冲在前边。义和团也当真老老实实地去冲锋陷阵，损失惨重，结果还被清军在后边放冷枪。等到北京失守，清政府立刻就向列强求和，掉转枪头来屠杀义和团。对清政府敌视中国人民和它随时可能投降的这个特性，义和团领袖们缺乏深刻的认识和足够的警惕。

清政府迅速投降并转头屠杀义和团的行径，彻底暴露了它对内残暴、对外软弱的特性。这个无可救药的反动政府，中国人民绝不应该跟它有任何形式的合作。"扶清灭洋"的义和团消失了，华北地区又开始出现很多反清起义。

回顾义和团运动从发生到被血腥镇压的全过程，可以说，义和团运动的发生，几乎没有什么"文化冲突"的因素在里边。如果是两群人，一群人认为上帝存在，一群人认为上帝不存在，双方谁也说不服谁，然后就动手打起来，这叫文化冲突。但如果是一群人想要建一座新房子，明明旁边一大堆空地，却非要把另一群人早已建好的老房子拆掉，在上边建自家的房子，双方因此打了起来，这就不叫文化冲突，这叫抢劫与反抢劫。

本书重点分析的两大教案——1869年的天津教案和直接导致义和团运动兴起的梨园屯教案，前者是天津天主堂建设强拆天津著名道观崇禧观所埋下的隐患，后者是教堂建设强拆本地百年老庙玉皇庙带来的一系列冲突的积累，很显然，其主要性质都是抢劫与反抢劫、特权与反特权的问题，不是文化冲突。

义和团运动的主要属性，既不是"反侵略"也不是"反洋教"，更不是什么"忠君运动"，而是民众自发的"反特权"和"反抢劫"运动。

说它主要不是"反侵略"和"忠君运动"，是因为参与运动的底层人民，对甲午战争清军的惨败、列强瓜分中国的狂潮，并没有什么特别强烈的"国耻"心态。200多年来，中国人民对清政府的统治合法性都不大认可，"反清复明"的思想在底层广泛传播，底层人民从未有过要主动站出来保卫这个政权的想法，甚至不大能理解清政府和列强政府的差异。在"灭洋"前面加上"扶清"两个字，无非是因为清政府过于凶残，部分领袖人物害怕它的镇压手段，想集中力量反击教会特权而已，而不是出于爱国热情。义和团不是因为清军在鸦片战争和甲午战争中的失败而兴起的，他们只是在争取自己的祖宗祠堂和土地庙宇不被教会强拆改成教堂的天经地义的合理权益，争取自己的家人不被教会教民随意欺负打杀的合理权益。在八国联军侵华的关键时刻，义和团确实积极地投入反侵略的战斗中去，但主要还是对列强武力干预他们反洋教特权的被动反击，并非义和团运动的初衷。很多人将义和团运动称之为反帝反侵略的伟大爱国运动。这个评价不错，但主要适用于八国联军侵华战争爆发之后的义和团运动，而并不适合用来分析评价侵华战争之前的义和团运动。如果简单地用反帝反侵略的框架思路去研究义和团，会显得有点大而无当，脱离实际。

说义和团主要不是"反洋教"，是因为底层人民对基督教的正常传教活动并不反感，至少绝不会因此就想要喊打喊杀。中国人对宗教信仰非常的宽容和不在乎，各种宗教随便传，不会因为是欧洲人传过来的宗教就要坚决反对。

义和团所反对的，是基督教会的超宗教特权，以及他们利用其特权对中国人民财产财富的劫掠。也就是说，教会应该是一个纯粹的宗教团体，不能它想建教堂，就随便把别人的房子拆了开建；信仰基督教的教民都应该是跟普通国人平等的人，不能一加入教会，就可以凌驾于公序良俗和国家法律之上，从此以后打官司不管有理没理都铁定胜诉。教民打了非教民，就有教会出面庇护，非教民打了教民，官府就要严惩。教会肆意干预司法和行政，非法攫取土地和财产，还要发挥一神教的排他性特征，想一教独大把其他本土宗教庙宇都拆了盖教堂，实在欺人太甚，而清政府还在帮着他们，人心不服，这是义和团运动兴起的根源。终止这种不合理的特权，是义和团最直接最重要的斗争目标。

义和团确实杀了不少教士和教民。但大规模杀人这件事情，是教会和教民开的头，是他们先动手杀人，才遭到义和团的反击。义和团被欺负之后的反击，都是以破坏教会教民的财产为主，一直没有把教士、教民往死里整。1900年4月的大张庄事件是义和团与教会教民的冲突中第一次大规模人员死亡事件，是教民们拿着教会走私进来的火枪向义和团开火，一次性杀死了20多人。

教会特权的背后，是列强的殖民侵略和清政府的腐败无能，因此，要反对这种特权，就不可避免地会跟列强和清政府发生剧烈的冲突。这就让义和团的行动有了"反侵略"和"反政府"的特点，但这并非它们最重要的方面，只是附带的衍生的部分。以当时底层人民的思想认识水平，还没办法把反对教会特权与反对殖民侵略、反对清政府的反动统治联系起来，是一种缺乏理论指导的自发反抗。

但义和团的牺牲也不是毫无价值的。义和团运动在很大程度上实现了它的既定目标：消灭教会特权。

在整个义和团运动过程中，共有大约300名传教士被杀，此外还有两三万教民死亡。这些人百分之九十九都是在八国联军发动侵华战争之后在战争期间被杀的。外国传教士们可能并不关心中国教民死了多少，但他们肯定关心自己的人身安全。在1900年5月之前，义和团极少杀死外国传教士，这让他们相当的有恃无恐，觉得中国人特别卑贱，最多也就能杀杀自己人，对洋人就跟清政府一样是软骨头，打死也不敢反抗的，所以才不断鼓动和支持教民制造事端。直到后来他们发现义和团竟然敢连外国教士也一起杀掉，这才害怕起来。虽然八国联军杀掉了数以十万计的中国人来替他们复仇，但脑袋毕竟是自己的，人死也不能复生，这一点即使是口口声声相信死后上天堂、上帝无所不能的传教士们也不得不承认。不管事后杀掉多少中国人，他们自己死了总是一件"不划算"的事情。经过1900年的大规模流血事件，教会内部终于开始认真反思自己的行为。八国联军侵华战争以后，中国人民反抗教会特权的斗争并没有停止，只不过义和团的"扶清灭洋"口号消失了，代之以"扫清灭洋"的武装起义而已。华北地区的教案仍然不断发生。1902年景廷宾、赵三多起义，无视清军的镇压，继续攻打教堂，杀死作恶多端的法国传教士罗泽溥，聚集了10多万人，波及直隶、山东各地。这些持续的反抗行动令他们震惊。他们终于明白一个道理：教会的特权在中国是无法持续的，传教士们给本国政府侵略中国充当马前卒不会是没有代价的。八国联军不可能长久占领中国，也不可能每年都来一回，教会要在中国长久发展，只能自己做出改变。

经过深刻的反思，"在庚子事变以后，教会内部对于传教方式作出了重大调整，对于教会和传教士涉足政治和外交活动作了相当的限制"①。

教会外部的反思也同样在进行。列强虽然蛮横，但有一样东西确实能触动他们的灵魂，那就是来自反抗者的暴力。八国联军统帅瓦德西给德皇的信中说："中国人所有好战精神，尚未完全丧失，可于此次'拳民运动'中见之。"赫德在英国媒体上发表了一系列评论义和团的文章，他对西方世界提出警告："这个运动已经掌握了群众的想象力，将会像野火一样烧遍全中国。"虽然义和团运动被镇压了下去，但中国人在外国特权的刺激下所爆发出来的民族主义倾向将会持续增强，让教会继续刺激这种情绪对列强毫无好处。他说："传教士仅仅是传教士，必需限制为从事传教工作，并避免任何干预中国官方有关诉讼和调解之举。只有坚定不懈地坚持这些原则，地方人民、省级官员和中央政府的敌意，才能是

① 顾卫民：《基督教与近代中国社会》，上海人民出版社2010年版，第273页。

非武力的。"[1]

尽管八国联军残酷镇压了义和团，但对义和团运动所发出的警示信息，各国并未忽视。经过教会内部和外部的共同反思，西方列强终于承认：即使从教会和列强的利益出发，教会特权在中国也不应该再继续下去了。要想在中国扶持傀儡政府并维持准殖民统治，减少教会特权对中国人的刺激是一项必要的措施。

1903年8月，英国驻华公使根据英国政府的训令，发出了一个通报：禁止各地传教士直接到官府为教徒诉讼等事出面干涉，如必须去找官府时，需由各地领事负责与中国官府交涉。美国政府也实际执行了跟英国一样的政策。1906年，法国政府宣布，放弃对在华天主教的保护权。这样，英国、美国、法国、德国（1899年6月）就都先后大幅度削减了对教会特权的支持。教会在积极传教之外，把主要精力放到发展文化教育、医疗卫生和社会救济上来，不再追求保护中国教民的非宗教权利。新的教堂还在修建，但不再去强占道观或者土地庙的地盘了。

随着教会特权的消减，曾经在中国大地上频繁发生的教案也就随之消失。在华基督教经过中国人民的浴血改造，排他性特征大为削弱。

义和团的血，终究没有白流。

义和团运动，如果要简单地概括一下，无非就是中国农民被教会教民欺负得太狠了，团结起来自保，表演一些"神仙附体、刀枪不入"的法术来吓唬他们，警告他们不能再这么欺负人了。实际只是吓唬，并没有真的大打大杀。那个混乱的年代，每天被土匪杀死的人都不知道多少，直隶义和团闹了六个月，没杀死一个教士、教民，这还不算是和平理性的抗争吗？整个过程，清政府一直在被列强武力威胁，被迫帮着教会教民镇压义和团。然而，就这样，列强竟然直接以保护教会和教民为借口把军队调了过来，在中国的首都开枪杀人，还要占领中国的首都，又炮轰大沽口，屠杀天津市民，一下子就激起中国从满洲权贵到汉族官员、士绅再到底层百姓的同仇敌忾。愤怒之下，才有许多教士和教民被当作间谍、汉

---

[1] 顾长声：《传教士与近代中国》，上海人民出版社1981年版，第251页。

奸杀掉，而这其中也确实有很多间谍、汉奸以及作恶多端、罪不可赦之徒。义和团竭尽全力协助清政府反侵略，但清军战斗力实在太烂，还有李鸿章、袁世凯等汉族大臣抢先一步投降，反侵略战争失败。清政府在投降以后掉头屠杀义和团拳民，并跟列强一起把战争的责任推卸到义和团头上。最后，义和团被镇压，列强大发战争横财，清政府继续苟且偷生。

关于义和团运动，最后需要一提的是冠县义和团领袖赵三多。他因为最先打出"扶清灭洋"的旗号而被载入史册。从他刚开始拒绝帮助梨园屯村民，后来又跟官府达成妥协解散梅花拳等事迹来看，这是一个相当谨慎甚至有些胆怯的人。不过他终究鼓起勇气参与反对教会特权的武装斗争，此后他带领的义和团队伍一直活动在华北地区反侵略的前线，参加了著名的朱家河教堂战斗，是有记录的斗争时间最长的义和团分支。

在清政府投降以后，赵三多的义和团也被镇压，他本人一度销声匿迹。但两年后，他再度出现在人们的视野里。他与另一位梅花拳传人景廷宾宣布起义，这一次的旗帜不再是"扶清灭洋"，而换成了"扫清灭洋"。

经过长期而残酷的斗争，这个"扶清灭洋"口号的发明人，也终于承认：清政府是扶不了也不能扶的。

赵三多和景廷宾的这次起义，最终被袁世凯的武卫军和外国军队联合镇压，他本人也英勇牺牲。这次抗争为义和团运动写下了一个有价值的注脚："扶清灭洋"绝不可行，要想"灭洋"，必先"扫清"；清不亡，洋必不能灭，中国人也永远不能自立自强。

十、《辛丑条约》：清政府与地方督抚"联合卖国"

八国联军侵华战争以双方签订《辛丑条约》结束。

在条约签订前后，清政府还按照列强的要求，处置了一批积极支持义和团的主战派官员，其中就包括诛杀毓贤和流放端王载漪。

《辛丑条约》的主要内容包括以下三个方面：

第一，清政府向各国共赔款4.5亿两，以关税、盐税和常关税作担保，分39年还清，年息四厘，本息共9.8亿两；

第二，划定北京东交民巷为使馆界，允许各国驻兵保护，不准中国人在界内居住；

第三，拆除大沽炮台和北京至渤海通道的各炮台，确保从北京到出海口的通道畅通无阻；在天津周围20里内不得驻扎中国军队，列强可以在北京驻扎防守使馆的卫队，并在京榆铁路沿线包括山海关在内的12个要地驻扎军队。

第一条让列强赚得盆满钵满，打了几个月的仗，累计派出了四五万军队，就挣了9.8亿两银子，比贩毒暴利多了。成本收益是甲午战争的好多倍。这是一次对中国空前的财富掠夺。

第二条和第三条就是把清政府置于列强的武装控制之下，特别是北京到天津出海口通道畅通和天津不得驻军这条，让外国军队从此可以随意进出中国首都，让清政府彻底变成一个傀儡政权，内政外交独立性基本丧失殆尽。

条约的签字人是李鸿章。据说李鸿章在签字的时候，感叹说："可恨毓贤误国至此！"

李鸿章的意思，八国联军侵华都是毓贤以及他背后的端王集团搞出来的。他对列强和教会炮制的谣言深信不疑，认为毓贤在山东大力鼓励义和团发展，回到北京以后又跟端王集团结合，劝说端王集团利用义和团打击洋人，帮助大阿哥上位，由此引发义和团入京和慈禧对八国宣战。

毓贤在回到北京后，确实积极表态支持义和团合法化。端王集团也确实有利用义和团的想法和做法。但不管是毓贤还是端王，他们的意见都对慈禧太后的决策影响不大。慈禧在得知西摩尔联军入侵之前，一直坚持武力镇压义和团。袁世凯和裕禄也一直在山东和直隶努力执行慈禧的决策，没有理会端王集团的态度。端王主要是在放义和团进入北京外城这件事上做了点手脚。

端王集团干的比较坏的事儿，是组织发动一大批八旗子弟以及附庸八旗子弟的地痞无赖加入义和团，或者是换上一身装束就自称义和团，在北京外城乱杀人。直隶、山东的义和团，基本都是老实巴交的农民，被教会和教民欺负得过分了，才奋起反抗，这些人并不乱杀人，也不盲目排外。他们有点愚昧，相信"神仙附体、刀枪不入"之类的迷信思想，但良心未泯，不会以杀人为乐为荣。但京城那些八旗子弟、地痞流氓就不一样，这帮人是真的良心坏了而且盲目排外。特别是八旗子弟，他们有比较强烈的"一等人"心态，没有洋人之前，全中国人都是他们的奴才，洋人到来以后，抢了他们的"一等人"位置，因此怒火中烧。但这帮人又极为不学无术，没什么堂堂正正的办法可以与洋人抗衡。这些"八旗义和团"在北京城内，打着"扶清灭洋"的旗号，遇到跟洋人有关的事物就滥打滥杀，干了许多坏事。他们在端王集团的指使下，喊出了要杀"一龙二虎十三羊"的口号，其中"羊"指的是在北京有驻外使馆的13个国家，"老虎"指的是"投降派"高官代表荣禄和李鸿章，"龙"则指的是光绪皇帝。这种说法显然不是直隶来的农民搞出来的，只能来自端王集团高层。

6月22日早上，慈禧发布战争动员令后的第二天，端王以为慈禧痛恨洋人想要让她归政，不会再保护光绪皇帝，便亲自带着几十个"八旗义和团"冲进皇宫，要杀掉软禁中的光绪皇帝。慈禧赶紧出面制止，把端王严厉地训斥一番，又斩杀其中一人，事情方才作罢。

至于毓贤，他回京后没多久就被派到山西去当巡抚。山西地处内陆，不是什么重要省份，毓贤的政治地位也就进一步边缘化。他根本就没有参与6月以后朝廷应对八国联军的关键决策。他在收到6月21日慈禧的战争动员令以后，认真地动员组织义和团，又把山西各地的传教士及其家属共计四五十人抓到太原，于7月9日全部杀掉。在这之前，他就已经知道大沽口失守、罗荣光自杀的消息。同一天，聂士成也在天津保卫战中牺牲。毓贤此举，绝不是排外，更不是反教，而是锄奸，并带有一些为清军将士复仇的义愤在里边。他有理由怀疑，这些教士肩负着某种帮助列强侵略中国的使命，包括走私武器、提供情报和煽动教民制造社会动乱等。他绝不是因为这些教士传播了跟儒家思想或本土宗教不一样的教义而杀掉他们的。在6月之前，从3月到5月这三个月，毓贤在山西并没有颁布支持义和团和打击教会的政策。他只是在忠实地执行清政府的反侵略动员令。如果八国联军不侵略中国，毓贤也就不会杀掉这些传教士。

长期以来，很多文献在讲义和团运动的时候，不注意时间顺序，总是喜欢先讲义和团如何与教会斗争，再讲八国联军入侵，很容易给读者造成错觉：义和团相关的各种针对外国人和教民的暴力行为，都发生在八国联军入侵以前，是八国联军侵华的原因。这是错误的。所以本书在介绍大部分事件的时候都会详细考察它具体发生在哪一天，尤其是要讲清楚它发生在使馆卫队进京（5月28日）、西摩尔联军登陆（6月10日）、联军炮轰大沽口（6月17日）之前还是之后。把日期讲明白了，谁是因谁是果就不会颠倒了。结论很清楚：八国联军侵华是因，义和团和清军对教士、教民的暴力行动是果。还有人说义和团运动兴起是清政府在"玩火"。如果义和团运动是火，那么6月10日之前，清政府就一直在努力"灭火"，真正"玩火"的是教会，八国联军就是火上浇油甚至往火上扔炸药。

作为一个满人，同时又是一个长期主管司法刑狱的高官，毓贤一直比较好杀。镇压大刀会、义和团运动的时候是这样，对待洋人传教士也是这样。他杀死的大刀会、义和团成员，比他杀死的传教士数量多得多。他为官清廉、忠君爱国、服从政令，长期坚持用残酷的手段来对付清政府的敌人，对内对外，都是一个原则。

至于他个人对洋人态度转变的关键，则主要是德国政府、军队和教会在山东蛮横行径造成的，既欺负老百姓，也欺负清政府，还欺负他本人。他在山东巡抚任上就想不通一个道理：义和团打砸烧杀，政府就去抓人、杀人、勒令赔偿，德国士兵在山东也打砸烧杀，为什么就不应该赔点钱？作为刑狱专家，他心里这个坎儿实在是过不去，结果竟然因此把巡抚的职位丢了。满洲人的高傲和中国官员的原则立场，在他身上表现出来了一种奇怪的混合，杀起洋人来也就毫不手软。我们可以说他在山西杀的传教士和教民太多太过了，尤其是不该把传教士们的家属也一起杀掉，但李鸿章说他"误国"，那是纯粹胡说八道。只有跟殖民侵略者穿一条裤子的汉奸卖国贼，才会说出这种混账话来。李鸿章说这个话，倒是很符合他的身份。

真正"误国至此"的，不是别人，正是李鸿章。

李鸿章对八国联军侵华和《辛丑条约》的"误国"责任，包含了至少五个方面。

第一个，最大最远的方面，镇压太平天国起义、维护清朝反动统治，加上以他为代表的统治阶层腐败无耻，直接导致了此后40年中国持续衰弱、振兴无望、接连在反抗外敌入侵中惨败。这是他最根本的罪责。

第二个，李鸿章负主要责任的甲午战争中北洋水师全军覆没，以淮军为主力的清军惨败，《马关条约》割地赔款，让全世界都看清了清政府不堪一击的真相，瓜分中国的野心不可遏制。这是八国联军侵华的直接原因。

第三个，甲午战败以后，李鸿章制定"联俄抗日"的战略，试图联合俄国、法国、德国制衡日本，客观上帮助了俄国侵占东北和德国侵占胶州湾。他嘴上吹嘘"可保二十年无事"，结果只过了五年，俄国、德国、日本就联合起来攻破了中国的首都。这三个国家正好是这次侵华战争派兵最多的前三名。"联俄抗日"变成了"联合侵华"，其不思自强，一味主张依赖外国列强的战略路线惨遭打脸。还有他信任德国工程师设计修建大沽口炮台，结果弹药库被联军精确命中，其防御能力还不如修建之前，他也对大沽口失守负有一定责任。

第四个，李鸿章在八国联军侵华之际、慈禧发布战争动员令以后，拒绝服从中央命令，联合张之洞、刘坤一搞"东南自保"，私自与侵华列强签订和平条约，放弃抵抗，拒不为直隶地区的抗战提供支持，还为联军侵华提供了后勤上的便利。这种内部的不团结和卖国行径，是清军惨败的又一个重要原因。

第五个，就是代表清政府和地方实权督抚签订丧权辱国的《辛丑条约》。

这五条，每一条都比毓贤的责任更大更重，他哪里有什么资格骂毓贤误国呢？

五条之中，需要认真分析的是第五条。从表面上来看，李鸿章只是奉命行事，慈禧已经决定投降并同意八国联军的停战条件了，李鸿章不过签字画押而已，有什么责任呢？

实际情况要复杂得多。全中国好几亿人，一二品大员也有上百个，为什么慈禧偏偏要找远在广东的李鸿章去谈判和签字？为什么列强只认可李鸿章签字的《辛丑条约》？为啥只有李鸿章才有"签字卖国"的机会，其他人就没有这个机会呢？

这是因为，当时的慈禧和她管理的清朝中枢，已经不能完全代表中国了。列强要索取4.5亿两银子的巨额赔款，需要关税、盐税、常关税等诸多财政收入来源作为抵押。关税是掌握在列强自己手中的，他们不怕清政府赖账。但盐税、常关税等很多财政收入并不直接归清政府掌管。特别是在侵华战争中李鸿章等地方督抚直接搞"东南自保"，不听清政府指挥，表现出强烈的独立性。慈禧在危亡之际为了保命，啥条件都敢答应。问题是，她答应了就算数吗？她还想从全国调兵勤王呢，地方督抚咋没几个人理她？李鸿章等人搞了"东南自保"，就说明他们在重大问题上可以不服从中央政府，列强还认可了"东南互保"的合法性，跟李鸿章等督抚签了《东南互保章程》。如果条约没有地方督抚代表签字，战后他们会不会主张东南各省没有参战，也就没有还款义务？清政府直接破产倒台，那时候列强的条约利益将如何保证？

因此，《辛丑条约》决不能只有满洲高层签字，必须有汉族地方实权大佬签字，尤其是需要主导"东南自保"的李鸿章签字。李鸿章愿意服从慈禧和清政府的指使，北上谈判并在条约上签字，也就说明地方督抚还愿意认可清政府的权威，愿意为《辛丑条约》承担责任。李鸿章的角色不仅是清政府的谈判代表，也是东南各省的谈判代表。《辛丑条约》最终由总理大臣奕劻和李鸿章二人签字，就是一个代表清朝中央朝廷，一个代表东南各省地方督抚。

李鸿章原本是可以拒绝北上的。在八国联军攻打天津的时候，慈禧就紧急命令他北上和谈，被李鸿章拒绝了。他这个时候还看不清列强的态度，不知道他们是不是想彻底灭了清政府，所以积极策划"东南自保"而拒不北上。战争期间，他跟革命党人、维新派、英国香港总督有过联系，计划如果清政府覆灭，就在广州成立"两广共和国"，由他担任总统，并将"两广共和国"置于英国的"保护之下"——也就是给英国当傀儡的意思。但这个事儿没有得到英国政府的批准，列强之间经过斗争博弈，终究还是决定保存清朝，用这个统一的老牌傀儡政权来统治中国，不再各自另立新的傀儡政府。

当时不仅李鸿章这么干。张之洞也在暗中支持自己的弟子唐才常从上海来到武昌英国租界组织"自立军勤王指挥部"，一旦列强决定取消慈禧的统治权，他就跟康有为、唐才常一起，拥立光绪皇帝搞君主立宪。不过，等到列强明确继续支持慈禧太后，他就跟英国驻汉口领事合作，把唐才常逮捕处死并立即向清政府汇报表功。

李鸿章跟张之洞一样，见列强态度已经明确，自己的"总统梦"破灭，这才接受了慈禧的第二次调令北上。但张之洞准备拥立光绪，只是背叛慈禧而未背叛清政府；李鸿章是打算直接背叛清政府，给列强当汉奸总统，比张之洞走得更远，政治投机性质更强。

如果参与"东南互保"的地方都督们此时拒绝参与和谈，清政府可能会就此直接倒台，清政府对中国的统治将提前十年终结。

李鸿章北上，就是一种政治表态，代表地方督抚们愿意通过向列强出卖国家利益来让清政府继续统治中国。李鸿章北上不是因为他忠于清政府，而是他长期依靠在清政府和列强中间进行政治投机生存，一旦清政府和列强意见一致，他就失去了投机的空间，只能选择与二者合作以维持自己的权势地位。

在签订《辛丑条约》的责任问题上，李鸿章不是"被迫签字"，而是"联合卖国"。

第六章　辛亥革命

一、袁氏崛起：李鸿章的政治继承人

八国联军侵华战争，最大的受益人是袁世凯。

甲午战争后，清政府重组或新建了四大国防军：武卫前军、后军、左军、右军。聂士成的前军打没了，宋庆的左军和董福祥的后军打残了，只有袁世凯的右军在山东参与"东南互保"，全程避开战争，得以保全。

袁世凯在山东巡抚任上，原本是想努力在义和团和列强之间尽可能维持平衡，不愿意狠杀义和团，也不愿意过分得罪列强。但等到八国联军攻克大沽口炮台、聂士成兵败自杀之后，清军彻底溃败的局面已不可挽回。这个时候，袁世凯的投机面目就暴露出来了，下定决心倒向列强一方，开始大规模屠杀义和团来向列强示好。他宣布朝廷上谕支持的爱国义和团都已经去直隶地区保卫北京了，留在山东的都是不爱国的"假义和团"，应该全力镇压。在慈禧西逃过程中发布镇压义和团的命令之前，袁世凯就已经在山东杀了上万义和团拳民。

也就是说，当义和团和清军还在与八国联军奋战的时候，清政府最精锐的国防军、甲午战争以后千方百计裁军省钱从牙缝挤出来银子训练的唯一一支西式军队——袁世凯的武卫右军，却不仅不去参与反侵略战争，还在山东对义和团大开杀戒。这也是这场战争清军惨败的一大关键。

武卫右军如果北上参战能否改变战争结局呢？看起来难度很大。但要考虑到，当时还有东南督抚为了自保拒绝支援中央、荣禄为了自保故意放松攻打使馆、慈禧为了自保留着董福祥的武卫后军给自己当卫队不去前线参战。各个主要派别的政治领袖们全都在想着自保，给自己留退路，这样一场战争又如何可能取胜呢？如果把所有这些因素都加以改变，从上打下团结一致抗击侵略军，情况又会不会有所改变呢？精英阶层四分五裂、软弱无耻，底层百姓一盘散沙、缺乏组织，是清军和义和团抗击八国联军失败的写照，也是清末中国衰落任人欺凌的根源。

袁世凯此人，跟李鸿章一样聪明绝顶，一样心狠手辣，一样"拼命做官"，为了个人野心权势不择手段，也跟李鸿章一样明白晚清做官掌握兵权、贿赂勋贵、投靠列强的重要性。如果说他跟李鸿章有什么不同，那就是做人做事更没有底线。李鸿章是三分真、七分伪，那袁世凯最多只有一分真，最少也有九分伪。李鸿章好歹经过科举考试，身上有功名，带点文人气质，袁世凯就是纯粹的地痞流氓作风。

袁世凯家族也是镇压太平天国和捻军起义起家。他从小不爱读书，只爱游手好闲、惹是生非，热衷于嫖娼、赌钱。由于不是安徽人，他算不上淮军嫡系，但其父辈与李鸿章关系很好。长大后走家族关系的门路，投靠在李鸿章手下做事。李鸿章对其委以重任，让他担任清政府派驻朝鲜的大臣，30多岁就成了朝鲜的"太上皇"。在朝鲜期间，袁世凯处在对日本斗争的第一线，初步展示了自己作为乱世枭雄的手腕和才干。不过，他也跟李鸿章一样，以自保为第一要务，要为国家做出牺牲那是不可能的。1894年甲午战争爆发前，日军刚刚派兵进入朝鲜，袁世凯见势不妙，当机立断，立刻称病辞职，李鸿章也在第一时间批准，让他坐船跑回了天津。由于是在双方正式开战前跑路，他还成功躲过了"临阵脱逃"的指责。但作为清政府派驻朝鲜多年的全权大臣，他的举动跟平壤守将叶志超、大连守将赵怀业、旅顺守将龚照玙、北洋提督丁汝昌临阵脱逃的性质是一样的，是李鸿章培养出来的淮系人马的一贯德行。

甲午战争后，李鸿章继续保举袁世凯。袁世凯本人也特别会"来事儿"，"金钱开路"是他做事做官的第一法宝。为了谋得新军的兵权，把他在朝鲜贪墨来的金银财宝在北京到处送人。荣禄和奕劻权势最盛，送的也就最多。

除了送钱，袁世凯还善于运用儿乎一切可能的手腕和方法来"拉关系"。荣禄主持练兵，他就组织幕僚写了一本各国练兵的书进献。荣禄一手收钱，一手看书，对袁世凯的孝心和才能都感到满意，就把武卫右军的练兵权交给了袁世凯。清流派喜欢搞师生门户，他就投入李洪藻门下当门生，因此清流对袁世凯掌握练兵权也颇为支持。维新变法成为热潮，他就积极支持维新活动，还成了康有为强学会的创会成员。这样，淮军大佬李鸿章、满洲新贵荣禄、清流领袖李洪藻、维新导师康有为，这些主要政治派别的关键人物全都对他印象不错。同时他还特别低调，给外人尽可能地留下不关心政治的职业军人形象，各个派别都想拉拢他而又不会觉得他会成为威胁。戊戌变法的时候，康有为要让袁世凯参与围园杀后，就是因为袁世凯演技过于高超，在康有为等人面前一副愿意为维新变法赴汤蹈火的架势，骗的康有为真把他当作自己人。结果袁世凯当然是毫不犹豫地举报了。他举报围园杀后本身没有错，主要错误是不该用虚伪的政治表演欺骗维新派，让他们误以为袁世凯是可以托付大事的人。不料所托非人，把光绪皇帝给害惨了。

在八国联军侵华之前几个月，袁世凯突然从直隶调往山东担任巡抚，还把他的武卫右军也一起带走了。这跟他在甲午战争前夜突然称病辞职回国一样，看起来非常巧地躲过了一场他注定打不赢的战争。这真的只是巧合吗？美国公使在催促清政府免掉毓贤的时候，几近直白地暗示说："如果山东军队不足，那就把袁世凯训练的很好的军队调过去。"进攻北京之前先调走清军国防精锐，这非常符合列强的利益，同时非常符合袁世凯的利益。双方是否在这个问题上有过沟通合作呢？袁世凯在关系中国命运的两次大战之前，都处在与侵略军对抗的最前线，且担任关键职务，却又两次都及时躲过。这就跟大沽口之战八国联军火炮连续两次击中南北炮台的弹药库一样不可思议。

等到战争结束，袁世凯的武卫右军成了唯一保存完整的国防精锐，兵力不仅没有减少，还从7000多人扩张到1万多人，加上列强对他加入"东南互保"和主动屠杀义和团的行径感到满意，直隶总督的位置自然非他莫属。

当上直隶总督的袁世凯，加上他手中的武卫军，成了清政府统治中国的最后两大支柱之一。

另一根支柱是掌握着中国海关的英国和其他欧洲列强。英国长期坚持维护清政府的傀儡地位，因为只有中国保持统一，它控制的海关系统才有价值。英国、法国、美国派兵不多，也都不是来自本土，法军从印度支那抽调、美军从菲律宾抽调，英国则根本没有派白人参战，直接拉了一批印度、孟加拉士兵来凑合，甚至有一个在中国东南沿海招募中国人组成的"华勇营"。俄国和日本这两个跟中国邻近的国家则想着瓜分中国，占着北京不走，派遣的军队数量也最多。

这中间最关键的是德国的态度。德国是欧洲列强，照理应该跟英国、法国一个态度。但它位于欧洲内陆，崛起时间较晚，没有参与前期殖民活动。等到它统一强大之后，与欧洲交通便利的殖民地都被瓜分完了，放眼世界就剩中国这块大肥肉了，虽然遥远但对德国来说却是最后的机会。它看准了山东，一直惦记着将其变成自己的殖民地，想跟日本、俄国一起把中国给拆分了。八国联军之战，德国派兵数量最多，比日本、俄国都多，而且是从本土派遣的主力——它也没有殖民地军队可以派。但在路上花的时间太长，等八国联军都占领北京了才赶到，这是非常尴尬的。

德军在直隶、山西四处打了一些小规模的战斗，遭到小股清军和义和团的顽强抵抗，不断有人员伤亡，损失也不小，总司令瓦德西最终得出结论：德国不具备长期占领中国一个省的能力。

在给德国皇帝的汇报中，瓦德西主要讲了三个因素，第一个因素是他找了一批底层老百姓来检查身体，发现中国人身体健康强壮，甚至比底层德国劳工的身体素质更好一些，长期以来西方世界谣传的中国人是"东亚病夫"之说并不能成立；第二个因素是义和团表现出来的"尚武精神"，说明中国人是勇于反抗的民族；第三个因素是中国是一个历史悠久的文明国度，中国人的文化认同与民族认同度很高，外敌入侵很容易激发其同仇敌忾的抵抗情绪。

既然中国人身体强壮、尚武好战而又有强烈的民族文化认同感，要殖民统治山东那么大那么多人又远离欧洲的一个地方，就不可能了。瓦德西说，如果将来德国不得不在山东大规模开战——不管是镇压革命还是面对试图收回山东的中国政府军，要想从欧洲派兵来解决，"非至财政破产不可"。因此"瓜分一事，实为下策"①。

德国皇帝接受了这个意见，放弃瓜分中国的企图，转而跟英国、法国、美国统一战线，反对俄国和日本瓜分中国。这样，《辛丑条约》才只有赔款和驻军的条款而没有割让领土的条款。

至于战前谣传的归政问题，没有一个列强曾经提出过这个要求。瓦德西在个人笔记中记录了他跟各国的沟通、给德皇的汇报、与中国的交涉，都没有提及过此事。列强对光绪皇帝及其支持的维新变法毫无兴趣，谁更能卖国，他们就支持谁。这方面显然慈禧太后更胜一筹。

二、末日狂欢：清政府财政增收与中央权威加强

战争惨败，签了《辛丑条约》，要赔那么大一笔钱，按照正常人的认识，清政府应该是快要穷死了，连官员的工资都发不起才对。

然而实际情况并非如此，清政府战后的财政支出与财政收入双双暴涨，不仅有钱赔款，还有钱训练新的国防军，并且在全国各地大力投资修建铁路，钱花的像流水一般也不甚心疼。京城官员们的收入水平也跟着迅速上涨。当时北京官场上就流传着一个政治笑话，说："我国新打了一个大胜仗，有人赔我四万万，不然京官之阔，何能如此？"②

清政府发财的手段，主要就是两条，第一条是找列强借钱，第二条就是向下摊派。

① 【德】瓦德西：《论瓜分中国事（2月3日之奏议）》，《瓦德西拳乱笔记》，王光祈译，吉林出版集团、时代文艺出版社2013年版，第124—126页。
② 周育民：《晚清财政与社会变迁》，上海人民出版社2002年版，第398页。

找列强借钱，就是高利贷加出卖国家资源，利息高不说，还有很多手续费，再附加一大堆抵押条款，其中最重要的就是把修建铁路及其周边地区开矿等特许经营权抵押出去，靠出卖铁路权益还钱。

古代的卖国，形式比较简单，一般就是割让土地。但近代列强入侵不一样。除了俄国和日本这两个紧邻中国的以外，英、美、法、德都对大量占领中国的领土兴趣不大。它们喜欢先控制少数沿海贸易港口，在这些地方建立租界，再通过水路或铁路运输，让财富汇聚到这些关键节点，从而攫取中国的财富，而绝不会费神费力地去占领贫穷的、交通不便的农村——这些事儿交给傀儡政府去做更方便。清政府的卖国方式，也就很少直接割让大片土地，而是把位于交通枢纽的价值最高的地点卖出去，让整个国家的财富都通过水路或陆地交通往经济枢纽汇聚，变为列强资本的财富收益。可以说，清政府卖国，卖的都是精华，穷的地方还卖不出去。不仅农村卖不出去，城市里的贫困区也卖不出去，必须得是交通枢纽或者资本高度密集的经济核心区。

晚清时代的中国，在列强的殖民版图中，形成了这样两大统治层级：最高级的"一等人"是洋人，他们担任香港、澳门这样的殖民地以及各大城市租界的总督等高级职位，并派驻军队，外国资本也集中在租界进行投资，控制金融命脉。外国官员、外国资本、外国军队在中国沿海沿江枢纽城市中的核心地段享有最高地位并拥有最多财富。"二等人"就是列强在中国的代理人和买办。清朝贵族和汉族官僚都在一定程度上成为列强在中国的政治代理人。此外，在租界还形成了一大批为列强和外国资本服务的买办人群，他们依附于列强在中国的特权，也跟着大发横财。由于租界为城市富人区，又有列强军队维持治安，内战和清政府的腐败官僚难以侵害租界居民的权益，租界也就成了中国房价最高的地区，国内的富豪权贵们纷纷在租界买房、投资，把自己的人身和财产安全寄托于列强的保护、控制之下。李鸿章、盛宣怀、袁世凯等人及其子女，都在租界大量买房置地，兴办产业。这样，在中国近代整体屈辱沉沦、民不堪命的黑暗时期，外国租界却呈现出一种畸形的繁荣。上海外国租界聚集的十里洋场灯红酒绿、夜夜笙歌，成为亚洲最繁华的都市区，连日本东京的中心商业区也不能与之相比。对代理和买办阶层而言，洋人就是他们的恩主和保护者，中国人民就是他们的奴隶和敲骨吸髓的对象，租界就是他们的天堂。

列强这一套侵略模式很先进·战争开路，索取巨额赔款，然后高利贷进入，进行金融勒索，并控制关键经济枢纽，组成一套完整的"抽血"网络，把中国人的血汗通过政府财政赔款、港口铁路的特许经营收费、租界土地租金、金融利润等形式大把大把地抢走。而把管理成本最高的农村和城市贫困区交给傀儡政权管理。这样，它们侵略掠夺的成本最小，收益最大。因此，在将清政府变成傀儡政权以后，它们非常乐意贷款帮助清政府修建干线铁路。每多一条铁路，就多一条把内陆财富输送往外国租界的大通道。

1900年到1911年，扣除用于4.5亿两银子战争赔款的借款，清政府另外又借了3.4亿两银子用来修铁路、购买军火和训练新军。其中修铁路借款占了76%，购买军火和用于军事行政开支占14%。通过利用外国贷款和出卖路权，清政府在十年间修建了三条重要的铁路干线：从北京到汉口的京汉铁路、从天津到南京浦口的津浦铁路、从北京到沈阳（奉天）的京奉铁路。这对国民经济的发展是个很好的刺激。不过，由于汉口、南京、天津、沈阳的经济金融中心都位于城市的租界里，经济发展大部分好处实际上被列强及其背后的金融资本、买办集团拿走了。

尽管如此，清政府也能从中分到一杯羹，享受着殖民型投资增长带来的财政税收上涨。这是清末财政"反常"增长的关键。对借钱修铁路的做法，清政府高层颇为得意，视为维持统治的不二法宝。铁路系统和电报系统一样，是加强中央集权的好东西。之前舍不得借钱，光搞了个电报网络，就对加强清政府对地方控制大有裨益。再修建一张四通八达的铁路网络，中央国防军的精锐可以在全国各地快速调遣，统治效果当然更好。对此，欧美列强也大力支持，因为外国军队已经在北京驻军，北京到天津出海口的通道大开，在这个基础上适度强化北京政权对地方的控制对它们有利，各国银行对清政府的贷款需求表现得相当热情。

从列强那里借来的钱，终归是要还的，更根本的方法还是增加税收。为了偿还庚子赔款，清政府每年各省新增摊派超过了2000万两银子，其中盐税占27%，货物占22%，田赋占20%。这些全都变成新的负担压到老百姓头上。另外，清政府还加大了卖官的力度，各省都在疯狂打折出售各种官位，给中央敛财也替自己敛财。

把赔款的钱搞得差不多了，清政府又从1903年开始宣布训练新军。要求每个省训练一个或两个镇的兵力。每个镇大约1.2万人。在袁世凯的主持下，直隶地区把武卫军改编为北洋军，兵力扩充到7万人，全部按照袁世凯的武卫右军模式，操练西式战术，并购买最先进的西洋兵器。北洋军设六个镇，除了第一镇由满洲勋贵铁良控制外，另外五镇都是袁世凯的心腹担任统领。这就是北洋军阀的起源。

为了练兵，又新增各省摊派每年836万两。其中绝大多数都给了北洋军，也就是所谓的"征天下之饷，练兵一省"。同时，湖广总督张之洞依靠自己的威望，也争取到一部分军费，在湖北训练了一镇半的新军，也就是一个完整的镇加上一个混成协^①。湖北的这部分新军，后来成为武昌起义的主力。

此外，两江地区为国家财税重地，也比较有钱，自己掏钱练了一镇新军，编号为第九镇。

北洋六镇加湖北第八镇、两江第九镇，是清末仅有的八镇正规新军。总人数约10万人。这八个镇的军队服从谁的指挥，最后直接决定了清王朝的命运。

新军摊派的事情搞的差不多之后，从1905年开始，清政府又宣布要切实推动新政改革，为了搞改革，又需要花钱，于是继续找各省摊派。1906年要学习西方，建立巡警制度，摊派巡警费29万两；同年派遣大臣出洋考察，学习西方政治制度，摊派考察费80万两；1909年宣布要重振海军，摊派海军一次性建设军费1900万两，然后每年摊派200万两日常经费；1910年宣布要学习西方的宪政体制，设立类似于国会的咨询机构，摊派设立经费60万两，并每年新增办公经费118.9万两。

此外，各个部门要么改个洋名字，要么新增了不少改革举措，全都需要钱。总理衙门改为外务部，改组费用15万两；经过新政改革以后的中央部门日常经

---

① 一个镇包括两个协的步兵，外加一些工兵、炮兵、骑兵；混成协就是一个协的步兵加上部分工兵、炮兵、骑兵。

费每年增加40万两。1908年，又新增各部门养廉银大约150万两[①]。

这些新增的成本，全都找各省摊派。李鸿章已经代表东南督抚们在《辛丑条约》上签字了，东南各省在法理上必须接受朝廷的摊派。而且摊派最终也是摊到老百姓头上，地方官员们还可以趁机加码，跟着发财，因此大家意见不大。这跟明朝灭亡之前陷入巨大的财政危机，中央政府死活收不上来税形成了鲜明的对比。

在此过程中，各省督抚们拼命找借口拒绝或减少摊派数额，但中央态度强硬，大部分摊派都没有给谈价还价的空间。这里面的关键，还是清政府背后有列强支持，地方豪强们不得不忍气吞声地买账。清政府也发现了其中的玄机——之前一直指望着李鸿章等人代办外交，委托李鸿章"卖国"，尽量避免自己直接跟洋人打交道，把找洋人借钱这种事情当作奇耻大辱。《辛丑条约》以后彻底放开了，不要面子了，才发现原来卖国有这么多好处：钱可以随便借、随便花，借的钱花完了转头就去找地方督抚摊派，地方上还不得不认账。

晚清三次大的对外战争——第二次鸦片战争、甲午战争和八国联军侵华战争，都有这么一个特点，就是清军输得越惨，清政府最后得到的好处越大。太平天国战争极大地冲击了清朝中央集权，让兵权落入汉族官僚士绅手中，要不是有这么三次外战惨败，清朝可能早就分崩离析了。第二次鸦片战争把海关控制权送给了欧美列强，换来列强帮忙镇压太平天国和每年代为征收几千万两银子的关税；甲午战争把李鸿章的淮军几乎消灭，让直隶总督的位置重新回到满人手中；八国联军侵华之后，签了一个空前丧权辱国的条约，结果就是清政府几乎快要消灭地方督抚的独立性，重建太平天国之前的满洲集权体制了，不仅想要钱直接找地方伸手要就是了，人事任命权也拿回来不少。整个东南沿海沿江地区都已经成了列强的势力范围，租界使馆里边有驻军，海面江面上有军舰，既然列强支持清政府，督抚们当然只能乖乖地给清政府"输血"，让清政府拿去支付赔款和还高利贷。

甲午战争以后，直隶总督变成了满人；《辛丑条约》签订后，两江总督也变

---

① 周育民：《晚清财政与社会变迁》，上海人民出版社2000年版，第398页。

成了满人。

1904年，满洲正白旗人端方出任两江总督，并在这个位置上待了三年。

太平天国运动结束后，清政府曾经在1868年派非湘军系出身的马新贻代替曾国藩总督两江，结果马新贻很快被会党分子给一刀捅死了，爆出了清朝历史上督抚遇刺的第一案。此后30多年，清政府不敢再让非湘军系大佬担任两江总督。一直到1904年，这个惯例被彻底打破，端方不仅是非湘军系，还是满人。他在两江总督的位置上坐的相当稳当，很好地完成了把两江财源输送到中央的任务，做了三年以后，平安无事，升任直隶总督。这是中央权威大幅度增强的表现。

但中国毕竟不是一个殖民地，而是一个名义上还保持着独立的大国，是一个历史悠久的独立于西方的伟大文明，傀儡政权要完全依赖外国势力统治中国难度很大，中国人从精英到底层都不会支持。清政府撕下脸皮彻底放开了卖国以后，虽然获得短暂的好处，但潜伏于财政和投资繁荣之下的危机反而愈演愈烈了。

近代中国的革命和改良，基本主线是中国人民与清政府、汉族官僚士绅、外国列强三股反动势力反复博弈的过程。太平天国试图以底层起义的方式一次性推翻三大反动势力，但壮烈失败。此后，满洲和汉族官僚士绅联合起来搞洋务运动，想以此富国强兵、抵御外辱，以甲午战争惨败结束。然后，义和团运动试图采取"扶清灭洋"的路线，联合国内两股势力共同抵御列强，遭到了汉族官僚的拒绝和清政府的背叛，又被三大反动势力联合镇压。《辛丑条约》以后，清政府全面投靠列强，倚靠列强榨取汉族士绅和中国人民的利益，结果就是汉族官僚士绅们开始跟革命党合作，谋求终结满洲专制，诱发了辛亥革命。

三、明争暗斗：晚清新政背后的政治角力

汉族地方官僚和他们背后的士绅势力，对清政府的财政勒索和人事夺权相当不满。他们明面上不敢与清政府及其背后的列强对抗，便暗地里放任乃至支持革

命党、会党，给清政府施加压力。马新贻总督两江引出了清朝历史上第一桩督抚遇刺案，端方总督两江也引出了清朝历史上第二桩督抚遇刺案。不过这回遇刺的不是端方，而是另外一个满人督抚——两江总督下属的安徽巡抚恩铭。他被革命党人徐锡麟所杀。端方本人在两江总督任上没有被行刺，但在1911年带兵去镇压四川保路运动的路上，被加入会党的清军汉族士兵给刺杀了，连带被杀的还有其弟弟端锦。他最终未能逃过跟马新贻同样的命运。

"借刀杀人""养寇自重"是政治斗争的基本技巧。汉族督抚们不敢直接对清政府侵犯地方利益的行为动"刀子"，那就让敢动"刀子"的人上。《辛丑条约》签订后，革命党和会党的势力在长江沿线迅猛发展，与此有密切关系。徐锡麟给恩铭当副手是湖南巡抚俞廉三推荐的，而徐锡麟早就加入了革命党。徐锡麟与革命党的关系，本地官员依靠熟人关系网络多少总会有所耳闻，虽然不一定能拿到实据，但会有所防范。恩铭作为一个满人，只有官方信息渠道，以为湖南巡抚推荐的人绝不会有问题，加上徐锡麟本人确实精明能干，因此大加重用，引以为心腹。徐锡麟就在恩铭眼皮子底下发展革命党，组织反清起义，抓住机会把恩铭给刺杀了，随即发动安庆起义。起义很快被清军镇压，但干掉了安徽巡抚，对清政府的心理震撼极大。

同时期还有革命党组织的惠州起义、广西的天地会大起义，等等。地方督抚们都借此来给清政府施加压力，要求清政府推动改革。改革的方向，就是搞君主立宪，以新建国会和内阁的方式来大幅度地压缩满洲皇权，增加汉人在清政府决策中枢的话语权。

第二次鸦片战争以后，"学习西方"已经成了大清官场的"政治正确"言论，李鸿章等人就是利用这种"政治正确"拼命给自己捞好处。等到甲午战争以后，推动维新变法的日本狂胜清军，"学习西方"就不仅是"政治正确"了，而且是"第一政治正确"，比维护祖宗体制还要更高一头。等八国联军侵华之后，洋人成了满汉公认的"一等人"，清政府从抵抗西方的保守派变成了投靠西方的急先锋，"学习西方"成了清政府维护自己统治权威的最后一根"救命稻草"。在革命党人和汉族官僚士绅们的联合压力之下，它必须抓住这根"救命稻草"。慈禧也顾不得自己镇压戊戌变法的事实，摇身一变将自己打扮成支持变法的开明君主。

这次最后的变法，被称为晚清新政，又称庚子新政。它分为三个阶段，第一个阶段是1901—1903年，宣布开始研究变法，但没有实际行动，主要工作还是给庚子赔款筹款，包括借钱和摊派；第二个阶段是1903—1905年，赔款的钱解决得差不多了，就开始练兵，主要集中训练北洋军，地方上也训练了一些新军；第三个阶段是1906年开始搞预备立宪，才算是有正式的行动。

满汉两大统治阶级在"学习西方"的旗号下达成了暂时的、表面上的一致。汉族官僚士绅们同意清政府以中央枢机的改革来换取地方财政对中央的支持。也就是说，在加强中央集权的同时，把中央决策权力从满人控制的皇位和军机处向汉人控制的国会和内阁转移。

满洲权贵们在表面上也赞同开国会、立宪法、设内阁，但并没当真打算交权。在他们看来，宪法只是确认皇帝最高权力的法律，内阁只是满洲控制的新一代决策中枢，相当于军机处换了个名字。慈禧太后曾经问端方，立宪法有什么好处。端方的回答是，可以让满洲皇位永固，像日本天皇一样万世一系。慈禧满意地点了点头，于是同意派皇室宗亲外出考察国外宪政，并在1908年以光绪的名义颁布了《钦定宪法大纲》。大纲内容参考了日本的宪法，但删除了诸多限制皇权的条款，充分体现了"大权统于朝廷"和"君权高于一切"的立法旨意。

随着对西方体制了解的增加，满洲贵胄还发现，"学习西方"不仅可以用来欺骗中国人，还可以带来很多实实在在的好处。其中很重要的一条就是可以加强财政集权，从各地攫取更多的钱粮集中到中央花销。

西方列强的崛起，都是通过加强中央集权来实现的。其中，国家财政的集权化管理是重要方面。清朝前期，财政也是高度集权的。各省设布政使主管民政钱粮。布政使品级低于总督、巡抚，但不是督抚的属官，而是直接由吏部任命，由中央垂直管理。这种体制下，地方督抚对钱粮的控制能力有限。太平天国战争以后，督抚权力上升，布政使才沦为总督、巡抚的属官，督抚们掌握了布政使的任免权，也就完全控制了地方财政。清政府搞新政，就趁机"学习西方"搞近代财政体制，建立了一个新的部门叫度支部，由皇室宗亲载泽主管，然后在每个地方设立财政正监理，由度支部直接委派和管理，对各地财政收支账目进行全面清理。这就在一定程度上恢复了清朝初期中央直管钱粮的体制。这一条也是清政府搞新政抓的最狠、落实速度最快的一条。甘肃布政使因为抵制度支部监理对财政的清理，被直接革职。

1907年，清政府还设立了统计局，主要工作并不是统计国民经济数据，而是统计全国财政收支。

此外，清政府还积极支持建立地方议会，进一步制衡督抚的财政专权。地方督抚们想要开国会架空皇帝和军机处，清政府就借势反戈一击，要求各地先开谘议局，除了讨论新政措施以外，最重要的就是公开研究预算、决算、税法、公债问题。也就是说，通过谘议局的设立，逼着地方把财政收支情况公开。这也是一种新的"分而治之"，就好像之前让湘军和淮军互相制衡、总督和巡抚互相制衡一样，多搞几个权力机关，让地方上的汉族势力"窝里斗"，中央可以借此获得更大的决策权。

通过这些个招数，清政府对全国财政收入进行了一次大清理，打着"学习西方"的旗号编制了中国历史上第一次全国性的财政预算和决算方案。在清理财政过程中，中央迅速掌握了各地财政家底，加强财政摊派，中央财政收入不断上升。京城官员的生活水平也迅速提升。

此外，清政府还在1906年宣布设立陆军部。这也是学习西方的重要成果，由满人铁良担任陆军部长，统一指挥全国新军，架空北洋军创始人袁世凯的兵权。这也是通过"学习西方"来变相加强满人对军队控制的方法。

清末的新政在本质上是满汉两大统治集团之间的一次合作和斗争。双方在"学习西方"的旗号下表面上形成团结，以宪政来欺骗中国人民，对抗革命党人的革命宣传，这是合作。同时，双方又各自心怀鬼胎，把"学习西方"当成打击对方的政治工具。汉族官僚士绅真正想干的是限制满洲皇权和夺取中央权力，而满洲权贵们真正想干的是加强中央集权和强化满洲特权。清末的满汉两大统治集团搞新政，没有哪个集团是真的"开明进步"，而是因为在军事上实在打不过列强，执政地位又面临革命党的挑战，为了把战败的责任推卸给"体制"和"文化"，便高举"学习西方"的大旗来欺骗国民，把"学习西方"拿过来为本集团的利益服务。

慈禧太后政治经验丰富，懂得满汉统治同盟稳固的重要性，"新政"的旗号喊得响，实际上除了练兵以外没干啥实事。她重用袁世凯充当满汉斗争的缓冲，先让他当直隶总督，又于1907年提拔他为军机大臣。袁世凯对北洋军的控制能力远远比不上李鸿章对淮军的控制力。李鸿章的淮军是其一手建立并一路血战杀出来的队伍，袁世凯的武卫军和北洋军都是清政府支持下训练出来的，也没有打过硬仗，要想用来造反推翻清政府，袁世凯的个人权威远远达不到。让袁世凯在直隶总督、军机大臣的位置上高谈变法，满洲的控制力不至于削弱，汉族士绅们也不会着急夺权。这是慈禧太后的政治智慧。

在1900年到1908年间，袁世凯愉快地扮演着清政府与汉族官僚士绅们的"调节人"角色，不断把地方的变法意见上达中央，又不断地督促地方督抚们将加强中央集权的新政思路落实执行。他本人既代表中央，又代表汉族官僚，高举"学习西方"的大旗，俨然成了新政"旗手"。这跟直隶总督时期的李鸿章担当洋务运动"旗手"的作用十分相似。这一时期首席军机大臣是奕劻，他搞政治唯一的乐趣就是收钱，而袁世凯最擅长的政治手段就是送钱。两人一进一出、相得益彰，共同打压那些不想收钱或送钱的政治对手，把满汉关系搞得相当融洽。慈禧和地方官僚士绅都对袁世凯和奕劻的组合表现颇为满意。

在这期间，汉族官僚士绅集团内部健康的力量曾经组织过一轮反攻，带头人是两广总督岑春煊和军机大臣瞿鸿禨。

瞿鸿禨是朝廷清流派的新一代领袖。清流这一脉一直没有断，总会在军机处占一个职位。岑春煊则是在八国联军侵华战争中冒出来的英雄人物。在各地搞"东南互保"拒绝服从中央的时候，岑春煊以甘肃布政使的身份坚决带兵"勤王"，在半路遇到往西安逃难的慈禧，一路护送。慈禧对其忠心相当满意，此后就一路提拔其为两广总督。瞿鸿禨和岑春煊的共同点就是清廉刚直，特别是岑春煊，在两广总督任上大力惩办贪官污吏，得了一个外号叫作"官屠"，跟李鸿章的大哥李瀚章在两广总督任上获得"官场佛子"的外号形成鲜明对比。这两个晚清最后的改革派清官彼此惺惺相惜，结成政治同盟，决心扳倒袁世凯和庆亲王奕劻。

瞿、岑与奕、袁之间的斗争，是比较纯粹的清正廉洁和贪腐无耻两条路线的斗争，跟搞不搞学习西方没有关系。岑春煊是维新派出身，因为在戊戌变法期间积极建言而被提拔为广州布政使，跟反对维新的两广总督谭钟麟互相上奏弹劾，成为戊戌变法期间的一大政治焦点。戊戌变法失败后，他被贬为甘肃布政使。瞿、岑二人的合作，是戊戌变法期间清流与维新派合作的延续。他们所主张的改革路线是：在学习西方政体之前，必须先肃清吏治，打造一个清正廉洁的官僚队伍，然后才能去搞维新变法，用现在的人马和风气去搞改革，啥改革都是扯淡。这种观点是正确的，要推行这个路线，显然必须搞掉袁世凯和奕劻这两个当朝最大的贪官。但这条路线根本行不通，因为"庆袁路线"背后的总后台就是慈禧本人。瞿、岑联手挖了奕劻和袁世凯很多贪污腐败的"黑材料"，向慈禧弹劾，制造了一些舆论风波，但都没有取得实际效果，因为慈禧对这种事情根本就不介意，所谓变法维新本来就是做个样子，关键还是要对清王朝和慈禧本人忠诚。她之所以容忍岑春煊的反贪行动，是因为她认定带兵"勤王"的岑春煊对她本人绝对忠诚而非支持其政治路线。

奕劻和袁世凯才是真正懂得慈禧心思的人物。他们挖掘或编造了一些岑春煊跟康有为、梁启超等人保持密切关系的材料交给慈禧，又拿钱贿赂瞿鸿禨的门生弹劾瞿鸿禨跟外国势力勾结泄露高层政治斗争内幕，慈禧很快就决定让岑春煊和瞿鸿禨走人了。这次健康力量的最后反击也就草草收场。

1908年11月，慈禧太后死了。之前一天，光绪皇帝也突然暴毙。慈禧安排由光绪皇帝的亲弟弟载沣年仅三岁的儿子溥仪继承皇位，载沣以摄政王身份秉政，光绪的皇后隆裕为太后。

载沣此时才26岁，严重缺乏政治经验却又盲目自大。他背后的整个满洲新生代皇室贵胄们也都是如此。他们跟以慈禧、奕䜣为代表的上一代满洲贵胄的主要区别就是更加了解国际形势，知道很多西方的政治军事知识，但对中国内部的问题却相当无知。他们没有经历过太平天国战争，只经历过甲午战争和八国联军侵华战争，光知道列强厉害，不懂得太平天国的厉害，因此也就从来不把能帮他们镇压革命却不能帮他们抵抗列强入侵的汉族官僚士绅们放在眼里。以为只要抱紧西方列强的"大腿"，中国人绝不敢把他们怎么样。1905年、1906年，清政府连续两次派遣皇室宗亲出国考察。这种短期考察根本不可能对西方政治有深入了解，只能看些皮毛。这些人到西方转了一圈，又读了几本中国学者介绍西方政治的书，觉得用西方政治制度来继续统治中国是件很容易的事儿，只需要搞个宪法，开个国会，就能够永保满洲特权，继续让汉人当奴才。

慈禧是经历过太平天国运动的，懂得曾国藩、李鸿章、袁世凯这一帮人的重要性。有她在，镇着新生代满洲权贵，重用汉族能臣，协调好满汉关系，局势尚能维持。等慈禧死后，新一代八旗子弟掌权，就开始自作聪明地胡来。眼见之前仗着列强的支持对各省摊派勒索，又派满人担任两江总督等事情都没有激起什么大的风浪，他们更觉得汉人的手段不过如此。其中，袁世凯最为可恶，天天拿着中央的钱练兵增长自己的兵权，又举着变法的旗号威胁中央，削弱满洲特权，第一个该死。

载沣上台之后，第一件事就是想要除掉袁世凯。他原本想直接找茬杀袁，但遭到张之洞和奕劻这两大重臣的坚决反对，只能作罢。最终以袁世凯有"足疾"为由，解除袁世凯的一切官职，让他回籍养病。

对此，袁世凯丝毫没有反抗，一收到罢免自己的命令，立刻就收拾东西回老家休养去了。他没有能力直接对抗满洲皇权，但是——就像我们之前评价李鸿章和他的淮军一样——在八旗兵丧失战斗力以后，一旦失去掌握兵权的汉族实权派支持，满人在中国皇帝的位置上是坐不稳当的。

四、满汉决裂：载沣成立"皇族内阁"

赶走袁世凯后没多久，张之洞也病逝了，载沣开始按照自己的节奏来推动新政。

第一重要还是抓军权。1908年12月，载沣刚当上摄政王一个月，就下令编练禁卫军，作为摄政王直接管理的亲军；又裁撤直隶、山东、山西等北京周边地区的新军督练公所，命近畿各省新军均归陆军部统辖；设立贵胄学堂，专收满人，培养高级军事人才，重要的军事职位全部改为满人担任。

这些做法，都是要在正式立宪法、开国会、设内阁之前，抢先把军权抓在满洲皇室手中。军谘府和陆军部都由皇室宗亲主持，军队直接对皇帝和摄政王负责，不受国会和内阁限制。

载沣天真地认为，只要在关键军事位置上任命满人，就算满人掌握了军队。这个错误认识最终毁了清朝。

自以为把军权搞稳了以后，他接下来就在1909年开始推动预备立宪落地，第一件事就是催促让各省赶快成立谘议局，限定一年内完成。通过谘议局来分散地方督抚们的权力，并监督地方财政运行。然后就是开始编制全国预算，全面清理地方财政。同时，把成立国会时间推到七八年以后。

地方大佬们当然知道清政府打的是什么算盘，但还是迅速地把谘议局成立了起来，预算案也按照计划编制。各省的谘议局刚一成立，立刻就联合起来组成国会请愿同志会，连续三次上书要求召开国会。载沣只得同意1910年10月在北京召开资政院。资政院刚一成立，第一件事就是通过决议，要求1911年开国会，可以说是步步紧逼。

载沣为了解决财政问题而加快宪政改革，结果却把"刀子"递给了想要从他手里夺权的人。汉族官僚士绅们对新政的理解是：清朝中央政府对外不能维护国防安全，大量对外赔款，每次打了败仗都来找地方要钱去给中央财政填"窟窿"。钱可以给，但满洲决策层必须为战败负责，交出权力。用权力来换钱。这对军事上一败涂地的清政府而言，已经是最合理最好的结局了。

但心高气傲的新生代满洲勋贵们显然不愿意接受这个条件，他们既要钱又要权。

迫于资政院的压力，清政府不得不同意在1911年召开国会。在召开国会之前，先组成责任内阁。

1911年5月，清政府裁撤军机处，公布内阁官制，组成新内阁，决策中枢也从军机处转移到内阁。内阁总理大臣由前首席军机大臣奕劻担任。在13名国务大臣中，汉族官僚四名，蒙古旗人一名，满族八名，其中皇族又占五人，被讥为"皇族内阁"。而且，其中有关军队、人事、财政、司法的部门全部被满人掌握，只把邮传、教育、农商这些无关核心权力的位置留给汉族官僚。

这个名单一经公布，清政府和汉族官僚在立宪新政中表面上的合作就算彻底撕破脸了。相当于清政府挑明了说，新政改革没汉人什么事儿，不可能通过改革把核心权力交出来。所谓新政，就是地方上继续负责掏钱给中央政府赔偿战争赔款、贷款修铁路、训练中央军以维护满洲特权，中央权力却不会分给汉族士绅集团。后边再召开国会，当然也会采用类似的手段，以保证国会完全听命于满洲皇族。这不是阴谋而是阳谋了。

资政院对这份"皇族内阁"名单提出强烈抗议，被载沣毫不客气地给驳回了。

至此，统治中国200多年的满洲贵族和汉族士绅的执政联盟终于彻底破裂了。

令载沣等人没有想到的是，列强并不是那么可靠。同一时期，西方列强对中国政治的干预和控制能力也大幅度下降。主要原因是德国的崛起，它迫切需要改变旧有的全球殖民格局，建立自己的殖民版图。由于世界上大部分地方都已经被英国、法国等老牌殖民列强瓜分殆尽，1900年的侵华战争又让它明白了在中国占领大片殖民地是不现实的，剩下的唯一道路就是跟英国、法国死磕，通过战争来"虎口夺食"，夺取它们的现有殖民地。德国的地理位置决定了它在世界范围跟英国、法国全面开战是很不划算的，最方便的做法是直接进攻法国本土，通过吞并法国来获得其殖民地。英国不能允许欧洲大陆出现一个统一的强权，它数百年来的外交战略始终是"大陆均衡"——联合荷兰斗西班牙、联合法国打荷兰、联合普鲁士打法国。现在，德国崛起了，就需要联合法国和俄国对抗德国。

在八国联军侵华战争之前，欧洲列强还可以联合起来瓜分中国，不用你死我活的斗争。侵华战争结束，从中国能捞的好处都捞到了，再要继续深挖难度很大。欧洲列强之间的矛盾就开始走向"零和博弈"或者说"内卷化"，进入你死我活的斗争阶段。1904年，英国和法国签订了针对德国的军事同盟协议，法国承认英国在埃及等地的殖民特权、英国承认法国在摩洛哥等地的殖民特权，双方放下一切矛盾，集中力量对付德国。1905年，德国总参谋部制定完成了以吞并法国为重点的施里芬计划。1907年，英国跟俄国结成军事同盟，形成了针对德国的英、法、俄协约国组织。1909年，德国和英国开展以制造先进军舰为核心的军备竞赛，军费开支暴涨。欧洲列强们剑拔弩张，集中精力进行本土军事力量建设，准备迎接这场决定欧洲命运的大决战，无暇顾及清政府这么遥远的傀儡政权死活。

列强之中，只有日本还有足够的精力和意愿干预中国事务。它在1904年的日俄战争中，以非常惨重的代价击败了俄国，夺取了对中国东北南部的控制权，开始逐步谋求摆脱英国的控制，独霸中国。日本的对华战略很清楚，就是搞乱中国，让中国陷入四分五裂军阀混战的状态，这样它才有机可乘。要实现这个目标，首先就要让清政府垮台。只要是有助于搞垮清政府的势力，不管是维新派还是革命派，它统统都支持。戊戌变法被镇压，康有为、梁启超出逃，就是日本公使在背后帮助；孙中山等革命党人的活动，也以日本为大本营，大力宣传反清与共和革命思想。

清政府对这个问题缺乏警惕，反而大量往日本派遣留学生，尤其是往日本陆军士官学校派了很多学习军事的年轻留学生。这些留学生返回中国后，大量进入新军担任中高级军官，掌握了新军兵权，成为辛亥革命的骨干。日本陆军士官学校简直成了清政府出钱培养反清军官的训练基地。吴禄贞、蓝天蔚、蒋尊簋、蔡锷、施承志、李烈钧等这一批在辛亥革命中带领新军起义的军官都是日本陆军士官学校毕业的。

此外，日本政府通过黑龙会向革命党人提供资助。黑龙会名字的由来，是因中国的黑龙江，它成立的目的就是把黑龙江流域变为日本领土。黑龙会长期与日本军方密切合作，大量派遣间谍到中国偷绘地图、窃取情报、发展汉奸。1905年8月20日，在黑龙会的斡旋下，各派中国革命组织在东京黑龙会总部共同成立了中国同盟会，推举孙中山为总理，正式提出"驱除鞑虏，恢复中华，创立民国，平均地权"的十六字革命纲领。反清革命力量的联合，极大地推动了中国内部革命进程。中国的共和革命，也有了一个大家公认的领袖人物——孙中山。

同盟会成立以后，立刻就在广西、广东、福建沿海地区发动了一连串武装起义，包括萍浏醴起义、钦州防城起义、镇南关起义、钦廉上思起义、云南河口起义，等等。这些起义虽然失败了，但给清政府施加了极大的压力，客观上加快清政府君主立宪的步伐。

1911年，距离第一次世界大战爆发还有三年。此时，袁世凯被载沣赶走了，

"皇族内阁"让满汉执政联盟彻底破裂；欧洲列强放松了对中国内政的控制，暂时没有精力派兵直接干预中国革命。唯一有能力干预的日本又在积极谋求推翻清政府。这样，自从太平天国战争和第二次鸦片战争以来，清政府赖以生存的两大支柱，都不能或不愿再为其提供支持。

在汉族精英分子中间，忠君理学思想也被民主宪政思想冲击得七零八落。在搞新政改革的过程中，清政府把科举考试给废了，反而出台新政策，对拥有外国留学经历的回国留学生可以直接授予官位。这也是清政府将执政基础从汉族士绅的支持向列强支持转移的一种体现。这项改革的结果就是：清政府赖以生存的意识形态根基——忠君理学失去了重要的制度依靠。没有科举制度，汉族士绅们对皇权的忠诚度立刻大幅下降。

清政府的倒台，已是迫在眉睫了。

五、保路运动：革命党人渔翁得利

四川的保路运动，就是四川地方的官僚士绅利用清政府鼓励修建铁路的政策，打着修从四川到汉口的川汉铁路的幌子，成立铁路公司，疯狂敛财，专门成立租股局，强制按照地租的百分之三收取铁路建设经费。老百姓很直白地把这些钱称之为铁路捐。租股总共收了400多万两银子，又亏空300多万两，总共700万两银子花出去，只修了30公里铁路，大量的经费被官僚权贵们贪污挪用、中饱私囊。

清政府当时正在努力卖国求生，于1911年找美国资本团、英国汇丰银行、德国德华银行、法国东方汇理银行签订一笔1000万磅（相当于大约6500万两白银）的巨额借款合同，其中一部分用于修铁路。有了列强的借款，它才能继续搞新政，解决中央财政问题。看见铁路公司把川汉铁路搞得严重亏空，便趁机提出要把铁路修筑权收归国有，由中央政府找列强借钱来建设。

对于前期收取的400万两银子，清政府表示认账，可以给钱回收，但对于铁路公司自己搞出来的300万两亏空，清政府拒绝掏钱弥补。也就是说，清政府只愿意出400万两把川汉铁路收购过来并继续修建，而地方势力的要价是700万两，两边谈不拢。

这件事情是李鸿章的亲信幕僚、"皇族内阁"邮传部大臣盛宣怀主持的。盛宣怀在贪污和卖国方面深得李鸿章真传，死后留下的家产比李鸿章还多，叫谓"青出于蓝而胜于蓝"。之前广州到汉口的粤汉铁路国有化也是他主持的。他先派人私下大量收购粤汉铁路公司的股份，然后以国有化的名义把粤汉铁路公司的股份溢价收归国有，拿着从列强那里卖国借来的钱收购自己兜里的股票，从中大发横财。载沣对此并不知情，以为盛宣怀办事得力，能顺利解决铁路国有化问题。在川汉铁路国有化的问题上，也就完全听从盛宣怀的意见。

但粤汉铁路和川汉铁路不一样。粤汉铁路从广州开始修，找了很多海外华侨募股，市场化程度比较高，股票可以在市场上自由交易。川汉铁路的股份采用的是内部配股的方式筹集的，没有公开上市交易，盛宣怀没机会提前从市场上大量收购股份。由于没有个人的好处，他就坚决不肯同意多花钱收购川汉铁路的民间股份，拿出一副公事公办的派头来解决问题。四川地方官僚士绅们见粤汉铁路股份都可以溢价国有化，四川这边却只能原价出售，当然不肯干。尤其是300万两的亏空早被他们贪污挪用完了，现在中央不给填补，他们只能自己掏钱去填。于是便开始组织保路同志会，鼓动革命党、会党起来闹事，以此作为跟清政府讨价还价的资本。

四川的保路运动，起因是两个贪腐反动集团之间的内部斗争。清政府把铁路国有化是为了卖国，把铁路修筑权和沿途利权卖给列强换取好处，地方势力搞"自建铁路"是为了贪污和掠夺农民。

保路运动的情况，也是整个清末新政的写照。所谓改革，不过是两大反动统治集团对中国人民的欺骗和掠夺。"学习西方"只是一个虚假的政治旗号，除了对人民进行政治欺骗，最大的作用就是为本集团敛财和揽权，跟李鸿章搞洋务运动是一个意思。任何一项改革措施，最后都会变成政府摊派的借口。修铁路，就搞租股局强制募捐；办新式学堂，就搞学堂捐。随着新政的推进，一边是巨额的战争赔款和外国负债需要偿还，一边是从中央到地方的官员津贴和办公经费不断上涨。在1911年的预算案中，湖南因兴办教育加征捐税40多万两，行政经费增税21万两，警察经费8.75万两。湖北仅"学堂捐"一项就高达10万两。直隶地区警察经费就高达300多万两。地处西北的甘肃省，道府、厅州县二级的新政费用就达21.5万两。河南的新政费用200万两[①]。因为新政带来的苛捐杂税多如牛毛。底层中国百姓，对新政非常反感。对他们来说，"学习西方"就意味着要交更多的税费，生活变得更加艰难，而那些制度改革对自己的生活完全没有一丁点儿有益的影响，唯一能看见的变化就是官僚士绅们的生活水平蒸蒸日上，拿着从老百姓手中勒索出去的钱财去享受各种西洋新式消费品。自从太平天国被镇压以后，清政府两大统治集团推动的一切改革，都是如此。在这个过程中，把"学习西方"的旗号举得越高的，往往给自己捞的好处也就越多。李鸿章、袁世凯、盛宣怀便是其主要代表。中国由这帮人去主持改革，注定只会越来越糟。

因川汉铁路路权问题产生的两大统治集团内部斗争被革命党抓住机会，把保路运动变成了一次爱国革命行动。地方官僚为了给清政府施加压力，不仅不镇压反而鼓励人民公开游行示威和进行反清宣传。当时全川142个州县的工人、农民、学生和市民纷纷投身保路运动之中，保路同志会的会员不到十天就发展到10万人。四川同盟会会员龙鸣剑与王天杰等认为革命时机已到，他们邀请本地会党首领召开秘密会议，决定武装起义，建立保路同志军。

四川总督赵尔丰刚开始也倾向于支持地方势力闹一闹，向清政府多索要些好处。眼看事态发展有点失控，已经不是争路权的事了，而是有人在浑水摸鱼组织造反。他就改变态度，下令把带头争路权的士绅代表给抓了起来。成都市民到总督府抗议要求放人，赵尔丰下令开枪，打死30多人，史称成都血案。革命党人当天就在长江中投入木板，在木板上涂上桐油防水，又在上边刻字，说赵尔丰计划在全川捕杀保路同志会成员，呼吁各地保路同志会火速组织武装自保。整个四川地区的保路同志军都被动员起来，向成都进发。

载沣接到成都被围的消息，才知道事态严重，宣布妥协，同意弥补川汉铁路公司300万两银子的亏空收购。但为时已晚，革命党人已经掌握保路运动的主导权，他们并不关心川汉铁路公司的亏空，唯一目标就是趁机推翻清政府。9月25

---

① 周育民：《晚清财政与社会变迁》，上海人民出版社2000年版，第399页。

日，同盟会会员吴玉章、王天杰等在荣县宣布独立，这是革命党人第一次在县城建立革命政权。川东地区的群众也纷起响应，占领城口县城以及大足县城。四川的情况彻底失控。

清政府紧急将赵尔丰撤职，由川汉、粤汉铁路督办大臣端方署理四川总督，并从武昌带领湖北2000名新军入川，镇压革命。

六、武昌起义：新军兵变与南方独立

湖北新军当时也被革命党人渗透的厉害，大约有三分之一的士兵都加入以反清为目标的会党或革命党组织。

载沣和端方都以为，只要满人掌握了军队指挥权，就不怕革命党造反。革命党在各地组织的起义，也确实都被拿着新式武器的清军快速镇压了。但他们有一点没有想到：军队也是会造反的。当一个国家政权的统治合法性连士兵和基层军官都不认可的时候，也就没有任何力量还能够挽救这个政权。满洲精英占据军队高层也无济于事。清末新军是学习西方建立的，军官大多有日本或西方留学背景，很自然地倾向于共和革命。

就在端方带兵前往四川的途中，革命党人于10月10日在武昌发动了新军兵变。

兵变跟一般的会党、革命党起义不一样。革命者是一群职业军人，湖北地区没有能镇压得了他们的力量。起义的过程经历了一些曲折，但在10月10日当晚就打下了湖广总督府。湖广总督瑞澂和张彪双双逃跑，起义军很快占领了武昌。这就是著名的武昌起义。

武昌起义成功以后，起义军决定推举黎元洪担任领袖。

前文讲过，湖北的新军是一镇半。其中一镇为新军第八镇，统制张彪，是张之洞的铁杆亲信。另外半镇是混成协，协统是黎元洪。他是天津水师学堂培养出来的，在北洋水师工作过，后来又多次去日本学习和考察军事，机缘巧合被张之洞看上了，让他来训练湖北新军。

黎元洪一贯反对革命，更没有参与起义，但他对待士兵一向比较友善，在新军中间威望很高。张彪和湖广总督逃走以后，他就是湖北头号人物。同盟会中高层人物此时都不在武昌，起义军的领袖是一些军队中的低级军官，缺乏名望，便推举黎元洪出来牵头，以扩大革命影响。黎元洪本人对革命前景很悲观，是被起义军拿枪逼着出来的。

武昌起义胜利后，汉阳、汉口的革命党人闻风而动，分别于1911年10月11日夜、10月12日光复汉阳和汉口。起义军掌控武汉三镇后，湖北军政府成立，黎元洪被推举为都督，并号召各省民众起义响应。

这个时候，载沣等满洲贵胄们才发现自己在中国有多不受待见，全国各地的军队和政府官员中已经遍布了革命党。清政府紧急派北洋兵南下镇压武昌起义，结果南下的必经之路——保定漕河大桥当天就被人给炸了。炸桥的是几个保定军谘府军官学校的学生。

载沣搞的军谘府、陆军部统统不管用，调不动兵。北洋军中那些袁世凯的老部下关键时刻不听他指挥，找各种理由拒绝发兵。

清政府紧急从东北调往南方的军火专列，在经过河南滦州的时候被河南第二十镇统制张绍曾给拦截了。张绍曾不是革命党，但他公开宣称"武昌革命，名正言顺"，得知武昌起义的消息后，就联合几个新军军官提出"宪法纲领十二条"，要求清政府按照这个原则搞君主立宪，史称滦州兵谏。这对清政府又是一个极大的震动。清政府被吓得在三天之内颁下"宪法重大信条十九条"，将大量原本归属皇帝的特权转移到国会，满足了滦州兵谏提出的12条要求，以免北方也跟着出现大规模兵变。

没多久，带兵去镇压四川保路运动的端方在半路上被加入革命党的新军士兵给杀了。

湖南、陕西、江西、山西、云南、上海、浙江、江苏等省都在武昌起义一个月以内就宣布脱离清朝独立。其中山西的新军革命尤其令清政府震惊。新军士兵们把山西巡抚杀了，拥戴同盟会会员、新军中级军官阎锡山当了军政府都督。山西距离北京很近，直接威胁京城安全。载沣紧急命令北洋第六镇统制吴禄贞带兵去镇压。吴禄贞是载沣特别培养的"亲信"，多次破格提拔，几年时间就从一个普通日本陆军士官学校毕业生成了一镇统制。载沣以为自己的知遇之恩会让吴禄贞对自己忠心耿耿，还曾经当着吴禄贞的面烧毁了一些举报吴禄贞是革命党的奏折，以示绝对信任。他想不到吴禄贞竟然真的是革命党。接到镇压山西革命的命令，吴禄贞立刻就派人去跟阎锡山商议，想要组成联军反攻北京。结果吴禄贞被第六镇内部的反革命军官刺杀身亡，事情没有成功，但第六镇也因此陷入内部混乱，无法再调动来镇压革命。

两江地区还有南方最后一支正规新军——第九镇，也造了反，其统制徐绍桢带兵攻打南京。

载沣最终发现，辛辛苦苦练出来的新军，其实只有两种，一种是愿意跟着袁世凯搞君主立宪的，另一种是想要搞革命推翻清朝的，反正就是没有支持他们这帮清朝贵胄的。他们在中国已经是人心失尽，被彻底孤立了。

七、民元北伐：南北和战与清朝灭亡

到这个程度，载沣只能请袁世凯出山帮忙解决问题。实际上武昌起义后第四天，他就迫于压力宣布重新起用袁世凯。但刚开始只愿意给一个湖广总督的头衔，被袁世凯拒绝。最后还是奕劻主动提出辞职，把内阁总理的位置让给袁世凯，载沣也宣布解散了他的"皇族内阁"，授予袁世凯督师和组阁两项军政大权，袁世凯才正式复出，派兵南下攻打武昌。北洋军先后于11月1日和27日夺取了汉口和汉阳。

夺取汉口、汉阳之后，北洋军与武昌的革命军隔江对峙。

但是没过几天，12月2日，以两江新军第九镇为主体，包括江苏、上海等地革命新军的江浙联军夺取了南京，革命形势发生逆转。至此，长江以南的中国全部落入革命军的控制之下。

南京陷落后的第四天，载沣宣布辞去摄政王的职位，归隐藩邸。

湖北军政府本来占了首义的优势地位，有望在湖北召开国会，基于湖北军政府班子成立新的革命中央政权。但由于武昌形势危急，最终南方各省还是选择了派代表在南京组成临时国会，并成立南京临时政府。

1911年12月29日，各省都督府代表联合会代表在南京召开中华民国临时大总统选举会，选举孙中山为中华民国临时大总统。1912年1月1日，孙中山在南京就任临时大总统。

1912年，也就是中华民国元年。

在任职之前，南方革命力量就已经跟袁世凯谈判。孙中山承诺只要袁世凯同意终结清政府的统治，就可以把大总统的位置让给他。

袁世凯对中华民国大总统的职位并不感兴趣，因为这个政府是革命派建起来的，而他的身份是清政府的内阁总理大臣，跑到革命政府去当总统，掣肘太多且名不正言不顺，为此背叛清朝并不划算。他对清政府授予他的权力还比较满意，更何况此时的满洲贵胄们已经无力抗拒他的意志。隆裕太后跟他交过底，只要保留皇位，什么权力都可以让。袁世凯的如意算盘是：制定新的宪法，彻底架空皇权，让皇帝变成英国女王一样的象征性君主，大权集中到内阁。再由他本人担任内阁总理，政权、兵权在握，号令天下，跟当皇帝、总统没啥区别。这样他就不用丢掉自己举了十多年的"君主立宪"改革大旗，不会给人留下政治两面派的印象，也不会被国人骂为"篡位"的奸臣，在政治上更有利。但要做到这点，就得解散南京临时国会和政府，继续承认清政府的统治合法性。而这是孙中山为代表的革命党人绝对无法接受的。双方根本谈不拢，只能边谈边打。

战线分两个，一个是敌后战场，一个是正面战场。革命党人那时候还不懂得发动群众搞游击战，敌后战场的斗争方式主要就是搞刺杀。1905年清政府五大臣出国考察就在火车站挨了革命党的炸弹，五大臣之一的绍英身受重伤；1907年徐锡麟刺杀了安徽巡抚恩铭；1911年4月温生才刺杀了广州将军孚琦；继任的广州将军凤山没过几个月又被刺杀。南北谈判期间，革命党在北京又搞了两次大的暗杀，第一次是1912年1月16日刺杀袁世凯，炸弹在袁世凯的马队中爆炸，炸死了袁世凯的侍卫，但袁本人躲过一劫。第二次是1月26日刺杀满洲皇室成员良弼。这次刺杀成功了，满洲皇族内部反对议和的宗社党的态度立刻软化。

正面战场主要集中在武汉和南京两个方向。武汉这边，革命军在汉口和汉阳争夺战中损失比较大，被迫退守武昌。但武汉三镇，武昌是核心。汉阳和汉口这两个江北镇防御体系薄弱，从北边攻打也相对容易。北军要渡过长江天险夺取武昌就会面临大得多的困难。关键时刻，清政府派遣海军舰队去协助北洋军攻打武汉。舰队司令萨镇冰在武汉江面上宣布"辞职"，自己坐船跑到了上海，让各舰自己选择立场。最后，舰队整体倒戈支持革命军。在这种情况下，北洋军要想短期内打下武昌已经没有可能性，双方处于一种持续隔江对峙的状态。

南京这边，清军江南都督张勋带着从南京逃出来的军队，驻扎在安徽宿州、徐州一带，威胁南京安全。张勋是袁世凯旧部，在山东镇压义和团的帮凶，后来又给慈禧当过御前侍卫，是铁杆的皇帝制度拥护者，坚决反对共和。两江新军第九镇起义之所以没能迅速占领南京，就是因为有张勋这个顽固分子在这里镇着，带领旧式清军和八旗兵坚持抵抗。等到江浙联军齐聚，革命军兵力占据绝对优势之后，他才兵败退走。

当时，革命政府控制的有战斗力的军队主要有三支，一支是武昌的新军；一支是攻克南京的江浙联军；另一支是来自广东的北伐军，是广东军政府派来支援南京的。武昌新军要防御武昌，不能动，南京临时政府也指挥不动他们。剩下能动的就是江浙联军和广东北伐军了。其中广东北伐军火炮弹药比较充足，适合陆地攻坚；江浙联军可以调动上海的商船来运兵，适合从海路进攻。

孙中山和黄兴等革命党同志商议，决定以广东北伐军为主力，加上部分江浙联军，北上攻击张勋部，从徐州进军山东，走陆路去打北京，为南路军；再派蓝天蔚带领江浙联军，从海路坐船前往山东烟台，以烟台为基地渡海攻打辽东半岛，占领沈阳，断绝其逃亡东北负隅顽抗的退路，再南下与南路军一起攻打北京。这是北路军。

1912年1月11日，在孙中山宣誓就职临时大总统之后十天，广东北伐军在总司令姚雨平的带领下，正式誓师，民元北伐开始。

姚雨平统率的北伐南路军总共有8000人，武器弹药都是从广东带过来的，有18门大炮，300多万发步枪子弹和50多万发机枪子弹，实力颇为强劲。

南路军沿途总共跟清军打了三场仗，全部取得胜利。第一次是在安徽北部的固镇攻击张勋部，为民元北伐第一战，逼迫张勋退守宿州，并紧急向北洋军求援；第二仗是2月4日的宿州之战。张勋手下2000人会同北洋第五镇五个营加一个炮兵连四五千人，再加上本地原有的清军约2000人，人数与北伐军相当，防守宿州。经过六个小时的会战，清军全面溃败，死伤上千，张勋放弃宿州逃往徐州。

宿州之战是双方主力的一次决战，清军彻底溃败。张勋经此一败，不敢再提拥护君主制了，赶紧通电声明"支持共和"。北洋各镇见对清政府最忠心的张勋都支持共和了，第五镇主力也被革命军击败，便于2月6日在攻打武昌的北洋军前线总指挥段祺瑞的带领下，给清政府发电报，再次声明支持共和。袁世凯这才最终决定放弃支持清朝君主立宪，被迫赞成共和。

2月9日，张勋主动派员向北伐军求和，双方同意在"坚持共和"这个原则的基础上进行谈判。北伐军此时斗志昂扬，并不屑于当真与张勋和谈，要求张勋交出徐州，往北撤退100里，以示谈判诚意，被张勋拒绝。2月11日，北伐军以张勋"假谈判真备战"为由，主动向徐州发动进攻。这是第三次也是最后一次战役。2月12日，张勋再次溃败，逃往济南，徐州光复。

三次战役打下来，北伐军仅阵亡了61人，处于绝对优势地位[①]。

第二路北伐军在蓝天蔚的带领下，于1月16日坐船北上，很快占领了烟台。2月1日夜至2日晨，蓝天蔚指挥北路军主力分别在辽东半岛的貔子窝、花园口、大孤山、安东等处同时强行登陆。蓝天蔚原来是武昌新军的将领，因为有共和革命倾向遭到清政府猜忌，被调往东北。到了东北以后，他继续在东北军民中发展革命党，很有影响力，对东北的情况也比较熟悉，所以这次北路军由他带领。北路军登陆后，得到当地民军的积极配合，与清军展开激烈的战斗，清军连遭重创，节节败退。2月4日，清军试图反扑，再次大败。2月6日，北伐军占领重镇瓦房站。2月10日，北伐军占领庄河厅城，基本在辽东半岛站住了脚。

就在南路军准备继续北上攻打济南、北路军准备攻打沈阳的时候，他们收到了袁世凯与南京临时政府达成协议、清帝已经于2月12日宣布退位的消息。

清朝灭亡了。

---

① 寿魁成：《姚雨平与民元北伐》，载《南京社会科学》1991年第5期。

八、黑暗沉沦：北洋军阀时期的中国

南北和议既成，孙中山让位，袁世凯当了临时大总统。民元北伐看起来势不可当，但基本前提还是南北双方的汉族官僚士绅与革命党人都一致反对清帝继续统治中国。革命党人只是占据了南方革命政府的一些高级军政职位，对基层控制能力极为微弱，也就无力获得地方财政支持，盐税和关税又控制于列强手中，临时政府经费极为困难。一旦清帝退位，南方官僚士绅们就不会再支持北伐。革命党人中间，也普遍存在着"只要实现共和，谁来当大总统都无所谓"的错误认识。这样，孙中山等少数领袖虽然不想让位，但孤掌难鸣。袁世凯一方面不愿当真为清政府尽忠；另一方面又想保住自己"忠于清政府"的面子，坚持优待清政府。清帝退位之后，享受民国每年给400万银圆的优待，并且继续居住在紫禁城。这个事情既是一个进步，又是一个反动。满洲皇权落幕，中国建立共和政体，这当然是一个进步。但在共和政体中，代表中下层人民利益的革命党人未能掌权，反而被代表清王朝时代官僚士绅的袁世凯夺了权，这就是一个极大的反动。

现在的很多历史书讲这段历史，侧重于介绍南北议和的过程，而对革命军北伐的胜利闭口不提，对清朝海军在武汉江面倒戈也绝口不提，反而大谈北洋军攻占汉口、汉阳的胜利。从而给人造成一种错觉，清帝退位是南北双方共同努力和妥协的结果，功劳可以南北平分，袁世凯如果坚持君主立宪，革命军很难战胜北洋军，而北洋军要攻下武昌难度不大，因此袁世凯虽然"私德有亏、背叛清廷"，但有"开创共和"的功劳。实则谈判过程在历史发展中的重要性根本不值得一提，双方最终达成妥协关键是战场局面所决定的。清朝海军的倒戈和民元北伐的节节胜利，是清帝退位的关键。海军倒戈以后，北洋军攻克武昌的希望便基本断绝。袁世凯绝对没有依靠清政府给他的权力、地位去镇压革命的能力，他是被逼无奈才接受革命党人的条件。只有公开赞成共和，结束清朝统治，他才能在北洋军内部实现团结，才能拉拢南方立宪派官僚士绅放弃对革命党的支持，才具备抗拒民元北伐的能力，否则就是死路一条。在谈判过程中，袁世凯的基本立场始终都是想要力保清政府搞君主立宪，他当人总统跟黎元洪当革命军都督一样，都是被迫同意的。但凡还有一丝希望，他都不会承认南京临时政府的合法性。他只有篡夺革命果实的罪过，谈不上有开创共和政体的功劳。

清朝并不是只有一个反动派，而是有两个反动派。它是一个满汉联合专政的政权，它对中国和中国人民犯下的所有罪行，都是满汉两大反动派别密切合作的结果。在镇压太平天国运动的过程中和战争结束以后，汉族官僚士绅集团在阻碍中国社会进步、奴役和剥削中国人民方面的罪责比满洲权贵还要更大一些。

满洲皇权，只是两大反动阶级统治中国的一个体制象征。推翻满洲皇权以后，让袁世凯这个汉族官僚士绅的总代表、李鸿章的政治继承人来当大总统，革命的进步意义就变得非常微小了。

袁世凯被南京国会选举为大总统以后，拒绝到南京就职，以北方局势需要他坐镇为借口在北京搞了自己的新内阁班子。黎元洪被任命为副总统，作为南方力量的代表。但黎元洪也不是革命党人，是清政府的旧式军官。南京临时国会在孙中山去职以后，经过投票同意北上。这样，带有革命性质的南京临时政府就完全被代表官僚士绅的北京政府取代了。

袁世凯掌权后的一项重要工作，就是把革命党人从政府和军队中清洗排挤出去，让清政府的那些老官僚们继续掌权。他采取的做法是，给革命党人"升官"，把他们从实权位置调走。例如，广东混成协协统蒋尊簋，是广东新军革命的领袖，革命成功后先后担任广东都督和浙江提督。袁世凯就把他调到北京，封为宣威将军养起来。还有云南都督蔡锷也如此处理。袁世凯专门建了将军府，让他们在北京享受生活而放弃实权，甚至派人引着他们去妓院，消磨这些人的意志。

经过各派政治力量角力，22个行省的都督职位中，同盟会员只获得了广东、江西、安徽三省。山西都督还是阎锡山，不过他已经背叛同盟会，倒戈支持袁世凯了。

孙中山离职临时大总统之后，想要为中国修些铁路，袁世凯就任命他为全国铁路督办，既无实权也无经费。黄兴被任命为南京留守，处理南京临时政府善后事宜，袁世凯几个月后宣布将南京留守机构解散，黄兴也就没有了新的职务。

还有一批醉心于国会政治、对袁世凯抱有幻想的同盟会元老，袁世凯就非常慷慨地给了他们一些北京政府的内阁部长职位。首届内阁总理由袁世凯的老部下、孙中山的广东老乡唐绍仪担任。唐绍仪少年留美学习，很早就接受了民主共和的思想，跟同盟会关系密切，在出任总理后还加入同盟会。这就营造出一种革命党人控制内阁，袁世凯只做无实权大总统的假象。但袁世凯对这些不掌握兵权的文官，根本不放在眼里，不过借此机会把一批同盟会大佬调到北京置于自己控制之下。重大人事任免和军政决策，完全由总统府决定，并不尊重内阁，有时候连找总理签字都懒得去。陆军部长等核心人物，则由袁的亲信担任并直接向总统汇报，完全不理唐绍仪。唐绍仪原本希望能在袁世凯与同盟会之间找到某种平衡，建立一个真正的责任内阁。但三个月后，发现自己的这个内阁形同虚设，于6月15日辞职。袁世凯便让自己的亲信赵秉钧担任内阁总理。

宋教仁等人对袁世凯抱有幻想，希望通过国会选举来夺取政权。在宋教仁的主持下，同盟会改组为国民党，并在第一次国会选举中大获全胜，宋教仁获得出任内阁总理组阁的权力。然而很快宋教仁就被刺杀身亡，袁世凯和赵秉钧均有重大嫌疑。孙中山先后发动多次反对袁世凯的武装革命，都被镇压。

袁世凯能镇压革命的原因，关键还是背后列强的支持。他接过清政府的"衣钵"，将清政府在1911年与美国资本团、英国汇丰银行、德国德华银行、法国东方汇理银行签订的1000万镑的借款合同，改为民国北洋政府的"善后大借款"。数额增加到2500万镑。考虑到日本影响力的上升，又把日本横滨正金银行拉了进来，借款对象从四国银行团变成五国银行团。借款以盐税为担保，并把五国银行团列为北洋政府借款的优先权国家。

这次借款中有个关键的霸王条款：中国政府设立盐税稽核所负责盐税征收。在北京设稽核总所，由中国总办一员，洋会办一员主管。又在各产盐地方设立稽核分所，设经理华员一人，协理洋员一人。华人经理和洋人协理的等级、职权平等。

这样，中国的盐政就变成中国人和外国人共同管理的模式。外国人实际上控制了中国的盐税征收机构，盐税征收到各地稽核所之后，先要由外国机构决定拿多大比例来支付外国债务，剩下的再上交中央财政。这是继太平天国运动期间中国海关管理权落入英国人手中之后，中国税收主权的又一次大沦丧。

"善后大借款"的条件非常苛刻，名义上借款2500万镑，期限47年，年息为五厘，看起来不算很高。但大部分钱都要用来归还庚子赔款和清政府欠下的各种债务，还要扣除手续费，甚至要提前扣除一部分利息，最后还要扣下大约200万镑作为辛亥革命给列强造成的损失的赔偿。最后真正给北洋政府的钱只剩下不到800万镑，而北洋政府却要按照2500镑的百分之五偿还利息，也就是每年光利息就125万镑，加上本金则在200万镑左右。

得到800万镑，每年还200万镑，还得把盐税征收主权送给列强。袁世凯为了镇压革命，啥都顾不得了，各种苛刻的丧权辱国条件全都答应。北京政府因此不仅是旧官僚士绅的政治代表，还成了列强在华殖民利益的代表，这就已经跟清政府别无二致，不过是一个披着"共和外衣"的清政府而已。政府里做事的还是清政府那帮人，干的事儿还是清政府的事儿，只是把满洲皇帝变成了大总统。统治精英基本不变，统治阶级基本不变。

1914年第一次世界大战在欧洲爆发，德国为首的同盟国集团正式跟英法为首的协约国集团开战。日本作为英国的盟友，趁机出兵在山东登陆，四处占领德国在山东的租界。北洋政府对日军公然入侵中国领土的行为，除了提出抗议以外毫无动作。袁世凯找了一帮法学家在北京开会，仿照清政府在日俄战争时期的做法，把青岛等有德国租界的地区划为"日德交战区"，中方"局外中立"，给自己找台阶下。但日军根本不理会什么交战区不交战区，在山东随意横行，袁世凯也只能干瞪眼。从胶州湾到济南的胶济铁路原来是德国控制，但大量管理职位由中国人担任，日军占领胶济铁路以后，把这些中国员工也一起赶走，全部换成日本人，还发表声明，说胶济铁路是德国的财产，日本占领胶济铁路跟中国无关。

北京政府要求日军从山东撤军，日本方面就顺势提出"二十一条"，要求全面控制北洋政府的政治、军事、财政权力。经过讨价还价，袁世凯最终同意签订了《中日民四条约》，保住了北洋政府的部分独立性，但把山东、东北、内蒙古、福建等地的大量主权出卖给了日本。

袁世凯正式同意签订《中日民四条约》的时间是1915年5月9日。他在签字的同时，宣布将5月9日定为"国耻日"，以表示自己是万般无奈才签字的，以后一定下不为例，奋发图强洗刷国耻。

袁世凯真正所思所想的，并不是洗刷国耻，而是巩固自己的权势。在宣布"国耻"之后仅仅过了七个月，1915年还没结束，他就迫不及待宣布"登基称帝"。结果众叛亲离，只当了几十天的皇帝就被迫"退位"，并在一个月后死掉了。

袁世凯统治时期，中国就已经处于实际上的军阀割据状态。袁世凯在北洋军阀内部，也就是一个盟主，对南方军阀势力更是鞭长莫及。不过依靠从列强那里借钱的能力，贿赂各地军阀，大家一起镇压革命，维持表面上的团结。等他一死，中央权威彻底崩溃，中国陷入军阀混战。各大军阀继续走找外国列强借款来壮大自身实力的道路，对外妥协投降，出卖国家利益，争当列强在华殖民利益的代理人。对内则"涸泽而渔"，疯狂搜刮自己辖区内的财富来巩固实力。清政府还会为"祖宗三百年江山"做一些长远打算，军阀势力则根本不管不顾。

吴思在《血酬定律》一书中，引用四川地区大军阀刘文辉的回忆，说他"在自己的防区内，苛捐杂税，人有我有，竭泽而渔，不恤民困"。军阀陈光藻说："军费一般是靠征收田赋，正税不足，便行预征，有一年预征五六年粮赋的。到1935年时，有些地方预征田赋已到民国一百多年的。除了预征田赋就是普种鸦片，征收烟款，便设烟馆，抽收红灯捐。各军防区还设立水陆关卡，征收过道捐税。"

除了预征之外，"竭泽而渔"的具体办法还有田赋附加。据1934年对四川15个县的调查，田赋附加税有学费、县志、被服、备丁等26种名目，附加税额之沉重，竟有达正供数十倍者。

对这种现象，吴思分析说："这些军阀的行为与土匪有什么区别呢？与同时同地的土匪比较，军阀的搜刮似乎更加凶恶。土匪毕竟没有'预征'，也没有'附加'，惟恐竭泽而渔，断了日后的财路。而军阀恰恰追求'竭泽而渔'。这不是道德和名分问题，而是利害的施报问题。既然防区经常易手，实施杀鸡取蛋的政策，恶果未必由自己承担，眼下还可以壮大力量。实施养鸡生蛋的政策，将来未必吃得上蛋，鸡也可能让人家抢去吃了，眼下的营养不良又可能迅速导致溃败。在这种格局中，竭泽而渔——标准的流寇行径——便是最有利的选择。"

军阀们没有中央政府管辖，其行为普遍无法无天。山东军阀张宗昌出身土匪，人称他为"三不知将军"，即"兵不知有多少，钱不知有多少，姨太太不知有多少"。其姨太太有据可查者就有50多人，至于随时随地抢占之民女，更是数不胜数，连张本人也记不得她们的姓氏，只得给她们编号来记录。他还写了一首诗："要问女人有几何，俺也不知多少个。昨天一孩喊俺爹，不知他娘是哪个？"其人挥霍无度，穷奢极欲，可以说是吃、喝、嫖、赌、抽大烟，五毒俱全。1927年，他在督署与几个妓女打牌，赌注是全年的教育经费（110万元）；有人向他缴了20万元之经费，他竟一夜输了个精光。这种人即使在官场一团漆黑的晚清，也绝不可能当上一省督抚，就算靠买官或贿赂做了一个中高级官员，也很快会因贪酷而被弹劾。但在军阀混战期间，由于他敢于无底线地勒索民间财富来供养自己的军队，软弱的中央政府没有能力把他免职。

军阀们的疯狂搜刮和他们自身素质的低下，进一步劣化了基层社会结构。

吴思在《潜规则》中讲了一个清末民初良乡县吴店村村长变换的故事。他说，根据本地史料记录，清朝末年，良乡吴店村的公共事务由村中精英组成的公会负责，这些精英通常是比较富裕又受过一些教育的人，社会声望比较高。当时的捐税很轻，首事们往往自己交纳而不向村民征收，因为他们更在乎声望和地位，不太在乎那点小钱。

1919年开始，军阀们在北京周围争夺地盘，先后有直皖之战和三次直奉之战，军阀们毫无节制地向村庄勒索后勤供应。这时，不愿意勒索村民，自己又赔不起的村长就开始离职，而把这个职位当作一种捞油水的手段的人们则顶了上来。这时候出来当村长的两个人，先后都因贪污和侵吞公款被县政府传讯。赔款出狱后，这样的人居然还能继续当村长，因为没有好人愿意干。这就是说，当政权大量征收苛捐杂税的时候，比较在乎荣誉的人就从村级领导的位置上退出了。

清末的捐税并不轻，士绅们的道德水准也肯定不像他们自己主持编写的乡县志书上写得那么高尚。但跟北洋军阀统治时期相比，清末的底层人民生活已经是宛如天堂，清末士绅已经堪称圣贤了。

清政府这个反动政权必须推翻。但推翻之后，如何在殖民列强统治的世界里建设一个新的中国，却成了一个摆在中国人面前的难题。

九、民主之殇：殖民地与宗主国的制度选择

在清政府倒台之后十年、20年这么长的时间回头去看辛亥革命，它不仅没有让中国从落后挨打走上富国强兵的道路，甚至没有丝毫能扭转这种趋势的迹象，反而让中国变得更加衰弱，中国人民的生活变得更为悲惨。共和革命的直接后果，不过是让中国从一个皇帝统治，变成了成百上千个"土皇帝"统治。革命党人错误地相信了西方列强的"民主制度"可以救中国，结果却让中国社会变得更加黑暗。

为什么会这样呢？一些迷信西方列强"民主思想"的人，面对这样惨痛的现实，还要坚持说，这是因为中国专制主义传统太浓厚了，不能适应先进的民主制度，所以出现"水土不服"。这是一种无根据的臆想，真正的问题是两个。

一个是中国自己的问题。不过不是文化传统的问题，而是之前就讲的，共和革命只推翻了清朝统治中国两大反动阶级中的一个，而且是比较弱小的一个，还有一个更强大的反动阶级没有被推翻，还在台上继续掌权。这是根本。

另一个则是西方制度自身的问题。西方近代的崛起不是因为它们的民主宪政体制，而是因为集权和战争。英国从封建体制转化为君主专制制度的这段时期，才是它国力增长最快的时期，也是其建立全球殖民体系的关键时期。它击败西班牙联合舰队的战争和第一次击败荷兰的战争，都发生在其建立君主立宪制之前的君主专制时期。近代俄国彼得大帝改革和日本的明治维新，其关键举措都是消灭封建体制建立中央集权的君主专制体制。德国、法国的情况也都如此。这些国家通过集权政体的建设，才能集中全国的资源，投入殖民征服战争和争霸战争中去，通过残酷的战争来实现崛起。中国在近代要突破殖民列强的全球体系，实现重新崛起和中华文明的复兴，也必须建立强有力的集权政体，集中全国资源击败列强的军队并建立近代工业体系，才有可能。

英国在建立全球殖民霸权之后，才转型为君主立宪政体，基于民众投票产生

的国会和内阁成为最高权力机构。投票式民主并不是英国的首创，雅典和威尼斯共和国这些古老的海权国家，都是搞的投票式民主。这三个时期的代表性海权国家，都主要依靠海外殖民劫掠发迹。由于它们有大量来自海外殖民地的财富，本国内部的生存资源争夺并不激烈。其本国底层人民，也可以从海外殖民带来的财富中获利，而无须像中国古代的农民一样，完全依靠自己的努力来养活自己和整个国家。在生存资源无忧的情况下，内部斗争——不管是统治阶级内部的利益集团之间的斗争，还是统治阶级与被统治阶级之间的斗争，都会相对缓和。也就不需要一个专制君主来决定资源分配，大多数问题用投票和开会的形式也能解决。这种民主体制，本质上是一种"分赃式民主"，是强盗们为了和平分配劫掠而来的财富所建立的程序。

投票式民主能稳定存在的前提，是投票结果都可以被各大利益集团接受。这就要求投票决定的事务不关系到投票各方的生死存亡。

英国从君主专制国家走向君主立宪制国家的背景就是这样。专制时期，还没有建立海外殖民霸权，全体国民必须自己养活自己，在国家内部分配生存资源。这个时候要组织国家资源打仗，不管是殖民战争还是争霸战争，就会面临非常严峻的国内生存资源分配问题。为了保证战争的效率和分配的公平，最佳的方案就是建立独裁君主制度。独裁君主有两个作用，一个是镇压人民反抗，但有一个很重要的作用，就是遏制贵族的贪欲，限制他们对人民的剥夺，并强迫贵族、地主、资本家这些有钱有权的阶层多出钱来支持战争。用独裁君主制代替封建制度，是英国从弱到强的关键。等到殖民战争和争霸战争打赢了，最艰难的时刻过去了，殖民统治体系建立起来了，有众多海外殖民地可供掠夺，资源分配条件变得宽松。利益集团内部，不需要进行你死我活的斗争了；统治精英们富得流油的同时，底层人民的税负也不高，福利还不错。这种情况下，专制君主就成了一个累赘。大家就觉得还是民主好，独裁君主对贵族精英们管束的太严了、收的钱太多了，让精英们很不舒服，可以搞个科学的程序来做决策，各大利益集团选择自己的代表，大家开个会各抒己见就挺好的。贵族、地主、资本家就联合起来把专制君主推翻了。决策程序慢一点没关系，吵架厉害一点没关系，不会耽误大事，利益集团之间也不会当真打起来，代议制民主就取代了独裁君主制。

代议制民主这种看起来很文明的制度，稳定运行的基础，就是英国在非洲、印度、美洲建立了殖民总督的独裁体制，可以用暴力把这些地区的人民生存资源吃干榨尽。在殖民地，英国殖民者们是没有民主精神可言的，总督由宗主国委派而不可能由殖民地人民选举产生，它们对待殖民地人民，有的只是最野蛮和最纯粹的暴力，任何一点反抗都会遭遇无情的军事镇压。

也就是说，在生产力尚不发达的古代和近代社会，受生存资源分配的约束，代议制民主制注定只能在殖民宗主国作为一种"政治奢侈品"稳定存在。那些不能从海外殖民地掠夺资源的国家，如果模仿宗主国的这种体制，就会陷入严重的社会动荡，因为这些国家生存资源的分配弹性非常小，靠投票和开会无法解决分配问题。利益集团之间、统治阶级与被统治阶级之间，很容易就会因为分配问题谈不拢而爆发战争。利益集团之间的战争就是军阀混战，统治阶级与被统治阶级之间的战争就是革命战争。战争胜利的一方，就会建立一个高度集权的专制政体，以保障较长时间的内部统一和社会稳定。

近代中国作为一个准殖民地国家，不仅不能从海外殖民地攫取资源，反而被殖民列强大量"吸血"，生存资源分配条件比古代社会更加严峻。这种情况下，想学习宗主国搞投票式代议制民主，是一定会失败的。必然导致军阀混战和随之而来的底层革命战争——军阀们在中央政府搞民主宪政，在自己的地盘里搞比君主专制更糟糕的土匪政治。老百姓在军阀的统治下，过得比在专制君主统治下更惨，最后只能通过一场深刻的、广泛的阶级革命来改变这一切。

第二次世界大战以后，有很多新独立的殖民地国家，还没有从经济上摆脱宗主国的殖民控制，就照搬宗主国的民主体制。结果就是长期积贫积弱，中央政府软弱无力，地方势力割据，老百姓生活在类似于中国北洋军阀统治时期的状态。国家只在形式上建立民主政体，基层社会却由地方豪强甚至黑社会控制，整个国家呈现出一盘散沙的状态，经济发展长期停滞，国防能力长期羸弱。

西方宗主国的民主制在中国注定失败，不是因为中国有专制主义传统，而是因为中国人民有革命传统。中国人民太勇于和善于反抗，统治阶级一旦分裂为诸多军阀，一方面贪欲失控，一方面四分五裂，就很容易被大规模人民起义各个击破。代议制民主，在中国是不可能持久的。中国人民和他们间的英雄豪杰们，不会容忍这种状态长期存在。

古代和近代世界殖民宗主国的富裕和强大，是它们选择代议制民主的原因。很多人搞错了因果关系，觉得代议制民主是殖民宗主国富裕强大的原因，这就比较荒谬。

总之，在古代和近代技术条件下，稳定的代议制民主体制，是在国家富强之后才能享有的，是殖民宗主国的"政治奢侈品"。中国作为一个遭受近代列强殖民入侵的国家，在从落后到富强的过程中，如果模仿殖民宗主国的政治体制，就注定会陷入社会动荡，无法实现富国强兵和民族复兴。辛亥革命仅满足于推翻皇帝制度，是远远不够的；推翻满洲皇权以后，机械化地照搬宗主国的政治制度，就更是犯了方向性的错误。通过革命战争建立革命政权，形成有较大个人权威的领袖和领导集体，建立一个集权化体制来实现国家独立和工业化追赶，才是唯一可能的道路。在完成了这些任务以后，随着国家的富强、安全环境的改善，生存资源分配的弹性空间增大，政治决策权的集中度逐步下降，决策民主程度提升，经济资源分配权不断分散，经济结构多元化，也是一个必然的历史过程。在这个过程中，受国际政治经济环境、国内贫富差距和官僚体系清廉度的变化、科学技术进步速度等多方面因素的影响，又会出现结构化的波动。这种波动跟其他方面的制度设计一样，是一个永无止境的历史过程，一方面需要不断借鉴学习发达国家的制度经验；另一方面又要不断自我探索创新，永远也不会有一个最完美的、永不需要改进的制度出现。

后记　先治人，后治法

　　一部中国近代史，一言以蔽之：刚开始以为是武器不行，后来以为是制度不行，最后发现关键是人不行。

　　洋务运动失败了，戊戌变法、清末新政和辛亥革命都没能让国家走上富强的道路，最后还是通过一场底层革命，对统治精英群体来一次彻底的"大换血"，才真正解决了问题。

　　中法战争上半段和甲午战争的惨败证明，光有先进的武器并不能扭转国家的命运。不过，经过洋务运动以后，手持先进武器的清军能够在镇南关中击败列强的侵略军，能够在台湾成功抵抗法军的多次进攻，也是一个巨大的进步。同样的制度下，跟敌军差不多的武器水平，主导战争的人不同，结果便是天壤之别。

　　戊戌变法中，维新派刚开始只想改变制度，但遭到既得利益集团的阻碍，不得已打算"换人"，计划开懋勤殿引进新人以取代军机处那帮守旧大臣。慈禧对大部分制度变革都表示支持，一旦涉及"换人"，便立刻终止了变法。后来慈禧自己主持清末新政，把康有为等人的大部分主张都拿过来用了，但始终坚持一条，绝不重用维新派，还是让满洲亲信以及李鸿章的政治继承人袁世凯为代表的一批人来搞。李鸿章在当上两广总督之后，讲过一件事儿，说自己在慈禧面前公开承认自己是"康党"，赞成康有为的变法主张，仅反对其谋反的举动，慈禧听了竟然点头称是。李鸿章讲这件事的目的是拉拢维新派，巩固自己在两广的权位，但真假无从得知。但这个故事编得很好，不管慈禧还是李鸿章，其底线都不是制度，而是人——只要能保证他们所代表的满汉两大集团的统治地位和既得利益，什么制度都可以考虑。反之，只要威胁这群人的利益，就算在现有制度框架内想要干点正事，比如光绪皇帝想利用皇帝职权撤换一批守旧官僚，也会被他们找借口给否决。

辛亥革命是一次"非典型革命"。一次成功的革命一般都会推翻统治集团换上一批新人，但革命党人以为只要实现共和就算成功，制度变了，什么人来当权都一样。满洲皇帝退位，国会开了，宪法也有了，总统制、议会制、联邦制都试过，但统治中国的还是清末那帮官僚和士绅，国家的大问题一个也没解决，老百姓生活得反而更惨。只换制度不换人，根本不行。

当然，我们这里所说的"人"，不是指的某个单一的人，而是指的一个群体，一个有着密切利益关系或共同政治理想的群体。单一的人，在整个国家大的制度面前，是非常弱小的。一个人即使坐在皇帝的位置上，也很难扭转由制度和利益集团决定的国家发展大势。

只需要对这些中国历史发展的大事件做一个简单的回顾，就不难发现，人比制度重要，选择什么样的人来负责资源分配的组织管理，比选择什么样的制度更重要、更有决定性意义。这个结论不仅适用于中国历史，也适用于有确凿史料可证的其他国家历史。

晚清时期，许多仁人志士试图以日本明治维新为榜样改变中国，诸多近代史研究者也把明治维新作为制度变革的成功案例。其实日本近代崛起的关键并不是明治维新，而是之前的倒幕运动。倒幕运动是一次"换人"的革命。日本南方地区最先与西方各国进行贸易，经过数百年的时间培育出一个财力雄厚的商业资本家阶层。这个阶层反对德川幕府的闭关锁国政策，他们和南方各藩的武士阶层联合起来，发动战争推翻了幕府统治，让天皇成为实权君主。最高统治者从德川家康的子孙变成天皇的子孙，这只是一个"小换人"，意义有限。真正有意义的是，通过革命，德川幕府260多年逐步腐化堕落的各级官员和封建统治者被赶走了，代表商人阶级的武士精英人物大量进入政府，掌握了政权，这才是具有决定意义的"大换血"。这批新人的治国水平远高于德川幕府的旧官僚。在他们的推动下，先学习中国，建立中央集权的君主专制体制代替封建体制，然后再学习西方，建立近代化的国家管理体制和君主立宪制度。有这批人在，不管是搞君主专制还是君主立宪，搞经济建设还是军队建设，不管是学习中国还是学习西方，都能够搞得有声有色，借鉴各种外部经验为我所用，实现日本的快速崛起[①]。

反之，同一时期中国试图搞"大换血"的太平天国运动被镇压了，清王朝的老官僚士绅来主持学习西方的改革，就搞得一塌糊涂。可以想象，如果日本的倒幕运动被德川幕府镇压，然后由幕府的那些老官僚、老封建主迫于西方压力来搞维新，也就必然难逃跟洋务运动、戊戌变法一样失败的命运，甚至更糟糕。

经常被当作清末变法榜样的，除了日本明治维新，就是俄国在17世纪末18世纪初的彼得大帝改革。彼得一世的改革让俄国从封建制转型为君主专制体制，跻身欧洲列强，制度转型成功，彼得一世也因此被尊称为彼得大帝。而这次改革

[①] 需要特别指出的是，倒幕运动是一场没有底层人民参与的革命，是比较纯粹的商业资产阶级革命。明治维新以后，政府政策一切以资产阶级的利益为重，把许多的国有资产比如矿产、铁路、港口、造船企业低价转移给跟政府有密切联系的财阀集团，向农民征收很重的税负用于维持国家机器运转。农民的负担并没有减轻甚至加重了，这引发了一系列的农民起义。1873年，明治维新开始五年后，日本农民起义的激烈程度达到了历史顶峰。根据日本学者黑正岩的研究，在德川幕府统治的265年间，农民起义大约600起，而在明治维新的前十年（1868—1878），农民起义的次数却高达190起。从1877年起，明治政府不得不进行土地税改革，大幅度降低农民的负担。这样，明治政权既要安抚农民，又要为商业资产阶级输送利益，国内资源分配的账就做不平，便在大财阀的支持下，走上对外扩张的军国主义道路。这条路一方面让日本迅速成为列强，但另一方面最终也给日本带来了灭顶之灾。日本明治维新通过国有资产低价转移给大财阀，导致了政府财税负担加重，必须通过对外掠夺来解决财政问题，这是它迅速走上军国主义道路的一个关键因素。在军国主义道路上，它只在很短的几十年里获得了表面上的强大，实际上由于持续不断的对外战争，国内老百姓生活极端贫苦，大量的年轻人在战场上死去，之前短暂夺取的殖民地全部丧失。从甲午战争到第二次世界大战结束，日本老百姓可以说没有过过一天好日子。如果它不执行国有资产私有化政策，政府从资源矿产和铁路、港口等垄断经营中获利而不是拿去培育大财阀，不走军国主义道路而是让战场上死掉的年轻人通过辛苦工作来进行工业化积累，虽然老百姓还是会很艰苦，但肯定不会像走军国主义道路那么悲惨，会减少很多完全不必要的生离死别、家破人亡的人间惨剧。日本明治维新的道路从50年的长周期视角来看，其实是一条比较失败的道路，但比继续维持幕府统治要强一些。

之前，并没有类似于日本倒幕运动那样的革命发生。但俄国因为政治经济中心在欧洲，经常卷入欧洲各国之间的大混战。经过持续数百年的战争，无数次的胜利和失败，无数轮的优胜劣汰，逐步培育起来一个强大的军事勋贵阶层。军事集团凭借战功逐步掌握了国家权力，有着强烈的打击封建贵族、建立君主专制、实现富国强兵的政治诉求。彼得大帝的改革，就是在这个新兴精英群体的支持下发动的。彼得大帝为了赢得跟北方强国瑞典的战争、夺取波罗的海出海口，才决定推动改革。马克思甚至评论说，（彼得一世的）"全部事业都是以征服波罗的海沿岸为转移"。其改革的关键措施，是军事改革，其他的诸如建立中央集权、完善地方政府组织、鼓励兴办近代企业等，都只是配套措施。通过1700年至1721年的大北方战争，俄国最终击败瑞典、夺取了出海口，彼得一世的权威和军功集团的地位在此过程中不断加强，各项改革措施也因此得以深入并最终取得成功。

战争虽然残酷，但它在选拔人才方面的效率是一流的，是最极端也是最公平的一种手段。由于"考官"就是战场上的敌人，要想拿到"高分"，就得把"考官"击败甚至杀掉。能在真刀真枪的厮杀中脱颖而出的，大都是英勇无畏而又聪明绝顶的人才。我们在前面讲中法战争的时候，分析了左宗棠的临终遗言"此次越南和战，实中国强弱一大关键"，所用的逻辑跟分析彼得一世改革的逻辑是一样的。彼得大帝也可以说："此次北方战争，实俄国强弱一大关键。"不能因为瑞典是西方强国，武器先进、科技发达就不敢打。不仅要坚决打下去，而且要打赢，才能推动统治精英集团的"换血"，扭转国运。彼得一世坚持的是争霸战争，左宗棠坚持的是反侵略战争，正义性更强，人才选拔效果也就更好。

当然，由于彼得大帝改革的基础是争霸战争而非革命战争，军功阶层对封建贵族的替代是一个持续数百年的循序渐进的过程，这种"换血"很不彻底。俄国在欧洲列强中也始终是实力比较弱的一个，依靠邻近西欧的地理优势引进先进武器和近代产业，勉强维持其列强地位，殖民扩张也主要跟清朝前期一样，主要针对落后的中亚内陆，抢夺了一些人烟稀少的内陆荒原，经济价值极低。其内部矛盾始终非常激烈，各种政变和革命不断，在1904年的日俄战争中败给了日本，又在1917年的十月革命中被推翻。在经历了革命的洗礼之后，旧贵族和旧官僚被彻底消灭，革命者以俄国为主体建立起来了苏联，俄罗斯民族才走到了其国际地位、科技水平和政治影响力的历史最高峰。左宗棠所谓的"中国强弱"，其强大的上限，也就是彼得大帝改革的水平；而苏联所能达到的高度，就不是镇压太平天国起家的左宗棠所能想象的了。

彼得大帝改革的逻辑，其实也就是近代欧洲崛起的逻辑。西欧各国在从封建制度向君主专制制度转型的过程中，从十字军东征开始，经历了持续五六百年的大混战，有的战争持续上百年，有的战争一下就消耗一个国家百分之二三十的人口，17世纪的30年战争让神圣罗马帝国人口从2000万下降到1000万，1756—1763年的七年战争把普鲁士的中青年男性都几乎打光了，拿破仑战争使法国的精壮男性损失了20%。经过这样惨烈的优胜劣汰，军功阶层才逐步地淘汰了封建领主阶层掌握国家权力，并与海上贸易形成的商业阶层结合，建立了近代专制国家。11世纪到17世纪的欧洲，就是一个恐怖的战争炼狱。经过这种烈度的优胜劣汰活下来并掌握权力的精英阶层，是欧洲近代崛起的关键支撑。这个过程，跟中国春秋战国500年的大混战非常类似。

中华帝国的崛起，也是建立在500年大混战基础上的。中华帝国的崛起跟欧洲近代崛起一样，都是通过长期战争形成军功阶层，以军功阶层淘汰压制封建贵族，从而建立了君主专制制度。二者的主要区别有三个方面。

第一，中国比欧洲早了2000年，中华文明也在这2000年间长期领先世界。

第二，十字军东征为欧洲带来了阿拉伯"百年译经运动"成果和火药等东方科技成果，热兵器形式的战争需求与科学理论相结合，诱发了近代科技革命[1]。

第三，欧洲的内部大混战与其海外殖民征服同时存在。在殖民地资源输入的支持下，欧洲各国的生存资源分配弹性空间比中国要大，对君主专制体制的依赖程度也就比中国更低一些。中国依靠君主专制体制实现了大一统并延续了数千年，欧洲则在没有实现大一统之前，就从君主专制体制向民主宪政体制转型了。由于欧洲崛起很大程度上依赖于对海外殖民地的掠夺，殖民地人民承担了大部分

---

[1] 可参考文一《科学革命的密码——枪炮、战争与西方崛起之谜》，东方出版中心2021年版。

苦难而欧洲人享受了财富，导致欧洲精英阶层缺乏对战争伦理进行反思的驱动力，整个社会道德败坏人伦丧失①，其科技畸形发展而精神文明程度长期停留在弱肉强食的野蛮落后状态，一直到殖民地被瓜分完毕，其内部爆发两次世界大战之后这种情况才开始得以改观。而中国春秋时期的战争主要是内战，战争的痛苦完全由中国人承担，春秋战国的思想家们很早就开始深刻反思战争伦理问题，提出了用道德伦理减少战争和降低战争伤害的思想并被社会各阶层广泛接受。

作为人类生存竞争最激烈的一种形式，战争也是迄今为止人类文明进步的第一推动力。随着现代科学技术的进步，战争有望从人类历史进程中逐渐消失，其选拔人和淘汰人的作用，将会越来越多地被政治竞选、市场竞争、指标考核、专业考试等其他文明得多的方式所取代。这也是我们所热烈期待的。但对任何想要学习和理解人类历史的人而言，深刻把握战争的意义和作用是基本前提。

战争不能被简单地理解为野蛮暴力，它是对一个人类群体组织能力、科技水平、集体意识、献身精神、应变能力等多方面的综合考验，能在实际战争中脱颖而出的人物，一般都是极具组织才能和应变能力的人才。

即使是非正义的战争，在人才的优胜劣汰方面也会发挥作用。太平天国运动被镇压，"大换血"失败，非正义的一方取胜，清王朝统治阶级内部仍然因为战争实现了局部"换血"，让它在一定程度上恢复了活力。曾国藩、李鸿章、左宗

---

① 文一在《科学革命的密码——枪炮、战争与西方崛起之谜》一书中提出，西方近代崛起是一个"去道德化"的过程，也就是从十字军东征开始，西欧社会就放弃了中世纪基督教伦理的基本要求，突破底线对外进行屠杀掠夺，对内纵欲无度人伦丧失，后来的文艺复兴实际上是上层阶级和中下层集体道德败坏的产物。文艺复兴中大量反映教会和封建领主们的堕落生活的艺术作品比如《十日谈》和米开朗基罗的裸体雕塑等，都是这种"去道德化"的反映。米开朗基罗的裸体绘画和雕塑都是在教会和封建统治者的资助下完成的，他不是在反抗教会而是在按照教会的意图创作。教会实际上是希望通过色情艺术来吸引已经堕落的社会阶层，是对社会堕落的附和。文一在书中列举了大量的史料来说明这一点，文艺复兴和宗教改革时期整个西欧社会道德水平之低下，社会伦理之混乱，颇为触目惊心。比如性滥交和嫖妓之风盛行，导致梅毒等性病在其精英阶层中广泛流行，由于梅毒会导致脱发，以至于佩戴假发在上层社会成为风尚。文一的这一观点很有启发性，值得参考。除了科技进步以外，从华夏文明的视角来看，欧洲近代的崛起都是一个极为丑恶的和令人发指的过程。

棠等人及其背后的一大批精英崛起，这批人在历史研究中往往被称为经世派。他们一般出身于士绅阶级的最底层，与中下层老百姓有着直接的沟通联系，对中国底层社会和基层组织的问题有着比较深刻的了解，具有经世济民的远大理想而又才干突出。在清朝制度下，这些人虽然有一定发展空间，但相当有限。曾国藩战前就已经官居二品，但其实不过是在朝清流，并不能掌握军事、人事、财政方面的实权，与其战后的显赫权势不可同日而语。左宗棠更不过是一个40多岁还没有任何官职的落第书生。战争结束后，这批人由于军功得到提拔，大量占据政府实权职位，两江地区的军政要职多被湘军系将领占据；福建、甘肃、新疆等地的要职被左宗棠的楚军系人马占据；李鸿章更是在镇压捻军过程中将淮系人马遍布天下，还在丁戊奇荒中派盛宣怀到山西弹劾了一大批贪腐官僚，换上了自己的淮系人马。这种"换人"不是曾国藩、李鸿章、左宗棠个人的上位，是一个新的军功群体全面上位。没有这批人做支撑，洋务运动可能根本就搞不起来，更不可能开创新疆之战和中法战争前后的那种良好局面。

甚而言之，即使是一场失败的战争，只要失败的一方不被彻底消灭，也能从中实现一定程度的"换血"。例如清政府在八国联军侵华战争中的惨败，危难关头，地方大佬纷纷龟缩自保，唯有长江水师大臣李秉衡（清流派）和甘肃布政使岑春煊（维新派）挺身而出千里"勤王"。李秉衡战死，岑春煊活了下来。这两人有个共同点就是公认的做官清正廉洁。和平时期，各位大臣都在奏章中写满了忠诚，谁真谁伪看不出来。败军之际、生死关头，真伪立见。岑春煊因此获得慈禧的信任，把他提拔为两广总督，大力进行吏治整顿。后来，他又进京跟瞿鸿禨合作，向奕劻、袁世凯的满汉贪腐执政联盟发动进攻。这可谓是清王朝从这场惨败的战争中获得的最大收获了。

通过战争来选拔新的人才，形成新的精英群体掌握权力，再由这个群体来制定和执行符合他们利益或政治诉求的制度，是观察人类历史演进的基本视角。一切制度，在一开始都是为在战争中取得胜利的那个集团服务的。一般来说，当社会矛盾积累到一定程度，就会爆发战争。经过一场较大规模的战争，就会涌现一批优秀的精英人物，在军事胜利的基础上建立一个比较稳定的制度。经过这批精英的修改和执行，社会稳定和经济发展程度会达到一个比战前更好的状态。但随着战争远去，精英集团会不断丧失忧患意识，变得自私贪婪，一代不如一代，在制度不变的情况下，国家组织能力会不断下降，人民遭受更多的剥夺，精英阶层在财富分配中的比例越来越高，生活腐化堕落，直至下一场战争的到来。这才有我们看到的，历史上"换人不换制度"或"换人之后换制度"的大国崛起，以及"不换人也不换制度"或"不换人仅换制度"的国家衰亡。在国力上升时期，"只换制度不换人"的改革可以有效维持局面或者扩大繁荣；在国力下降时期，"只换制度不换人"的改革则很少能够取得成功；在一个政权组织的末期，由于统治阶层已经又贪又坏到无可救药，"只换制度不换人"就会变成一个纯粹的骗局，不管变成什么制度，都不能改变利益格局，甚至会让问题变得更加严重，从而加速该政权的灭亡。在这个过程中，如果持续不断地有对外战争发生，在战争中继续遴选优秀人才、淘汰腐化分子，国家组织动员能力持续改善，其政权组织的生存周期就可能延长并推动一些具有转折意义的改革。

从宏观的历史视角来看，由什么样的人来掌握政治权力，比用什么样的制度显然更为重要。一切制度都是由人制定、修改和执行的。个人在制度面前力量很小，但在精英集团面前，制度只是工具。为了总结近代中国衰落和西方崛起的原因，一种"制度决定论"的思想被提了出来，认为中国在近代衰落是因为君主专制制度不行，而西方崛起是因为它们采用了宪政民主制度。这种观点是错误的。西方崛起的制度因素是在正确的时候建立君主专制和改革君主专制，这是一个动态的制度变迁过程。在什么时候建立什么样的制度，具体的制度细节如何规定、如何执行，都是由其精英集团决定的。法国在第二次鸦片战争的时候，还是君主专制政体，其君主拿破仑三世以大总统身份复辟为法国皇帝，从1852年到1870年当了18年的皇帝。法国人民的"民主素质"看起来也不是很高，但法国还是在战争中轻松击败了清军。对西欧各国而言，比制度更根本的是它通过数百年的争霸和征服战争，实现了精英阶层的"大换血"。通过战争选拔出来的这几代人很厉害，他们在正确的时候建立了君主专制体制，又在正确的时候改革或废除了君主专制体制，并且探索出来一些更具体的有效制度，比如近代化的职业化军队制度和财政管理体制，等等。

从"制度决定论"继续推论，还有人提出更加不靠谱的"文化决定论"。例如日本明治维新成功，就说日本人有一种"善于借鉴学习"的"文化基因"，而中国则具有保守排外、骄傲自大的文化基因。不是中国人或者中国文化不善于学习，只是晚清的精英阶层不善于学习。

人比制度重要，这个道理不仅对国家适用，对企业等非政治组织也同样适用。优秀的人才可以改变制度或者让同样的制度运行得更好；反之，贪婪无能的人在任何制度中都会带来可怕的破坏力。

人的选拔和淘汰规则本身也是一种制度，但有两点需要注意。首先是人类历史上最重要的选拔淘汰方式——战争并不属于任何一种制度或法律的范围，而是对制度和法律秩序的否定与破坏。其次，选拔制度也是人在决定和执行，人的主观意识在关于选拔制度的制定和执行过程中，仍然拥有极大的甚至是决定性的影响力。在人和制度谁重要这个看起来很像是"先有鸡还是先有蛋"的循环争论中，人的优先顺序其实是无可置疑的。

对这个问题，我们中国的古人早有先见。2000多年前的战国时期，思想家荀子就总结了六个字："有治人，无治法"，也就是有可以让国家治理好的人，没有能让国家治理好的法律制度。这句话已经解释了晚清始终无法走出积贫积弱困境的原因：统治集团的人不动，让这一批被证明又贪又坏的人继续执政，仅仅寄希望于学习西方，引进西方的制度，就可以把中国治理好，让中国重拾上升势头，实现富国强兵，是绝不可能的，是彻头彻尾的幻想。

荀子这句话把"人"和"法"的关系用"有"和"无"对立起来，逻辑上不是很严谨。经过2000多年中国和世界的历史发展，我们可以把它再稍微做一下完善：

先治人，后治法。

这句话可以从四个方面去理解。

首先，在所有制度安排中，关于人的教育、锻炼、选拔、任用、淘汰的有关制度，是最核心最重要的部分。制度好不好，主要看它的最终结果，而对最终结果影响最大的，就是它选择了什么样的人放在关键的职位上负责决策和执行。在没有战争的和平年代，应该尽可能地从像战争一样关系生死等重大个人利益考验的活动中对人才进行竞争性选拔。

其次，一个国家、地区或者较大规模的组织领导人[①]，在其自由决策权的范围内，应该把主要的精力投入对人的教育、锻炼、选拔、任用、淘汰相关的工作中去。

再次，对统治集团以及统治集团代表人物的评价，要超越制度。一个掌握着生杀大权的人物，没有资格把个人的错误推卸到制度或文化头上。像慈禧、李鸿章这种代表一个统治集团的人，他们和他们代表的集团，可以影响制度的变化方向，也可以决定制度执行的成效。把他们干的坏事、错事，推卸到制度上，是一定错误的；对他们个人的谴责和批判，主要不应归结到对制度的谴责和批判，而是对他们所代表的那个利益集团的谴责和批判。

最后，如果一个制度不能有效地选出优秀的人，那么它就应该被修改；如果改不动或者多次修改都不行甚至越改越坏，那就说明精英集团已经在根子上坏掉了，而不是制度错了。对一个政权而言，这就意味着它需要被其规则体系以外的力量消灭，换一批完全不按照其规则来上位的人掌握政权，其形式主要就是革命和外敌入侵的战争。把腐化无能的统治精英集团赶下台以后，新的掌权者应该根据实际情况选择合适的制度，可以采用新的制度也可以沿袭原有的制度，并不是说只有采用了全新的制度才叫革命成功，采用旧的制度就叫革命失败，就叫没有意义的循环。

基于这样的认识，我们来看待清末民初的历史，才会有一个正确清晰的思路。

研究学习这段历史，最具有误导性的思路是：学习西方的先进技术和制度是解决中国近代积贫积弱的关键。

这个思路是错误的，沿着这个思路来看中国近现代历史，一定会严重跑偏。

"先治人，后治法"才是解决中国近代积贫积弱问题的关键。

清王朝经过200多年的发展，跟中国古代的其他大一统王朝一样，统治精英从中央到村镇，已经腐化堕落到几乎不可救药的地步。不来一场彻底的"大换

---

① 对于一些规模较小的部门或组织，由于主要领导者往往既是组织的领袖，同时是关键的执行者或者说业务骨干，他们自己的业务能力可能会比对人的管理更重要。

血"，而是继续让这些人以及他们选择的继承人来统治中国，各种富国强兵的努力都注定会失败。

中国近代复兴的关键是换人，其次才是换制度。换人不是只更换国家元首，而是更换整个统治精英集团，基本路径是民族革命加阶级革命，推翻既落后又腐朽的满洲统治集团和不落后但足够腐败的汉族官僚士绅统治集团。

太平天国运动和捻军起义被镇压了，一次性"大换血"的道路没有走通，但通过战争大量地消灭了清朝控制的八旗和绿营，让更为廉洁能干的经世派人物大量进入统治精英集团，并且掌握了至关重要的兵权。这种局部的"换血"也为通过改革走向富国强兵提供了一定的可能性。如果要避免后续更大规模的起义和流血牺牲，把改革的道路走通，唯一正确的路径是任用经世派进行内部整肃，把"人"的问题做一个比较彻底地解决，再重新丈量土地、清理财政亏空、推动税负公平，等等。把中国历史上多次被起义和变法实践证明能富国强兵的手段先做一遍，再来说学习西方政治、经济、军事制度的事儿，改革的道路才有可能走得通。至于购买先进武器、修建铁路电报系统、鼓励兴办近代企业、学习西方科技知识这些东西，在经历过吏治整顿和社会公平改革以后，那都是简单得不能再简单的事情，顺手就做了。买武器和修铁路就是花钱的事儿，有了钱很容易办。特别是修铁路，老有人以为中国文化排外才不愿意修铁路，这是很不靠谱的想法。官府不被洋人欺负，不在民教纠纷中"拉偏架"，西方教会仅是自由传教而不强占土地强拆房屋，义和团运动根本就不会出现。清末吴淞铁路的修建过程充分说明，只要愿意发工资给补偿，民间对修铁路搞拆迁这件事情不是反对，而是趋之若鹜，纷纷到铁路上找工作，变着法地想让建设方多拆他们家一些房子。至于兴办企业和学习西方科技文化，政府甚至可以几乎不做什么，有了廉洁的行政系统，又不搞"文字狱"，民间自然会掀起投资和学习的热潮，政府再搞几个资源和军工企业就完事儿了。

把这个问题想清楚了，才能理解为什么本书会把李鸿章归为洋务派中的保守派，而左宗棠称之为改革派。在很多把"学习西方"作为解决中国问题不二法宝的人看来，李鸿章不仅是改革派、开明派，而且是改革先驱，率先提出"三千年未有之变局"，指出"士大夫沉浸于章句小楷之积习"，开企业、办学校、建海军，样样都走在时代前列，远超时人。有了"改革旗手""洋务先驱"的桂冠，纵容手下杀几百万中国人、给自己家族捞几千万两银子、收受外国几十万两贿赂、签署几个卖国条约……这些都不算什么大问题。反之，左宗棠这种人，虽然开企业、办学校、练海军，但学习西方的步子迈的不如李鸿章大，旗帜举的没有李鸿章高；虽然手下士兵不乱杀人，收复了伊犁，守住了福建和台湾，拿自己的养廉银补贴军费，一个卖国条约也不签，但终究比李鸿章差了一档次，总体来看还是属于老派人物或者是传统的军事家，怎么能比李鸿章更"改革"呢？

左宗棠对如何解决国家贫弱的问题，有一套自己的看法，跟"先治人，后治法"基本一致。其原话是"任法不如任人，人存而斯政举"[1]。其解决手段，也是以整顿惩治为主，原话是"兴利不如除弊，弊尽而利自生"，这跟除恶而非扬善差不多的意思：政府掌握合法的暴力，惩罚恶行是其不可替代的基本职责，而善行则是人人都可以做的，恶除则善自生。

对国家的根本问题，他认为是"天下之乱，由于吏治不修"。作为依靠军事镇压起家的政治家，他对军事和行政的看法是"军政者弥乱之已形，吏事者弥乱之未发"——军事镇压负责解决已经爆发的矛盾，整顿吏治才能从根源上消灭矛盾。

在地方大吏的任上，除了紧急的军事行动外，左宗棠一直把主要精力放在吏治整顿上，自己以身作则、两袖清风，对下属严格要求，形成了一套"训吏、恤吏、察吏、惩吏"的吏治方法[2]，从对下属的教育、对人才的保护、对官员的考核、对贪腐行为的惩罚全面着手，弹劾了一大批慵懒贪腐之徒，提拔起来一批清廉能干的人才。其总督的浙江、福建地区，也是太平天国运动后经济恢复最快最好的地区。这些活动不仅跟他开办船政学堂、建设马尾造船厂等学习西方的工作不矛盾，反而极大地提高了这些工作的效率。

左宗棠的这一套理论，听上去很老套，却是中国数千年政治文明的精华，是解决中国王朝中后期国家衰落必不可少的路径，这个路径并没有因为西方列强从海上来侵略中国就发生改变。左宗棠本人，也绝不仅是一个优秀的将领，还是

---

① 《沥陈闽盐试行票运情形折》，《左宗棠全集》奏稿第2册，第326页。
② 孙占元：《左宗棠评传》，南京大学出版社1995年版，第236—247页。

一个优秀的政治家。他17岁的时候就已经细读了顾炎武的《天下郡国利弊书》，年轻时通读了清朝今文学派龚自珍、魏源等人的著作，写过很多以儒家思想经世致用的论文，其思考范围以政治为主而非军事，因此才能在很年轻的时候就深得陶澍、林则徐等人的赏识。当上高官以后，又主持重印了魏源的《海国图志》并亲自作序，开了解学习西方的风气之先。实践证明，左宗棠以中国传统经世致用的思想为本，在此基础上积极学习西方的改革路线，无论是对内发展经济保障民生幸福，还是对外学习西方同时抵抗殖民入侵，都是行之有效的。

与左宗棠"任法不如任人"的思想相反，李鸿章一直主张"只治法，不治人"，用他自己的话来讲，叫作"外需和戎、内需变法"，也就是对外妥协投降，对内改变制度，但只字不提人的问题。对吏治整顿这种事情，他根本就不管，一门心思就是把淮军嫡系提拔到关键职位上，对其贪腐行为一味纵容，自己还带头贪污受贿。他之所以选择"只治法，不治人"，不是高瞻远瞩，而是"避重就轻"：把困难的、重要的但有损自己利益的事情避开，专挑最容易做的事情去干，也就是花钱买点先进武器、开办一些依靠国家特许经营的垄断企业等，打着这些旗号找朝廷要钱、要权、要资源。得罪满洲权贵的话不讲、得罪满洲权贵的事不做；得罪列强的话不讲、得罪列强的事不做；得罪淮军武将的话不讲、得罪淮军武将的事不做，总之就是有权、有枪的势力全都不得罪，把心思和文采用于跟没有实权的清流派"打嘴仗"，把奏章写得跟古之名臣一样慷慨，出了问题就是清流误国，再不行就是制度缺陷，把权力和金钱的好处都捞够，还能留下"改革先驱"的美名。

然而这条道路是真的改革吗？显然，这是不可能的。

中华帝国数千年治理的经验，最关键就是如何"治人"和"治人心"，这是根本，比"治法"和"立制度"更重要。无论东方、西方，古代、现代，何种法律、哪样制度，吏治不修则法制必坏，人心不正则制度必崩。作为一个有着丰富军事和行政经验的人，左宗棠把国家的问题总结为一句话："天下之乱，在于吏治不修；吏治不修，在于人才不出；人才不出，在于人心不正。"[①]这里的"正人心"不仅是道德说教，还包括正确的任免人、奖励人、处罚人甚至审判人、处

---

①《答王璞山》，《左文襄公全集》书牍，卷三，第37页。

决人，把这些事儿都做对、做到位了，才能正人心、出人才、修吏治。要做这些事儿也特别危险，因为会触动很多统治精英的根本利益，一不小心就会被利益集团反扑，让改革者身败名裂甚至家破人亡，必须有极大的勇气、魄力和智慧才能推动。总之一句话，动制度不难，难的是动利益；换制度不难，难的是换人。不动利益不换人，只是把西方殖民列强的武器和制度拿过来，再戴上几顶诸如"宪政""民主""法治"的"帽子"，就想解决各种深刻的经济社会问题，不仅在中国做不到，在任何一个殖民地半殖民地国家也做不到。

所以我们才说，左宗棠"先治人，后治法"是真改革，李鸿章"只治法，不治人"是假改革。

左宗棠的改革思路，跟朝廷清流有诸多不谋而合的地方，他跟清流派的关系总体而言也比李鸿章跟清流派更好一些。清末的清流派大体可以分为四种类型，一种是走狗派，看准了朝廷需要打压地方实权大佬，甭管有没有道理，反正成天就给大佬们挑错；一种是改革派，如张之洞、翁同龢、李鸿藻等人，主张进行司法、行政、人事等方面的改革，澄清吏治以应对西方挑战；还有一派是保守派，祖宗之法不可变的思路，如大学士倭仁；最后一种是投机派，收了地方大佬的钱，抱大佬的"大腿"，伪装成清流给他们当枪使，如张佩纶。左宗棠跟清流中改革派关系普遍较好，特别是在中法战争后半段，左宗棠在福建主持台湾保卫战，张之洞在两广主持越南反击战，二人惺惺相惜，配合默契，后来左宗棠去世，张之洞还对马尾造船厂的事业大力支持。左宗棠进军机处，跟李鸿藻关系也搞得不错，李鸿藻对左宗棠的清廉正直颇为佩服。翁同龢在日记中多次提到与左宗棠的交流，用了"豪迈之气、俯视一切"、"谈次有风棱"、"壮朝中之气"、"余服其有经术气"等诸多褒奖钦佩之语[1]。而李鸿章跟张之洞、李鸿藻关系都不好，跟翁同龢更是势如水火，倒是在清流中收买了一批投机派给自己当内应，其中关系最好的是张佩纶。中法战争前期李鸿章的淮军负责越南战场，又推荐张佩纶主持福建水师，结果两个方面同时溃败。总体来看，走狗派和保守派跟洋务派关系都不好，也没法搞好；但左宗棠交好张之洞等改革派，李鸿章交好张佩纶等

---

[1] 孙占元：《左宗棠评传》，南京大学出版社1995年版，第167页。

投机派，也可以看出二人在做人做事上的差别，可以说是典型的"物以类聚、人以群分"了。

从历史现实来看，左宗棠和李鸿章的路线都是注定要失败的，他们失败的原因都不是制度缺陷，而是反动势力过于强大，也就是统治精英集团太坏的意思。但左宗棠是败于对手太坏，李鸿章是败于自己太坏。

我们小时候看书或者看电视，对里边出现的人物，总是想要问一句：这是好人还是坏人？搞清楚了谁是好人谁是坏人，就心满意足了，希望好人获胜、坏人失败。后来，随着社会阅历的增长以及阅读量的增加，知道的人和事越来越多，慢慢地发现，给人贴"好人""坏人"标签的行为有点过于简单化，好人也有私欲，也会犯错误，也可能做坏事，坏人也有善良的一面，也会做一些好事，对现实中和历史上人物的认识，变得更加立体化。这是一种巨大的进步。但是，有人却走向另一个极端，认为"在成人的世界里，没有好坏之分、无所谓善恶"，或者认为一切政治经济活动，都可以用自私自利的人性来解释，一切政治军事斗争的双方都是为了个人利益而展开的。例如《明朝那些事儿》里面讲了一句半开玩笑半认真的话："朝廷就是一个小社会，皇帝大臣们和地痞混混也没有什么区别，不过是吃的好点，穿的好点，人品更卑劣，斗争更加激烈点而已。"学习历史尤其是中国历史，如果学来学去就学出来这么个结论，那是非常令人悲哀的。

禅宗有个说法：修行之前，看山是山、看水是水；修行之中，看山不是山、看水不是水；修行开悟之后，看山还是山、看水还是水，但此时修行者的个人心境，已与修行之前大不相同。

研究学习历史，不是禅宗那种虚无缥缈的玄学式修行，而是对历史实事求是的探究领悟。但其过程则与禅宗所说的有相通之处。学习之前，以为人都分为好人和坏人；学习之中，觉得好人不全是好，坏人也不尽是坏；学完之后才发现，原来人终究还是要分为好人和坏人。掌握着国家的资源和权力，把国家利益与人民利益放在个人、家族、集团利益之上的人，是好人；反之，把个人、家族、集团利益放在国家利益与人民利益之上的，是坏人。大部分好人和坏人，在面对国家利益与个人利益冲突的时候，都会经历内心的反复和斗争，不会完全地心无挂碍，他们的主要区别，不是内心是否纠结，而在于经过纠结之后，最终做出了何种决定，尤其是在一些大是大非的问题上做了何种决定。中国历史上的重大政治军事斗争，并不是黑社会的火并和无意义的改朝换代的历史循环，而是包含着善与恶的斗争，主要是维护国家、人民利益的正义力量与试图窃取国家、人民财富的反动力量之间的斗争。好人取得胜利的斗争，有利于国家进步和民生幸福；坏人取得胜利的斗争，就不利于国家进步和人民幸福。斗争方式虽然复杂，善恶之中，还穿插着人的真伪和路线认识的正误，但善恶的区分并不会因此而湮灭。简单化、标签化的思维不可取，和稀泥、无善恶的思维更不可取；泛道德化不可取，去道德化更不可取。中华文明相对于其他文明，始终更强调世俗的伦理道德，这一点在政治军事领域表现得尤为突出。尽管也因此出现了许多打着道德旗号以权谋私的伪君子，令中华文明蒙羞。但我们不能因为这些人的存在而否定中华文明对人类行为的道德化追求，而是应该去伪存真，毫不客气地揭开他们的真面目，并歌颂那些真正以天下国家为重的英雄，尤其是那些不善于用浮华的文字来包装自己的底层革命者、武将士兵、太监酷吏，以及文官中的实干家和各行各业中默默无闻的奉献者，还原中华文明本来的光辉。

中华民族的英雄人物们，不仅才能出众、目光远大，而且往往具有高尚的情操和道德品质，有着为国家、为人民利益献身的伟大精神。这才是中华民族的历史，可以被称之为伟大中华史的根本。中华民族历史文化的传承，最重要的就是这种精神的传承。"孔子作《春秋》而乱臣贼子惧"，这句话有点夸张，因为真正的乱臣贼子并不害怕历史的骂名，而是害怕现实的惩罚，没有严刑峻法的道德说教意义不大。但从一个非常长的历史时期来看，辨善恶、正人心的工作又是维系一个文明长期存续和进步的根本，这也是儒家思想能够成为中华帝国主流意识形态的关键原因。儒家思想存在许多缺陷，特别是道学、理学思想更是彻底跑偏，儒家士大夫从集团私利出发又犯了许多篡改抹黑中国历史的错误，但儒家学者通过经学和史学来实现"辨善恶、正人心"的根本追求是值得赞赏的。明朝中后期和清朝的史料非常翔实，足够让我们借此看穿许多关键历史人物的真伪，区分他们的善恶。经过新一轮的革命之后，重述伟大中华史，仍当以此为本。

作者

2022年5月